桥梁工程（上册）

Qiaoliang Gongcheng

彭大文　李国芬　黄小广　主编
郑振飞　主审

内 容 提 要

本书是为高等学校土木工程本科专业交通土建方向教学编写的教材，全书分上、下册，共6篇35章。

本书上册重点介绍了中小跨径混凝土桥梁（包括钢筋混凝土及预应力混凝土梁式桥、圬工拱桥等）的构造原理、设计计算方法和施工要点。下册重点介绍了混凝土斜拉桥、钢—混凝土组合结构桥梁（包括钢管混凝土拱桥）以及轻轨的构造、设计与施工。本书的主要篇后均有实例介绍。

本书除作为教材外，还可作为土木工程专业的工程技术及科研人员的参考书。

图书在版编目（CIP）数据

桥梁工程（上册）/彭大文主编．—北京：人民交通出版社，2007.1

ISBN 978-7-114-06355-8

Ⅰ．桥…　Ⅱ．彭…　Ⅲ．桥梁工程　Ⅳ．U44

中国版本图书馆CIP数据核字（2006）第125054号

书　　名：桥梁工程（上册）
著 译 者：彭大文等
责任编辑：张征宇　赵瑞琴
出版发行：人民交通出版社
地　　址：（100011）北京市朝阳区安定门外外馆斜街3号
网　　址：http://www.ccpress.com.cn
销售电话：（010）59757969，59757973
总 经 销：北京中交盛世书刊有限公司
经　　销：各地新华书店
印　　刷：廊坊市长虹印刷有限公司
开　　本：787×1092　1/16
印　　张：28.75
字　　数：726千
版　　次：2007年1月第1版
印　　次：2009年1月第2次印刷
印　　数：3001～5000册
书　　号：ISBN 978-7-114-06355-8
定　　价：52.00元
（如有印刷、装订质量问题的图书由本社负责调换）

交通版

高等学校土木工程专业规划教材

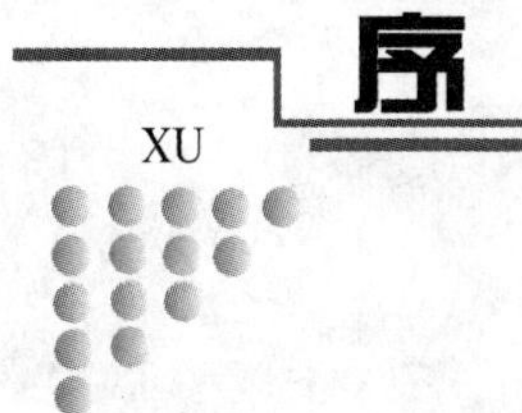

序

随着科学技术的迅猛发展、全球经济一体化趋势的进一步加强以及国力竞争的日趋激烈，作为实施“科教兴国”战略重要战线的高等学校，面临着新的机遇与挑战。高等教育战线按照“巩固、深化、提高、发展”的方针，着力提高高等教育的水平和质量，取得了举世瞩目的成就，实现了改革和发展的历史性跨越。

在这个前所未有的发展时期，高等学校的土木类教材建设也取得了很大成绩，出版了许多优秀教材，但在满足不同层次的院校和不同层次的学生需求方面，还存在较大的差距，部分教材尚未能反映最新颁布的规范内容。为了配合高等学校的教学改革和教材建设，体现高等学校在教材建设上的特色和优势，满足高校及社会对土木类专业教材的多层次要求，适应我国国民经济建设的最新形势，人民交通出版社组织了全国二十余所高等学校编写“交通版高等学校土木工程专业规划教材”，并于2004年9月在重庆召开了第一次编写工作会议，确定了教材编写的总体思路，于2004年11月在北京召开了第二次编写工作会议，全面审定了各门教材的编写大纲。在编者和出版社的共同努力下，目前这套规划教材已陆续出版。

这套教材包括“土木工程概论”、“建筑工程施工”等31门课程，涵盖了土木工程专业的专业基础课和专业课的主要系列课程。这套教材的编写原则是“厚基础、重能力、求创新，以培养应用型人才为主”，强调结合新规范、增大例题、图解等内容的比例并适当反映本学科领域的新发展，力求通俗易懂、图文并茂；其中对专业基础课要求理论体系完整、严密、适度，兼顾各专业方向，应达到教育部和专业教学指导委员会的规定要求；对专业课要体现出“重应用”及“加强创新能力和工程素质培养”的特色，保证知识体系的完整性、准确性、正确性和适应性，专业课教材原则上按课群组划分不同专业方向分别考虑，不在一本教材中体现多专业内容。

反映土木工程领域的最新技术发展、符合我国国情、与现有教材相比具有明显特色是这套教材所力求达到的，在各相关院校及所有编审人员的共同努力下，交通版高等学校土木工程专业规划教材必将对我国高等学校土木工程专业建设起到重要的促进作用。

交通版高等学校土木工程专业规划教材编审委员会

人民交通出版社

2006年8月

前言

本教材是根据“交通版普通高等院校土木工程类系列教材编写工作会议纪要”制定的培养目标和课程大纲编写的。教材编写的总体思路是“厚基础，重能力，求创新，以培养应用型人才为主”，可作为土木工程专业交通土建方向学生的专业课教材。

本教材的编写注重于培养学生掌握基本理论和实际操作的能力，书中对桥梁基本知识力求阐述清楚，简化若干复杂理论问题的中间推导过程，通过多给图表，多给实例，使学生能掌握要领，并能自如地解决各种工程计算问题。书中融入了桥梁领域当前的新技术和新进展，并全部按照2004年和2005年交通部新颁布的《公路桥涵设计通用规范》(JTG D60—2004)、《公路钢筋混凝土及预应力混凝土桥涵设计规范》(JTG D62—2004)、《公路圬工桥涵设计规范》(JTG D61—2005)和《公路桥梁抗风设计规范》(JTG/T D60—01—2004)中的有关内容进行编写。

按照教学大纲的要求，学生在学习了《结构力学》、《结构设计原理(含钢结构)》、《土力学》等必修课程的基础上，通过对本门课程的学习，掌握我国常用的大、中型混凝土桥梁的设计和构造原理、计算理论和方法；熟悉有关桥梁施工方面的基本知识；初步具有解决大跨、较复杂桥梁问题的能力。

本教材共6篇35章。第一篇介绍了桥梁工程的基本知识和发展动态，以及规划设计的方法和程序；第二篇重点介绍了简支、悬臂和连续体系混凝土桥梁的设计计算方法和施工要点，而对刚架桥和斜弯桥仅作简介；第三篇介绍拱桥的设计计算和施工方法；第四篇介绍混凝土斜拉桥的设计计算和施工方法；第五篇介绍了组合结构桥梁的设计计算和施工；第六篇阐述了轨道桥梁工程的一般设计原理。各章内容相对独立，可根据需要灵活选学，全书可用80学时讲授。本教材中篇头带*符号的章节，是为了保持内容的完整性，以及适合部分学习比较突出的同学能够通过自学掌握更多的知识，教师可根据具体情况，有选择进行教学。

本教材第一篇、第四篇和第五篇由上海应用技术学院彭大文编写，第二篇由南京林业大学李国芬编写，第三篇第一、第二和第五章由河南理工大学黄小广编写，第三章由戎涛编写，第四章由张川编写；第六篇以及第五篇的实例由福州大学林国华编写。全书由彭大文教授统稿，并对各篇内容作了适当增、减和调整。

本书由福州大学郑振飞教授审阅，并提出了许多宝贵的修改意见，使本书增色不少，在此表示衷心的感谢。

由于作者水平有限，书中定有差错和不当之处，敬请读者批评指正。

编　　者

2006 年 10 月

目录 MULU

上　册

第一篇　总　论

第二篇　混凝土梁桥和刚架桥

第三篇　拱　　桥

下　册

第四篇　混凝土斜拉桥

第五篇　钢—混凝土组合结构桥梁

第六篇　轻　　轨

第一篇　总　　论

第一章 绪 论

DIYIZHANG

第一节 概 述

发展交通运输事业，建立四通八达的现代化交通网，对于发展国民经济、促进民族团结和文化交流、巩固国防等具有非常重要的意义。桥梁和涵洞是交通运输中的重要组成部分，在公路、铁路、城市和农村道路以及水利等工程的建设中，往往成为全线通车的关键。在经济上，桥梁和涵洞的造价一般占公路总造价的20%～30%，随着公路等级的提高，其所占的比例还将会增大。在国防及应对突发事件方面，桥梁又是交通运输的咽喉，是抗震减灾的生命线工程，具有非常重要的地位。此外，为了保证既有公路的正常运营，桥梁的养护与维修也十分重要。

桥梁是供汽车、火车、行人等跨越障碍（河流、海湾、湖泊、山谷或其他线路等）的建筑物。"桥梁工程"一词通常包含两层含义：一是指桥梁建筑的实体，二是指建造桥梁所需的科学知识和工程技术，包括桥梁的基础理论和研究，桥梁的规划、勘测设计、建造和养护维修等。桥梁工程在学科上是土木工程的一个分支，在功能上是交通工程的咽喉。

桥梁是随着历史的演进和社会的进步而逐渐发展起来的。综观近代历史，每当陆地交通运输工具（火车、汽车）发生重大变化，对桥梁在载重、跨度方面提出新的要求时，便推动了桥梁工程技术的发展。

20世纪以来，我国的公路交通有了很大发展。在内陆，需要在更多的河流、峡谷之上建桥；在城市以及各种交通线路相交处，需要建造立交桥；在沿海，既需在大船通航的河口、海湾、海峡修建特大跨度桥梁，又需在某些海岛与大陆之间修建长达几十公里的长桥。

桥梁需要大量修建，而人力、物力、财力有限，于是，不断提高技术水平，引用新材料、新工艺、新桥型，对桥梁的结构行为进行更准确的数值分析，采用更精确的结构试验进行验证，以使桥梁建设的经济效益不断提高，已成为时代的要求。

科学技术的进步和经济、社会、文化水平的提高，也使人们对桥梁建筑提出了更高的要求。经过几十年的努力，我国的桥梁工程无论在建设规模上，还是在科技水平上，均已跻身世界先进行列。各种功能齐全、造型美观的立交桥、高架桥，横跨长江、黄河等大江大河的特大跨度桥梁，如雨后春笋般相继建成。随着国家公路五纵七横国道主干线的规划和实施，跨海湾、海峡特大桥梁的宏伟工程也已经摆在我们面前，并逐渐开始建设。

回顾过去，展望未来，可以预见，在今后相当长的一个时期内，我国广大的桥梁建设者将不断面临着建设新颖和复杂桥梁结构的挑战，肩负着国家光荣而艰巨的任务。

第二节　桥梁的组成和分类

一、桥梁的组成

1. 桥梁的组成

桥梁组成部分的划分与桥梁结构体系有关。常见的梁式桥（图 1-1-1），通常由以下几部分组成。

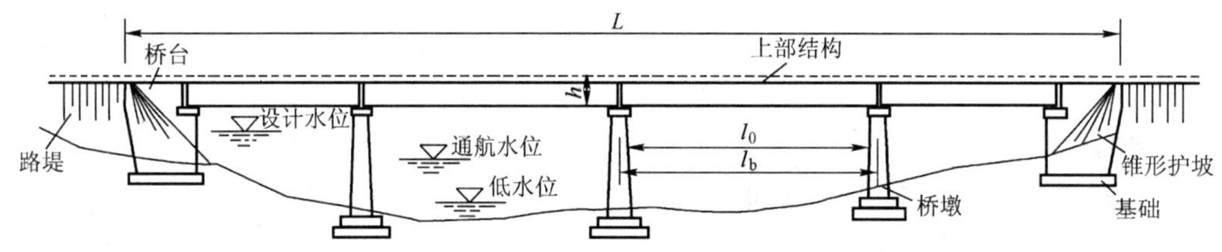

图 1-1-1　梁式桥

1）上部结构

上部结构包括桥跨结构和支座系统两部分。前者指桥梁中直接承受桥上交通荷载并且架空的结构部分；后者是支承上部结构并把荷载传递于桥梁墩台上，它应满足上部结构在荷载、温度变化或其他因素作用下预计产生的位移大小。

2）下部结构

下部结构包括桥墩、桥台和墩台的基础，是支承上部结构、向下传递荷载的结构物。桥梁墩台的布置是与桥跨结构相对应的。桥台设在桥跨结构的两端，桥墩则设在两桥台之间。桥台除起到支承和传力作用外，还起到与路堤衔接、防止路堤滑塌的作用。因此，通常需在桥台周围设置锥体护坡。

墩台基础是承受了由上至下的全部作用（包括交通荷载和结构自重）并将其传递给地基的结构物。它通常埋入土层中或建筑在基岩之上，时常需要在水中施工，因而遇到的问题比较复杂。

3）与桥梁服务功能有关的部分（或称为桥面构造）

随着现代化工业发展水平的提高，人类的文明水平随之提高，人们对桥梁行车的舒适性和结构物的观赏水平要求也愈来愈高，因而在桥梁设计中非常重视桥面构造。主要包括以下部分：

(1) 桥面铺装（或称行车道铺装）。铺装的平整性、耐磨性、不翘曲、不渗水是保证行车舒适的关键。特别在钢箱梁上铺设沥青路面的技术要求很严。

(2) 排水防水系统。应迅速排除桥面上积水，并使渗水的可能性降至最小限度。城市桥梁排水系统还应保证桥下无滴水和结构上无漏水现象。

(3) 栏杆（或防撞栏杆）。它既是保证安全的构造措施，又是有利于观赏、表现桥梁特色的一个建筑物。

(4) 伸缩缝。在桥跨上部结构之间，或在桥跨上部结构与桥台端墙之间所设的缝隙，保证结构在各种因素作用下的变位。为使桥面上行车顺适，不颠簸，在缝隙处要设置伸缩装置。特别是大桥或城市桥梁的伸缩装置，不但要结构牢固、外观光洁，而且需要经常扫除掉入伸缩装置中的垃圾尘土，以保证其使用功能。

(5) 灯光照明。现代城市中，大型桥梁通常是一个城市的标志性建筑，大多装置了灯光照明系统，成为构成城市夜景的组成部分。

2. 桥梁设计时与总体布置有关的术语

1) 净跨径

对于设支座的桥梁是指相邻两墩、台身顶内缘之间的水平净距，不设支座的桥梁是指上、下部结构相交处内缘间的水平净距，用 l_0 表示，如图 1-1-1、图 1-1-2 所示。

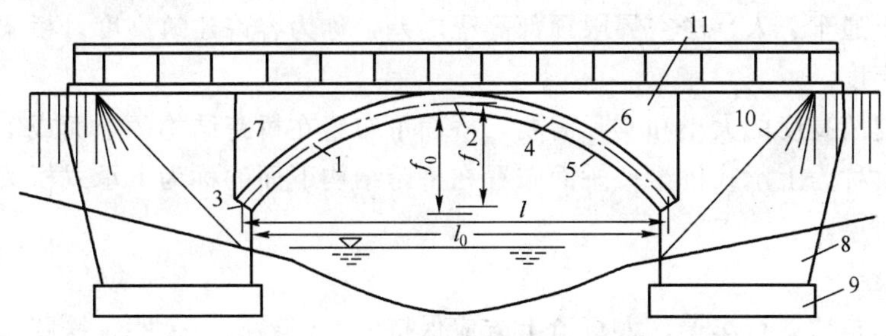

图 1-1-2 拱桥

1-拱圈；2-拱顶；3-拱脚；4-拱轴线；5-拱腹；6-拱背；7-变形缝；8-桥墩；9-基础；10-锥坡；11-拱上结构

2) 总跨径

多孔桥梁中各孔净跨径的总和（$\sum l_0$），它反映了桥下宣泄洪水的能力。

3) 计算跨径

对于设支座的桥梁，是指相邻支座中心的水平距离；对于不设支座的桥梁（如拱桥、刚构桥等），是指上、下部结构的相交面之中心间的水平距离，用 l 表示，桥梁结构的力学计算是以 l 为标准的。

4) 桥梁全长

简称桥长，对于有桥台的桥梁为两岸侧墙或八字墙尾端间的距离；对于无桥台的桥梁为桥面系长度，用 L 表示。

我国《公路桥涵设计通用规范》(JTG D60—2004)（以下简称《桥规》）规定，当标准设计或新建桥涵的跨径在 50m 及以下时，宜采用标准化跨径。桥涵标准化跨径规定如下：0.75m、1.0m，1.25m、1.5m、2.0m、2.5m、3.0m、4.0m、5.0m、6.0m、8.0m，10m、13m、16m、20m、25m、30m、35m、40m、45m、50m。

《桥规》也规定了特大、大、中、小桥按总长和跨径的划分，见表 1-1-1 所列。

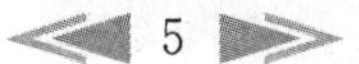

桥梁按总长和跨径分类 表 1-1-1

桥 涵 分 类	多孔跨径总长 L（m）	单孔跨径 L_k（m）
特大桥	$L>1000$	$L_k>150$
大桥	$100\leqslant L\leqslant 1000$	$40\leqslant L_k\leqslant 150$
中桥	$30<L<100$	$20\leqslant L_k<40$
小桥	$8\leqslant L\leqslant 30$	$5\leqslant L_k<20$

上述分类可以理解为一种行业管理的分类，在一定程度上反映了桥梁的建设规模，不反映桥梁工程设计、施工的复杂性。国际上一般认为单孔跨径小于 150m 的属于中小桥，大于 150m 称为大桥，而称为特大桥的跨径与桥型有关，悬索桥大于 1000m，斜拉桥和钢拱桥大于 500m，混凝土拱桥大于 300m。

5）桥下净空

为了满足通航（或行车、行人）的需要和保证桥梁安全而对上部结构底缘以下规定的空间界限。

6）桥梁建筑高度

上部结构底缘至桥面顶面的垂直距离（图 1-1-1 中的 h），线路定线中所确定的桥面高程与通航（或桥下通车、人）净空界限顶部高程之差，称为容许建筑高度。桥梁建筑高度不得大于容许建筑高度。

根据容许建筑高度的大小和实际需要，桥面可布置在桥跨结构的上面或下面。布置在桥跨结构上面的，称为上承式桥梁；桥面布置在桥跨结构下面的称为下承式桥梁；布置在中间的称为中承式桥梁。

7）桥面净空

桥面净空是指桥梁行车道、人行道上方应保持的空间界限，公路、铁路和城市桥梁对桥面净空都有相应的规定。

8）水位

河流中的水位是变动的，枯水季节时的最低水位称为低水位；洪峰季节时河流中的最高水位称为高水位。桥梁设计中按规定的设计洪水频率计算所得到的高水位（很多情况下是推算水位），称为设计水位。在各级航道中，能够保持船舶正常航行时的水位，称为通航水位。

设计洪水位或设计通航水位与桥跨结构最下缘的高差 H，称为桥下净空高度。桥下净空高度应能保证安全排洪，并不得小于对该河流通航所规定的净空高度。

在桥梁建筑工程中，除了上述基本结构外，常常有路堤、护岸、导流结构物等附属工程，其建设费用有时占整个桥梁建筑费用的相当部分。

二、桥梁的分类

1. 桥梁按结构体系分类

桥梁结构的体系包括梁、拱、刚架、悬索、斜拉与组合体系，下面分别阐述各种桥梁体系的主要特点。

1）梁式桥

梁式桥是一种在竖向荷载作用下无水平反力的结构，如图 1-1-3a)、b）所示。由于外力的作用方向与梁式桥承重结构轴线接近垂直，与同样跨径的其他结构体系相比，梁桥内产生的弯矩最大，通常需要用抗弯、抗拉能力强的材料（如钢、配筋混凝土、钢—混凝土组合结构等）来建造。梁桥分简支梁、悬臂梁、固端梁和连续梁等。悬臂梁、固端梁和连续梁都是利用支座上的卸载弯矩去减少跨中弯矩，使桥梁跨内的内力分配更加合理，以同等抗弯能力的构件断面就可以建成更大跨径的桥梁。

对于中、小跨径桥梁，目前在公路上应用最广的是钢筋混凝土简支梁桥，施工方法有预制装配和现浇两种，常用跨径在 25m 以下。当跨径较大时，需采用预应力混凝土简支梁桥，现在预应力简支梁的最大跨径已达 76m。为了改善受力条件和使用性能，地质条件较好时，中、小跨径梁桥也可修建连续梁桥，如图 1-1-3c）所示。连续梁的最大跨径已近 200m。

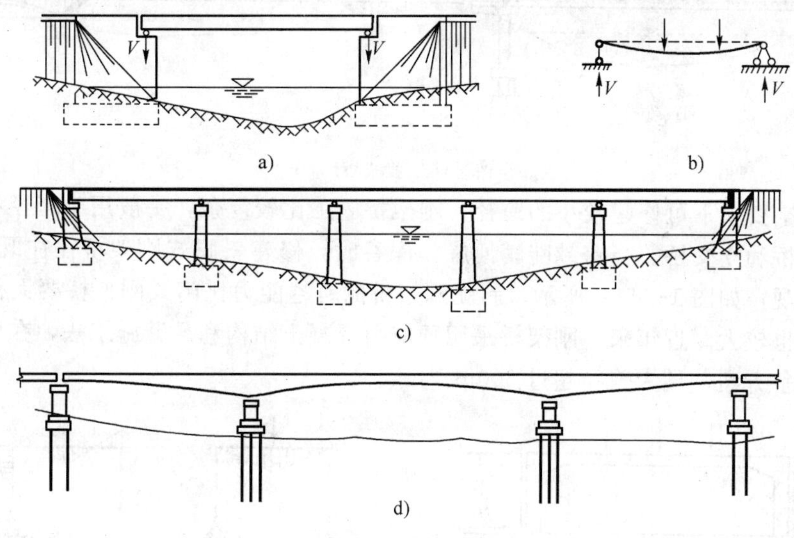

图 1-1-3　梁式桥

2）拱式桥

拱式桥在竖向荷载作用下，桥墩和桥台将承受水平推力，如图 1-1-4c）所示。拱式桥的主要承重结构是拱圈（或拱肋）。由于水平反力的作用，大大抵消了拱圈（或拱肋）内由荷载所引起的弯矩。因此，与同跨径的梁相比，拱的弯矩、剪力和变形都要小得多，鉴于拱桥的承重结构以受压为主，通常可用抗压能力强的圬工材料（如砖、石、混凝土）和钢筋混凝土等来建造。

拱可以分为单铰拱、双铰拱、三铰拱和无铰拱。由于拱是有推力的结构，对地基要求较高，一般常建于地基良好的地区。拱桥不仅跨越能力很大，而且外形似彩虹卧波，十分美观，在条件许可情况下，修建拱桥往往是经济合理的，现在拱桥最大跨径已达 420m。

按照行车道处于主拱圈的不同位置，拱桥分为上承式拱、中承式拱和下承式拱三种，如图 1-1-4 所示。

3）刚架桥

刚架桥是介于梁与拱之间的一种结构体系，它是由受弯的上部梁（或板）结构与承压的下部柱（或墩）整体结合在一起的结构。由于梁与柱的刚性连接，梁因柱的抗弯刚度而得到卸载作用，整个体系是压弯结构，也是有推力的结构。刚架分直腿刚架与斜腿刚架。图 1-1-5a）所示的门式刚架桥，在竖向荷载作用下，柱脚处具有水平反力，梁主要受弯，但弯矩值较同跨径的简支梁小，梁内还有轴向力 H，如图 1-1-5b）所示。刚架桥的桥下净空比拱桥

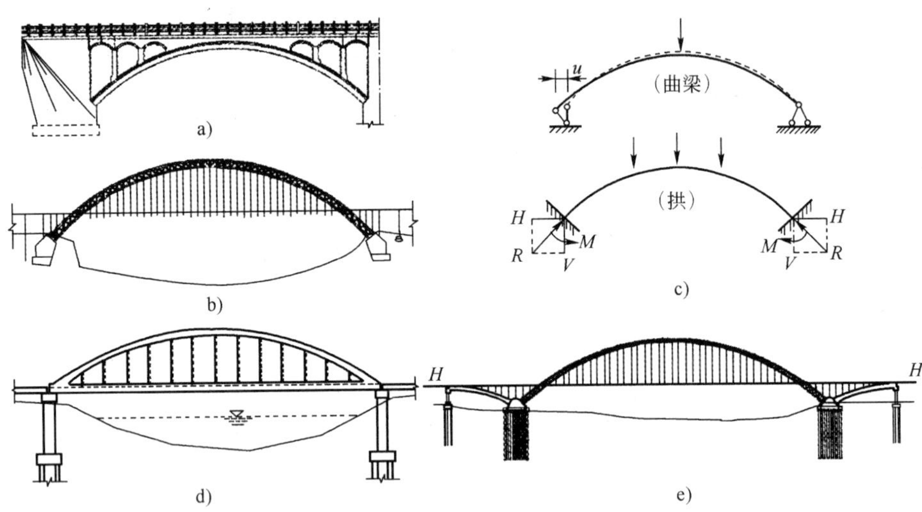

图 1-1-4　拱式桥

大，在同样净空要求下可修建较小的跨径。刚架桥施工比较复杂，一般用于跨径不大的城市桥或公路高架桥和立交桥。当跨越陡峭河岸和深谷时，修建斜腿式刚架桥往往既经济合理、又造型轻巧美观，如图 1-1-5f）所示。斜腿刚架桥的跨越能力比门式刚架桥要大得多，但斜腿的施工难度也较大。近年来，刚架桥采用预应力混凝土结构和悬臂施工法，在城市跨河桥上也是一个竞争方案，最大跨径超过 300m。

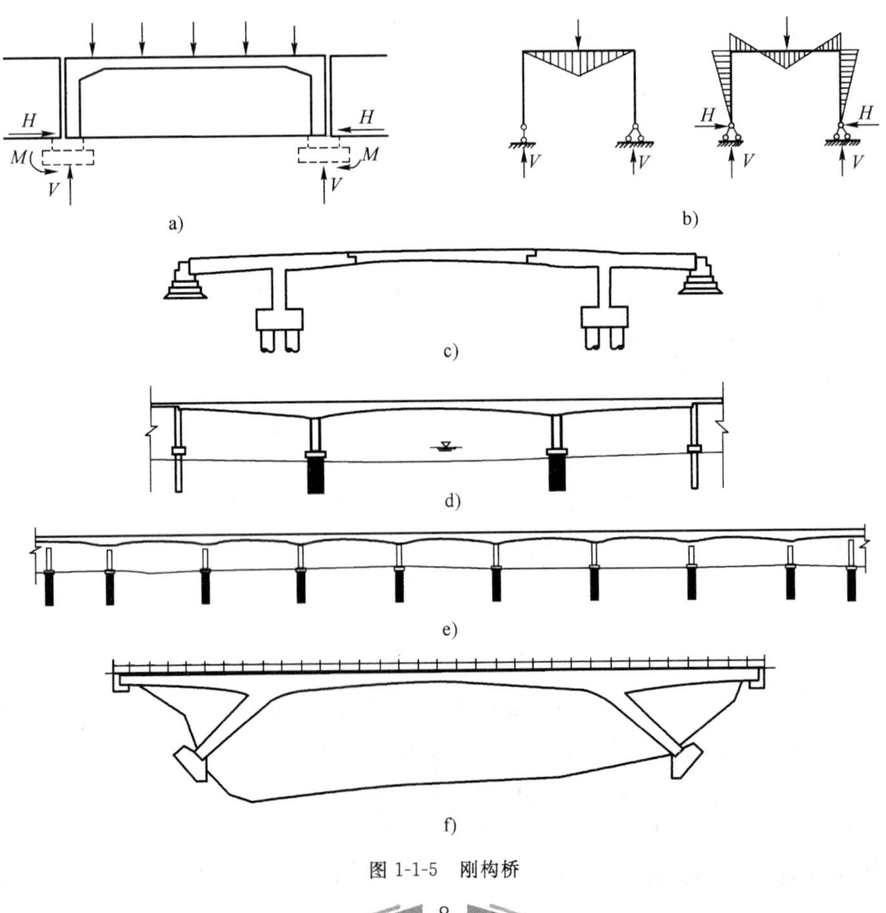

图 1-1-5　刚构桥

4）组合体系

（1）T形刚构、连续刚构

T形刚构、连续刚构都是由梁和刚架相结合的体系，它们是预应力混凝土结构采用悬臂施工法而发展起来的一种新体系。结构的上部梁在墩上向两边采用平衡悬臂施工，首先形成一个T字形的悬臂结构。相邻的两个T形悬臂在跨中可用剪力铰或跨径较小的挂梁连成一体，称为带铰或带挂梁的T形刚构。如结构在跨中采用预应力筋和现浇混凝土区段连成整体，即成为连续刚构。它们又可派生出不同的组合形式，如采用双薄壁墩或边墩上采用连续梁组合等。

不管体系如何组合，刚构桥上部的梁主要是承弯构件。由于采用悬臂施工法，施工机具简单，施工快速，又因结构在悬臂施工时的受力状态与使用时的受力状态基本一致，所以省料、省工、省时，这就使结构的应用范围得到了迅猛发展。据统计，在预应力混凝土桥梁中，这类结构体系（包括连续梁）约占50%以上。本教材将这两种体系列入梁式体系中讲授。图1-1-5c）所示为T形刚构桥；图1-1-5d）所示为连续刚构桥；图1-1-5e）所示为刚构—连续组合体系桥型。

（2）梁、拱组合体系

这类体系中有系杆拱、桁架拱、多跨拱梁结构等。它们利用梁的受弯与拱的承压特点组成联合结构。在预应力混凝土结构中，因梁体内可储备巨大的压力来承受拱的水平推力，使这类结构既具有拱的特点，又非推力结构，对地基要求不高。这种结构施工比较复杂，一般用于城市跨河桥上，最大跨径也已突破150m。

（3）斜拉桥

斜拉桥是由承压的塔、受拉的斜索与承弯的梁体组合起来的一种结构体系，如图1-1-6所示。它的受力特点是：受拉的斜索将主梁多点吊起，并将主梁的恒载和车辆等其他荷载传至塔柱，再通过塔柱基础传至地基。塔柱以受压为主，主梁如同多点弹性支承的连续梁，使主梁内的弯矩大大减小，结构自重显著减轻，大幅度提高了斜拉桥的跨越能力。由于同时受到斜拉索水平分力的作用，主梁截面的基本受力特征是偏心受压构件。此外，由于塔柱、拉索和主梁构成稳定的三角形，斜拉桥的结构刚度较大。已建成的斜拉桥最大跨径已达890m。

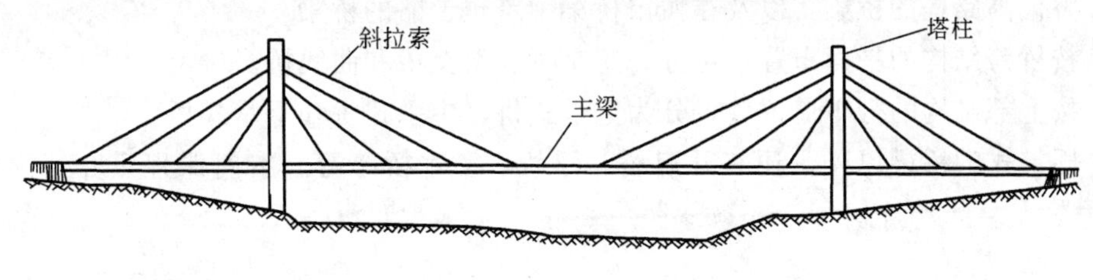

图1-1-6　斜拉桥

5）悬索桥

悬索桥（也称吊桥）的承载系统包括缆索、塔柱和锚碇三部分。缆索是主要承重结构，在桥面系竖向荷载作用下，通过吊杆使缆索承受很大的拉力，缆索锚于悬索桥两端的锚碇结构中，如图1-1-7所示。为了承受巨大的缆索拉力，锚碇结构需要做得很大（重力式锚碇），或者依靠天然完整的岩体来承受水平拉力（隧道式锚碇）。由于缆索传至锚碇的拉力可分解为垂直和水平两个分力，因而悬索桥也是具有水平反力（拉力）的结构。现代悬索桥广泛采用高强度的多股钢丝编织形成钢缆，以充分发挥其优良的抗拉性能。悬索桥以其受力性能好，跨越能力大，轻型美观、抗震能力好，而成为跨越大江大河、海峡港湾的首选桥型，已建成的悬索桥最大跨径已达 1991m。图 1-1-7a）为单跨式悬索桥，图 1-1-7b）则为三跨式悬索桥。

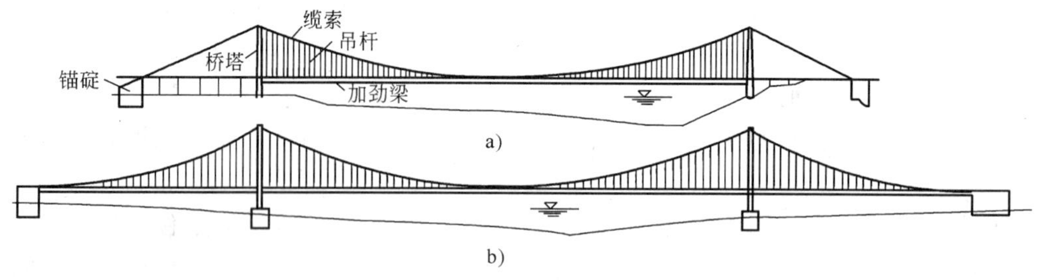

图 1-1-7　悬索桥

悬索桥的刚度较小，属柔性结构，在车辆荷载作用下，悬索桥将产生较大的变形；另外，悬索桥的风致振动及稳定性在设计和施工中也需予以特别的重视。

2. 桥梁的其他分类简介

除了上述按受力特点分成不同的结构体系外，还可以按桥梁的用途、大小规模和建桥材料等将桥梁进行分类：

（1）按用途来划分，有公路桥、铁路桥、公铁两用桥、农桥（或机耕道桥）、人行桥、水运桥（或渡槽）、管线桥等。

（2）按桥梁全长和跨径的不同，分为特大桥、大桥、中桥、小桥和涵洞，见表 1-1-1 所列。

（3）按照主要承重结构所用的材料划分，有圬工桥（包括砖、石、混凝土桥）、钢筋混凝土桥、预应力混凝土桥、钢桥、钢－混凝土组合桥和木桥等。木材易腐，且资源有限，一般不用于永久性桥梁。

（4）按跨越障碍的性质，可分为跨河桥、立交桥、高架桥和栈桥。高架桥一般指跨越深沟峡谷以替代高路堤的桥梁，以及在城市桥梁中跨越道路的桥梁。

（5）按桥跨结构的平面布置，可分为正交桥、斜交桥和曲线桥。

（6）按上部结构的行车道位置，分为上承式桥、中承式桥和下承式桥。

除了固定式的桥梁以外，还有开启桥、浮桥、漫水桥等等。本门课程只介绍固定式桥梁。

第三节　桥梁的发展和现状

在人类文明的发展史中，桥梁占有重要的一页。桥梁建设是随着经济发展带来的交通需要和科学技术的可能而发展起来的，它从一个侧面反映了一个国家生产、经济与科学技术的发展程度。

一、我国桥梁的发展和现状

我国古代的桥梁技术曾经有过辉煌的业绩，以河北省赵县赵州桥，福建省泉州洛阳桥，

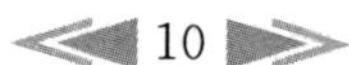

北京卢沟桥以及绍兴、苏州等江南著名水网城市形态各异的千百座桥梁为代表的古代桥梁，无论是其造型艺术、工程技巧、文化蕴涵还是人文景观，都在世界上占有很高的地位。

但就近代桥梁而言，由于内外战乱，我国的桥梁科学技术曾一度陷于停滞状态，大大落后于西方发达国家。我国的现代桥梁建设是从20世纪50年代开始得到发展，1957年武汉长江大桥的建成通车，揭开了我国现代桥梁建设史的开篇。

1978年改革开放后的我国的桥梁建设事业突飞猛进，不断刷新国内纪录与世界纪录，把我国的桥梁科学技术提高到了一个新的高度。我国高速公路的建设1988年实现零的突破，到2003年高速公路的里程达到了近3万公里；公路桥梁的建设也取得了令世人瞩目的成就，在1990年～2003年，桥梁总数由16.9万座增加到30.1万座，桥梁总长由505.6万米增加到1246.6万米，建成了许多世界级的公路桥梁，一大批结构新颖、技术复杂、设计和施工难度大、科学技术含量高的大跨径桥梁脱颖而出。我国的桥梁科学技术在原来基础条件总体上十分薄弱的情况下，只用了40余年的时间，就迅速进入国际先进行列。

1. 混凝土梁桥

我国跨径最大的简支梁桥，是1997年建成的昆明南过境干道高架桥，跨径为63m。

进入20世纪80年代，对称平衡悬臂法施工的大跨度预应力混凝土箱形截面连续梁桥得到了迅速的发展，1991年建成的云南六库怒江大桥（图1-1-8），主桥跨径为85m＋154m＋85m预应力混凝土连续梁，2001年7月建成通车的南京长江第二大桥北汊桥，其主桥跨径为90m＋3×165m ＋ 90m，是我国目前跨度最大的预应力混凝土连续梁桥。

图1-1-8　云南六库怒江大桥

连续刚构的特点是梁保持连续，墩梁固结。这样既保持了连续梁无伸缩缝、行车平顺的优点，又保持了T形刚构不设支座的优点，同时避免了连续梁和T构的缺点，因而连续刚构桥在我国发展很快。

1988年建成的广东洛溪大桥是中国第一座大跨径PC连续刚构桥。该桥跨径为65m＋125m＋180m＋110m，主梁为单室箱。在洛溪大桥上我国第一次采用大吨位预应力体系和平弯钢索，成为PC连续刚构桥迅速发展的一个重要开端。

1996年建成的黄石长江大桥，跨径为162.5m＋3×245m＋162.5m ，全长1060m，是目前我国最长的PC连续刚构桥。

1997年建成的虎门大桥辅航道桥（图1-1-9）是目前我国PC连续刚构桥的最大跨径。该桥位于R＝7000m的平曲线上，跨径为150m＋270m＋150m，主梁为单室箱。虎门大桥辅航道桥是我国 PC 连续刚构桥发展中的一座重要桥梁，在设计、施工、科研上均取得重要成果，为我国修建 300m 以上的 PC 连续刚构桥做好了充分的准备。

图 1-1-9 虎门大桥辅航道桥

此后又相继建成了泸州长江二桥（主跨 240m）、重庆黄花园大桥（主跨 250m）以及贵州六广河大桥（主跨 240m）等。

目前主跨为 280m 的奉节长江大桥设计正在进行中，而在伶仃洋通道横门东航道桥工程的规划中，已提出主跨为 318m 的 PC 连续刚构桥方案。表 1-1-2 列举了我国跨径大于 240m 的 PC 连续刚构桥。

我国大跨径 PC 连续刚构桥（$L>240$m） 表 1-1-2

序号	桥名	跨径（m）	建成年代
1	虎门大桥辅航道桥	150＋270＋150	1997
2	云南元江大桥	58＋182＋265＋194＋70	2003
3	宁德下白石大桥	145＋2×260×145	2004
4	泸州长江二桥	145＋252＋54.8	2001
5	重庆黄花园大桥	137＋3×250＋137	1999
6	马鞍山嘉陵江大桥	146＋3×250＋146	2002
7	黄石长江大桥	162.5＋3×245＋162.5	1995
8	江津长江大桥	140＋240＋140	1997
9	重庆高家花园嘉陵江大桥	140＋240＋140	1997
10	贵州六广河大桥	145.1＋240＋145.1	2000
11	重庆龙溪河大桥	140＋240＋140	2001

2. 拱桥

拱桥是中国最常用的一种桥梁结构形式，其样式之多，数量之大，为各种桥型之冠。

1）石拱桥

石拱桥在我国历史极其悠久，举世闻名的河北省赵县赵州桥（又名安济桥），就是古代石拱桥的杰出代表（图 1-1-10）。该桥在公元 605 年为李春所创建，是一座空腹式圆弧形石拱桥，净跨 37.02m，宽 9m，拱圈两肩各设二个腹拱，其设计构思和工艺之精巧，为世界少见。1990 年建成的湖南凤凰县乌巢河石拱桥，全长 241m，主跨 120m，矢跨比 1/5，结构轻盈，造型美观，是当时世界上最大跨径的石拱桥。2001 年建成的山西晋城-焦作高速公路上的丹河大桥（图 1-1-11），全长 413.17m，主跨 146m，高 81.6m，宽 24.8m，是目前世界上最大跨度的石拱桥，也是单孔跨径大于 100m 的大跨径石拱桥首先在我国高速公路上使用。

图 1-1-10　赵州桥

图 1-1-11　丹河大桥

2）混凝土拱桥

我国在建造钢筋混凝土拱桥的实践中进行过系列的研究，如：拱轴线优化；混凝土徐变对内力重分布的影响；连拱计算；拱桥荷载横向分布；各种形式拱桥的设计计算理论的创立与完善；以及拱桥的施工控制研究等。在拱桥的施工方法中也有创新，如：采用缆索吊装架设法的最大跨度是 1979 年建成的四川宜宾马鸣溪大桥（主跨 150m）；采用支架法的最大跨度是 1982 年建成的四川攀枝花市宝鼎大桥（主跨 170m）；采用转体法的最大跨度是 1990 年建成的重庆涪陵乌江大桥（主跨 200m）。1990 年宜宾南门金沙江大桥在国内首先采用劲性骨架，建成了主跨 240m 中承式钢骨混凝土拱桥。接着广西邕宁邕江大桥改进了工艺（劲性骨架采用钢管混凝土），于 1996 年建成了主跨 312m 中承式劲性骨架混凝土拱桥。此后四川省重庆万县长江大桥又大胆创新，于 1997 年建成了主跨达 420m，为目前世界上最大跨度和规模的劲性钢骨架混凝土拱桥（图 1-1-12）。

图 1-1-12　重庆万县长江大桥

1995 年贵州建成了混凝土桁架拱桥江界河大桥（图 1-1-13），主跨为 330m，创造了该类拱桥跨径的世界最新记录。江界河大桥跨越乌江峡谷，桥面离水面 270m，采用预应力混凝土组合拱桥，以预应力混凝土梁为上弦，钢筋混凝土拱为下弦，中间以预应力混凝土竖杆与斜杆相连。桥宽 13.4m，上弦单箱 8 室，高 2.2m，采用悬臂拼装法施工。

图 1-1-13　江界河大桥

3）钢管混凝土拱桥

拱桥作为压弯结构，随着跨径的增大，高强材料的应用受到稳定问题的制约；而钢筋混凝土拱桥由于自重较大，施工架设问题也突出。因此，高强材料的应用和无支架施工的困难，制约了大跨径拱桥的发展。由于钢管混凝土（简称 CFST）结构在桥梁上的应用，可以同时解决拱桥高强度材料的应用和施工架设两大难题，因此 CFST 拱桥在我国发展很快。

我国第一座 CFST 拱桥是建于 1990 年 10 月的四川旺苍东河大桥，跨度为 115m。据不完全统计，目前我国建成跨径大于100m的CFST拱桥有60多座，其中最大跨径为2000年建成的广州丫髻沙珠江大桥。

丫髻沙大桥为（76＋360＋76）m三跨连续中承式CFST拱桥（图1-1-14）。丫髻沙大桥的最大施工特点是采取转体施工，所谓转体施工就是将钢管混凝土拱的半跨主跨和钢筋混凝土的边跨作为一个转体单元，沿河岸搭支架拼装转体单元，然后竖转主拱肋至设计高度，再利用边跨作为平衡重，平转转体单元就位、合龙。转体施工可以减少桥梁施工对珠江通航的影响。

图1-1-14　广州丫髻沙大桥

下承式CFST系杆拱桥——武汉江汉三桥于2000年12月30日建成通车。该桥全长2048m，主桥净跨280m，为目前我国国内同类桥梁中的最大跨度。

2005年建成的巫山长江大桥（主跨460m）是目前CFST拱桥的世界纪录（图1-1-15）。表1-1-3列举了我国跨径大于200m的CFST拱桥。

图1-1-15　巫山长江大桥

我国大跨径钢管混凝土拱桥表（$L>200$m）　　表 1-1-3

序　　号	桥　　名	建成年代	主　跨　(m)	矢　跨　比
1	重庆市巫峡长江大桥	2005	460	1/3.8
2	益阳茅草街大桥	建设中	368	1/5
3	广州丫髻沙珠江大桥	2000	360	1/4.5
4	南宁永和大桥	2004	338	1/4
5	淳安南浦大桥	2003	308	
6	重庆奉节梅溪河桥	2001	288	1/5
7	武汉江汉三桥	2001	280	1/5
8	广西三岸邕江大桥	1998	270	1/5
9	湖北秭归青甘河大桥	2000	256	1/4
10	浙江三门健大桥	2001	245	1/5
11	武汉江汉五桥	2000	240	1/5
12	浙江铜瓦门大桥	1999	238	1/4.8
13	贵州水柏铁路北盘江大桥	2001	236	1/4
14	连徐高速京杭运河大桥	2001	235	1/4
15	广西六景邕江大桥	1999	220	1/5
16	湖北秭归龙潭河大桥	2000	208	1/5
17	四川眉山岷江大桥	建设中	206	1/5
18	四川绵阳涪江大桥	1997	202	1/4.5
19	广东南海三山西大桥	1995	200	1/4.5

4）钢拱桥

钢拱桥在我国主要用于铁路桥或公路铁路两用桥。公路桥梁中大跨径钢拱桥修建较少，最大跨径的钢拱桥是四川攀枝花 3002 桥（主跨 180m）。上海的卢浦大桥（图 1-1-16）全长 750m，采用中承式拱梁组合体系钢拱桥，主跨为 550m，矢跨比 1/5.5，边跨采用 100m 的上承式拱梁结构，两边跨端横梁之间布置强大的水平拉索，以承受主跨拱助的水平推力。该桥通航净空 46m，主桥宽 28.75m，采用全钢焊接钢结构，2003 年建成通车，是目前跨度居世界第一的钢系杆拱桥。

值得一提的是我国在组合桥梁结构的设计与建造方面也有了突飞猛进的发展，正在建设中的重庆朝天门长江大桥，位于重庆的长江与嘉陵江交汇处下游，为公路和轨道交通两用桥梁，主桥全长 936m，为中承式钢桁连续系杆拱桥，桥跨布置为 190 m ＋552 m ＋190 m，是同类桥型世界排名第一，预计 2008 年建成通车（图 1-1-17）。

另一座重庆菜园坝长江大桥是连接长江两岸渝中区及南岸区的城市桥梁，主桥采用公路和轨道交通两用刚构、钢桁梁、系杆拱组合结构，跨径布置为 88m＋102m＋420m＋102m＋88m。菜园坝长江大桥采用公（路）轨（道）两用的刚构、钢桁梁、系杆拱组合结构，一对边跨预应力混凝土刚构和一个中跨钢箱提篮拱三个相对分离的子结构通过中跨系杆及边跨系杆连接成 420m 的系杆拱；独立的边跨系杆索配合竖向拉杆索使得对刚构施工及成桥后的内力进行主动控制成为可能。这一结构体系最大限度地利用了混凝土具有耐久、抗压、经济以

图 1-1-16　上海卢浦大桥

图 1-1-17　重庆朝天门长江大桥效果图

及钢具有轻质、高强的特性，体现了经济、美观、安全、实用的完美结合。大桥已于 2007 年 10 月通车（图 1-1-18）。

图 1-1-18　重庆菜园坝长江大桥效果图

3. 斜拉桥

我国的斜拉桥起步稍晚，1975 年建成的跨径 76m 的四川云阳桥是国内第一座斜拉桥，80 年代中后期是中国斜拉桥发展的鼎盛时期，至今为止建成或正在施工的斜拉桥共有 100 余座，其中跨径大于 200m 的有 52 座。跨度超过 400m 的斜拉桥已达 20 座，居世界首位。

1991 年建成的上海南浦大桥，开创了中国修建 400m 以上大跨度斜拉桥的先河（图 1-1-19）。南浦大桥全长 8346m，浦东引桥长 3746m，浦西引桥长 3754m。主桥采用钢与混凝土结合梁形式，主跨跨径 423m，桥面宽 30.35m，通航净空 46m。塔高 150m，采用折线 H 形钢筋混凝土塔柱。大桥设有 4 部垂直电梯，供游人上桥游览观光。

图 1-1-19　上海南浦大桥

2001 年中国建成了南京长江二桥钢箱梁斜拉桥和福建青州闽江结合梁斜拉桥，使中国的斜拉桥建设技术进一步提高。

南京长江二桥位于 1968 年建成通车的南京长江大桥下游 11km 处，全长 21.197km，其中南汊的主桥为跨径 305m＋628m＋305m 的钢箱梁斜拉桥，是继日本多多罗大桥，法国诺曼底大桥之后的世界第三跨径的斜拉桥（图 1-1-20）。

图 1-1-20　南京长江二桥

南京长江二桥的南、北两主塔基础施工难度很大，采用了直径 36m，高 65.5m 双壁钢围堰，围堰内设 21 根 ϕ3m 的钻孔灌注桩，长度分别为 102m 和 87m，堰底的封底混凝土厚 8.5 m，承台钢筋混凝土厚 6 m。由上述双壁钢围堰、基桩、封底混凝土、钢筋混凝土承台构成的大型联合基础可以承受 5×10^5kN 的桥梁动静荷载和 75000kN 的船舶水平撞击荷载。

主塔为钢筋混凝土分离式倒 Y 形结构，塔高 195m，斜拉索索面扇形布置，主梁为扁平钢箱梁，梁高 3.5m，桥宽 38.2m，采用船运块件，悬臂拼装焊接的方法施工安装。

斜拉桥结构按其上部结构的不同，可分为全钢结构斜拉桥，混凝土斜拉桥，结合梁斜拉桥和混合体系斜拉桥，其中结合梁斜拉桥因充分发挥了混凝土抗压性能和钢材抗拉性能的特点，同时与全钢结构相比具有桥面刚度大，维护费用低及行车舒适度高的优势，在中国大跨径斜拉桥的选型中被大量采用（南浦大桥也是结合梁斜拉桥）。

福州市的青州闽江大桥是主跨 605m 的组合梁斜拉桥，在组合梁斜拉桥类型中位居世界第一（图 1-1-21）。

图 1-1-21　青州闽江大桥

2002 年 5 月中国建成了亚洲最大的单塔混合体系斜拉桥——天津海河大桥（图 1-1-22）。海河大桥位于天津海河入海口西侧，全长 2650m，正桥的主跨 310m，为钢箱梁结构；边跨 190m，为混凝土箱梁结构。主塔高 168m，通航净空 37.5m。

在混凝土斜拉桥方面，我国已建成的混凝土斜拉桥数量居世界第一，其中跨度大于 400m的就有 6 座，如湖北鄂黄长江大桥，主跨 480m；重庆大佛寺长江大桥，主跨 450m 等；重庆长江二桥，主跨 444m 等。已通车的湖北荆州长江公路大桥北汊桥为（200m＋500m＋200m 的双塔双索面预应力混凝土斜拉桥，表明我国具备了建设 500m 混凝土斜拉桥的能力。

我国的多跨连续斜拉桥直到 1999 年香港汀九大桥（图 1-1-23）的建成才实现。汀九大桥为一座三塔五跨，主跨 2×475m 组合梁桥面的斜拉桥，它的成功为今后跨海工程需要建造多跨连续斜拉桥开辟了一条新路，具有重要意义。表 1-1-4 列举了我国主跨 400m 以上的斜拉桥。

图 1-1-22　天津海河大桥

图 1-1-23　香港汀九大桥

目前我国有两座跨度超千米的斜拉桥正在规划建设中。香港昂船洲大桥主跨为 1018m，计划 2009 年开通；江苏苏通长江公路大桥（图 1-1-24），主跨为 1088m，已与 2008 年 6 月通车。它们都将打破日本多多罗主跨 890m 斜拉桥的世界记录，表明我国斜拉桥的设计施工水平已迈入国际先进行列。

图 1-1-24　苏通长江大桥

我国大跨径斜拉桥表（$L>400$m）　　表 1-1-4

序号	桥　名	建成年代	主跨（m）	塔形与塔高（m）	拉索种类	主梁形式
1	江苏苏通大桥	建设中	1088			混合梁
2	香港昂船洲大桥	建设中	1018			混合梁
3	南京长江三桥	2005	648	人字形塔，215		钢箱梁
4	南京长江二桥南汊桥	2001	628	倒 Y 形塔，195.4	平行钢丝	钢箱梁
5	武汉白沙洲长江大桥	2000	618	A 形塔，175	平行钢丝	钢箱梁
6	福建青洲闽江大桥	2001	605	A 形塔，175	钢绞线	结合梁
7	上海杨浦大桥	1993	602	倒 Y 形塔，204	平行钢丝	结合梁
8	上海徐浦大桥	1993	590	A 形塔，210	平行钢丝	结合梁
9	舟山桃夭门大桥	2003	580	A 形塔，151	平行钢丝	钢箱梁
10	汕头石大桥	1998	518	A 形塔，168	钢绞线	钢箱梁
11	安徽安庆长江大桥	2005	510	倒 Y 形塔，179.1	待定	钢箱梁
12	湖北荆州长江大桥	2002	500	H 形塔，139.2	平行钢丝	混凝土梁
13	湖北鄂黄长江大桥	2002	480	倒 Y 形塔，172.3	平行钢丝	混凝土梁
14	湛江海湾大桥	建设中	480			混合梁
15	武汉天兴州长江大桥	建设中	480			
16	香港汀九大桥	1999	475	独柱，157.4	平行钢丝	结合梁
17	武汉军山长江大桥	2001	460	倒 Y 形塔，163.5	平行钢丝	钢箱梁
18	重庆奉节长江大桥	建设中	460			混凝土梁
19	重庆大佛寺长江大桥	2001	450	H 形塔，159.2	平行钢丝	混凝土梁
20	杭州湾跨海大桥	建设中	448		平行钢丝	混凝土梁
21	重庆长江二桥	1996	444	H 形塔，141.5	平行钢丝	混凝土梁
22	安徽铜陵长江大桥	1996	432	H 形塔，153	平行钢丝	混凝土梁
23	香港汲水门大桥	1997	430	H 形塔，150	钢绞线	结合梁
24	上海南浦大桥	1991	423	H 形塔，149.5	平行钢丝	结合梁
25	湖北巴东长江大桥	建设中	420		平行钢丝	混凝土梁
26	上海东海大桥	2005	420			钢箱梁
27	湖北郧阳汉江大桥	1993	414	倒 Y 形塔，108.5	平行钢丝	混凝土梁
28	润扬长江北汊桥	2005	406	倒 Y 形塔，146.9	钢绞线	钢箱梁
29	武汉长江二桥	1995	400	H 形塔，153.6	平行钢丝	混凝土梁

4. 悬索桥

我国现代悬索桥技术的起步较晚，但发展迅速，1995 年建成的主跨为 452m 的汕头海湾大桥标志着我国现代悬索桥开始发展。

汕头海湾大桥是一座三跨双铰预应力混凝土箱型加劲梁的悬索桥，主桥全长 760m，中孔跨度 452m，两边孔各为 154m，桥面宽 23.8m。该桥的最大特点是采用预应力混凝土结构作为悬索桥的加劲梁（图 1-1-25），倒机翼形外轮廓，空气动力特性十分良好。

此后在 1996 年建成主跨 900m 的单跨钢箱加劲梁的西陵长江大桥，1997 年建成主跨

图 1-1-25　汕头海湾大桥

888m 的广东虎门大桥和主跨 1377m 的香港青马大桥（公路和铁路两用桥），1999 年建成了主跨 1385m、名列世界第四位的江苏省江阴长江大桥。

江阴长江大桥位于江阴市与靖江县之间，是我国第一座跨径超千米的高速公路桥，全桥总长近 3km。江阴长江大桥的主桥布置为 336.5m＋1385m＋309.34m，加劲梁为钢箱梁结构，箱高 3m；边跨是与钢箱梁等高的预应力混凝土箱梁（图 1-1-26）。桥面净宽 29.5m，桥下通航净高 50m。缆索的垂跨比为 1/10.5，主缆直径 864mm。

图 1-1-26　江阴长江大桥

1999 年建成的厦门海沧大桥是我国第一座三跨连续全飘浮体系钢箱梁悬索桥，全长 1108m，主跨 648 m，边跨 230m，桥面宽 32m（图 1-1-27），缆索的垂跨比为 1/10.5，主缆直径 570mm。索塔采用大直径群桩基础，每塔墩设 28 根钻孔桩。

2005 年 5 月建成的江苏润扬大桥（图 1-1-28）全长 7371 m，其中：北汊主桥为斜拉桥，采用 176m＋406m＋176m 的三跨双塔双索面钢箱梁斜拉桥；南汊主桥为悬索桥，采用跨径 1490m 的单孔双铰钢箱梁悬索桥，加劲梁采用全焊扁平流线型封闭钢箱梁，箱高 3m，总宽 38.7m。塔高 210m，为钢筋混凝土箱形结构。润扬大桥是全部由我国自己设计、自己施工、自己监理、自己管理的特大型现代化桥梁。润扬大桥建设规模之大、难度之高、技术之复

图 1-1-27　厦门海沧大桥

杂，不仅为我国桥梁建设史上所罕见，也堪称当今世界之最。润扬大桥悬索桥将占据我国第一、世界第三的位置。

图 1-1-28　江苏润扬大桥

目前，我国正在规划建设中的长大悬索桥有青岛海湾大桥（主跨 1652m）、琼州海峡大桥（为 650m＋1600m＋650m 的三跨连续悬索桥）和香港青龙大桥（主跨 1418m）等。表 1-1-5列举了我国主跨 600m 以上的悬索桥。

我国大跨径悬索桥表（$L>600$m）　　表 1-1-5

序号	桥　名	建成年代	主跨（m）	主缆（mm）	桥塔高度（m）	加劲梁型式
1	青岛海湾大桥	规划中	1652			
2	琼洲海峡大桥	规划中	1600			
3	江苏润扬长江大桥	2005	1490	PWS -2 * 868	215.6	钢箱梁
4	香港青龙大桥	规划中	1418			
5	江阴长江大桥	1999	1385	PWS -2 * 870	197	钢箱梁
6	香港青马大桥	1997	1377	AS -2 * 1100	206	钢箱梁

续上表

序号	桥　　名	建成年代	主跨（m）	主缆（mm）	桥塔高度（m）	加劲梁型式
7	湖北阳逻长江大桥	建设中	1280		160	钢箱梁
8	湖北宜昌长江大桥	2001	960	PWS -2 * 640	142.3	钢箱梁
9	湖北西陵长江大桥	1996	900	PWS -2 * 550	120	钢箱梁
10	广东虎门大桥	1997	888	PWS -2 * 687	147.8	钢箱梁
11	厦门海沧大桥	1999	648	PWS -2 * 570	128	钢箱梁
12	重庆鹅公岩长江大桥	2000	600	PWS -2 * 570	148	钢桁架

5. 现代化城市的重要标志——城市立交桥

城市人口的急剧增加使车辆日益增多，平面立交的道口造成车辆堵塞和拥挤，需要通过修建立交桥和高架道路形成多层立体的布局，以提高车速和通过能力。城市环线和高速公路网的联结也必须通过大型互通式立交进行分流和引导，保证交通的畅通。

从20世纪60年代起我国就开始建造最初的立交桥。1970年北京在原城墙的基础上修筑了第一条快速二环路，并相继建造了与长安街相交的复兴门立交桥和建国门立交桥，采用机动车和非机动车分行的三层苜蓿叶形布置，是我国修筑城市立交的先声。

改革开放以后，广东于1983年率先修建了城市高架路以缓解日益拥挤的交通，如广州人民路高架以及区庄四层立交桥。20世纪80年代中期北京三元桥、天津中山门桥、广州大道桥、沈阳灯塔桥和北京四环路安慧桥相继建成，形成了全国兴建立交桥的第一次高潮。

20世纪80年代末的上海终于迎来了开发浦东的机遇。内环线高架、成都路南北高架和延安路东西高架形成了上海市的“申”字形城市高架路，极大地改善了市区的交通，其中位于延安路和成都路交点的五层立交以及沿内环线结点的几座立交（漕溪路立交，共和新路立交，延安西路立交，龙阳路立交和罗山路立交），都各有特点，初步展现了上海大都市的现代化风貌。

20世纪90年代后期上海开始修建外环线西段和南段，通过曹安路立交和莘庄立交把外环线和沪宁、沪杭两条高速公路联结起来，在本世纪末实现了上海和江浙两省交通干线的通畅。

6. 桥梁基础工程

我国在深水急流中修建了不少桥梁，已积累了极为可贵的深水基础工程的设计和施工经验。20世纪50年代，我国修建武汉长江大桥时，在世界上首次采用了大型管柱基础。随后，这种先进的深水基础形式得到了推广和发展，大型管柱的直径从1.55m发展到5.8m，最大埋置深度达47.5m。在沉井施工方面，由于成功地采用了先进的触变泥浆套下沉技术，大幅度地减小了基础圬工数量，加快下沉速度。在中、小跨径公路桥建设中，我国还广泛采用和推广了就地成孔的钻孔灌注桩基础。北镇黄河公路桥成功地采用这种基础施工，钻孔深度达104m。

为了排除钻孔坍孔的危险，又发展了套管法施工桩基础。在大跨桥梁中，除了采用大型管柱钻孔桩基础外，还有管柱桩与沉井组合基础，常用于深水桥墩。在大型基础施工中，还开创使用双壁钢围堰与钻孔灌注桩基础。

随着桥梁向大跨、轻型、高强、整体方向的发展，桥梁下部结构形式出现日新月异的变化。我国深水桥墩设计与施工水平，虽已处于世界前列，但我国江河纵横，海岸线很长，沿海有开发价值的岛屿众多，规划中的大桥甚至要修建70～100m水深的基础工程。这将是桥梁工程与近海工程结合的发展时代。

综上所述，近年来我国的桥梁建筑发展很快，究其原因，除了由于我国经济的不断发展，为能源、信息、交通等基础设施的发展创造有利条件外，还有以下几个方面的因素：①新材料的不断发展和使用，如高强钢、高强混凝土材料等已广泛应用在桥梁结构中；②计算机技术的迅速发展和桥梁计算软件的广泛应用，解决了复杂结构体系的受力分析问题；③采用桥梁施工的新设备、新方法，如预应力混凝土的悬臂施工法、钢桥的栓焊结构等；④施工监控中也普遍采用新设备，进一步保证了施工质量；⑤重视桥梁结构的科学研究，对大跨桥梁结构进行风洞试验、抗震试验、结构检验等；⑥改革开放以后，国际间的交流合作日益增多，不断吸收国外先进技术，使设计人员的创新理念、设计水平大大提高。

1991年交通部提出了“五纵七横”国道主干线主骨架系统（图1-1-29），拟用30年左右的时间建成，将全国重要城市、工业中心、交通枢纽和主要陆上口岸连接，逐步形成一个与国民经济发展格局相适应，与其他运输方式相协调，主要由高速公路、一级公路组成的安全、快速、高效的国道主干线系统。该系统的建设必将对促进经济发展、加强我国省际间和大中城市间中长距离的交通运输起到十分重要的作用。

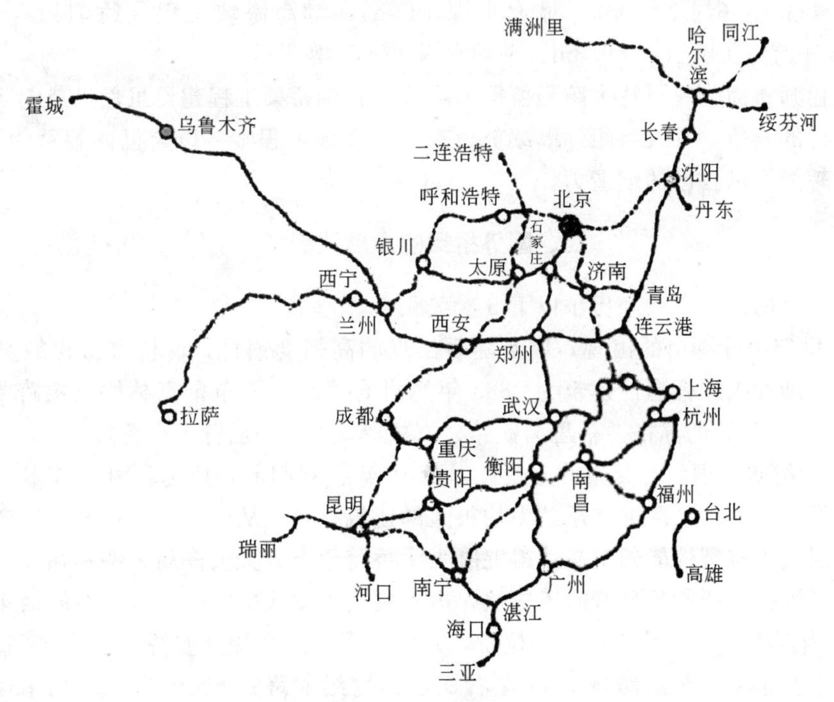

图1-1-29 我国“五纵七横”公路网示意图

“五纵”指南北方向的五条公路，它们是：黑龙江省同江县—海南省三亚市；北京市—广东省珠海市；北京市—福建省福州市；重庆市—广东省湛江市；内蒙古自治区二连市—云南省河口市。

“七横”指东西方向的七条公路，它们是：江苏省连云港市—新疆维吾尔自治区霍城县；

上海市—四川省成都市；黑龙江省绥芬河市—内蒙古自治区满洲里市；辽宁省丹东市—西藏自治区拉萨市；山东省青岛市—宁夏回族自治区银川市；上海市—云南省瑞丽市；湖南省衡阳市—云南省昆明市。

2005 年 1 月，国务院通过了国家高速公路网“7918”规划，我国将用 30 年完成 8.5 万 km 的高速公路网建设。该高速公路网可覆盖 10 多亿人口，把我国人口超过 20 万的城市全部连接起来，加上地方的高速公路，届时我国高速公路总里程将达到 12 万公里左右。

国家高速公路网采用放射线与纵横网格相结合的布局形态，构成由中心城市向外放射以及横连东西、纵贯南北的公路交通大通道，包括 7 条首都放射线、9 条南北纵向线和 18 条东西横向线，简称为“7918 网”。这个网络将连接全国所有的省会级城市、目前城镇人口在 20 万以上的城市，并与其他运输方式相互衔接，连接起包括 50 个铁路枢纽、67 个航空枢纽、140 多个公路枢纽和 50 个水路枢纽在内的全国所有重要的交通枢纽城市，形成综合运输大通道和较为完善的集疏运系统。

公路的建设大大促进了桥梁的发展。跨入 21 世纪，2005 年 6 月我国建成了东海大桥，该桥连接上海南汇芦潮港与洋山岛深水港，总长约 31km，是我国第一座真正意义上的跨海大桥。无论从设计、施工、管理，还是从技术规范和建桥理论上，都将为我国跨海大桥的建设奠定坚实的基础。2008 年 5 月通车的杭州湾跨海工程全长约 36km，平均水深约 8～12m，是目前世界上已建或在建的最长的跨海大桥，现在正在建设的有长江口越江工程和正在规划的有琼州海峡工程（约 29.5km，最大水深 160m）、渤海海峡工程（约 75km，最大水深 60m）、伶仃洋跨海工程（约 49.3m，平均水深 11m）等。

我国工程师将面临建设特大跨径桥梁的挑战。我国桥梁工程建设虽然迅速起飞，但也要接受国外同行的竞争，寻找差距，继续努力奋斗。我国工程师将以自己的智慧为 21 世纪桥梁工程再创辉煌贡献自己的创造力。

二、国外桥梁的发展和现状

世界上桥梁的发展大致经历了以下 3 次飞跃：

（1）19 世纪中叶钢材的出现，以及随后出现的高强度钢材，使桥梁工程的发展第一次飞跃，跨度不断加大。标志性建筑为 1883 年建成的美国纽约布鲁克林桥（主跨 486m 的悬索桥）和 1890 年建成的苏格兰福思湾铁路桥（主跨 520m 的悬臂钢桁桥）。

（2）20 世纪初，钢筋混凝土的应用，以及 30 年代兴起的预应力混凝土技术，使桥梁建设获得了廉价、耐久、且刚度和承载力均很大的建筑材料，从而推动桥梁的发展产生第二次飞跃。由于混凝土抗裂性能的提高使得混凝土梁桥跨越能力大大提高，特别在 20 世纪 50 年代后，创造了混凝土桥梁的悬臂施工方法，由此发展了梁式桥、拱式桥等新的结构形式。在 60 年代预应力混凝土首次被应用于斜拉桥，即委内瑞拉的马拉开波桥（主跨 235m），从此，预应力混凝土桥梁从世纪初跨越 30m 左右跃进到世纪末跨越 500m 左右（斯卡圣德脱 Skarnsumdet 桥）。此外，钢筋混凝土和预应力混凝土还大量应用于其他土木工程。20 世纪是钢筋混凝土与预应力混凝土桥梁占主导地位的发展时期，对此，法国、德国的工程师们做出了卓越贡献。

（3）20 世纪 50 年代以后，随着计算机技术和有限元技术的迅速发展，使得人们能够方便地完成过去不可能完成的大规模结构计算，桥梁工程的发展获得第三次飞跃。计算机的出现，有了高速数值运算方法，给结构和力学理论注入新的生命力，使各类力学问题都可迎刃而解。不但在结构线性、非线性的空间分析，稳定分析，动力分析，风和地震响应分析方面有深入的发展，而且随着其他工业的发展，科学试验手段更趋先进，特别是对结构防灾（大风、大地震）和科学实验方法的发展（风洞、地震模拟振动台），使人类能够建造更高的塔和更大跨径的桥梁。

另外，建设海峡工程，沟通全球交通，在20世纪初就是桥梁界的梦想。第一个海峡工程是美国旧金山的奥克莱海湾（San Francisco Oakland Bay）大桥，长6.8km，建成于1936年。在进入20世纪末的20年中，连接日本本州四国的三条联络线（海峡工程）陆续建成：1988年建成的兜岛—板出线，长31.5km，其中包括下津井濑户大桥、柜石岛桥、岩黑岛桥、南备赞濑户大桥、北备赞濑户大桥等；1998年建成的神户—鸣门线，长81.1km，其中包括明石海峡大桥、大鸣门桥等；1999年建成的今治-尾道线，长60.1km，其中包括多多罗大桥、大岛大桥、来岛大桥、伯方大桥、因岛大桥等。连接丹麦岛间的大带海峡（Great Belt Strait）桥，长17.5km，建成于1988年。

下面简要介绍国外著名的不同类型桥梁：

梁式桥的力学特征是以受弯为主，由于钢筋混凝土结构抵抗弯拉引起开裂的能力较弱，因此普通钢筋混凝土梁式桥的跨径一般较小。随着预应力技术的成熟，促进预应力混凝土梁桥的迅速发展。1977年奥地利建成了跨径达76m的阿尔姆桥，该桥通过在梁的下缘张拉预应力的技术，将梁高降至2.5m，高跨比仅1/300。

目前世界上跨度最大的预应力混凝土连续梁桥是挪威的伐罗德桥（$l=260$m，1994年），连续刚构桥是挪威的斯托尔马桥（$l=301$m，1998年），斜腿刚架桥是法国的博诺姆桥（$l=186.3$m，1974年）。

圬工拱桥在国外已有一百多年的历史，1946年在瑞典建成的绥依纳松特桥，是一座混凝土圬工拱桥，跨度达155m。由于石料开采和加工砌筑费工巨大，国外已很少修建大跨度石拱桥。

钢筋混凝土拱桥从20世纪初到20世纪50年代间，得到了很大的发展，后因支架问题，应用受到一定的限制。直到1979年，前南斯拉夫用无支架悬臂施工法建成跨度达390m的克尔克大桥，该桥跨径保持了18年的世界纪录，无支架悬臂施工法目前在大跨度拱桥施工中被广泛采用。著名的悉尼港湾大桥是一座中承式桁架钢拱桥（图1-1-30），跨径503m，建于1932年。

图1-1-30　悉尼港湾大桥

世界上第一座现代化斜拉桥是1955年瑞典建成的斯特罗姆海峡桥，其主跨182.6m；1978年美国建成P-K桥（图1-1-31），跨径299m，是世界上第一座密索体系的预应力混凝土斜拉桥。截至目前为止，跨径最大的斜拉桥是日本的多多罗桥（图1-1-32），主跨为890m，建成于1999年。

图1-1-31　美国P—K桥

图1-1-32　日本的多多罗桥

在悬索桥方面，1883年建成纽约布鲁克林悬索桥（图1-1-33），跨径达483m，开创了现代悬索桥的先河。

图1-1-33　纽约布鲁克林桥

1937 年建成的旧金山金门大桥（图 1-1-34），主跨达 1280m，保持了 27 年的世界记录，至今金门大桥仍是举世闻名的桥梁经典之作。

图 1-1-34　旧金山金门大桥

目前世界上跨度最大的悬索桥是日本的明石海峡大桥（图 1-1-35），主跨达 1991m。

图 1-1-35　明石海峡大桥

表 1-1-6～表 1-1-9 列出了国外重要的大跨径桥梁。

预应力混凝土梁桥 表 1-1-6

序　　号	桥　　名	主跨（m）	主　　梁	桥　　址	建设年份
1	斯托尔马（Stolma）桥	301	连续刚构	挪威	1998
2	拉脱圣德（Raftsundet）桥	298	连续刚构	挪威	1998
3	亚松森（Asuncion）桥	270	三跨 T 构	巴拉圭	1979
4	门道（Gateway）桥	260	连续刚构	澳大利亚	1985
5	瓦罗德 2 号（Varodd-2）桥	260	连续梁	挪威	1994
6	Schottwien 桥	250	连续刚构	奥地利	1989
7	奥波托（Oporto）桥	250	连续刚构	葡萄牙	1991
8	斯克夏（Skye）桥	250	连续刚构	英国	1995
9	Confederation 桥	250	带挂梁 T 构	加拿大	1997
10	诺日姆伯兰海峡（Northum Berland Straitcrossing）桥	250（43 孔）		加拿大	1998
11	滨名（Hikoshima）大桥	240		日本	1976
12	彦岛（Hikoshima）大桥	236		日本	1975

拱　　桥 表 1-1-7

序　　号	桥　　名	主跨（m）	主　　梁	桥　　址	建设年份
1	新河峡桥	518.2	钢桁梁	美国	1977
2	贝永桥	504	钢桁梁	美国	1931
3	悉尼港湾桥	503	钢桁梁	澳大利亚	1932
4	克尔克 1 号（KRK-1）桥	390	混凝土箱拱	前南斯拉夫	1980
5	弗里芝特桥	383	钢拱	美国	1973
6	曼港桥	366	钢拱	加拿大	1964
7	塔歇尔桥	344	钢拱	巴拿马	1962
8	拉比奥莱特桥	335	钢拱	加拿大	1967
9	郎克恩桥	330	钢拱	英国	1961
10	兹达可夫桥	330	钢拱	捷克	1967
11	伯钦诺夫桥	329	钢拱	津巴布韦	1935
12	罗斯福湖桥	329	钢拱	美国	1990
13	大三岛桥	328	钢箱拱	日本	1979
14	格莱兹维尔（Gladesville）桥	305	混凝土桥	澳大利亚	1964
15	艾米赞德（Ponte da Amizade）桥	290	混凝土拱	巴西	1964
16	布洛克兰斯（Bolukrans）桥	272	混凝土拱	南非	1983
17	阿拉比达（Arrabida）桥	270	混凝土箱拱	葡萄牙	1963

斜 拉 桥 表 1-1-8

序 号	桥 名	主跨（m）	主 梁	桥 址	建设年份
1	多多罗（Tatara 桥）	890	主跨钢箱，两端混凝土梁	日本	1999
2	诺曼底（Normandy）桥	856	主跨钢箱，其余混凝土梁	法国	1995
3	名港中央（Meiko-Chuo）大桥	590	钢箱梁	日本	1997
4	Rion-Antirion 桥	3×560	钢桁梁	希腊	2003
5	斯卡圣德脱（Skarnsundet）桥	530	混凝土梁	挪威	1991
6	鹤见航路（Tsurumi Fairway）桥	510	钢箱梁	日本	1991
7	生口（Ikuchi）桥	490	混合梁	日本	1991
8	弗莱圣德（Fresund）桥	490	钢梁	瑞典	1999
9	Oeresund 桥	490	钢桁梁	瑞典一丹麦	2000
10	东神户（Higashi Kobe）桥	485	钢桁梁	日本	1993
11	塞黑（Seo Hae）桥	470		韩国	1999
12	安娜雪丝（Annacis）桥	465	组合梁	加拿大	1986
13	横滨海湾（Yakohama Bay）大桥	460	钢桁梁	日本	1989
14	胡克来 2 号（Second Hooghly）桥	457	组合梁	印度	1992
15	塞文 2 号（Second Severn）桥	456	组合梁	英国	1996
16	昭菲亚（Chal Phaya）桥	450	钢梁	泰国	1987
17	伊丽莎白二世皇后（Queen Elizabath II）桥	450	组合梁	英国	1991
18	达福特（Darford）桥	450	组合梁	英国	1991

悬 索 桥 表 1-1-9

序 号	桥 名	主跨（m）	主 梁	桥 址	建设年份
1	明石海峡（Akashikaikyo）大桥	1991	钢桁梁	日本	1998
2	恒比尔（Humber）桥	1410	钢箱梁	英国	1981
3	维拉扎诺（Verrazana Narrows）桥	1298	钢桁梁	美国	1964
4	金门（Gold Gate）大桥	1280	钢桁梁	美国	1937
5	霍加（Hoga Kusten）大桥	1210	钢箱梁	瑞典	1997
6	麦金内克（Mackinac）桥	1158	钢桁梁	美国	1957
7	塔盖司（Tagus）桥	1104		葡萄牙	1960
8	南备赞濑户（Minami BisanSeto）大桥	1100	钢桁梁	日本	1988
9	塔帝苏丹穆罕默德（Tatih Sultan Mehment）桥	1090		土耳其	1988
10	博斯普罗斯（Bosporus）桥	1074	钢箱梁	土耳其	1973
11	乔治华盛顿（George Washington）桥	1067	钢桁梁	美国	1931
12	来岛 3 号（Kurshima-3）桥	1030	钢桁梁	日本	1999

续上表

序　　号	桥　　名	主跨（m）	主　　梁	桥　　址	建设年份
13	来岛 2 号（Kurshima-2）桥	1020	钢桁梁	日本	1999
14	里斯本大桥（Viute e Cinco de Abril）	1013	钢桁梁	葡萄牙	1966
15	福斯道路（Forth Road）桥	1006	钢桁梁	英国	1964
16	北备赞濑户（Kite Bisan Seto）大桥	990	钢桁梁	日本	1988
17	塞文（Severn）桥	988	钢箱梁	英国	1966
18	下津井濑户（Shimotsui Seto）大桥	940	钢桁梁	日本	1988
19	大鸣门大桥	876	钢桁梁	日本	1985
20	新塔科马（New Tacoma）桥	853	钢桁梁	美国	1950
21	阿斯卡夫（Askfu）桥	850		挪威	1992

展望本世纪，将会实现桥梁界沟通全球交通的梦想。上世纪末已经开拓的海峡工程，桥梁最大跨径尚没有超过 2000m，深水基础深度也在 50m 左右。现在人们已经在规划的几项大的海峡工程，其设想方案的桥梁最大跨径要超过 2000m，达到 3000～5000m，深水基础深度可能在百米以上，如：白令海峡工程，20 世纪提出过桥梁方案，总长 75km；连接欧非的直布罗陀海峡工程，总长约 15km，最大水深 900m；连接德国与丹麦的费曼带海峡工程，总长 25km，最大水深 110m；连接意大利本土与西西里岛的墨西拿海峡工程，总长 3.3km，最大水深 300m。

亚洲在本世纪将是全球经济迅速发展的地区。日本是一个岛国，一直梦想采用跨海工程将各主要岛屿交通联成一个大网络，计划在 21 世纪兴建五大海峡工程，即：东京海湾工程，总长 15km，最大水深 80m；伊势海湾工程，总长 20km，最大水深 100m；纪淡海峡工程（连接本州四国），总长约 11km，最大水深 120m；丰予海峡工程（连接九州四国），总长约 14km，最大水深 200m；轻津海峡工程（连接本州北海道），总长约 19km，最大水深 270m。

本世纪面临伟大的海峡工程建设，从先进国家国内的交通运输网络发展到组成各洲际、各国间主要联线网络，去适应本世纪信息革命而形成智能化与高效率的社会发展需要，以信息为核心的知识产业革命将把人类带入知识经济的新时代。知识经济时代的桥梁工程将具有以下特征：

首先，在桥梁的规划和设计阶段，人们将运用高度发展的计算机辅助手段进行有效、快速的优化和仿真分析，虚拟现实技术的应用使业主可以十分逼真地事先看到桥梁建成后的外形、功能，模拟地震和台风袭击下的表现，对环境的影响和昼夜的景观等，以便于决策。

其次，在桥梁的制造和架设阶段，人们将运用智能化的制造系统在工厂完成部件的加工，然后用全球定位系统（GPS）和遥控技术，在离工地千里以外的总部管理和控制桥梁的施工。

在桥梁建成交付使用后，将通过自动监测和管理系统，保证桥梁的安全和正常运行。一旦有故障或损伤，健康诊断和专家系统将自动报告损伤部位和养护对策。

知识经济时代的桥梁工程和其他行业一样，具有智能化、信息化和远距离自动控制的特征。受计算机软件管理的各种智能性建筑机器人将在总部控制人员的指挥下，完成野外条件下的水下和空中作业，精确按计划完成桥梁工程建设，这将是一幅 21 世纪桥梁工程的壮观景象。

为描绘本世纪桥梁建设的宏伟蓝图，科学家和工程师们要对建桥的有关课题和关键技术进行探讨。探索超大跨径桥梁（主跨 3000～5000m）的新型建筑材料，合理结构形式，抗风、抗震、抗海浪的技术措施；要结合海洋工程的经验，探索 100～500m 的深水基础形式与施工方法；探索结构材料防腐的措施与方法；探索智能化结构的设计理论。

本世纪除面临新建大工程外，还担负着对 20 世纪上半世纪建造的桥梁加固、改建与修复的重任，约占 20 世纪总建筑桥梁数的 50％。由此不但引发科学家与工程师们研究有效的维修、加固措施，而且提出安全耐久性和可靠性研究的新课题，包括结构的施工控制与质量保证体系，桥梁生命期的监测系统，桥梁损伤判断与评估，桥梁生命保护的管理系统等等。

实现全球四大洲的陆路交通网是世界桥梁工程界的共同奋斗目标和梦想。相信这一桥梁之梦将在本世纪中实现。

第二章 桥梁的总体规划设计

DIERZHANG

第一节　桥梁设计的基本原则

《公路桥梁通用设计规范》（JTG D60—2004）（以下简称《桥规》）规定：桥梁工程的设计必须符合“技术先进、安全可靠、适用耐久、经济合理”的要求，同时还应按照外形美观和有利环保的原则进行设计，并考虑因地制宜、就地取材、便于施工和养护等因素。《桥规》还规定：公路桥涵结构的设计基准期为100年。下面把桥梁设计应遵循的各项原则分述如下。

1. 技术先进

在因地制宜的前提下，桥梁设计尽可能采用较成熟的新结构、新设备、新材料、新工艺；必须认真学习国外的先进技术，充分利用国际最新科学技术成就，把学习外国和自己独创结合起来。提高我国的桥梁建设水平，赶上和超过世界先进水平。

2. 安全可靠

（1）桥梁结构在强度、稳定和耐久性方面应有足够的安全储备。

（2）防撞栏杆应具有足够的高度和强度，人与车流之间应做好防护栏，防止车辆撞入人行道或撞坏栏杆而落到桥下。

（3）对于交通繁忙的桥梁，应设计好照明设施，并有明确的交通标志，两端引桥坡度不宜太陡，以避免发生车辆碰撞等引起的车祸。

（4）修建在地震区的桥梁，应按抗震要求采取防震措施；对于河床易变迁的河道，应设计好导流设施，防止桥梁基础底部被过度冲刷；对于通行大吨位船舶的河道，除按规定加大桥孔跨径外，必要时设置防撞构筑物等。

3. 适用耐久

（1）桥面宽度能满足当前以及今后规划年限内的交通流量（包括行人通行）。

（2）桥梁结构在通过设计荷载时不出现过大的变形和过宽的裂缝。

(3) 桥跨结构的下面有利于泄洪、通航（跨河桥）或车辆和行人的通行（旱桥）。

(4) 桥梁的两端方便车辆的进入和疏散，不致产生交通堵塞现象等。

(5) 考虑综合利用，方便各种管线（水、电气、通信等）的搭载。

4. 经济合理

(1) 桥梁设计应遵循因地制宜，就地取材和方便施工的原则。

(2) 经济的桥型应该是造价和使用年限内养护费用综合最省的桥型，设计中应充分考虑维修的方便和维修费用少，维修时尽可能不中断交通，或中断交通的时间最短。

(3) 所选择的桥位应是地质、水文条件好，桥梁长度也较短。

(4) 桥位应考虑建在能缩短河道两岸的运距，促进该地区的经济发展，产生最大的效益，对于过桥收费的桥梁应能吸引更多的车辆通过，达到尽可能快回收投资的目的。

5. 外形美观

在实用、经济和安全的前提下，尽可能使桥梁具有优美的外形，这就是美观的要求。合理的结构布局和轮廓是美观的主要因素，桥梁各部分结构在空间应有和谐的比例，结构细部的美学处理也十分重要。桥型应与周围自然环境和景观相协调；城市桥梁和游览地区的桥梁，可较多地考虑建筑艺术上的要求；特殊大桥宜进行景观设计。另外，施工质量对桥梁美观也有重大影响。但是不要把美观片面地理解为豪华的细部装饰，在这方面增加很多费用是不妥当的。

6. 有利环保

桥梁设计必须考虑环境保护和保持包括生态、水、空气、噪声等几方面的可持续发展，这就是“有利环保”的原则。要从桥位选择、桥跨布置、基础方案、墩身外形、上部结构施工方法、施工组织设计等多方面全面考虑环境要求，采取必要的工程控制措施，并建立环境监测保护体系，将不利影响减至最小。

桥梁施工完成后，将两头植被恢复或进一步美化桥梁周边的景观，亦属环境保护的内容。

除了满足上述基本要求外，由于桥梁建设与当地的社会、经济、文化及人民生活密切相关，还应适当考虑当地的需要，如考虑农田排灌的需要等；靠近村镇、城市、铁路及水利设施的桥梁，也应结合各有关方面的要求，适当考虑综合利用。

第二节　桥梁平、纵、横断面设计

一、设计资料的调查收集

桥梁设计首先要确定桥位，按照《公路工程技术标准》（JTG B01—2003）的规定，小桥和涵洞的位置与线形，一般应符合路线的走向，当遇到不利的地形、地质和水文条件时，应采取适当技术措施（如设计斜桥和弯桥等），不应因此而改变路线。对于公路上的特大桥、大桥、中桥桥位，原则上应服从路线走向，桥、路综合考虑，尽量选择在河道顺直、水流稳定、地质良好的河段上，并选择 2～5 个桥位，进行各方面的综合比较。然后选择出最合理的桥位。

设计资料的调查收集是因地制宜设计桥梁的基础性工作，只有资料收集完整，才能做出合理的设计方案。一般桥梁中需要调查收集的资料内容主要有：

(1) 交通需求情况调查。即调查桥梁建成后若干年内预期的交通流量大小，调查桥上机动车、非机动车和行人的往来密度，并据此确定桥梁的荷载等级、车行道、人行道的宽度等。调查桥上是否需要通过各种管线（如水管、煤气管、电力、通信线路等），为此需设置专门的构造装置。

(2) 桥位处地形、地质和水文情况调查。通过测量或从有关部门获取桥位处一定区域范围内的地形图，这对设计中制定桥型方案和相应的施工方法，以及对施工中临时场地的布置等都是十分重要的。桥位处的地质情况包括土的分层高程、物理力学性能、地下水位等也必须仔细探明，并将钻探所得资料绘制成地质剖面图。对于所遇到的地质不良现象，如滑坡、断层、溶洞、裂隙等，应详加注明。水文情况的调查主要包括最高洪水位、流速、流量等，从航运部门了解河道的通航等级和通航水位。

(3) 气象资料调查。包括气温、雨量和风速等情况。

(4) 调查了解其他与建桥有关的情况，如当地建筑材料（砂、石料等）的来源；水泥、钢材的供应情况；施工场地的情况（是否需要占有农田、桥头有无需要拆除或迁移的建筑物）；桥梁施工机械、动力设备与电力供应的了解以及附近的运输条件等以及新桥位上、下游有无老桥，其桥型布置和使用情况等。

二、桥梁的平面设计

桥梁应根据公路功能、等级、通行能力及抗洪防灾要求，结合水文、地质、通航、环境等条件进行综合设计。

特大、大桥桥位应选择河道顺直稳定、河床地质良好、河槽能通过大部分设计流量的河段。桥位不宜选择在河汊、沙洲、古河道、急弯、汇合口、港口作业区及易形成流冰、流木阻塞的河段以及断层、岩溶、滑坡、泥石流等不良地质的河段。

当桥址处有 2 个及 2 个以上的稳定河槽，或滩地流量占设计流量比例较大，且水流不易引入同一座桥时，可在各河槽、滩地、河汊上分别设桥，不宜用长大导流堤强行集中水流。

平坦、草原、漫流地区，可按分片泄洪布置桥涵。

天然河道不宜改移或裁弯取直。

桥梁纵轴线宜与洪水主流流向正交。对通航河流上的桥梁，其墩台沿水流方向的轴线应与最高通航水位时的主流方向一致。当斜交不能避免时，斜交角不宜大于 5°；当斜交角大于 5°时，宜增加通航孔净宽。

桥梁的平曲线半径、平曲线超高和加宽、缓和曲线、变速车道设置等，均应满足相应等级线路的规定。

三、桥梁的纵断面设计

桥梁纵断面设计包括确定桥梁的总跨径、桥梁的分孔、桥面标高、桥下净空、桥上和桥头引道的纵坡以及基础的埋置深度等。

1. 桥梁总跨径

桥梁总跨径一般根据水文计算来确定。其基本原则是：应使桥梁在整个使用年限内，保证设计洪水能顺利宣泄；河流中可能出现的流冰和船只、排筏等能顺利通过；避免因过分压缩河床引起河道和河岸的不利变迁；避免因桥前壅水而淹没农田、房屋、村镇和其他公共设施等。对于桥梁结构本身来说，不能因总跨径缩短而引起的河床过度冲刷对浅埋基础带来不利的影响。

在某些情况下，为了降低工程造价，可以在不超过允许的桥前壅水和规范规定的允许最大冲刷系数的条件下，适当增大桥下冲刷，以缩短总跨长。例如，对于深埋基础，一般允许稍大一些的冲刷，使总跨径能适当减小；对于平原区稳定的宽滩河段，流速较小，漂流物也少，主河槽较大，这时，可以对河滩的浅水流区段作较大的压缩，压缩后的桥梁壅水不得危及河滩路堤以及附近农田和建筑物。

2. 桥梁的分孔

对于一座较长的桥梁，应当分成若干孔，各孔的跨径应当多大，有几个河中桥墩，哪些是通航孔，哪些不是，这些问题要根据通航要求、地形和地质情况、水文情况以及技术经济和美观的条件来加以确定。

桥梁的分孔关系到桥梁的造价。跨径和孔数不同时，上部结构和墩台的总造价是不同的。跨径愈大，孔数愈少，上部结构的造价就愈大，而墩台的造价就愈小。最经济的跨径就是要使上部结构和墩台的总造价最低。因此当桥墩较高或地质不良、基础工程较复杂而造价较高时，桥梁跨径就选得大一些；反之，当桥墩较矮或地基较好时，跨径就可选得小一些。在实际工作中，可对不同的跨径布置进行粗略的方案比较，来选择最经济的跨径和孔数。比较时需要考虑的要求是：

（1）对于通航河流，在分孔时首先应满足桥下的通航要求。桥梁的通航孔应布置在航行最方便的河域。对于变迁性河流，根据具体条件，应多设几个通航孔。

（2）对于平原区宽阔河流上的桥梁，通常在主河槽部分按需要布置较大的通航孔，而在两侧浅滩部分按经济跨径进行分孔。

（3）对于在山区深谷上、水深流急的江河上，或需在水库上修桥时，为了减少中间桥墩，应加大跨径。如果条件允许的话，甚至可以采用特大跨径的单孔桥梁跨越。

（4）对于采用连续体系的多孔桥梁，应从结构的受力特性考虑，使边孔与中孔的跨中弯矩接近相等，合理地确定相邻跨之间的比例。

（5）对于河流中存在不利的地质段，例如岩石破碎带、裂隙、溶洞等，在布孔时，为了使桥基避开这些区段，可以适当加大跨径，采用悬臂施工法。

（6）对于有备战要求的桥梁，需要将全桥各孔的跨径做成一样，并且跨径不要太大，以便于抢修和互换；有时因工期很紧，为减少水下工程，需要减少桥墩而加大跨径。

（7）跨径选择还与施工能力有关，有时选用较大的跨径虽然在技术上和经济上是合理的，但由于缺乏足够的施工技术能力和机械设备，也不得不改用较小跨径。

总之，对于大、中型桥梁来说，分孔问题是设计中最基本、最复杂的问题，必须进行深入全面的分析，才能定出比较完美的方案。

3. 桥面高程的确定

对于跨河桥梁，桥面高程应满足桥下排洪和通航的需要；对于跨线桥则应确保桥下安全行车。在平原建桥时，桥面高程的抬高往往伴随着桥头引道路堤土方量的增加。在修建城市桥梁时，桥梁过高会使两端引道延长，影响市容，也导致造价提高。因此，合理的桥面高程必须根据设计水位、桥下通航（通车）净空的需要，并结合桥型、跨径等一起考虑。下面介绍确定桥面高程有关的问题。

1）流水净空要求

（1）按设计水位计算桥面最低高程时（图 1-2-1、图 1-2-2），应按下式计算：

$$H_{min}=H_s+\sum\Delta h+\Delta h_j+\Delta h_0 \tag{1-2-1}$$

式中：H_{min}——桥面最低高程（m）；

H_s——设计水位（m）；

$\sum\Delta h$——考虑壅水、浪高、波浪壅高、河弯超高、水拱、局部股流壅高（水拱与局部股流壅高只取其大者）、床面淤高、漂浮物高度等诸因素的总和（m）；

Δh_j——桥下净空安全值（m），应符合表 1-2-1 的规定；

Δh_0——桥梁上部构造建筑高度，包括桥面铺装高度（m）。

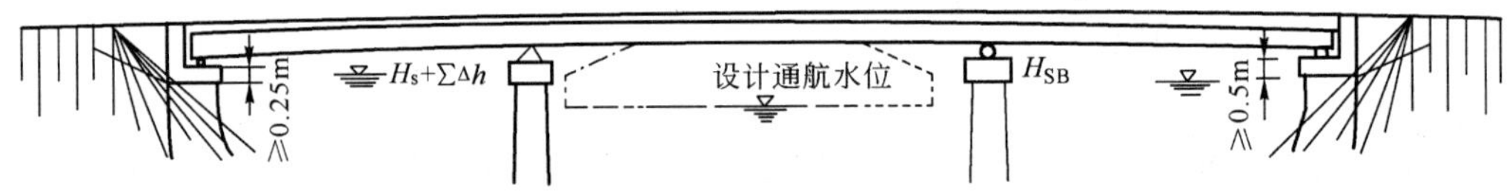

图 1-2-1　梁式桥纵断面规划图

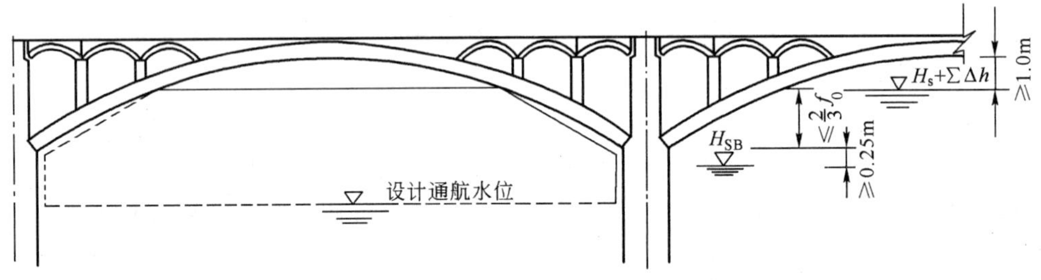

图 1-2-2　拱桥桥下净空图

（2）按设计最高流冰水位计算桥面最低高程时，应按下式计算：

$$H_{min}=H_{SB}+\Delta h_j+\Delta h_0 \tag{1-2-2}$$

式中：H_{SB}——设计最高流冰水位，应考虑床面淤高（m）；

其余符号意义同前。

（3）桥面设计高程不应低于式（1-2-1）或式（1-2-2）的计算值。

非通航河流桥下最小净空 Δh_j　　表 1-2-1

桥梁部位		高出设计水位（m）	高出最高流冰面（m）
梁底	洪水期无大漂流物	0.50	0.75
	洪水期有大漂流物	1.50	—
	有泥石流	1.00	—

续上表

桥 梁 部 位	高出设计水位（m）	高出最高流冰面（m）
支座垫石顶面	0.25	0.50
拱脚	0.25	0.25

注：无铰拱的拱脚，允许被设计洪水淹没，但不宜超过拱圈高度的 2/3，且拱顶底面至计算水位的净高不得少于 1.0m。

2）通航净空要求

为了保证桥下安全通航，通航孔桥跨结构下缘的标高应高出自设计通航水位算起的净空高度。我国对于内河通航净空的尺寸规定为表 1-2-2，并应充分考虑河床演变和不同通航水位航迹线的变化，表中符号如图 1-2-3 所示。对于通航海轮桥梁的净高应满足《通航海轮桥梁通航标准》（JTJ 311—97）的规定。

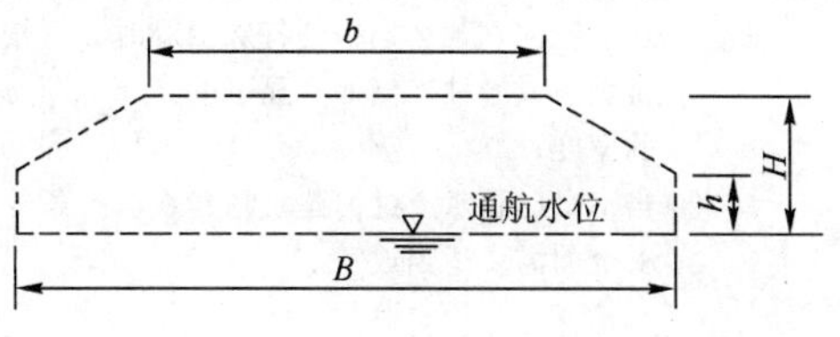

图 1-2-3　表中符号示意图

水上过河建筑物通航净空尺寸　　表 1-2-2

航道等级	天然及渠化河流(m)				限制性航道(m)			
	净高 H	净宽 B	上底宽 b	侧高 h	净高 H	净宽 B	上底宽 b	侧高 h
I-(1)	24	160	120	7.0				
I-(2)	18	125	95	7.0				
I-(3)		95	70	7.0				
I-(4)		85	65	8.0	18	130	100	7.0
II-(1)	18	105	80	6.0				
II-(2)		90	70	8.0				
II-(3)	10	50	40	6.0	10	65	50	5.0
III-(1)								
III-(2)	10	70	55	6.0				
III-(3)		60	45	6.0	10	85	65	6.0
III-(4)		40	30	6.0		50	40	6.0
IV-(1)	8	60	50	4.0				
IV-(2)	8	50	41	4.0	8	80	66	3.5
IV-(3)		35	29	5.0		45	37	4.0
V-(1)	8	46	38	4.0				
V-(2)		38	31	4.5	8	75～77	62	3.5
V-(3)	8.5	28～30	25	5.5,3.5	8.5	38	32	5.0,3.5
VI－(1)					4.5	18～22	14～17	3.4
VI－(2)	4.5	22	17	3.4				
VI－(3)	6	18	14	4.0	6	25～30	19	3.6
VI－(4)						28～30	21	3.4

续上表

航道等级	天然及渠化河流(m)				限制性航道(m)			
	净高 H	净宽 B	上底宽 b	侧高 h	净高 H	净宽 B	上底宽 b	侧高 h
VII-(1)	3.5	14	11	2.8	3.5	18	14	3.4
VII-(2)						29	14	2.8
VII-(3)	4.5	18	14	2.8	4.5	25～30	19	2.8

注：① 在平原河网地区建桥遇特殊困难时，可按具体条件研究确定；

② 桥墩（或墩柱）侧如有显著的紊流，则通航孔桥墩（或墩柱）间的净宽值应为本表的通航净宽加两侧紊流区的宽度；

③ 当不得已将水上过河建筑物建在航行条件较差或弯曲的河段上，其净宽应在表列数值基础上，根据船舶航行安全的需要适当放宽。

3）跨线桥桥下的交通要求

在设计跨线路（公路）的立体交叉时，桥跨结构底缘的标高应高出规定的车辆净空高度。桥上及桥头引道的线形应与路线布设相互协调，各项技术指标应符合路线布设的规定。

综上所述，全桥位于河中各跨的桥面标高均应首先满足流水净空的要求；对于通航或桥下通车的桥孔，还应满足通航净空或建筑净空限界的要求；另外，还应考虑桥的两端能够与公路或城市道路顺利衔接等。因此，全桥各跨的桥面标高是不相同的，必须综合考虑和规划，一般将桥梁的纵断面设计成具有单向或双向坡度的桥梁，既利于交通，美观效果好，又便于桥面排水。

四、桥梁横断面设计

桥梁横断面的设计，主要取决于桥面的宽度和不同桥跨结构横截面的形式。桥面宽度决定于行车和行人的交通需要。《桥规》规定了各级公路桥涵净空的建筑限界，如图 1-2-4 所示，

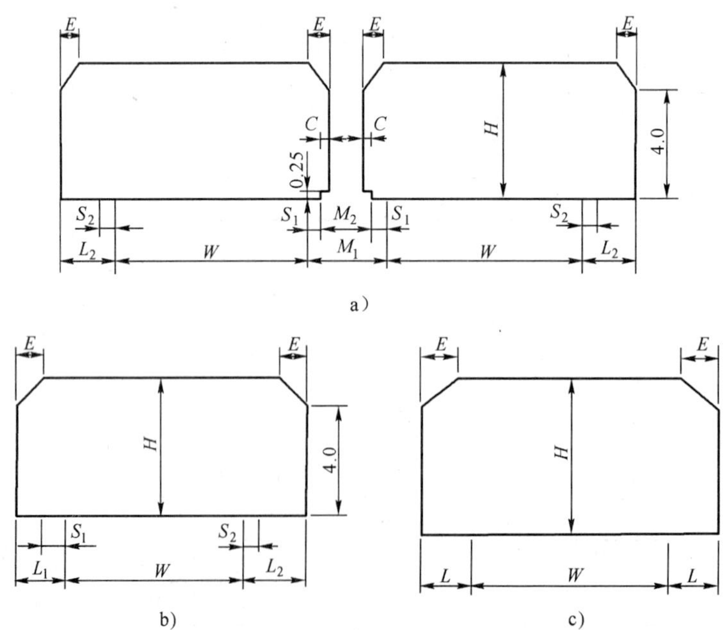

图 1-2-4　桥涵净空（尺寸单位：m）

a）高速公路、一级公路（整体式）；b）高速公路、一级公路（分离式）；c）二、三、四级公路

在建筑限界内，不得有任何部件侵入。图中所代表的行车道宽度、中间带宽度和路缘带宽度，可以分别从表 1-2-3、表 1-2-4 和表 1-2-5 中选取。

图中：W——行车道宽度（m），为车道数乘以车道宽度，并计入所设置的加（减）速车道，紧急停车道、爬坡车道、慢车道或错车道的宽度，车道宽度规定见表 1-2-3；

C——当计算行车速度大于 100km/h 时为 0.5m，等于或小于 100km/h 时为 0.25m；

S_1——行车道左侧路缘带宽度（m），见表 1-2-4；

S_2——行车道右侧路缘带宽度（m），应为 0.5m；

M_1——中间带宽度（m），由两条左侧路缘带和中央分隔带组成，见表 1-2-4；

M_2——中央分隔带宽度（m），见表 1-2-4；

E——桥涵净空顶角宽度（m），当 $L \leqslant 1$m 时，$E=L$；当 $L>1$m 时，$E=1$m；

H——净空高度，高速公路和一级、二级公路为 5.0m，三级、四级公路为 4.5m；

L_2——桥涵右侧路肩宽度（m），见表 1-2-5，当受地形条件及其他特殊情况限制时，可采用最小值。高速公路和一级公路上桥梁应在右侧路肩内设右侧路缘带，其宽度为 0.5m。设计速度为 120km/h 的四车道高速公路上桥梁，宜采用 3.50m 的右侧路肩；六车道、八车道高速公路上桥梁，宜采用 3.00m 的右侧路肩。高速公路、一级公路上桥梁的右侧路肩宽度小于 2.50m 且桥长超过 500m 时，宜设置紧急停车带，紧急停车带宽度包括路肩在内为 3.50m，有效长度不应小于 30m，间距不宜大于 500m；

L_1——桥梁左侧路肩宽度（m），见表 1-2-6，八车道及八车道以上高速公路上的桥梁宜设置左路肩，其宽度应为 2.50m。左侧路肩宽度内含左侧路缘带宽度；

L——侧向宽度，高速公路、一级公路上桥梁的侧向宽度为路肩宽度（L_1、L_2）；二、三、四级公路上桥梁的侧向宽度为其相应的路肩宽度减去 0.25m。

车 道 宽 度 表 1-2-3

设计速度（km/h）	120	100	80	60	40	30	20
车道宽度（m）	3.75	3.75	3.75	3.50	3.50	3.25	3.00（单车道为 3.50m）

注：高速公路上的八车道桥梁，当设置左侧路肩时，内侧车道宽度可采用 3.50m。

中 间 带 宽 度 表 1-2-4

设计速度（km/h）		120	100	80	60
中央分隔带宽度（m）	一般值	3.00	2.00	2.00	2.00
	最小值	2.00	2.00	1.00	1.00
左侧路缘带宽度（m）	一般值	0.75	0.75	0.50	0.50
	最小值	0.75	0.50	0.50	0.50
中间带宽度（m）	一般值	4.50	3.50	3.00	3.00
	最小值	3.50	3.00	2.00	2.00

注："一般值"为正常情况下的采用值；"最小值"为条件受限制时可采用的值。

右侧路肩宽度 表 1-2-5

公路等级		高速公路、一般公路				二、三、四级公路				
设计速度（km/h）		120	100	80	60	80	60	40	30	20
右侧路肩宽度（m）	一般值	3.00 或 3.50	3.00	2.50	2.50	1.50	0.75	—	—	—
	最小值	3.00	2.50	1.50	1.50	0.75	0.25	—	—	—

注："一般值"为正常情况下的采用值；"最小值"为条件受限制时可采用的值。

分离式断面高速公路、一级公路左侧路肩宽度 表 1-2-6

设计速度（km/h）	120	100	80	60
左侧路肩宽度（m）	1.25	1.00	0.75	0.75

桥上人行道和自行车道的设置应根据实际需要而定。人行道的宽度为 0.75m 或 1.0m，大于 1.0m 时按 0.5m 的倍数增加。一条自行车道的宽度为 1.0m，当单独设置自行车道时，一般不应少于两条自行车道的宽度。不设人行道和自行车道的桥梁，可根据具体情况设置栏杆和安全带。与路基同宽的小桥和涵洞可仅设缘石或栏杆。漫水桥不设人行道，但可设置护栏。

城市桥梁以及位于大、中城市近郊的公路桥梁的桥面净空尺寸，应结合城市实际交通量和今后发展的要求来确定。在弯道上的桥梁应按路线要求予以加宽。

为了利于桥面排水，公路和城市桥梁应根据不同类型的桥面铺装，设置从桥面中央倾向两侧 1.5%～3%的横向坡度。

第三节 桥梁设计与建设程序

在我国，根据国家基本建设程序的要求，逐步形成了包括技术、经济及组织工作在内的大桥的设计程序。它可分为前期工作及设计阶段。前期工作包括编制预可行性研究报告和可行性研究报告。设计阶段按"三阶段设计"进行，即初步设计、技术设计与施工设计。各阶段设计文件完成后的上报和审批都由国家指定的行政部门办理。批准后的文件就是各建设程序进行的依据，也是下一阶段设计文件编制的依据。各设计阶段与建设程序的关系列于图 1-2-5。

下面就预可行性研究报告、可行性研究报告、初步设计、技术设计与施工设计分别说明如下。

一、"预可"阶段

"预工程可行性研究"阶段（简称"预可"阶段）着重研究建桥的必要性以及宏观经济上的合理性。

在"预可"研究形成的"预工程可行性研究报告书"中（简称"预可报告"），应从经济、政治、国防等方面，详细阐明建桥理由和工程建设的必要性和重要性，同时初步探讨技术上的可行性。对于区域性线路上的桥梁，应以建桥地点（渡口等）的车流量调查（计及国民经济逐年增长）为立论依据。

"预可"阶段的主要工作目标是解决建设项目的上报立项问题，因而，在"预可报告"中，应编制几个可能的桥型方案，对工程造价、资金来源、投资回报等问题也应有初步估算

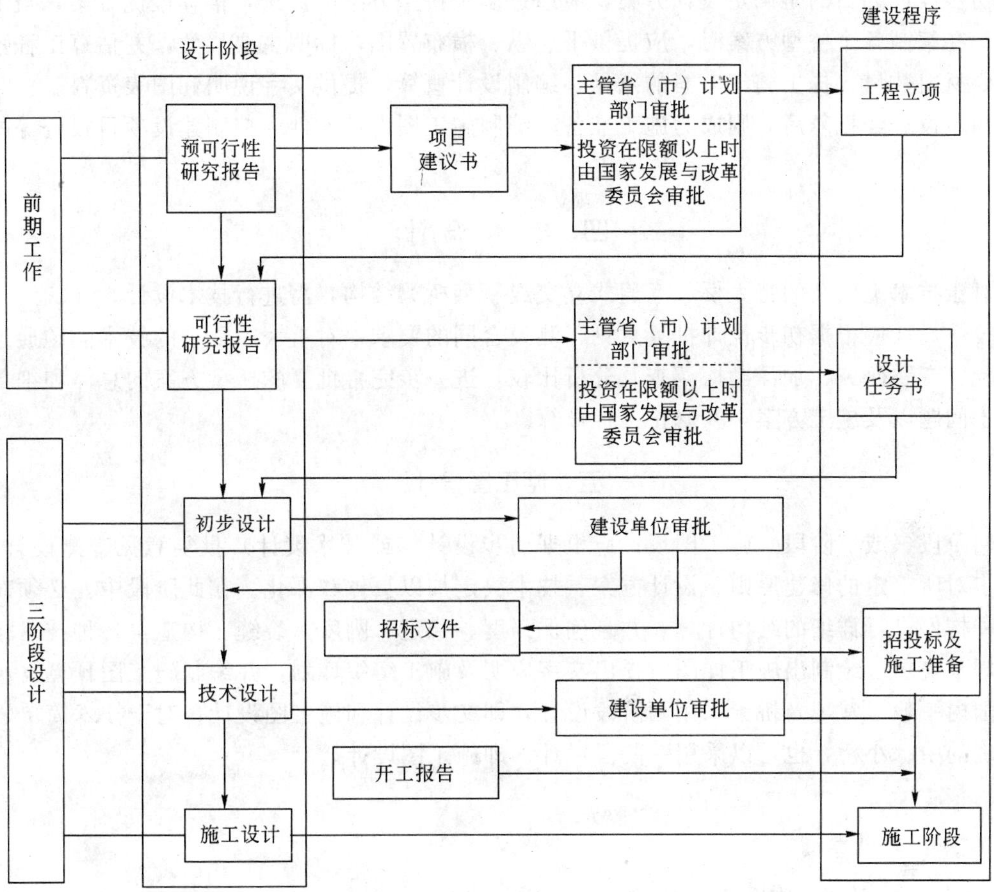

图 1-2-5　设计阶段与建设程序关系图

和设想。

设计方将“预可报告”交业主后，由业主据此编制“项目建议书”报主管上级审批。

二、“工可”阶段

在“项目建议书”被审批确认后，着手“工程可行性研究”阶段的工作（简称“工可”阶段）。在这一阶段工作重点首先是选择好桥位，其次是确定桥梁的建设规模。要着重研究和制订桥梁的技术标准，包括设计荷载（作用）标准、桥面宽度、通航标准、设计车速、桥面纵坡、桥面平、纵曲线半径等。在这一阶段，还要与河道、航运、规划等部门共同研究，协商确定相关的技术标准。

在“工可”阶段，应提出多个桥型方案，并按交通部《公路基本建设工程投资估算编制办法》估算造价，对资金来源和投资回报等问题应基本落实。据此编制《工程可行性研究报告》报主管部门审批。

三、初 步 设 计

初步设计应根据批复的可行性研究报告、测设合同和初测、初勘或定测、详勘资料编制。

初步设计的目的是确定设计方案，应通过多个桥型方案的比选，推荐最优方案，报上级审批。在编制各个桥型方案时，应提供平、纵、横布置图，标明主要尺寸，并估算工程数量和主要材料数量，提出施工方案的意见，编制设计概算，提供文字说明和图表资料。

初步设计经批复后，则成为施工准备、编制施工图设计文件和控制建设项目投资等的依据。

四、技 术 设 计

对于技术上复杂的特大桥、互通式立交或新型桥梁结构，需进行技术设计。

技术设计应根据初步设计批复意见、测设合同的要求，对重大、复杂的技术问题通过科学试验、专题研究、加深勘探调查及分析比较，进一步完善批复的桥型方案的总体和细部各种技术问题以及施工方案，并修正工程概算。

五、施工图设计

两阶段（或三阶段）施工图设计应根据初步设计（或技术设计）批复意见、测设合同，进一步对所审定的修建原则、设计方案、技术决定加以具体和深化。在此阶段中，必须对桥梁各种构件进行详细的结构计算，并且确保强度、稳定、刚度、裂缝、构造等各种技术指标满足规范要求，绘制出施工详图，提出文字说明及施工组织计划，并编制施工图预算。

国内一般（常规）桥梁采用两阶段设计，即初步设计和施工图设计，对于技术简单、方案明确的中、小桥，也可以采用一阶段设计，即施工图设计。

第三章 DISANZHANG 桥梁设计作用

第一节　作用的分类和代表值

引起结构反应的原因可以按其作用的性质分为截然不同的两类：一类是施加于结构上的外力，如车辆、人群、结构自重等，它们是直接施加于结构上，可用“荷载”这一术语来概括；另一类不是以外力形式施加于结构，如地震、基础变位、混凝土收缩和徐变、温度变化等，它们产生的效应与结构本身的特性、结构所处环境等有关，是间接作用于结构，如果也称“荷载”，容易引起人们误解，因此，目前国际上普遍地将所有引起结构反应的原因统称为“作用”，而“荷载”仅限于表达施加于结构上的直接作用。我国现行《桥规》将“作用”定义为施加在结构上的一组集中力或分布力，或引起结构外加变形或约束变形的原因。前者称为直接作用，亦称荷载，后者称为间接作用。

结构作用的分类方法有多种，分别为：

(1) 按时间的变异性和出现的可能性分类

按时间的变异性和可能性，作用可以分为 3 类：永久作用、可变作用和偶然作用。这种分类是结构上作用的基本分类。永久作用是经常作用的其数值不随时间变化或变化微小的作用；可变作用的数值是随时间变化的；偶然作用的作用时间短暂，且发生的几率很小。各类作用的分类列于表 1-3-1。

作用分类表　　表 1-3-1

序　号	作用分类	作用名称
1	永久作用	结构重力（包括结构附加重力）
2		预加力
3		土的重力
4		土侧压力
5		混凝土收缩及徐变作用
6		水的浮力
7		基础变位作用

续上表

序号	作用分类	作用名称
8	可变作用	汽车荷载
9		汽车冲击力
10		汽车离心力
11		汽车引起的土侧压力
12		人群荷载
13		汽车制动力
14		风荷载
15		流水压力
16		冰压力
17		温度（均匀温度和梯度温度）作用
18		支座摩阻力
19	偶然作用	地震作用
20		船舶或漂流物的撞击作用
21		汽车撞击作用

（2）按照空间位置的变异性分类

①固定作用。在结构空间位置上具有固定位置的作用，但其量值是随机的，如结构重力、固定的设备等。

②自由作用。在结构空间一定范围内可以改变位置的作用，如汽车荷载、人群荷载等。

（3）按照结构的反应分类

①静态作用。在结构上不产生加速度或产生的加速度可以忽略不计的作用，如结构自重等。

②动态作用。在结构上产生不可忽略的加速度的作用，如汽车荷载、地震作用等。

《桥规》对桥梁设计作用的相关术语描述如下：

作用代表值：结构或结构构件设计时，针对不同设计目的所采用的各种作用规定值，它包括作用标准值、准永久值和频遇值等。

作用标准值：作用的标准值是结构或结构构件设计时，采用的各种作用的基本代表值。它是结构设计的主要参数，反映了作用在设计基准期内（公路桥涵结构的设计基准期为 100 年）随时间的变异，并按其在设计基准期内的最大概率分布的某一分位值确定。

作用频遇值：结构或构件按正常使用极限状态短期效应组合设计时，采用的一种可变作用代表值，其值可根据在足够长观测期内作用任意时点概率分布的 0.95 分位值确定。

作用准永久值：结构或构件按正常使用极限状态长期效应组合设计时，采用的另一种可变作用代表值，其值可根据在足够长观测期内作用任意时点概率分布的 0.5（或略高于 0.5）分位值确定。

作用效应：结构对所受作用的反应，如由作用产生的结构或构件的轴力、弯矩、扭矩、位移、应力、裂缝等。

公路桥涵设计时，对不同的作用应采用不同的代表值。

作用的设计值规定为作用的标准值乘以相应的作用分项系数。

第二节　永 久 作 用

永久作用是在结构使用期间，其量值不随时间而变化，或其变化值与平均值比较可忽略不计的作用。

永久作用采用标准值作为代表值。永久作用的标准值，对于结构重力（包括结构附加重力），可按结构构件的设计尺寸与材料的重力密度计算确定。

一、结 构 重 力

结构物自重及桥面铺装、附属设备等附加重力均属结构重力，结构重力标准值可按表1-3-2所列常用材料的重度计算。

常用材料的重力密度　　表1-3-2

材料种类	重度（kN/m^3）	材料种类	重度（kN/m^3）
钢、铸钢	78.5	浆砌片石	23.0
铸铁	72.5	干砌块石或片石	21.0
锌	70.5	沥青混凝土	23.0～24.0
铅	114.0	沥青碎石	22.0
黄铜	81.1	碎（砾）石	21.0
青铜	87.4	填土	17.0～18.0
钢筋混凝土或预应力混凝土	25.0～26.0	填石	19.0～20.0
混凝土或片石混凝土	24.0	石灰三合土、石灰土	17.5
浆砌块石或料石	24.0～25.0		

由于桥梁结构的自重往往占全部设计荷载的大部分，采用轻质高强材料对减轻桥梁自重、增大跨越能力有重要意义。

二、预 加 力

预加力在结构进行正常使用极限状态设计和使用阶段构件应力计算时，应作为永久作用计算其主效应和次效应，并计入相应阶段的预应力损失，但不计由于预加力偏心矩增大引起的附加效应。在结构进行承载能力极限状态设计时，预加力不作为作用，而将预应力钢筋作为结构抗力的一部分，但在连续梁等超静定结构中，仍需考虑预加力引起的次效应。

三、混凝土收缩及徐变作用

混凝土收缩的原因，主要是水泥浆的凝缩和因环境干燥所产生的干缩。混凝土收缩会使受约束的构件产生应力，而这种应力的长期存在又因混凝土徐变的影响减小了收缩应力。徐变是混凝土在持续恒定应力作用下应变不断变化的一种现象。

混凝土的收缩和徐变主要有下列规律：随水灰比增长而增加；高强度等级水泥的收缩较大；增加填充集料可减小收缩、徐变，并随集料的种类、形状及颗粒组成的不同而异；收缩徐变在凝结初期比较快，以后逐渐迟缓，但仍延续很长时间；环境湿度大的收缩、徐变小，干燥地区收缩、徐变大。

对于外部超静定的混凝土结构、钢和混凝土的组合梁等，必须考虑混凝土收缩及徐变所引起赘余力的变化和截面内力的变化。

混凝土的收缩应变和徐变系数可按《公路钢筋混凝土及预应力混凝土桥涵设计规范》(JTG D62—2004) 附录 F 的规定计算。

考虑混凝土徐变影响进行计算时，可采用徐变与混凝土应力呈线性关系的假定。

计算圬工拱圈的收缩作用效应时，如考虑徐变影响，作用效应可乘以 0.45 折减系数。

四、其他永久作用

作用于墩台上的土的重力、土侧压力以及水浮力对水中结构部分的作用也是长期的；基础变位影响力一旦出现，也是长期作用在结构上的。因此，根据设计实际需要和工程实际情况，这些力均列入永久作用，可按《桥规》中的相关条文计算。

第三节　可 变 作 用

可变作用是在结构使用期间，其量值随时间变化，且其变化值与平均值比较不可忽略的作用。

可变作用应根据不同的极限状态分别采用标准值、频遇值和准永久值作为其代表值。承载能力极限状态设计及按弹性阶段计算结构强度时应采用标准值作为可变作用的代表值。正常使用极限状态按短期效应（频遇）组合设计时，应采用频遇值作为可变作用的代表值；按长期效应（准永久）组合设计时，应采用准永久值作为可变作用的代表值。

可变作用频遇值由可变作用标准值乘以频遇值系数 ψ_1 得到，可变作用准永久值由可变作用标准值乘以准永久值系数 ψ_2 得到。

频遇值系数 ψ_1 和准永久值系数 ψ_2 在作用效应组合时，按相应规定取用。

一、汽 车 荷 载

公路桥涵设计时，汽车荷载的计算图式、荷载等级及其标准值、加载方法和纵横向折减等应符合下列规定：

(1) 汽车荷载分为公路—I 级和公路—II 级两个等级。

(2) 汽车荷载由车道荷载和车辆荷载组成。车道荷载由均布荷载和集中荷载组成。桥梁结构的整体计算采用车道荷载；桥梁结构的局部加载、涵洞、桥台和挡土墙土压力等的计算采用车辆荷载。车辆荷载与车道荷载的作用不得叠加。

(3) 各级公路桥涵设计的汽车荷载等级应符合表 1-3-3 的规定。

各级公路桥涵的汽车荷载等级　　表 1-3-3

公路等级	高速公路	一级公路	二级公路	三级公路	四级公路
汽车荷载等级	公路—I 级	公路—I 级	公路—II 级	公路—II 级	公路—II 级

二级公路为干线公路且重型车辆多时，其桥涵的设计可采用公路—I 级汽车荷载。

四级公路上重型车辆少时，其桥涵设计所采用的公路—II 级车道荷载的效应可乘以 0.8 的折减系数，车辆荷载的效应可乘以 0.7 的折减系数。

(4) 车道荷载的计算图式如图 1-3-1 所示。

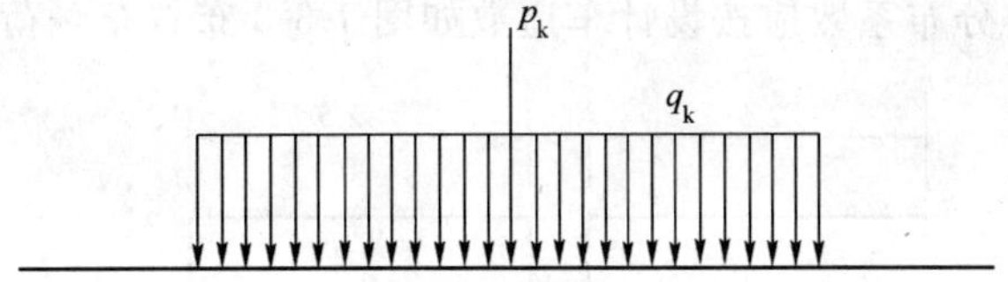

图 1-3-1 车道荷载

①公路—I级车道荷载的均布荷载标准值为 $q_k=10.5\text{kN/m}$；集中荷载标准值按以下规定选取：桥梁计算跨径小于或等于 5m 时，$p_k=180\text{kN}$；桥梁计算跨径等于或大于 50m 时，$p_k=360\text{kN}$；桥梁计算跨径在 5～50m 之间时，p_k 值采用直线内插求得。计算剪力效应时，上述集中荷载标准值 p_k 应乘以 1.2 的系数。

②公路—II级车道荷载的均布荷载标准值 q_k 和集中荷载标准值 p_k 按公路—I级车道荷载的 0.75 倍采用。

③车道荷载的均布荷载标准值应满布于使结构产生最不利效应的同号影响线上；集中荷载标准值只作用于相应影响线中一个最大影响线峰值处。

(5) 车辆荷载的立面、平面尺寸如图 1-3-2 所示，主要技术指标规定列于表 1-3-4。

公路—I级和公路—II级汽车荷载采用相同的车辆荷载标准值。

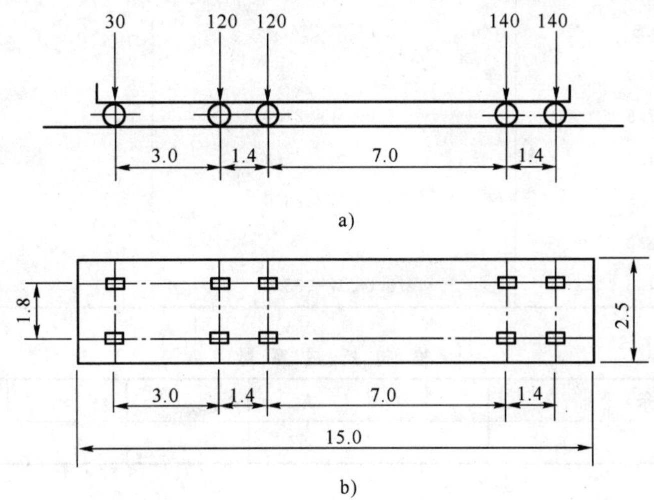

图 1-3-2 车辆荷载的立面及平面尺寸（图中尺寸单位为 m，荷载单位为 kN）

a）立面布置；b）平面尺寸

车辆荷载的主要技术指标 表 1-3-4

项目	单位	技术指标	项目	单位	技术指标
车辆重力标准值	kN	550	轮距	m	1.8
前轴重力标准值	kN	30	前轮着地宽度及长度	m	0.3×0.2
中轴重力标准值	kN	2×120	中、后轮着地宽度及长度	m	0.6×0.2
后轴重力标准值	kN	2×140	车辆外形尺寸（长×宽）	m	15×2.5
轴距	m	3+1.4+7+1.4			

（6）车道荷载横向分布系数应按设计车道数如图 1-3-3 布置车辆荷载进行计算。

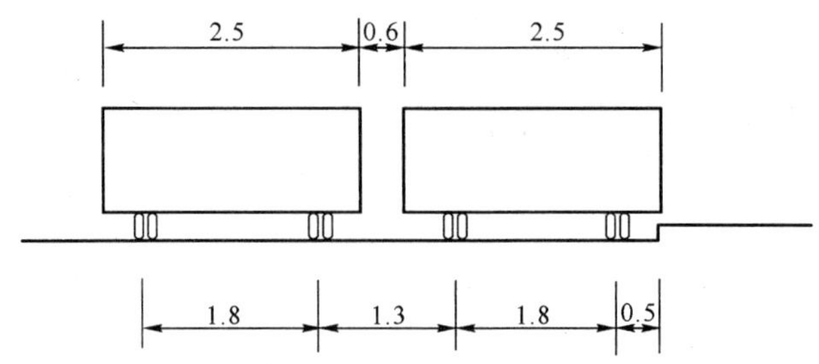

图 1-3-3　车辆荷载横向布置（尺寸单位：m）

（7）桥涵设计车道数应符合表 1-3-5 的规定。多车道桥梁上的汽车荷载应考虑多车道折减。当桥涵设计车道数等于或大于 2 时，由汽车荷载产生的效应应按表 1-3-6 规定的多车道折减系数进行折减，但折减后的效应不得小于两设计车道的荷载效应。

桥涵设计车道数　　表 1-3-5

桥面宽度 W（m）		桥涵设计车道数
车辆单向行驶时	车辆双向行驶时	
$W<7.0$		1
$7.0\leqslant W<10.5$	$6.0\leqslant W<14.0$	2
$10.5\leqslant W<14.0$		3
$14.0\leqslant W<17.5$	$14.0\leqslant W<21.0$	4
$17.5\leqslant W<21.0$		5
$21.0\leqslant W<24.5$	$21.0\leqslant W<28.0$	6
$24.5\leqslant W<28.0$		7
$28.0\leqslant W<31.5$	$28.0\leqslant W<35.0$	8

横向折减系数　　表 1-3-6

横向布置设计车道数（条）	2	3	4	5	6	7	8
横向折减系数	1.00	0.78	0.67	0.60	0.55	0.52	0.50

（8）大跨径桥梁上的汽车荷载应考虑纵向折减。当桥梁计算跨径大于 150m 时，应按表 1-3-7 规定的纵向折减系数进行折减。当为多跨连续结构时，整个结构应按最大的计算跨径考虑汽车荷载效应的纵向折减。

纵向折减系数　　表 1-3-7

计算跨径（m）	纵向折减系数	计算跨径（m）	纵向折减系数
$150<L_0<400$	0.97	$800\leqslant L_0<1000$	0.94
$400\leqslant L_0<600$	0.96	$L_0\geqslant 1000$	0.93
$600\leqslant L_0<800$	0.95		

二、汽车冲击力

汽车以较高速度驶过桥梁时，由于桥面不平整、发动机振动等原因，会引起桥梁结构振

动，从而造成内力增大，这种动力效应称为冲击作用。《桥规》中对于汽车荷载冲击力要求按下列规定计算：

(1) 钢桥、钢筋混凝土及预应力混凝土桥、圬工拱桥等上部构造和钢支座、板式橡胶支座、盆式橡胶支座及钢筋混凝土柱式墩台，应计算汽车的冲击作用。

(2) 填料厚度（包括路面厚度）等于或大于 0.5m 的拱桥、涵洞以及重力式墩台不计冲击力。

(3) 支座的冲击力，按相应的桥梁取用。

(4) 汽车荷载的冲击力标准值为汽车荷载标准值乘以冲击系数 μ。

(5) 冲击系数 μ 可按下式计算：

$$\text{当 } f<1.5\text{Hz 时，} \mu=0.05; \tag{1-3-1a}$$

$$\text{当 } 1.5\text{Hz}\leqslant f\leqslant 14\text{Hz 时，} \mu=0.1767\ln f-0.0157 \tag{1-3-1b}$$

$$\text{当 } f>14\text{Hz 时，} \mu=0.45 \tag{1-3-1c}$$

式中：f——结构基频（Hz）。

桥梁的自振频率（基频）宜采用有限元方法计算，对于以下常规结构，当无更精确方法计算时，也可采用下列公式估算：

对于简支梁桥：

$$f_1=\frac{\pi}{2l^2}\sqrt{\frac{EI_c}{m_c}} \tag{1-3-2}$$

式中：l——结构的计算跨径（m）；

E——结构材料的弹性模量（N/m^2）；

I_c——结构跨中截面的截面惯矩（m^4）；

m_c——结构跨中处的单位长度质量（kg/m），其值 $m_c=G/g$，当换算为重力计算时，其单位应为 Ns^2/m^2；

G——结构跨中处延米结构重力（N/m）；

g——重力加速度，其值 $g=9.81m/s^2$。

对于连续梁桥：

$$f_1=\frac{13.616}{2\pi l^2}\sqrt{\frac{EI_c}{m_c}} \tag{1-3-3a}$$

$$f_2=\frac{23.651}{2\pi l^2}\sqrt{\frac{EI_c}{m_c}} \tag{1-3-3b}$$

计算连续梁的冲击力引起的正弯矩效应和剪力效应时，采用 f_1；计算连续梁的冲击力引起的负弯矩效应时，采用 f_2。

对于拱桥：

$$f_1=\frac{\omega_1}{2\pi l^2}\sqrt{\frac{EI_c}{m_c}} \tag{1-3-4}$$

式中的 ω_1 为频率系数，可按下列公式计算：

当主拱为等截面或其他拱桥（如桁架拱、刚架拱等）时：

$$\omega_1=105\times\frac{5.4+50f^2}{16.45+334f^2+1867f^4} \tag{1-3-5a}$$

式中：f——拱桥矢跨比。

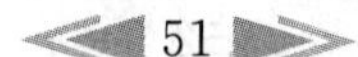

当主拱为变截面拱桥时：

$$\omega_1 = 105 \times \frac{r_1 + r_2 f^2}{r_3 + r_4 f^2 + r_5 f^4} \tag{1-3-5b}$$

式中的 r_i 为系数，可按下式确定：

$$r_i = R_i \times n + T_i$$

其中，n 为拱厚变化系数，R_i、T_i 的数值由表 1-3-8 查得。

系数 R_i 及 T_i 值 表 1-3-8

i	1	2	3	4	5
R_i	3.7	34.3	16.3	364	1955
T_i	1.7	15.7	0.15	−30	−88

对于双塔斜拉桥的竖向弯曲基频为：

无辅助墩的斜拉桥： $f_1=110/l$ (1-3-6a)

有辅助墩的斜拉桥： $f_1=150/l$ (1-3-6b)

式中：l——斜拉桥主跨跨径（m）；

f_1——竖向弯曲基频（Hz）。

对于单跨简支悬索桥的反对称竖向弯曲基频：

$$f_1 = \frac{1}{l}\sqrt{\frac{EI(2\pi/l)^2 + 2H_g}{m}} \tag{1-3-7}$$

式中：f_1——反对称竖向弯曲基频（Hz）；

l——悬索桥的主跨跨径（m）；

EI——加劲梁竖弯刚度（N·m²）；

H_g——恒荷载作用下单根主缆的水平拉力（N）；

m——桥面系和主缆的单位长度质量（kg/m），其值 $m=m_d+2m_c$；

m_d——桥面系单位长度质量（kg/m）；

m_c——单根主缆单位长度质量（kg/m）。

（6）汽车荷载的局部加载及在 T 梁、箱梁悬臂板上的冲击系数采用 1.30。

三、汽车离心力

桥梁离心力是一种伴随着车辆在弯道行驶时所产生的惯性力，其以水平力的形式作用于桥梁结构，是弯桥横向受力与抗扭设计计算所考虑的主要因素。《桥规》规定，当弯道桥的曲线半径等于或小于 250m 时，应计算汽车荷载引起的离心力。汽车荷载离心力标准值为车辆荷载（不计冲击力）标准值乘以离心力系数 C 计算。离心力系数按下式计算：

$$C = \frac{V^2}{127R} \tag{1-3-8}$$

式中：V——设计速度（km/h），应按桥梁所在路线设计速度采用；

R——平面曲线半径（m）。

在计算曲线长度大于或等于 150m 的桥梁，以及多车道桥梁的汽车荷载的离心力时，车辆荷载标准值应乘以表 1-3-7 和表 1-3-6 考虑荷载的纵、横向折减系数。超高对离心力的影响可不考虑。

离心力的着力点可以作用在桥面以上 1.2m 处（为计算简便也可移至桥面上，不计由此引起的作用效应）。

四、汽车引起的土侧压力

汽车荷载引起的土压力采用车辆荷载加载，并按下列规定计算：

(1) 车辆荷载在桥台或挡土墙后填土的破坏棱体上引起的土侧压力，可按下式换算成等代均布土层厚度 h（m）计算：

$$h=\frac{\sum G}{Bl_0\gamma} \tag{1-3-9}$$

式中：γ——土的重度（kN/m^3）；

$\sum G$——布置在 $B\times l_0$ 面积内的车轮的总重力（kN），计算挡土墙的土压力时，车辆荷载应按图 1-3-3 规定作横向布置，车辆外侧车轮中线距路面边缘 0.5m，计算中当涉及多车道加载时，车轮总重力应按规定进行折减；

l_0——桥台或挡土墙后填土的破坏棱体长度（m），对于墙顶以上有填土的路堤式挡土墙，l_0 为破坏棱体范围内的路基宽度部分；

B——桥台横向全宽或挡土墙的计算长度（m）。

挡土墙的计算长度可按下列公式计算，但不应超过挡土墙分段长度：

$$B = 13 + H\tan 30^{\circ} \tag{1-3-10}$$

式中：H——挡土墙高度（m），对墙顶以上有填土的挡土墙，为 2 倍墙顶填土厚度加墙高。

当挡土墙分段长度小于 13m 时，B 取分段长度，并在该长度内按不利情况布置轮重。

(2) 计算涵洞顶上车辆荷载引起的竖向土压力时，车轮按其着地面积的边缘向下作 30°角分布。当几个车轮的压力扩散线相重叠时，扩散面积以最外边的扩散线为准。

五、人 群 荷 载

当桥梁计算跨径小于或等于 50m 时，人群荷载标准值为 3.0kN/m^2；当桥梁计算跨径等于或大于 150m 时，人群荷载标准值为 2.5kN/m^2；当桥梁计算跨径在 50～150m 之间时，可由线性内插得到人群荷载标准值。对跨径不等的连续结构，以最大计算跨径为准。

城镇郊区行人密集地区的公路桥梁，人群荷载标准值取上述规定值的 1.15 倍。

专用人行桥梁，人群荷载标准值为 3.5kN/m^2。

人群荷载在横向应布置在人行道的净宽度内，在纵向施加于使结构产生最不利荷载效应的区段内。

人行道板（局部构件）可以一块板为单元，按标准值 4.0kN/m^2 的均布荷载计算。

计算人行道栏杆时，作用在栏杆立柱顶上的水平推力标准值取 0.75kN/m；作用在栏杆扶手上的竖向力标准值取 1.0kN/m。

对于专用人行桥梁，人群荷载标准值可参考相关国内外标准采用。

六、汽车制动力

制动力是车辆减速或制动时为克服车辆的惯性力而在路面与车辆之间发生的滑动摩擦力。作用于桥跨结构的方向与行车方向一致。

汽车制动力时，车辆与路面间的摩擦系数可达 0.5 以上，但是制动常常只限于车队的一部分车辆，所以制动力并不等于摩擦系数乘全部车辆荷载。《桥规》规定汽车荷载制动力可按下列规定计算和分配：

(1) 汽车荷载制动力按同向行驶的汽车荷载（不计冲击力）计算，并应按表 1-3-7 的规定，以使桥梁墩台产生最不利纵向力的加载长度进行纵向折减。

一个设计车道上由汽车荷载产生的制动力标准值按规定的车道荷载标准值在加载长度上计算的总重力的 10%计算，但公路—I 级汽车荷载的制动力标准值不得小于 165kN；公路—II 级汽车荷载的制动力标准值不得小于 90kN。同向行驶双车道的汽车荷载制动力标准值为一个设计车道制动力标准值的 2 倍；同向行驶 3 车道为一个设计车道的 2.34 倍；同向行驶 4 车道为一个设计车道的 2.68 倍。

(2) 制动力的着力点在桥面以上 1.2m 处，计算墩台时，可移至支座铰中心或支座底座面上。计算刚构桥、拱桥时，制动力的着力点可移至桥面上，但不计因此而产生的竖向力和力矩。

(3) 设有板式橡胶支座的简支梁、连续桥面简支梁或连续梁排架式柔性墩台，应根据支座与墩台的抗推刚度的刚度集成情况分配和传递制动力。

设有板式橡胶支座的简支梁刚性墩台，制动力按跨径两端板式橡胶支座的抗推刚度进行分配；当两端支座相同时，各分配 50%。

(4) 设有固定支座、活动支座（滚动或摆动支座、聚四氟乙烯板支座）的刚性墩台传递的制动力，按表 1-3-9 的规定采用。每个活动支座传递的制动力，其值不应大于其摩阻力，当大于摩阻力时，按摩阻力计算。

刚性墩台各种支座传递的制动力　　表 1-3-9

桥梁墩台及支座类型		应计的制动力	符号说明
简支梁桥台	固定支座	T_1	T_1——加载长度为计算跨径的制动力； T_2——加载长度为相邻跨径之和时的制动力； T_3——加载长度为一联长度的制动力
	聚四氟乙烯板支座	$0.30T_1$	
	滚动（或摆动）支座	$0.25T_1$	
简支梁桥墩	两个固定支座	T_2	
	一个固定支座，一个活动支座	注	
	两个聚四氟乙烯板支座	$0.30T_2$	
	两个滚动（或摆动）支座	$0.25T_2$	
连续梁桥墩	固定支座	T_3	
	聚四氟乙烯板支座	$0.30T_3$	
	滚动（或摆动）支座	$0.25T_3$	

注：固定支座按 T_4 计算，活动支座按 $0.30T_5$（聚四氟乙烯板支座）计算或 $0.25T_5$（滚动或摆动支座）计算，T_4 和 T_5 分别为与固定支座或活动支座相应的单跨跨径的制动力，桥墩承受的制动力为上述固定支座与活动支座传递的制动力之和。

七、风 荷 载

风是空气的流动，它有重量，也有速度，当风以一定的速度向前运动遇到结构物阻碍时，结构承受了风压。《桥规》附录 A 列出了全国基本风速图及全国各气象台站基本风速和基本风压值。

对于大跨径桥梁，特别是斜拉桥和悬索桥，风荷载是极为重要的设计荷载，有时甚至起着决定性的作用，即对结构的强度、刚度和稳定性起控制作用。

在顺风向，风压常分成平均风压和脉动风压；在横风向，风流经过结构而产生旋涡，因旋涡的特性，横风向还会产生周期性风压（有时也可能是随机的）。一般来说，风对结构作用的计算有3个不同的方面：对于顺风向的平均风压，采用静力计算方法；对于顺风向的脉动风或横风向的脉动风，则应按随机振动理论计算；对于横风向的周期性风力，产生了横风向振动，偏心时还产生扭转振动，通常作为确定荷载对结构进行动力计算。后两种计算理论是属于研究结构风压和风振理论的一门新学科。

风荷载标准值可按下列规定计算：

（1）横桥向风荷载假定水平地垂直作用于桥梁各部分迎风面积的形心上，其标准值的计算公式为：

$$F_{wh} = k_0 k_1 k_3 W_d A_{wh} \tag{1-3-10a}$$

$$W_d = \frac{\gamma V_d^2}{2g} \tag{1-3-10b}$$

$$W_0 = \frac{\gamma V_{10}^2}{2g} \tag{1-3-10c}$$

$$V_d = k_2 k_5 V_{10} \tag{1-3-10d}$$

$$\gamma = 0.012017 e^{-0.0001z} \tag{1-3-10e}$$

式中：F_{wh}——横桥向风荷载标准值（kN）；

W_0——基本风压（kN/m^2），全国各主要气象台站10年、50年、100年一遇的基本风压可按《桥规》附表A的有关数据经实地核实后采用；

W_d——设计基准风压（kN/m^2）；

A_{wh}——横向迎风面积（m^2），按桥跨结构各部分的实际尺寸计算；

V_{10}——桥梁所在地区的设计基本风速（m/s），系按平坦空旷地面，离地面10m高，重现期为100年10min平均最大风速计算确定；当桥梁所在地区缺乏风速观测资料时，V_{10}可按《桥规》附录A的有关数据并经实地调查核实后采用；

V_d——高度Z处的设计基准风速（m/s）；

Z——距地面或水面的高度（m）；

γ——空气重力密度（kN/m^3）；

k_0——设计风速重现期换算系数，对于单孔跨径指标为特大桥和大桥的桥梁，$k_0=1.0$；对于其他桥梁，$k_0=0.90$；对施工架设期桥梁，$k_0=0.75$；当桥梁位于台风多发地区时，可根据实际情况适度提高k_0值；

k_3——地形、地理条件系数，按表1-3-10取用；

k_5——阵风风速系数。对A、B类地表，$k_5=1.38$；对C、D类地表，$k_5=1.70$。A、B、C、D地表类别对应的地表状况见表1-3-11所列；

k_2——考虑地面粗糙度类别和梯度风的风速高度变化修正系数，可按表1-3-12取用；位于山间盆地、谷地或峡谷、山口等特殊场合的桥梁上、下部结构的风速高度变化修正系数k_2按B类地表类别取值；

k_1——风载阻力系数，见表1-3-13～表1-3-15；

g——重力加速度，$g=9.81\ m/s^2$。

地形、地理条件系数 k_3　　表 1-3-10

地形、地理条件	地形、地理条件系数 k_3
一般地区	1.00
山间盆地、谷地	0.75～0.85
峡谷口、山口	1.20～1.40

地 表 分 类　　表 1-3-11

地表粗糙度类别	地 表 状 况
A	海面、海岸、开阔水面
B	田野、乡村、丛林及低层建筑物稀少地区
C	树木及低层建筑物等密集地区、中高层建筑物稀少地区、平缓的丘陵地
D	中高层建筑物密集地区、起伏较大的丘陵地

风速高度变化修正系数 k_2　　表 1-3-12

离地面或水面高度（m）	地 表 类 别			
	A	*B*	*C*	*D*
5	1.08	1.00	0.86	0.79
10	1.17	1.00	0.86	0.79
15	1.23	1.07	0.86	0.79
20	1.28	1.12	0.92	0.79
30	1.34	1.19	1.00	0.85
40	1.39	1.25	1.06	0.85
50	1.42	1.29	1.12	0.91
60	1.46	1.33	1.16	0.96
70	1.48	1.36	1.20	1.01
80	1.51	1.40	1.24	1.05
90	1.53	1.42	1.27	1.09
100	1.55	1.45	1.30	1.13
150	1.62	1.54	1.42	1.27
200	1.73	1.62	1.52	1.39
250	1.75	1.67	1.59	1.48
300	1.77	1.72	1.66	1.57
350	1.77	1.77	1.71	1.64
400	1.77	1.77	1.77	1.71
≥450	1.77	1.77	1.77	1.77

风载阻力系数可按下列规定确定：

①普通实腹桥梁上部结构的风载阻力系数可按下式计算：

$$k_1=\begin{cases}2.1-0.1\left(\frac{B}{H}\right) & 1\leqslant\frac{B}{H}<8\\ 1.3 & 8\leqslant\frac{B}{H}\end{cases}\tag{1-3-11}$$

式中：B——桥梁宽度（m）；

H——梁高（m）。

②桁架桥上部结构的风载阻力系数 k_1 规定见表 1-3-13。上部为 2 片或 2 片以上桁架时，所有迎风桁架的风载阻力系数均取 ηk_1，η 为遮挡系数，按表 1-3-14 采用；桥面系构造的风载阻力系数取 $k_1=1.3$。

桁架的风载阻力系数 k_1 表 1-3-13

实面积比	矩形与 H 形截面构件	圆柱形构件（D 为圆柱直径）	
		$D\sqrt{W_0}<5.8$	$D\sqrt{W_0}\geqslant5.8$
0.1	1.9	1.2	0.7
0.2	1.8	1.2	0.8
0.3	1.7	1.2	0.8
0.4	1.7	1.1	0.8
0.5	1.6	1.1	0.8

注：①实面积比＝桁架净面积/桁架轮廓面积；

②表中圆柱直径 D 以 m 计，基本风压以 kN/m^2 计。

桁架遮挡系数 η 表 1-3-14

间距比	实面积比				
	0.1	0.2	0.3	0.4	0.5
≤1	1.0	0.90	0.80	0.60	0.45
2	1.0	0.90	0.80	0.65	0.50
3	1.0	0.95	0.80	0.70	0.55
4	1.0	0.95	0.80	0.70	0.60
5	1.0	0.95	0.85	0.75	0.65
6	1.0	0.95	0.90	0.80	0.70

注：间距比＝两桁架中心距/迎风桁架高度。

③桥墩或桥塔的风载阻力系数 k_1，可依据桥墩的断面形状、尺寸比及高宽比值的不同由表 1-3-15 查得。表中没有包括的断面，其 k_1 值宜由风洞试验确定。

（2）桥梁顺桥向可不计桥面系及上承式梁所受的风荷载，下承式桁架顺桥向风荷载标准值按其横桥向风压的 40％乘以桁架迎风面积计算。

桥墩上的顺桥向风荷载标准值可按横桥向风压的 70％乘以桥墩迎风面积计算。

悬索桥、斜拉桥桥塔上的顺桥向风荷载标准值可按横桥向风压乘以迎风面积计算。

桥台可不计算纵、横向风荷载。

上部构造传至墩台的顺桥向风荷载，其在支座的着力点及墩台上的分配，可根据上部构造的支座条件，按本节第六点汽车制动力的规定处理。

桥墩或桥塔的风载阻力系数 k_1　　表 1-3-15

断面形状	$\frac{t}{b}$	桥墩或桥塔的高宽比 1	2	4	6	10	20	40
风向→ 矩形（t, b）	≤1/4	1.3	1.4	1.5	1.6	1.7	1.9	2.1
→矩形	1/3 1/2	1.3	1.4	1.5	1.6	1.6	2.0	2.2
→矩形	2/3	1.3	1.4	1.5	1.6	1.8	2.0	2.2
→正方形	1	1.2	1.3	1.4	1.5	1.6	1.8	2.0
→矩形	3/2	1.0	1.1	1.2	1.3	1.4	1.5	1.7
→矩形	2	0.8	0.9	1.0	1.1	1.2	1.3	1.4
→矩形	3	0.8	0.8	0.8	0.9	0.9	1.0	1.2
→矩形	≥4	0.8	0.8	0.8	0.8	0.8	0.9	1.1
→菱形　→八边形		1.0	1.1	1.1	1.2	1.2	1.3	1.4
12边形 →		0.7	0.8	0.9	0.9	1.0	1.1	1.3
光滑表面圆形且 $D\sqrt{W_0}\geqslant5.8$	→圆形（D）	0.5	0.5	0.5	0.5	0.5	0.6	0.6
(1) 光滑表面圆形且 $D\sqrt{W_0}<5.8$ (2) 粗糙表面或有凸起的圆形	→圆形（D）	0.7	0.7	0.8	0.8	0.9	1.0	1.2

注：①上部结构架设后，应按高宽比为 40 计算 k_1 值；

②对于带有圆弧角的矩形桥墩，其风载阻力系数应从表中查得 k_1 值后，再乘以折减系数 $\left(1-1.5\frac{r}{b}\right)$ 或 0.5，取其二者之较大值，在此 r 为圆弧角的半径；

③对于沿桥墩高度有锥度变化的情形，k_1 值应按桥墩高度分段计算，每段的 t 及 b 取各该段的平均值，高宽比则应以桥墩总高度对每段的平均宽度之比计之；

④对于带三角尖端的桥墩，其 k_1 值应按包括该桥墩处边缘的矩形截面计算。

(3) 对于风敏感且可能以风荷载控制设计的桥梁，应考虑桥梁在风荷载作用下的静力和动力失稳，必要时应通过风洞试验验证，同时可采取适当的风致振动控制措施。

八、温度（均匀温度和梯度温度）作用

桥梁结构处于自然环境中，将受到温度作用的影响。例如，常年气温变化导致桥梁沿纵向均匀地位移，这种位移不产生结构内力，只有当结构的位移受到约束时才会引起温度次内力，这是温度作用的一种形式。太阳辐射是温度作用的另一种形式，它使结构沿高度方向形

成非线性的温度梯度，导致结构产生次应力。前者称为均匀温度作用，后者称为梯度温度作用。

沿桥梁的横向也存在梯度温度，但考虑公路桥梁都带有较长的悬臂，两侧腹板受太阳直接辐射较少，梁底终日不受日照，所以，设计时认为只有梁顶全天日照，不再计及横桥向温度梯度的作用。

计算桥梁结构因均匀温度作用引起外加变形或约束变形时，应从结构受到约束（架梁或结构合龙）时的结构温度作为起点，计算结构最高和最低有效温度的作用效应。

如缺乏实际调查资料，《桥规》提供了公路混凝土结构和钢结构的最高和最低有效温度标准值，可按表 1-3-16 取用。

全国桥梁结构的有效温度标准值（℃） 表 1-3-16

气温分区	钢桥面板钢桥		混凝土桥面板钢桥		混凝土、实桥	
	最高	最低	最高	最低	最高	最低
严寒地区	46	−43	39	−32	34	−23
寒冷地区	46	−21	39	−15	34	−10
温热地区	46	−9（−3）	39	−6（−1）	34	−3（0）

注：①全国气温分区见《桥规》附录 B；

②表中括弧内数值适用于昆明、南宁、广州、福州地区。

计算桥梁结构由于梯度温度引起的效应时，可采用图 1-3-4所示的竖向温度梯度曲线，其桥面板表面的最高温度 T_1 规定见表 1-3-17。

对混凝土结构，当梁高 H 小于 400mm 时，图中 $A=H-100$（mm）；当梁高 H 等于或大于 400mm 时，$A=300$mm。

对带混凝土桥面板的钢结构，$A=300$mm。

图 1-3-4 中的 t 为混凝土桥面板的厚度（mm）。

混凝土上部结构和带混凝土桥面板的钢结构的竖向日照反温差为正温差乘以−0.5。

计算圬工拱圈考虑徐变影响引起的温差作用效应时，计算的温差效应乘以 0.7 的折减系数。

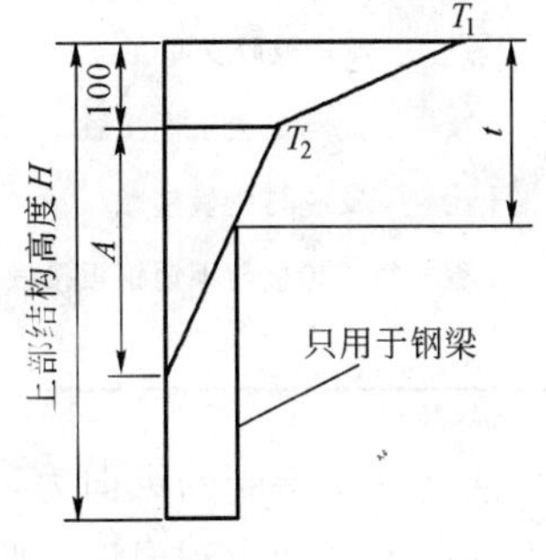

图 1-3-4 竖向梯度温度（尺寸单位：mm）

竖向日照正温差计算的温度基数 表 1-3-17

结构类型	T_1（℃）	T_2（℃）
混凝土铺装	25	6.7
50mm 沥青混凝土铺装层	20	6.7
100mm 沥青混凝土铺装层	14	5.5

考虑温度作用时，还应根据结构物使用的材料和施工条件等因素计算由温度作用引起的结构效应。各种结构的线膨胀系数规定见表 1-3-18。

线 膨 胀 系 数 表 1-3-18

结 构 种 类	线膨胀系数(以摄氏度计)
钢结构	0.000012
混凝土和钢筋混凝土及预应力混凝土结构	0.000010
混凝土预制块砌体	0.000009
石砌体	0.000008

九、支座摩阻力、流水压力及冰压力

上部结构因温度变化引起的伸长或缩短以及受其他纵向力的作用,活动支座将产生一个方向相反的力,即支座摩阻力。摩阻力的大小取决于上部构造自重的大小、支座类型以及材料等。

支座摩阻力可按下式计算:

$$F = \mu W \tag{1-3-12}$$

式中:W——作用于活动支座上由上部结构重力产生的效应;

μ——支座的摩阻系数,可按表 1-3-19 取用。

支 座 摩 擦 系 数 表 1-3-19

支 座 种 类	支座摩擦系数 μ
滚动支座或摆动支座	0.05
板式橡胶支座在:	
支座与混凝土面接触	0.30
支座与钢板接触	0.20
聚四氟乙烯板与不锈钢板接触	0.06(加硅脂;温度低于-25℃时为 0.078)
	0.12(不加硅脂;温度低于-25℃时为 0.156)

活动支座承受的纵向力,不容许超过支座与混凝土或其他结构材料之间的摩阻力。该纵向力一般为制动力和温度、收缩作用。

在设计墩台时,尚需考虑流水压力或冰压力,可分别参见《桥规》第 4.3.8 条和第 4.3.9 条。

第四节 偶 然 作 用

偶然作用是指在结构使用期间出现的概率很小,一旦出现,其值很大且持续时间很短的作用。

它包括地震作用、船只或漂流物的撞击作用以及汽车撞击作用。偶然作用会对结构安全产生非常巨大的影响,甚至桥梁毁坏和交通中断,因此,建造在地震区或有可能出现受到船只或漂流物以及汽车撞击的桥梁应进行谨慎的抗震和防撞设计。

偶然作用也取其标准值作为代表值。偶然作用应根据调查、试验资料,结合工程经验确定其标准值。

一、地 震 作 用

地震作用主要是指地震时强烈的地面运动引起的结构惯性力，它是随机变化的动力作用，其值的大小决定于地震强烈程度和结构的动力特性（频率与阻尼等）以及结构或杆件的质量。地震作用分竖直方向与水平方向，经验表明地震的水平运动是导致结构破坏的主要因素，结构抗震验算时，一般主要考虑水平地震作用。

根据《中国地震动参数区划图》（GB 18306），现行《桥规》不再采用地震基本烈度的概念，取而代之为地震动峰值加速度系数。地震基本烈度与地震动峰值加速度系数之间的关系见表 1-3-20 所列。

地震基本烈度与地震动峰值加速度系数的对应关系 表 1-3-20

地震动峰值加速度系数（g）	<0.05	0.05	0.10	0.15	0.20	0.30	$\geqslant0.40$
地震基本烈度	$<$VI	VII	VII	VII	VIII	VIII	$\geqslant$IX

《桥规》是以地震动峰值加速度 0.10g 为抗震设计的设防起点，是国家对工程建设项目抗震防灾的基本要求。地震动峰值加速度等于 0.10g、0.15g、0.20g、0.30g 地区的公路桥涵，应进行抗震设计。地震动峰值加速度大于或等于 0.40g 地区的公路桥涵，应进行专门的抗震研究和设计。地震动峰值加速度小于或等于 0.05g 地区的公路桥涵，除有特殊要求者外，可采用简易设防。如简支梁等桥梁如采取一些抗震措施（防止落梁措施等），花费不大，而效果比较明显。做过地震小区划的地区，应按主管部门审批后的地震动参数进行抗震设计。

公路桥梁地震作用的计算及结构的设计，应符合现行《公路工程抗震设计规范》的规定。

我国抗震规范规定的地震力考虑了结构动态反应的影响，是采用反应谱理论而确定的。

对于单自由度体系的地震力的计算式可表达为：

$$P = c\alpha W = ck\beta W = c\left(\frac{\delta_g}{g}\right)\left(\frac{S_a}{\delta_g}\right)mg \tag{1-3-13}$$

式中：c——结构的综合影响系数，主要考虑结构塑性变形、阻尼以及地基变形等影响的一个简便的综合折减系数；

k——地震系数，为地面运动最大加速度 δ_g 和重力加速度的比值；

β——动力放大系数，为结构反应的最大绝对加速度 S_a 与地面运动最大加速度的比值，它与场地土的种类有关，它可以从单自由度体系的动力反应谱中查得。

上式实质上可以简化为：

$$P = cmS_a \tag{1-3-14}$$

这就是结构在地震时的最大惯性力，它以静力荷载的形式表达。根据规范算得结构的地震力后，可采用一般的静力学方法计算结构的内力与变形。

对于重要的桥梁工程，必须进行场地地震安全性评价，确定抗震设防要求后进行抗震设计。一般应对结构建立动力计算图式，直接输入地震波，进行线性或非线性动态时程分析，研究结构的抗震安全度。

二、船舶或漂流物的撞击作用

跨越江、河、海湾的桥梁，必须考虑船舶或漂流物对桥梁墩台的偶然作用。

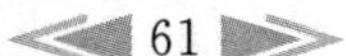

船舶或漂流物与桥梁结构的碰撞过程十分复杂，其与碰撞时的环境因素（风浪、气候、水流等）、船舶特性（船舶类型、行进速度、装载情况以及船舶的强度和刚度等）、桥梁结构因素（桥梁的尺寸、材料、质量和抗力特性等）及驾驶员的反应时间等因素有关。

根据通航航道的特点及其通行船舶的特性，可以将需要考虑船舶与桥梁相互作用的河流分为内河和通行海轮的河流（包括海湾）两大类。前者的代表船型主要为内河驳船货船队，依据《全国内河通航标准》（GB50139），一至七级内河航道对应的船舶吨位分别为 3000t、2000t、1000t、500t、300t、100t 和 50t；通行海轮航道的代表船型为海轮。

船舶与桥梁的撞击作用，如有实测资料，宜采用实测资料；当缺乏实际调查资料时，内河上船舶撞击作用的标准值可按表 1-3-21 采用；海轮撞击作用的标准值可按表 1-3-22 采用。

四、五、六、七级航道内的钢筋混凝土桩墩，顺桥向撞击作用可按表 1-3-22 所列数值的 50%考虑。

内河船舶撞击作用标准值 表 1-3-21

内河航道等级	船舶吨级 DWT（t）	横桥向撞击作用（kN）	顺桥向撞击作用（kN）
一	3000	1400	1100
二	2000	1100	900
三	1000	800	650
四	500	550	450
五	300	400	350
六	100	250	200
七	50	150	125

海轮撞击作用的标准值 表 1-3-22

船舶吨级 DWT（t）	3000	5000	7500	10000	20000	30000	40000	50000
横桥向撞击作用（kN）	19600	25400	31000	35800	50700	62100	71700	80200
顺桥向撞击作用（kN）	9800	12700	15500	17900	25350	31050	35850	40100

对可能遭受大型船舶撞击作用的桥墩，应根据桥墩的自身抗撞击能力、桥墩的位置和外形、水流流速、水位变化、通航船舶类型和碰撞速度等因素作桥墩防撞设施的设计。

当设有与墩台分开的防撞击的防护结构时，桥墩可不计船舶的撞击作用。

漂流物横桥向撞击力标准值可按下式计算：

$$F = \frac{WV}{gT} \tag{1-3-15}$$

式中：W——漂流物重力（kN）。应根据河流中漂流物情况，按实际调查确定；

V——水流速度（m/s）；

T——撞击时间（s）。应根据实际资料估计，在无实际资料时，可用 1s；

g——重力加速度，其值 $g=9.81\text{m/s}^2$。

内河船舶的撞击作用点，假定为计算通航水位线以上 2m 的桥墩宽度或长度的中点；海轮船舶撞击作用点需视实际情况而定。漂流物的撞击作用点假定在计算通航水位线上桥墩宽度的中点。

在通航河流上，当基础采用桩基础时，承台底面应置于低水位以下，以免船舶或漂流物直接作用于桩上。

三、汽车的撞击作用

桥梁结构必要时可考虑汽车的撞击作用。汽车撞击力标准值在车辆行驶方向取1000kN，在车辆行驶垂直方向取500kN，两个方向的撞击力不同时考虑，撞击力作用于行车道以上1.2m处，直接分布于撞击涉及的构件上。

对于设有防撞设施的结构构件，可视防撞设施的防撞能力，对汽车撞击力标准值予以折减，但折减后的汽车撞击力标准值不应低于上述规定值的1/6。

高速公路上桥梁的防撞护栏应按现行《高速公路交通安全设施设计及施工技术规范》(JTJ 074—94) 有关规定执行。

除了上述规范中规定的3种荷载以外，在桥梁设计中，还必须注意到结构物在预制、运输、架设安装及各施工阶段可能遇到的各种临时荷载，如起重机具的重力等，可总称其为施工荷载。桥梁设计中因为对施工荷载的取值不当或验算上的疏忽，造成毁桥事故还是不少见的。

第五节　极限状态设计法

公路桥涵结构应按承载能力极限状态和正常使用极限状态进行设计。

一、承载能力极限状态

承载能力极限状态是对应于桥涵结构或其构件达到最大承载能力或出现不适于继续承载的变形或变位的状态。具体来说可以分成如下几种状态：

(1) 整个结构或其一部分作为刚体而失去平衡，如倾覆、滑移等。

(2) 结构构件或其连接因达到其材料极限强度而破坏。

(3) 结构转变成机动体系。

(4) 结构或构件丧失稳定性，如柱的压屈失稳等。

(5) 结构或构件由于材料疲劳而导致破坏。

(6) 由于材料的塑性或徐变变形过大，或由于截面开裂而引起过大的几何变形等，致使结构或构件不再能继续承载和使用，例如拱顶严重下挠，引起拱轴线偏离过大等。

二、正常使用极限状态

正常使用极限状态是对应于桥涵结构或其构件达到正常使用或耐久性的某项限值的状态。正常使用极限状态以弹性理论或弹塑性理论为基础，主要进行以下3个方面的验算：

应力限制：
$$\sigma_d \leqslant [\sigma] \tag{1-3-16a}$$

变形限制：
$$f_d \leqslant [f] \tag{1-3-16b}$$

裂缝宽度限制：
$$\delta_d \leqslant [\delta] \tag{1-3-16c}$$

三、三种设计状况

公路桥涵应根据不同种类的作用（或荷载）及其对桥涵的影响、桥涵所处的环境条件，考虑以下3种设计状况，并对其进行相应的极限状态设计。

(1) 持久状况。桥涵建成后承受自重、汽车荷载等持续时间很长的状况。该状况下的桥

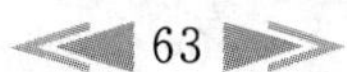

涵应进行承载能力极限状态和正常使用极限状态设计。

（2）短暂状况。桥涵施工工程中承受临时性作用的状况。该状况下的桥涵仅作承载能力极限状态设计，必要时才作正常使用极限状态设计。

（3）偶然状况。在桥涵使用过程中可能偶然出现的状况。该状况下的桥涵仅作承载能力极限状态设计。

第六节　作用效应组合

一、作用效应组合

桥梁结构通常要同时承受多种作用的作用，在进行结构设计时，应考虑结构上可能同时出现的作用，按承载能力极限状态和正常使用极限状态进行作用效应组合。作用效应组合时的内容，由设计者根据实际情况确定，取其最不利效应组合进行设计，同时注意以下几个方面：

（1）只有在结构上可能同时出现的作用，才进行其效应的组合。当结构或结构构件需做不同受力方向的验算时，则应以不同方向的最不利的作用效应进行组合。

（2）当可变作用的出现对结构或结构构件产生有利影响时，该作用不应参与组合。实际不可能同时出现的作用或同时参与组合概率很小的作用，可按表 1-3-23 规定不考虑其作用效应的组合。

可变作用不同时组合　　表 1-3-23

编　号	作用名称	不与该作用同时参与组合的作用编号
13	汽车制动力	15，16，18
15	流水压力	13，16
16	冰压力	13，15
18	支座摩阻力	13

（3）施工阶段作用效应的组合，应按计算需要及结构所处条件而定，结构上的施工人员和施工机具设备均应作为临时荷载加以考虑。组合式桥梁，当把底梁作为施工支撑时，作用效应宜分两个阶段组合，底梁受荷为第一个阶段，组合梁受荷为第二个阶段。

（4）多个偶然作用不同时参与组合。

二、按承载能力极限状态设计时的组合

公路桥涵结构的承载能力极限状态设计，按照可能出现的作用，将其分为两种作用效应组合，即基本组合和偶然组合。作用效应的基本组合是指永久作用设计值效应与可变作用设计值效应的组合，这种组合用于结构的常规设计，是所有公路桥涵结构都应该考虑的。作用效应的偶然组合是指永久作用标准值、可变作用代表值和一种偶然作用标准值的效应组合，视具体情况，也可不考虑可变作用效应参与组合。作用效应偶然组合用于结构在特殊情况下的设计，所以不是所有公路桥涵结构都要采用的，一些结构也可采取构造或其他预防措施来解决。

1. 基本组合

基本组合是永久作用的设计值效应与可变作用设计值效应相组合，其效应组合表达式为：

$$\gamma_0 S_{ud}=\gamma_0\left(\sum_{i=1}^{m}\gamma_{Gi}S_{Gik}+\gamma_{Q1}S_{Q1k}+\psi_c\sum_{j=2}^{n}\gamma_{Qj}S_{Qjk}\right) \tag{1-3-17a}$$

或

$$\gamma_0 S_{ud}=\gamma_0\left(\sum_{i=1}^{m}S_{Gid}+S_{Q1d}+\psi_c\sum_{j=2}^{n}S_{Qjd}\right) \tag{1-3-17b}$$

式中：S_{ud}——承载能力极限状态下作用基本组合的效应组合设计值；

γ_0——结构重要性系数，按表 1-3-24 规定的结构设计安全等级采用，对应于设计安全等级一级、二级和三级分别取 1.1、1.0 和 0.9；

γ_{Gi}——第 i 个永久作用效应的分项系数，应按表 1-3-25 的规定采用；

S_{Gik}、S_{Gid}——第 i 个永久作用效应的标准值和设计值；

γ_{Q1}——汽车荷载效应（含汽车冲击力、离心力）的分项系数，取 $\gamma_{Q1}=1.4$；当某个可变作用在效应组合中其值超过汽车荷载效应时，则该作用取代汽车荷载，其分项系数应采用汽车荷载的分项系数；对专为承受某作用而设置的结构或装置，设计时该作用的分项系数取与汽车荷载同值；计算人行道板和人行道栏杆的局部荷载，其分项系数也与汽车荷载取同值；

S_{Q1k}、S_{Q1d}——汽车荷载效应（含汽车冲击力、离心力）的标准值和设计值；

γ_{Qj}——在作用效应组合中除汽车荷载效应（含汽车冲击力、离心力）、风荷载外的其他第 j 个可变作用效应的分项系数，取 $\gamma_{Qj}=1.4$，但风荷载的分项系数取 $\gamma_{Qj}=1.1$；

S_{Qjk}、S_{Qjd}——在作用效应组合中除汽车荷载效应（含汽车冲击力、离心力）外的其他第 j 个可变作用效应的标准值和设计值；

ψ_c——在作用效应组合中除汽车荷载效应（含汽车冲击力、离心力）外的其他可变作用效应的组合系数，当永久作用与汽车荷载和人群荷载（或其他一种可变作用）组合时，人群荷载（或其他一种可变作用）的组合系数取 $\psi_c=0.80$；当除汽车荷载（含汽车冲击力、离心力）外尚有两种其他可变作用参与组合时，其组合系数取 $\psi_c=0.70$；尚有三种可变作用参与组合时，其组合系数取 $\psi_c=0.60$；尚有 4 种及多于 4 种的可变作用参与组合时，取 $\psi_c=0.50$。

设计弯桥时，当离心力与制动力同时参与组合时，制动力标准值或设计值按 70%取用。

公路桥涵结构的设计安全等级 表 1-3-24

设计安全等级	桥 涵 结 构
一级	特大桥、重要大桥
二级	大桥、中桥、重要小桥
三级	小桥、涵洞

注：①本表所列特大、大、中桥等系按单孔跨径确定，对多跨不等跨桥梁，以其中最大跨径为准；

②本表冠以“重要”的大桥和小桥，指高速公路和一级公路上、国防公路上及城市附近交通繁忙公路上的桥梁。

永久作用效应的分项系数 表 1-3-25

编号	作用类别		永久作用效应分项系数	
			对结构的承载能力不利时	对结构的承载能力不利时
1	混凝土和圬工结构重力（包括结构附加重力） 钢结构重力（包括结构附加重力）		1.2 1.1 或 1.2	1.0
2	预加力		1.2	1.0
3	土的重力		1.2	1.0
4	混凝土的收缩及徐变作用		1.0	1.0
5	土侧压力		1.4	1.0
6	水的浮力		1.0	1.0
7	基础变位作用	混凝土和圬工结构 钢结构	0.5 1.0	0.5 1.0

注：本表编号 1 中，当钢桥采用钢桥面板时，永久作用效应分项系数取 1.1；当采用混凝土桥面板时，取 1.2。

2. 偶然组合

永久作用标准值效应与可变作用某种代表值效应、一种偶然作用标准值效应相组合。偶然作用的效应分项系数取 1.0；与偶然作用同时出现的可变作用，可根据观测资料和工程经验取用适当的代表值。

地震作用标准值及其表达式按现行《公路工程抗震设计规范》规定采用。

三、按正常使用极限状态设计的组合

公路桥涵结构按正常使用极限状态设计时，应根据不同的设计要求，采用以下两种效应组合。

1. 作用短期效应组合

永久作用标准值效应与可变作用频遇值效应相组合，其效应组合表达式为：

$$S_{sd}=\sum_{i=1}^{m}S_{Gik}+\sum_{j=1}^{n}\psi_{1j}S_{Qjk} \tag{1-3-18}$$

式中：S_{sd}——作用短期效应组合设计值；

ψ_{1j}——第 j 个可变作用效应的频遇值系数，汽车荷载（不计冲击力）$\psi_1=0.7$，人群荷载 $\psi_1=1.0$，风荷载 $\psi_1=0.75$，温度梯度作用 $\psi_1=0.8$，其他作用 $\psi_1=1.0$；

$\psi_{1j}S_{Qjk}$——第 j 个可变作用效应的频遇值。

2. 作用长期效应组合

永久作用标准值效应与可变作用准永久值效应相组合，其效应组合表达式为：

$$S_{ld}=\sum_{i=1}^{m}S_{Gik}+\sum_{j=1}^{n}\psi_{2j}S_{Qjk} \tag{1-3-19}$$

式中：S_{ld}——作用长期效应组合设计值；

ψ_{2j}——第 j 个可变作用效应的准永久值系数，汽车荷载（不计冲击力）$\psi_2=0.4$，人群荷载 $\psi_2=0.4$，风荷载 $\psi_2=0.75$，温度梯度作用 $\psi_2=0.8$，其他作用 $\psi_2=1.0$；

$\psi_{2j}S_{Qjk}$——第 j 个可变作用效应的准永久值。

另外，结构构件当需进行弹性阶段截面应力计算时，除特别指明外，各作用效应的分项系数及组合系数均取为1.0，各项应力限值按各设计规范规定采用。

当验算结构的抗倾覆、滑动稳定时，稳定系数、各作用的分项系数及摩擦系数，应根据不同结构按各有关桥涵设计规范的规定确定，支座的摩擦系数可按规定采用。

构件在吊装、运输时，构件重力应乘以动力系数1.2或0.85，并可视构件具体情况作适当增减。

第四章 桥面布置与构造

DISIZHANG

第一节 桥面组成与布置

桥面构造包括行车道铺装、排水防水系统、人行道（或安全带）、路缘石、栏杆、护栏、照明灯柱和伸缩缝等。图 1-4-1 为桥面的一般构造图。

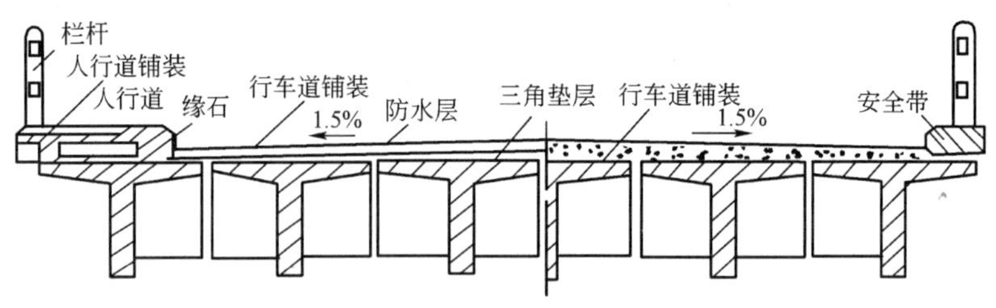

图 1-4-1 桥面的一般构造图

桥面构造直接与车辆、行人接触，虽然不是主要承重结构，但它对桥梁功能的正常发挥、主要构件的保护、车辆行人的安全以及桥梁的美观等都十分重要。因此，必须要了解桥面构造各部件的工作性能，合理选择，认真设计，精心施工。

桥面的布置应在桥梁的总体设计中考虑，它根据道路的等级、桥梁的宽度、行车要求等条件确定。对混凝土梁式桥的桥面布置有双向车道布置、分车道布置和双桥面布置等。

一、双向车道布置

双向车道布置是指行车道的上下行交通布置在同一桥面上，它们之间用画线分隔，没有明显的界限，如图 1-4-1 所示。由于在桥梁上同时存在上下行车辆和机动车与非机动车，车辆只能是中速或低速行驶，对交通量较大的道路，桥梁往往会形成交通滞流状态。

二、分车道布置

桥面上设置分隔带（图 1-4-2a)）或分离式主梁布置（图 1-4-2b)），使上下行交通分隔；甚至采用将机动车道与非机动车道分隔、行车道与人行道分隔设置。这种布置方式可提高行车速度，便于交通管理。但是在桥面布置上要增加一些附属设施，桥面的宽度相应地要加宽些。

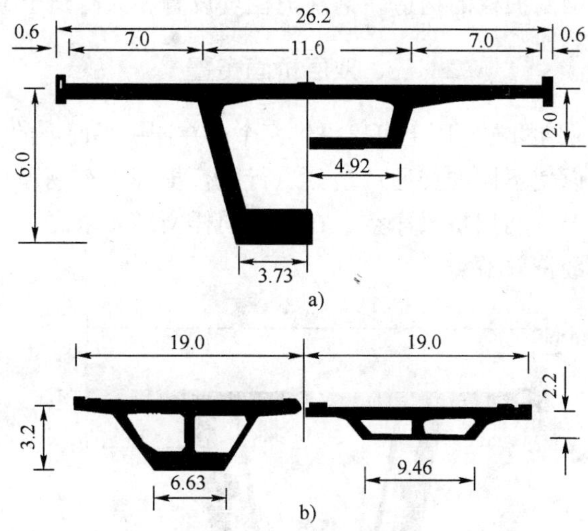

图 1-4-2　分车道的桥面布置（尺寸单位：m）

分隔带可以采用混凝土制作的护栏，也可采用钢杆或钢束（链）分隔。图 1-4-3 所示为高路缘石的人行道护栏构造，它能可靠地防止车辆冲越人行道。

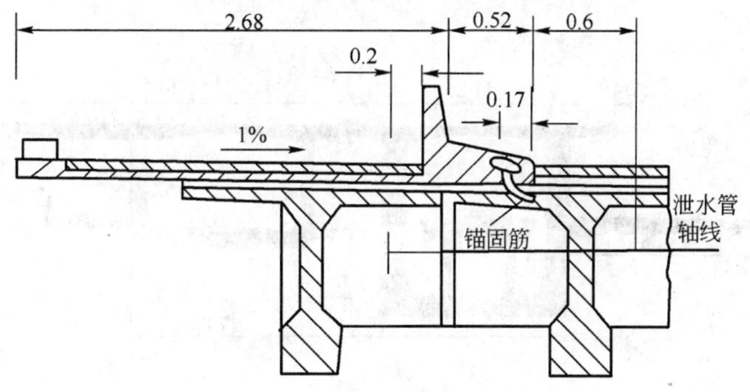

图 1-4-3　高路缘石的人行道护栏（尺寸单位：m）

对于高速公路，分隔设施除了能起到分道行驶的作用外，还能有效地保护高速车辆在意外事故中不致损坏桥梁，避免车辆和人员发生安全事故。图 1-4-4a）的混凝土护栏可采用预制或现浇制作，当受到车辆碰撞时，只让轮胎和护栏接触，车身不会接触到护栏，以减少车辆

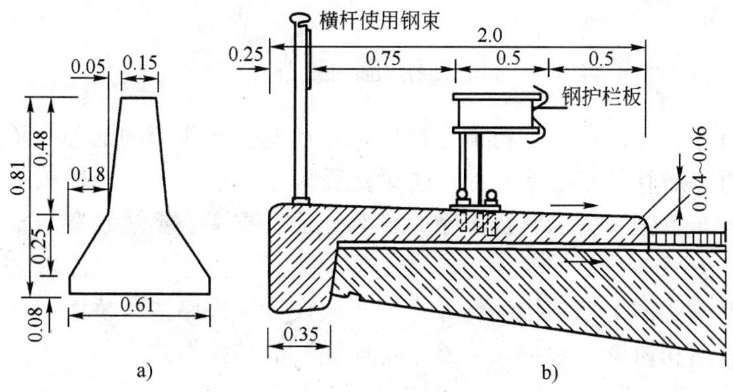

图 1-4-4　护栏的构造图（尺寸单位：m）

a)混凝土护栏；b)钢护栏

的损坏；图 1-4-4b）是钢制护栏的构造，钢制护栏可设置在人行道上或分隔带上。

三、双层桥面布置

双层桥面布置是桥梁结构在空间上可以提供两个不在同一平面上的桥面构造，如图 1-4-5 所示。双层桥面布置可以使不同的交通严格分道行驶，提高了车辆和行人的通行能力，便于交通管理。同时，可以充分利用桥梁净空，在满足同样交通要求之下，减小桥梁宽度，缩短引桥长度，达到较好的经济效益。

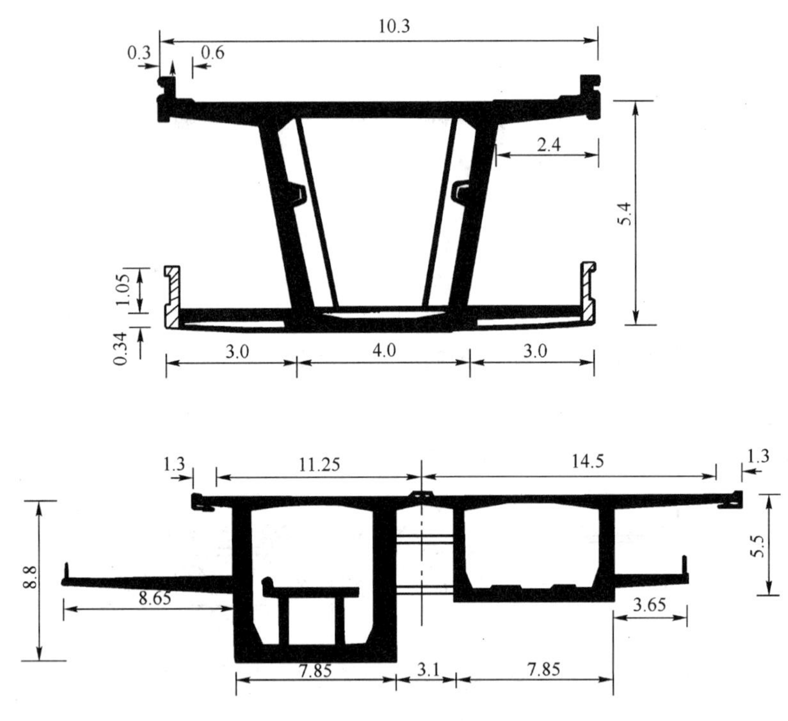

图 1-4-5　双层桥面布置实例（尺寸单位：m）

a）委内瑞拉卡罗尼河桥的桥面布置；b）奥地利维也纳帝国桥桥面布置

第二节　桥面铺装及排水防水系统

一、桥 面 铺 装

桥面铺装即行车道铺装，亦称桥面保护层，是车轮直接作用的部分。桥面铺装的作用在于防止车辆轮胎直接磨耗行车道板，保护主梁免受雨水侵蚀，并对车辆轮重的集中荷载起分布作用。因此，行车道铺装要求有抗车辙、行车舒适、抗滑、不透水和与桥面结合良好等性能。

桥面铺装应与桥梁的上部结构综合考虑、协调设计。公路桥梁桥面铺装的结构形式宜与所在位置的公路路面相协调。除特大桥外，桥面铺装的结构形式宜与该路段的面层结构保持一致。

桥面铺装宜采用沥青混凝土或水泥混凝土。高速公路和一级公路上特大桥、大桥的桥面铺装宜采用沥青混凝土桥面铺装，铺装层厚度不宜小于 70mm；二级及二级以下公路桥梁的沥青混凝土桥面铺装层厚度不宜小于 50mm。沥青混凝土桥面铺装还应符合现行《公路沥青路面设计规范》(JTJ 014—97) 的有关规定。

水泥混凝土的桥面铺装层直接承受车辆轮压的作用，既是保护层，又是受力层，因此必须具有足够的强度、良好的整体性以及抗冲击与耐疲劳特性，同时还应具有防水性及其对温度变化的适应性。水泥混凝土桥面铺装面层（不含整平层和垫层）的厚度不宜小于 80mm，混凝土强度等级不应低于 C40。水泥混凝土桥面铺装层内应配置钢筋网。钢筋直径不应小于 8mm，间距不宜大于 100mm。水泥混凝土桥面铺装还应符合《公路水泥混凝土路面设计规范》(JTG D40—2002) 的有关规定。

桥面铺装一般不作受力计算，如在施工中能确保铺装层与行车道板紧密结合成整体，则铺装层的混凝土（除去作为车轮磨耗层部分 0.01～0.02m 厚度）还可以计算在行车道的厚度内和行车道共同受力。

二、桥面纵横坡

桥面设置纵横坡，以利雨水迅速排除，防止或减少雨水对铺装层的渗透，从而保护了行车道板，延长桥梁使用寿命。特大桥和大桥不宜做成纵向平坡桥。

桥面上设置纵坡除了有利于排水外，还可以在满足桥下通航净空要求的前提下，降低墩台标高，减少引桥跨长或桥头引道土方量，从而节省工程费用。桥上纵坡一般做成双向纵坡，坡度不宜大于 4%，桥头引道纵坡不宜大于 5%；位于市镇混合交通繁忙处，桥上纵坡和桥头引道纵坡均不得大于 3%。在纵坡变更的地方按规定设置竖曲线，桥头两端引道线形应与桥上线形相配合。

桥面横坡一般采用 1.5%～3%。通常有以下 3 种设置形式：

(1) 对于板桥（矩形板梁或空心板梁）或就地浇筑的肋板式梁桥，可将墩台顶部做成倾斜，再在其上盖桥面板（图 1-4-6a)），可节省铺装材料并减轻恒载。此时，铺装层在整个桥宽上做成等厚的。

(2) 对于装配式肋板式梁桥，为使主梁构造简单、架设与拼装方便，通常横坡不再设在墩台顶部，而直接设在行车道板上。施工时，先铺设一层厚度变化的混凝土三角垫层，形成双向倾斜，再铺设等厚的混凝土铺装层，如图 1-4-6b) 所示，方便施工。

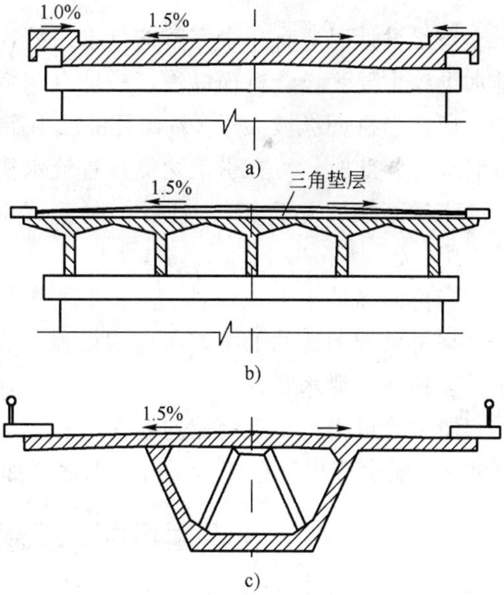

1.0%
1.5%
a)
1.5%
三角垫层
b)
1.5%
c)

图 1-4-6　桥面横坡的设置

(3) 桥宽较大（或城市桥梁）时，直接将行车道板做成双向倾斜（图 1-4-6c)），可减轻恒载，但主梁构造、制作均较复杂。

三、防　水　层

桥梁上部结构应设置防水层，但其形式和方法应根据当地的气候条件、雨量情况和桥梁具体结构形式等确定。

桥面防水层设置在行车道铺装层下边，它将透过铺装层渗下的雨水汇集到排水设备（泄水管）排出。桥面伸缩缝处应连续铺设，不可切断；桥面纵向应铺过桥台背；桥面横向两侧，则应伸过缘石底面从人行道与缘石砌缝里向上叠起 0.10m。如无需设防水层，但考虑桥面铺装长期磨损，如桥面排水不良等，仍可能漏水，故桥面在主梁受弯作用处应设置防水层。

按现行《公路沥青路面设计规范》(JTJ 014—97) 的有关条文，沥青铺装由粘结层、防水层及沥青面层组成。为提高桥面使用年限，减少维修养护，应在粘结层上设置防水层。

防水层有 3 种类型：①洒铺薄层沥青或改性沥青，其上撒布一层砂，经碾压形成沥青涂胶下封层；②涂刷高分子聚合物涂胶，例如聚氨酯胶泥、环氧树脂、阳离子乳化沥青、氯丁胶乳等；③铺装沥青或改性沥青防水卷材，以及浸渍沥青的无纺土工布等。

设计时应选用便于施工、坚固耐久、质量稳定的防水材料。为避免防水层在施工过程中被损坏，其上宜铺设厚度 1cm 的 AC—10 或 AC—5 沥青混凝土或单层表面处治。

当采用柔性防水层（使用卷材）时，为了增强桥面铺装的抗裂性，应在其上的混凝土铺装层或垫层中铺设 $\phi3 \sim \phi6$ 的钢筋网，网格尺寸为 15cm×15cm 至 20cm×20cm。

无专门防水层时，应采用防水混凝土铺装或加强排水和养护。

为保护圬工桥台和拱圈不受水侵蚀，在台后和护拱上应设防水层，并设置盲沟使土中水分排出。

四、桥面排水系统

桥梁设计时要有一个完整的排水系统，保证桥面上的径流迅速地排走，保证行车安全。排水设施主要为设置桥面纵坡、横坡（包括超高排水）并设置排水管外泄。

通常当桥面纵坡大于 2%，且桥长小于 50m 时，能保证从桥头引道上排水，桥上可以不设泄水管。此时，可在引道两侧设置流水槽，以免雨水冲刷引道路基。

当桥面纵坡大于 2%，且桥长大于 50m 时，桥面就需要设置泄水管，每隔 12～15m 设置一个。

当桥面纵坡小于 2%时，泄水管就需要设置更密一些，每隔 6～8m 设置一个。

在桥梁伸缩缝的上游方向应增设泄水管，在凹型竖曲线的最低点及其前后 3～5m 处也应各设置一个泄水管。

泄水管可沿行车道两侧左右对称排列，也可交错排列。泄水管离缘石的距离为 0.10～0.50m。泄水管也可布置在人行道下面，如图 1-4-7 所示。桥面水通过设在缘石或人行道构

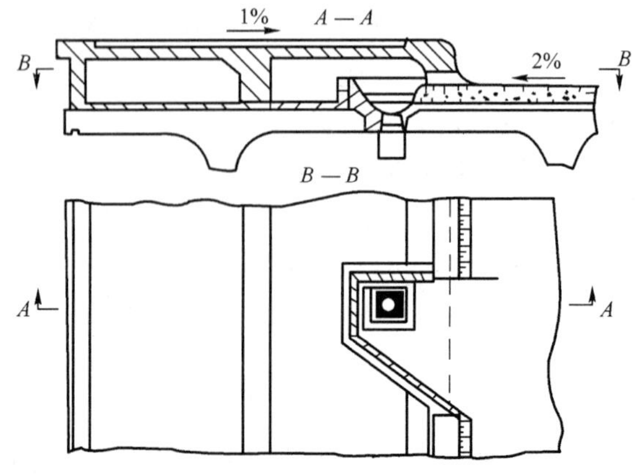

图 1-4-7　在人行道下设置泄水管

件侧面的进水孔流入泄水孔，并在泄水孔的3个周边设置相应的聚水槽，起到聚水、导流和拦截作用。

泄水管口可采用圆形或矩形。圆形泄水管口的直径宜为15～20cm；矩形泄水管口的宽度宜为20～30cm，长度为30～40cm。泄水管口顶部采用铸铁格栅盖板，其顶面应比周围路面低5～10mm。

泄水管常采用铸铁管或塑料管，最小内径为15cm。泄水管周围的桥面板应配置补强钢筋网。

对于跨越一般河流、水沟的桥梁，桥面水流入泄水管后可以直接向下排放（图1-4-8）；对于一些跨径不大、不设人行道的小桥，可以直接在行车道两侧的安全带或缘石上预留横向孔道，用铁管或竹管将水排出桥外，管口要伸出构件2～3cm，以便滴水，但这种做法孔道容易淤塞。

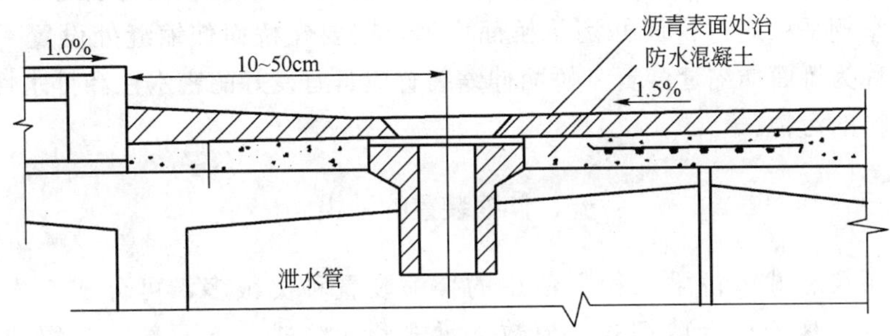

图1-4-8　竖向泄水管的设置

跨越公路、铁路、通航河流的桥梁以及城市高架桥，落在桥面上的降水应通过桥面横坡和纵坡排流入排水管后，汇集到纵向排水管或排水槽，并通过设在墩台处的竖向排水管（落水管）流入地面排水设施中（图1-4-9）。

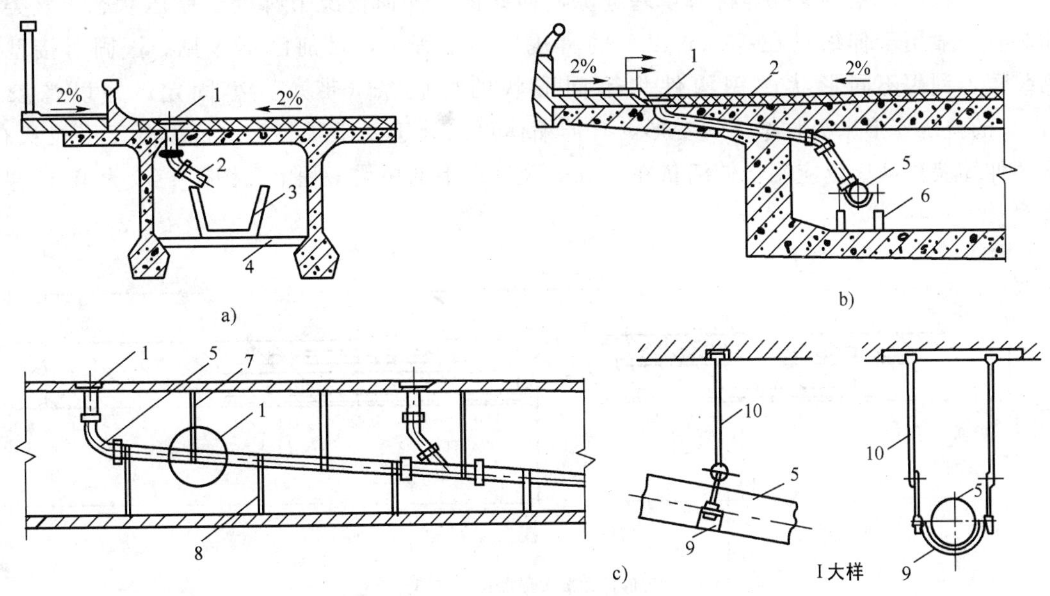

图1-4-9　城市桥梁桥面排水设施

1-泄水漏斗；2-泄水管；3-钢筋混凝土斜槽；4-横梁；5-纵向排水管；6-支承结构；7-悬吊结构；8-支柱；9-弧形箍；10-吊杆

排水管材料有铸铁管、塑料管（聚氯乙烯PVC或聚乙烯PE）或钢管，其内径应等于或大于泄水管的内径。排水槽宜采用铝质或钢质材料，也可采用水泥混凝土预制件，其横截面为矩形或U形，宽度和深度均宜为20cm左右。纵向排水管或排水槽的坡度不得小于0.5%。桥梁伸缩缝处的纵向排水管或排水槽应设置可供伸缩的柔性套筒。寒冷地区的竖向排水管，其末端宜距地面50cm以上。

桥面排水、桥台和支挡构造物的排水还可参考《公路排水设计规范》（JTJ 018—97）的有关规定执行。桥面排水管的设置还应满足环境和安全的要求。

第三节　桥面伸缩装置

桥梁在气温变化时，桥面有膨胀或收缩的纵向变形，车辆荷载也将引起梁端的转动和纵向位移。为使车辆平稳通过桥面并满足桥面变形，需要在桥面伸缩缝处设置一定的伸缩装置。这种装置称为桥面伸缩缝装置。桥面伸缩装置应具有良好的密水性和排水性，并应便于检查和清除沟槽的污物。

一、伸缩装置的种类

我国公路桥梁和城市桥梁工程上使用的伸缩装置种类很多，可分成5大类，即对接式、钢制支承式、橡胶组合剪切式、模数支承式和无缝式。下面着重介绍伸缩装置的构造特点。

1. 对接式伸缩装置

对接式伸缩装置，可分为填塞对接型和嵌固对接型两种。填塞对接型伸缩装置是以沥青、木板、麻絮、橡胶等材料填塞缝隙，伸缩体在任何情况下都处于受压状态。该类伸缩装置一般用于伸缩量在40mm以下的常规桥梁工程上，目前已不多见。嵌固对接型伸缩装置，利用不同形状的钢构件将不同形状的橡胶条（带）嵌牢固定，并以橡胶条（带）的拉压变形来吸收梁体的变形，其伸缩体可以处于受压状态，也可以处于受拉状态。该类伸缩装置被广泛应用于伸缩量在80mm及其以下的桥梁工程上。图1-4-10为W形伸缩装置。

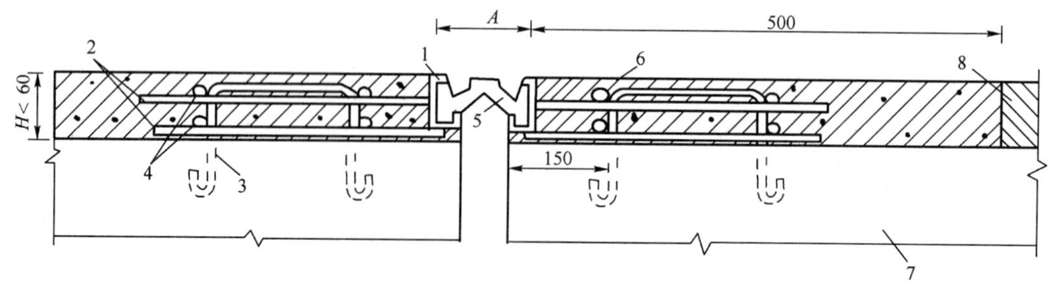

图1-4-10　*W*形伸缩装置横断面图（尺寸单位：mm）

1-用钢板弯制L钢；2-锚固钢筋；3-预埋钢筋；4-水平加强钢筋；5-*W*形橡胶条；6-现浇C30混凝土；7-行车道上部构件；8-桥面铺装

2. 钢制支承式伸缩装置

钢制支承式伸缩装置是用钢材装配制成，能直接承受车轮荷载。钢制支承式伸缩装置种类繁多，其中有面层板呈齿形，从左右伸出桥面板间隙处相互啮合的悬臂式构造；或者面层板呈悬架的支承式构造，统称为钢梳形板伸缩装置。面层板呈矩形叠合悬架式的构造，称为钢板叠合式伸缩装置（图 1-4-11）。

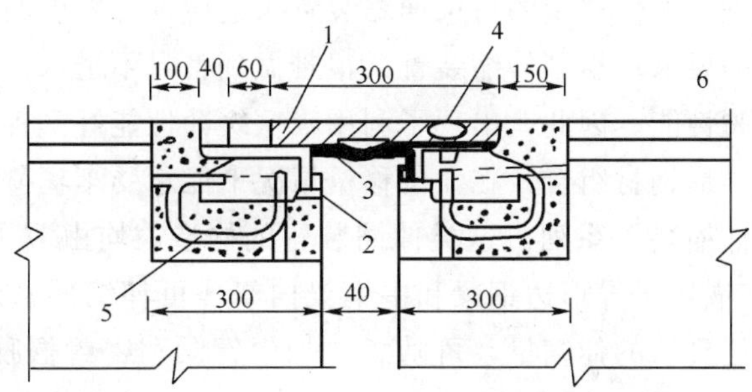

图 1-4-11　钢板叠合式伸缩装置构造示意图（尺寸单位：mm）

1-钢板；2-角钢；3-排水导槽；4-沉头螺钉；5-锚固钢筋；6-桥面铺装

3. 组合剪切式（板式）橡胶伸缩装置

板式橡胶伸缩装置是利用橡胶材料剪切模量低的原理设计制造而成的。剪切型橡胶伸缩体设有上下凹槽，橡胶体内埋设承重钢板和锚固钢板，并设有预留螺栓孔，通过螺栓与梁端连成整体。它依靠上下凹槽之间的橡胶体剪切变形来满足梁体结构的相对位移；橡胶伸缩体内预埋钢板，跨越梁端间隙，承受车辆荷载；在橡胶伸缩体内两侧预埋两块锚固钢板，通过螺栓与梁端连接。一般橡胶板构造如图 1-4-12 所示。

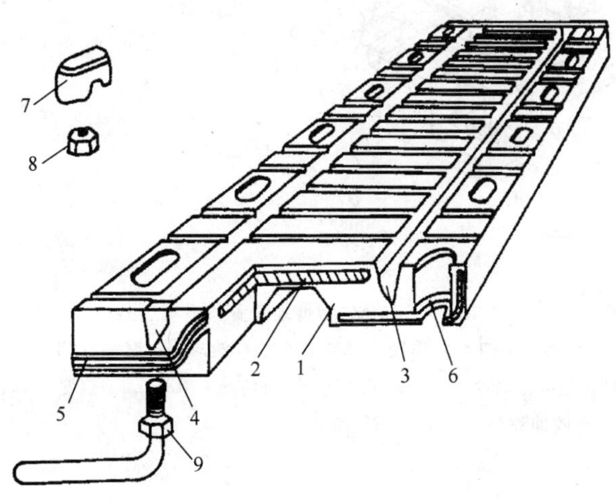

图 1-4-12　板式橡胶伸缩装置一般构造（尺寸单位：mm）

1-橡胶；2-加强钢板；3-伸缩用槽；4-止水块；5-嵌合部；6-螺帽垫板；7-腰型盖帽；8-螺帽；9-螺栓

板式橡胶伸缩装置具有跨越间隙能力大（即伸缩量大）、行车平稳的优点。国外产品最大伸缩量已做到330mm；国内生产具有代表性的产品有BF型、SEJ型、UG型、BSL型和CD型等。

4. 模数支承式伸缩装置

随着我国高等级公路和城市高架桥建设事业的迅速发展，桥梁的长大化得到突破性发展，这就要求有结构合理、大位移量的桥梁伸缩装置来适应这一发展的需要。板式橡胶伸缩装置很难满足大位移量的要求；钢制伸缩装置又很难做到密封不透水，而且容易造成对车辆的冲击，影响车辆的行驶性能。因此，出现了利用吸振缓冲性能好又容易做到密封的橡胶材料，与强度高刚性好的异形钢材组合，在大位移量情况下能承受车辆荷载的各种类型的模数支承式（模数式）桥梁伸缩装置系列。这类伸缩装置的构造，均由V形截面或其他截面形状的橡胶密封条（带），嵌接于异形边钢梁和中钢梁内组成可伸缩的密封体，异形钢梁直接承受车辆荷载，且可根据要求的伸缩量，可随意增加中钢梁和密封橡胶条（带），加工组装成各种伸缩量的系列产品。图1-4-13、图1-4-14为SG型伸缩装置构造图和横断面图，其最大位移量可达640mm。

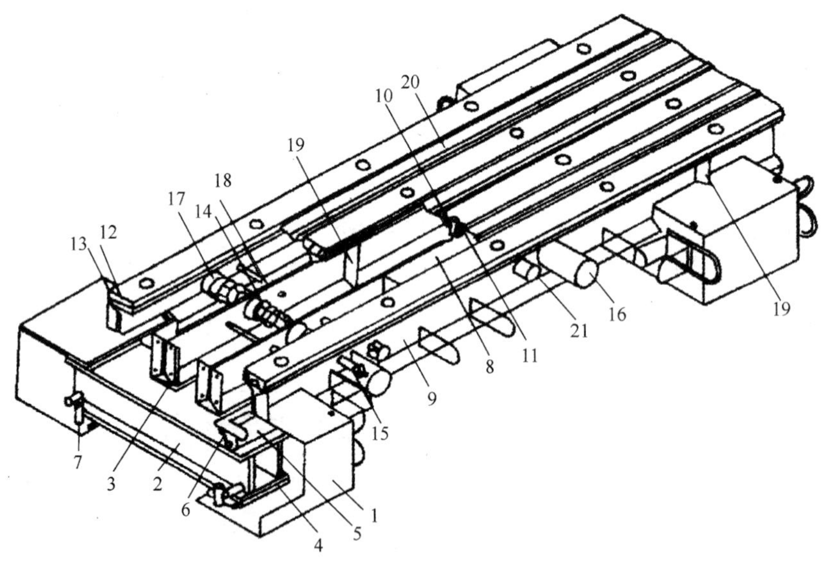

图1-4-13　SG型伸缩装置构造图

1-横梁支承箱；2-活动横梁；3-滑板；4-四氟板橡胶支承垫；5-橡胶滚轴；6-滚轴支架；7-限位栓；8-工字型中间梁；9-工字型边梁；10-弹簧；11-下盖板；12-边上盖板；13-边下盖板；14-弹簧；15-钢穿心杆；16-套筒；17-弹簧插座；18-限位栓；19-腹板加劲；20-橡胶伸缩带；21-限位栓

5. 无缝式（暗缝型）伸缩装置

无缝式伸缩装置是接缝构造不伸出桥面时，在桥梁端部的伸缩间隙中填入弹性材料并铺上防水材料，然后在桥面铺装层铺筑粘弹性复合材料，使伸缩接缝处的桥面铺装与其他铺装

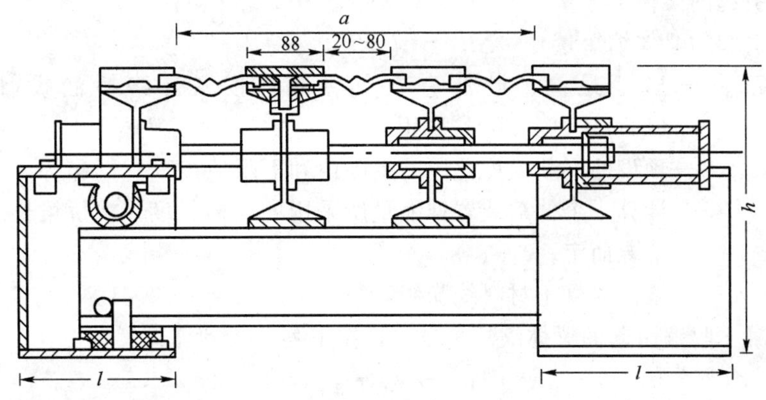

图 1-4-14　SG 型伸缩装置横断面图（尺寸单位：mm）

部分形成一连续体，以连接缝的沥青混凝土等材料的变形承受伸缩的一种构造，我国常用的有桥面连续（图 1-4-15）、TST 弹塑体等。这类伸缩装置的主要特点为：①能适应桥梁上部构造的伸缩变形和小量转动变形；②使桥面铺装形成连续体，行车时不致产生冲击、振动等，舒适性较好；③形成多重防水构造，防水性较好；④在寒冷地区，易于机械化除雪养护，不致破坏接缝；⑤施工简单，一般易于维修和更换。这类形式的结构特点是在路面铺装完成后再用切割器切割路面，并在其槽口内注入嵌缝材料而成的，适用于较小的接缝部位，适用范围有所限制。

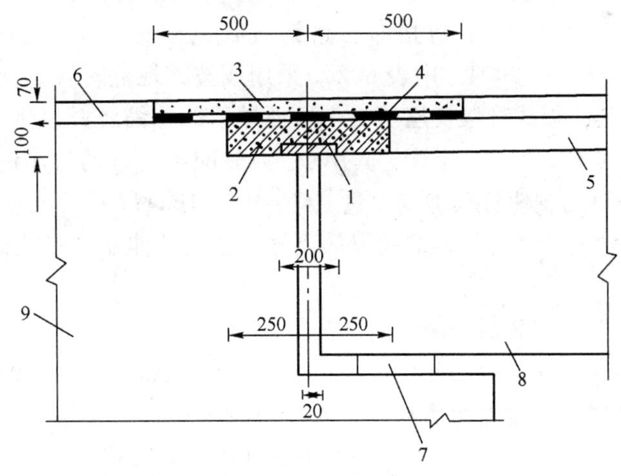

图 1-4-15　GP 型桥面连续构造（尺寸单位：mm）

1-钢板；2-I 型改性沥青混凝土；3-II 改性沥青混凝土；4-编织布；5-桥面现浇混凝土层；6-沥青混凝土铺装；7-板式橡胶支座；8-预制板；9-背墙

二、伸缩量的计算

伸缩装置安装以后的伸缩量，可考虑如下因素进行计算：

(1) 由温度变化引起的伸缩量，按下列公式计算：

温度上升引起的梁体伸长量　　$\Delta l_t^+ = \alpha_c l\ (T_{max} - T_{set,l})$

温度下降引起的梁体缩短量　　$\Delta l_t^- = \alpha_c l\ (T_{set,u} - T_{min})$

式中：T_{max}、T_{min}——当地最高、最低有效气温值，按《公路桥涵设计通用规范》(JTG D60—2004)取用；

$T_{set,u}$、$T_{set,l}$——预设的安装温度范围的上限值和下限值；

l——计算一个伸缩装置伸缩量所采用的梁体长度，视桥梁长度及支座布置情况而定；

α_c——梁体混凝土材料线膨胀系数，采用 $\alpha_c = 0.00001$。

(2) 由混凝土收缩引起的梁体缩短量 Δl_s^-，按下列公式计算：

$$\Delta l_s^- = \varepsilon_{sc}(t_u, t_0) l$$

式中：$\varepsilon_{sc}\ (t_u,\ t_0)$ ——伸缩装置安装完成时梁体混凝土龄期 t_0 至收缩终了时混凝土龄期 t_u 之间的混凝土收缩应变，可按《公路钢筋混凝土及预应力混凝土桥涵设计规范》(JTG D62—2004) 中表 6.2.7 采用或按该规范附录 F 计算。

(3) 由混凝土徐变引起的梁体缩短量 Δl_c^-，按下列公式计算：

$$\Delta l_c^- = \frac{\sigma_{pc}}{E_c} \phi(t_u, t_0) l$$

式中：　σ_{pc}——由预应力（扣除相应阶段预应力损失）引起的截面重心处的法向压应力，当计算的梁为简支梁时，可取跨中截面与 1/4 跨径截面的平均值；当梁体为连续梁或连续刚构时，可取若干有代表性截面的平均值；

E_c——梁体混凝土弹性模量；

$\phi\ (t_u,\ t_0)$ ——伸缩装置安装完成时梁体混凝土龄期 t_0 至徐变终了时混凝土龄期 t_u 之间的混凝土徐变系数，可按《公路钢筋混凝土及预应力混凝土桥涵设计规范》(JTG D62—2004) 中表 6.2.7 采用或按该规范附录 F 计算。

(4) 由制动力引起的板式橡胶支座剪切变形而导致的伸缩缝开口量 Δl_b^- 或闭口量 Δl_b^+，其值可按 Δl_b^- 或 $\Delta l_b^+ = F_k t_e / G_e A_g$ 计算。其中 F_k 为分配给支座的汽车制动力标准值；t_e 为支座橡胶层总厚度；G_e 为支座橡胶剪变模量 ($G_e = 1.0$MPa)；A_g 为支座平面毛面积。

根据上述梁体的伸缩量来选用伸缩装置的型号，选用的伸缩量 C 应满足：

$$C \geqslant C^+ + C^-$$

式中：C^+——伸缩装置在安装后的闭口量，其值 $C^+ = \beta\ (\Delta l_t^+ + \Delta l_b^+)$；

C^-——伸缩装置在安装后的开口量，其值 $C^- = \beta\ (\Delta l_t^- + \Delta l_s^- + \Delta l_c^- + \Delta l_b^-)$；

β——伸缩装置伸缩量增大系数，可取 $\beta = 1.2 \sim 1.4$。

计算伸缩量时，对于影响伸缩装置伸缩量的其他因素，应视具体情况予以考虑；当施工安装温度在设计规定的安装温度范围以外时，伸缩装置应另行计算。

伸缩装置的安装宽度（或出厂宽度），可按上述公式计算得到的开口量 C^- 和闭口量 C^+ 进行计算，其值可在 $[B_{min} + (C - C^-)]$ 与 $[B_{min} + C^+]$ 两者中或两者之间取用，其中 C 为选用的伸缩装置的伸缩量；B_{min} 为选用的伸缩装置的最小工作宽度。

三、伸缩装置的安装

根据伸缩装置的安装宽度，绘制桥梁接缝处的结构图，标明安装伸缩装置所必需的槽口尺寸（深度及上、下口宽度）、伸缩装置连接所需的预埋件及其位置。同时，图纸上应标明下列内容：

(1) 槽口内填筑的材料种类及其强度等级。

(2) 安装伸缩装置的温度范围，在该范围内安装伸缩装置，可保证在安装后伸缩装置工作正常。

(3) 伸缩装置的类型和型号，该装置的最大及最小工作宽度（B_{max}及B_{min}）。

(4) 伸缩装置的安装宽度或出厂宽度（板式伸缩装置为压缩后的宽度，可由工厂临时固定出厂）。

(5) 伸缩装置施工时应注意事项。

第四节　人行道、栏杆、护栏与灯柱

位于城镇和近郊的桥梁均应设置人行道，人行道的宽度和高度由人行交通量决定，可选用0.75m或1.0m，大于1.0m时，按0.5m倍数递增。行人稀少地区可不设人行道，为保障交通安全，在行车道边缘设置高出行车道的带状构造物——安全带，高速公路、汽车专用公路的桥梁则采用将栏杆和安全带结合的构造物——防撞护栏。

一、安　全　带

不设人行道的桥上，两边应设宽度不小于0.25m，高为0.25～0.35m的护轮安全带。近年来，为了保证行车安全，许多桥梁安全带的高度已不小于0.4m。安全带可以做成预制块件或与桥面铺装层一起现浇。预制的安全带有矩形截面和肋板式截面两种，如图1-4-16所示，以矩形截面最为常用。现浇的安全带宜每隔2.5～3.0m做一断缝，以免参与主梁受力而被损坏。

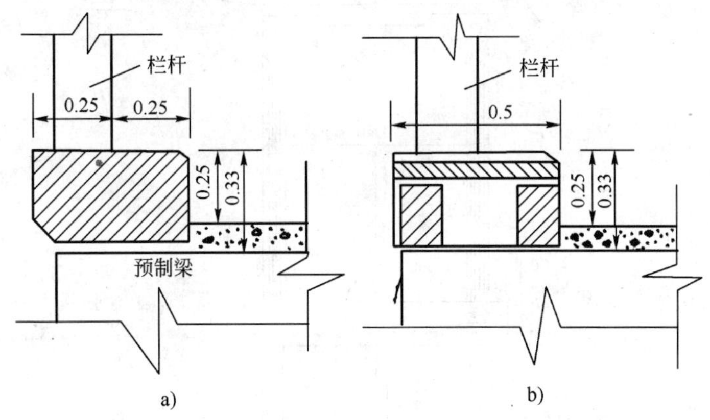

图1-4-16　矩形和肋板式安全带（尺寸单位：m）

二、人　行　道

人行道是用路缘石或护栏及其他类似设施加以分隔的专门供人行走的部分。人行道顶面一般铺设20mm厚的水泥砂浆或沥青砂作为面层，并以此形成倾向桥面1%～1.5%的排水横坡。城市桥梁人行道顶面可铺彩砖，以增加美观。此外，人行道在桥面断缝处必须做伸缩

缝。表 1-4-1 为城市桥梁人行道参考宽度。

城市桥梁人行道宽度参考值　　表 1-4-1

桥梁等级及地段	人行道宽度（单侧）	桥梁等级及地段	人行道宽度（单侧）
火车站、码头、长途汽车站附近和其他行人聚集地段	3～5m	一般街道地段	1.5～3m
大型商店和大型公共文化机关附近，商店闹市区	2.5～4.5m	大桥、特大桥	2～3m

按人行道在桥梁结构中所处标高不同有以下几种形式：

（1）人行道设在桥道承重结构的顶面，而且高出行车道（图 1-4-17）。

（2）双层桥面布置，即人行道（含非机动车道）与行车道布置在两个高程不同的桥面系（图 1-4-18）。

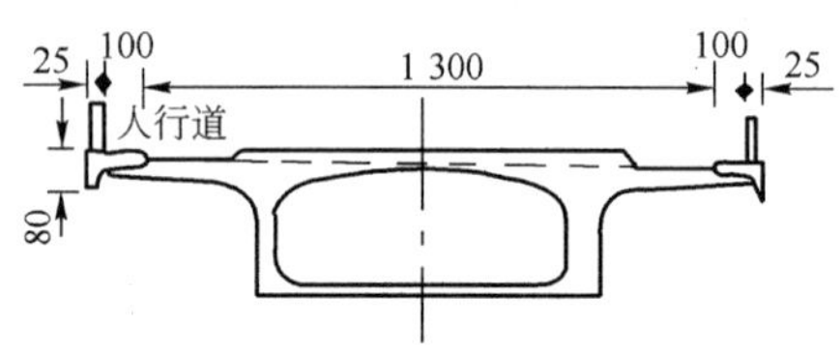

图 1-4-17　设在承重结构顶面的人行道（尺寸单位：cm）

人行道按施工方法分又有就地浇筑式、预制装配式、部分装配和部分现浇的混合式。其中就地浇筑式的人行道现在已经很少采用。而预制装配式的人行道具有构件标准化、拼装简

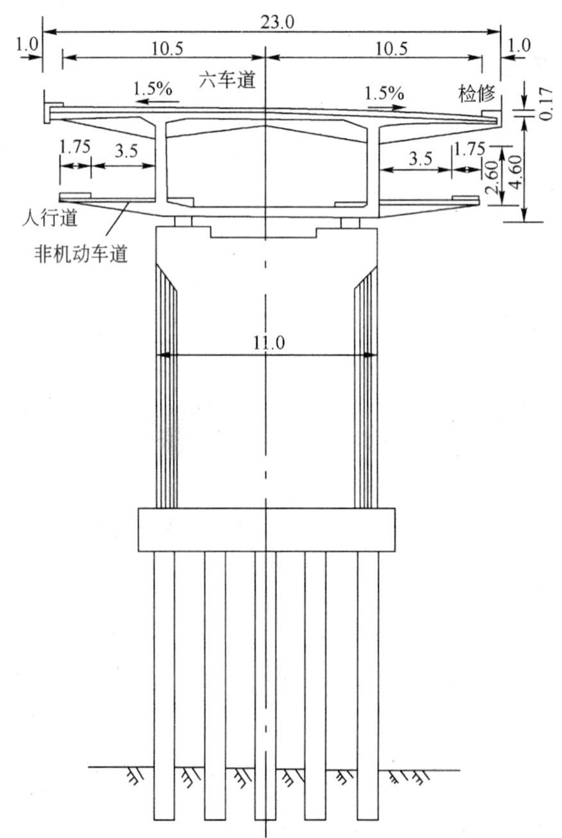

图 1-4-18　双层桥面布置

单化等优点，在各种桥梁结构中应用广泛。

图 1-4-19a）为整体预制的“F”形的人行道，它搁置在主梁上，适用于各种净宽的人行道，人行道下可以放置过桥的管线，但是对管线的检修和更换十分困难；图 1-4-19b）为人行道附设在板上，人行道部分用填料填高，上面敷设 2～3cm 砂浆面层或沥青砂，人行道内缘设置缘石；图 1-4-19c）为小跨宽桥上将人行道部分墩台加高，在其上搁置独立的人行道板；图 1-4-19d）为就地浇筑式人行道，适用于整体浇筑的钢筋混凝土梁桥，而将人行道设在挑出的悬臂上，这样可以缩短墩台宽度，但施工不太方便。

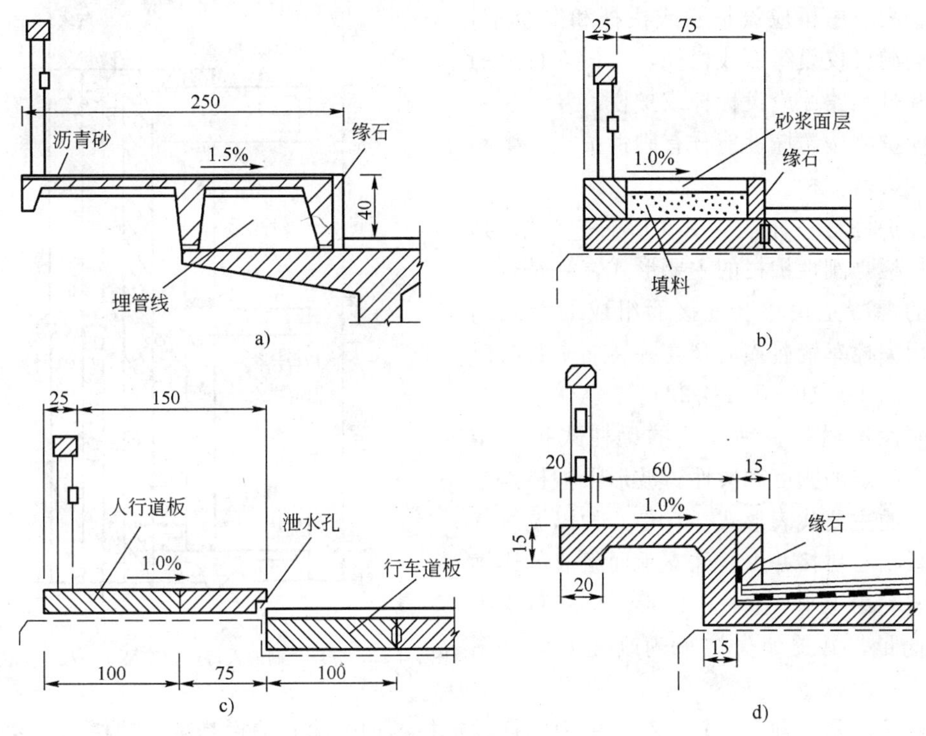

图 1-4-19　人行道一般构造

图 1-4-20 是公路桥涵标准图中的一种分段预制、悬臂安装的人行道构件，由人行道板、人行道梁、支撑梁及缘石组成。人行道横梁 A（用于安装栏杆柱）、B 搁在行车道主梁上，一端悬臂挑出，另一端则通过预埋的钢板与主梁预留的锚固钢筋焊接。支撑梁用来固定人行道梁的位置。这种人行道的构造，预制块件小而轻，但施工较麻烦。

三、栏杆与灯柱

桥梁栏杆设置在人行道上，是桥上的安全设施，其功能主要防止人和非机动车辆掉入桥下；栏杆又是桥梁的表面建筑，也要有一个美好的艺术造型。栏杆的高度一般约 0.9～1.2m，标准设计为 1.0m；栏杆的间距一般为 1.6～2.7m，标准设计为 2.5m。应注意，在靠近桥面伸缩缝处所有的栏杆，均应断开使扶手与柱之间能自由变形。

在城市及城郊行人和车辆较多的桥梁上，都要设置照明设施，一般采用柱灯在桥面上照明。照明应防止眩光，必要时应采用严格控光灯具，不宜采用栏杆照明方式。照明用灯要高出车道 8～12m 左右。对于大型桥梁和具有艺术、历史价值的中小桥梁的照明应进行专门设计，既满足功能要求，又顾及艺术效果，并与桥梁的风格相协调。

四、桥梁护栏

为了避免机动车辆碰撞行人和非机动车辆的严重事故的发生，对于高速公路、一级公路上的桥梁，必须设置护栏。二、三、四级公路上特大、大、中桥应设护栏或栏杆和安全带，小桥和涵洞可仅设缘石或栏杆。不设人行道的漫水桥和过水路面应设标杆或护栏。

防撞护栏按防撞性能分有刚性护栏、半刚性护栏和柔性护栏。

刚性护栏是一种基本不变形的护栏结构。混凝土护栏是刚性护栏的主要形式，它是以一定形状的混凝土块相互连接而组成的墙式结构，利用失控车辆碰撞后爬高并转向来吸收碰撞能量（图 1-4-21、图 1-4-22）。

半刚性护栏是一种连续的梁柱式护栏结构，具有一定的刚度和柔性。波形梁护栏是半刚性护栏的主要代表形式，它是一种以波纹状钢护栏板相互拼接并由立柱支承而组成的连续结构，它利用土基、立柱、波形梁的变形来吸收碰撞能量，并迫使失控车辆改变方向（图 1-4-23）。

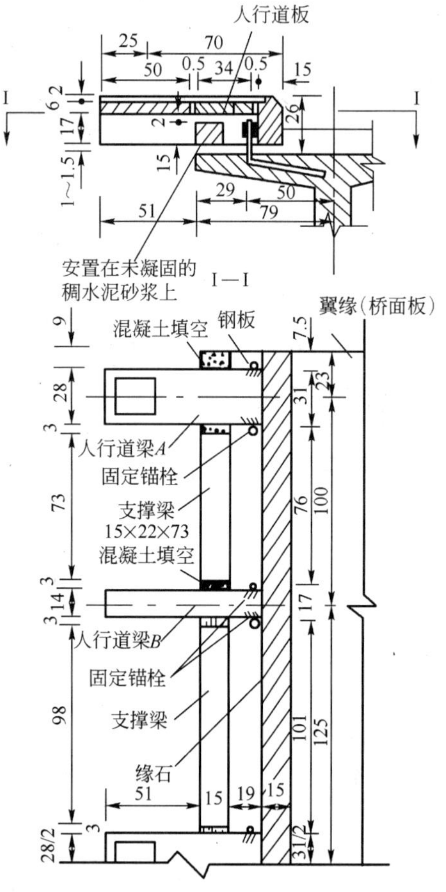

图 1-4-20 分段预制的人行道构件尺寸（尺寸单位：cm）

柔性护栏是一种具有较大缓冲能力的韧性护栏结构。缆索护栏是柔性护栏的主要代表形式，它是一种以数根施加初张力的缆索固定于立柱上而组成的结构，它主要依靠缆索的拉应力来抵抗车辆的碰撞，吸收碰撞能量（图 1-4-24）。

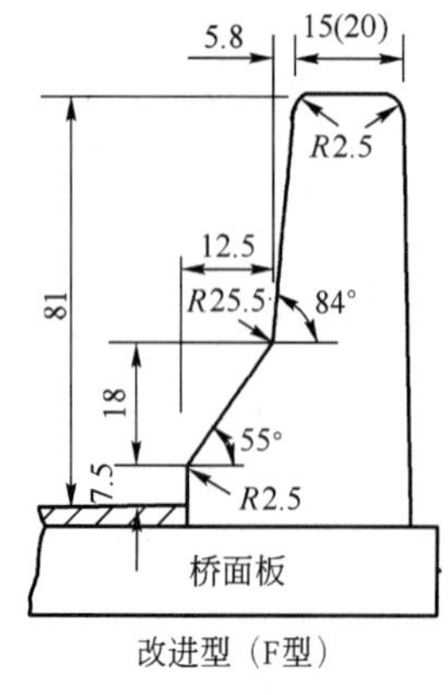

改进型（F型）

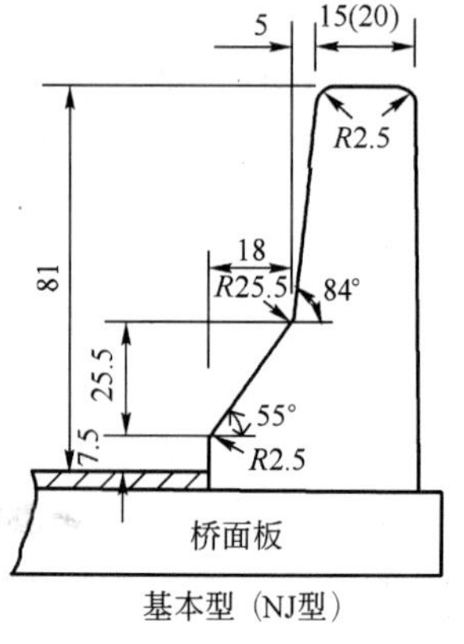

基本型（NJ型）

图 1-4-21 钢筋混凝土墙式护栏（尺寸单位：cm）

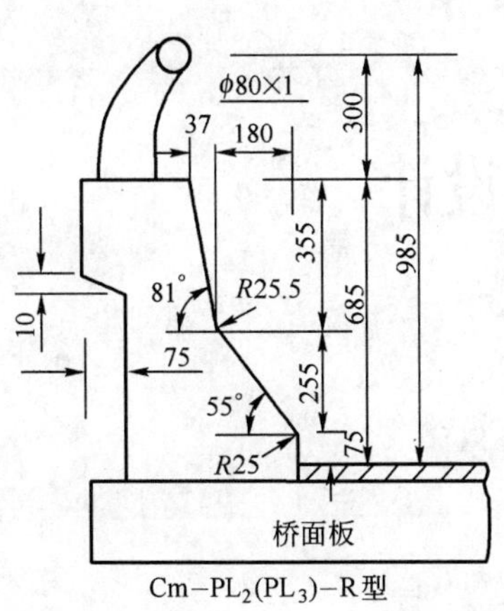

图 1-4-22　组合式桥梁护栏（尺寸单位：cm）

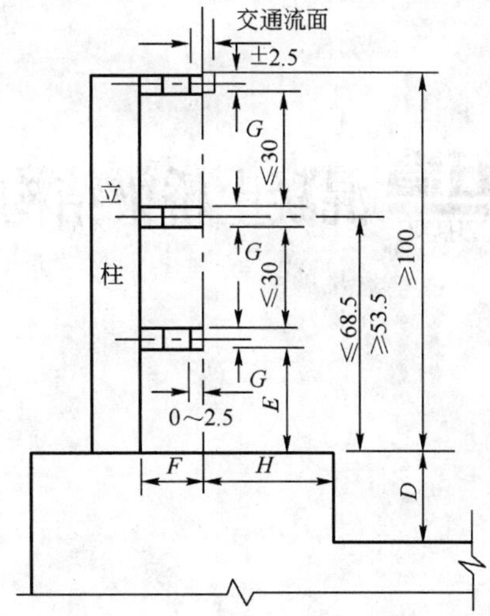

图 1-4-23　金属制桥梁护栏（$D\geqslant 25$cm）（尺寸单位：cm）

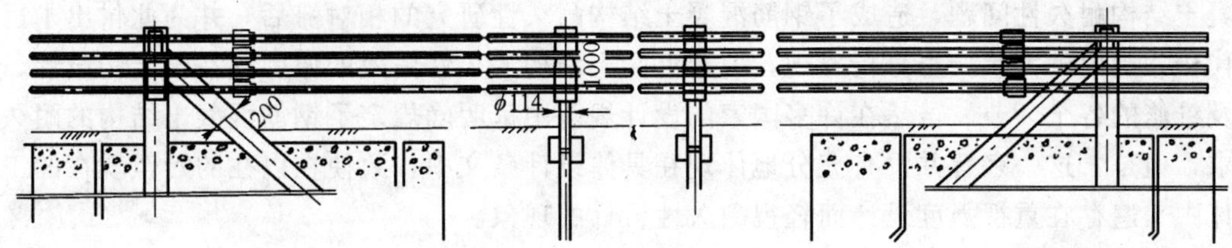

图 1-4-24　缆索护栏

第五章 混凝土桥梁结构的耐久性设计

DIWUZHANG

长期以来，人们受混凝土是一种耐久性能良好的建筑材料这一认识的影响，忽视了钢筋混凝土结构耐久性问题，造成了钢筋混凝土结构耐久性研究的相对滞后，并为此付出了巨大的代价。国内外大量调查分析发现，引起混凝土结构耐久性失效的原因存在于结构设计、施工及维修的各个环节。虽然在许多国家的设计规范中都明确规定了钢筋混凝土结构的耐久性要求，但是，这一宗旨并没有充分地体现在具体设计条文中，致使在以往的乃至现在的工程设计中普遍存在重视强度设计而轻视耐久性设计的现象。

我国1989年颁布的《混凝土结构设计规范》(GBJ 10—89) 和1985年颁布的《公路钢筋混凝土及预应力混凝土桥涵设计规范》(JTJ 023—85) 涉及结构耐久性的内容很少，除了一些保证结构耐久性的构造措施的一般规定之外，只对影响混凝土耐久性的裂缝宽度加以控制。实践证明，裂缝控制对结构耐久性设计并不起决定性作用。

新颁布的《公路钢筋混凝土及预应力混凝土桥涵设计规范》(JTG D62—2004)（以下简称《混凝土桥规》）增加了耐久性设计内容，特别是2004年5月出版的中国土木工程学会标准《混凝土结构耐久性设计与施工指南》(CCES 01－2004)（以下简称《耐久性设计与施工指南》）提出的混凝土结构应根据不同设计年限及相应的极限状态和不同的环境类别及其作用等级进行耐久性设计的概念，明确提出了环境作用下混凝土结构的耐久性设计与施工的基本原则与要求，是结构设计理念上的重大突破，是工程结构科学的重大技术进步，对提高设计质量具有指导意义。

第一节 混凝土结构的损伤与耐久性

混凝土结构的耐久性是指结构对气候作用、化学侵蚀、物理作用或任何其他破坏过程的抵抗能力。由于混凝土的缺陷（如裂隙、孔道、气泡、孔穴等），环境中的水及侵蚀性介质就可能渗入混凝土内部，产生碳化、冻融、锈蚀作用而影响结构的受力性能，并且结构在使用年限内还会受到各种机械物理损伤（腐损、撞击等）及冲刷、溶蚀、生物侵蚀的作用。

混凝土结构的耐久性问题表现为：混凝土损伤（裂缝、破碎、酥裂、磨损与溶蚀等），钢筋的锈蚀、脆化、疲劳、应力腐蚀，以及钢筋与混凝土之间粘结锚固作用的削弱等3个方面。

从短期效果而言，这些问题影响结构的外观和使用功能；从长远看，则会降低结构安全度，成为发生事故的隐患，影响结构的使用寿命。

影响混凝土结构耐久性的因素十分复杂，主要取决于以下4个方面：

（1）混凝土材料的自身特性。

（2）混凝土结构的设计与施工质量。

（3）混凝土结构所处的环境条件。

（4）混凝土结构的使用条件和防护措施。

把上述影响混凝土结构耐久性的因素分为内因和外因两类。

混凝土材料的自身特性和结构的设计与施工质量是决定其耐久性的内因。混凝土的材料组成，如水灰比、水泥品种和数量、骨料的种类与级配都直接影响混凝土结构的耐久性。混凝土的缺陷（如裂缝、气泡、空穴等）会造成水分和侵蚀性物质渗入混凝土内部，与混凝土发生物理化学作用，影响混凝土结构的耐久性。

混凝土结构所处的环境条件和防护措施是影响混凝土结构耐久性的外因。外界环境因素对混凝土结构的破坏是环境因素对混凝土结构物理化学作用的结果。

环境因素引起的混凝土结构损伤或破坏主要有以下几个方面。

1. 混凝土的碳化

混凝土的碳化是指混凝土中氢氧化钙与渗透进混凝土中的二氧化碳和其他酸性气体发生化学反应的过程。一般情况下混凝土呈碱性，在钢筋表面形成碱性薄膜，保护钢筋免遭酸性介质的侵蚀，起到了“钝化”保护作用。碳化的实质是混凝土的中性化，使混凝土的碱性降低，钝化膜破坏，在水分和其他有害介质侵入的情况下，钢筋就会发生锈蚀。

2. 氯离子的侵蚀

氯离子对混凝土的侵蚀是氯离子从外界环境侵入已硬化的混凝土造成的。海水是氯离子的主要来源，北方寒冷地区向道路、桥面洒盐化雪除冰都有可能使氯离子渗入混凝土中。氯离子对混凝土的侵蚀属于化学侵蚀，氯离子是一种极强的去钝化剂，氯离子进人混凝土，到达钢筋表面，并吸附于局部钝化膜处时，可使该处的pH值迅速降低，破坏钢筋表面的钝化膜，引起钢筋腐蚀。氯离子侵蚀引起的钢筋腐蚀是威胁混凝土结构耐久性的最主要和最普遍的病害，会造成巨大的损失，应引起设计、施工及养护管理部门的重视。

3. 碱—集料反应

碱—集料反应一般指水泥中的碱和集料中的活性硅发生反应，生成碱—硅酸盐凝胶，并吸水产生膨胀压力，造成混凝土开裂。

碱—集料反应引起的混凝土结构破坏程度，比其他耐久性破坏发展更快，后果更为严重。碱—集料反应一旦发生，很难加以控制，一般不到两年就会使结构出现明显开裂，所以有时也称碱—集料反应是混凝土结构的“癌症”。

对付碱—集料反应重在预防，因为对混凝土结构发生的碱—集料反应破坏，目前还没有更可靠的修补措施。防止混凝土碱—集料反应的主要措施是：选用含碱量低的水泥；不使用碱活性大的骨料；选用不含碱或含碱低的化学外加剂；通过各种措施，控制混凝土的总含碱量不大于 3kg/m^3。

4. 冻融循环破坏

渗入混凝土中的水在低温下结冰膨胀，从内部破坏混凝土的微观结构，经多次冻融循环后，损伤积累将使混凝土剥落酥裂，强度降低。

盐溶液与冻融的协同作用比单纯的冻融严酷得多，一般将盐冻破坏看作是冻融破坏的一种特殊形式，即最严酷的冻融破坏。

冻融破坏的特征是混凝土剥落，严重威胁混凝土的耐久性。混凝土冻融破坏发展速度快，一经发现混凝土冻融剥落，必须密切注意剥蚀的发展情况，及时采取修补和补强措施。

提高混凝土抗冻耐久性的主要措施是采用掺入引气剂的混凝土。国内外的大量研究和工程实践表明，掺入引气剂的混凝土抗冻耐久性明显提高，这是因为引气剂形成的互不连通的微细气孔在混凝土受冻初期能使毛细孔中的静水压力减少，在混凝土受冻结构过程中，这些孔隙可以阻止或抑制水泥浆中微小冰体的形成。

5. 钢筋腐蚀

钢筋腐蚀是影响钢筋混凝土结构耐久性和使用寿命的重要因素。处于干燥环境下，混凝土碳化速度缓慢，具有良好保护层的钢筋混凝土结构一般不会发生钢筋腐蚀。在潮湿的或有侵蚀介质（例如氯离子）的环境中，混凝土将加速碳化，覆盖钢筋表面的钝化膜逐渐破坏，加之有水分和氧的侵入，将引起钢筋的腐蚀。

钢筋腐蚀伴有体积膨胀、使混凝土出现沿钢筋的纵向裂缝、造成钢筋与混凝土之间的粘结力破坏、钢筋截面面积减少、使结构构件的承载力降低、变形和裂缝增大等一系列不良后果，并随着时间的推移，腐蚀会逐渐恶化，最终可能导致结构的完全破坏。

值得注意的是，几乎所有侵蚀混凝土和钢筋的作用都需要有水作介质。另一方面，几乎所有的侵蚀作用对混凝土结构的破坏都与侵蚀作用引起的混凝土膨胀，并与最终的混凝土开裂有关。而且当混凝土结构开裂后，腐蚀速度将大大加快，混凝土结构的耐久性将进一步恶化。

在影响混凝土结构耐久性的诸多因素中，钢筋腐蚀危害最大。钢筋腐蚀与混凝土碳化有关，在一般情况下，混凝土保护层碳化是钢筋腐蚀的前提，水分、氧气的存在是引起钢筋腐蚀的必要条件。因此，提高混凝土结构耐久性的根本途径是增强混凝土密实度，防止或控制混凝土开裂，阻止水分的侵入；加大混凝土保护层的厚度，防止由于混凝土保护层碳化引起钢筋钝化膜的破坏。

第二节　提高混凝土桥梁结构耐久性的技术措施

混凝土桥梁结构的耐久性取决于混凝土材料的自身特性和结构的使用环境，与结构设计、施工及养护管理密切相关。综合国内外研究成果和工程经验，一般是从以下 3 个方面解决混凝土桥梁结构的耐久性问题：

（1）采用高耐久性混凝土，增强混凝土的密实度，提高混凝土自身抗破损能力。

（2）加强桥面排水和防水层设计，改善桥梁的环境作用条件。

（3）进行桥梁结构设计，其中包括加大混凝土保护层厚度；加强构造钢筋，防止和控制裂缝发展；采用具有防腐保护的钢筋（例如体外预应力筋、无粘结预应力筋、环氧涂层钢筋等）。

一、结构混凝土耐久性的基本要求

提高混凝土自身的耐久性是解决混凝土结构耐久性的前提和基础。混凝土的耐久性主要取决于混凝土的材料组成，其中水灰比、水泥用量、强度等级等均对耐久性有较大影响。

在《混凝土桥规》总则中增加了耐久性设计内容，明确规定了不同使用环境下，结构混凝土的基本要求，对影响混凝土耐久性的最大水灰比、最小水泥用量、最低混凝土强度等级、最大氯离子含量和最大碱含量作出了限制规定。

《混凝土桥规》规定，公路桥涵应根据所处环境进行耐久性设计，结构混凝土耐久性的基本要求应符合表 1-5-1 的规定。

结构混凝土耐久性的基本要求 表 1-5-1

环境类别	环境条件	最大水灰比	最小水泥用量（kg/m³）	最低混凝土强度等级	最大氯离子含量（%）	最大碱含量（kg/m³）
I	温暖或寒冷地区的大气环境、与无侵蚀性的水或土接触的环境	0.55	275	C25	0.30	3.0
II	严寒地区的大气环境、使用除冰盐环境、滨海环境	0.50	300	C30	0.15	3.0
III	海水环境	0.45	300	C35	0.10	3.0
IV	受侵蚀性物资影响的环境	0.40	325	C35	0.10	3.0

注：①有关规范对海水环境中结构混凝土的最大水灰比和最小水泥用量有更详细规定时，可参照执行；

②表中氯离子含量系指其与水泥用量的百分率；

③当有实际工程经验时，处于I类环境中结构混凝土的最低强度等级可比表中降低一个等级；

④预应力混凝土构件中的最大氯离子含量为0.06%，最小水泥用量为350kg/m³，最低混凝土强度等级为C40或按表中规定I类环境提高三个等级，其他环境类别提高两个等级；

⑤特大桥和大桥混凝土中的最大碱含量宜降至1.8kg/m³时，当处于III类、IV类或使用除冰盐和滨海环境时，宜使用非碱活性集料。

对水位变动区有抗冻要求的混凝土结构，其抗冻等级不应低于表 1-5-2 的规定。

水位变动区混凝土抗冻等级选用标准 表 1-5-2

桥位所在地区	海水环境	淡水环境
严重受冻地区（最冷月月平均气温低于−8℃）	F350	F250
受冻地区（最冷月月平均气温在−4～−8℃之间）	F300	F200
微冻地区（最冷月月平均气温在0～−4℃之间）	F250	F150

注：①混凝土抗冻性试验方法应符合现行标准《公路工程水泥及水泥混凝土试验规程》（JTG E30—2005）的规定；

②墩、台混凝土应选比表列值高一级的抗冻等级。

《耐久性设计与施工指南》按结构设计使用年限级别及环境作用等级，对配筋混凝土的最低强度等级、最大水胶比和单方混凝土胶凝材料的最低用量作出了限值规定（表 1-5-3）。

混凝土最低强度等级、最大水胶比和胶凝材料最小用量（kg/m^3）　　表 1-5-3

环境作用等级 \ 设计使用年限级别	侵蚀程度	一级 100 年	二级 50 年	三级 30 年
A	可忽略	C30，0.55，280	C25，0.60，260	C25，0.65，240
B	轻度	C35，0.50，300	C30，0.55，280	C30，0.60，260
C	中度	C40，0.45，320	C35，0.50，300	C35，0.50，300
D	严重	C40，0.40，340	C40，0.45，320	C40，0.45，320
E	非常严重	C45，0.36，360	C40，0.40，340	C40，0.40，340
F	极端严重	C45，0.32，380	C40，0.36，360	C40，0.36，360

注：①水胶比是混凝土配制时的用水量与胶凝材料（水泥加矿物掺和料）总量之比。在耐久混凝土的配合比中，常以胶凝材料用量的概念取代传统的水泥用量，并以水胶比取代传统的水灰比作为判断混凝土密实性或耐久性的一个宏观指标；

②桥梁结构处于露天环境，非寒冷地区环境作用等级一般取 B 级，寒冷及严寒地区一般取 D 级或 C 级，除冰盐、冻融环境一般取 D 级或 E 级，近海或海洋环境一般取 D 级或 F 级。

要注意的是，表 1-5-1 或表 1-5-3 中给出的影响结构混凝土耐久性的各项限值规定中，控制混凝土的最大水灰比（或水胶比）和最小水泥（或胶凝材料）用量是十分重要的。水灰比（或水胶比）和水泥（或胶凝材料）用量不仅影响混凝土的强度，而且是影响混凝土耐久性的主要因素。

为了防止钢筋腐蚀以及提高混凝土的抗冻性，混凝土应尽可能地密实，使其具有良好的抗渗透性能。为此，除了选择级配良好的集料和精心施工，保证混凝土充分捣实和水泥充分水化外，水灰比（或水胶比）是影响混凝土密实性的最重要的条件。

为了保证混凝土有足够的耐久性，控制最低水泥（或胶凝材料）用量也很重要，因为单位水泥（或胶凝材料）用量较高的混凝土，混凝土拌和物比较均匀，可减少混凝土捣实中出现的局部缺陷。混凝土抗冻融的能力与其含气量有密切关系，因此，有抗冻要求的结构混凝土应掺入适量的引气剂。

二、加大钢筋的混凝土保护层厚度

混凝土保护层碳化是钢筋锈蚀的前提。就一般情况而言，只有保护层混凝土碳化，钢筋表层钝化膜破坏，钢筋才有可能锈蚀。因此，加大钢筋的混凝土保护层厚度，是保护钢筋免于锈蚀、提高混凝土结构耐久性的最重要措施之一。

《混凝土桥规》作为强制性条文给出的钢筋最小混凝土保护层厚度列于表 1-5-4。

普通钢筋和预应力直线钢筋最小混凝土保护层厚度（mm）　　表 1-5-4

序号	构 件 类 型	环境条件		
		I	II	III、IV
1	基础、桩基承台（1）基坑底面有垫层或侧面有模板（受力主筋）	40	50	60
	（2）基坑底面无垫层或侧面无模板（受力主筋）	60	75	85
2	墩台身、挡土结构、涵洞、梁、板、拱圈、拱上建筑（受力主筋）	30	40	45
3	人行道构件、栏杆（受力主筋）	20	25	30
4	箍筋	20	25	30
5	缘石、中央分隔带、护栏等行车道构件	30	40	45
6	收缩、温度、分布、防裂等表层钢筋	15	20	25

注：①对于环氧树脂涂层钢筋，可按环境类别 I 取用；

②保护层厚度大于 50mm 时，应在保护层内设置钢筋网。

《耐久性设计与施工指南》规定，钢筋的混凝土保护层厚度 C 一般应不小于表 1-5-5 给出的最小保护层厚度与保护层厚度施工负允差 Δ 之和，即 $C_{min}+\Delta$，式中施工负允差 Δ，对现浇混凝土构件可取 5～10mm，对工厂生产的预制构件可取 0～5mm，视钢筋施工工艺和质量保证的可靠程度而定，必要时可取更高的数值。

预应力钢筋的混凝土保护层厚度，一般不应小于预应力钢筋保护层最小厚度 C_{min} 与保护层厚度施工负允差 Δ 之和。对于具有防腐连续密封护套（或防腐连续密封孔道管）的预应力钢筋，保护层厚度为护套或孔道管外缘至混凝土表面的距离，保护层最小厚度 C_{min} 可取与普通钢筋的相同（表 1-5-5），但 C_{min} 不应小于护套或孔道管直径的 1/2。对于没有防腐连续密封护套的预应力钢筋，保护层最小厚度 C_{min} 应比表 1-5-5 中普通钢筋的保护层厚度大 10mm。预应力钢筋保护层厚度的施工负允差 Δ，可取与普通钢筋的相同。

混凝土保护层最小厚度（mm） 表 1-5-5

环境作用等级		A	B	C	D	E	F
板、墙等面形构件	使用年限 30 年	15	15	25	35	45	50
	使用年限 50 年	15	20	30	40	50	55
	使用年限 100 年	20	30	40	45	55	60
梁、柱等条形构件	使用年限 30 年	20	25	30	40	50	55
	使用年限 50 年	25	30	35	45	55	60
	使用年限 100 年	30	35	45	50	60	65

注：① 混凝土保护层的强度等级与水胶比需符合表 1-5-1 的要求；

② 表中的保护层最小厚度值如小于所保护钢筋的直径，则取 C_{min} 与钢筋直径相同；

③ 表中梁、柱等条形构件的保护层厚度适用于一般矩形截面杆件；对于圆形截面的保护层厚度可减少 5mm，但不小于 30mm；

④ 直接接触土体浇筑的混凝土保护层厚度应不小于 70mm；

⑤ 处于流动水中或同时受水中泥沙冲刷侵蚀的构件保护层厚度应适量增加 10～20mm。

三、加强构造配筋，防止和控制混凝土裂缝

混凝土结构的任何损伤与破坏，一般都是首先在混凝土中出现裂缝，裂缝是反映混凝土结构病害的晴雨表。反过来，裂缝的存在会增加混凝土的渗透性，提供了使侵蚀破坏作用逐步升级、混凝土耐久性不断下降的渠道。当混凝土开裂后，侵蚀速度将大大加快，形成导致混凝土结构耐久性进一步退化的恶性循环。因此，防止和控制混凝土的裂缝，对提高混凝土结构的耐久性是十分重要的。

控制混凝土的裂缝，除按规范要求，控制正常使用极限状态的工作裂缝以外，更重要的是要采取构造措施，控制混凝土施工及使用过程中大量出现的非工作裂缝。

《混凝土桥规》突出强调了水平防缩钢筋和箍筋在控制裂缝中的作用，提高了水平防收缩钢筋的配筋率和箍筋间距的限制。

（1）T 形、I 形截面梁或箱形截面梁的腹板两侧，应设置直径 6～8mm 的纵向钢筋（一般称水平防收缩钢筋），每腹板内钢筋截面面积宜为（0.001～0.002）bh，其中 b 为腹板宽度，h 为梁的高度，其间距在受拉区不应大于腹板宽度，且不应大于 200mm，在受压区不应大于 300mm。在支点附近剪力较大区段和预应力混凝土梁锚固区段，腹板两侧纵向钢筋截面面积应予增加，纵向钢筋间距宜为 100～150mm。

（2）钢筋混凝土梁中应设置直径不小于 8mm，且不小于 1/4 主箍直径的箍筋。其间距应符合下列规定：箍筋间距不应大于梁高的 1/2，且不大于 400mm；当所箍钢筋为按受力需要的纵向受压钢筋时，不应大于所箍钢筋直径的 15 倍，且不应大于 400mm。在钢筋绑扎搭接接头范围内的箍筋间距，当绑扎搭接钢筋受拉时，不应大于主钢筋直径的 5 倍，且不大于 100mm；当搭接钢筋受压时，不应大于主钢筋直径的 10 倍，且不大于 200mm。在支座中心向跨径方向长度相当于不小于 1 倍梁高范围内，箍筋间距不宜大于 100mm。

（3）预应力混凝土 T 形、I 形截面梁和箱形截面梁腹板内应分别设置直径不小于 10mm 和 12mm 的箍筋，且应采用带肋钢筋，间距不应大于 250mm；自支座中心起长度不小于 1 倍梁高范围内，应采用闭合式箍筋，间距不应大于 100mm。在 T 形、I 形截面梁下部的马蹄内，应另设直径不小于 8mm 的闭合式箍筋，间距不应大于 200mm。

腹板内由水平防收缩钢筋和箍筋构成的钢筋网，是防止和控制收缩裂缝的重要构造措施。

四、提高后张法预应力钢筋管道压浆质量的措施

后张法预应力钢筋管道压浆质量是影响预应力混凝土梁耐久性的关键之一。预应力钢筋管道压浆用水泥浆的抗压强度不应低于 30MPa，其水灰比宜为 0.4～0.5。为减少收缩，可通过试验掺入适量膨胀剂。

预应力筋的锈蚀会导致结构的突然破坏，事先不易发现，在耐久性设计中必须特别重视，并宜采用多重防护手段。

对于可能遭受氯盐侵蚀的预应力混凝土结构，预应力筋、锚具、连接器等钢材组件宜采用环氧涂层或涂锌防锈处理；后张预应力体系的管道必须具有密封性能，不宜使用金属的波纹管，应采用有良好密封性能的高密度塑料波形管，管道灌浆材料和灌浆方法要事先通过试验验证，尽可能降低浆体硬化后形成的气孔，并采用真空灌浆工艺，必要时还可在灌浆材料中掺入适量的阻锈剂。

预应力筋的锚头，应采用无收缩高性能混凝土封端，其强度等级应高于构件本体混凝土的强度等级，水胶比不低于本体混凝土，并不大于 0.4，并需对新老混凝土的连接面进行防水处理。

五、加强桥面排水和桥面铺装层的防水设计

桥面排水和铺装层防水层对桥面的防护有重要作用，必须精心设计与施工。

桥面排水设计应与桥面的纵、横断面设计密切配合，合理的选择和布设泄水管。对于可能遭受氯盐侵蚀的桥面，应加大桥面纵、横向的排水坡度，尽快将水排除，并应考虑结构发生挠曲或施加预应力引起的反拱对桥面排水的影响，防止桥面积水。

要加强泄水管和伸缩缝周边的构造细节处理，防止水分从泄水管和伸缩缝处渗入梁体（或墩台盖梁）。必要时可对泄水管和伸缩缝周边梁体进行防水处理。

桥面铺装层应采用密实性较好的 C30 以上等级的混凝土，混凝土铺装层内应设置钢筋网，防止混凝土开裂。采用复合纤维混凝土或在混凝土中掺入水泥基渗透结晶防水材料（赛柏斯），都能收到较好的防水效果。

桥面铺装层顶面应设置防水层，特别是连续梁（或悬臂梁）的负弯矩段更应十分重视防水层设计。

解决混凝土结构耐久性问题还涉及施工及养护管理等方面的问题，应参照有关规范执行。

第三节　混凝土结构耐久性设计的内容

钢筋混凝土及预应力混凝土桥梁结构设计，除了进行结构承载能力极限状态和正常使用极限状态计算，满足结构强度和使用功能要求外，还应进行结构的耐久性设计。在桥梁的设计文件应增加有关结构耐久性设计的专篇。

一、结构使用环境类别和设计使用年限的确定

《混凝土桥规》根据公路桥梁的使用情况，将桥梁结构使用环境条件划分为 4 类：

I 类环境——指温暖或寒冷地区的大气环境，与无侵蚀性的水或土接触的环境。

II 类环境——指严寒地区的大气环境，使用除冰盐环境、滨海环境。

III 类环境——指海水环境。

IV 类环境——指受侵蚀性物质影响的环境。

在上述环境分类中，严寒和寒冷地区的划分应符合如下规定：

严寒地区：累年最冷月平均温度低于－10℃地区。

寒冷地区：累年最冷月平均温度高于－10℃，低于或等于 0℃的地区。

累年是指近期 30 年，不足 30 年的取实际年数，但不得小于 10 年。

除冰盐环境是指北方城市依靠喷洒盐水除冰化雪且其主梁受到侵蚀的环境，滨海环境是指海水浪溅区以外且其前无建筑物遮挡的环境，海水环境是指潮汐区、浪溅区及海水中的环境；受侵蚀性物质影响的环境是指某些化学工业和石油化工厂的气态、液态和固态侵蚀物质影响的环境。

环境作用按其对配筋混凝土结构的侵蚀程度可分为 6 级（表 1-5-6）。

环境作用等级　　表 1-5-6

级　别	作用程度	级　别	作用程度
A	可忽略	D	严重
B	轻度	E	非常严重
C	中度	F	极端严重

桥梁结构耐久性设计采用的环境作用等级（又称耐久性等级）应根据所处现场环境的严酷程度确定。下面给出桥梁结构耐久性分级的建议供参考：

（1）桥梁墩台处于严寒、高度饱水及水位变化区，属“中等”作用程度，耐久性等级为 C 级；若墩台表面有受渗漏除冰盐水侵蚀的可能，则应按 D 级处理。

（2）桥梁上部结构处于严寒、中度饱水、节点局部渗漏（含除冰盐溶液）、局部干湿交替作用，按最不利作用考虑，作用程度为“严重”，耐久性等级为 D 级。

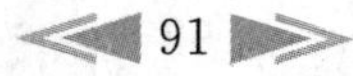

(3) 桥面板处于严寒、高度饱水、除冰盐作用非常严酷的环境，耐久性等级定为E级。

(4) 桥面辅助构件易受到除冰盐溅射作用，应按D级设计，如路缘石、安全带、灯柱、扶手、栏杆、人行道梁等。

(5) 桥基础视受冻与否，按耐久性B级或C级设计和施工。

进行混凝土结构耐久性设计涉及到结构的设计使用年限的概念。结构的设计使用年限，通常应是使用过程中仅需一般维护，而不需进行大修的年限。处于露天环境下的桥梁结构，在结构的设计使用年限内，通常需要对桥面铺装、支座、伸缩缝等个别构件进行定期大修或更换。

桥梁结构的设计使用年限，可参照下列规定采用：

(1) 大型公路桥梁、高速公路及一级公路上的桥涵，城市干线上大型桥梁、大型立交桥100年。

(2) 二级及二级以下公路上及一般城市道路上的桥涵50年。

(3) 可替换的易损混凝土构件30年。

当结构的使用年限预期会因服务功能的快速变化（如桥梁的通行能力的快速增长）而较早终结，或当环境特别严酷，采用较长的使用年限受到技术、经济上的制约时，在主管部门和业主的同意下，可按较低的设计使用年限进行设计，但一般不宜低于30年。

二、混凝土结构耐久性设计的内容

(1) 耐久混凝土材料选择及配合比设计及主要参数的确定。

按确定的环境类别（或环境作用等级及设计使用年限），选择混凝土耐久性的基本要求指标，提出混凝土原材料选用（水泥品种与等级）、掺和料种类、骨料品种与质量要求等，根据需要提出混凝土的氯离子扩散系数、抗冻耐久性指数或抗冻等级等具体指标；在设计施工图和相应说明中，必须标明水灰比（或水胶比）等与混凝土耐久性相关的重要参数和要求。

(2) 与结构耐久性有关的构造与裂缝控制措施。

(3) 为结构使用过程中的检测、维修或部件更换，设置必要的通道和空间。

(4) 与结构耐久性有关的施工质量要求，特别是混凝土的养护方法（包括温度和湿度控制与养护期限）以及保护层厚度的质量控制与质量保证措施；在设计施工图上应标明钢筋的混凝土保护层厚度的施工负允差及混凝土施工养护要求。

(5) 结构使用阶段的定期维修与检测要求。

(6) 当环境作用非常严重或极端严重（E、F级）时，应考虑是否需要采取防腐蚀附加措施，如局部选用环氧涂层钢筋，直至采用阴极保护等；此外，还可考虑在混凝土浇筑成型中采用特殊的织物衬里透水膜板，以有效提高表层混凝土的密实性。采用防腐蚀附加措施，尤其是防腐新材料和新工艺的使用，需通过专门的论证。

(7) 对于可能遭受氯盐引起钢筋锈蚀的重要混凝土工程，宜根据具体环境条件和适当的材料劣化模型，进行结构使用年限的验算。

第二篇　混凝土梁桥和刚架桥

中小跨径公路桥梁或城市桥梁，大部分是钢筋混凝土或预应力混凝土梁式桥。钢筋混凝土梁式桥已有近百年的历史，经过长期的理论研究和实践，人们对钢筋混凝土结构设计理论的认识已经日渐成熟，其施工技术的发展也日趋完善。这种桥梁的优点很多：可以就地取材；材料可塑性强，可以适应各种道路线形要求；可以采用装配式结构，工业化程度高；整体性好，结构刚度大，变形小以及外观简洁等。预应力混凝土梁桥更兼有梁高低、跨越能力大的长处，特别是预应力技术的采用，可以为现代装配式结构提供了最有效的接头和拼装手段，使建桥技术和运营质量产生了较大的飞跃。目前，预应力混凝土简支梁的跨径已达50～70m，最大跨径的连续刚构已达270m。

按承重结构横截面形式分类，混凝土梁式桥可分为板桥、肋梁桥和箱形梁桥。板桥（图2-0-1a)、b)）构造简单，施工方便；肋梁桥（图2-0-1c)、d)）是在板桥截面的基础上，将梁下缘受拉区混凝土挖空，从而减轻结构自重，提高跨越能力；箱形截面（图2-0-1e)、f)）提供了能承受正、负弯矩的足够的混凝土受压区，抗弯、抗扭能力强，更适用于较大跨径的悬臂体系梁桥和连续体系梁桥。

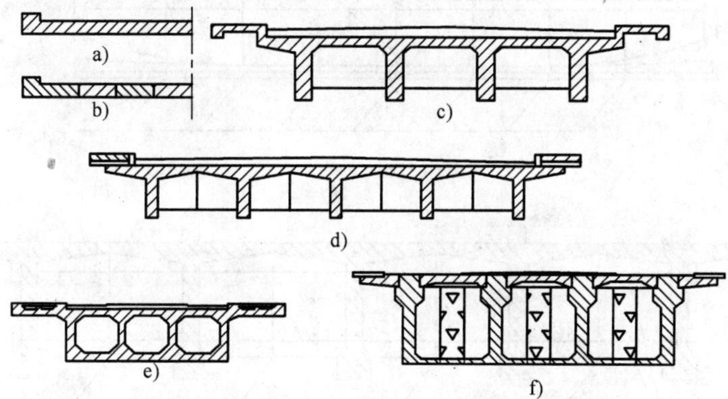

图2-0-1 典型的混凝土梁桥横截面

a)、b) 板桥；c)、d) 肋梁桥；e)、f) 箱形截面

按受力特点分类，混凝土梁式桥可分为简支梁（板）桥、连续梁（板）桥和悬臂梁（板）桥。简支梁桥（图2-0-2a)）属静定结构，是受力和构造最简单的桥型，应用广泛；连

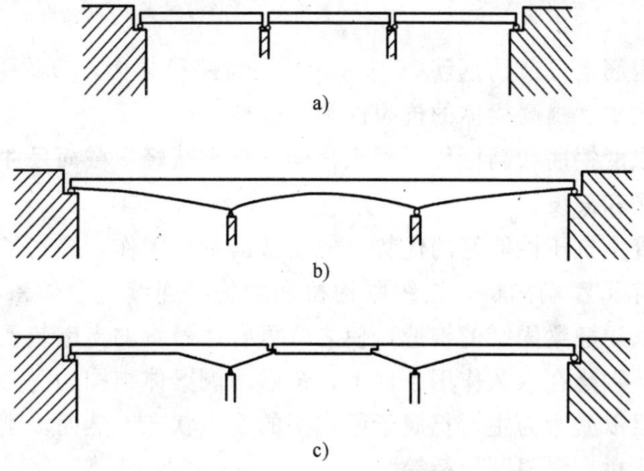

图2-0-2 梁式桥的基本体系

a) 简支梁桥；b) 连续梁桥；c) 悬臂梁桥

续梁桥（图 2-0-2b)）属超静定结构，在荷载作用下支点截面产生负弯矩，从而减小了跨中的正弯矩，增大跨越能力，适用于桥基良好的场合；悬臂梁（图 2-0-2c)）属于静定结构，跨越能力比简支梁大，但逊于连续梁，由于顶面混凝土容易开裂，影响混凝土的耐久性，并且因行驶状况不良，目前较少采用。

按施工方法分类，可以分为整体浇筑式梁桥（图 2-0-1a)、c)、e)）和预制装配式梁桥（图 2-0-1b)、d)、f)）两类。整体式梁桥具有整体性好的优势，而装配式梁桥具有施工方便，大量节省支架模板，不受季节性影响等优点。

装配式结构块件划分方式的不同，常分为纵向竖缝划分（图 2-0-1b)、d)）、纵向水平缝划分（图 2-0-1f)）和纵、横向竖缝划分（图 2-0-3）3 种。可以根据现场实际的预制、运输和起重等条件，确定拼装形式以及拼装单元的最大尺寸和质量，尽量减少接头数量和块件的尺寸形式，确保接头牢固可靠，施工方便。

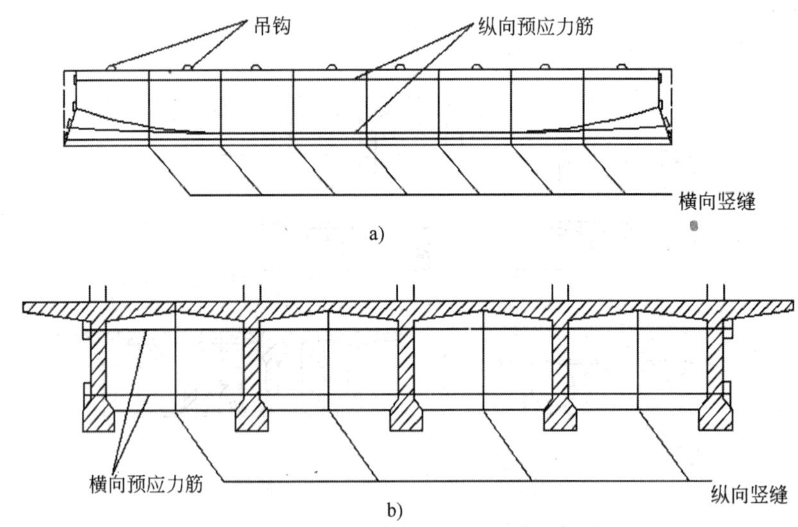

图 2-0-3　纵、横向分段装配式梁（串连梁）

当混凝土简支梁桥跨度增加时，就需要采用预应力混凝土梁。与钢筋混凝土梁相比，预应力混凝土梁主要有以下优点：

①采用高强度钢筋，可节约钢筋 20%～40%，且跨径越大，节约钢筋越多。

②预加应力可大幅度提高梁体的抗裂性和耐久性。

③由于利用高强度钢筋和高标号混凝土，梁体自重减轻，截面尺寸减小，可以增大跨越能力，也有利于运输和架设。

④充分利用混凝土抗压性能好的优势，使全截面参与工作，提高了混凝土梁的刚度。

常用的刚架桥有 T 型刚构桥、连续刚构桥和刚构—连续组合体系桥等。这几种桥型的共同特点是：由于采用墩梁固结的构造，使之既可省掉昂贵的支座装置，又可在施工中不用进行体系的转换；特别是在永久作用条件下，桥墩两侧梁体结构的受力状态接近平衡，桥墩接近中心受压，主梁以受弯为主，仍属于梁式桥的受力状态。然而，刚架桥的类型尚不止这些，还包括门式刚架桥、斜腿刚架桥等。

本篇将详细介绍混凝土梁桥的构造和设计要点，对刚构桥只作简要介绍，有关施工方面的内容见本篇第八章。

第一章 混凝土梁式桥的构造

DIYIZHANG

第一节　板桥的构造

板桥承载结构的断面形式是矩形，因为它在建成后外形上像一块薄板，故习惯称之为板桥。在所有的桥梁形式中，板桥建筑高度小，外形简洁，施工方便，板桥不单外形简单，而且内部一般只需要按构造要求将部分主筋弯起即可。板桥施工简单，制作方便，既有利于现场整体浇筑也有利于工厂标准化生产。

桥下净空受限制的桥梁适宜选择板桥，既可以降低桥面高度，又可以缩短引道长度，但板桥的跨径不宜过大。

从结构静力体系来看，板桥可以分为简支板桥、悬臂板桥和连续板桥 3 种。本节重点介绍简支板桥的构造与设计。

一、整体式简支板桥的截面形式与构造

1. 截面形式

整体式板桥一般做成实体式等厚度的矩形截面（图 2-1-1a)），为了减轻自重也可做成肋板式截面（图 2-1-1b)）。常见的城市高架桥的板桥截面形式有单波（图 2-1-1c)）和双波（图 2-1-1d)）两种。

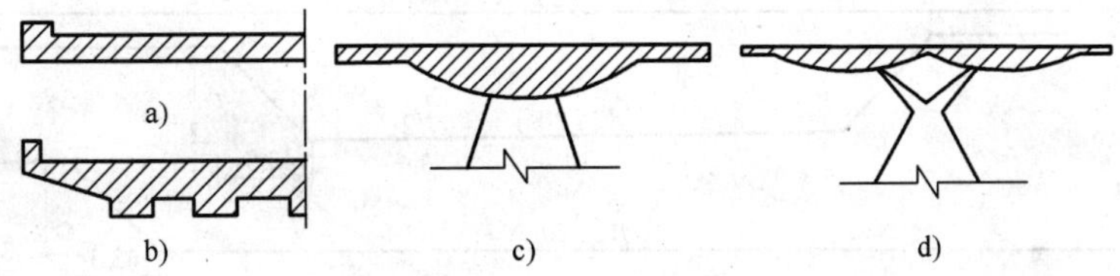

图 2-1-1　整体式板桥横截面

钢筋混凝土整体式简支板桥的常用跨径一般不宜大于 13m，板厚一般取跨径的 1/12～1/16，其桥面宽度往往大于跨径，因此在荷载作用下，桥面板实际上呈双向受力状态，即跨

中部分除板的纵向产生正弯矩外，横向也产生较大的弯矩。因此当桥面板宽较大时，除配置纵向的受力钢筋外，尚应配置板的横向受力钢筋。城市修建宽桥时，为了防止产生过大的横向弯矩以及温度变化和混凝土收缩引起的纵向裂缝，可以将板沿桥中线分开，做成双幅桥面。

2. 钢筋构造

《混凝土桥规》规定：整体式板桥行车道板的主钢筋直径不应小于 10mm，间距不应大于 200mm，一般也不宜小于 70mm；由于车辆荷载在板边缘的分布范围比跨中小，因此板两侧各 1/6 板宽范围内的主筋数量宜较中间板带增加 15%；行车道板内主钢筋可在沿板高中心中轴线的 1/4～1/6 计算跨径处按 30°～45°弯起，通过支点的不弯起的主钢筋，每米板宽内不应少于三根，并不少于主钢筋截面面积的 1/4。行车道板内应设置垂直于主筋的分布钢筋，分布钢筋设在主筋的内侧，其直径不应小于 8mm，间距不应大于 200mm，截面面积不宜小于板的截面面积的 0.1%。在所有主钢筋的弯折处，均应设置分布钢筋。

人行道板的厚度，就地浇筑的混凝土板不应小于 80mm，预制混凝土板不应小于 60mm。人行道板内的主钢筋直径不应小于 8mm，分布钢筋直径不应小于 6mm，其间距不应大于 200mm。

为了保证混凝土结构在设计年限内具有足够的耐久性以及混凝土内的钢筋不被腐蚀，应保证混凝土保护层厚度和密实性。在一般环境条件下，板的主钢筋与板缘间的净距（即保护层厚度）应不小于 30mm，对于有侵蚀环境的情况，保护层应进一步增厚。

图 2-1-2 为一座 6m 跨径的钢筋混凝土整体式简支板桥构造图，桥面净宽 8.5+2×0.25m。该桥计算跨径为 5.69m，板厚 32cm，纵向受力主筋采用 HRB335 钢筋，公称直径为 20mm，分布钢筋采用 R235 钢筋，公称直径为 10mm，间距为 200mm，主筋两端呈 45°弯起。

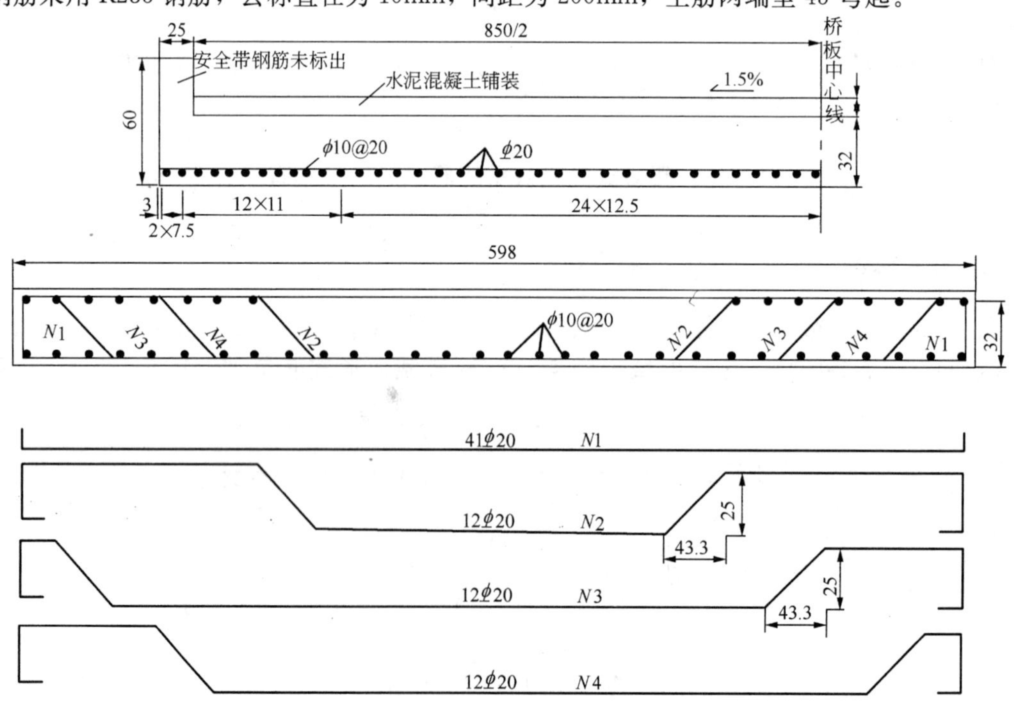

图 2-1-2 钢筋混凝土整体式简支板桥构造（尺寸单位：cm；钢筋直径：mm）

二、装配式简支板桥的构造

装配式板桥的横截面形式主要有实心板和空心板两种，其中实心板桥多采用矩形截面。

1. 矩形实心板桥

矩形实心板适用于跨径不大于 8m，板高为 0.16～0.36m。图 2-1-3 为标准跨径 6m 的装

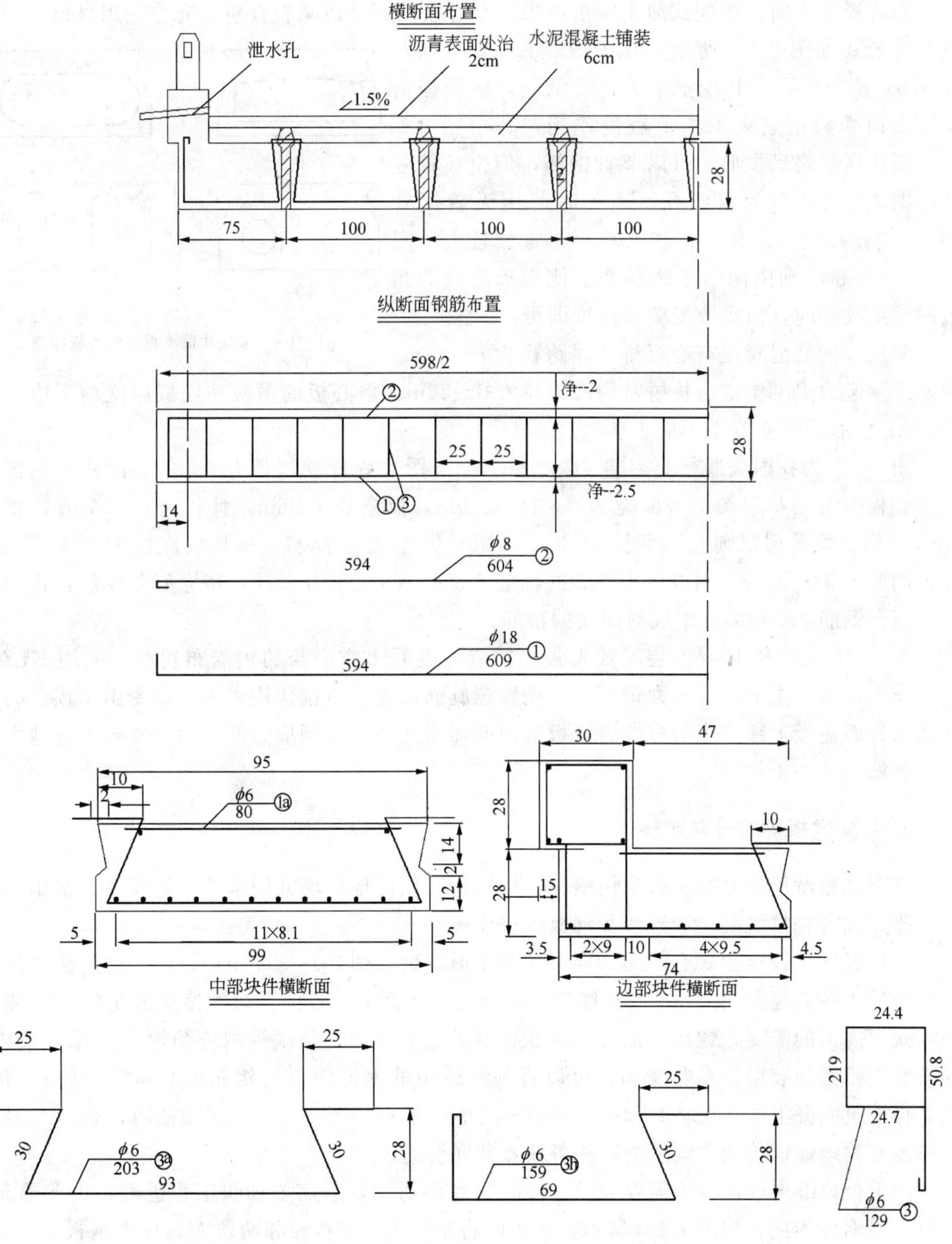

图 2-1-3 装配式钢筋混凝土矩形实心板桥构造图（尺寸单位：cm）

配式矩形板桥构造图，该桥预制板混凝土强度等级为 C25，纵向主筋用直径 18mm 的 HRB335 钢筋，箍筋用直径 6mm 的 R235 钢筋，架立钢筋用直径 8mm 的 R235 钢筋，预制板安装就位后，在企口缝内填筑强度等级为 C30 的小石子混凝土，并浇筑厚 6cm 的 C25 水泥混凝土铺装层使之连成整体。块件吊点设置在距端头 50cm 处。

2. 空心板桥

当跨径增大时，装配式简支板桥应采用空心板截面，以减轻自重，充分利用材料。空心板开孔形式如图 2-1-4 所示。其中图 2-1-4a）型和图 2-1-4b）型为单孔，其挖空率大，重量轻，但顶板需配置横向受力钢筋来承担荷载的作用，其中图 2-1-4a）型孔顶部略呈拱形，可以节省钢筋，但模板较复杂；图 2-1-4c）型为双圆孔，施工时可用无缝钢管（或充气囊）等作芯模，但挖空率小，重量较大；图 2-1-4d）型芯模则由两个半圆和两块侧模板组成，当板的厚度改变时，只需改变侧板高度即可。

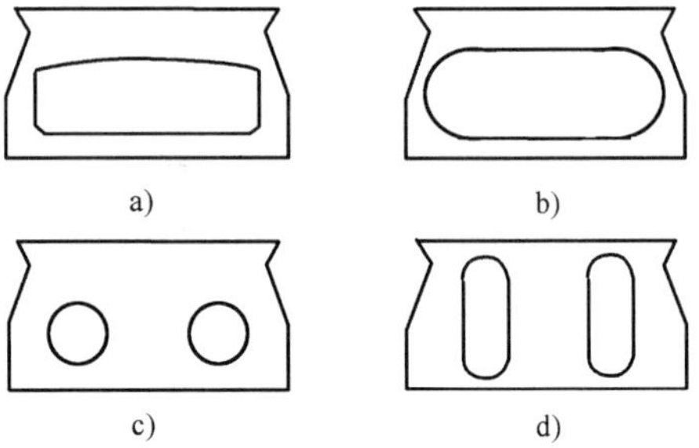

a) b) c) d)

图 2-1-4 装配式简支板桥空心板截面

装配式钢筋混凝土空心板桥常用跨径为 6～13m，装配式预应力混凝土空心板桥常用的跨径为 8～20m。空心板的顶板和底板厚度均不应小于 80mm，空心板的空洞端部应予填封。

图 2-1-5 为我国交通行业标准《公路桥涵标准图》中标准跨径为 8m 的装配式钢筋混凝土空心板的钢筋布置图。桥面宽为 2×净-11.0m，板全长 7.96m，计算跨径 7.70m，板厚 40cm，横截面采用双圆孔，半径 18cm，采用 C40 混凝土预制，每板块底层配 8ϕ25 主筋，板顶面配置 3ϕ8 钢筋，用以承担剪力的箍筋 $N5$ 和 $N6$ 做成开口式，待立好芯模后，再与其上的横向钢筋 $N4$ 相绑扎组成封闭式的箍筋。

图 2-1-6 为跨径 13m 的装配式先张法预应力混凝土空心板的钢筋布置图，采用 KL400 钢筋作为预应力主筋，预应力钢筋端部配置螺旋筋以加强自锚作用，为了承受由于预应力钢筋的张拉而在板上缘产生的拉应力，板端顶面加倍配置了非预应力筋。另外支点附近剪力较大，箍筋也须加密加粗。

3. 装配式板桥的横向连接

装配式板桥板块之间必须采用横向连接构造，以保证板块共同承受车辆荷载。常用的横向连接方式有企口混凝土铰连接和钢板焊接连接。

企口混凝土铰接型式有圆形、菱形和漏斗形 3 种（图 2-1-7a）、b）、c））。它是在块件安装就位后，在铰缝内用 C25～C40 细集料混凝土填实而成。铰的上口宽度应满足施工时使用插入式振捣器的需要，铰槽的深度宜为预制板高度的 2/3。预制板内应预埋钢筋深入铰内。如果要使桥面铺装层也参与受力，可以将预制板中的钢筋伸出与相邻板的同样钢筋互相绑扎，再浇筑混凝土层（图 2-1-7d）），混凝土层厚度不宜小于 80mm。实践证明，企口式混凝土铰能有效地保证传递横向剪力，使各块板共同受力。

由于企口缝内的混凝土需要养护一段时间才能通车，若需要加快工程进度，提前通车，也可采用钢板连接，如图 2-1-8 所示。施工时将钢板 $N1$ 焊在相邻两块件的预埋钢板 $N2$ 上。连接构造的纵向中距通常为 80～150cm，跨中部分布置较密，向两端支点处逐渐变疏。

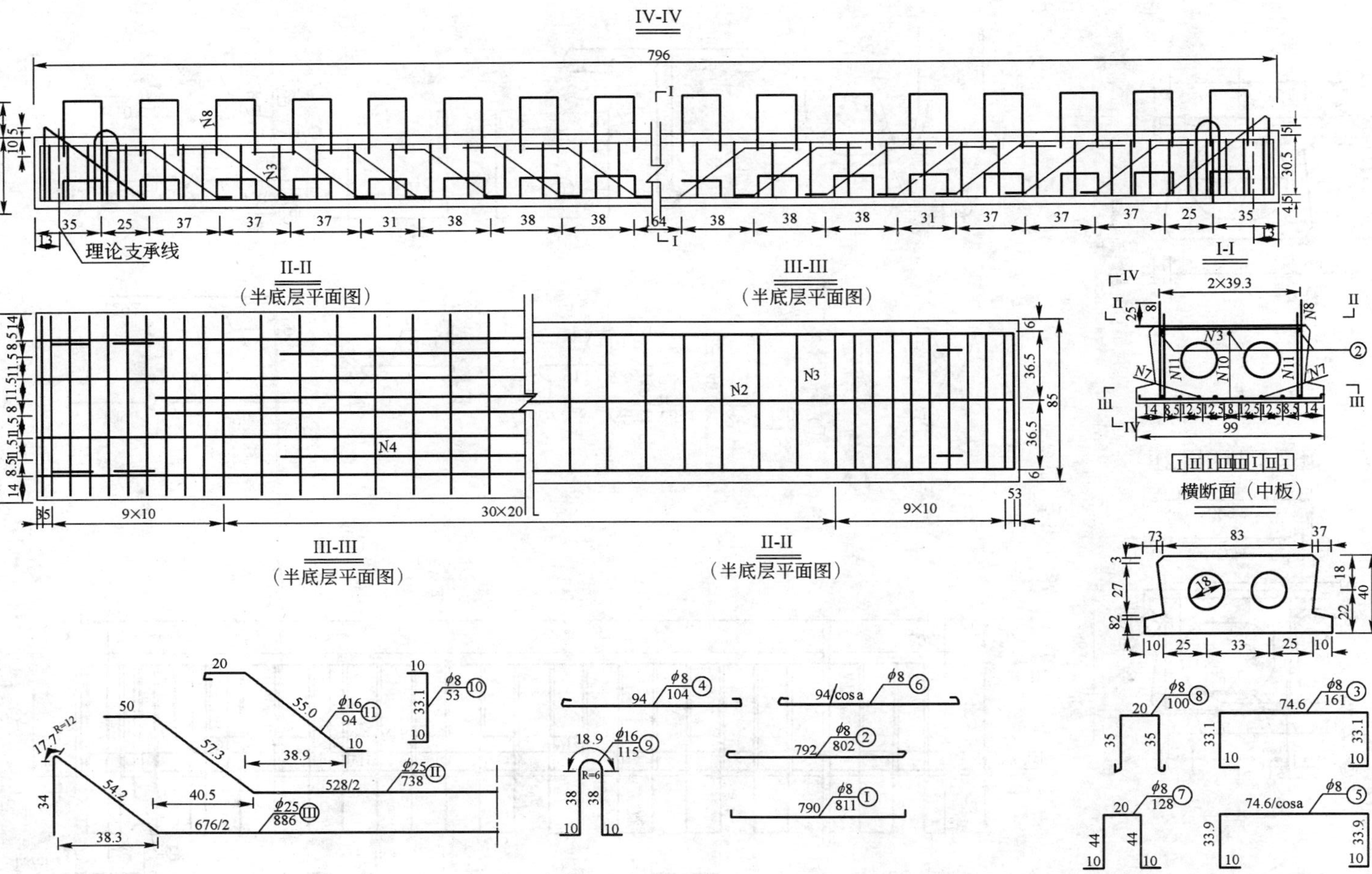

图 2-1-5 装配式钢筋混凝土空心板的钢筋布置图（尺寸单位：cm；钢筋直径：mm）

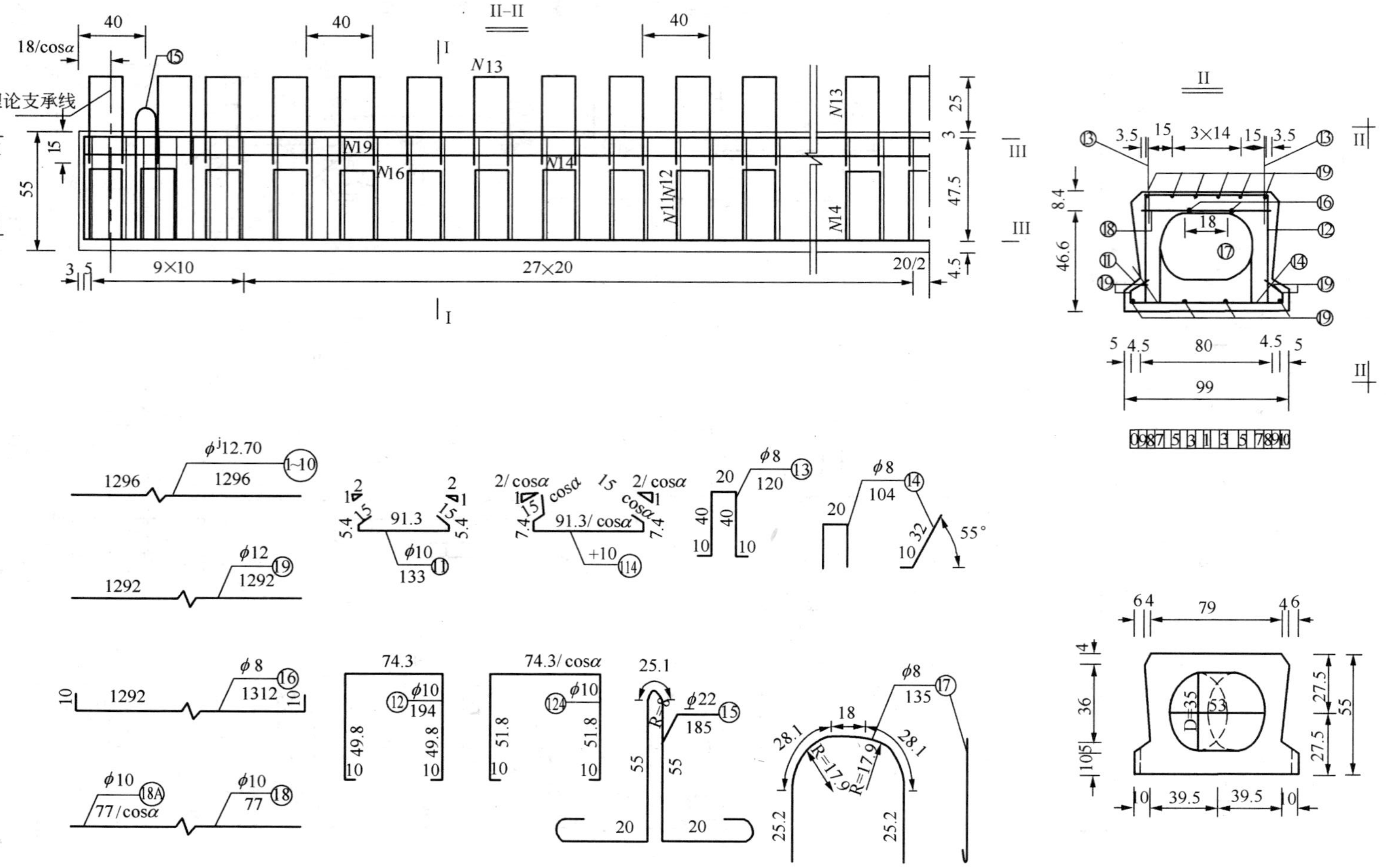

图 2-1-6 先张法预应力混凝土空心板的钢筋布置图（尺寸单位：cm；钢筋直径：mm）

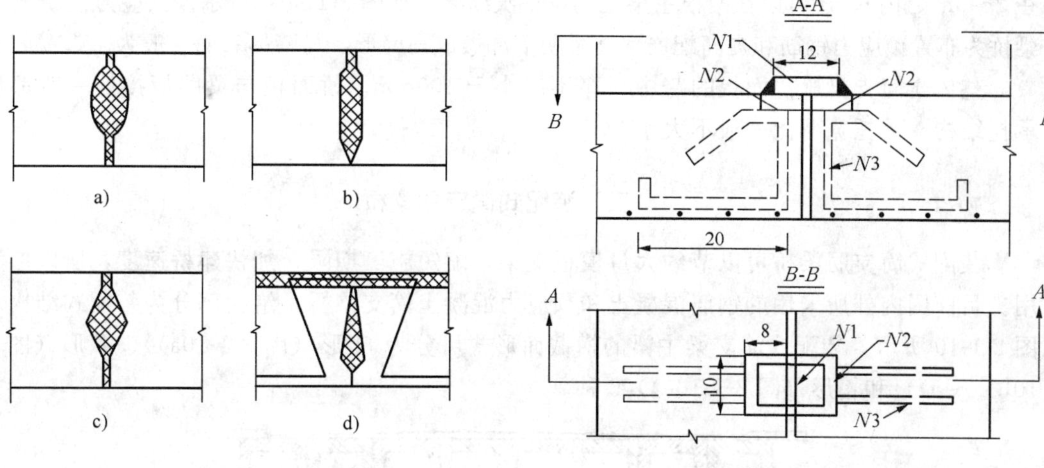

图 2-1-7　企口混凝土铰　　图 2-1-8　钢板连接构造（尺寸单位：cm）

第二节　简支肋板式梁桥的构造

承载结构的横截面呈明显肋形结构的梁桥称为肋板式梁桥，或简称为肋梁桥。简支肋梁桥受力明确，充分利用了混凝土抗压和钢筋抗拉性能，肋梁桥构造简单，施工方便，是中、小跨径桥梁中应用最广泛的桥型之一。

简支肋梁桥的上部结构主要由主梁、横隔梁、桥面板、桥面系构造等部分组成。主梁是桥梁的主要承重结构；横隔梁可以保证各根主梁结成整体，提高桥梁的整体刚度；主梁的上翼缘构成桥面板，组成行车（人）面，承受车辆（人群）荷载的作用。简支肋梁桥可采用整体现浇和预制装配两种不同的方式施工。

一、整体式简支肋梁桥

整体式肋梁桥在城市立交桥中应用较广泛，具有整体性好、刚度大、易于浇筑等优点，多数在桥孔支架模板上现场浇筑，个别也有整体预制、整孔架设的情况。

常用的整体式简支 T 形梁桥，如图 2-1-9 所示。在保证抗剪、稳定的条件下，主梁的肋宽约为梁高的 1/6～1/7，但不宜小于 16cm，以利于浇筑混凝土；当肋宽有变化时，其过渡段长度不小于 12 倍肋宽差。主梁高度通常为跨径的 1/8～1/16。为了减小桥面板的跨径（一般限制

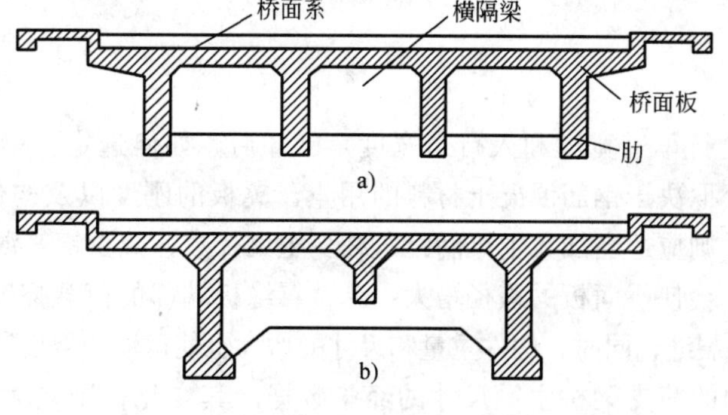

图 2-1-9　整体式梁桥横截面

在 2～3m 之内)，还可以在两根主梁之间设置次纵梁，如图 2-1-9b）所示。预应力混凝土 T 形梁桥为布置预应力钢筋和提高配筋率，梁肋下部做成马蹄形，马蹄形斜面一般为 15°。

整体式简支梁桥桥面板的跨中板厚不应小于 100mm。桥面板与梁肋衔接处一般都设置承托结构，承托宽高比一般不大于 3。

二、装配式简支肋梁桥

装配式简支肋梁桥可以节约大量模板支架，缩短施工期限，加快建桥速度，所以广为采用。目前国内外所采用的钢筋混凝土和预应力混凝土简支梁桥，绝大部分为装配式结构。如图 2-1-10 所示，装配式简支梁主梁的横截面形式可分为 Π 形（图 2-1-10a））、T 形（图 2-1-10b）～d））和箱形（图 2-1-10e））3 种。

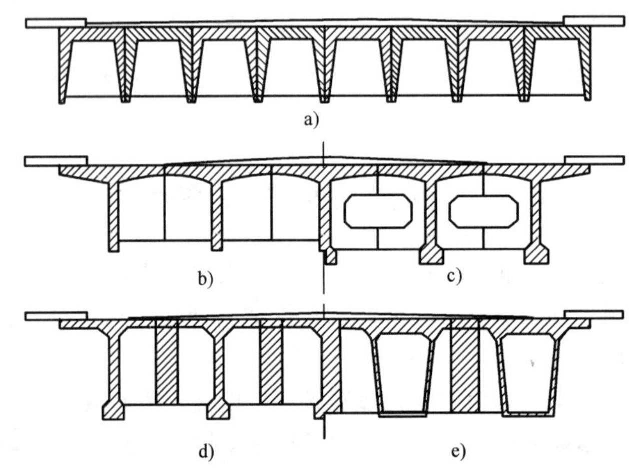

图 2-1-10 装配式简支梁桥横截面

Π 形主梁的特点是横向抗弯刚度大，预制块件堆放、装卸和安装方便，但是这种构件的制造比较复杂，梁肋被分成两片薄的腹板，很难做成刚度大的钢筋骨架。当跨径较大时，混凝土和钢的用量较大，横向联系较差，目前已很少采用。

装配式 T 形梁桥的优点是制造简单、整体性好、接头方便，是目前使用最普遍的一种桥梁结构形式。

图 2-1-11 所示为一座 5 片式 T 形梁桥的构造图，该桥桥面宽度为净－9m＋2×1.0m 人行道，梁的全长为 19.96m，计算跨径为 19.50m，主梁高度 1.50m，全桥设置 5 道横隔板。

1. 主梁

(1) 构造

当桥的宽度（含行车道宽度和人行道宽度）已知后，如何选定主梁的间距就是主要的问题。主梁的间距大小取决于钢筋混凝土材料的用量、翼板的刚度以及构件的起吊重量。一般，如果建筑高度不变，则应适当加大主梁间距，减少主梁片数，减少钢筋混凝土的用量；但是由于主梁片数的减少，会使桥面板的跨径增大，悬臂翼缘板端部的荷载挠度也较大，可能会引起桥面接缝处产生纵向裂缝；同时，构件重量和尺寸的增大也使运输和架设工作趋于复杂。

表 2-1-1 为常用的简支梁桥主梁尺寸的经验数据。其变化范围较大，跨径较大时应取较小的比值；反之，则应取较大的比值。

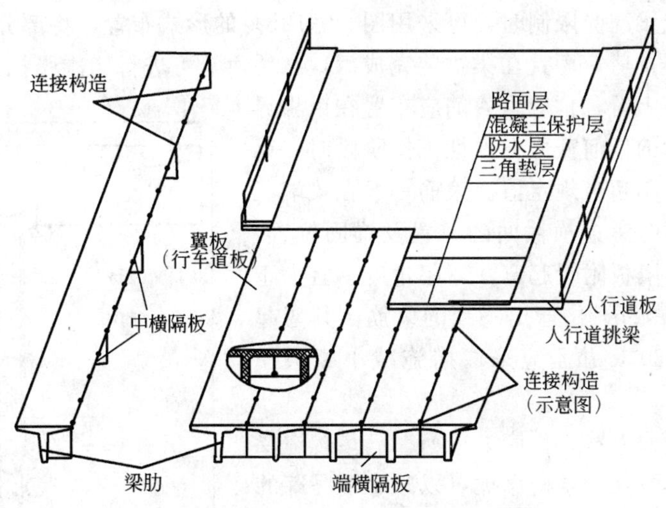

图 2-1-11 装配式钢筋混凝土 T 形简支梁桥概貌

装配式简支梁桥主梁尺寸 表 2-1-1

桥梁型式	适用跨径（m）	主梁间距（m）	主梁高度	主梁梁肋宽度（m）
钢筋混凝土简支梁	$8<l<20$	1.5～2.2	$H=(1/11\sim1/18)\ l$	$b=0.16\sim0.20$
预应力混凝土简支梁	$20<l<50$	1.8～2.5	$H=(1/14\sim1/25)\ l$	$b=0.18\sim0.20$

主梁梁肋厚度在满足抗剪要求下可适当减薄，但不应小于 140mm；梁肋太薄，混凝土不易振捣密实。梁肋端部 2.0～5.0m 范围内可逐渐加宽，以满足抗剪和安放支座的要求。对于预应力混凝土主梁梁肋，可做成马蹄形，其端部宽度应满足预应力锚具布置的要求。

主梁间距可选择在 1.0～2.2m 之间，当吊装起重量允许时，主梁间距采用 1.8～2.2m 为宜。在主梁间距为 2.2m 的标准图中，其预制宽度为 1.6m，吊装后接缝宽度为 0.6m。

(2) 预应力筋的布置

预应力束筋的布置形式，与桥梁结构体系、受力情况、构造形式、施工方法都有密切关系。图 2-1-12a）为后张法预应力混凝土简支梁中常用的预应力筋布置，束筋锚固在梁端；

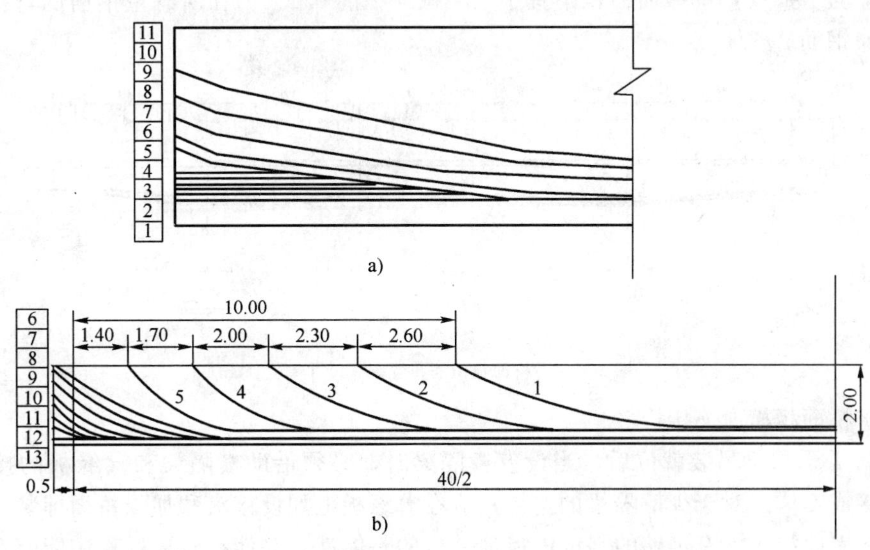

图 2-1-12 预应力筋的布置（尺寸单位：m）

当梁跨径较大或梁高受限制时，可采用图 2-1-12b）的形式布置，将部分预应力筋弯出梁顶，这样不仅有利于抗剪，而且在梁拼装完成后，在桥面上可进行二次张拉，防止梁上缘开裂。

从梁体立面上看，预应力束筋应布置在束界界限内，以保证梁的任何截面在弹性工作阶段时，梁的上、下缘应力不超过规定值。束筋一般在梁端三分点处起弯，同时考虑横截面的位置及锚固位置，大都在第一道横隔板附近起弯，弯起角度不宜大于20°，对于图 2-1-12b）中弯出梁顶的束筋，其弯起角通常在 20°～30°，并且应采取措施减小摩阻损失。

从梁体横断面上看，预应力束筋在满足构造要求的同时，应尽量互相紧密靠拢，以减小下马蹄的尺寸，减轻结构自重，并在保证梁底混凝土保护层厚度的前提下，预应力束筋重心尽量靠下，以发挥预应力束筋的高性能，节省钢材。横截面束筋布置如图 2-1-13 所示。

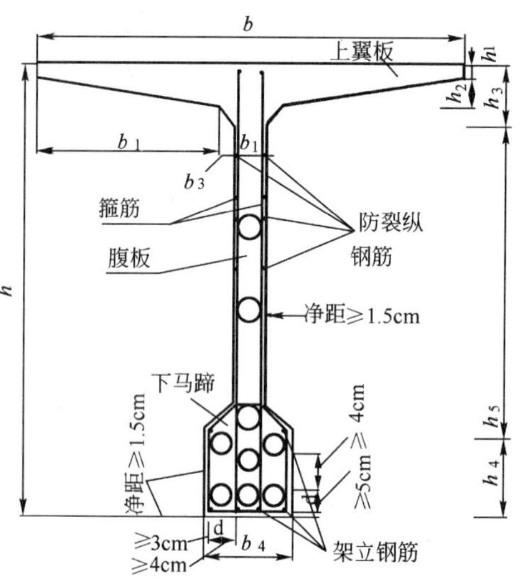

图 2-1-13　横断面预应力钢筋和普通钢筋布置

2. 桥面板及横向连接构造

（1）桥面板构造

装配式简支梁桥桥面板（翼缘板）一般采用变厚形式，其厚度随主梁间距而定。翼缘根部（与梁肋衔接处）的厚度不应小于梁高的 1/10，边缘厚度不宜小于 100mm。当预制 T 形梁之间采用横向整体现浇连接时，其悬臂端厚度不应小于 140mm。

图 2-1-14 是 T 形梁桥的桥面板钢筋布置图。板上缘承受负弯矩，按《混凝土桥规》要求，受力钢筋直径不小于 10mm，间距不大于 200mm，但其最小净距不应小于 30mm，并不小于钢筋直径；在垂直于主筋方向布置分布钢筋，其直径不小于 8mm，间距不大于 250mm，且分布钢筋的截面面积不宜小于板截面积的 0.1%。在所有主钢筋的弯折处，均应布置分布钢筋。

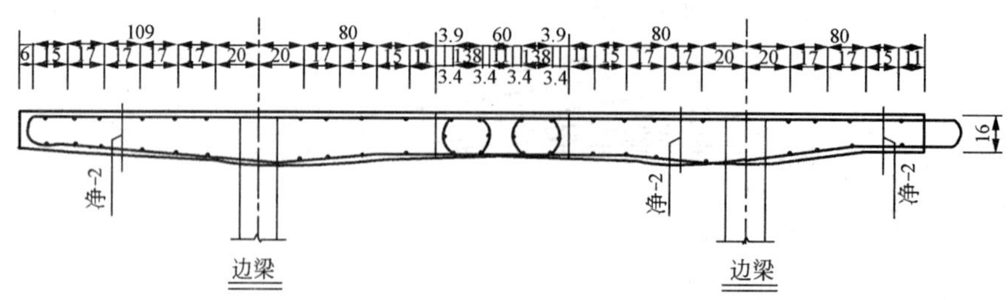

图 2-1-14　桥面板钢筋布置图（尺寸单位：cm）

（2）桥面板横向连接构造

预制 T 形主梁吊装就位后，当设有横隔梁时，必须借助横隔梁和翼缘板的接头将所有主梁连接成整体。对于少横隔梁的主梁，应在翼缘板上加设接头和加强桥面铺装，使横向连成整体。因此接头应有足够的强度以保证结构的整体性，并使在营运过程中能够安全承受荷载的反复作用和冲击作用而不发生松动。

常用的桥面板（翼缘板）横向连接有焊接接头和湿接接头两种。

①焊接接头。如图 2-1-15 所示。翼板间用钢板连接，接缝处混凝土铺装内放置上下两层钢筋网。

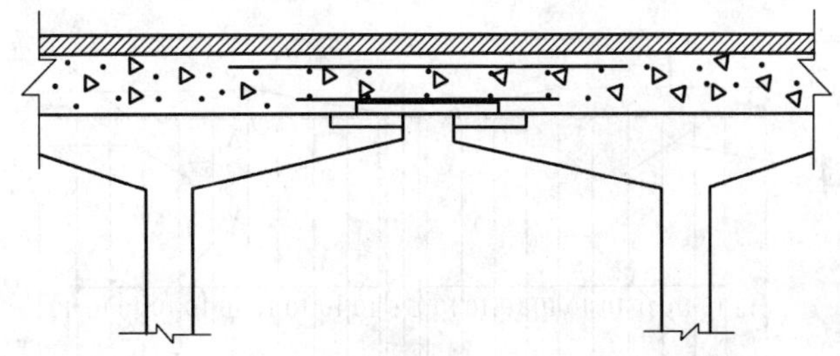

图 2-1-15　焊接接头构造图

②湿接接头。如图 2-4-14、图 2-1-16、图2-1-17 所示，通过一定措施将翼缘伸出钢筋连成整体，在接缝混凝土铺装内再增补适量加强钢筋。

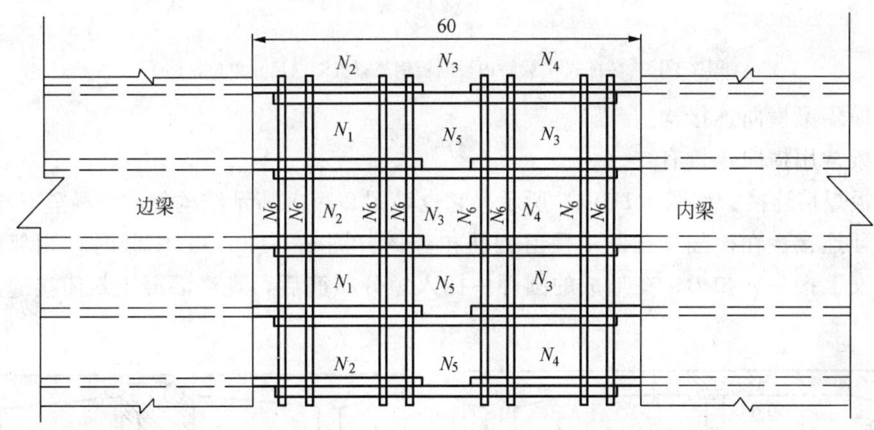

图 2-1-16　桥面板湿接缝平面大样图（尺寸单位：cm）

3. 横隔梁及横向连接构造

（1）横隔梁构造

横隔梁在装配式 T 形梁桥中起着保证各根主梁连接成整体的作用。横隔梁刚度越大，梁的整体性越好，在荷载作用下各主梁越能更好地共同受力。端横隔梁是必须设置的，跨内的横隔梁将随跨径的大小宜每隔 5.0～10.0m 设置一道。

从运输和安装的稳定性考虑，通常将端横隔梁做成与梁同高，内横隔梁的高度一般为主梁高度的 0.7～0.9倍，通常为 0.75 倍。预应力梁的横隔梁常与马蹄的斜坡下端齐平，其中部可挖空，以减小结构自重和利于施工，如图 2-1-10c）所示。横隔梁的厚度一般为 15～18cm，为便于施工脱膜，一般做成上宽下窄和内宽外窄的楔形。

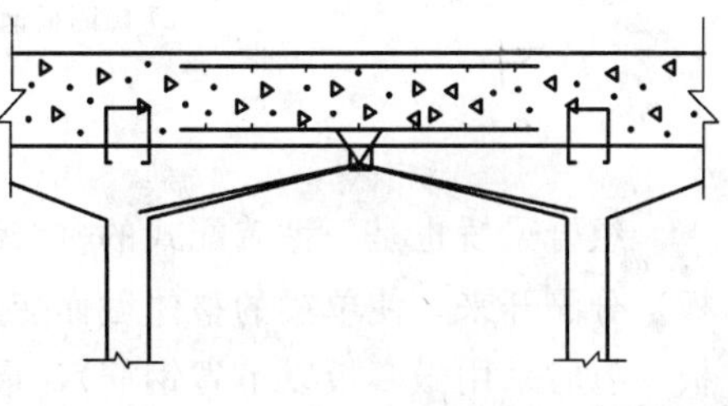

图 2-1-17　湿接接头构造图

图 2-1-18 为主梁间横隔板钢筋布置图，在每一块横隔板的上缘布置两根受力钢筋（$N1$），下缘配置 4 根受力钢筋（$N1$）；采用钢板连接成骨架，接头钢板设在横隔梁的两侧，同时在

上下钢筋骨架中加焊锚固钢板的短钢筋（$N2$、$N3$），端横隔梁靠墩台一侧，因不好施焊可不做钢板接头，钢板厚度一般不小于10mm，同时应配置箍筋承受剪力。

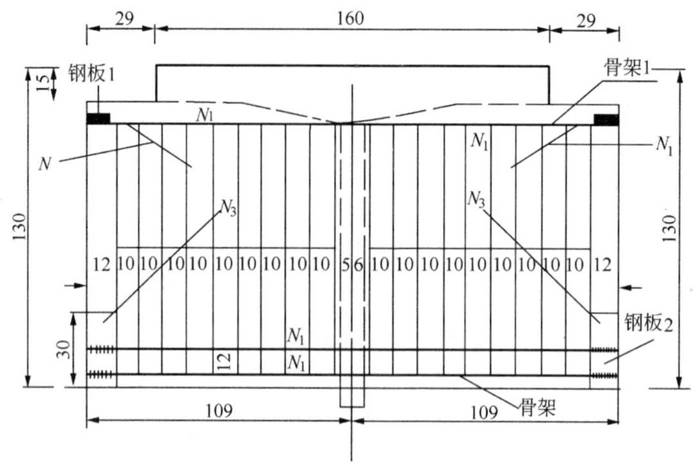

图 2-1-18 装配式T梁桥内横隔板钢筋布置图（尺寸单位：cm）

（2）横隔梁横向连接构造

横隔梁常用横向连接有：

①钢板焊接连接。如图2-1-19a）所示，它也是图2-1-18所示结构相应的横隔梁接头布置。

②扣环连接。在横隔梁预制中预留钢筋扣环 A（图2-1-19b））。安装时在相邻构件的扣环两侧再安上接头环扣 B，在形成的圆环中插入短分布筋后，现浇混凝土封闭接缝。

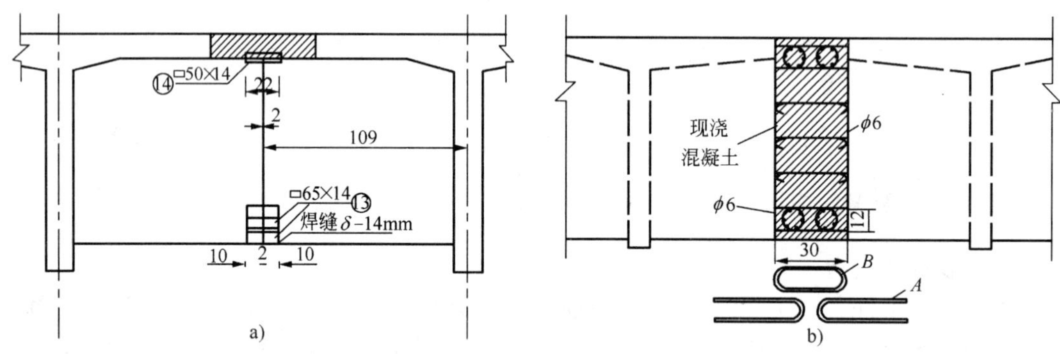

图 2-1-19 装配式横隔板接头图（尺寸单位：cm；钢筋直径：mm）

a）横隔板钢板接头；b）装配式横隔板扣环接头

三、组 合 梁 桥

组合梁桥也是一种装配式的桥跨结构，即用纵向水平缝将桥梁的梁肋部分与桥面板（翼板）分隔开来，使单梁的整体截面变成板与肋的组合截面。施工时先架设梁肋，再安装预制板（有时采用微弯板以节省钢筋），最后在接缝内或连同在板上现浇一部分混凝土使结构连成整体。目前国内外采用的组合式梁桥有两种形式：I形组合梁桥（图2-1-20a）、b））和箱形组合梁桥（图2-1-20c））。前者适用于钢筋混凝土简支梁桥，后者则适用于预应力混凝土梁桥。其优点在于可以显著减小预制构件的质量，便于集中制造和运输吊装。

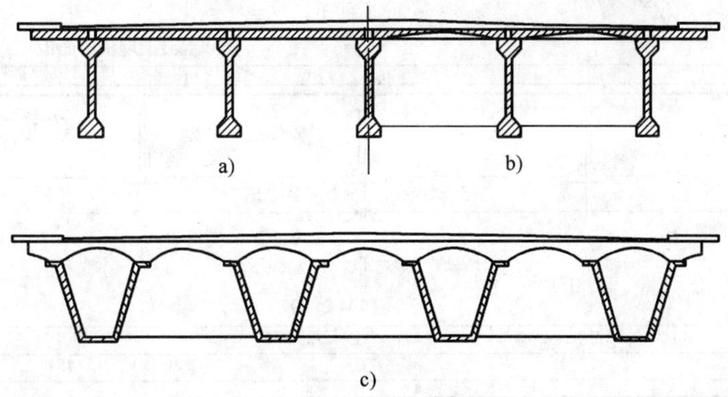

图 2-1-20　组合梁桥横截面

a)、b) I 形组合梁桥；c) 箱形组合梁桥

在组合梁中，梁与现浇板的结合面处，板的厚度不应小于 150mm；当梁顶伸入板中时，梁顶以上板的厚度不应小于 100mm；预制梁顶面应做成不小于 6 mm 的粗糙面。

组合梁中预制梁箍筋应伸入现浇桥面板，其伸入长度应不小于 10 倍箍筋直径。

组合梁是分阶段受力的，在梁肋架设后，所有事后安装的预制板和现浇桥面混凝土（甚至现浇横隔梁）的重量，连同梁肋本身的重量，都要由尺寸较小的预制梁肋来承受。这与装配式 T 形梁由主梁全截面来承受全部永久作用不同，因而组合梁梁肋的上下缘应力远大于 T 形梁上下缘的应力。图 2-1-21 给出了装配式 T 形梁与组合梁的跨中截面在永久作用和汽车荷载共同作用工况下的截面应力图比较。

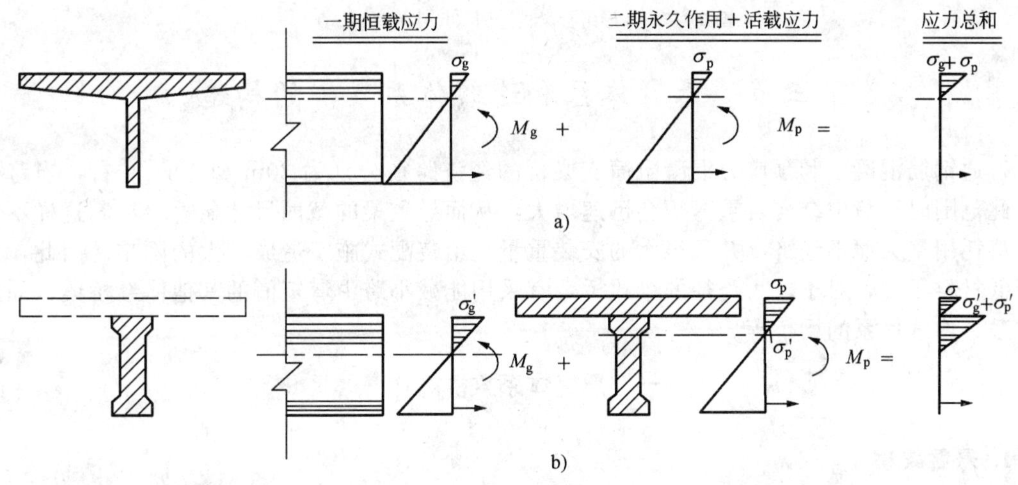

图 2-1-21　装配式 T 形梁与组合梁的应力图比较

图 2-1-22 为一座 5 片式预应力混凝土 I 形组合梁桥的实例。该桥跨径 20m，桥面宽为净-9＋2×1.0m。先预制 C50 混凝土 I 形梁和桥面底板，吊装就位后，再现浇 C30 混凝土横隔板和桥面板。

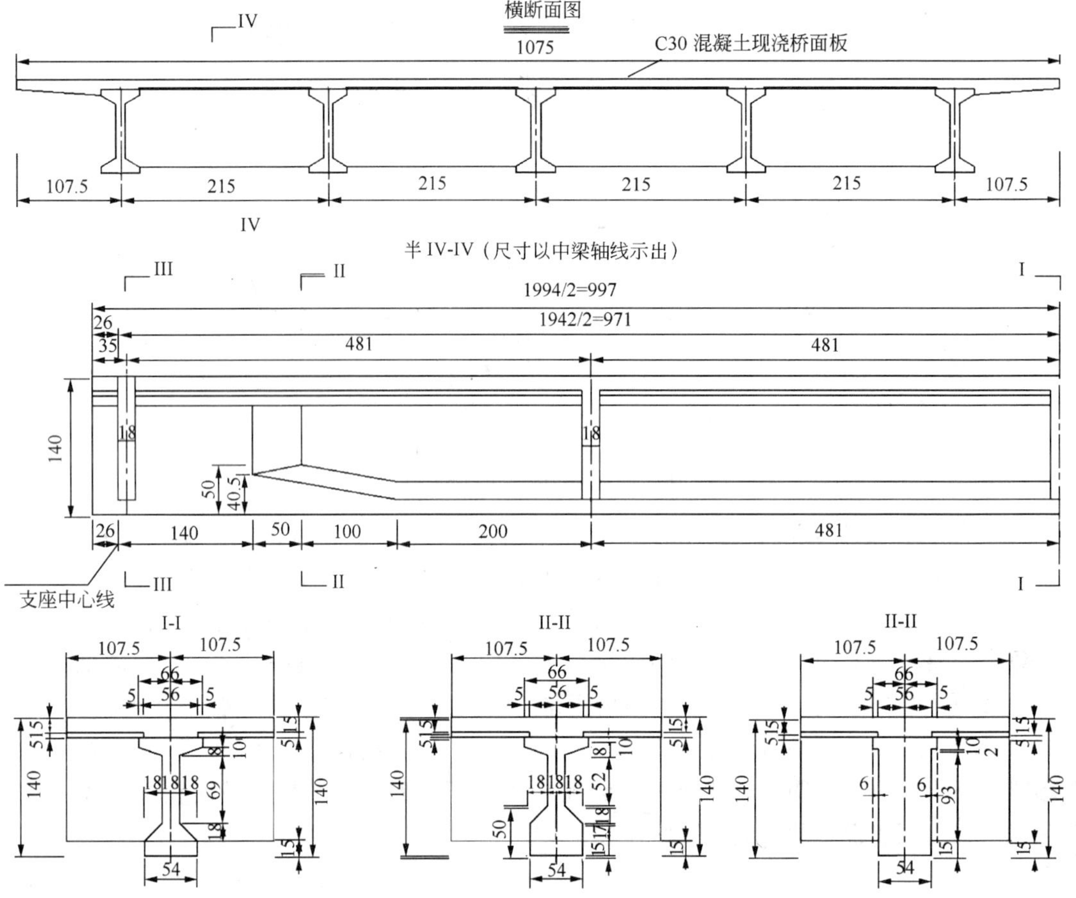

图 2-1-22 I 形组合梁构造图（尺寸单位：cm）

第三节 悬臂体系和连续体系梁桥的构造

普通钢筋混凝土和预应力混凝土简支梁桥的经济跨径分别为 20m 和 40m 左右，当跨径超出此范围时，跨中结构自重弯矩会迅速增大，从而导致梁的截面尺寸显著增加，这样不但因材料耗用量大而不经济，并且很大的安装重量也给装配式施工造成较大的困难。因此，为了降低材料用量，对于较大跨径的梁式桥，宜采用能减小跨中弯矩值的其他体系桥梁，如悬臂体系、连续体系的梁桥等。

一、悬臂体系梁桥简介

1. 悬臂梁桥

(1) 结构类型

悬臂体系梁桥的布置方式主要有两大类：

①不带挂梁的单孔双悬臂梁桥（图 2-1-23b)）。单孔双悬臂梁桥的中孔为锚固孔，两侧伸出悬臂直接与路堤衔接，可以省去桥台，但需要在悬臂端部设置桥头搭板，以利于行车。由于行车时，搭板容易损坏，故多用在跨干线的人行桥梁上。现使用较少，一般采用无桥台斜腿刚构桥替代。

②带挂梁的多孔悬臂梁桥。仅在跨中设置挂梁的称为单悬臂梁桥（图 2-1-23c)），一般做成 3 跨，其边孔称锚孔；如需设计成多孔悬臂梁桥时，就可采用双悬臂梁桥，即从简支梁的两端向外对称各伸出一个悬臂，挂梁每间隔一孔设置，图 2-1-23b）所示为 3 跨双悬臂梁桥，图 2-1-23d）为带挂梁的 3 跨 T 形刚构桥。

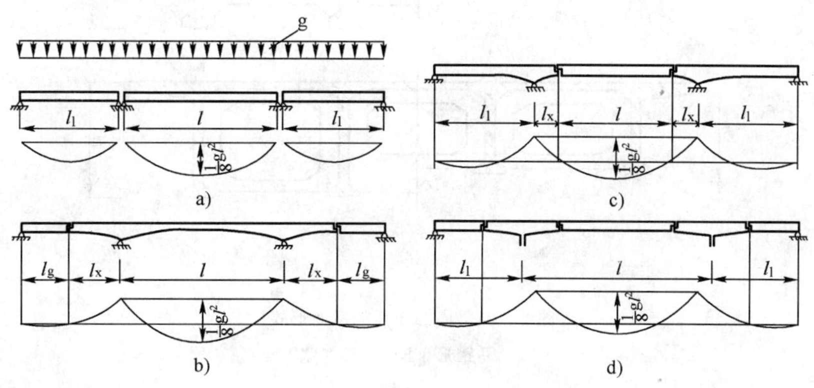

图 2-1-23　结构自重弯矩图

a）简支梁桥；b)、c）悬臂梁桥；d）T 形刚构桥

（2）力学特点

悬臂梁桥和简支梁桥一样，都属于静定体系，它们的内力不受基础不均匀沉降温度变化等因素的影响。

为了深入理解悬臂梁桥的力学特征，可从荷载作用下梁体截面产生的内力与简支梁桥作比较，如图 2-1-23 所示。在跨径 l 和均布荷载 g 均相同的情况下，简支梁的跨中弯矩最大(图 2-1-23a))，悬臂梁桥则由于支点负弯矩的存在，使跨中正弯矩值显著减小（图 2-1-23b）～d))。从表征材料用量的弯矩图面积大小（绝对值）而言，悬臂梁桥也比简支梁小得多。若以图 2-1-23c）的中跨弯矩图形为例，当 $l_x=l/4$ 时，正、负弯矩图面积的总和仅为同跨径简支梁桥的 1/3.2。

再从活载方面来看，如果只在图 2-1-23b）的中孔布载，则其跨中最大正弯矩仍然与简支梁一样。但对于带有挂梁的多孔悬臂梁桥（图 2-1-23c)），活载作用于中间孔上时，只有较小跨径（通常只有桥孔跨径的 0.4～0.6 倍）的简支挂梁才产生正弯矩，因此它也比简支梁桥的小得多。

由此可见，与简支梁桥相比较，悬臂梁桥由于支点负弯矩的存在，使跨中正弯矩显著减小，故可以减小主梁的高度，从而可降低钢筋混凝土数量和结构自重，而这本身又促进了恒载内力的减小。

（3）构造特点

①截面形式。由于悬臂体系梁桥的主梁除了跨中部分承受正弯矩外，在支点附近还要承受较大的负弯矩，因此在进行截面设计时，支点截面的底部受压区往往需要加强。常用的截面形式如图 2-1-24 和图 2-1-25 所示。图 2-1-24a）为带马蹄形的 T 形截面，适用于跨径在 30m 以内的钢筋混凝土桥梁；图 2-1-24b）为底部加宽的 T 形截面，适用于跨径在 30～50m 以内的预应力混凝土桥梁。当跨径在 50m 以上时，一般使用箱形截面，如图 2-1-25 所示，有单箱单室（图 2-1-25a)）、分离式双箱单室（图 2-1-25b)）和单箱多室（图 2-1-25c)）等。

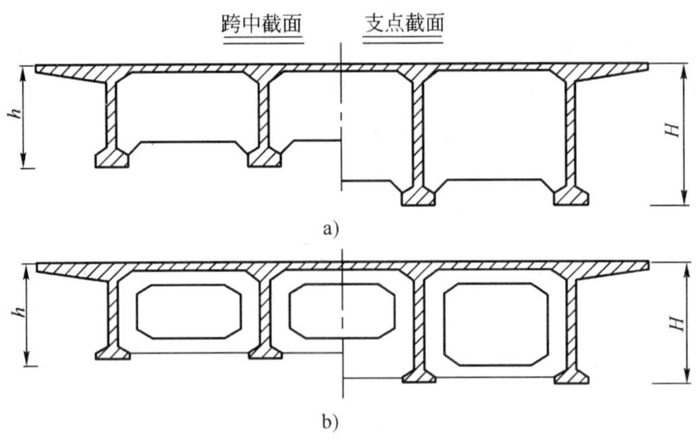

图 2-1-24　底部加强的截面形式

a）马蹄形；b）底部加宽

箱形截面由顶板、底板、腹板等组成，它的细部尺寸拟定既要满足箱梁纵、横向的受力要求，又要满足结构构造及施工上的需要。悬臂梁、T 形刚构因接近悬臂端的截面承受负弯矩较小，因此底板厚度主要由构造要求决定。

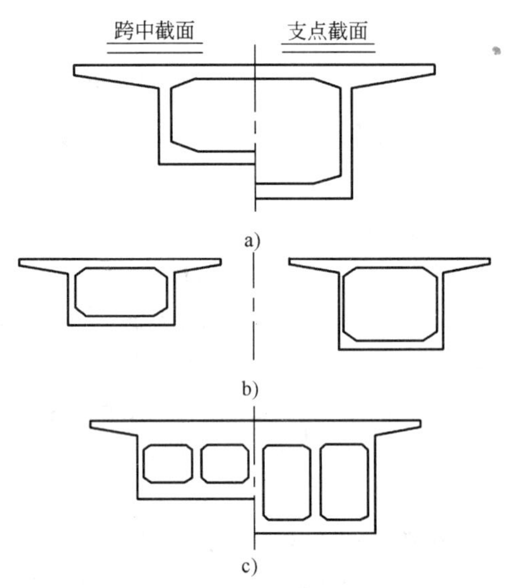

图 2-1-25　箱形截面形式

a）单箱单室；b）分离式双箱单室；c）单箱多室

②跨径布置和梁高尺寸。各种悬臂梁桥的跨径布置和梁高尺寸如图 2-1-26 所示。

用于跨线桥上的单孔双悬臂梁桥，其中孔跨径由桥下的行车净空要求确定。当主梁为 T 形截面时，由于中支点处 T 形梁下缘的受压面积小，故其悬臂长度不宜过长，一般取等于中跨长度的 0.3～0.4 倍。当采用箱形截面时，为了使中跨跨中最大正弯矩和支点最大负弯矩的绝对值大致相等，以充分发挥材料的受压作用，悬臂长度可适当加大，但最大不能超过中跨长度的 0.5 倍，尤其是当它用作行车的桥梁时，悬臂过长会使活载挠度增大，跳车现象加剧，使桥与路堤的连接构造易遭破坏。

表 2-1-2 列出了单孔双悬臂梁桥梁高常用尺寸。

单孔双悬臂梁桥尺寸拟定　　表 2-1-2

桥　型	跨　径	高跨比（h、H 分别为跨中和支点梁高）		
普通钢筋混凝土	$L_x=(0.3\sim0.4)l$	T 形截面	$H=(1/10\sim1/13)l$	$h=(1/1.2\sim1/1.5)H$
		箱形截面	$H=(1/12\sim1/15)l$	$h=(1/2\sim1/2.5)H$
预应力混凝土	$L_x=(0.3\sim0.50)l$	T 形截面	$H=(1/12\sim1/15)l$	$h=(1/1.2\sim1/1.5)H$
		箱形截面	$H=(1/15\sim1/18)l$	$h=(1/2\sim1/2.5)H$

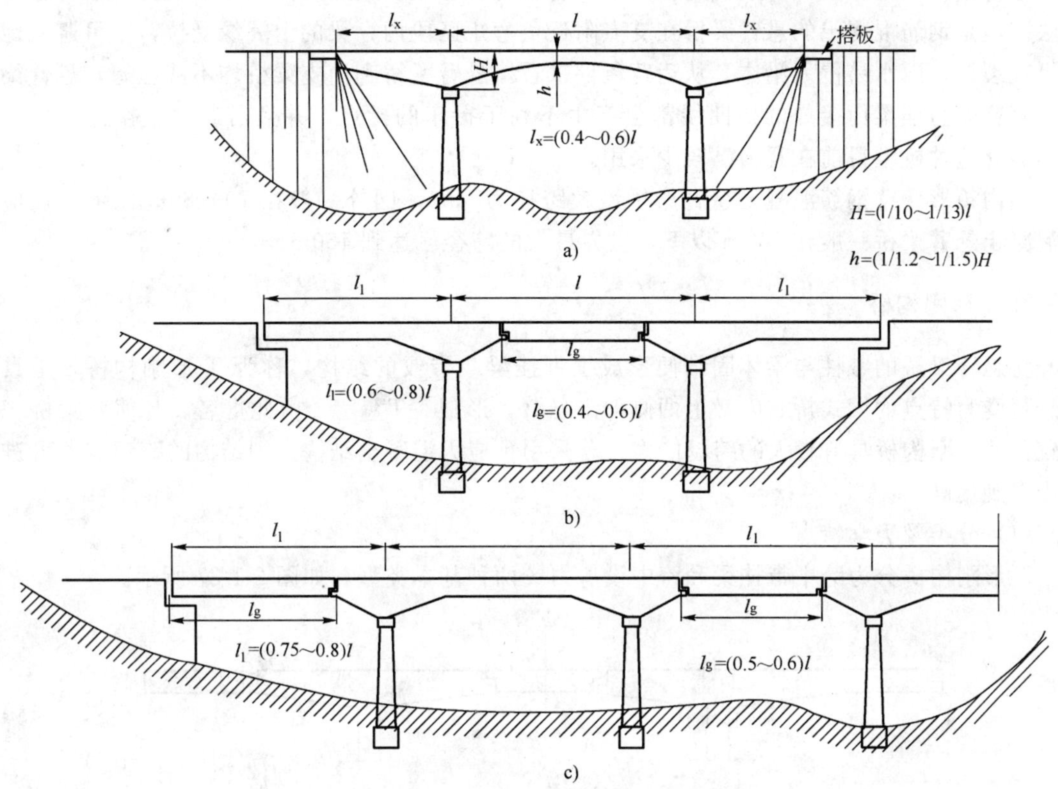

图 2-1-26　钢筋混凝土悬臂梁桥的主要尺寸图

跨河的单孔悬臂梁桥及多孔悬臂梁桥的主孔通常由通航净空确定，或与边孔一起由河床泄洪、地形和地质等条件综合考虑来选定。当不受上述这些条件限制时，就可按照梁的弯矩包络图面积为最小的原则来确定边孔与中孔跨径的划分，以达到节省材料的目的。根据已建桥梁的资料分析，边孔跨长 l_1、挂梁长度 l_g 与中孔跨长 l 之间的比例关系，大致在表 2-1-3 中所列的范围内。

悬臂梁桥各种跨长的比例关系　　　　表 2-1-3

桥　　型	结构类型	l_1/l	l_g/l
单悬臂梁桥（图 2-1-26b））	钢筋混凝土	0.6～0.8	0.4～0.6
	预应力混凝土	0.6～0.8	0.2～0.4
多孔悬臂梁桥（图 2-1-26c））	钢筋混凝土	0.75～0.8	0.5～0.6
	预应力混凝土	0.75～0.8	0.5～0.7

多跨悬臂梁桥（2-1-26c））的两个悬臂一般做成相同的尺寸，其挂梁高度约为：$h_g=(1/20\sim1/21)l_g$。特殊情况下必须进一步减小锚孔的跨径时，应考虑活载作用在中孔时锚孔边支点可能出现负反力的情况，为此应采取加设平衡重物或设置拉力支座等特殊措施。

悬臂梁桥与多孔简支梁桥相比较的另一个重要特点是：从桥的立面上看，在桥墩上只需设置一排沿墩中心布置的支座，从而可相应地减小桥墩尺寸。

（4）适用情况

悬臂梁桥在施工阶段和成桥运营阶段两者受力状态是一致的，因此非常适宜于悬臂施工方法。但是钢筋混凝土的悬臂梁桥在支点附近负弯矩区段内，梁的上翼缘受拉，不可避免地要出现裂缝，雨水易侵入梁体。从运营条件来看，悬臂梁桥和简支梁桥均不甚理想，悬臂梁桥在悬臂端与挂梁衔接处的挠曲线都会产生不利于行车的折点，并且需经常更换伸缩缝装置。因此这种桥型目前在我国已较少采用。

国内箱形薄壁钢筋混凝土悬臂梁桥最大跨径为55m，国外一般在70～80m以下；预应力混凝土悬臂梁桥一般在100m以下，世界最大的跨径已达到150m。

2. T形刚构桥

将悬臂梁桥的墩柱与梁体固结便形成了带挂梁或带铰的结构，称为T形刚构桥，是具有悬臂受力特点的梁式桥。因墩上两侧伸出悬臂，形似“T”字，由此得名。与简支梁桥相比较，T形刚构桥具有较大的跨越能力。若采用预应力混凝土结构，则结构的跨越能力可进一步得到提高。

（1）分类及力学特点

T形刚构桥分为跨中带挂梁和跨中设剪力铰两种基本类型，如图2-1-27所示。

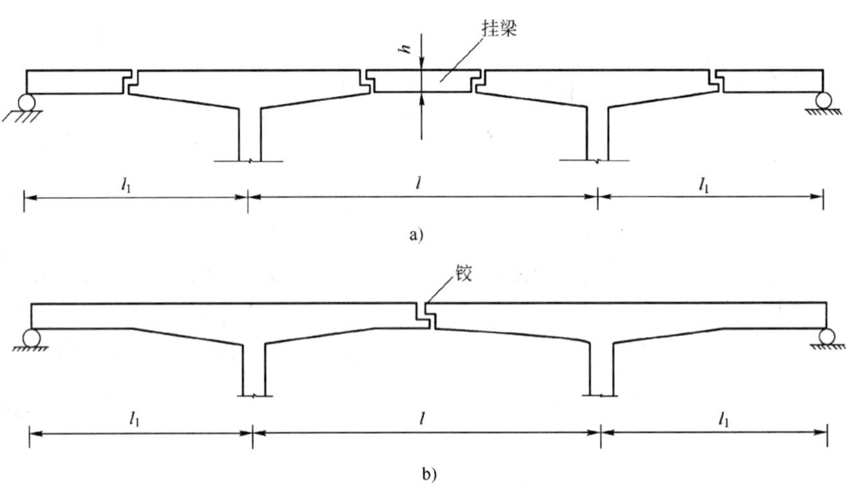

图2-1-27　T形刚构桥的分类

a）带挂梁的T形刚构；b）带铰的T形刚构

①带挂梁的T形刚构。它属静定结构，受力明确，不受基础的不均匀沉降、混凝土收缩徐变及温度变化等各种内外因素的影响。

与连续梁相比，同样采用悬臂施工方法，不过由于T形刚构桥在大跨径中省去了价格昂贵的大型支座和避免以后更换支座的困难，当挂梁与两岸引桥的简支跨尺寸和构造相同时，更能加快全桥施工进度，以获得良好经济效益。

带挂梁与带剪力铰的T形刚构桥相比，其受力和变形性能均略差一些，但其受力明确，对施工阶段的高程控制的精度可以稍放宽些，没有像后者为设置剪力铰进行强迫合龙的可能以及为更换剪力铰处支座的麻烦；它与连续刚构桥相比，不受温度及基础沉降产生次内力的影响。

②带铰的T形刚构。属超静定结构，两个大悬臂在端部借所谓“剪力铰”相连接。剪

力铰是一种只能传递竖向剪力，但不传递纵向水平推力和弯矩的连接构造。当在一个T形刚构桥面上作用有竖向荷载时，相邻的T形刚构结构通过剪力铰而共同受力，从而减轻了直接承受荷载的T形刚构的结构内力。因此，从结构受力和牵制悬臂端变形来看，剪力铰起到了有利的作用。

(2) 构造特点

带挂梁的T形刚构桥型结构布置以每个T构单元与两侧配等跨长的挂梁最为简单合理，在此情况下，刚构两侧结构自重是对称的，墩柱中无不平衡的恒载弯矩。对于钢筋混凝土T构桥，挂梁的经济长度一般在跨径的0.5～0.7倍范围内；而预应力混凝土T构的挂梁经济长度一般在跨径的0.22～0.50倍范围内。主孔跨径大时，取较小比值，并应使挂梁跨径不超过35～40m，以利于安装。悬臂受力的T构承受的全是负弯矩，上缘受拉，因而配筋比较简单。

T形刚构桥的悬臂梁，可以是箱形截面，也可以做成桁架结构。其支点、跨中梁高与跨径的关系可参见表2-1-4。

预应力混凝土T形刚构支点、跨中梁高与跨径的关系 表2-1-4

桥　　型	挂梁跨径	跨径与支点梁高的关系	跨中梁高
带挂梁T形刚构	$l_g=(0.22\sim0.50)l$ 且$\not>35\sim40$m	$l>100$m时， $H=(1/17\sim1/21)l$	与挂梁同高
带铰T形刚构		$l>100$m时， $H=(1/14\sim1/18)l$	$h=(0.2\sim0.4)H$ 且$\not>35\sim40$m

当在墩柱一侧的桥跨上布载时，墩柱将承受较大的不平衡力矩，因此墩柱尺寸一般较大，墩宽可取$(0.7\sim1.0)H$。

(3) 适用情况

此种桥型结合了刚架桥和多孔静定悬臂梁桥的特点，是我国20世纪70～80年代修建较多的一种桥型。同悬臂梁桥一样，T形刚构桥也非常适宜于悬臂施工方法。预应力技术的发展和悬臂施工工艺相结合以及受力简单明确是其发展的一个主要原因。

钢筋混凝土T形刚构常用跨径在40～50m左右，预应力混凝土T形刚构的常用跨径为60～120m。我国已建成的具有代表意义的预应力混凝土连续刚构桥有建于1988年的主跨180m的广东洛溪大桥、主跨245m的湖北黄石长江大桥和主跨270m的广东虎门辅航道桥等。

然而，几十年来的实践证明：T构带挂梁的桥型在混凝土的长期收缩徐变作用下和汽车荷载的冲击力作用下，T构悬臂梁端会发生下挠，从而导致悬臂端与挂梁之间易形成折角，增大冲击作用，使伸缩缝的处理和养护较困难；且各T构之间不能共同工作，使其跨径受到限制。而在T构带铰的桥型中，由于铰的存在，使铰的左右两侧主梁变形不一致，难于调整，引起行车不平顺；施工过程中有时还需强迫合龙；当T构的两边温度变化不同时，易产生不均匀变形，引起较大次内力；加上剪力铰的构造与计算图式中的理想铰尚存在差异，难以准确地计算出各种因素产生的次内力。因此，带挂梁和带铰的T形刚构目前均已较少采用。

3. 预应力筋的布置

预应力混凝土梁桥的布束原则有：

①应选择适当的预应力束筋形式和锚具形式。

②应考虑施工的方便，尽可能少地切断预应力钢筋。

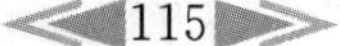

③符合结构受力的特点，既要满足施工阶段的受力要求，又要满足成桥后使用阶段各种荷载组合下的受力要求；既要考虑结构在使用阶段的弹性受力状态的需要，也要考虑到结构在破坏阶段时的需要；并注意避免在超静定结构体系中引起过大的结构次内力。

④考虑材料经济指标的先进性，预应力束筋在结构横断面上布置要考虑剪力滞效应。

⑤避免使用多次反向曲率的连续束筋，以降低摩阻损失。

悬臂体系梁中连续预应力束筋的布置形式如图 2-1-28 和图 2-1-29 所示，常用于有支架的现浇预应力混凝土结构中。

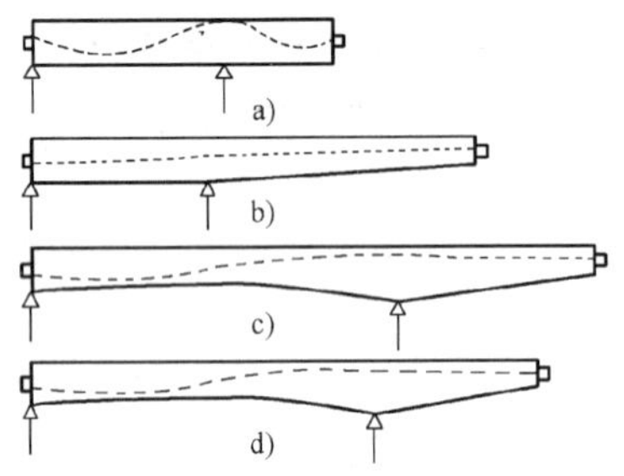

图 2-1-28　单悬臂梁布束方式

a）短跨；b）长悬臂；c）长锚跨；d）直线力筋

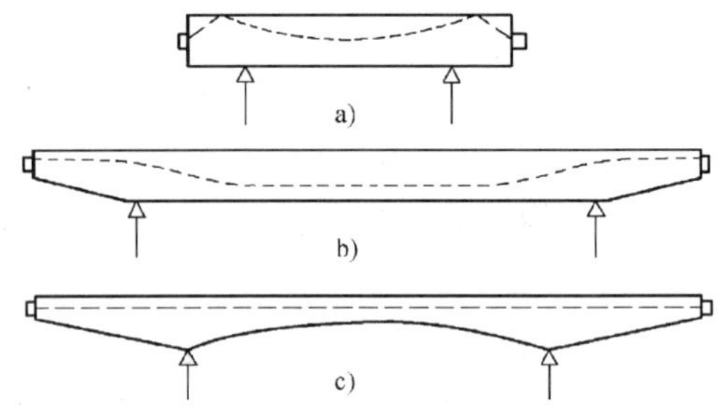

图 2-1-29　双悬臂梁布束方式

a）短跨；b）锥形状短悬臂；c）直线力筋

图 2-1-30 为一座 3 孔预应力装配式单悬臂梁桥，全桥分孔布置为 25m＋35m＋25m，中孔由 5m 的悬臂与 25m 的预应力混凝土挂梁组成。该桥属于 B 类部分预应力混凝土构件，不仅可以节省预应力钢绞线和锚具，而且经常在荷载作用下，墩顶上缘混凝土裂缝闭合，使用性能优于普通钢筋混凝土构件。

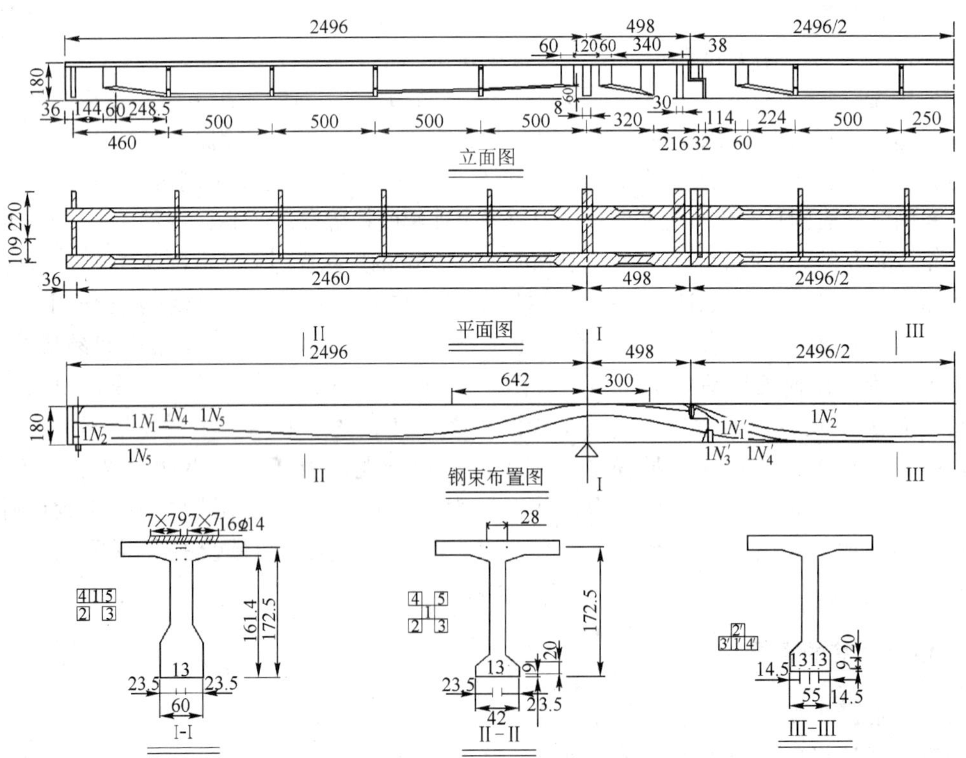

图 2-1-30　装配式部分预应力混凝土单悬臂梁（尺寸单位：cm）

4. 牛腿构造和计算

(1) 牛腿的受力特点

悬臂梁桥的悬臂端和挂梁端结合部的局部构造称为牛腿，如图 2-1-31 所示。在这里由于梁端的相互搭接，中间还要设置传力支座来传递较大的竖向力，因此牛腿的高度被削弱至不到悬臂梁高和挂梁梁高的一半，却又要传递较大的竖向力，这就使其成为上部结构中的薄弱部位。鉴于牛腿处梁高的骤然减小，在凹角处应力集中现象严重（图 2-1-32a)），因此设计时除了将此处梁肋加宽并设置端横梁加强外，还应适当改变牛腿的形状，避免尖锐的凹角（图 2-1-32b)），同时还需配置密集的钢筋网或预应力筋。此外，为改善牛腿的受力状况，还应尽量减小支座的高度，如采用橡胶支座（图 2-1-32c)）等。

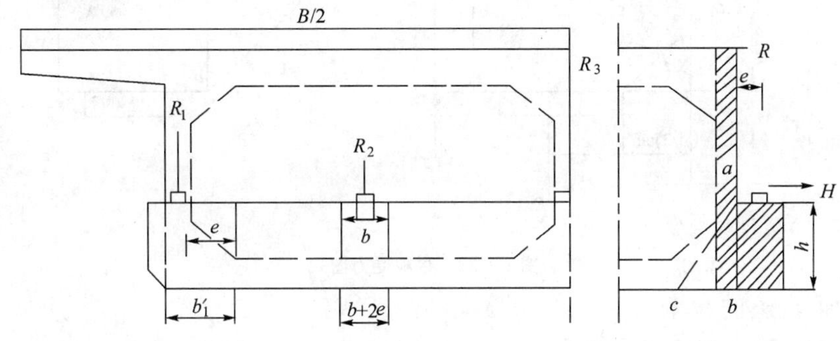

图 2-1-31　悬臂端横梁

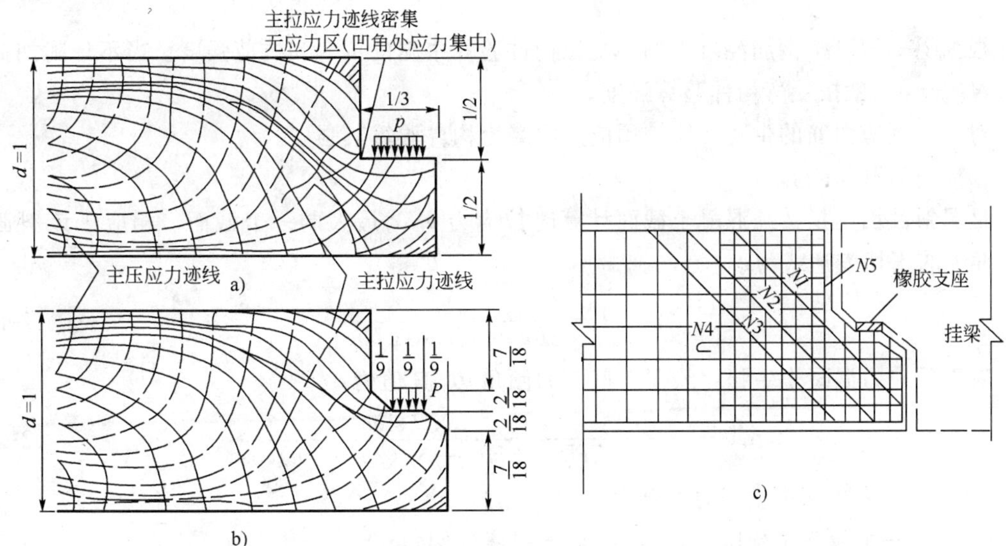

图 2-1-32　牛腿构造和受力

(2) 牛腿的计算

所谓牛腿计算，实质上就是对预先设计好的牛腿进行配筋和应力、强度验算。

①牛腿的截面内力的确定

如图 2-1-33 所示，在外力 R 和 H 作用下，沿任意斜截面 a—c 截取脱离体，考察脱离体的平衡：

$$
\left.\begin{aligned}
N_\theta &= R\sin\theta + H\cos\theta \\
Q_\theta &= R\cos\theta - H\sin\theta \\
M_\theta &= R(e + \frac{h}{2}\tan\theta) + H(\frac{h}{2} + \varepsilon)
\end{aligned}\right\} \tag{2-1-1}
$$

式中：R——结构自重及汽车、人群荷载产生的支点反力（对于汽车荷载还应计入冲击力）；

H——汽车荷载制动力或温度变化引起的支座摩阻力，取其大者，当不计附加荷载时 $H=0$；

θ——斜截面对竖直面的倾斜角，对于竖直面 a—b 则 $\theta=0$；

ε——支座垫板高出牛腿底面的高度。

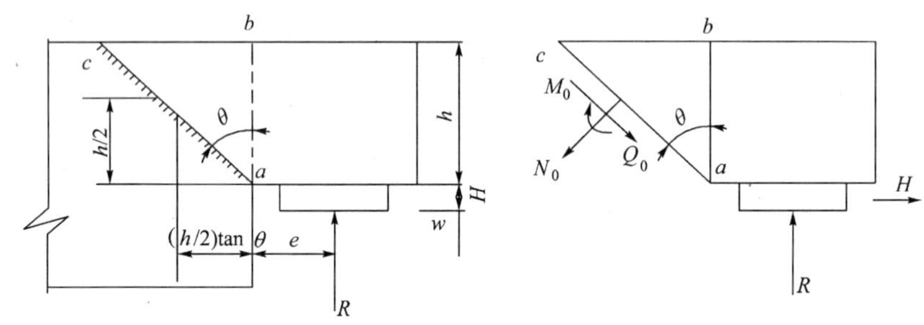

图 2-1-33　牛腿受力图式

②竖截面 a—b 的验算

作用于竖截面 a—b 上的内力为：

$$
N_{\theta=0} = H, Q_{\theta=0} = R, M_{\theta=0} = Re + H\left(\frac{h}{2} + \varepsilon\right) \tag{2-1-2}
$$

根据上式即可按钢筋混凝土偏心受拉构件验算牛腿的抗弯和抗剪强度。当不计附加荷载时，$N_{\theta=0}=0$，就按受弯构件验算强度。

对于有预应力筋的牛腿，应按预应力混凝土构件验算其强度。

③最弱斜截面验算

最弱斜截面是指按纯混凝土截面计算时拉应力 σ_t 为最大的一个截面，相应于该斜截面倾斜角 θ 的正切表达式为：

$$
\tan 2\theta = \frac{2Rh}{3Re + 3H\varepsilon + 2Hh} \tag{2-1-3}
$$

对于预应力混凝土牛腿，最弱斜截面的倾角 θ，其值为：

$$
\tan 2\theta = \frac{2Rh - 2N_y h\sin\alpha}{3Re + 3H\varepsilon + 2Hh - N_y(2h - 3m)\cos\alpha} \tag{2-1-4}
$$

式中：N_y——牛腿部位预压力的合力；

α——牛腿部位预压力合力 N_y 对水平线的倾角；

m——牛腿部位预压力合力 N_y 与内角竖直线 a—b 的交点至内角点 a 的距离；

其余符号意义同前。

④45°斜截面的抗拉验算

在牛腿钢筋设计中，为了确保钢筋具有足够的抗拉强度，尚需验算假设混凝土沿 45°斜截面开裂后的受力状态，此时全部斜拉力将由钢筋承受（对于预应力混凝土牛腿包括预应力筋）。此时近似按轴心受拉构件验算，如图 2-1-34 所示，则：

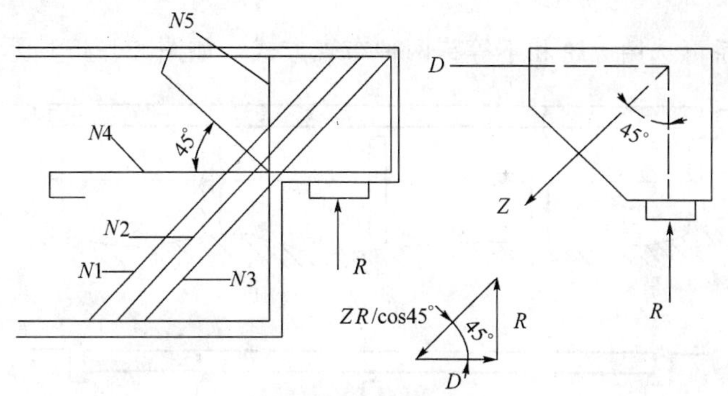

图 2-1-34　45°斜截面抗拉验算图式

$$\gamma_0 Z \leqslant f_{sd}\ (\sum A_{sb} + \sum A_{sh}\cos 45° + \sum A_{sv}\cos 45°) \tag{2-1-5}$$

式中：　Z——外力作用下斜截面上总斜拉力；

f_{sd}——钢筋抗拉设计强度；

$\sum A_{sb}$——裂缝截面上所有斜筋的截面积，如图 2-1-34 中 $N1$、$N2$ 和 $N3$ 钢筋的总截面积；

$\sum A_{sh}\cos 45°$——裂缝截面上所有水平钢筋（图中 $N4$）的有效截面积；

$\sum A_{sv}\cos 45°$——裂缝截面上所有竖向钢筋（图中 $N5$）的有效截面积。

尚应注意，对于锚固长度不够的竖向钢筋和离裂缝起点（牛腿内角）较远的斜钢筋，因这些钢筋均受力不大，故在计算时可偏安全地不计它们的抗拉作用。

鉴于牛腿是整根梁的薄弱环节，受力情况复杂，各种验算也带有相当的假设性，因此对于设计的斜筋和水平钢筋应适当富余些，而且在牛腿部分还应布置较密的箍筋和纵向水平钢筋。

二、连续体系梁桥

随着交通运输特别是高等级公路的迅速发展，对行车平顺舒适提出了更高的要求。而多伸缩缝的悬臂梁桥和 T 形刚构桥均难以满足这个要求，超静定结构连续梁桥以其整体性好、结构刚度大、变形小、抗震性能好、主梁变形挠曲线平缓、伸缩缝少和行车平稳舒适等突出优点而得到了迅速的发展。普通钢筋混凝土连续梁桥当跨径超过 20～25m 时，跨中恒载弯矩和活载弯矩将迅速增大，致使梁的截面尺寸和自重显著增大，耗用大量材料，不经济，而且难免会有裂缝产生，于是预应力混凝土连续梁桥得到广泛采用。预应力结构通过高强钢筋对混凝土预压，不仅充分发挥了高强材料的性能，而且提高了混凝土的抗裂性，促使结构轻型化，因而预应力混凝土结构具有比钢筋混凝土结构大得多的跨越能力，其适用跨径在 60～150m。

1. 预应力混凝土连续梁桥

1）等截面连续梁桥

（1）力学特点

除了按简支梁桥—连续法施工的连续梁桥，超静定结构的连续梁在自重和汽车荷载等作用下，支点截面负弯矩一般比跨中截面正弯矩大，但跨径不大时这个差值不是很大，可以考虑采用等截面形式，并采取一定的构造措施予以调节，从而简化了主梁的构造。

(2) 构造特点

等截面连续梁桥可选用等跨和不等跨两种布置方式，如图 2-1-35 所示。

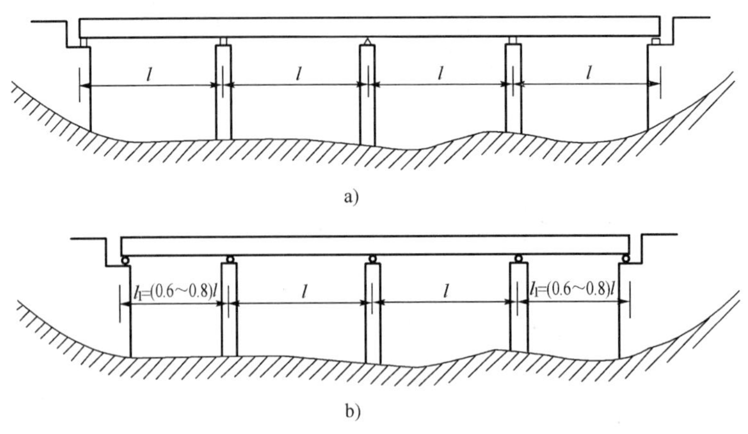

图 2-1-35　等截面连续梁桥的立面布置

a）等跨等截面连续梁；b）不等跨等截面连续梁

等跨布置的跨径大小主要取决于经济分孔和施工的设备条件。高跨比一般为 1/15～1/25。在顶推施工的等截面连续梁桥中需要考虑顶推施工时对结构的附加受力要求，其梁高 H 与顶推跨径 l_0 之比一般为 1/12～1/17。当标准跨径较大时，有时为减小边跨正弯矩，将边跨跨径取小于中跨的结构布置，一般边跨与中跨跨长之比在 0.6～0.8 左右。

当标准跨径不能满足通航或桥下交通要求而需要加大个别桥跨的跨径时，常常不需改变高度，而是采用增加钢筋束和调整截面尺寸的方式予以解决，使桥梁外观仍保持等截面布置。这样做既可以使桥梁的立面协调一致，又能减少构件及模板的规格。

(3) 适用范围

等截面连续梁一般适应以下情况：

①桥梁一般采用中等跨径，以 40～60m 为宜（国外也有达到 80m 跨径者），这样可以使主梁构造简单、施工快捷。

②立面布置以等跨径为宜，可以简化构造，统一模式。有时也可以采用不等跨径布置。

③适用于有支架施工、逐孔架设施工、移动模架施工及顶推法施工。

2）变截面连续梁桥

(1) 力学特点

当连续梁的主跨跨径接近或大于 70m 时，在荷载作用下，连续梁桥的中间支点截面处将承受较大的负弯矩。从绝对值来看，支点负弯矩远大于跨中正弯矩。这样若主梁仍采用等截面布置，从受力上讲就显得不太合理且不经济，如果采用变截面梁则更能适应结构的内力分布规律。

从图 2-1-36 中分析可以得知：当加大靠近支点附近的梁高（即加大了截面惯矩）做成变截面梁时，还能进一步降低跨中的设计弯矩。从图中可见，在均布荷载 g＝10kN/m 的作用下，3 种不同的支点梁高（1.50m、2.50m 和 3.50m）所对应的跨中弯矩分别为 800kN·m、460kN·m 和 330kN·m，也就是说，将支点梁高局部地从 1.50m 加大至 3.50m 时，跨中最大弯矩比等高梁降低一半多。一般地说，加大支点附近梁高是合理的，因为这样做既对恒载引起的截面内力影响不大，也与桥下通航的净空要求无甚妨碍，并且还能满足抵抗支点处剪力很大的要求。这也是连续体系梁桥比简支梁桥，甚至比悬臂梁能跨越更大跨径的原因。因此，连续梁采用变截面结构不仅外形美观，还可节省材料并增大桥下净空高度。

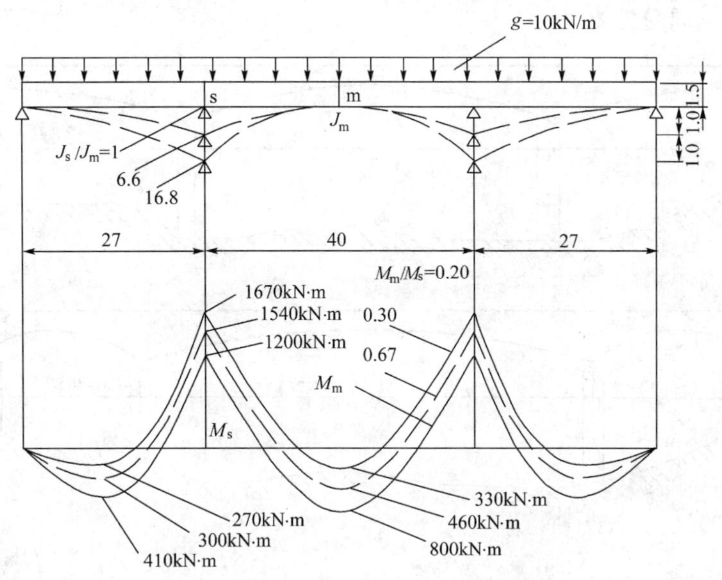

图 2-1-36　三跨连续梁惯矩变化影响的举例（尺寸单位：m）

同时，采用变截面布置适合悬臂法施工（悬臂浇筑和悬臂拼装），施工阶段主梁的刚度大，且内力与运营阶段的主梁内力基本一致。

（2）构造特点

连续梁桥连续超过 5 跨时的内力情况虽然与 5 跨时相差不大，但连续过长会增大温度变化的附加影响，造成梁端伸缩量很大，需设置大位移量的伸缩缝，因此连续孔数一般不超过 5 跨，但也有为减少伸缩缝而采用多于 5 跨的情形。当需要在宽阔的河流或旱谷上修建很多孔连续梁时，通常可按 3～7 孔为一联分联布置，联与联的衔接处，通过两排支座支承在一个桥墩上。

变截面形式的大跨径预应力混凝土梁桥，立面一般采用不等跨布置。但多于 3 跨的连续梁桥，除边跨外，其中间各跨一般采用等跨布置，以方便悬臂施工。对于多于两跨的连续梁桥，其边跨一般为中跨的 0.6～0.8 倍左右，如图 2-1-37a）所示。当采用箱形截面的 3 跨连续梁时，边孔跨径甚至可减少至中孔的 0.5～0.7 倍。有时为了满足城市桥梁或跨线桥的交通要求而需增大中跨跨径时，可将边跨跨径设计成仅为中跨的 0.5 倍以下，在此情况下，端支点上将出现较大的负反力，故必须在该位置设置能抵抗拉力的支座或压重以消除负反力，如图 2-1-37b）所示。

在不受总体设计中建筑高度限制的前提下，连续箱梁的梁高宜采用变高度的，其底曲线可采用二次抛物线、折线和介于折线与二次抛物线之间的 1.5～1.8 次抛物线变化形式。抛物线的变化规律应与连续梁的弯矩变化规律基本接近，采用折线形截面变化布置可使桥梁的构造简单，施工方便。具体的选用形式应以各截面上下缘受力均匀、容易布筋为前提来确定。

根据已建成桥梁的资料分析，支点截面的梁高约为（1/16～1/18）l（l 为中间跨跨长）较为适宜，一般不小于 $l/20$，跨中梁高 $H_{中}$ 中约为（1/1.5～1/2.5）$H_{支}$。在具体设计中，还要根据边跨与中跨比例、荷载等级等因素通过几个方案的分析比较确定。在大跨径预应力混凝土连续梁桥中，除截面高度变化外，还可将截面的底板、顶板和腹板作成变厚度，以满足主梁内各截面的不同受力要求。

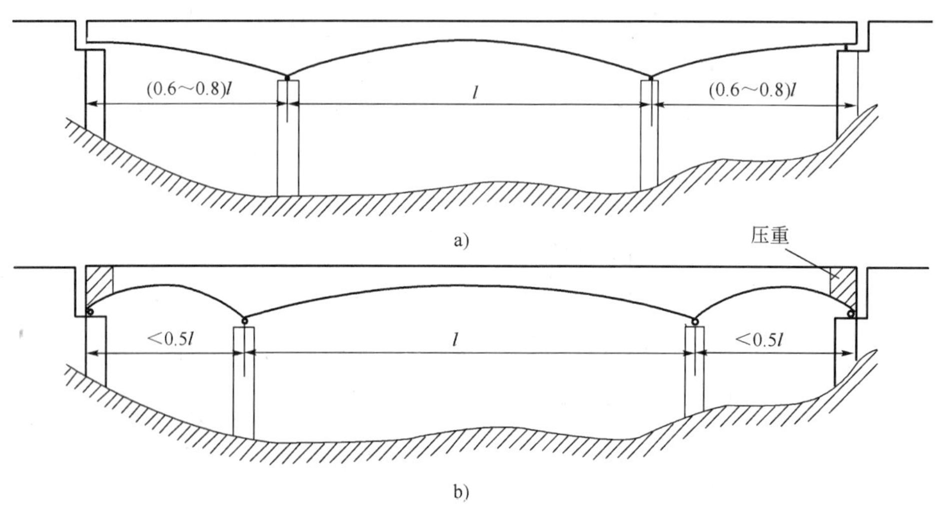

图 2-1-37　连续梁桥

（3）适用范围

①当连续梁的主跨跨径达到 70m 及其以上。

②适合悬臂浇筑和悬臂拼装两种施工。

大跨径预应力混凝土连续梁桥采用悬臂法施工时，存在墩梁临时固结和体系转换的工序，结构稳定性应予以重视，施工较为复杂；此外，连续梁桥跨径增大后，主墩需要布置大型橡胶支座，其使用养护和更换成为一个重要的问题，而且经济性也在下降。

2. 连续刚构桥

预应力混凝土连续刚构桥是连续梁桥与 T 形刚构桥的组合体系，也称墩梁固结的连续梁桥，如图 2-1-38 所示。

1）力学特点

大跨径连续刚构桥结构的受力特点主要为：梁体连续，基础、墩、梁三者固结为一个整体共同受力。在自重作用下，连续刚构桥与连续梁桥的跨中弯矩和竖向位移基本一致，但在采用双肢薄壁墩的连续刚构桥（图 2-1-38a））中，墩顶截面的恒载负弯矩要较相同跨径连续梁桥的小；其次，由于墩梁固结共同参与工作，连续刚构桥由活载引起的跨中正弯矩较连续梁要小，因而可以降低跨中区域的梁高，并使自重内力进一步降低。因此，连续刚构桥的主跨径可以比连续梁桥的设计大一些。

2）构造特点

（1）主梁

连续刚构桥的主梁在纵桥向大都采用不等跨变截面的结构布置形式，以适应主梁内力的变化。主梁底部的线形基本上与变截面连续梁桥相类似，可以是曲线形、折线形、曲线加直

线形等，具体应根据主梁内力的分布情况，按等载强比原则选定。

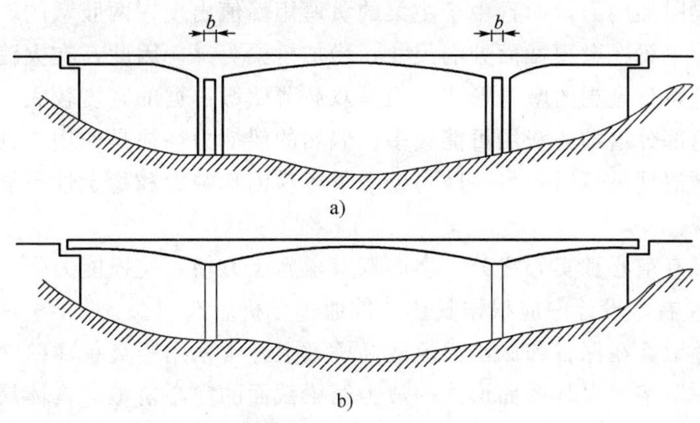

图 2-1-38　连续刚构桥

国内外已建成的连续刚构桥，边跨和主跨的跨径比值在 0.5～0.692 之间，大部分比值在 0.55～0.58 之间。这说明变截面连续刚构桥的边跨比值要比变截面连续梁桥的比值范围 0.6～0.8 要小。其原因在于墩梁固结、边跨的长短对中跨恒载弯矩调整的影响很小，而边、主跨跨径之比在 0.54～0.56 时，不仅可以使中墩内基本没有恒载偏心弯矩，而且由于边跨合龙段长度小，可以在边跨悬臂端用导梁支承于边墩上，进行边跨合龙，从而取消落地支架，施工也十分方便和经济。

预应力混凝土连续刚构桥主要适用于高桥墩的情况。此时桥墩作用如同摆柱，以适应预应力、混凝土收缩徐变和温度变化等引起的纵向位移。

(2) 主梁截面高度

大跨连续刚构桥主梁一般采用变截面箱梁，箱梁根部截面的高跨比一般为 1/16～1/20，其中大部分为 1/18 左右，也有少数桥梁达到或低于 1/20。跨中截面梁高通常为支点截面梁高的 1/2.5～1/3.5，略小于连续梁的跨中梁高，这是由于连续刚构桥墩梁固结，活载作用于中跨时，与相同跨径的连续梁相比，连续刚构跨中正弯矩较小的缘故。

(3) 桥墩

大跨度连续刚构桥的桥墩不仅应满足施工、运营等各阶段支承上部结构重量和稳定性等方面的要求，而且桥墩的柔度应适应由于温度变化、混凝土收缩、徐变以及制动力等因素引起的水平位移，以尽量减小这些因素对结构产生的次内力。

连续刚构桥一般用在大跨径的桥梁上，如果桥墩的水平抗推刚度较大，则因主梁的预应力张拉、混凝土收缩、徐变、温度变化等因素所引起的变形受到桥墩的约束后，将会在主梁内产生较大的次拉力，并对桥墩也产生较大的水平推力，从而会在结构混凝土上产生裂缝，降低结构的使用功能。由此可见，连续刚构桥桥墩的水平抗推刚度宜在满足桥梁施工、运行稳定性要求的前提下尽量地小。相反地，大跨连续刚构桥在横桥向的约束很弱，桥梁在横向不平衡荷载或风载作用下，易产生扭曲、变位，为了增大其横向稳定性，桥墩在横向的刚度应设计得大一些。

连续刚构桥柔性墩柱的立面形式主要有以下 3 种：

①竖直双肢薄壁墩。用两个相互平行的薄壁与主梁固结作为桥墩（图 2-1-38a)）。这是连续刚构桥中应用较多的一种形式，适用于桥墩不是很高的情形。竖直双肢薄壁墩可以增加

桥墩纵桥向竖向荷载作用下的刚度，同时其水平抗推刚度小，在桥梁纵向允许的变位大，这不仅可以减小主梁附加内力，而且由于主梁的负弯矩峰值出现在两肢墩的墩顶，且较单壁墩小一些，故可减小主梁在墩顶截面处的尺寸，增加桥梁美感。因此，在大跨径预应力混凝土连续刚构桥中薄壁墩是理想的墩身形式。但是双肢薄壁墩占据的宽度较大，防撞设施需保护的范围也较大，这部分增加的费用可能较多。偶然的船撞力往往是作用在其中的一肢薄壁墩上，当一肢薄壁墩遭到破坏后，另一肢薄壁墩很容易因承载力和稳定性不够而随之破坏，这一点需要引起重视。

每肢薄壁墩又有空心和实心之分。实心双壁墩施工方便，抗撞能力强，空心双壁墩可以节约混凝土 40%左右，设计中应根据具体条件通过分析后选用。

②竖直单薄壁墩。在深谷和深水河流的高桥墩上经常采用竖直单薄壁墩（图 2-1-38b））。它在外观上呈“一”字形，其截面形式一般为箱梁截面的空心桥墩，具体尺寸需根据对柔性的要求确定。

一般来说，单薄壁墩特别是箱形截面单薄壁墩的抗扭性能好，稳定性强，能增大通航孔的有效跨径，但其柔性不如双肢薄壁墩大，但随着墩身高度的不断增加，单薄壁墩的柔性逐渐增加，允许的纵向变位增大。因此，对于墩身很高的大跨径连续刚构或中等跨径的连续刚构来说，箱形单薄壁墩也是理想的墩身形式。

③V 形墩（或 Y 形柱式墩）。在刚架桥中为了减小内支点处的负弯矩峰值，可将墩柱做成 V 形墩形式，V 形托架可使主梁的负弯矩峰值降低一倍以上，如图 2-1-39 所示。

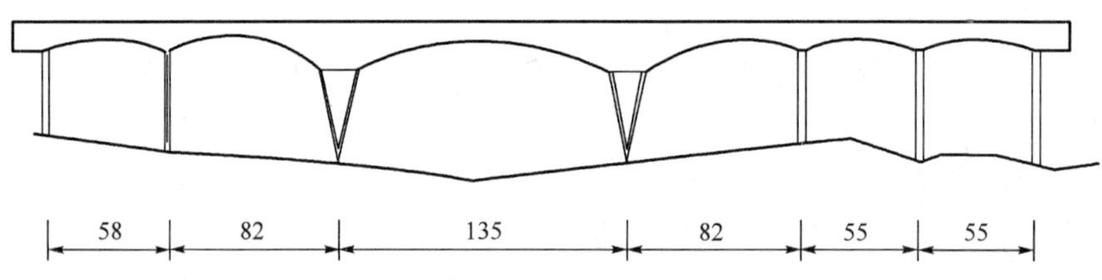

图 2-1-39　V 形墩连续刚构桥（尺寸单位：m）

Y 形柱式墩是上部为 V 形托架，下部为单柱式，两者在立面上构成 Y 字形。下部的单柱具有一定的柔性，可满足纵向变形的要求。

3）适用范围

连续刚构桥常用于大跨、高墩的结构中。桥墩纵向刚度较小，在竖向荷载作用下，基本上属于一种无推力的结构，而上部结构具有连续梁施工的一般特点，因此有较好的技术经济性。由于预应力技术在近年来发展迅速，连续刚构桥近年来得到了较快的发展，可以说连续刚构桥是大跨径桥梁选型中具有竞争能力的桥型之一。我国跨径在 180m 以上的梁桥，均采用连续刚构桥。

连续刚构桥的另一个特点是主梁保持连续，这样既保持了连续梁无伸缩缝、行车平顺的优点，又保持了 T 构不需要设大吨位支座的优点，同时避免了连续梁（存在临时固结和体系转换）和 T 构（存在伸缩缝问题）两者的缺点，养护工作量较小。此外，连续刚构施工稳固性好，减少或避免边跨梁端搭架合龙的难度。

但连续刚构桥对地基承载力的要求更高，若地基发生过大的不均匀沉降，连续梁可通过调整墩顶支座的高程，来抵消下沉，而连续刚构则做不到。对于大跨度连续刚构，当其主墩刚度过大时，中跨梁体因会产生过大的温差拉力而对结构受力不利。此外，梁墩联结处应力复杂也是连续刚构的一个缺点。

3. 横截面形式和尺寸

预应力混凝土连续体系梁桥的截面形式很多，一般应根据桥梁的总体布置、跨径、宽度、梁高、支承形式和施工方法等方面综合确定。合理地选择主梁的截面形式对减轻桥梁自重、节约材料、简化施工和改善截面受力性能是十分重要的。

预应力连续梁桥横截面形式主要有板式、肋梁式和箱形截面。其中，板式、肋梁式截面构造简单、施工方便；箱形截面具有良好的抗弯和抗扭性能，是预应力混凝土连续体系梁桥的主要截面形式。

1）板式和T形截面

板式截面分实体截面（图2-1-40a)、b)）和空心截面（图2-1-40c)、d)）。

矩形实体截面使用较少，曲线形实体截面近年来相对使用较多，实体截面多用于中小跨径，且多配以有支架现浇施工，此时支点板厚为（1/16～1/20）l，变截面板跨中板厚为支点的1/1.2～1/1.5倍。空心截面常用于跨径15～30m的连续梁桥，板厚一般为0.8～1.5m，亦以有支架现浇为主。

肋式截面（图2-1-40e)）常用跨径为25～50m，梁高一般取1.3～2.6m，多用于预制架设施工，并在梁段安装后经体系转换为连续梁桥。

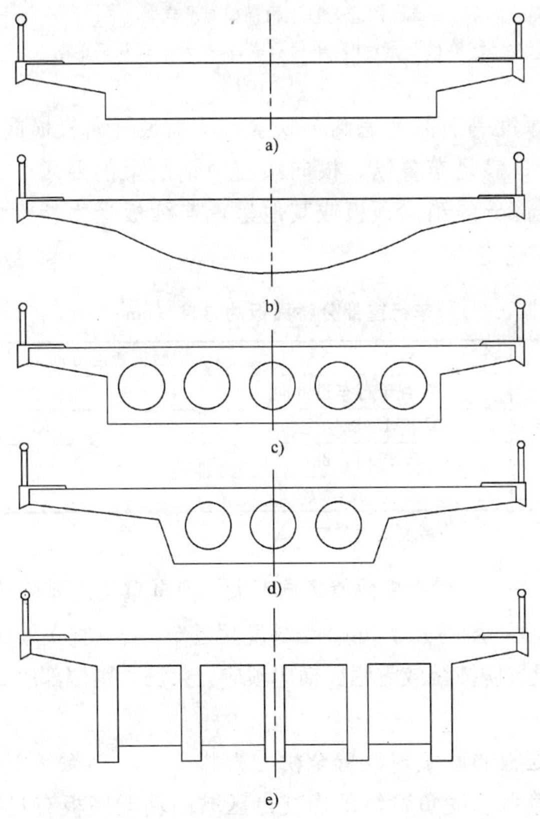

图2-1-40　板式、肋梁式截面形式

2）箱形截面

当连续体系梁桥的跨径超过 40～60m 或更大时，主梁一般采用箱形截面，其构造布置灵活，适用于有支架现浇施工、逐孔施工、悬臂施工等多种施工方式。常用的箱形截面有单箱单室、单箱双室和分离式双箱单室等几种，以第一种应用较多。单箱单室截面的顶板宽度一般小于 20m（图 2-1-41a)）；单箱双室的顶板宽度约为 25m 左右（图 2-1-41b)）；双箱单室的可达 40m 左右（图 2-1-41c)）。一般来说，等高度箱梁可采用直腹板或斜腹板，变高度箱梁宜采用直腹板。单箱单室截面 $a:b$ 之比为 1∶(2.5～3.0) 时横向受力状态较好。

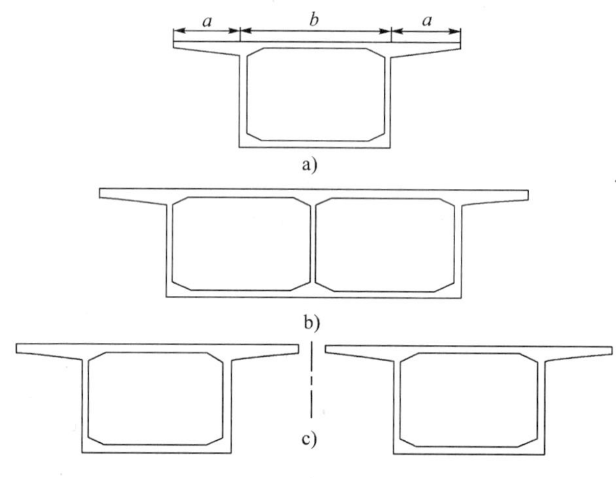

图 2-1-41　箱梁截面形式

a）单箱单室；b）单箱双室；c）分离式双箱单室

（1）顶板

确定箱梁截面顶板厚度一般需考虑两个因素，即满足桥面板横向弯矩的要求（自重、汽车荷载等、日照温差等）；满足布置纵、横向预应力钢筋束的要求。参照《日本本州四国联络桥设计标准》，车行道部分的箱梁顶板或其他呈现连续板受力特性的桥面板以及悬臂板厚度拟定，可参考表 2-1-5 确定。

车行道部分桥面板的厚度（cm）　　表 2-1-5

位　置	桥面板跨度方向	
	垂直于行车道方向	平行于行车道方向
顶板或连续板	$3l+11$（纵肋之间）	$5l+13$（横隔之间）
悬臂板	$l<0.25$ 时，$28l+16$	$24l+13$
	$l>0.25$ 时，$8l+21$	

注：两个方向厚度计算后取小值，l 为桥面板的跨度（m）。

顶板两侧悬臂板的长度对活载弯矩数值影响不大，但自重及人群荷载弯矩随悬臂长度几乎成平方关系增加，故悬臂长度一般不大于 5m，当长度超过 3m 后，宜布置横向预应力束筋。悬臂端部厚度不小于 10cm，如设置防撞墙或需锚固横向预应力束筋，则端部厚度不小于 20cm。

（2）底板

纵向负弯矩区受压底板的厚度对改善全桥受力状态、减小徐变下挠十分重要，因此大跨度连续体系梁桥中，应确保承受负弯矩的内支点区域的箱梁底板有足够的厚度。箱梁底板厚度随箱梁负弯矩的增大而逐渐加厚至墩顶，以适应箱梁下缘受压的要求，墩顶区域底板不宜过薄，否则压应力过高，由此产生的徐变将使跨中区域梁体下挠较大。

底板厚度与主跨之比宜为 1/140～1/170，跨中区域底板厚度则可按构造要求设计，一般为 0.22～0.28m。

(3) 腹板

箱梁腹板的主要功能是承受结构的弯曲剪应力和扭转剪应力所引起的主拉应力，墩顶区域剪力大，因而腹板较厚，跨中区域的腹板较薄，但腹板的最小厚度应考虑钢束管道布置、钢筋布置和混凝土浇筑的要求。

英国水泥和混凝土协会提出如下两个关于预应力混凝土连续梁最佳腹板厚度参数的公式，其指标可供参考（图 2-1-42）。

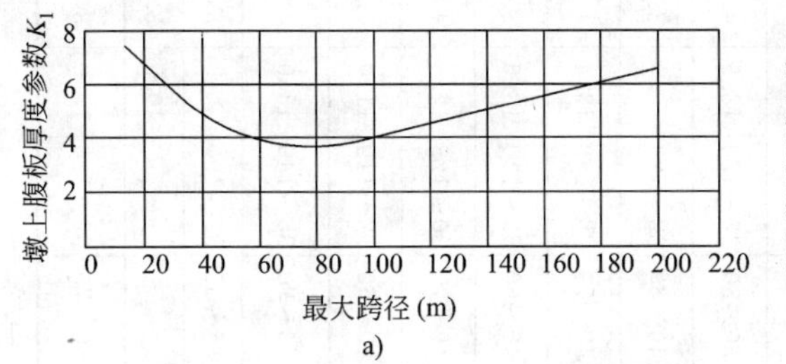

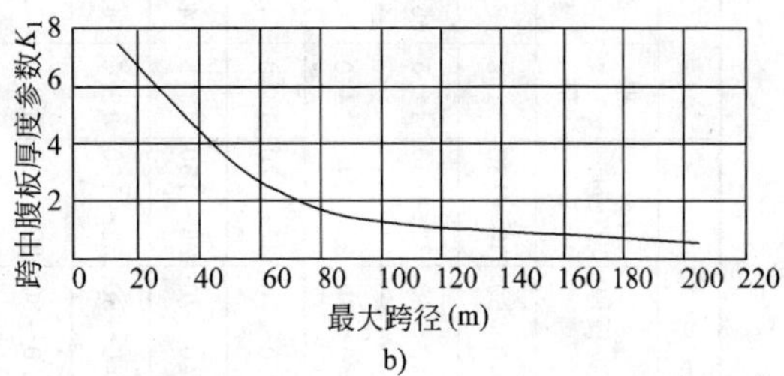

图 2-1-42 最大跨径连续箱梁最佳横截面几何参数曲线

墩上腹板厚度参数为：

$$K_1=\frac{t_{wp}\times h_p}{B\times l_{max}}\times 10^3 \tag{2-1-6}$$

跨中腹板厚度参数为：

$$K_2=\frac{t_{wm}\times h_m}{B\times l_{max}}\times 10^3 \tag{2-1-7}$$

式中：t_{wp}——墩上腹板厚度的总和；

t_{wm}——跨中腹板厚度的总和；

h_p——墩上梁高；

h_m——跨中梁高；

B——桥面总宽；

l_{max}——桥梁最大跨径。

腹板的最小厚度应考虑预应力钢筋束的布置和混凝土浇筑的要求，一般的设计经验为：

①腹板内无预应力束筋管道布置时，其最小厚度可采用 $t_{min}=20$cm。

②腹板内有预应力束筋管道布置时，可采用 $t_{min}=25$～30cm。

③腹板内有预应力束筋锚头时，则采用 $t_{min}=35$cm。

顶板与腹板接头处设置梗腋承托，可提高截面的抗扭刚度和抗弯刚度，减小扭转剪应力和畸变应力。加腋有竖加腋和水平加腋两种。如图 2-1-43 所示，图 2-1-43a) 为一般箱梁上的常用形式；图 2-1-43b)、图 2-1-43c) 常用于箱梁截面较小的情形；图 2-1-43d)、图 2-1-43e) 常用于斜腹板与顶板之间；图 2-1-43f)、图 2-1-43g)、图 2-1-43h) 常用于底板与腹板之间的下梗腋，以便于底板混凝土的浇筑。

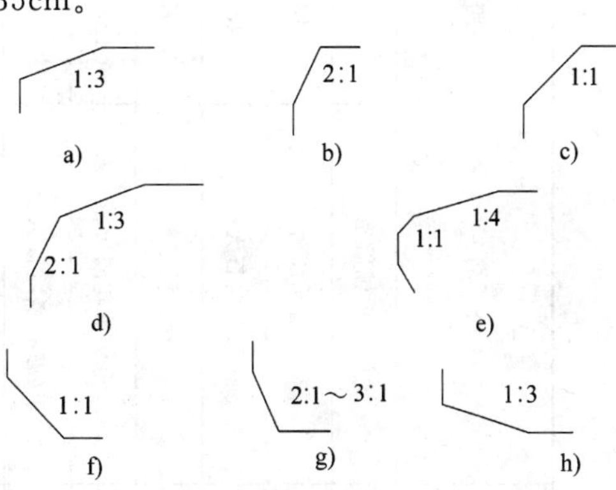

图 2-1-43 梗腋承托形式

表 2-1-6 给出了国内预应力混凝土连续体系梁桥的部分资料。

国内预应力混凝土连续体系梁桥的部分资料

表 2-1-6

序号	桥　名	跨径布置（m）	结构形式	边中跨比	截面（m）				梁高（m）		高跨比		梁宽（m）	
					截面形式	顶板厚	腹板厚	底板厚	根部	跨中	根部	跨中	顶	底
1	虎门大桥辅航道桥	150＋270＋150	连续刚构	0.556	单室箱	25	40～60	32～130	14.8	5.0	1/18.2	1/54	15.0	7.0
2	云南元江桥	58＋182＋265＋194＋70	连续刚构		单室箱	28	40～60	32～150	14.5	5.0	1/18.3	1/53	22.5	11.5
3	凝德下白石大桥	145＋2×260＋145	连续刚构	0.558	两单室箱	25	40～70	30～140	14.0	4.2	1/18.6	1/61.9	12.0	6.0
4	泸州长江二桥	145＋252＋54.8	连续刚构	0.583	单室箱	28	50～70	32～120	14.0	4.0	1/18	1/63	25.0	13.0
5	重庆黄花园大桥	137＋3×250＋137	连续刚构	0.548	单室箱	25	40～70	28～150	13.8	4.3	1/18.1	1/58.1	15.0	7
6	马鞍石嘉陵江大桥	146＋3×250＋146	连续刚构	0.584	单室箱	25	40～60	32～150	13.7	4.2	1/18.2	1/59.5	11.5	5.5
7	黄石长江大桥	162.5＋3×245＋162.5	连续刚构	0.663	单室箱	25	50～80	32～135	13.0	4.1	1/18.8	1/59.8	19.6	10.0
8	江津长江大桥	140＋240＋140	连续刚构	0.583	单室箱	25	50～80	32～120	13.5	4.0	1/17.8	1/60	22.0	11.5
9	重庆高家花园嘉陵江大桥	140＋240＋140	连续刚构	0.583	单室箱		40～60	32～120		3.6		1/66.7	15.36	8.0
10	贵比公路六广河大桥	145.1＋240＋145.1	连续刚构	0.518	单室箱	28	40～70	28～150	13.4	4.1	1/17.9	1/58.5	13.0	7.0
11	重庆龙溪河大桥	140＋240＋140	连续刚构	0.583	两单室箱	25	40～60	32～120	13.6	3.6	1/17.6	1/66.7	11.5	5.5
12	杭州钱塘江下沙大桥（六桥）	127＋3×232＋127	连续刚构	0.547	两单室箱		45～75	30～125	12.5	4.0	1/18.6	1/58	16.6	8.0
13	南澳跨海大桥	122＋221＋122	连续刚构	0.552	单室箱	25	40～60	32～110	11.0	3.0	1/18.6	1/73.7	17.1	8.0
14	金厂岭澜沧江大桥	130＋200＋85	连续刚构	0.650 0.425	单室箱	33	60～90	35～140	13.0	4.0	1/15.4	1/50	22.5	12.2
15	华南大桥	110＋190＋110	连续刚构	0.579	单室箱	28	35～55	32～100	9.5	3.0	1/20.0	1/63.3	17.75	9.5
16	广东镇海湾大桥	105＋190＋105	连续刚构	0.553	两单室箱				10.5	3.2	1/18.1	1/59.4	13.5	7.0
17	洛溪大桥	65＋125＋180＋110	连续刚构	0.611 0.520	单室箱	28	50～70	32～120	10.0	3.0	1/18	1/60	15.14	8.0

续上表

序号	桥　名	跨径布置（m）	结构形式	边中跨比	截面（m）				梁高（m）		高跨比		梁宽（m）	
					截面形式	顶板厚	腹板厚	底板厚	根部	跨中	根部	跨中	顶	底
18	宁德八尺门大桥	90＋2×170＋90	连续刚构	0.529	单室箱	28	40～70	32～120	10.0	3.0	1/17	1/56.7	12.0	6.0
19	南京长江二桥北汊桥	90＋3×165＋90	连续梁	0.545	两单室箱		40～90	30～140	8.8	3.2	1/18.8	1/55.6	15.42	
20	广湛高速九江大桥	50＋100＋2×165＋100＋50	连续梁	0.625	两单室箱				9.0	3.0	1/17.8	1/53.3	11.9	
21	三门峡黄河大桥	105＋4×160＋105	连续刚构	0.656	单室箱	25	40～65	25～100	8.0	3.0	1/20.0	1/53.3	17.5	9.0
22	云南六库大桥	85＋154＋85	连续梁	0.552	单室箱	1843	44	30～120	8.53	2.83	1/18.1	1/54.4	10.0	5.0
23	荆州三八洲桥	100＋6×150＋100	连续梁	0.667	两单室箱		40～70	32～115	8.0	3.3	1/18.8	1/45.5	12.5	7.0
24	湖南白沙大桥	90＋150＋90	连续梁	0.60	单室箱		40～70	28～100	8.5	3.5	1/17.7	1/42.9	13.0	
25	沅陵沅水大桥	85＋140＋85＋42	连续刚构	0.607	单室箱	26	40～60	30～80	8.0	2.8	1/17.5	1/50	14.0	8.0
26	厦门海沧大桥西航道	78＋140＋78＋42＋42	连续刚构	0.557	单室箱	28	50～65	32～85	7.5	2.5	1/18.7	1/56	15.25	7.0
27	元磨高速 K293＋367 大桥	77＋140＋77	连续刚构	0.550	单室箱	28	50～70	32～95	7.5	3.0	1/18.7	1/46.7	22.5	11.5
28	云南大保高速 K442＋665 大桥	77＋2×140＋77	连续刚构	0.550	两单室箱	28	50～70	32～95	7.5	3.0	1/18.7	1/46.7	22.5	11.5
29	肇庆西江大桥	87＋4×136＋87	连续梁	0.640	两单室箱	25	50 65 75	30～100	8.0	3.0	1/17.0	1/45.3	22.0	10.0
30	安徽涂山淮河大桥	45＋90＋130＋90＋45	连续梁	0.692	两单室箱				7.0	2.5	1/18.6	1/52.0	13.5	
31	福建刺桐大桥	90＋130＋90	连续刚构	0.692	单室箱	25	40～60	25～100	7.0	2.5	1/18.6	1/52	13.2	6.6
32	武汉长江二桥	83＋130＋125	连续刚构	0.638	两单室箱				10.0	3.5	1/13	1/37.1	13.2	6.8
33	南昆铁路清水河桥	72.8＋128＋72.8	连续刚构	0.569	单室箱	50	40～70	40～90	8.8	4.4	1/14.5	1/29.1	8.1	6.1
34	广东德庆西江大桥	82＋2×128＋82	连续梁	0.641	两单室箱				7.0	2.8	1/18.3	1/45.7		
35	广东德胜大桥	82＋128＋82	连续梁	0.641	两单室箱				7.0	2.6	1/18.3	1/49.2		

续上表

序号	桥　名	跨径布置（m）	结构形式	边中跨比	截面（m）				梁高（m）		高跨比		梁宽（m）	
					截面形式	顶板厚	腹板厚	底板厚	根部	跨中	根部	跨中	顶	底
36	珠海大桥	70＋2×125＋70	连续刚构	0.560	单室箱	28	40～54	28～70	6.8	2.5	1/18.4	1/50	13.3	7.0
37	广西六律江大桥	80＋125＋80	连续刚构	0.640	单室箱		40～55	32～80	6.8	2.5	1/18.4	1/50	13.5	7.0
38	广东潭州大桥	75＋125＋75	连续梁	0.60	两单室箱				7.0	2.75	1/17.9	1/45.5	13.85	
39	上海奉浦大桥	85＋3×125＋85	连续梁	0.68	单室箱	3040（支点80）	48～55（支点105）	30～90（支点140）	7.0	2.8	1/17.9	1/44.6	18.6	8.6
40	惠州大桥	62＋92＋124＋92＋62	连续梁	0.742	单室箱				7.0	3.3	1/17.7	1/41.3	19.5	
41	常德沅水大桥	84＋3×120＋84	连续梁	0.70	单室箱	30	46～68	30～85	6.2	3.3	1/19.4	1/40.0	17.6	9.0
42	东明黄河大桥	75＋7×120＋75	连续刚构	0.625	单室箱	25	40～55	25～80	6.5	2.6	1/18.5	1/46.2	18.34	9.0
43	南海金沙大桥	66＋120＋66	连续刚构	0.550	单室箱	28	40	32～60	6.0	2.5	1/20	1/48	21.0	11.0
44	吉林九站松花江大桥	75＋120＋75	连续刚构	0.625	单室箱	30	40～80	32～80	5.71	3.0	1/21	1/40	14.0	6.5
45	广东南海广河公路大桥	66＋120＋66	连续刚构	0.55	单室箱	28	40	25～80	6.0	2.5	1/20	1/48	17.5	8.5
46	五龙江二桥	60＋3×110＋60	连续梁	0.545	两单室箱	25	35～50	25～45	6.0	2.5	1/18.3	1/44.0	16.25	8.25
47	湘阴湘江大桥	65＋3×100＋65＋50	连续梁	0.650	单室箱	28	40 55 70	26～80	5.9	3.2	1/16.9	1/31.3	16.0	9.0
48	榕华大桥	55＋280＋55	连续梁	0.688	两单室箱	28～40	40	22～36.9	4.5	2.0	1/17.8	1/40.0	12.49	7.0
49	珠海大桥副航道桥	45＋280＋45	连续梁	0.563	两单室箱	28（0号块40）	36～50（0号块80）	26～50（0号块100）	4.5	2.0	1/17.8	1/40.0	14.1	7.0
50	何山大桥	52＋80＋52	连续梁	0.65	双箱双室	25	30～60	18～40	4.1	2.2	1/19.5	1/36.4	13.3	8.8

4. 预应力筋布置

连续梁主梁的内力主要有 3 个，即纵向受弯、受剪以及横向受弯。通常所说的三向预应力就是为了抵抗上述 3 个内力。纵向预应力抵抗纵向受弯和部分受剪，竖向预应力抵抗受剪，横向预应力则抵抗横向受弯。预应力数量和布筋位置都需要根据结构在使用阶段的受力状态予以确定，同时，也要满足施工各阶段的受力需要。施工方法不同，施工阶段的受力状态差别很大，因此，结构配筋必须结合施工方法考虑。

1）纵向预应力筋

沿桥跨方向的纵向力筋又称为主筋，是用以保证桥梁在永久、可变作用下纵向跨越能力的主要受力钢筋，可布置在顶、底板和腹板中。

预应力混凝土连续梁桥中纵向预应力筋的布置方式有多种多样，与所采用的施工方法以及预应力筋的种类等有密切的关系。

图 2-1-44a）表示采用顶推法施工的直线形预应力筋布置方式。上、下的钢筋通束使截面接近轴心受压，以抵抗顶推过程中各截面承受的正负弯矩的交替变化。待顶推完成后，再在跨中的底部和支点的顶部增加局部预应力筋，用来满足运营荷载下相应的内力要求。有时按设计还在跨中的顶部和支点附近的底部设置局部的施工临时钢筋束，待顶推完成后即予卸除。

图 2-1-44b）示出采用先简支后连续施工方法的预应力钢筋布置方式。待墩上接缝混凝土达到规定强度后，用设置在接缝顶部的局部预应力钢筋来建立结构的连续性。

图 2-1-44c）、d）表示为采用悬臂施工方法的预应力筋布置方式。梁中除了正弯矩区和负弯矩区各需布置顶部和底部预应力筋外，在有正、负弯矩的区段内，顶、底板中均需设置预应力筋。图 2-1-44c）所示为直线布束方式，即顶板预应力筋沿水平布置并锚固在梗肋处，此种布束方式可减少预应力筋的摩阻损失，并且穿束方便，也改善了腹板的混凝土浇注条

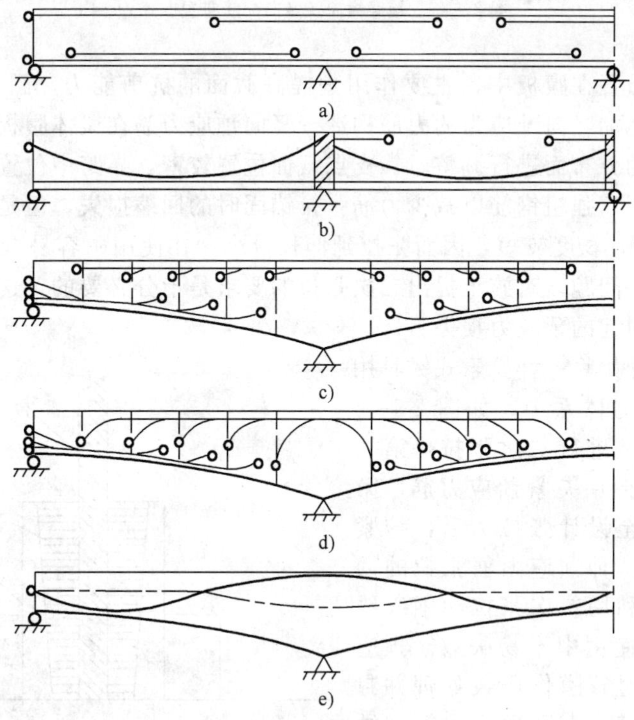

图 2-1-44　预应力混凝土连续梁配筋方式

件；水平预应力筋的设计和构造仅由弯曲应力决定，而抗剪强度则由竖向预应力筋来提供。图 2-1-44d）所示为顶板预应力筋在腹板内弯曲并下弯锚固在腹板上，以减小外荷载所产生的剪力。此时腹板应具有足够的厚度以承受集中的锚固力。

图 2-1-44e）表示整根曲线形钢筋束锚固于梁端的布置方式，一般用于整联现浇的情形。在此情况下，若预应力筋既长且弯曲次数又多，就显著加大了预应力筋的摩阻损失，因而联长或预应力筋不宜过长。

预应力筋的布置要考虑到张拉操作的方便。当需要在梁内、梁顶或梁底锚固预应力筋时，应根据预应力筋锚固区的受力特点给予局部加强，以防开裂损坏。

2）横向预应力筋

横向预应力筋是用以保证桥梁的横向整体性、桥面板及横隔板横向抗弯能力的主要受力钢筋，一般布置在横隔板和顶板中。图 2-1-45 示出了对箱梁截面的顶板施加横向预应力的预应力筋构造。由于目前大跨径梁式桥主梁大都采用箱形截面，顶板厚度一般在 25～35cm 左右，在保证大量纵向预应力筋穿过的前提下，所剩的空间位置有限，此时横向预应力筋趋向于采用扁锚体系，以减少布筋所需空间。

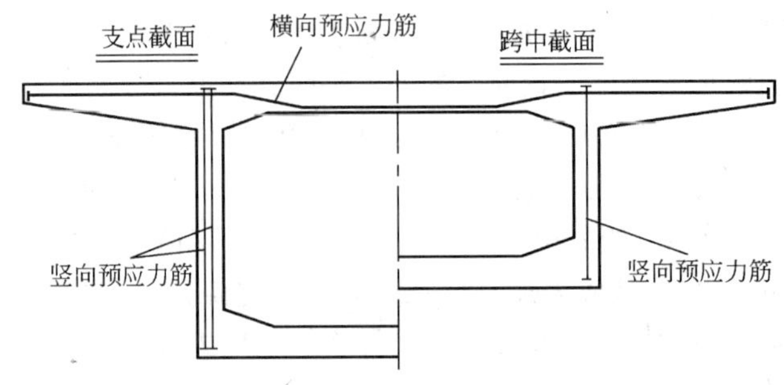

图 2-1-45　箱梁横向及竖向配筋布置方式

3）竖向预应力筋

竖向预应力筋布置在腹板中，主要作用是提高截面的抗剪能力。图 2-1-45 中还示出了对箱梁截面的腹板施加竖向预应力的力筋构造。竖向预应力筋在梁体腹板内沿纵向的布置间距可根据竖向剪力的分布而进行调整，靠支点截面位置较密，靠跨中位置较疏。竖向预应力筋比较短，故常采用高强粗钢筋以减少力筋张拉锚固时的回缩损失。但是由于粗钢筋强度较低（小于 1000MPa），长度较短，因而张拉延伸长量小，在使用中容易造成预应力损失过大或失效。为克服这一问题，对施工提出二次张拉的要求是十分必要的，这样做可以消除大部分混凝土弹塑压缩引起的预应力损失。

另外，现在已开始将一种拉索式锚具用于钢绞线竖向预应力体系中，如图 2-1-46 所示。具体方法也是进行二次张拉：第一次张拉使锚杯内的夹片夹紧预应力筋，第二次张拉锚杯，直至设计张拉力后，拧紧锚杯外螺母固定。这种预应力筋张拉的回缩损失相当小，可利用二次张拉和钢绞线的大延伸量使其在使用中不易失效。预应力筋张拉后应及时对管道作压浆处理并封锚，压浆应密实饱满，否则预应力筋锈蚀断裂可能造成灾难性后果。

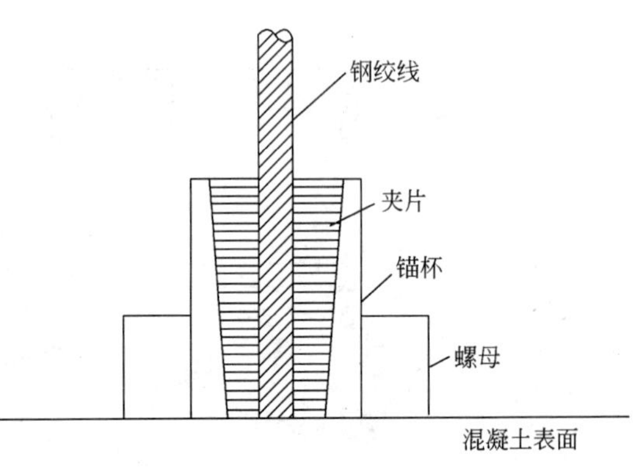

图 2-1-46　拉索式锚具

第二章 混凝土简支梁式桥的计算

DIERZHANG

设计一座桥梁首先要重视总体布置的合理性。上部结构的构造形式、跨径等被确定后，就要进行桥梁各个构件的详细计算，求出最不利内力后，进行强度、刚度、稳定性和应力、裂缝等的验算，以便对结构进行细部设计，必要时要进行尺寸和截面形式的调整。

混凝土梁桥上部结构设计计算的项目一般有主梁、横隔梁、桥面板和支座。主梁是主要承重构件，也是桥梁的重要组成部分。桥面板（或称行车道板）直接承受车辆的集中荷载，通常又是主梁的受压翼缘，它的工作状态不但影响到行车质量，而且影响到主梁的受力。桥面板的裂缝或刚度不足，将对行车路面的维护带来麻烦。横隔梁主要用来增强桥梁的横向刚性，起分布荷载作用。在具体进行设计计算时，习惯上从主梁开始，其次再计算横隔梁、桥面板和支座。本章以常用的钢筋混凝土简支T梁桥为例，着重阐述桥面板、主梁和横隔梁的受力特点、最不利内力及内力组合的计算方法。

第一节 桥面板计算

钢筋混凝土和预应力混凝土肋梁桥的桥面板是直接承受车辆轮压的承重结构，它在构造上与主梁梁肋和横隔梁连接在一起，既能将车辆荷载传给主梁，又能构成主梁截面的组成部分，并保证主梁的整体作用。桥面板一般为钢筋混凝土板，对于跨度较大的桥面板也可施加横向预应力，做成预应力混凝土板。

一、桥面板的力学模型

对于整体现浇的T梁桥，梁肋和横（隔）梁之间的桥面板，属于矩形的周边支承板，如图2-2-1a）所示。通常其边长比或长宽比（l_a/l_b）≥2，当荷载作用于板上时，绝大部分荷载是沿短跨方向（l_b）传递的，因此可近似地按仅由短跨承受荷载的单向受力板来设计。只需在短跨方向配置受力主筋，而长跨方向配置适当的构造钢筋即可。

同理，对于装配式T形梁桥，其桥面板也存在边长比或长宽比（l_a/l_b）≥2的关系，如果在两主梁的翼板之间：①采用钢板联结（图2-2-1b））时，则桥面板可简化为悬臂板；②采用不承担弯矩的铰接缝联结（图2-2-1c））时，则可简化为铰接悬臂板。目前梁桥设计的趋势是横隔板稀疏布置，主梁的间距往往比横隔的间距小得多，因此桥面板属于单向板的居多。所谓单向板是边长比等于和大于 2 的周边支承板看成由短边承受荷载的单向受力板（简称单向板），下面介绍它们的计算方法。

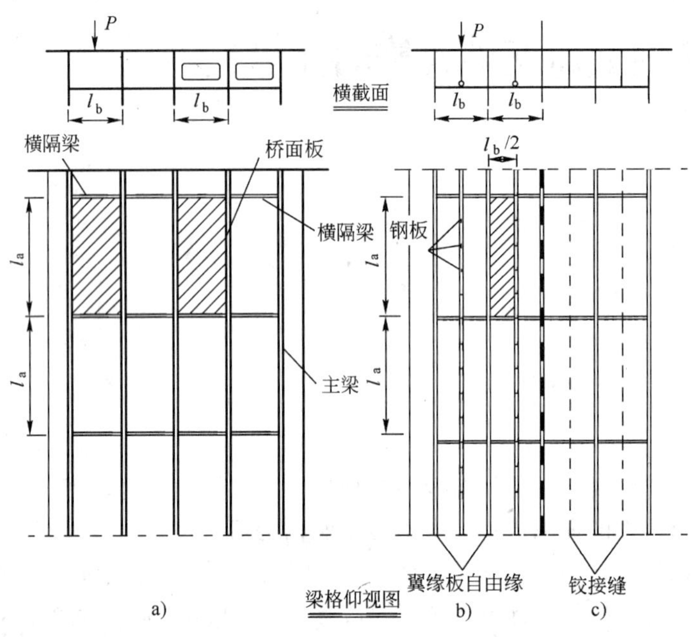

图 2-2-1　梁格构造和桥面板支承方式

a）整体现浇梁；b）装配式梁桥（翼板间钢板连接）；c）装配式梁桥（翼板间铰连接）

二、桥面板的受力分析

1. 车轮荷载在板上的分布

作用在桥面上的车轮压力，通过桥面铺装层扩散分布在钢筋混凝土板面上，为了计算方便，通常可近似的认为车轮与桥面的接触面是 $a_2 \times b_2$ 的矩形面，此处 a_2 是车轮沿行车方向的着地长度，b_2 为车轮的宽度，如图 2-2-2 所示。根据试验研究，对于混凝土或沥青铺装面

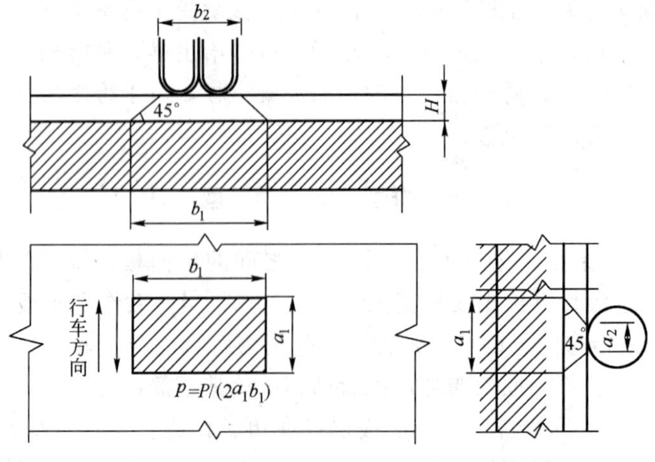

图 2-2-2　车辆荷载在板面上的分布

层，荷载可以偏安全地假定呈45°角扩散分布于混凝土板面上。因此，最后作用于混凝土桥面板顶面的矩形荷载压力面的边长为：

$$\left.\begin{aligned}&\text{沿行车方向}\quad a_1=a_2+2H\\&\text{沿横向}\quad b_1=b_2+2H\end{aligned}\right\}\tag{2-2-1}$$

式中：H——铺装层的厚度。

a_2 和 b_2 值可从《公路桥规》中查得。因此，当有一个车轮作用于桥面板上时，作用于板面上的局部分布荷载为：

$$p=\frac{P}{2a_1b_1}$$

式中：P——汽车的轴载；

p——分布荷载；

a_1、b_1 的意义同前。

2. 板的有效工作宽度

板在局部分布荷载 p 的作用下，不仅直接承压部分（例如宽度为 a_1）的板带参加工作，与其相邻的板带也会分担一部分荷载共同参加工作。因此，在桥面板的计算中就有一个如何确定板的有效工作宽度（或称荷载有效分布宽度）的问题。

1）板的有效工作宽度的定义

当荷载以 $a_1\times b_1$ 的分布面积作用在板上时，板除了沿计算跨径 x 方向产生挠曲变形 w_x 外，沿垂直于计算跨径的 y 方向也发生挠曲变形 w_y（图 2-2-3a)）。

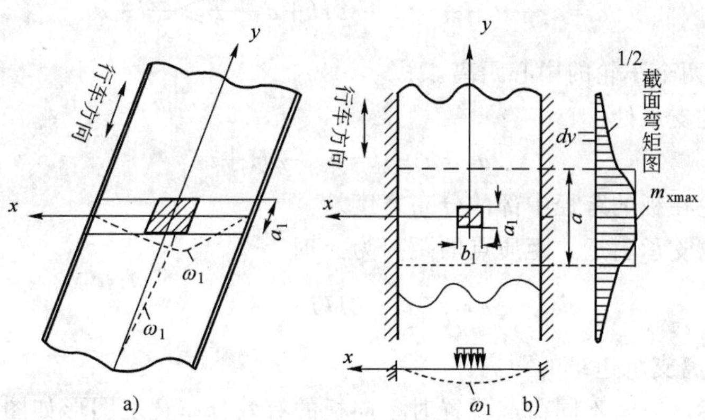

图 2-2-3 行车道板的受力状态

那么在计算中究竟以多大的板宽来承受车轮荷载产生的总弯矩呢？从（图 2-2-3b)）中可见，跨中弯矩 m_x 的实际图形是呈曲线形分布的，在荷载中心处达到最大值 m_{xmax}，离得越远的板条所承受的弯矩越小，为了计算方便，设想以宽板 a 来均匀承受车轮荷载产生的总弯矩（图 2-3-3b)），即：

$$a\times m_{xmax}=\int m_x\mathrm{d}_y=M$$

则求得弯矩图形的换算宽度为：

$$a=\frac{M}{m_{\text{xmax}}} \tag{2-2-2}$$

式中：M——车轮荷载产生的跨中总弯矩，可直接由结构力学方法计算得到；

m_{xmax}——荷载中心处的最大单宽弯矩值，精确解需由板的空间计算才能得到。

上式中的 a 就定义为板的有效工作宽度或荷载有效分布宽度，以此板宽来承受车轮荷载产生的总弯矩，既满足了弯矩最大值的要求，计算起来也较方便。

这样，当一个车轮作用于桥面板上时，1m 宽板条上的荷载计算强度为：

$$p=\frac{P}{2ab_1} \tag{2-2-3}$$

式中：P——汽车的轴重。

2)《混凝土桥规》中对 a 的有关规定

《混凝土桥规》基于大量的理论研究，对板的有效工作宽度有如下规定。

(1) 单向板的荷载有效分布宽度

①荷载在跨径中间

对于单独一个荷载（图 2-2-4a)）：

$$a=a_1+\frac{l}{3}=a_2+2H+\frac{l}{3}\geqslant\frac{2}{3}l \tag{2-2-4}$$

式中：l——板的计算跨径。

《混凝土桥规》规定，计算弯矩时，$l=l_0+t$ 但不大于 l_0+b；计算剪力时，$l=l_0$，其中 l_0 为板的净跨径，t 为板的厚度，b 为梁肋宽度。

多个相同车轮在板的跨径中部时，当各单个车轮计算所得的有效分布宽度发生重叠时（图 2-2-4b)），则：

$$a=a_1+d+\frac{l}{3}=a_2+2H+d+\frac{l}{3}\geqslant\frac{2}{3}l+d \tag{2-2-5}$$

式中：d——最外两个车轮的中心距离。

②车轮在板的支承处

$$a'=a_1+t=a_2+2H+t \tag{2-2-6}$$

但不大于车轮在板的跨径中部的分布宽度。

③车轮在板的支承附近，距质点的距离为 x 时

$$a=(a_2+2H)+t+2x \tag{2-2-7}$$

式中：x——荷载离支承边缘的距离。

根据以上所述，对于不同荷载位置时单向板的有效分布宽度图形如图 2-2-4c）所示。应注意，以上计算所得的所有分布宽度，均不得大于板的全宽度。

(2) 悬臂板的荷载有效分布宽度 a（图 2-2-5)）

$$a=a_2+2H+2b'=a_1+2b' \tag{2-2-8}$$

式中：b'——平行于悬臂板跨径的车轮着地尺寸的外缘，通过铺装层 45°分布线的外边线至腹板外边缘的距离。

对于分布荷载靠近板边的最不利情况，b'就等于悬臂板的净跨径 l_0，于是：

$$a=a_1+2l_0 \tag{2-2-9}$$

不管是单向板还是悬臂板，对于履带荷载来说，因为其接触地面较长，通常就忽略荷载

压力面以外的板条参与工作，故不论在跨中还是支点均取 1m 宽板条按实际荷载强度 p 进行计算。

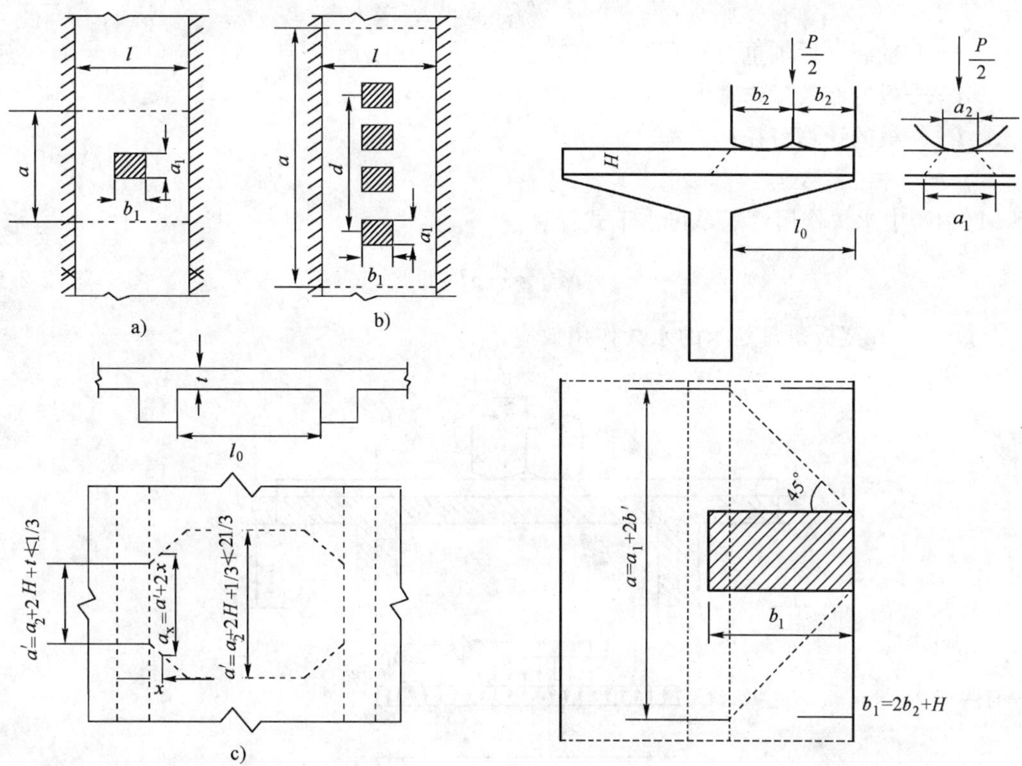

图 2-2-4 单向板的荷载有效分布宽度　　　　图 2-2-5 悬臂板的有效工作宽度

三、行车道板的内力计算

1. 多跨连续单向板的内力

常见的桥面板，实质上是一个支承在一系列弹性支承的多跨连续板，另外，板与梁肋系整体相连。因此，各根主梁的不均匀弹性下沉和梁肋本身的扭转刚度会影响到桥面板的内力，所以，桥面板的实际受力情况相当复杂。目前，《混凝土桥规》采用较简便的近似方法进行。

(1) 跨中最大弯矩计算

当 $t/h<1/4$ 时（即主梁抗扭能力大者）：

$$\left.\begin{aligned}&\text{跨中弯矩}\quad M_{中}=+0.5M_0\\&\text{支点弯矩}\quad M_{支}=-0.7M_0\end{aligned}\right\}\tag{2-2-10}$$

当 $t/h\geqslant 1/4$ 时（即主梁抗扭能力小者）：

$$\left.\begin{aligned}&\text{跨中弯矩}\quad M_{中}=+0.7M_0\\&\text{支点弯矩}\quad M_{支}=-0.7M_0\end{aligned}\right\}\tag{2-2-11}$$

式中：h——肋高，如图 2-2-6 所示；

t——板厚；

M_0——与计算跨径相同的简支板跨中设计弯矩，它是 M_{op} 和 M_{og} 两部分的内力组合。

M_{op}——1m 宽简支板条的跨中可变作用弯矩（图 2-2-6a)），对于汽车荷载有：

$$M_{op}=(1+\mu)\cdot\frac{P}{8a}\left(l-\frac{b_1}{2}\right) \tag{2-2-12}$$

式中：P——轴载（后轴重力）；

a——板的有效工作宽度；

l——板的计算跨径；

μ——冲击系数。

M_{og}为跨中永久作用弯矩，可由下式计算：

$$M_{og}=\frac{1}{8}gl^2 \tag{2-2-13}$$

式中：g——1m 宽板条每延米的永久作用效应。

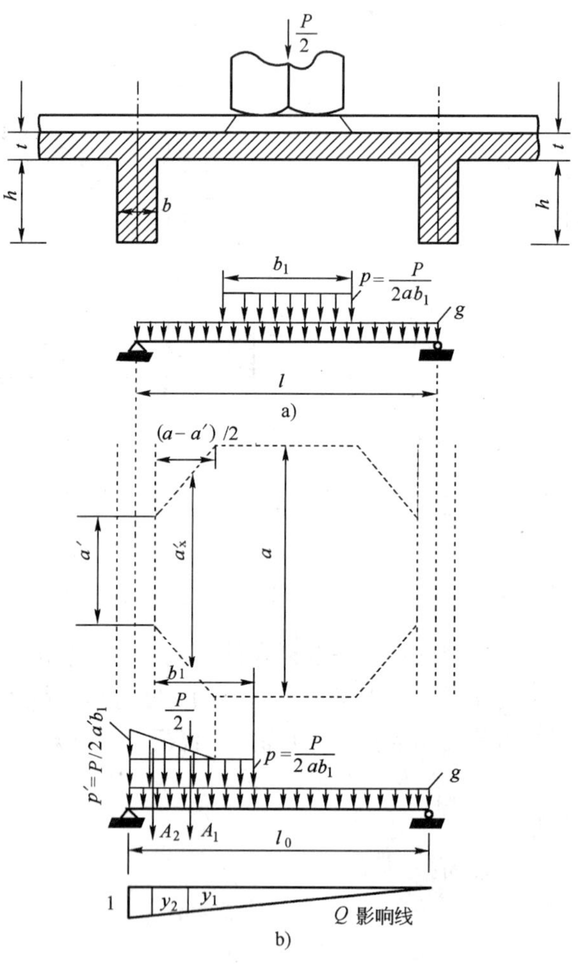

图 2-2-6　单向板内力计算图示

（2）支点剪力计算

计算支点剪力时的计算跨径取两肋间的净距，剪力按计算跨径的简支板计算。

对于跨径内只有一个汽车车轮荷载的情况，考虑了相应的有效工作宽度后，每米板宽承受的分布荷载如图 2-2-6b）所示。则汽车引起的支点剪力为：

$$Q_{支p}=(1+\mu)(A_1y_1+A_2y_2) \tag{2-2-14}$$

其中：矩形部分荷载的合力为（以 $p=\frac{P}{2ab_1}$代入）：

$$A_1=pb_1=\frac{P}{2a}$$

三角形部分荷载的合力为（以 $p'=\frac{P}{2a'b_1}$代入）：

$$A_2=\frac{1}{2}(p'-p)\times\frac{1}{2}(a-a')=\frac{P}{8aa'b_1}(a-a')^2$$

式中：p、p'——对应于有效工作宽度 a 和 a' 处的荷载强度；

y_1、y_2——对应于荷载合力 A_1 和 A_2 的支点剪力影响线量值。

如跨径内不只一个车轮进入时，尚应计及其他车轮的影响。

2. 铰接悬臂板的内力

T 形梁的翼缘板作为行车道板往往用铰接的方式连接，最大弯矩在悬臂根部。计算可变作用弯矩 M_{sp}时，最不利的加载位置是车轮荷载对中布置在铰接处，这时铰内的剪力为零，两相邻悬臂板各承受半个车轮荷载，即 $P/4$，如图 2-2-7a）所示。因此每米宽悬臂板的可变作用弯矩 M_{sp}为：

$$M_{sp}=-(1+\mu)\frac{P}{4a}\left(l_0-\frac{b_1}{4}\right) \tag{2-2-15}$$

每米板宽的永久作用弯矩为：

$$M_{sg}=-\frac{1}{2}gl_0^2 \tag{2-2-16}$$

式中：l_0——铰接双悬臂板的净跨径。

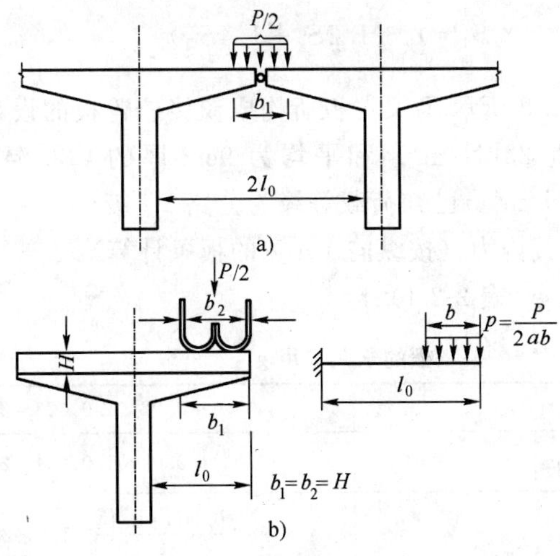

图 2-2-7 铰接悬臂板和悬臂板计算图式

悬臂根部1m板宽的总弯矩是M_{sp}和M_{sg}两部分的内力组合。

悬臂根部的剪力可以偏安全地按一般悬臂板的图式来计算（略）。

3. 悬臂板的内力

对于沿纵缝不相连接的悬臂板，计算根部最大弯矩时，应将车轮荷载靠板的边缘布置，此时$b_1=b_2+H$，如图2-2-7b）所示，则永久作用和可变作用弯矩值可由以下公式求得：

可变作用弯矩：

$$M_{sp}=-(1+\mu)\cdot\frac{1}{2}pl_0^2=-(1+\mu)\cdot\frac{P}{4ab_1}\cdot l_0^2\quad(b_1\geqslant l_0\text{ 时})\tag{2-2-17}$$

$$\text{或 }M_{sp}=-(1+\mu)\cdot pb_1\left(l_0-\frac{b_1}{2}\right)=-(1+\mu)\cdot\frac{P}{2a}\left(l_0-\frac{b_1}{2}\right)\quad(b_1<l_0\text{ 时})\tag{2-2-18}$$

式中：P——汽车荷载作用在每米宽板条上的每延米荷载强度，其值为$p=\dfrac{P}{2ab_1}$；

l_0——悬臂板的长度。

永久作用弯矩（近似值）为：

$$M_{sg}=-\frac{1}{2}gl_0^2\tag{2-2-19}$$

需要注意的是，以上所有可变作用内力的计算公式都是对于轮重为$P/2$的汽车荷载推得的。

四、作用效应组合

计算出永久作用和可变作用内力后，进行板的承载能力验算时，1m宽板条的最大组合内力为：

$$\gamma_0 S_d=\gamma_0\ (1.2S_g+1.4S_Q)\tag{2-2-20}$$

【例2-2-1】 计算如图2-2-8所示T梁翼板所构成铰接悬臂板的设计内力。桥面铺装为2cm的沥青混凝土面层（容重23kN/m³）和平均为9cm厚的C30混凝土垫层（重度24kN/m³），T梁翼板的重度25kN/m³。已知荷载等级为公路—I级。

【解】 (1) 结构自重及其内力（按纵向1m宽的板条计算）

①每延米板上的永久作用g（表2-2-1）

板的永久作用g 表2-2-1

沥青混凝土面层重力g_1	$0.02\times1.0\times23=0.46$ kN/m
C25混凝土垫层重力g_2	$0.09\times1.0\times24=2.16$ kN/m
T梁翼板自重力g_3	$\dfrac{0.008+0.14}{2}\times1.0\times25=2.75$kN/m
合计	$g=\sum g_i=5.37$kN/m

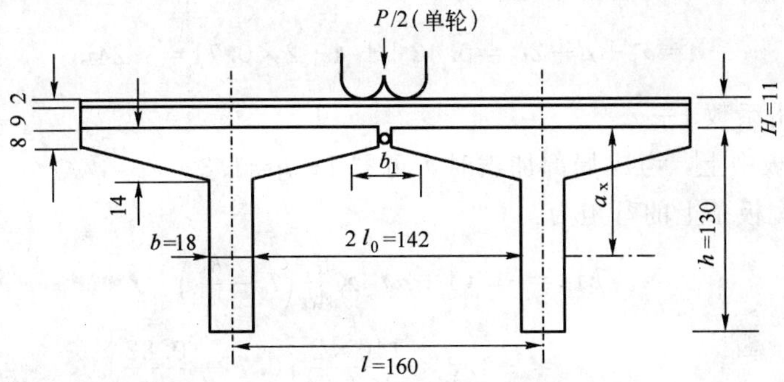

图 2-2-8　T 梁横截面图（尺寸单位：cm）

②每米宽板条的永久作用内力

$$M_{sg}=-\frac{1}{2}gl_0^2=-\frac{1}{2}\times5.37\times0.71^2=-1.35\text{kN}\cdot\text{m}$$

$$Q_{sg}=gl_0=5.37\times0.71=3.81\text{kN}$$

(2) 公路—I 级荷载产生的内力

将加重车后轮作用于铰缝轴线上（图 2-2-8），后轴作用力 $P=140\text{kN}$，轮压分布宽度如图 2-2-9 所示。汽车后轮着地长度为 $a_2=0.20\text{m}$，宽度为 $b_2=0.60\text{m}$，则有：

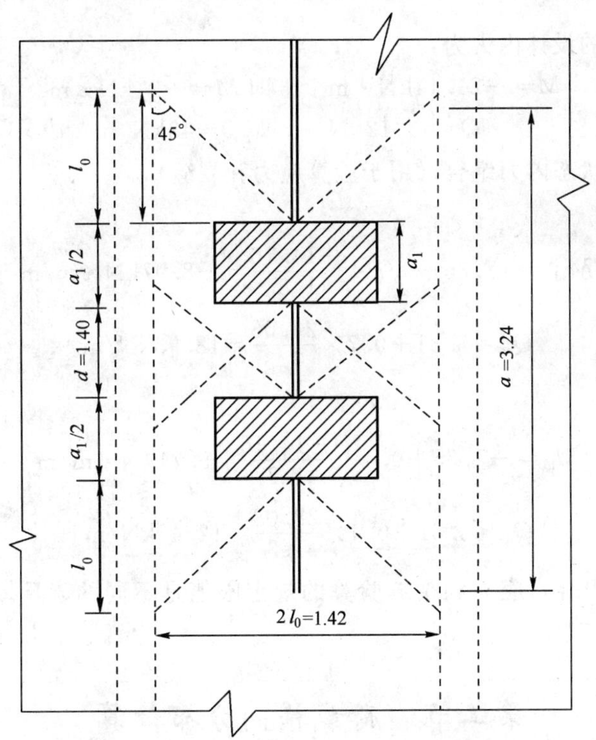

图 2-2-9　公路-I 级的计算图式（尺寸单位：m）

$$a_1=a_2+2H=0.20+2\times0.11=0.42\text{m}$$

$$b_1=b_2+2H=0.60+2\times0.11=0.82\text{m}$$

荷载对于悬臂根部的有效分布宽度为：

$$a=a_1+d+2l_0=0.42+1.4+2\times0.71=3.24\text{m}$$

下面计算冲击系数 $1+\mu$。

在 T 梁悬臂板中上，考虑局部加载时，可取 $1+\mu=1.3$。

作用于每米宽板条上的弯矩为：

$$\begin{aligned}M_{sp}&=-(1+\mu)\times\frac{P}{4a}\left(l_0-\frac{b_1}{4}\right)\\&=-1.3\times\frac{140\times2}{4\times3.24}\left(0.71-\frac{0.82}{4}\right)\\&=14.16\text{kN}\cdot\text{m}\end{aligned}$$

作用于每米宽板条上的剪力为：

$$Q_{AP}=(1+\mu)\frac{P}{4a}=1.3\times\frac{140\times2}{4\times3.24}=28.08\text{kN}$$

(3) 内力组合

①承载能力极限状态内力基本组合（用于验算强度）

$$M=\gamma_0M_d=1.0\times[1.2\times(-1.35)+1.4\times(-14.16)]=-21.44\text{kN}\cdot\text{m}$$

$$Q=\gamma_0M_d=1.0\times(1.2\times3.81+1.4\times28.08)=43.12\text{kN}$$

所以，行车道板的设计内力为：

$$M=-21.44\text{kN}\cdot\text{m}\qquad 即\ M=-21\text{kN}\cdot\text{m}$$

$$Q=43.12\text{kN}\qquad 即\ Q=43\text{kN}$$

②正常使用极限状态内力组合（用于验算应力和裂缝）

a. 短期效应组合

$$M_{sd}=-1.35+0.7\times\frac{-14.16}{1.3}=-8.97\text{kN}\cdot\text{m/m}$$

$$Q_{sd}=3.81+0.7\times\frac{28.08}{1.3}=18.93\text{kN/m}$$

b. 长期效应组合

$$M_{ld}=-1.35+0.4\times\frac{-14.16}{1.3}=5.71\text{kN}\cdot\text{m/m}$$

$$Q_{ld}=3.81+0.4\times\frac{28.08}{1.3}=12.45\text{kN/m}$$

对于不同的内力组合，应力和裂缝验算的规定限值是不同的，具体可参阅《混凝土桥规》。

第二节　荷载横向分布计算

一、荷载横向分布的定义

对于一座由多片主梁和横隔梁组成的桥梁（图 2-2-10a））来说，当桥上有荷载 P 作用时，由于结构的横向联系会使所有主梁不同程度地参与工作，随着荷载作用位置 (x, y)

的变化，某根主梁所承担的荷载也随之变化。因此，设计时首先了解某根主梁所分担的最不利荷载，然后再沿桥纵向确定该主梁某一截面的最不利内力，并以此得出整座桥梁中最不利主梁的最大内力值。鉴于结构受力和变形的空间性，求解这种结构的内力应当属于空间计算理论问题。

目前广泛使用的一种方法，是将复杂的空间问题合理转化成简单的平面问题来求解。这种方法的实质是：假设结构中某点截面的内力影响面用双值函数 $\eta(x, y)$ 来表示，则该截面的内力值表示 $S=P\cdot\eta(x, y)$，再将影响面 $\eta(x, y)$ 分离成两个单值函数的乘积，即，$\eta_1(x)\cdot\eta_2(y)$。因此，对于某根主梁某一截面的内力值就可表示为：

$$S=P\cdot\eta(x, y)\approx P\cdot\eta_1(x)\cdot\eta_2(y) \tag{2-2-21}$$

式中：$\eta(x, y)$——空间计算中某梁的内力计算影响面；

$\eta_1(x)$——单梁在 x 轴方向某一截面的内力影响线；

$\eta_2(y)$——单位荷载沿桥面横向（y 轴方向）作用在不同位置时，某梁所分配的荷载比值变化曲线，也称作对于某梁的荷载横向分布影响线。

$P\cdot\eta_2(y)$ 就是当 P 作用于 $a(x, y)$ 点时沿横向分配给某梁的荷载（图 2-2-10b)），暂以 P' 表示，即 $P'=P\cdot\eta_2(y)$。按照最不利位置布载，就可求得其所受的最大荷载 P'_{max}。

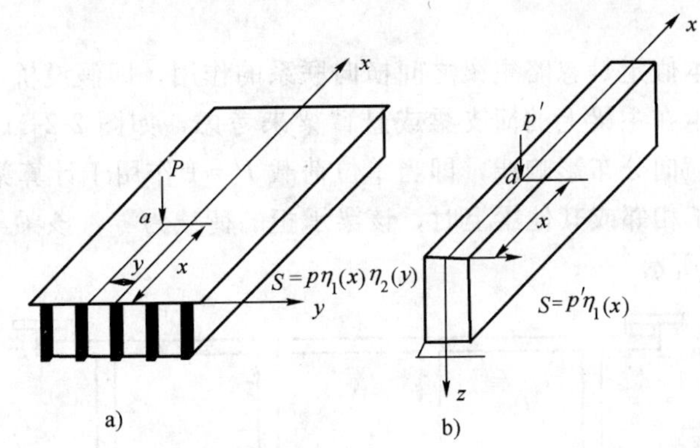

图 2-2-10　荷载作用下的内力计算图

定义 $P'_{max}=m\cdot p$，P 为汽车轴重，则 m 就称为荷载横向分布系数，它表示某根主梁所承担的最大荷载是汽车各个轴重的倍数（通常小于 1）。

对于汽车和人群荷载的横向分布系数 m 的计算公式如下：

$$\left.\begin{aligned} &\text{汽车：} && m_q=\frac{\sum\eta_q}{2} \\ &\text{人群：} && m_r=\eta_r \end{aligned}\right\} \tag{2-2-22}$$

式中：η_q、η_r——对应于汽车和人群荷载集度的荷载横向分布影响线竖标。

需要注意的是，“荷载横向分布”仅是借用的一个概念，其实质应该是“内力”横向分布，而并不是“荷载”横向分布，只是在计算式的表现形式上成了“荷载”横向分布。另外，严格地说，任意位置(x, y)上的各个内力 $S(x, y)$ 都有各自的内力影响面，应有各自的横向分布系数 m_0，但在实际计算中，主梁各截面弯矩的横向分布系数 m_0 均采用全跨单一的跨中截面横向分布系数，结果是偏于安全的。但计算剪力横向分布系数时，必须考虑 m_c 的变化，这一点将在后面讲述。

二、荷载横向分布的计算

根据各种梁式桥的不同宽度、横向连接的形式以及计算截面的位置，目前有以下几种荷载横向分布影响线的计算方法：

（1）杠杆原理法——把横向结构（桥面板和横梁）视作在主梁上断开而简支在其上的简支梁。

（2）偏心压力法——把横梁视作刚性为无穷大的梁。

（3）铰接板（梁）法——把相邻板（梁）之间视为铰接，只传递剪力。

（4）刚接梁法——把相邻主梁之间视为刚性连接，可以传递剪力和弯矩。

（5）比拟正交异性板法——将主梁和横梁的刚度换算成正交两个方向刚度不同的比拟弹性平板来求解。

本节重点介绍较常用的杠杆原理法、偏心压力法、铰接板（梁）法和刚接梁法；比拟正交异性板法因需要查阅计算图表和进行插入换算，计算较繁，目前在设计中也较少采用，故不作介绍。

1. 杠杆原理法

杠杆原理法的基本假定是忽略主梁之间横向联系的作用，即假设桥面板在主梁梁肋处断开，而当作沿横向支承在主梁上的简支梁或悬臂梁来考虑，如图 2-2-11a)、b）所示。这样可以作出主梁的荷载横向分布影响线，即当单位荷载 $P=1$ 作用于计算梁上时，该梁承担的荷载为 1；当 P 作用于相邻或其他梁上时，该梁承担的荷载为零，该梁与相邻梁之间按线性变化，如图 2-2-11c）所示。

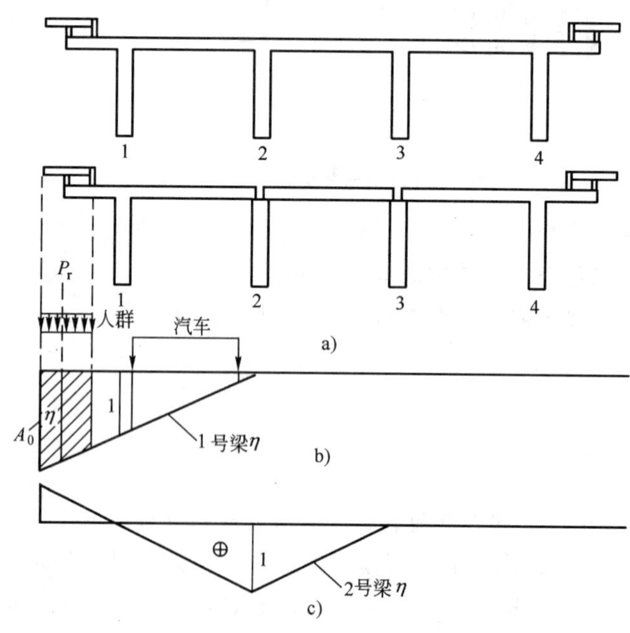

图 2-2-11　按杠杆原理法计算荷载横向分布系数

有了各根主梁的荷载横向分布影响线，就可根据各种可变作用最不利荷载位置求得相应的横向分布系数 m_0。

对于汽车和人群荷载的横向分布系数 m 的计算公式如下：

汽车：

$$m_q=\frac{\sum\eta_q}{2}$$

人群：

$$m_r=\eta_r \tag{2-2-23}$$

式中：η_q、η_r——对应于汽车和人群荷载集度的荷载横向分布影响线竖标。

杠杆原理法适用于计算主梁支点处的荷载横向分布系数 m_0，此时主梁的支承刚度远大于主梁间横向联系的刚度，受力特性与杠杆原理法比较接近。另外该法也可用于双主梁桥，或横向联系很弱的无中间横梁的桥梁。

【例 2-2-2】 如图 2-2-12a）所示为桥面净空为净－7＋2×0.75m 人行道的五梁式钢筋混凝土 T 梁桥。试求荷载位于支点处时 1 号梁和 2 号梁相应于汽车和人群荷载的横向分布系数。

【解】 当荷载位于支点处时，可按杠杆原理法计算荷载横向分布系数。

首先绘制 1 号梁和 2 号梁的荷载横向影响线，如图 2-2-12b）和图 2-2-12c）所示。再根据《桥规》规定，在横向影响线上确定荷载沿横向最不利的布置位置。如：汽车横向轮距为 1.8m，两列汽车车轮的横向最小间距为 1.3m，车轮距离人行道缘石最少为 0.5m。由此，求出相应于荷载位置的影响线竖标值后，按式（2-2-22）可得 1 号梁的荷载横向分布系数为：

汽车：

$$m_{0q}=\sum\frac{\eta_q}{2}=\frac{0.875}{2}=0.438$$

人群荷载：

$$m_{0r}=\eta_r=1.422$$

同理，按图 2-2-12c）的计算，可得 2 号梁的荷载横向分布系数 $m_{0q}=0.5$ 和 $m_{0r}=0$。这里在人行道上没有布载，是因为人行道荷载引起的是负反力，考虑荷载组合时反而会减小 2 号梁的受力。

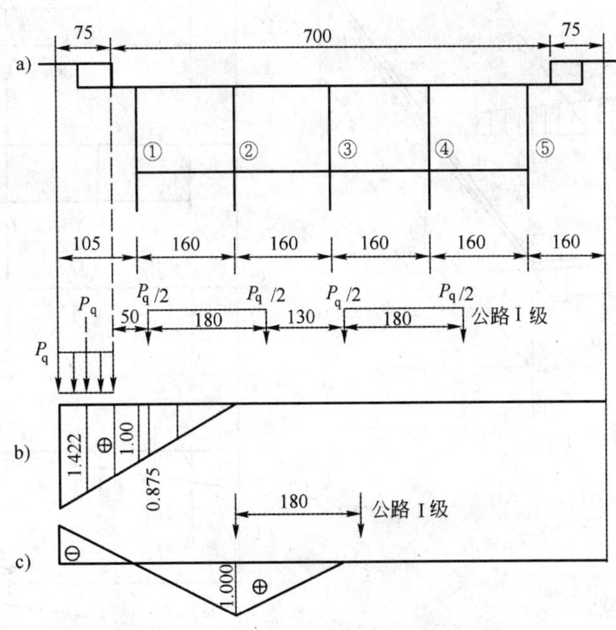

图 2-2-12 杠杆原理法计算横向分布系数（尺寸单位：cm）

a）桥梁横截面；b）1 号梁荷载横向分布影响线；c）2 号梁荷载横向分布影响线

3 号梁的荷载横向分布影响线与 2 号梁在正号区段内的完全相同，但其没有负号区域，因此它的各荷载横向分布系数与 2 号梁并不完全相同。

2. 偏心压力法

在钢筋混凝土或预应力混凝土梁桥上，通常除在桥的两端设置横隔梁外，还在跨度中央，甚至还在跨度四分点处设置中间横隔梁，这样可以显著增加桥梁的整体性，并加大横向结构的刚度。

偏心压力法计算荷载横向分布适用于这种桥上具有可靠的横向联结，而且桥的宽跨比 B/l 小于或接近 0.5 的情况时（一般称为窄桥），计算跨中截面荷载横向分布系数 m_c。

偏心压力法的基本前提是：①在车辆荷载作用下，中间横梁的弹性挠曲变形同主梁相比微不足道，可以近似地看作一根刚度为无穷大的刚性梁保持直线形状。这种把横梁当作支承在各片主梁上的连续刚体计算荷载横向分布系数的方法，称为“偏心受压法”。基于横梁无限刚性的假定，此法也称为“刚性横梁法”。②计算中忽略主梁的抗扭刚度，即不计入主梁扭矩抵抗可变作用的影响。如图 2-2-13a）所示，图中 w_i 表示桥跨中央各主梁的竖向挠度。

根据在弹性范围内，某根主梁所承受到的荷载 R_i 与该荷载所产生的跨中弹性挠度 ω_i 成正比例的原则，可以得出：在中间横梁刚度相当大的窄桥上，在沿横向偏心布置的可变作用情况下，总是靠近可变作用一侧的边主梁受载最大。下面介绍单位荷载 $P=1$ 作用在跨中任意位置（偏心距为 e）时，1 号主梁所承担的力 R_1。

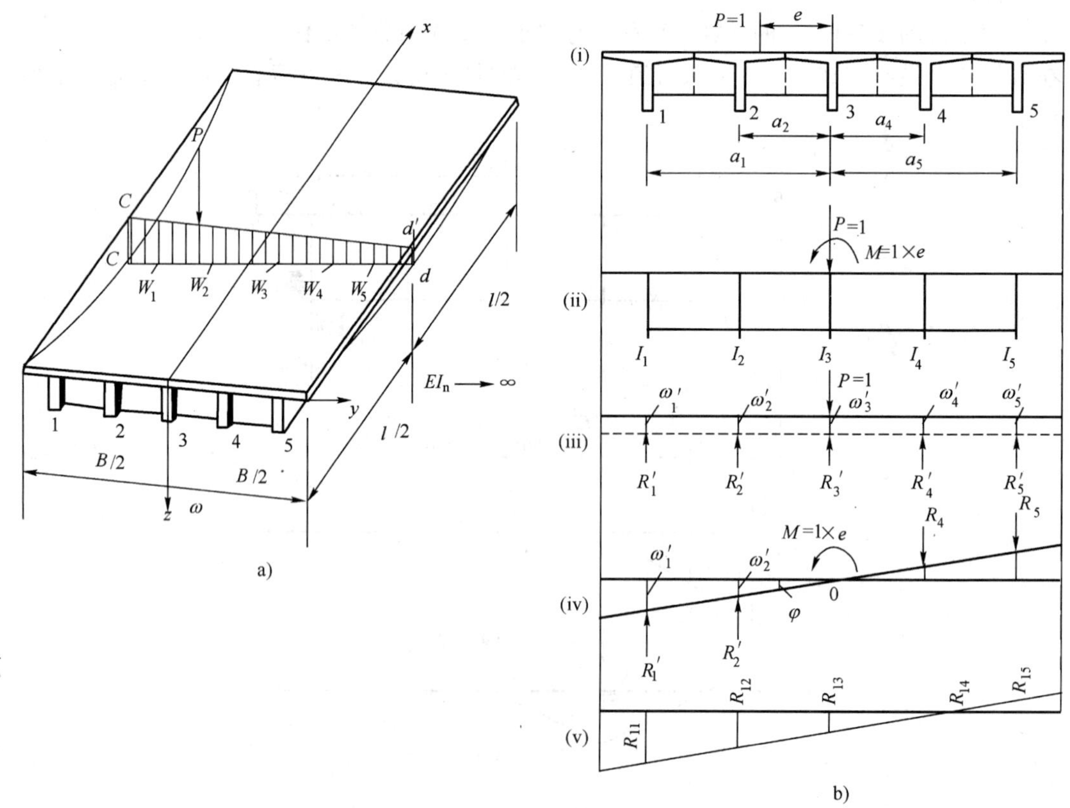

图 2-2-13　偏心压力法计算图示

取跨中 $x=l/2$ 截面作为研究对象，如图 2-2-13b）所示。通常情况下，各主梁的惯性矩 I_i 相等。显然，对于具有近似刚性中间横隔梁的结构，偏心荷载 $P=1$ 可以用作用于桥轴线的中心荷载 $P=1$ 和偏心力矩 $M=1\cdot e$ 来替代，分别求出这两种情况下 1 号主梁所承担的力，然后进行叠加，如图 2-2-13b）所示。

（1）中心荷载 $P=1$ 的作用，如图 2-2-13b（iii）所示。由于中心荷载作用下，刚性中横梁整体向下平移，则各主梁的跨中挠度相等，即：

$$\omega'_1=\omega'_2=\cdots=\omega'_n=\bar{\omega} \tag{2-2-24}$$

根据材料力学知识，作用于简支梁跨中的荷载（即主梁所分担的荷载）与挠度的关系为：

$$\omega'_i=\frac{R'_i l^3}{48EI_i} \tag{2-2-25}$$

式中：I_i——桥梁横截面内各主梁的抗弯惯性矩。

当各主梁截面相等时，即 $I_1=I_2=\cdots=I_n=I$，则由上二式得反力与挠度成正比的关系如下：

$$\frac{R'_1}{\omega'_1}=\frac{R'_2}{\omega'_2}=\cdots\frac{R'_1}{\omega'_i}$$

$$\frac{R'_n}{\omega'_n}=\frac{48EI}{l^3}=C\text{（常数）}$$

由此得：

$$R'_i=C\omega'_i=C\bar{\omega} \tag{2-2-26}$$

根据静力平衡条件，有：

$$\sum_{i=1}^{n}R'_i=1$$

将式（2-2-25）代入式（2-2-26），有：

$$C\sum_{i=1}^{n}\omega_i=1$$

即：

$$C\sum_{i=1}^{n}\omega=1$$

可得：

$$C\cdot\bar{\omega}=\frac{1}{n} \tag{2-2-27}$$

再将式（2-2-27）代入式（2-2-26）后得：

$$R'_i=\frac{1}{n} \tag{2-2-28}$$

（2）偏心力矩 $M=1\cdot e$ 的作用

在偏心力矩 $M=1\cdot e$ 作用下，桥的横截面产生绕中心 O 的转角 φ，如图 2-2-13b）（iv）所示，因此各主梁的跨中挠度为：

$$\omega''_i=a_i\tan\varphi \tag{2-2-29}$$

式中：a_i——各片主梁梁轴到截面形心的距离。

根据力矩平衡条件，有：

$$\sum_{i=1}^{n}R''_i\cdot a_i=1\cdot e \tag{2-2-30}$$

再根据反力与挠度成正比的关系，有：

$$R''_i = C \cdot \omega_i \tag{2-2-31}$$

或

$$R''_i = C \cdot a_i \tan\varphi \tag{2-2-32}$$

将式（2-2-32）代入式（2-2-30）得：

$$C \cdot \tan\varphi \cdot \sum_{i=1}^{n} a_i^2 = 1 \cdot e$$

或

$$C \cdot \tan\varphi = \frac{e}{\sum\limits_{i=1}^{n} a_i^2} \tag{2-2-33}$$

将式（2-2-33）代入式（2-2-32）后，得：

$$R''_i = \frac{a_i e}{\sum\limits_{i=1}^{n} a_i^2} \tag{2-2-34}$$

（3）偏心距离为 e 的单位荷载 $P=1$ 对 1 号主梁的总作用（图 2-2-13b）（v））：

$$R_{1e} = \eta_{1e} = \frac{1}{n} \pm \frac{a_1 e}{\sum\limits_{i=1}^{n} a_i^2} \tag{2-2-35}$$

这就是 1 号主梁的荷载横向影响线在各梁位处的竖标值。

应注意，当上式中的荷载位置 e 和梁位 a_i 位于形心轴同侧时，取正号，反之应取负号。

当 $P=1$ 位于第 k 号梁轴上（$e=a_k$）时，对 1 号主梁的总作用可写成：

$$\eta_{1k} = \frac{1}{n} \pm \frac{a_1 a_k}{\sum\limits_{i=1}^{n} a_i^2} \tag{2-2-36}$$

（4）同理，当 $P=1$ 位于第 k 号梁轴上（$e=a_k$）时，对 i 号主梁的总作用：

$$\eta_{ik} = \frac{1}{n} \pm \frac{a_i a_k}{\sum\limits_{i=1}^{n} a_i^2} \tag{2-2-37}$$

由此也不难得到关系式：

$$\eta_{1k} = R_{1k} = \eta_{k1} \tag{2-2-38}$$

（5）同理可得，当各主梁的惯性矩 I_i 不相等时，偏心荷载 $P=1$ 对各主梁的总作用：

$$\eta_{ie} = \frac{I_i}{\sum\limits_{i=1}^{n} I_i} \pm \frac{e a_i I_i}{\sum\limits_{i=1}^{n} a_i^2 I_i} \tag{2-2-39}$$

当 $P=1$ 位于第 k 号梁轴上（$e=a_k$）时，上式可写成：

$$\eta_{ik} = \frac{I_i}{\sum\limits_{i=1}^{n} I_i} \pm \frac{a_i a_k I_i}{\sum\limits_{i=1}^{n} a_i^2 I_i} \tag{2-2-40}$$

【例 2-2-3】 一座计算跨径 $l=19.50$m 的简支梁，其横截面如图 2-2-14a）所示，纵断面布置如图 2-2-33 所示。试求荷载位于跨中时 1 号边梁的荷载横向分布系数 m_{cq}（汽车荷载）和 m_{cr}（人群荷载）。

【解】 从图 2-2-33 中可知，此桥设有刚度强大的横隔梁，且承重结构的跨宽比为：

$$\frac{l}{B} = \frac{19.50}{5 \times 1.60} = 2.4 > 2$$

故可按偏心压力法来计算横向分布系数 m_c，其步骤如下：

（1）求荷载横向分布影响线竖标

本桥各根主梁的横截面均相等，梁数 $n=5$，梁间距为 1.60m，则：

$$\sum_{i=1}^{5} a_i^2 = a_1^2 + a_2^2 + a_3^2 + a_4^2 + a_5^2$$

$$= (2\times 1.60)^2 + 1.60^2 + 0 + (-1.60)^2 + (-2\times 1.60)^2$$

$$= 25.60\text{m}^2$$

由式（2-2-35）得，1 号梁在两个边主梁处的横向影响线的竖标值为：

$$\eta_{11} = \frac{1}{n} + \frac{a_1^2}{\sum_{i=1}^{n} a_i^2} = \frac{1}{5} + \frac{(2\times 1.60)^2}{25.60}$$

$$= 0.20 + 0.40 = 0.60$$

$$\eta_{15} = \frac{1}{n} - \frac{a_1 a_5}{\sum_{i=1}^{n} a_i^2} = 0.2 - 0.4 = -0.2$$

（2）绘出荷载横向分布影响线，并按最不利位置布载，如图 2-2-14b）所示，其中：

人行道缘石至 1 号梁轴线的距离 Δ 为：

$$\Delta = 1.05 - 0.75 = 0.3\text{m}$$

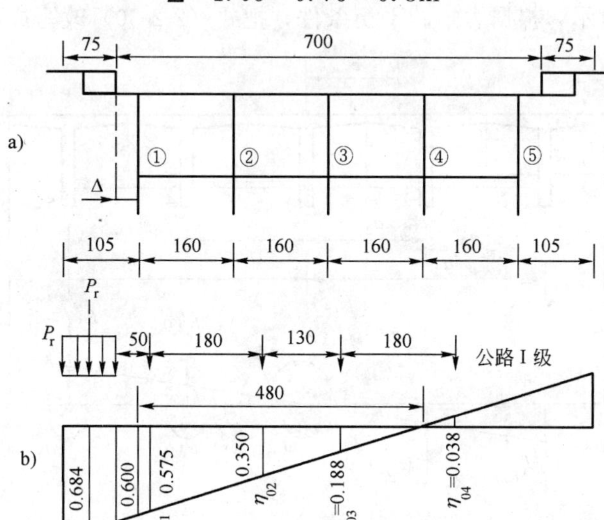

图 2-2-14　刚性横梁法计算横向分布系数图示（尺寸单位：cm）

荷载横向分布影响线的零点至 1 号梁位的距离为 x，可按比例关系求得：

$$\frac{x}{0.60} = \frac{4\times 1.60 - x}{0.2} \qquad \text{解得 } x = 4.80\text{m}$$

并据此计算出对应各荷载点的影响线竖标 η_{qi} 和 η_r。

（3）计算荷载横向分布系数 m_c

1 号梁的可变作用横向分布系数分别计算如下：

汽车荷载

$$m_{cq} = \frac{1}{2}\sum \eta_q = \frac{1}{2}(\eta_{q1} + \eta_{q2} + \eta_{q3} + \eta_{q4})$$

$$= \frac{1}{2}\times \frac{0.60}{4.80}(4.60 + 2.80 + 1.50 - 0.30) = 0.538$$

人群荷载

$$m_{cr}=\eta_r=\frac{\eta_{11}}{x}\cdot x_r=\frac{0.60}{4.80}\times\left(4.80+0.30+\frac{0.75}{2}\right)=0.684$$

求得 1 号梁的各种荷载横向分布系数后，就可得到各类荷载分布至该梁的最大荷载值。

3. 考虑主梁抗扭刚度的修正偏心压力法

前面所介绍的偏心压力法具有概念清楚、公式简明和计算方便等优点。然而其在推演中由于作了横梁近似绝对刚性和忽略主梁抗扭刚度的两项假定，这就导致了边梁受力偏大的计算结果。因此以往在实用计算中也有将按偏心压力法求得的边梁最大横向分布系数乘以 0.9 加以约略折减的方法。

为了弥补偏心压力法的不足，国内外也广泛地采用考虑主梁抗扭刚度的修正偏心压力法。这一方法既不失偏压法之优点，又避免了结果偏大的缺陷，因此修正偏压法是一个具有较高实用价值的近似法。

采用修正偏心压力法计算荷载横向分布时，只要对偏心力矩 $M=1\cdot e$ 的作用进行修正即可。如图 2-2-15 所示，根据力矩的平衡条件，把式（2-2-30）改写成：

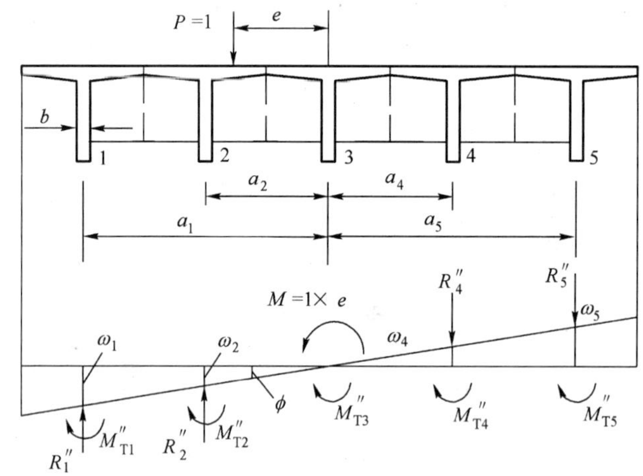

图 2-2-15　修正刚性横梁法计算图示

$$\sum_{i=1}^{n}R''_i\cdot a_i+\sum_{i=1}^{n}M_{Ti}=1\cdot e \tag{2-2-41}$$

由材料力学知，简支梁跨中截面扭矩 M_T 与扭角 φ 以及竖向力与挠度之间的关系为：

$$\varphi=\frac{lM_{Ti}}{4GI_{Ti}}\text{和 }\omega_i=\frac{R''_i l^3}{48EI_i} \tag{2-2-42}$$

式中：G——材料的剪切模量；

I_{Ti}——梁的抗扭惯矩。

由几何关系知：

$$\varphi\approx\tan\varphi=\frac{\omega_i}{a_i} \tag{2-2-43}$$

将式（2-2-43）代入式（2-2-42）得：

$$\varphi=\frac{R''_i l^3}{48a_iEI_i} \tag{2-2-44}$$

将式（2-2-44）代入式（2-2-42）得：

$$M_{\mathrm{Ti}}=R''_{\mathrm{i}}\frac{l^2GI_{\mathrm{Ti}}}{12a_{\mathrm{i}}EI_{\mathrm{i}}} \tag{2-2-45}$$

另由几何和刚度的比例关系，可知1号主梁的荷载为：

$$\frac{R''_{\mathrm{i}}}{a_{\mathrm{i}}I_{\mathrm{i}}}=\frac{R''_{\mathrm{i}}}{a_1I_1}\Rightarrow R''_{\mathrm{i}}=R''_1\frac{a_{\mathrm{i}}I_{\mathrm{i}}}{a_1I_1} \tag{2-2-46}$$

将式（2-2-46）代入式（2-2-45）得：

$$\sum R''_1\frac{a_{\mathrm{i}}^2I_{\mathrm{i}}}{a_1I_1}+\sum R''_1\frac{a_{\mathrm{i}}I_{\mathrm{i}}}{a_1I_1}\frac{l^2GI_{\mathrm{Ti}}}{12a_{\mathrm{i}}EI_{\mathrm{i}}}=e$$

或

$$R''_1\frac{1}{a_1I_1}\left(\sum a_{\mathrm{i}}^2I+\frac{Gl^2}{12E}\sum I_{\mathrm{Ti}}\right)=e$$

则：$$R''_1=\frac{ea_1I_1}{\sum a_{\mathrm{i}}^2I_{\mathrm{i}}+\frac{Gl^2}{12E}\sum I_{\mathrm{Ti}}}=\frac{ea_1I_1}{\sum a_{\mathrm{i}}^2I_{\mathrm{i}}}\left[\frac{1}{1+\frac{Gl^2\sum I_{\mathrm{Ti}}}{12E\sum a_{\mathrm{i}}^2I_{\mathrm{i}}}}\right]=\beta\frac{ea_1I_1}{\sum\limits_{i=1}^{n}a_{\mathrm{i}}^2I_{\mathrm{i}}} \tag{2-2-47}$$

即1号主梁所承担的总荷载为：

$$R_{1\mathrm{e}}=\eta_{1\mathrm{e}}=\frac{\mathrm{I}_1}{\sum\limits_{n=1}^{n}I_{\mathrm{i}}}\pm\beta\frac{ea_1I_1}{\sum\limits_{n=1}^{n}a_{\mathrm{i}}^2I_{\mathrm{i}}} \tag{2-2-48}$$

式中 $\beta=\frac{1}{1+\frac{Gl^2\sum I_{\mathrm{Ti}}}{12E\sum a_{\mathrm{i}}^2I_{\mathrm{i}}}}<1$，称为抗扭修正系数。

任意主梁所承担的总荷载为：

$$R_{\mathrm{ie}}=\eta_{\mathrm{ie}}=\frac{\mathrm{I}_{\mathrm{i}}}{\sum\limits_{i=1}^{n}I_{\mathrm{i}}}\pm\beta\frac{ea_{\mathrm{i}}I_{\mathrm{i}}}{\sum\limits_{i=1}^{n}a_{\mathrm{i}}^2I_{\mathrm{i}}} \tag{2-2-49}$$

修正偏心压力法比偏心压力法的计算精度要高，更接近真实值。但是当主梁的片数增多，桥宽增加，横梁和主梁相对弯曲刚度比值降低，横梁不再看作是无限刚度时，用修正偏心压力法计算仍会产生较大的误差，此时可采用刚接梁法计算。

4. 铰接板（梁）法

对于把纵向企口缝用现浇混凝土连结的装配式板桥以及仅在翼板间用焊接钢板或伸出交叉钢筋连结的无中间横梁的装配式梁桥，由于块件间横向具有一定的连结构造，但其连结刚性又很薄弱，进行跨中荷载横向分布的计算，上面所述的“杠杆原理法”和“偏心压力法”均不适用。鉴于这类结构的受力状态实际接近于数根并列而相互间横向铰接的狭长板（梁），故专门发展了横向铰接板（梁）理论来计算荷载的横向分布。下面将阐明铰接板（梁）法的基本假定、计算理论和计算参数的确定，并列举了荷载横向分布系数的计算。

图 2-2-16a）为一座应用混凝土企口缝连结的装配式板桥承受荷载 P 的变形图式。当2号板块上有荷载 P 作用时，除了本身引起纵向挠曲外（板块本身的横向变形极小，可略去不计），其他板块也会受力而发生相应的挠曲，这是因为各板块之间通过结合缝所承受的内力在起传递荷载的作用。图 2-2-16b）示出一般情况下结合缝上可能引起的内力为竖向剪力 $g(x)$、横向弯矩 $m(x)$、纵向剪力 $t(x)$ 和法向力 $n(x)$。然而，当桥上主要作用竖向车轮荷载时，纵向剪力和法向力同竖向剪力相比，影响极小；加之在构造上，结合缝（企口缝）的高度不大、刚性甚弱，通常可看作近似铰接，则横向弯矩对传布荷载的影响极小，也可忽略。为了简化计算，可以假定竖向荷载作用下结合缝内只传递竖向剪力 $g(x)$，如图 2-2-16c）所示，

这就是横向铰接板（梁）计算理论的假定前提。

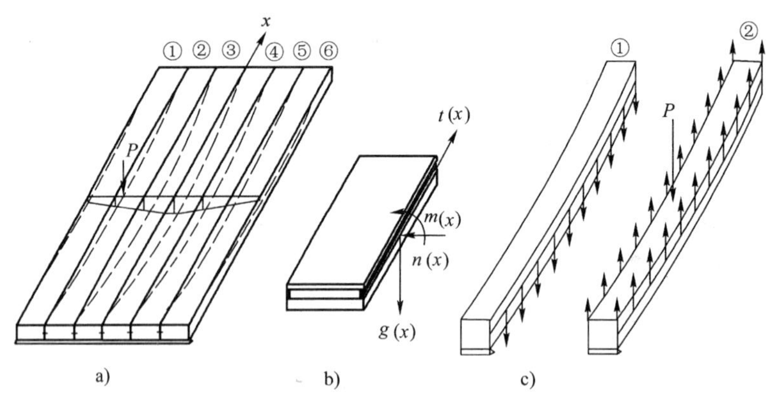

图 2-2-16　铰接板桥受力示意图

尚须指出的是，把一个空间计算问题，借助按横向挠度分布规律来确定荷载横向分布的原理，简化为一个平面问题来处理，应当满足下述关系（以 1、2 号板梁为例）：

$$\frac{\omega_1(x)}{\omega_2(x)}=\frac{M_1(x)}{M_2(x)}=\frac{Q_1(x)}{Q_2(x)}=\frac{P_1(x)}{P_2(x)}=\text{常数}$$

此式表明，在荷载作用下，任意两根板梁所分配到的荷载的比值，与挠度的比值以及截面内力的比值都相同。

对于每条板梁有关系式 $M(x)=-EI\omega''$ 和 $Q(x)=-EI\omega'''$，代入上式，并设 EI 为常数，则

$$\frac{\omega_1(x)}{\omega_2(x)}=\frac{\omega''_1(x)}{\omega''_2(x)}=\frac{\omega'''_1(x)}{\omega'''_2(x)}=\frac{P_1(x)}{P_2(x)}=\text{常数} \tag{2-2-50}$$

但是，实际上无论对于集中轮重或是分布荷载的作用情况，都不能满足上式的条件。就以图 2-2-16c）铰接板的受力情况来看，2 号板梁上的集中荷载 P 与 1 号板梁经竖向剪力传递的分布荷载 $g(x)$ 是性质完全不同的荷载，这就根本无法谈论它们之间的比值 $p_1(x)/p_2(x)$ 和其他比值了。

然而，如果采用具有某一峰值 p_0 的半波正弦荷载，则

$$p(x)=p_0\sin\frac{\pi x}{l} \tag{2-2-51}$$

根据其积分和求导的性质，条件式（2-2-50）就能得到满足。对于研究荷载横向分布，还可方便地设 $p_0=1$ 而直接采用单位正弦荷载来分析。此时各根板梁的挠曲线 ω 将是半波正弦曲线，它们所分配到的荷载也是具有不同峰值的半波正弦荷载。这样，就使荷载、挠度和内力三者的变化规律趋于协调统一。

由此可见，严格说来，荷载横向分布的处理方法，理论上仅对常截面的简支梁桥（ω 为正弦函数时满足简支的边界条件）作用半波正弦荷载时，才属正确。鉴于用正弦荷载代替跨中的集中荷载，在计算各梁跨中挠度时的误差很小；而且，计算内力时虽有稍大的误差，但考虑到实际计算时有许多车轮沿桥跨分布，这样又进一步使误差减少，故在铰接板（梁）法中，作为一个基本假定，也就采用半波正弦荷载来分析跨中荷载横向分布的规律。

（1）铰接板桥的荷载横向分布

根据以上所作的基本假定，铰接板桥的受力图式如图 2-2-17 所示。在正弦荷载 $p(x)$

$=p\sin\frac{\pi x}{l}$作用下，各条铰缝内也产生正弦分布的铰接力，图 2-2-17b）中表示出任意一条板梁的铰接力分布图形。鉴于荷载、铰接力和挠度三者的协调性，对于研究各条板梁所分布荷载的相对规律来说，方便地取跨中单位长度和截割段来进行分析不失其一般性，此时各板条间铰接力可用正弦分布铰接力的峰值 g 来表示。

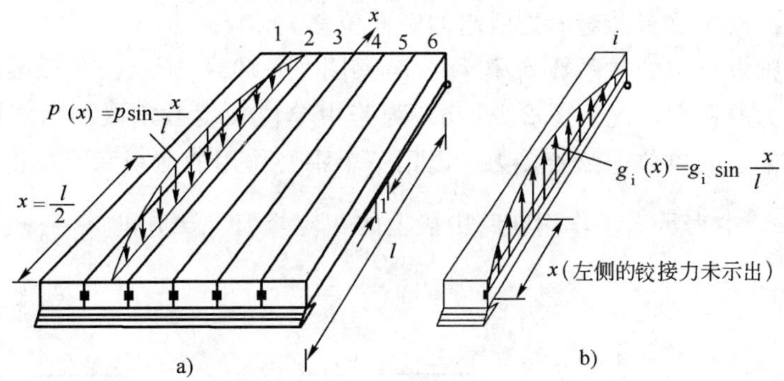

图 2-2-17　铰接板桥受力图式

图 2-2-18 a）为一座横向铰接板桥的横截面图，现在我们来研究单位正弦荷载作用在 1 号板梁轴线上时，荷载在各条板梁内的横向分布，计算图式如图 2-2-18b）所示。

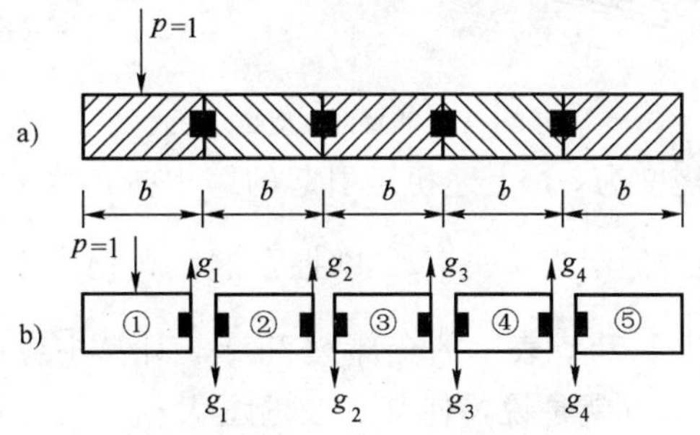

图 2-2-18　铰接板桥计算图式

一般说来，对于具有 n 条板梁组成的桥梁，必然具有 $n-1$ 条铰缝。在板梁间沿铰缝切开，则每一接缝内作用着一对大小相等、方向相反的正弦分布铰接力，因此对于 n 条板梁就有 $n-1$ 个欲求的未知铰接力峰值 g_i。如果求得了所有的 g_i，则根据力的平衡原理，可得分配到各板块的竖向荷载的峰值 g_{i1}，以图 2-2-18 b）所示的五块板为例，即为：

$$\left.\begin{array}{ll}1\text{ 号板} & p_{11}=1-g_1\\ 2\text{ 号板} & p_{21}=g_1-g_2\\ 3\text{ 号板} & p_{31}=g_2-g_3\\ 4\text{ 号板} & p_{41}=g_3-g_4\\ 5\text{ 号板} & p_{51}=g_4\end{array}\right\}\qquad(2\text{-}2\text{-}52)$$

下面按结构力学中熟知的“力法”原理来求解正弦分布铰接力的峰值 g_i。显然，对于具有 $n-1$ 个未知铰接力的超静定问题，将每一铰缝切开形成基本体系，利用两相邻板块在铰接缝处的竖向相对位移为零的变形协调条件，就可解出全部铰接力峰值。为此，对于图 2-2-18b）的基本体系，可以列出 4 个正则方程如下：

$$
\left.\begin{aligned}
\delta_{11}g_1+\delta_{12}g_2+\delta_{13}g_3+\delta_{14}g_4+\delta_{1p}=0\\
\delta_{21}g_1+\delta_{22}g_2+\delta_{23}g_3+\delta_{24}g_4+\delta_{2p}=0\\
\delta_{31}g_1+\delta_{32}g_2+\delta_{33}g_3+\delta_{34}g_4+\delta_{3p}=0\\
\delta_{41}g_1+\delta_{42}g_2+\delta_{43}g_3+\delta_{44}g_4+\delta_{4p}=0
\end{aligned}\right\} \tag{2-2-53}
$$

式中：δ_{ik}——铰接缝 k 内作用单位正弦铰接力，在铰接缝 i 处引起的竖向相对位移；

δ_{ip}——外荷载 p 在铰接缝 i 处引起的竖向位移。

为了确定正则方程中的常系数 δ_{ik} 和 δ_{ip}，考察图 2-2-19a）所示任意板梁在左边铰缝内作用单位正弦铰接力的典型情况。图 2-2-19b）为跨中单位长度截割段的示意图。对于横向近乎刚性的板块，偏心的单位正弦铰接力可以用一个中心作用的荷载和一个正弦分布的扭矩来代替，图 2-2-19c）中表示出了作用在跨中段上的相应峰值 $g_i=1$ 和 $m_i=\frac{b}{2}$。设上述中心作

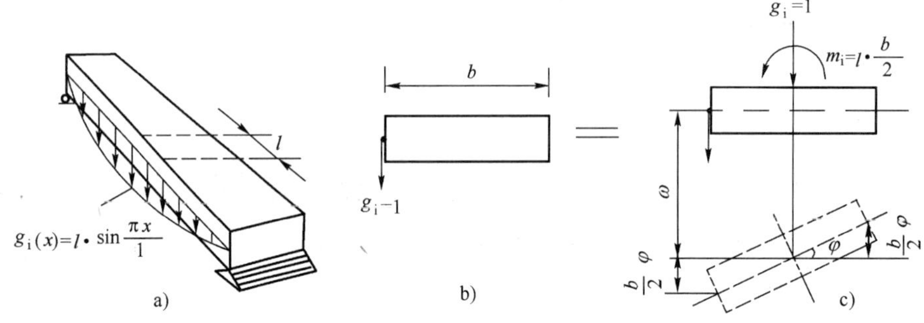

图 2-2-19　板梁的典型受力图式

用荷载在板跨中央产生的挠度为 ω，上述扭矩引起的跨中扭角为 φ，这样在板块左侧产生的总挠度为 $\omega+\frac{b}{2}\varphi$，在板块右侧则为 $\omega-\frac{b}{2}\varphi$。掌握了这一典型的变形规律，参照图 2-2-18b）的基本体系，就不难确定以 ω 和 φ 表示的全部 δ_{ik} 和 g_i。计算中应遵循下述符号规定：当 δ_{ik} 与 g_i 的方向一致时取正号，也就是说，使某一铰缝增大相对位移的挠度取正号，反之取负号。至此，依据图 2-2-18b）的基本体系，就可写出正则方程（2-2-53）中的常系数为：

$$\delta_{11}=\delta_{22}=\delta_{33}=\delta_{44}=2\left(\omega+\frac{b}{2}\varphi\right)$$

$$\delta_{12}=\delta_{23}=\delta_{34}=\delta_{21}=\delta_{32}=\delta_{43}=-\left(\omega-\frac{b}{2}\varphi\right)$$

$$\delta_{13}=\delta_{14}=\delta_{24}=\delta_{31}=\delta_{41}=\delta_{42}=0$$

$$\delta_{1p}=-\omega$$

$$\delta_{2p}=\delta_{3p}=\delta_{4p}=0$$

将上述的系数代入式（2-2-53），使全式除以 ω 并设刚度参数 $\gamma=\frac{\frac{b}{2}\varphi}{\omega}$，则得正则方程的简化形式：

$$
\left.\begin{aligned}
&2(1+\gamma)g_1-(-\gamma)g_2=1\\
&-(1-\gamma)g_1+2(1+\gamma)g_2-(1-\gamma)g_3=0\\
&-(1-\gamma)g_1+2(1+\gamma)g_3-(1-\gamma)g_4=0\\
&-(1-\gamma)g_3+2(1+\gamma)g_4=0
\end{aligned}\right\} \tag{2-2-54}
$$

一般说来 n 块板就有 $n-1$ 个联立方程，其主系数$\frac{1}{\omega}\delta_{ii}$都是 2 $(1+\gamma)$，副系数$\frac{1}{\omega}\delta_{ik}$ $(k=i\pm1)$ 都为$-(1-\gamma)$，其余都为零。荷载项系数除了直接受荷载的 1 号板块处为-1 以外，其余均为零。

由此可见，只要确定了刚度参数 γ、板块数量 n 和荷载作用位置，就可解除所有 $n-1$ 个未知铰接力的峰值。有了 g_i 就能按式（2-2-54）得到荷载作用下分配到各板块的竖向荷载的峰值。

（2）铰接板桥的荷载横向影响线和横向分布系数

上面我们阐明了沿桥的横向只有一个荷载（用单位正弦荷载代替）作用下的荷载横向分布问题。为了计算横向可移动的一排车轮荷载对某根板梁的总影响，最方便的方法就是利用该板梁的荷载横向影响线来计算横向分布系数。下面将从荷载横向分布计算出发来绘制横向影响线。

图 2-2-20a）表示荷载作用在 1 号板梁上时，各块板梁的挠度和所分配的荷载图式。

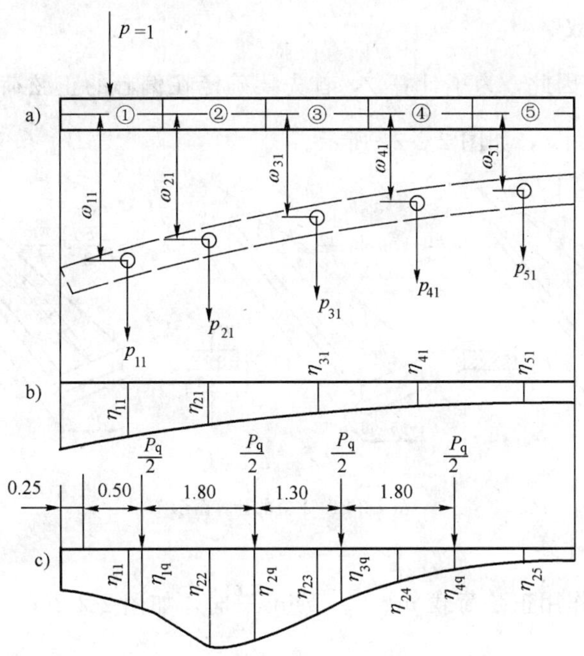

图 2-2-20 跨中的荷载横向影响线（尺寸单位：m）

对于弹性板梁，荷载与挠度呈正比关系，即：

$$p_{i1}=\alpha_1\omega_{i1};\ p_{1i}=\alpha_2\omega_{1i}$$

同理，由变位互等定理 $\omega_{i1}=\omega_{1i}$，且每块板梁的截面相同（比例常数 $\alpha_1=\alpha_2$），得：

$$p_{1i}=p_{i1}$$

上式表明，单位荷载作用在 1 号板梁轴线上时任一板梁所分配的荷载，就等于单位荷载作用于任意板梁轴线上时 1 号板梁所分配到的荷载，这就是 1 号板梁荷载横向影响线的竖标值，通常以 η_{1i}来表示。最后，利用前面式（2-2-52），就得 2 号板梁横向影响线的各竖标值为：

$$\left.\begin{aligned}\eta_{11}&=p_{11}=1-g_1\\ \eta_{12}&=p_{21}=g_1-g_2\\ \eta_{13}&=p_{31}=g_2-g_3\\ \eta_{14}&=p_{41}=g_3-g_4\\ \eta_{15}&=p_{51}=g_4\end{aligned}\right\} \tag{2-2-55}$$

把各个 η_{1i}按比例描绘在相应板梁的轴线位置，用光滑的曲线（或近似地用折线）连接这些竖标点，就得 1 号板梁的横向影响线如图 2-2-20b）所示。同理，如将单位荷载作用在 2 号板梁轴线上，就可求得 p_{i2}，从而可得 η_{2i}，如图 2-2-20c）所示。

在实际进行设计时，可以利用对于板块数目 $n=3\sim10$ 所编制的各号板的横向影响线竖标计算表格（见附表）。表中按刚度参数 $\gamma=0.00\sim2.00$ 列出了 η_{ik}的数值，对于非表列的 γ 值，可用直线内插来计算。

有了跨中荷载横向影响线，就可按前述同样的方法计算各类荷载的跨中横向分布系数 m_c。

（3）计算刚度参数 γ

因为 $\gamma=\dfrac{b}{2}\varphi/\omega$，因此，为了计算 γ，首先要确定在偏心的正弦荷载作用下，所产生的跨中竖向挠度 ω 和扭角 φ，如图 2-2-21 所示。

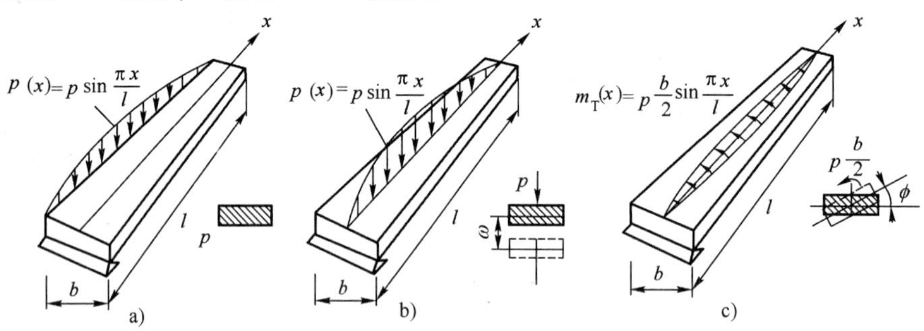

图 2-2-21　γ 值的计算图示

①跨中挠度 ω 的计算

简支板梁轴线上作用正弦荷载 $p(x)=p\sin\dfrac{\pi x}{l}$时，如图 2-2-21b）所示，根据梁的挠曲理论可得微分方程：

$$EI\omega''(x)=p(x)=p\sin\frac{\pi x}{l}$$

式中：E、I——材料的弹性模量和板梁截面的抗弯惯矩。

将上式逐次积分后可得：

$$EI\omega'''(x)=-\frac{pl}{\pi}\cos\frac{\pi x}{l}+A$$

$$EI\omega''(x)=-\frac{pl^2}{\pi^2}\sin\frac{\pi x}{l}+Ax+B$$

$$EI\omega'(x)=-\frac{pl^3}{\pi^3}\cos\frac{\pi x}{l}+\frac{Ax^2}{2}+Bx+C$$

$$EI\omega(x)=-\frac{pl^4}{\pi^4}\sin\frac{\pi x}{l}+\frac{Ax^3}{6}+\frac{B}{2}x^2+Cx+D$$

由两端简支的边界条件求积分常数：

a. $x=0$，$\omega(0)=0$　$D=0$

$\omega''(0)=0$　$B=0$

b. $x=l$，$\omega(l)=0$　$\frac{1}{6}Al^3+Cl=0$

$\omega''(l)=0$　$A=0$

因此

$$A=B=C=D=0$$

从而得挠度方程为：

$$\omega(x)=\frac{pl^4}{\pi^4 EI}\sin\frac{\pi x}{l} \tag{2-2-56}$$

当 $x=\frac{l}{2}$时，跨中挠度为：

$$\omega=\frac{pl^4}{\pi^4 EI} \tag{2-2-57}$$

②跨中扭角 φ 的计算

简支板梁轴线上作用正弦分布的扭矩 $m_T(x)=\frac{b}{2}p\sin\frac{\pi x}{l}$时，如图 2-2-21c）所示，根据梁的扭转理论可得微分方程为：

$$GI_T\varphi''(x)=-m_T(x)=-\frac{b}{2}p\sin\frac{\pi x}{l}$$

式中：G、I_T——材料的剪切模量和板梁截面的抗扭惯矩。

将上式逐次积分后可得：

$$GI_T\varphi'(x)=\frac{pb}{2}\frac{l}{\pi}\cos\frac{\pi x}{l}+A$$

$$GI_T(x)=\frac{pb}{2}\frac{l^2}{\pi^2}\sin\frac{\pi x}{l}+Ax+B$$

由两端无扭角的边界条件求积分常数：

a. $x=0$，$\varphi(0)=0$：$B=0$

b. $x=l$，$\varphi(l)=0$：$A=0$

从而得扭角方程为：

$$\varphi(x)=\frac{pbl^2}{2\pi^2 GI_T}\sin\frac{\pi x}{l} \tag{2-2-58}$$

当 $x=\frac{l}{2}$时，跨中扭角为：

$$\varphi=\frac{pbl^2}{2\pi^2 GI_T} \tag{2-2-59}$$

③刚度参数 γ 的计算

利用式（2-2-57）和式（2-2-59）可得：

$$\gamma=\frac{b}{2}\varphi/\omega=\frac{b}{2}\times\frac{\frac{pbl^2}{2\pi^2 GI_T}}{\frac{pl^4}{\pi^4 EI}}=\frac{\pi^2 EI}{4GI_T}\left(\frac{b}{l}\right)^2 \tag{2-2-60}$$

$$\approx 6.17\frac{I}{I_T}\left(\frac{b}{l}\right)^2$$

式中对于混凝土取用 $G=0.4E$。

可见，由偏心的正弦荷载算得的 γ 值，与单位正弦荷载作用的计算结果是一样的。

从式（2-2-56）和式（2-2-58）可以看出，板梁的两种变形与荷载具有相似的变化规律，这也是简支梁桥荷载横向分布理论中采用半波正弦荷载的一个重要原因。

④抗扭惯矩 I_T 的计算

在刚度参数的计算中需要计算构件的抗扭惯矩。

对于矩形截面或多个矩形组成的开口截面，可利用公式 $I_T=\sum_{i=1}^{m}c_i b_i t_i^3$ 计算抗扭惯矩 I_T，其中 b_i、t_i 为矩形截面的宽度和厚度；c_i 为矩形截面抗扭刚度系数，根据 t/b 比值查表 2-2-2 确定；m 为梁截面划分成单个矩形截面的块数。

矩形截面抗扭刚度系数 表 2-2-2

t/b	1	0.9	0.8	0.7	0.6	0.5	0.4	0.3	0.2	0.1	<0.1
C_i	0.141	0.155	0.171	0.189	0.209	0.229	0.250	0.270	0.291	0.312	0.333

对于封闭的薄壁截面或箱形截面，由于截面内抗扭剪应力的分布规律与开口式截面在本质上不同，因此不能按前面知识来计算。下面就介绍此类截面抗扭惯矩 I_T 的计算原理和公式。

设任意不等厚的封闭式薄壁截面构件承受纯扭矩 M_T 的作用，如图 2-2-22a）所示。从构件中截取一微段 Δx（图 2-2-22b)），在横截面上必然产生抵抗扭矩的剪力。由于壁不厚，可以认为剪应力沿厚度方向均匀分布，但它沿周边 S 方向可以是变化的。再从微段上沿 1、2 纵线切取局部微块（图 2-2-22c)），则上下两个纵切面上的剪应力就等于横截面上 1 和 2 点处的剪应力 τ_1 和 τ_2（应力互等定理），因此，由纵向力的平衡条件可得：

$$\tau_1 t_1 \Delta x=\tau_2 t_2 \Delta x$$

也即

$$\tau_1 t_1=\tau_2 t_2$$

式中 t_1 和 t_2 为 1 和 2 点处的壁厚，如图 2-2-22c）所示。

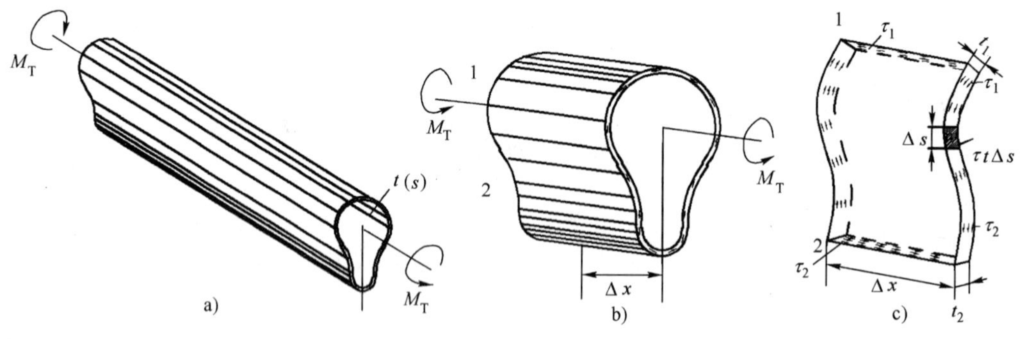

图 2-2-22 封闭式薄壁截面构件的受力图式

鉴于纵切面 1 和 2 是任意的，故知封闭式薄壁构件单位周长上的剪力 τt 为一常量，它就称为剪力流，以 q 表示。由此得出一个重要结论：沿周边壁厚最小处剪应力最大。

如图 2-2-23 所示，如在横截面上取任意点 O，则周长 ds 内的剪力 $q\mathrm{d}s$ 对 O 点的力矩为 $qr\mathrm{d}s$，此处 r 为 O 点至剪力 $q\mathrm{d}s$ 作用线的垂直距离。鉴于剪力流是扭矩 M_T 引起的，故剪力流对 O 点产生的总力矩应等于扭矩 M_T，即得：

$$M_T=2\Omega q$$

也即剪力流为：

$$q=\frac{M_{\mathrm{T}}}{2\Omega} \tag{2-2-61}$$

式中：Ω——薄壁中线所围的面积。

下面再利用剪切应变能等于扭矩所作之功的原理来推导出抗扭惯矩 I_{T} 的计算公式。

弹性体单位体积的剪切应变能为（图 2-2-24a））：

$$\bar{u}=\frac{1}{2}\tau\ (1\cdot\gamma)\ =\frac{1}{2}\frac{\tau^2}{G}$$

则单位长薄壁闭合截面构件的总应变能为（图 2-2-24a））：

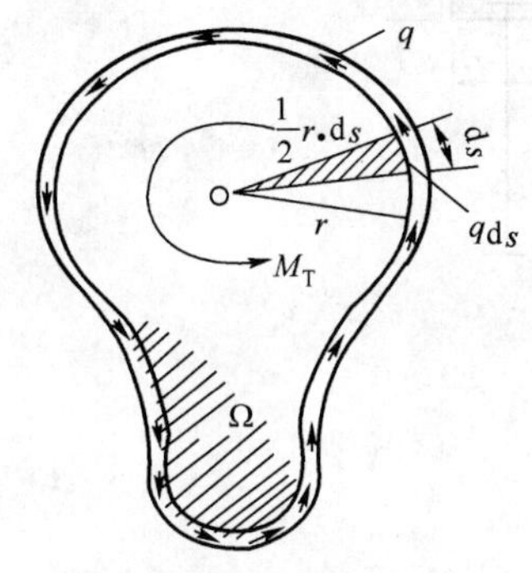

图 2-2-23　封闭式薄壁截面的几何性质

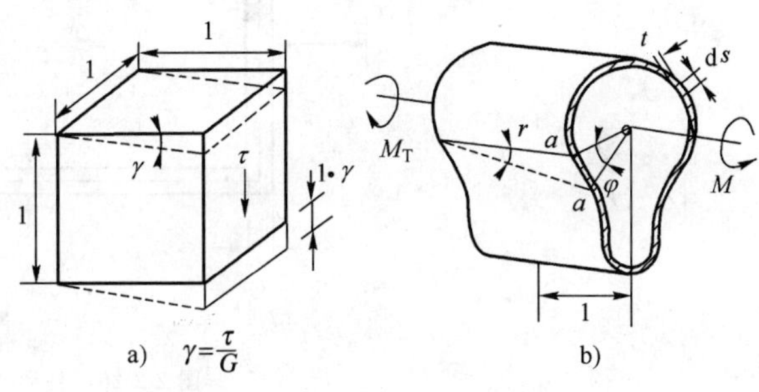

图 2-2-24　剪切应变能计算图式

$$\overline{U}=\oint\frac{1}{2}\frac{\tau^2}{G}t\,ds=\frac{q^2}{2G}\oint\frac{ds}{t}$$

代入式（2-2-61）则得

$$\overline{U}=\frac{M_{\mathrm{T}}^2}{8G\Omega^2}\oint\frac{ds}{t}$$

由图 2-2-24b）可知，单位长度构件上扭矩所作之功为：

$$\overline{W}=\frac{1}{2}M_{\mathrm{T}}\varphi=\frac{M_{\mathrm{T}}^2}{2GI_{\mathrm{T}}}\left(\because\varphi=\frac{M_{\mathrm{T}}}{GI_{\mathrm{T}}}\right)$$

因 $\overline{U}=\overline{W}$，则最后可得封闭薄壁截面的抗扭惯矩公式为：

$$I_{\mathrm{T}}=\frac{4\Omega^2}{\oint\frac{ds}{t}} \tag{2-2-62}$$

倘若遇到封闭薄壁截面上带有“翅翼”的一般情况，如图 2-2-25 所示，则其总抗扭惯矩可近似地叠加计算：

$$I_{\mathrm{T}}=\frac{4\Omega^2}{\oint\frac{ds}{t}}+\sum_{i=1}^{n}c_i b_i t_i^2 \tag{2-2-63}$$

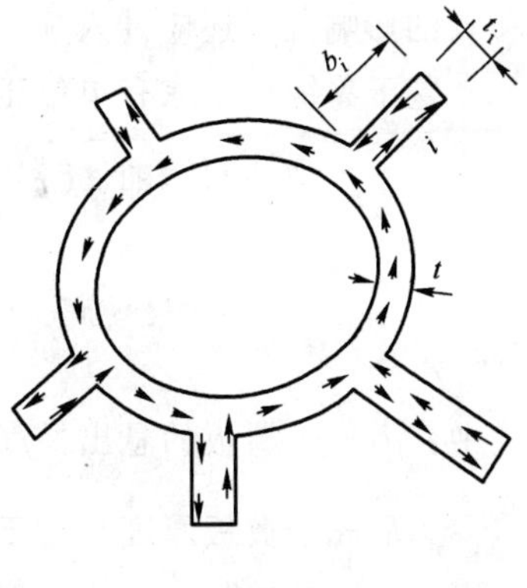

图 2-2-25　带“翅翼”的封闭截面

式中 c 由 $\frac{t}{b}$ 之值查表 2-2-2 求得。

现以图 2-2-26 所示的箱形截面为例来说明式(2-2-63) 的应用。

$$\Omega = bh$$

$$\oint \frac{\mathrm{d}s}{t} = \frac{b}{t_1} + \frac{b}{t_2} + \frac{2h}{t_3}$$

$$\therefore \quad I_{\mathrm{T}} = \frac{4\Omega^2}{\oint \frac{\mathrm{d}s}{t}} + \sum_{i=1}^{n} c_i b_i t_i^3 = \frac{4b^2h^2}{b\left(\frac{1}{t_1} + \frac{1}{t_2}\right) + \frac{2h}{t_3}} + 2cat_4^3 \tag{2-2-64}$$

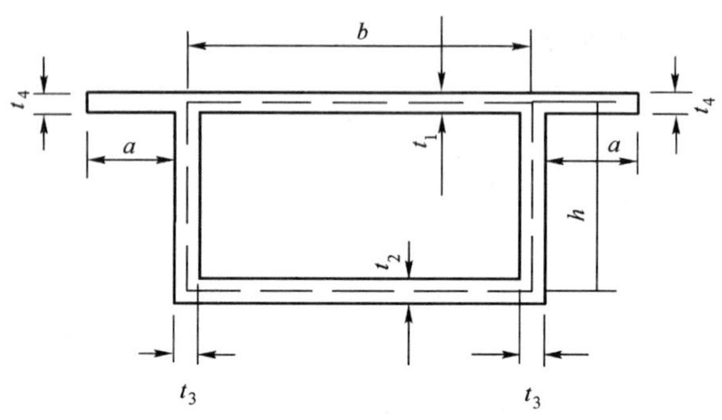

图 2-2-26　箱形截面

(4) 铰接 T 形梁桥的计算特点

小跨径的钢筋混凝土 T 形梁桥，为了便于预制施工，往往不设中间横隔梁，仅对翼板的板边适当连结，或者仅由现浇的桥面板使各梁连结在一起。这种桥梁的横向连结刚度很弱，其受力特点就像横向铰接的结构。此外，对于无横隔梁的组合式梁桥，也因横向连结刚度小而可以近似作为横向铰接来计算。下面将阐明横向铰接 T 形梁桥与铰接板桥相比较，在计算荷载横向分布方面的不同特点。图 2-2-27a)、b) 的表示一座铰接 T 形梁桥在单位正弦荷载作用下沿跨中单位长度的铰接力计算图式。如果将它们与前面铰接板桥计算图式图 2-2-18a)、b) 相比较，可见两者对于荷载横向分配的表达式（式 2-2-52）是完全一样的。惟一不同之点是利用式（2-2-53）的正则方程求铰接力 g_i 时，在所有主系数 δ_{ii} 中除了考虑 ω 和 φ 的影响外，还应计入 T 形梁翼板悬臂端的弹性挠度 f（图 2-2-27c)、d)）。

鉴于翼缘板边缘有单位正弦荷载作用时，翼板可视为在梁肋处固定的悬臂板，其板端挠度接近于正弦分布，即 $f(x) = f\sin\frac{\pi x}{l}$（$f$ 为挠度峰值），如图 3-2-27c) 所示，则有：

$$f = \frac{d_1^3}{3EI_1} = \frac{4d_1^3}{Eh_1^3}$$

式中：d_1——翼板的悬出长度；

h_1——翼板厚度，对于变厚度的翼板，可近似地取距离梁肋$\frac{d_1}{3}$处的板厚来计算，如图 2-2-27c) 所示；

I_1——单位宽度翼板的抗弯惯矩，其值 $I_1 = \frac{h_1^3}{12}$ 。

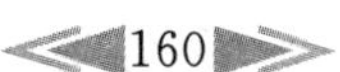

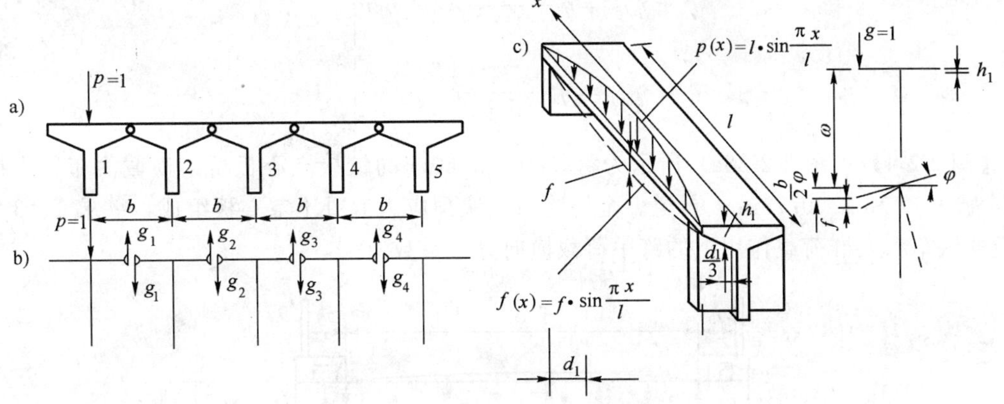

图 2-2-27　铰接 T 形梁桥计算图式

因此，对于铰接 T 形梁桥，正则方程（2-2-53）中只有 δ_{ii} 应改为：

$$\delta_{11}=\delta_{22}=\delta_{33}=\cdots=2\left(\omega+\frac{b}{2}\varphi+f\right)$$

如令 $\beta=\dfrac{f}{\omega}$，则 $\beta=\dfrac{\dfrac{4d_1^3}{Eh_1^3}}{\dfrac{l^4}{\pi^4 EI}}\approx 390\,\dfrac{I}{l^4}\left(\dfrac{d_1}{h_1}\right)^3$。

将改变后的 δ_{ii} 代入式（2-2-53）并经与铰接板的类似处理后，就得铰接 T 梁的正则方程：

$$\left.\begin{aligned}&2(1+\gamma+\beta)g_1-(1-\gamma)g_2=1\\&-(1-\gamma)g_1+2(1+\gamma+\beta)g_2-(1-\gamma)g_3=0\\&-(1-\gamma)g_2+2(1+\gamma+\beta)g_3-(1-\gamma)g_4=0\\&-(1-\gamma)g_3+2(1+\gamma+\beta)g_4=0\end{aligned}\right\}\qquad(2\text{-}2\text{-}65)$$

由此可见，只要确定了刚度参数 γ 和 β，就可象在铰接板桥中一样，解出所有未知铰接力的峰值，并利用 $\eta_{ki}=p_{ik}$ 的关系（式 2-2-52）绘制荷载横向影响线。

北京市政设计院曾对无横隔梁的梁肋式结构，用刚度系数 f_c 编制了荷载横向影响线计算用表，f_c 值用下式表达：

$$f_c=\frac{2(1+\gamma+\beta)}{(1-\gamma)}$$

值得指出的是，当悬臂不长（在 0.7～0.8m 左右）和跨度 $l\geqslant 10$m 时，参数 γ 一般比 β 值要显著大（$\dfrac{\beta}{1+\gamma}$不足 5%），因而在不影响计算精确度的条件下，可忽略 β 的影响而直接利用铰接板桥的计算用表以简化铰接梁桥的计算。

在有必要计入 β 的影响时，也可利用 $\beta=0$ 的 η_{ii} 和 η_{ik} 计算用表，按下式近似地计算计及 β 值影响的荷载横向影响线坐标值 $\eta_{ii(\beta)}$ 和 $\eta_{ik(\beta)}$：

$$\left.\begin{aligned}\eta_{ii(\beta)}&=\eta_{ii}+\frac{\beta}{1+\gamma}(1-\eta_{ii})\\ \eta_{ik(\beta)}&=\eta_{ik}-\frac{\beta}{1+\gamma}\eta_{ik}\end{aligned}\right\}\qquad(2\text{-}2\text{-}66)$$

【例 2-2-4】 图 2-2-28a）所示为跨径 $l=12.60\text{m}$ 的铰接空心板桥的横截面布置，桥面净空为净－7 和 2×0.75m 人行道。全桥跨由 9 块预应力混凝土空心板组成，欲求 1、3 和 5 号板的汽车和人群荷载作用下的跨中荷载横向分布系数。

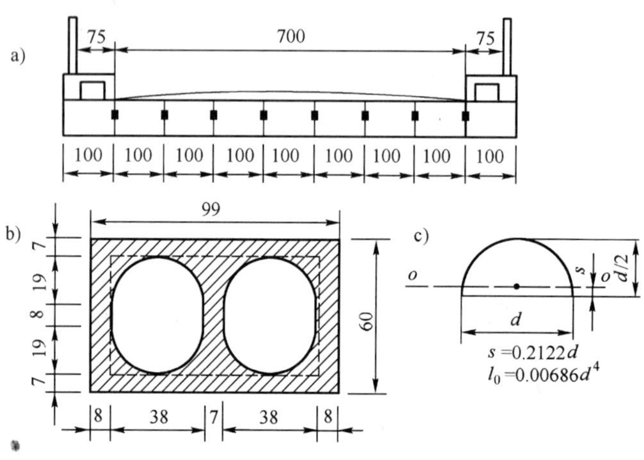

图 2-2-28　空心板桥横断面

【解】 (1)计算空心板截面的抗弯惯矩 I

本例空心板是上下对称截面，形心轴位于高度中央，故其抗弯惯矩为（参见图 2-2-28c）所示半圆的几何性质）：

$$I=\frac{99\times60^3}{12}-2\times\frac{38\times8^3}{12}-4\times\left[0.00686\times38^4+\frac{1}{2}\frac{\pi\times38^2}{4}\left(\frac{8}{2}+0.2122\times38\right)^2\right]$$

$$=1782000-3243-4\times96828=1391\times10^3\text{cm}^4$$

(2) 计算空心板截面的抗扭惯矩 I_T

本例空心板截面可近似简化成图 2-2-28b）中虚线所示的薄壁箱形截面来计算 I_T，按前面式（2-2-63），则得：

$$I_T=\frac{4\times(99-8)^2(60-7)^2}{(99-8)\times\left(\frac{1}{7}+\frac{1}{7}\right)+\frac{2\times(60-7)}{8}}=\frac{93045000}{26+13.25}=2.37\times10^6\text{cm}^4$$

(3) 计算刚度参数 γ

$$\gamma=6.17\frac{I}{I_T}\left(\frac{b}{l}\right)^2=6.17\times\frac{1391\times10^3}{2370\times10^3}\times\left(\frac{100}{1260}\right)^2=0.0228$$

(4) 计算跨中荷载横向分布影响线

从附录铰接板荷载横向分布影响线计算用表中 9-1、9-3 和 9-5 可以看出，在 $\gamma=0.02$ 与 0.04 之间按直线内插法求得 $\gamma=0.0228$ 的影响线竖标值 η_{1i}、η_{3i}和 η_{5i}计。计算见表 2-2-3（表中的数值为实际 η_{ki}的小数点后 3 位数字）。

影响线竖标值　　表 2-2-3

板号	γ	单位荷载作用位置（i 号板中心）									$\sum\eta_{ki}$
		1	2	3	4	5	6	7	8	9	
1	0.02	236	194	147	113	088	070	057	049	046	≈1000
	0.04	306	232	155	104	070	048	035	026	023	
	0.0228	246	199	148	112	086	067	054	046	043	
3	0.02	147	160	164	141	110	087	072	062	057	≈1000
	0.04	155	181	195	159	108	074	053	040	035	
	0.0228	148	163	168	144	110	085	069	059	054	
5	0.02	088	095	110	134	148	134	110	095	088	≈1000
	0.04	070	082	108	151	178	151	108	082	070	
	0.0228	086	093	110	136	152	136	110	093	085	

将表中 η_{1i}、η_{3i} 和 η_{5i} 之值按一定比例尺，绘于各号板的轴线下方，连接成光滑曲线后，就得 1 号、3 号和 5 号板的荷载横向分布影响线，如图 2-2-29b)、c)、d) 所示。

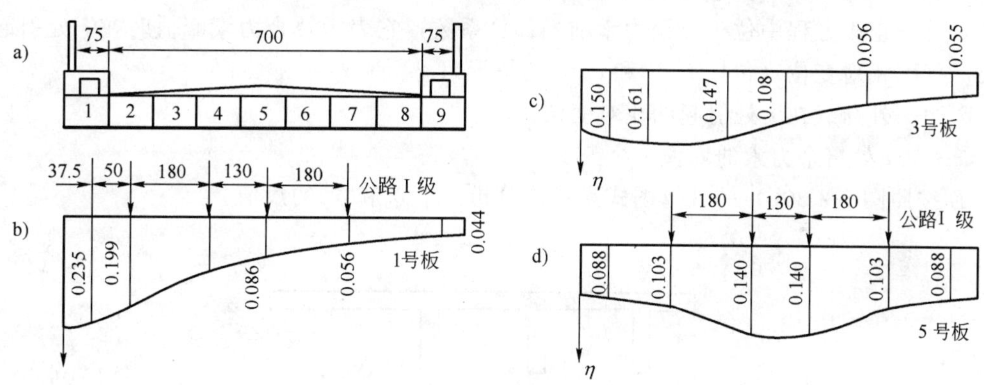

图 2-2-29　1、3、5 号板的荷载横向分布影响线

（5）计算荷载横向分布系数

按《桥规》规定沿横向确定最不利荷载位置后，就可计算跨中荷载横向分布系数如下：

对于 1 号板

汽车：
$$m_{cq}=\frac{1}{2}(0.197+0.119+0.086+0.056)=0.229$$

人群：
$$m_{cr}=0.235+0.044=0.279$$

对于 3 号板

汽车：
$$m_{cq}=\frac{1}{2}(0.161+0.147+0.108+0.073)=0.245$$

人群：
$$m_{cr}=0.150+0.055=0.205$$

对于 5 号板

汽车：
$$m_{cq}=\frac{1}{2}(0.103+0.140+0.140+0.103)=0.243$$

人群：
$$m_{cr}=0.150+0.055=0.205$$

综上所得，汽车荷载、人群荷载的横向分布系数的最大值分别为 0.245、0.279，在设计中通常偏安全地取这些最大值来计算内力。

5. 刚接梁法

对于翼缘板刚性连结的肋梁桥，只要在铰接板（梁）桥计算理论的基础上，在接缝处补充引入赘余弯矩 m_i，就可建立计及横向刚性连结特点的赘余力正则方程。用这一方法来求解各梁荷载横向分布的问题，就称为刚接梁法。

图 2-2-30a）表示翼缘板刚性连结的 T 形简支梁桥的跨中横截面，设有单位正弦荷载 $p(x)=1\cdot\sin\frac{\pi x}{l}$ 作用在 1 号梁的轴线上。在各板跨中央沿纵缝将板切开，并代以按正弦分布的赘余力素 $x_i\sin\frac{\pi x}{l}$（这里 $i=1$、2 和 3 表示剪力，$i=4$、5 和 6 表示弯矩），式中 x_i 均为赘余力素在梁的跨中截面处的峰值，就得到计算刚接梁桥的基本体系，如图 2-2-30b）所示。

根据熟知的力法原理，就可得到求解所有赘余力素的一般正则方程式，用矩阵形式可简明表示为：

$$[\delta_{ij}]\{x_i\}+\{\delta_{ip}\}=0 \qquad (i \text{ 和 } j=1、2、3\cdots6)$$

式中：δ_{ij}——正则方程中位于赘余力素前的计算系数，它表示赘余力素峰值时在 i 处引起的相对变位（包括 $i=j$ 和 $i\neq j$ 的情形）；

δ_{ip}——外荷载在 i 处引起的相对变位；

x_i——i 处赘余力素的峰值。

下面按照图 2-2-30b）的计算图式来具体分析一下 δ_{ij} 和 δ_{1p} 的赋值。

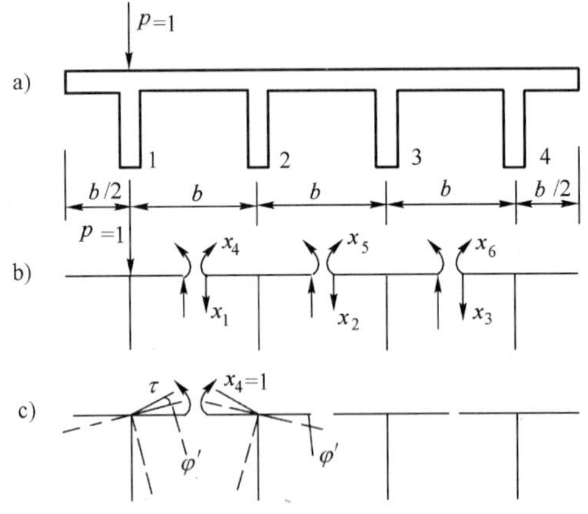

图 2-2-30　翼缘板刚性连结的 T 形简支梁桥的跨中横截面受力图式

不难看出，在系数矩阵［δ_{ij}］中，对于仅涉及赘余剪力 x_1、x_2、x_3 和相应竖向位移的系数，与前面铰接 T 形梁桥的完全一样，即：

$$\delta_{11}=\delta_{22}=\delta_{33}=2\left(\omega+\frac{b}{2}\varphi+f\right)$$

$$\delta_{12}=\delta_{23}=\delta_{21}=\delta_{32}=-\left(\omega-\frac{b}{2}\varphi\right)$$

$$\delta_{13}=\delta_{31}=0$$

对于仅涉及赘余弯矩 x_4、x_5、x_6 和相应转角的系数，由图 2-2-30c）可得：

$$\delta_{44}=\delta_{55}=\delta_{66}=2(\varphi'+\tau)$$

$$\delta_{45}=\delta_{56}=\delta_{54}=\delta_{65}=-\varphi'$$

$$\delta_{46}=\delta_{64}=0$$

由于对称弯矩 $x_j=1$（i=4、5 和 6）作用下接缝两侧不产生相对挠度以及各切缝两侧的剪切位移不引起相对转角，故有：

$$\delta_{14}=\delta_{25}=\delta_{36}=\delta_{41}=\delta_{52}=\delta_{63}=0$$

此外，还可写出：

$$\delta_{34}=\delta_{16}=\delta_{43}=\delta_{61}=0$$

$$\delta_{15}=\delta_{26}=\delta_{51}=\delta_{62}=\varphi'\frac{b}{2}$$

$$\delta_{24}=\delta_{35}=\delta_{42}=\delta_{53}=-\varphi'\frac{b}{2}$$

当单位正弦荷载作用于 1 号梁轴线上时（作用于其他梁上时，可类似处理），可得荷载系数：

$$\delta_{1p}=-\omega$$

$$\delta_{2p}=\delta_{3p}=\delta_{4p}=\delta_{5p}=\delta_{6p}=0$$

图 2-2-30b）中表示了所有正向的赘余力素 x_i，在变位系数的计算中，接缝任一侧产生与力素正向相一致的变位时取正值，反之取负值。

系数中涉及的 φ 和 τ 分别为缝端单位弯矩作用所引起的主梁扭角和翼板局部挠曲角。由图 2-2-31 可知：

$$\tau=\frac{1d}{EI_1}=\frac{12d_1}{Eh_1^3}$$

由图 2-2-19 可得：

$$\frac{m_T}{\varphi}=\frac{x_i}{\varphi'}$$

$$\therefore \qquad \varphi'=\varphi\frac{x_i}{m_T}=\varphi\frac{1}{b/2}=\varphi\frac{2}{b} \qquad (2\text{-}2\text{-}67)$$

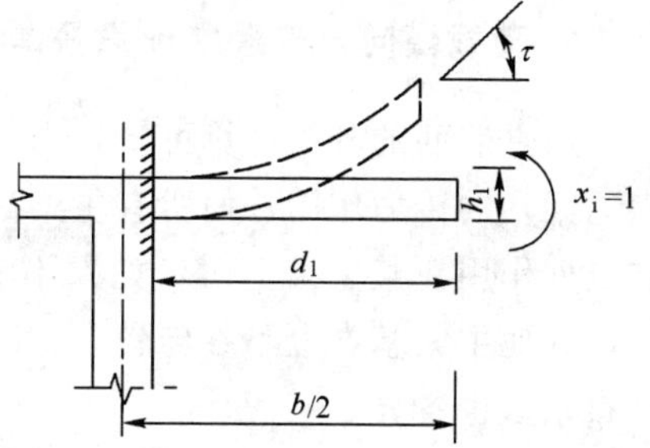

图 2-2-31 局部挠曲计算图式

式中 φ 为缝端单位竖剪力引起主梁扭角，可按式（2-2-58）计算。

由上述分析可得，$[\delta_{ij}]$ 中的许多元素为零，实际可表示为：

$$[\delta_{ij}]=\begin{bmatrix}\delta_{11} & \delta_{12} & 0 & 0 & \delta_{15} & 0\\ \delta_{21} & \delta_{22} & \delta_{23} & \delta_{24} & 0 & \delta_{26}\\ 0 & \delta_{32} & \delta_{33} & 0 & \delta_{35} & 0\\ 0 & \delta_{42} & 0 & \delta_{44} & \delta_{45} & 0\\ \delta_{51} & 0 & \delta_{53} & \delta_{54} & \delta_{55} & \delta_{56}\\ 0 & \delta_{62} & 0 & 0 & \delta_{65} & \delta_{66}\end{bmatrix}$$

如将 δ_{ij} 和 δ_{ip} 都除以 ω，将式（2-2-67）中下部 3 个方程各乘以 $\frac{b}{2}$，并令 $g_1=x_1$、$g_2=x_2$、$g_3=x_3$ 和 $m_1=\frac{2}{b}x_4$、$m_2=\frac{2}{b}x_5$、m_3 $\frac{2}{b}x_6$，最后可得赘余力素 g_i 和 m_i 的正则方程为：

$$\begin{bmatrix} \delta_g & \gamma-1 & 0 & 0 & \gamma & 0 \\ \gamma-1 & \delta_g & \gamma-1 & -\gamma & 0 & \gamma \\ 0 & \gamma-1 & \delta_g & 0 & -\gamma & \gamma \\ 0 & -\gamma & 0 & \delta_m & -\gamma & 0 \\ \gamma & 0 & -\gamma & -\gamma & \delta_m & -\gamma \\ 0 & \gamma & 0 & 0 & -\gamma & \delta_m \end{bmatrix} \begin{Bmatrix} g_1 \\ g_2 \\ g_3 \\ m_1 \\ m_2 \\ m_3 \end{Bmatrix} + \begin{Bmatrix} -1 \\ 0 \\ 0 \\ 0 \\ 0 \\ 0 \end{Bmatrix} = 0 \tag{2-2-68}$$

式中：

$$\left.\begin{aligned} &\delta_g=2\ (1+\gamma+\beta)\text{，与铰接 T 梁相同} \\ &\delta_m=2\ (\gamma+3\beta') \\ &\beta'=\left(\frac{b}{2d_1}\right)^2\beta \end{aligned}\right\} \tag{2-2-69}$$

式（2-2-68）中包含 γ、β 和 β' 三个参数，其中 γ 和 β 与铰接梁桥的相同，对于 T 形梁和 I 字形梁也可近似地认为 $\beta'\approx\beta$，这样可减少参数数目，使编制计算表格得以简化。

竖向荷载的横向分布与前面铰接梁桥一样，仍只考虑剪力 g_i 的影响。因此，由式（2-2-68）求得 g_i 后，就可按式（2-2-52）编制荷载横向分布影响线坐标 η_{ik} 的计算表格。

6. 荷载横向分布系数 *m* 沿桥跨的变化

通过前面的分析计算可知，当荷载位于桥跨中间部分时，由于桥梁横向结构（桥面板和横隔梁）的传力作用，使所有主梁都参与受力，因此荷载的横向分布比较均匀。但当荷载在支点处作用在某主梁上时，如果不考虑支座弹性变形的影响，荷载就直接由该主梁传至支座，其他主梁基本上不参与受力。因此，荷载在桥跨纵向位置不同，对某一主梁产生的横向分布系数也各异。

在以上所介绍计算荷载横向分布的所有方法中。通常用“杠杆原理法”来计算荷载位于支点处的横向分布系数 m_o，其他方法均适用于计算荷载位于跨中的横向分布系数 m_c。那么荷载位于桥跨其他位置时应当如何确定横向分布系数 m 呢？显然，要精确计算 m 值沿桥跨的连续变化规律是相当冗长的，而且也会为内力计算增添麻烦。因此目前在设计实践中习惯采用以下实用处理方法。

对于无中间横隔梁或仅有一根中横隔梁的情况，跨中部分采用不变的 m_c，从离支点 1/4 跨径处起至支点的区段内 m_x 呈直线形过渡至 m_o；对于有多根内横隔梁的情况，m_c 从第一根内横隔梁起向支点的 m_o 直线形过渡。

在实际应用中，当求简支梁跨中最大弯矩时，鉴于横向分布系数沿跨内部分的变化不大。为了简化起见，通常可按不变化的 m_c 来计算。只有在计算主梁支座截面的最大剪力时，才考虑荷载横向分布系数变化的影响。

对于跨内其他截面的主梁剪力和弯矩计算，也可视具体情况计及 m 沿桥跨变化的影响。一般也可取用不变的 m_c，但对于中梁来说，m_0 与 m_c 的相差可能较大，若此时内横梁又小于 3 根，设计时以计及 m 沿跨径变化的影响为宜。

第三节　主梁内力计算

对于一片主梁来讲，可以通过工程力学的方法，计算出恒载产生的截面内力，同样通过计算的荷载横向分布系数，可以计算得到这一片主梁上的活载内力（弯矩 M 和剪力 Q）。有了 M 和 Q，就可以进行配筋设计和验算。

在桥梁设计时，小跨径简支梁，一般只计算 3 个值，即 $M_{\frac{1}{2}l}$、$Q_{\frac{1}{2}l}$ 和 Q_0。

对于其他截面的 M、Q，可近似计算：

Q：用 Q_0 和 $Q_{\frac{1}{2}l}$ 直线内插；

M：$M_x=\dfrac{4M_{max}}{l^2}x\cdot(l-x)$（二次抛物线，$M_{max}=M_{\frac{1}{2}l}$）。

这两种近似都是以简支梁承受均布荷载确定的。

对于大跨径简支梁：

要计算 $M_{\frac{1}{2}l}$、$M_{\frac{1}{4}l}$、Q_0、$Q_{\frac{1}{4}l}$、$Q_{\frac{1}{2}l}$。

如果截面有变化，还需计算截面变化处的 Q 和 M。

一、永久作用内力计算

钢筋混凝土或预应力混凝土公路桥梁的永久作用，往往占全部设计荷载很大的比重（通常占 60%～90%），梁的跨径愈大，结构重力所占的比重也愈大。因此，设计人员要准确地计算出作用于梁上的结构重力。如果在设计之初是通过一些近似途径（经验曲线、相近的标准设计或已建成桥梁的资料等）估算的，则应按试算后确定取用的结构尺寸重新计算。

在计算结构重力内力时，为了简化起见，习惯上往往将横梁、铺装层、人行道和栏杆等荷重均匀分摊给各主梁承受；也可根据施工安装的情况，分阶段，按前面所述的荷载横向分布的规律进行分配计算。

如图 2-2-32 所示，计算出永久作用值 g 之后，则梁内各截面的弯矩 M 和剪力 Q 计算式为：

$$M_x=\frac{gl}{2}\cdot x-gx\cdot\frac{x}{2}=\frac{gx}{2}\ (l-x)$$

$$Q_x=\frac{gl}{2}-gx=\frac{g}{2}\ (l-2x) \tag{2-2-70}$$

式中：l——简支梁的计算跨径；

x——计算截面到支点的距离。

【例 2-2-5】　一座五梁式装配式钢筋混凝土简支梁桥的主梁和横梁截面如图 2-2-33 所示，计算跨径 $l=19.50$m。试求边主梁的永久作用内力（已知每侧的栏杆及人行道构件重量的作用力为 5kN/m）。

【解】　(1) 计算永久作用集度（表 2-2-4）

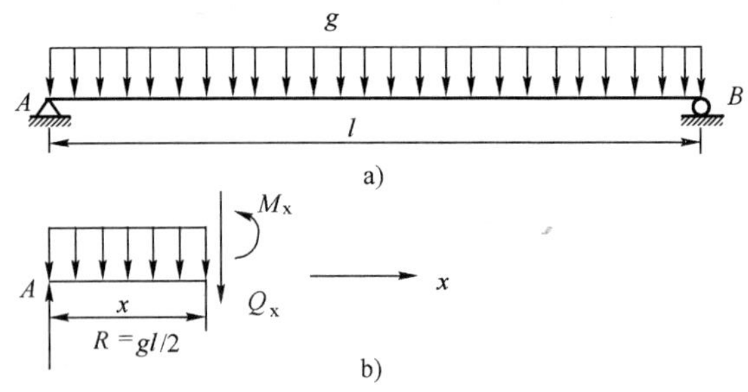

图 2-2-32　永久作用内力计算图示

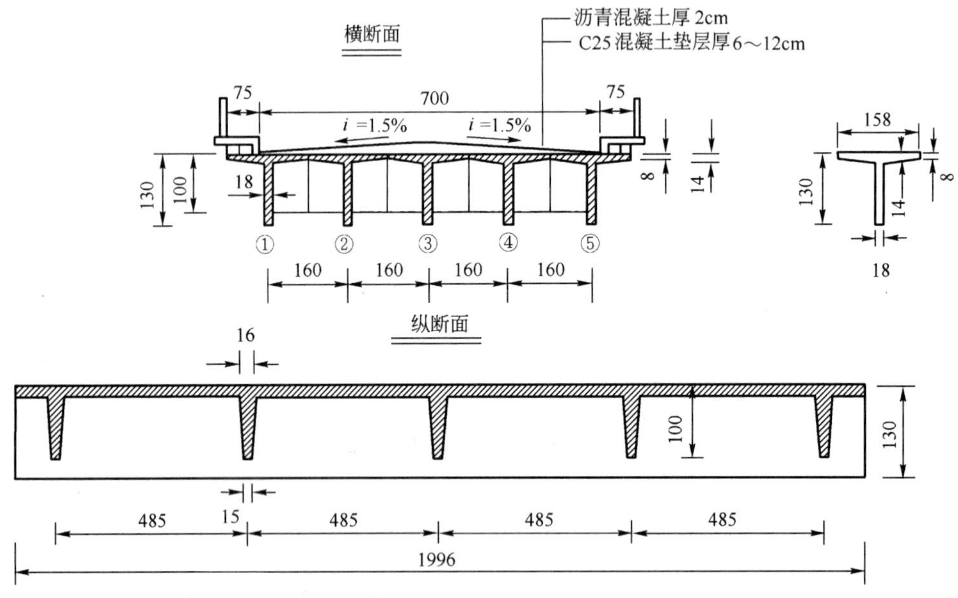

图 2-2-33　简支 T 梁的主梁和横隔梁简图（尺寸单位：cm）

永久作用集度计算　　表 2-2-4

主　梁		$g_1=\left[0.18\times1.30+\left(\frac{0.08+0.14}{2}\right)(1.60-0.18)\right]\times25=9.76$kN/m
横隔梁	对于边主梁	$g_2=\left\{\left[1.00-\left(\frac{0.08+0.14}{2}\right)\right]\times\left(\frac{1.60-0.18}{2}\right)\right\}\times\frac{0.15+0.16}{2}\times5\times25/19.50=0.63$kN/m
	对于中主梁	$g_2^1=2\times0.63=1.26$kN/m
桥面铺装层		$g_3=\left[0.02\times7.00\times23+\frac{1}{2}(0.06+0.12)\times7.00\times24\right]\div5=3.67$kN/m
栏杆和人行道		$g_4=5\times2/5=2.00$kN/m
合计	对于边主梁	$g=\sum g_i=9.76+0.63+3.67+2.00=16.06$kN/m
	对于中主梁	$g'=9.76+1.26+3.67+2.00=16.69$kN/m

（2）永久作用内力计算（表 2-2-5）

边主梁永久作用内力　　表 2-2-5

截面＼内力	剪力 Q（kN）	弯矩 M（kN·m）
$x=0$	$Q=\frac{16.06}{2}\times 19.5=156.6$　(162.7)	$M=0$　(0)
$x=l/4$	$Q=\frac{16.06}{2}\times\left(19.5-2\times\frac{19.5}{4}\right)=78.3$ (81.4)	$M=\frac{16.06}{2}\times\frac{19.5}{4}\left(19.5-\frac{19.5}{4}\right)=572.5$　(595.0)
$x=l/2$	$Q=0$　(0)	$M=\frac{1}{8}\times 16.06\times 19.5^2=763.4$　(793.3)

注：括号内值为中主梁内力。

二、可变作用内力计算

截面可变作用内力计算的计算公式为：

$$S=(1+\mu)\xi m_k P_k y_k+(1+\mu)\xi m_c q_k \Omega \tag{2-2-71}$$

式中：S——所示截面的弯矩或剪力；

$(1+\mu)$——汽车荷载的冲击系数，冲击系数 μ 可按下式计算：

当 $f<1.5\text{Hz}$ 时，$\mu=0.05$；当 $1.5\text{Hz}\leqslant f\leqslant 14\text{Hz}$ 时，$\mu=0.1767f-0.0157$；

当 $f>14\text{Hz}$ 时，$\mu=0.45$；f 为结构自振基频；计算方法参见《桥规》；

ξ——汽车荷载横向折减系数，按表 1-3-6 取用；

m_k——内力最大影响线峰值相对应的横向分布系数；

P_k——作用于最大影响线峰值处的集中荷载标准值；

y_k——最大内力影响线的峰值；

m_c——跨中荷载横向分布系数；

q_k——分布荷载标准值；

Ω——内力影响线面积。

【例 2-2-6】 已知某装配式钢筋混凝土简支梁桥，计算跨径 15.5m，桥面净空为净－7＋2×0.75m人行道及栏杆，主梁采用 C30 混凝土，每根主梁自重为 13.3kN/m，其跨中截面惯性矩为 $6.7\times 10^{10}\text{mm}^4$，其边主梁在公路—I 级荷载作用下的跨中荷载横向分布系数 $m_c=0.488$，试计算其边主梁的跨中最大弯矩。

【解】 （1）计算结构自振基频 f

已知 $I_c=6.7\times 10^{10}\text{mm}^4=0.067\text{m}^4$，$l=15.5\text{m}$

又由主梁采用 C30 混凝土，因此有：$E_c=3\times 10^{10}\text{Pa}$

梁跨中处单位长度质量 $m_c=13.3\times 10^3/9.81=1355.76\text{kg/m}$

由《桥规》可得：

$$f=\frac{\pi}{2l^2}\sqrt{\frac{E_c I_c}{m_c}}=\frac{\pi}{2\times 15.5^2}\sqrt{\frac{3\times 10^{10}\times 0.067}{1355.76}}=7.96\text{Hz}$$

由于 $1.5\text{Hz}\leqslant f=7.96\text{Hz}\leqslant 14\text{Hz}$

则冲击系数为：

$$\mu=0.1767\ln f-0.0157=0.1767\times 7.96-0.0157=0.351$$

（2）计算跨中弯矩

由《桥规》可知，本例中 $\xi=1.00$，公路—I 级荷载，车道荷载 $q_k=10.5\text{kN/m}$；集中荷

载当 $l=5\text{m}$ 时，$P_k=180\text{kN}$，当 $l\geqslant 50\text{m}$ 时，$P_k=360\text{kN}$；当 l 在上述两者之间时，直线插入，本例中 $P_k=180+\frac{360-180}{50-5}(l-5)=180+\frac{360-180}{50-5}(15.5-5)=222\text{kN}$。

则由式（2-2-71）可得该桥边主梁在公路—I级荷载作用下的跨中弯矩为：

$$M=(1+\mu)\xi m_k P_k y_k+(1+\mu)\xi m_c q_k \Omega$$

$$=(1+0.351)\times 1.00\times 0.488\times 222\times\frac{15.5}{4}+(1+0.351)\times 1.00\times 0.488\times 10.5\times\frac{15.5^2}{8}$$

$$=775\text{kN}\cdot\text{m}$$

三、主梁内力组合

钢筋混凝土及预应力混凝土梁式桥，应分别按承接能力极限状态设计时和正常使用极限状态进行内力组合。

第四节　横隔梁内力计算

为了保证各主梁共同受力和加强结构的整体性，横梁本身或其装配式接头应具有足够的强度。对于具有多根内横梁的桥梁，通常就只要计算受力最大的跨中横梁的内力，其他横梁可偏安全地仿此设计。

下面介绍按偏心压力法原理来计算横梁内力的实用方法。

一、作用在横梁上的计算荷载

对于跨中一根横梁来说，除了直接作用在其上的轮重外，前后的轮重对它也有影响。在计算中可假设荷载在相邻横梁之间按杠杆原理法传布，如图 2-2-34 所示。因此，纵向一列汽车轮重分布给该横梁的计算荷载为：

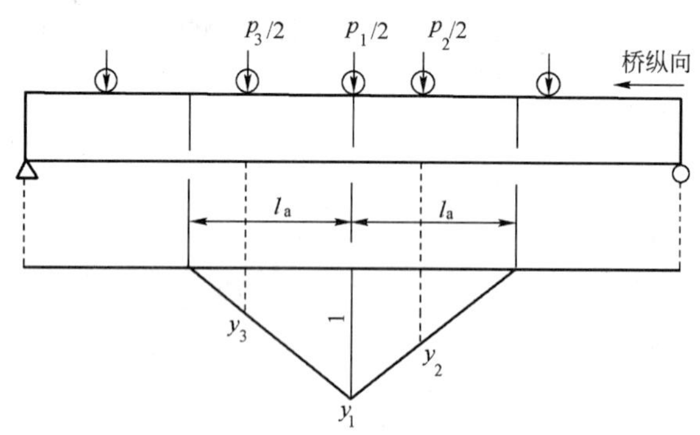

图 2-2-34　横梁上计算荷载的计算图式

$$P_{oq}=\frac{1}{2}\sum P_i\cdot y_i \qquad (2\text{-}2\text{-}72)$$

式中：P_i——轴重，应注意将加重车的重轴布置在欲计算的横隔梁上；

y_i——按杠杆原理计算的纵向荷载影响线竖坐标值。

人群荷载：

$$P_{or}=p_{or}\cdot\Omega_r=p_{or}l_a \quad \text{(影响线上满布荷载)} \tag{2-2-73}$$

式中：P_{or}——相应为一侧人行道每延米的人群荷载；

Ω_r——相应为对于人群荷载范围的影响线面积；

l_a——横梁的间距。

二、横梁的内力影响线

将桥梁的中横梁近似地视作竖向支承在多根弹性主梁上的多跨弹性支承连续梁，如图2-2-35所示。当桥梁在跨中有单位荷载 $P=1$ 作用时，各主梁所受的荷载为 R_1、R_2、R_3、…、R_n，这也就是横梁的弹性支承反力。因此，取 r 截面左侧为隔离体，如图2-2-35c）所示，由力的平衡条件就可写出横梁任意截面 r 的内力计算公式。

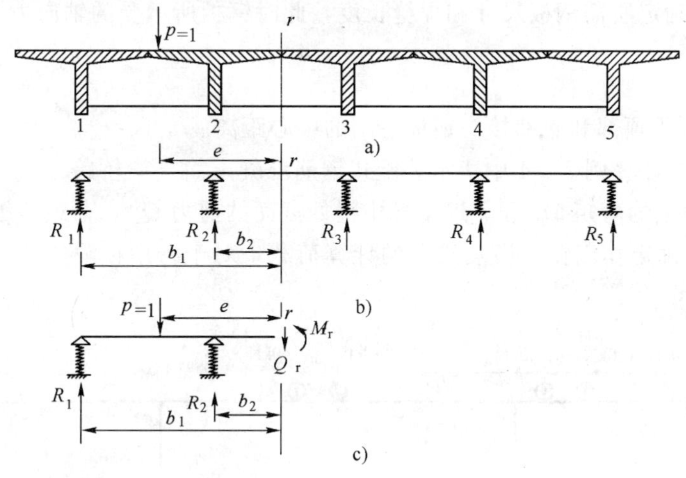

图2-2-35 横梁计算图式

1. 荷载 $P=1$ 位于截面 r 的左侧

$$\left.\begin{aligned}M_r&=R_1b_1+R_2b_2-1e=\sum^{\text{左}}R_ib_i-e\\Q_r&=R_1+R_2-1=\sum^{\text{左}}R_i-1\end{aligned}\right\} \tag{2-2-74}$$

2. 荷载 $P=1$ 位于截面 r 的右侧

$$\left.\begin{aligned}M_r&=R_1b_1+R_2b_2=\sum^{\text{左}}R_ib_i\\Q_r&=R_1+R_2=\sum^{\text{左}}R_i\end{aligned}\right\} \tag{2-2-75}$$

式中：M_r、Q_r——横梁任意截面 r 的弯矩和剪力；

e——荷载 $P=1$ 至所求截面的距离；

b_i——支承反力 R_i 至所求截面的距离；

$\sum^{\text{左}}R_i$——涉及所求截面以左的全部支承反力 R_i 的总和。

由此可以直接利用已经求得的 R_i 的横向分布影响线来绘制横梁上某个截面的内力影响线。

三、横梁内力计算

用上述的计算荷载在横梁某截面的内力影响线上按最不利位置加载，就可求得横隔梁在该截面上的最大（或最小）内力值。在计算中对于汽车荷载应计入冲击作用，并按实际加载情况计入车道折减系数：

$$S=(1+\mu)\cdot\xi\cdot P_{oq}\sum\eta \tag{2-2-76}$$

式中：η——横梁内力影响线竖标；

μ、ξ——通常可近似地取用主梁的冲击系数 μ 和汽车横向折减系数 ξ 值。

求得横梁的内力后，就可按钢筋混凝土或预应力混凝土结构的计算原理来配置钢筋并进行强度计算或验算应力，对于横梁用焊接钢板接头连接的装配式 T 形梁桥，应根据接头处的最大弯距值来确定所需钢板尺寸和焊缝长度，此时钢板所承受的轴向力为：

$$N=\frac{M}{z}$$

式中：z——横隔梁顶部和底部接头钢板之间的中心距离。

【例 2-2-7】 计算例 2-2-4 中所示装配式钢筋混凝土简支梁桥跨中横梁在 2 号和 3 号主梁之间 $r-r$ 截面上的弯矩 M_r 和靠近 1 号主梁处截面的剪力 $Q_1^{右}$，荷载等级为公路—I 级。

【解】 (1) 确定作用在中横隔梁上的计算荷载，对于跨中横隔梁的最不利荷载布置如图 2-2-36 所示。

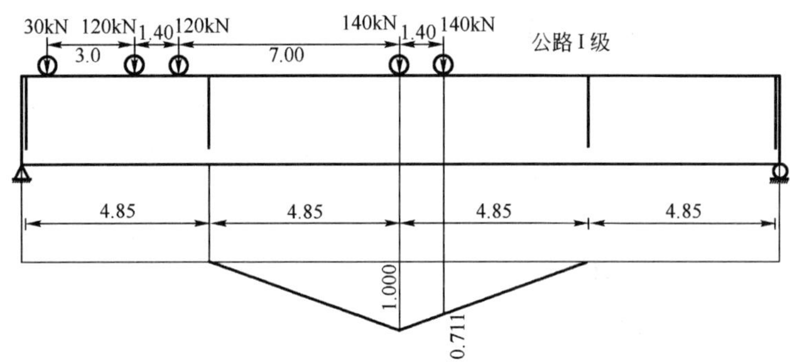

图 2-2-36 跨中横隔梁的受载图示（尺寸单位：m）

纵向一列车轮对于中横隔梁的计算荷载为：

$$P_{oq}=\frac{1}{2}\sum P_i\cdot y_i=\frac{1}{2}\times(120\times1+120\times0.711+60\times0.175)=107.9\ \text{kN}$$

(2) 绘制中横隔梁的内力影响线

按例 2-2-3 的偏心压力法可算得 1、2 号梁的荷载横向分布影响线竖坐标值如图 2-2-37a) 所示，则 M_r 的影响线竖标可计算如下：

$P=1$ 作用在 1 号梁轴上时（$\eta_{11}=0.60$，$\eta_{15}=-0.20$）：

$$\begin{aligned}\eta_{r1}^{M}&=\eta_{11}\times1.5d+\eta_{21}\times0.5d-1\times1.5d\\&=0.6\times1.5\times1.6+0.4\times0.5\times1.6-1.5\times1.6=-0.64\end{aligned}$$

$P=1$ 作用在 5 号梁轴上时：

$$\begin{aligned}\eta_{r5}^{M}&=\eta_{15}\times1.5d+\eta_{25}\times1.5d\\&=(-0.20)\times1.5\times1.6+0\times0.5\times1.6=-0.48\end{aligned}$$

$P=1$ 作用在 2 号梁轴上时（$\eta_{12}=0.40$，$\eta_{22}=0.30$）：

$$\eta_{r2}^{M}=\eta_{12}\times 0.5d+\eta_{22}\times 0.5d-1\times 1.5d$$
$$=0.4\times 1.5\times 1.6+0.30\times 0.5\times 1.6-0.5\times 1.6=0.40$$

由影响线的知识可知，M_r 影响线必在 r-r 截面处有突变，根据 η_{r5}^{M} 和 η_{r3}^{M} 连线延伸至 r-r 截面，即为可 η_{rr}^{M} 值（0.92），由此即可绘出 M_r 影响线，如图 2-2-37b）所示。

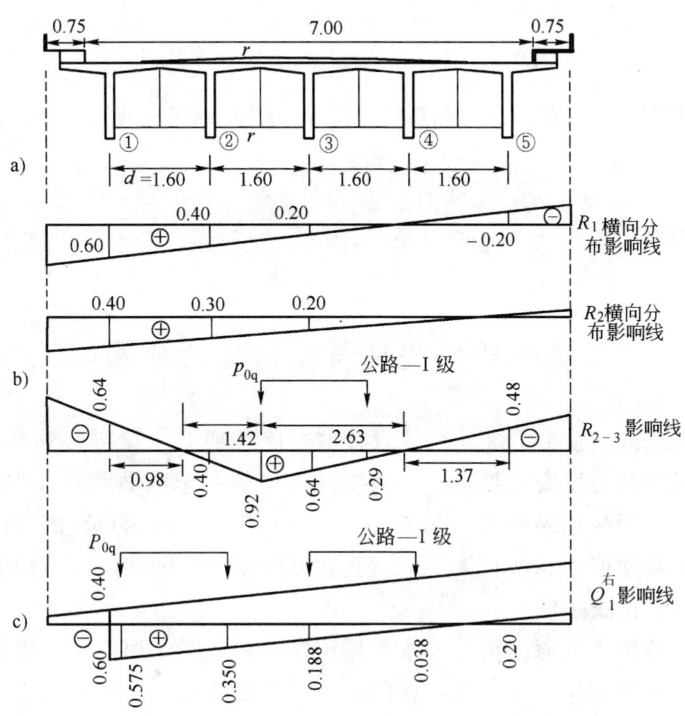

图 2-2-37　中横隔梁内力计算图示（尺寸单位：m）

（3）绘制剪力影响线

对于 1 号主梁处截面的 $Q_1^{右}$ 影响线可计算如下：

$P=1$ 作用在计算截面以右时：

$Q_1^{右}=R_1$　即 $\eta_{1i}^{右}=\eta_{1i}$

$P=1$ 作用在计算截面以左时：

$Q_1^{右}=R_1-1$　即 $\eta_{1i}^{右}=\eta_{1i}-1$

绘成 $Q_1^{右}$ 影响线如图 2-2-37c）所示。

（4）截面内力计算

将求得的计算荷载 P_{oq} 和 P_{og} 在相应的影响线上按最不利荷载位置加载，对于并计入冲击影响力，则得 $1+\mu=1.165$。

弯矩 M_{2-3} 为：

$$M_{2-3}=(1+\mu)\cdot\xi\cdot p_{oq}\sum\eta=1.165\times 1\times 107.9\times(0.92+0.29)=152.1\text{kN}\cdot\text{m}$$

剪力 $Q_1^{右}$ 为：

$$(1+\mu)\cdot\xi\cdot p_{oq}\sum\eta=1.165\times 1\times 107.9\times(0.575+0.350+0.188-0.038)=135.1\text{kN}$$

（5）内力组合（鉴于横隔梁的永久作用内力甚小，计算中可略去不计）

①承载能力极限状态内力组合

基本组合　　　　$M_{max,r}=0+1.4\times152.1=212.9\text{kN}\cdot\text{m}$

$$Q^{右}_{max,l}=0+1.4\times135.1=189.1\text{kN}$$

②正常使用极限状态内力组合

作用短期效应组合　$M_{max,r}=0+0.7\times152.1=106.5\text{kN}\cdot\text{m}$

$$Q^{右}_{max,l}=0+0.7\times135.1=94.57\text{kN}$$

作用长期效应组合　$M_{max,r}=0+0.4\times152.1=60.8\text{kN}\cdot\text{m}$

$$Q^{右}_{max,l}=0+0.4\times135.1=50.0\text{kN}$$

对于不同的内力组合，应力和裂缝验算的规定限值是不同的，具体可参阅《混凝土桥规》规定。

第五节　挠度与预拱度的计算

进行钢筋混凝土或预应力混凝土桥梁设计时，除了要对主梁进行强度计算或应力验算，以确定结构具有足够的强度安全储备外，还要计算梁的变形（通常指竖向挠度），以确保结构具有足够的刚度。因为如果桥梁过度的变形，不但会导致高速行车困难，加大车辆的冲击作用，引起桥梁的剧烈振动和使行人不适，而且可能使桥面铺装层和结构的辅助设备遭致损坏，严重者甚至危及桥梁的安全。

桥梁的挠度，按产生的原因可分成永久作用挠度和可变作用挠度。永久作用（包括预应力、混凝土徐变和收缩作用）是恒久存在的，其产生的挠度与持续时间相关，可分为短期挠度和长期挠度；可变作用挠度则是临时出现的，在最不利的荷载位置下，挠度达到最大值，随着汽车或人群的移动，挠度逐渐减小，一旦汽车或人群驶离桥梁，挠度消失。

永久作用产生的挠度并不表征结构的刚度特性，可以通过施工时预设的反向挠度或称预拱度来加以抵消，使竣工后的桥梁达到理想的线形。

汽车和人群等可变作用所产生的挠度，使梁产生反复变形，变形的幅度越大，可能发生的冲击和振动作用也越强烈，对行车的影响也越大。因此，在桥梁设计中，需要通过验算可变作用产生的挠度来体现结构的刚度特性。

钢筋混凝土或预应力混凝土受弯构件，在正常使用极限状态下的挠度，可以根据给定的构件刚度用结构力学的方法来计算。

如果已知某钢筋混凝土简支梁的跨中最大可变作用弯矩为 M，则该构件在短期作用下的挠度为：

$$f=\frac{5}{48}\cdot\frac{Ml^2}{B}\leqslant\frac{l}{600} \tag{2-2-77}$$

式中：B——受弯构件的刚度，可以按下列公式计算。

1. 钢筋混凝土构件

$$B=\frac{B_0}{\left(\frac{M_{cr}}{M_s}\right)^2+\left[\left(1-\frac{M_{cr}}{M_s}\right)^2\right]\frac{B_0}{B_{cr}}} \tag{2-2-78}$$

$$M_{cr}=\gamma f_{tk}W_0 \tag{2-2-79}$$

式中：B——开裂构件等效截面的抗弯刚度；

B_0——全截面的抗弯刚度，$B_0=0.95E_cI_0$；

B_{cr}——开裂截面的抗弯刚度，$B_{cr}=E_cI_{cr}$；

M_{cr}——开裂弯矩；

M_s——按作用（或荷载）短期效应组合计算的弯矩值；

γ——构件受压区混凝土塑性影响系数，$\gamma=\frac{2S_0}{W_0}$，其中，S_0 为全截面换算截面重心轴以上（或以下）部分面积对重心轴的面积矩；W_0 为换算截面抗裂边缘的弹性抵抗矩；

I_0——全截面换算截面惯性矩；

I_{cr}——开裂截面换算截面惯性矩；

f_{tk}——混凝土轴心抗拉强度标准值。

2. 预应力混凝土构件

（1）全预应力混凝土和 A 类预应力混凝土

$$B_0=0.95E_cI_0 \tag{2-2-80}$$

（2）允许开裂的 B 类预应力混凝土构件

在开裂弯矩 M_{cr} 作用下：
$$B_0=0.95E_cI_0 \tag{2-2-81}$$

在（M_s-M_{cr}）作用下：
$$B_{cr}=E_cI_{cr} \tag{2-2-82}$$

开裂弯矩：
$$M_{cr}=(\sigma_{pc}+\gamma f_{tk})W_0 \tag{2-2-83}$$

式中：σ_{pc}——扣除全部预应力损失预应力钢筋和普通钢筋合力 N_{P0} 在构件抗裂边缘产生的混凝土预压应力，后张法构件采用净截面，计算方法见《混凝土桥规》。

受弯构件在使用阶段的挠度应考虑荷载长期效应的影响（长期挠度），即按荷载短期效应计算的挠度值，乘以挠度长期增长系数 η_θ。当采用 C40 以下混凝土时，$\eta_\theta=1.60$；当采用 C40～C80 混凝土时，$\eta_\theta=1.45\sim1.35$，中间强度等级可以按直线内插取用。

预应力混凝土受弯构件由预加力引起的反拱值，可用结构力学方法按刚度 E_cI_0 进行计算，并乘以长期增长系数。计算使用阶段预加力的反拱值时，预应力钢筋的预加力应扣除全部预应力损失，长期增长系数取用 2.0。

预应力混凝土受弯构件在施工阶段的挠度，可以按构件自重和预加力产生的初始弹性变形乘以 $[1+\phi(t, t_0)]$ 求得。此处 $\phi(t, t_0)$ 为混凝土徐变系数，按《混凝土桥规》规定的方法计算。

《混凝土桥规》规定，对于钢筋混凝土梁桥，当由荷载短期效应组合并考虑荷载长期效应影响而产生的长期挠度不超过跨径的 1/1600 时，可不设预拱度；当不符合上述规定时，应设预拱度，且其值应按结构自重和 1/2 可变荷载频遇值计算的长期挠度值之和采用。对于预应力混凝土梁桥，当预加应力产生的长期反拱值大于按荷载短期效应组合计算的长期挠度时，可不设预拱度；反之应设预拱度，其值应按该项荷载的挠度值与预加应力长期反拱值之差采用。

【例 2-2-8】 某装配式钢筋混凝土简支 T 形梁，计算跨径 $L=19.50$m，自重弯矩标准值 $M_{GK}=912.52$kN·m，荷载短期效应为 $M_s=1503.59$kN·m，已知混凝土弹性模量 $E_c=3.0$

$\times10^4$ MPa，混凝土轴心抗拉强度标准值 $f_{tk}=2.01$MPa，全截面换算截面惯性矩 $I_0=5.9881\times10^{10}\text{mm}^4$，开裂截面换算截面惯性矩 $I_{cr}=3.5202\times10^{10}\text{mm}^4$，换算截面重心至受拉边缘的距离 $y_0=613.8$mm，换算截面重心以上部分面积对重心轴的面积矩为 $S_0=7.818\times10^7\text{mm}^2$，求梁跨中截面挠度。

【解】 在荷载短期效应作用下，跨中截面挠度可按下式计算：

$$f_s=\frac{5}{48}\times\frac{M_sL^2}{B}$$

其中
$$B=\frac{B_0}{\left(\frac{M_{cr}}{M_s}\right)^2+\left[\left(1-\frac{M_{cr}}{M_s}\right)^2\right]\frac{B_0}{B_{cr}}}$$

全截面的抗弯刚度 B_0 为：

$$B_0=0.95E_cI_0=0.95\times3.0\times10^4\times5.9881\times10^{10}=17.0661\times10^{14}\ \text{N}\cdot\text{mm}^2$$

$$B_{cr}=E_cI_{cr}=3.0\times10^4\times3.5202\times10^{10}=10.5607\times10^{14}\ \text{N}\cdot\text{mm}^2$$

因为

$$W_0=I_0/y_0=5.9881\times10^{10}\div613.8=9.7557\times10^7\text{mm}^3$$

$$\gamma=2S_0/W_0=2\times7.818\times10^7\div9.7557\times10^7=1.6028$$

开裂弯矩为：

$$M_{cr}=\gamma f_{tk}W_0=1.6028\times2.01\times9.7557\times10^7=314.29\times10^6\ \text{N}\cdot\text{mm}$$

故 $$B=\frac{17.0061\times10^{14}}{\left(\frac{314.29}{1503.59}\right)^2+\left[1-\left(\frac{314.29}{1503.59}\right)^2\right]\times\frac{17.0061\times10^{14}}{10.5607\times10^{14}}}=10.738\times10^{14}\text{N}\cdot\text{mm}^2$$

在荷载短期效应作用下，跨中截面挠度为：

$$f_s=\frac{5}{48}\times\frac{M_sL^2}{B}=\frac{5}{48}\times\frac{1503.59\times10^5\times19500^2}{10.738\times10^{14}}=53.2\text{mm}$$

长期挠度为：

$$f_l=\eta_\theta f_s=1.6\times53.2=85.2\text{mm}>L/1600=19\ 500/1600=12.19\ \text{mm}$$

所以应设置预拱度，预拱度值按结构自重和 1/2 可变荷载频遇值计算的长期挠度值之和采用。

因此，消除自重影响后的长期挠度为：

$$f_{LQ}=\eta_\theta\times\frac{5}{48}\times\frac{(M_s-M_{GK})\ L^2}{B}=1.6\times\frac{5}{48}\times\frac{(1503.59-912.52)\ \times10^6\times19500^2}{10.738\times10^{14}}$$

$$=34.9\text{mm}>L/600=19\ 500/600=32.5\text{mm}$$

计算挠度略大于规范限值，但仅相差 2.4mm，可以认为基本满足规范要求。

第三章 混凝土连续体系梁桥的计算

DISANZHANG

混凝土连续梁桥属超静定结构，整体性好，由于桥墩处的主梁产生负弯矩从而减少了跨中正弯矩。混凝土连续刚构桥采用连续的主梁与墩固结为一体，大多为多次超静定结构，采用柔性桥墩时，梁体弯矩的绝对值比连续梁小，两种桥型均是中等跨径桥梁设计的选择，本章仅介绍混凝土连续梁桥的计算。

第一节 结构的自重内力计算

一、结构自重内力计算特点

连续梁等超静定结构以其结构刚度大、变形小、伸缩缝少以及行车平稳舒适等优点得到迅速发展。计算连续梁桥的自重内力与所采用的施工方法密切相关，下面将连续梁自重内力计算和它所采用的施工方法联系起来讨论。

国内外关于连续梁桥的施工方法，大体有以下几种：

（1）有支架施工法。

（2）逐孔施工法。

（3）悬臂施工法。

（4）顶推施工法等。

上述方法中，除有支架施工且一次落梁的连续梁桥可按成桥结构进行分析外，其余几种施工方法的连续梁桥都存在结构体系转换和内力（或应力）叠加的问题，这就是连续梁桥内力计算的一个重要特点。

本节着重介绍如何结合施工程序来确定计算图式和进行内力分析以及内力叠加等方法，并且仅就大跨径连续梁桥中的后两种施工方法——悬臂施工法和顶推施工法作为典型示例进行介绍。

二、结构自重内力计算方法

1. 满堂支架现浇连续梁桥的自重内力计算

连续梁满堂支架整体现浇建造时，一般在穿束张拉并锚固压浆后，拆除支架。由于连续梁桥在建造过程中并无体系转换，而是一次整体完成，故自重内力可按结构力学中的连续梁进行计算。

2. 悬臂浇筑施工时连续梁的自重内力计算

取一座五孔连续梁为例进行阐述，如图 2-3-1 所示。该桥上部结构采用悬臂拼装施工，合龙次序由边孔对称向中孔依次进行。该桥施工程序及相应的内力如下：

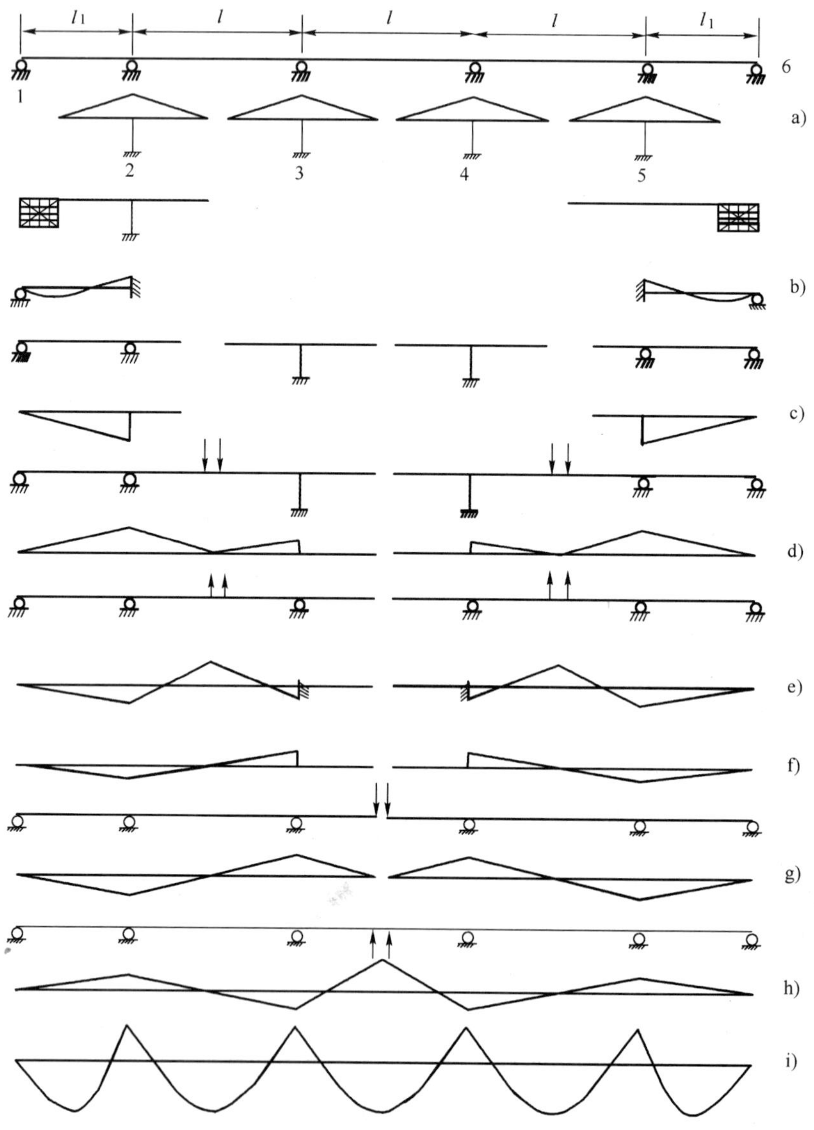

图 2-3-1　5 跨连续梁采用悬臂浇筑法施工的施工程序及内力图式

(1) 悬臂拼装完毕，吊机拆除。首先在桥墩内预埋铁件，安装扇形支架，浇筑墩顶节段。永久支座为钢辊轴，临时支座为混凝土块，设于永久支座两侧，用直径 32mm 钢筋将墩顶节段临时锚固在桥墩上，以保证从墩顶向墩两侧对称悬臂拼装的稳定性。悬臂完毕时的自重内力如图 2-3-1a) 所示。

（2）现浇边跨部分。由于边跨长度大于悬臂拼装长度，需要在边跨内另立排架，现浇部分与边跨的悬臂拼装段相接。此时为一端固定，一端简支的梁式结构，在现浇段自重作用下的结构内力如图 2-3-1b）所示。

（3）拆除 2 号墩和 5 号墩上的临时支座，计算由一端固定一端简支的梁式结构转换成两端简支的单悬臂结构的内力，即计算临时支座所释放的不平衡弯矩在两端简支的单悬臂上所产生的内力，如图 2-3-1c）所示。

（4）边跨合龙

将边跨的单悬臂与 3 号墩（4 号墩）的 T 构通过现浇合龙段合龙。计算单悬臂和 T 构的支架、模板重力及合龙段自重作用下的内力，如图 2-3-1d）所示。

（5）合龙段支架模板拆除后，考虑合龙段的上述重力由相反方向加在已合龙的结构体系上产生的内力，如图 2-3-1e）所示。

（6）拆除 3 号墩（4 号墩）的临时支座，计算因拆除临时支座所产生的内力，如图 2-3-1f）所示。

（7）中跨合龙。将左半跨与右半跨合龙成 5 跨连续梁。计算合龙段两侧悬臂端在支架、模板重力、合龙段自重作用下的内力，如图 2-3-1g）所示。

（8）合龙段支架模板拆除后，考虑上述重力以相反的方向加在连续梁上产生的内力，如图 2-3-1h）所示。

（9）连续梁最终的恒载内力，如图 2-3-1i）所示。

3. 逐孔浇筑施工连续梁的结构自重内力计算

采用上下导梁的移动模架方法或逐孔浇筑建造的等高多跨连续梁，其自重内力如图 2-3-2 所示，逐孔计算，最后叠加。结构体系从静定转化到超静定结构，前拼孔数越多，超静定次数越高，每阶段的自重内力计算应注意这一特点。

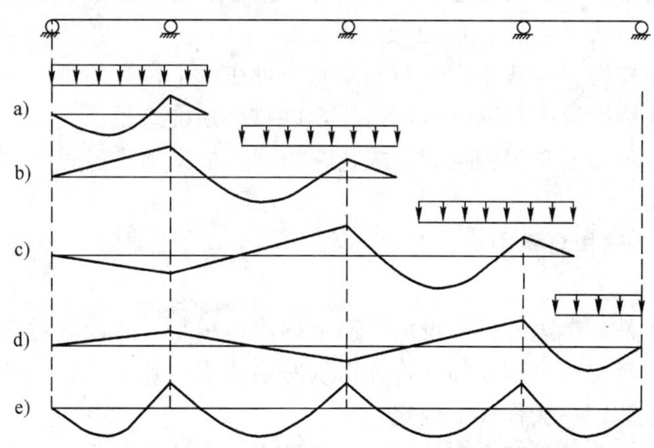

图 2-3-2 逐孔架设法的连续梁恒载内力图式

4. 顶推法施工时连续梁桥的结构自重内力计算

1）受力特点

用逐段顶推施工法完成的连续梁桥（简称顶推连续梁），一般将结构设计成等跨径斜和等高度截面的形式。当全桥顶推就位后，其自重内力的计算与有支架施工法的连续梁完全相同（图 2-3-3）。顶推连续梁的主要受力特点反映在顶推施工的过程中，随着主梁节段逐段地向对岸推进，将使全桥每个截面的内力不断地从负弯矩→正弯矩→负弯矩…呈反复性的变化，图 2-3-3b）是这种结构在施工过程中的弯矩包络图。

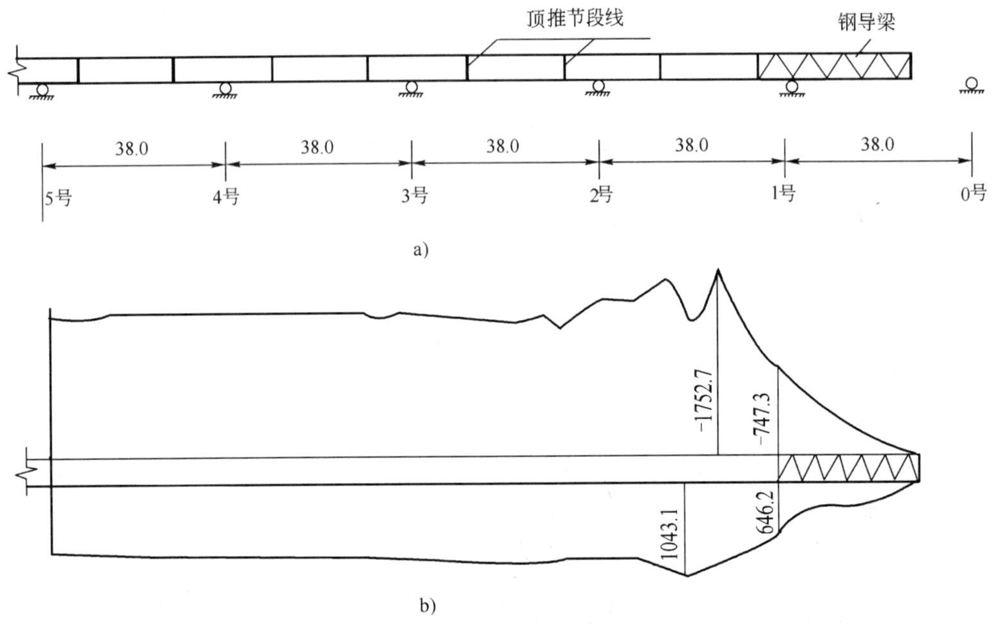

图 2-3-3　某桥顶推连续梁的布置与自重弯矩包络图（尺寸单位：m）

为了改善这种施工方法带来的负面影响，一般采用以下措施：

（1）在顶推梁的最前端设置自重较轻且具有一定刚度的临时钢导梁，导梁长度约为主梁跨径 l 的 65％左右，以降低主梁截面的悬臂负弯矩。

（2）当主梁跨径较大（一般不小于 60m）时，可在每个桥孔的中央设置临时墩，或者在永久墩沿桥纵向的两侧增设三角形临时钢斜托，以减小顶推跨径。

（3）在成桥以后不需要布置钢束的正或负弯矩区，根据顶推过程中的受力需要，配置适量的临时预应力钢束。

2）施工过程中的结构自重内力计算

（1）计算假定

顶推连续梁通常是在岸边专门搭设的台座上逐段地预制、逐段向对岸推进的，它的形成方式是先由悬臂梁到简支梁再到连续梁，先由双跨连续梁再到多跨连续梁直至达到设计要求的跨数。为了简化计算，一般作如下假定：

①放在台座上的部分梁段不参与计算，也就是说，在计算图式中，在靠近台座的桥台处可以取成为一个完全铰，如图 2-3-4 所示。

②每个顶推阶段均按该阶段全桥所处的实际跨径布置和荷载图式进行整体内力分析，而不是对同一截面的内力按若干不同阶段的计算内力进行叠加。

（2）最大正弯矩截面的计算

顶推连续梁的内力呈动态型的，其最大正弯矩截面只能借助有限元计算程序和通过试算来确定。但在初步设计中，可以近似地按图 2-3-5 的三跨连续梁计算图式估算。其理由是距

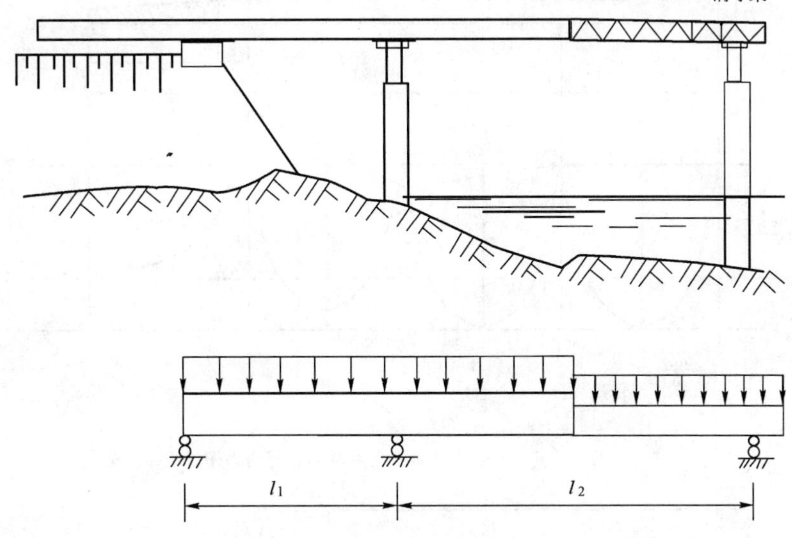

图 2-3-4　顶推连续梁计算图式

顶推连续梁端部 0.4l 截面处的正弯矩影响线面积之和相对最大，虽然在导梁的覆盖区也有负弯矩影响线面积，但导梁自重轻，故影响较小。

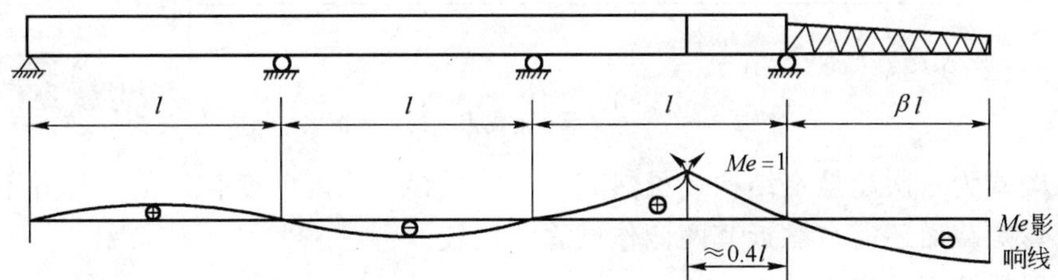

图 2-3-5　顶推连续梁最大正弯矩截面的计算图式

前伸导梁刚推移过墩顶时，可以参照以下近似公式计算：

$$M_{\max}^{+}=\frac{q_{自}\,l^{2}}{12}(0.933-2.96\gamma\beta^{2}) \tag{2-3-1}$$

式中：$q_{自}$——主梁单位长自重；

γ——导梁与主梁的单位长自重比；

β——导梁长与跨长 l 的比例系数。

(3) 最大负弯矩截面计算

要根据以下两种图式的计算结果对比后确定。

①前伸导梁接近前方支点（图 2-3-6），此时的悬臂跨长最长，其计算公式为：

$$M_{\min}^{-}=-\frac{q_{自}\,l^{2}}{2}[\alpha^{2}+\gamma(1-\alpha^{2})] \tag{2-3-2}$$

式中：α——主梁悬臂伸出部分的长度与跨径 l 之比，参见图 2-3-5，其余符号同上。

②前支点支承在导梁约一半长度处（图 2-3-7）

根据支点截面的负弯矩影响线面积和的因素来判断，取带悬臂的两跨连续梁图式计算最

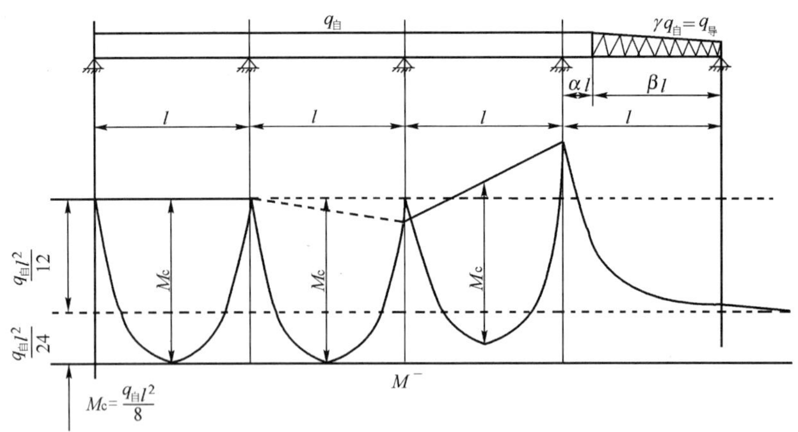

图 2-3-6 导梁接近前方支点时的自重内力图

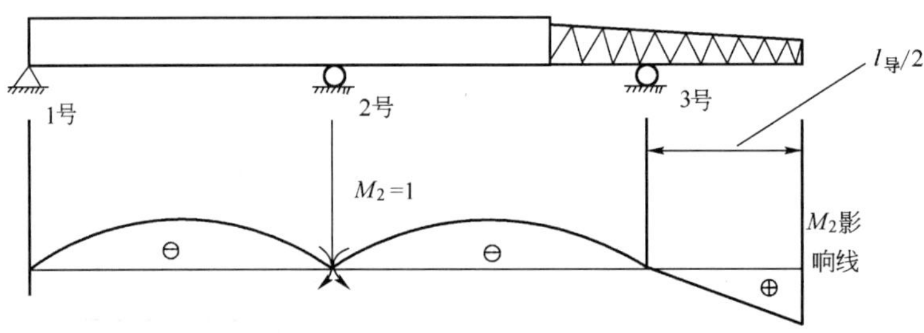

图 2-3-7 导梁支承在前支点上的计算图式

为不利。该图式为一次超静定结构，虽然其中一跨梁存在刚度的变化，但计算并不困难。真正的最大负弯矩截面还需在靠近其两侧作试算和比较。

(4) 一般梁截面的内力计算

对于导梁完全处在悬臂状态的情况，多跨连续梁可以分解为图 2-3-8b)、c) 所示的两种情况，然后应用表 2-3-1 和表 2-3-2 的弯矩系数表分别计算后再进行叠加求得。

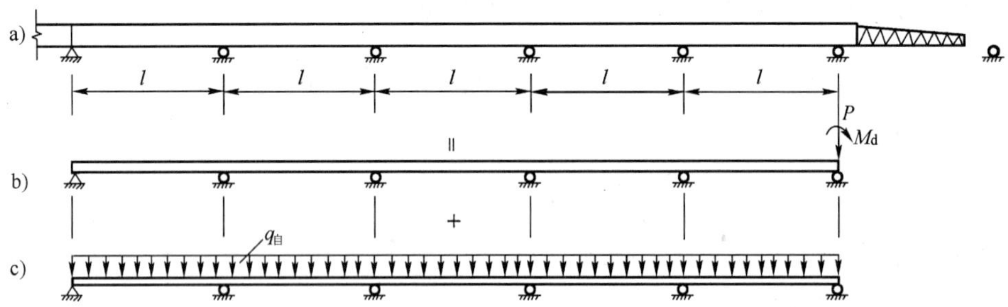

图 2-3-8 荷载的分解

各支点截面在端弯矩 M_d 作用下的弯矩 M_{iGd1} 可按下式计算：

$$M_{iGd1} = \eta_1 M_d \tag{2-3-3}$$

各支点截面在主梁自重作用下的弯矩 M_{iGd2} 可按下式计算：

$$M_{iGd2} = \eta_2 q_{自} L^2 \tag{2-3-4}$$

等截面等跨径连续梁在端弯矩作用下支点弯矩系数　　表 2-3-1

跨数	各支点截面弯距系数 η_1										
n	M_0	M_1	M_2	M_3	M_4	M_5	M_6	M_7	M_8	M_9	M_{10}
1	0	−1									
2	0	0.250000	−1								
3	0	−0.066667	0.266667	−1							
4	0	0.017857	−0.071429	0.267857	−1						
5	0	−0.004785	0.019139	−0.071771	0.267943	−1					
6	0	0.001282	−0.005128	0.019231	−0.071795	0.267949	−1				
7	0	−0.000344	0.001374	−0.005153	0.019237	−0.071797	0.267949	−1			
8	0	0.000092	−0.000368	0.001381	−0.005155	0.019238	−0.071797	0.267949	−1		
9	0	−0.000025	0.000097	−0.000370	0.001381	−0.005155	0.019238	−0.071797	0.267949	−1	
10	0	0.000007	−0.000026	0.000099	−0.000370	0.001381	−0.005155	0.019238	−0.071797	0.0267949	−1

等截面等跨径连续梁在自重作用下支点弯矩系数　　表 2-3-2

跨数	各支点截面弯距系数 η_2										
n	M_0	M_1	M_2	M_3	M_4	M_5	M_6	M_7	M_8	M_9	M_{10}
1	0	0									
2	0	−0.250000	0								
3	0	−0.100000	−0.100000	0							
4	0	−0.107143	−0.071428	−0.107143	0						
5	0	−0.105263	−0.078947	−0.078947	−0.105263	0					
6	0	−0.105769	−0.076923	−0.086538	−0.076923	−0.105769	0				
7	0	−0.105634	−0.077465	−0.084507	−0.084507	−0.077465	−0.105634	0			
8	0	−0.105670	0.077320	−0.085052	−0.082474	−0.085052	−0.077320	−0.0105670	0		
9	0	−0.105660	−0.077358	−0.084906	−0.083019	−0.083019	−0.084906	−0.077358	−0.105660	0	
10	0	−0.105663	−0.077348	−0.084945	−0.082873	−0.083564	−0.082873	−0.084945	−0.077348	−0.105663	0

各支点截面的总恒载弯矩 M_{iGd} 为：

$$M_{iGd} = M_{iGd1} + M_{iGd2} \tag{2-3-5}$$

上式中的 η_1 和 η_2 可从表 2-3-1 和表 2-3-2 中查得。当求得各支点的 M_i 之后，便不难按简支梁图式计算各截面的弯矩值。

第二节　活载内力计算要点

这里讲的活载内力是指可变作用中的车道荷载、人群荷载等在桥梁使用阶段所产生的结构内力，此时结构已成为最终体系——连续梁桥，故与施工方法无关，力学计算图式十分明确。当桥梁采用 T 形或箱形截面且梁数较多时，应考虑结构空间受力特点，进行活载内力计算；当梁桥采用单箱单室截面时，可直接按平面杆系结构进行活载内力计算。

一、按空间结构计算活载内力

连续梁桥为超静定结构，活载内力计算以影响线为基础。按空间结构计算连续梁桥活载内力的方法有：

（1）计算各主梁（肋）的荷载横向分布系数，按最不利荷载横向分布系数确定相应的主梁（肋）；按平面杆系结构计算绘制主梁（肋）的纵桥向内力影响线。

（2）将荷载乘以最不利横向分布系数，沿桥梁纵向按最不利位置分别将荷载加至影响线正负效应区，即可求得绝对值最大的正负活载内力。

计算悬臂体系和连续体系（统称非简支体系）梁桥汽车活载内力的公式为：

$$S=(1+\mu)\xi\eta m_{c}P_{K}y_{max}+(1+\mu)\xi\eta m_{c}q_{K}\Omega$$

式中：μ——汽车冲击系数；

ξ——多车道横向折减系数；

η——桥长纵向折减系数；

m_c——荷载横向分布系数；

P_K——车道荷载的集中荷载；

y_{max}——对应车道集中荷载的影响线最大竖坐标值；

q_K——车道荷载的均布荷载；

Ω——相应于主梁内力影响线的面积。

二、按平面杆系结构计算活载内力

计算方法与空间结构类同，只是无需计算横向分布系数。

三、连续梁桥活载内力计算特点

连续梁桥为超静定结构，活载内力计算以影响线为基础。对于等截面连续梁或截面按某种规律变化的连续梁，可按结构力学的方法计算绘制影响线，也可直接采用有限元法计算绘制影响线。

进行影响线加载时，如采用手算，可按照影响线的形状，将活载布置在最不利的位置，即可求得最大活载内力；如编程电算，则可采用动态规划法进行计算。

第三节　预应力次内力计算的等效荷载法

预应力混凝土连续梁存在次内力是一个重要的力学特点，在设计中必须加以考虑。

一、预应力次内力的定义

预应力混凝土连续梁是超静定结构，在其上施加预应力时，受到各种内外部因素（如预应力、徐变、收缩、温度应力及基础沉降等）影响，梁身产生的挠曲变形受到多余的支座约束，将在多余约束处产生约束反力，从而引起结构附加内力，这部分附加内力一般统称为结构次内力（或为二次力）。

预应力混凝土简支梁在预加力作用下只产生自由挠曲变形和预应力偏心力矩（初预矩），

而不产生次力矩，如图 2-3-9a）所示。连续梁因存在多余约束，限制梁体自由变形，不仅在多余约束处产生垂直次反力，而且在梁体产生次力矩，如图 2-3-9b）所示，故它的总力矩为：

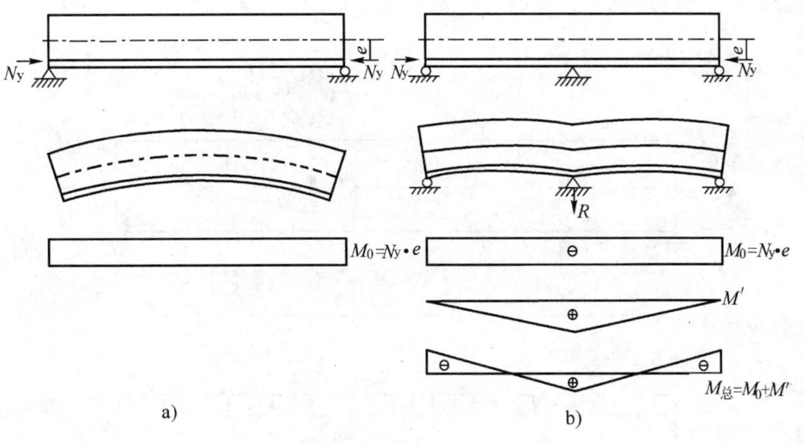

图 2-3-9　预加力引起的挠曲变形和次内力

a）简支梁；b）连续梁

$$M_{总} = M_0 + M' \tag{2-3-6}$$

式中：M_0——初预矩，它是后张法预应力钢筋的合力 N_y 与偏心距 e 的乘积，即 $M_0 = N_y e$；

M'——预加力引起的次力矩，它可用力法或等效荷载法求解。

由于力法原理在《结构力学》中已有详细介绍，故本节重点介绍等效荷载法的原理及其应用。

二、等效荷载法原理

等效荷载是用来代替预应力作用的荷载，它可以是分布荷载、集中荷载或者是弯矩，这是根据预应力钢筋的形状来确定的。这样就可以把预应力梁看作是等效荷载作用下的普通梁。

1. 基本假定

为了简化分析，对于预应力混凝土梁作以下的假定：

（1）预应力筋的摩阻损失忽略不计（或按平均分布计入）。

（2）预应力筋贯穿构件的全长。

（3）索曲线近似地视为按二次抛物线变化，且曲率平缓。

2. 曲线预应力索的等效荷载

图 2-3-10 所示为配置曲线索的预应力混凝土简支梁，其左端锚头的倾角为 $-\theta_A$，且偏离中轴线的距离为 e_A，其右端锚头的倾角为 θ_B、偏心距为 e_B，索曲线在跨中的垂度为 f。图中的符号规定是：索力的偏心距 e_i 以向上为正，向下为负；荷载以向上者为正，反之为负。

基于上述符号规定，则此索曲线的表达式为：

$$e(x) = \frac{4f}{l^2}x^2 + \frac{e_B - e_A - 4f}{l}x + e_A \tag{2-3-7}$$

预应力筋对中心轴的偏心力矩 $M(x)$ 为：

$$M(x) = N_y e(x) = N_y \left(\frac{4f}{l^2}x^2 + \frac{e_B - e_A - 4f}{l}x + e_A \right) \tag{2-3-8}$$

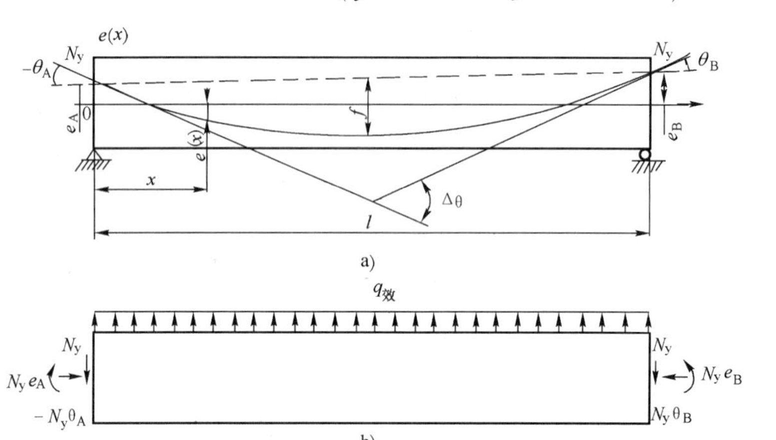

图 2-3-10 配置曲线索的等效荷载

由《材料力学》可知：

$$q(x) = \frac{d^2 M(x)}{dx^2} = \frac{8f}{l^2}N_y = 常数 \tag{2-3-9}$$

$$\theta(x) = e'(x) = \frac{8f}{l^2}x + \frac{e_B - e_A - 4f}{l} \tag{2-3-10}$$

$$\theta_A = e'(0) = \frac{e_B - e_A - 4f}{l} \tag{2-3-11}$$

$$\theta_B = e'(l) = \frac{1}{l}(e_B - e_A + 4f) \tag{2-3-12}$$

将式（2-3-1）减式（2-3-11）得：

$$\theta_B - \theta_A = \frac{8f}{l} \tag{2-3-13}$$

比较（2-3-9）与式（2-3-13）得：

$$q(x) = \frac{N_y}{l}(\theta_B - \theta_A) = \frac{N_y \Delta\theta}{l} = 常数 = q_效 \tag{2-3-14}$$

上式表示荷载集度 q 的方向向上，且为正值，$\Delta\theta$ 为索曲线倾角的改变量，如图 2-3-10a）所示。一般称此均布荷载 q 为预加力对此梁的等效荷载。它沿全跨长的总荷载 $q_效 l$ 恰与两端预加力的垂直向下分力 $N_y(\theta_A - \theta_B)$ 相平衡。

3. 折线预应力索的等效荷载

按照同样的原理，可以写出图 2-3-11 所示配置折线形索的索力线方程：

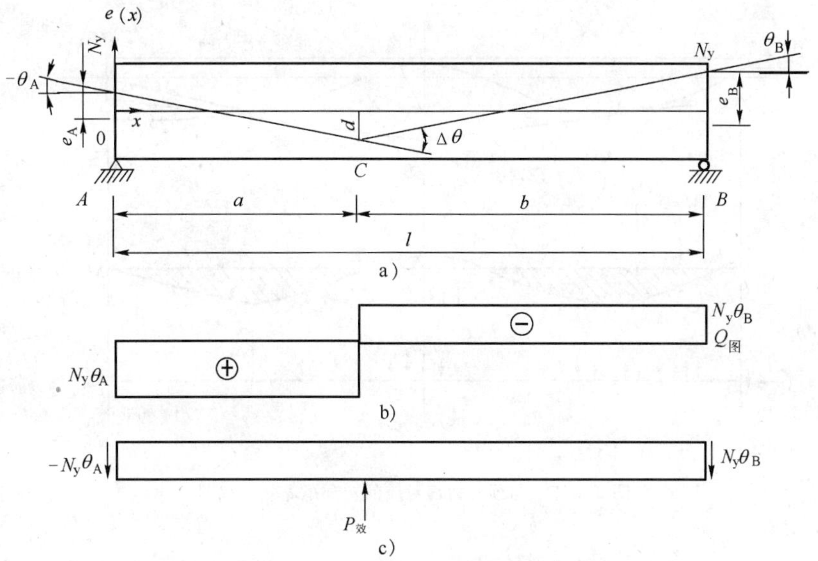

图 2-3-11　配置折线索的等效荷载

$$
\left.\begin{aligned}
&AC\text{段} \qquad e_1(x)=e_A-\left(\frac{e_A+d}{a}\right)x\\
&CB\text{段} \qquad e_2(x)=-d+\left(\frac{d+e_B}{b}\right)(x-a)
\end{aligned}\right\} \tag{2-3-15}
$$

由此得：

$$
\left.\begin{aligned}
&AC\text{段} \qquad Q_1(x)=M'_1(x)=-N_y\left(\frac{e_A+d}{a}\right)=-N_y\theta_A\\
&CB\text{段} \qquad Q_2(x)=M'_2(x)=N_y\left(\frac{e_B+d}{b}\right)=N_y\theta_B
\end{aligned}\right\} \tag{2-3-16}
$$

按式（2-3-16）可绘出此简支梁的剪力内力分布图，如图 2-3-11a）所示，而此剪力分布图又恰与在梁的 C 截面处作用一个垂直向上的集中力 $P_{效}$ 的结果相吻合，$P_{效}$ 为：

$$
P_{效}=N_y(\theta_B-\theta_A) \tag{2-3-17}
$$

它就是折线形预加力的等效荷载。

三、等效荷载法的应用

关于等效荷载法在计算时的应用，如图 2-3-12a）所示，一般分为以下 4 个步骤：

（1）按预应力索曲线的偏心距 e_i 及预加力 N_y 绘制梁的初预矩 $M_0=N_ye_i$ 图，不考虑所有支座对梁体的约束影响，如图 2-3-12b）所示。

（2）按布索形式分别应用式（2-3-14）和式（2-3-17）确定等效荷载值，如图 2-3-12c）所示。

（3）用力法或有限单元法程序求解连续梁在等效荷载作用的截面内力，得出的弯矩值称为总弯矩 $M_{总}$，它包含了初预矩 M_0 在内。

（4）求相关截面的次力矩 $M_{次}$，即：

$$
M_{次}=M_{总}-M_0 \tag{2-3-18}
$$

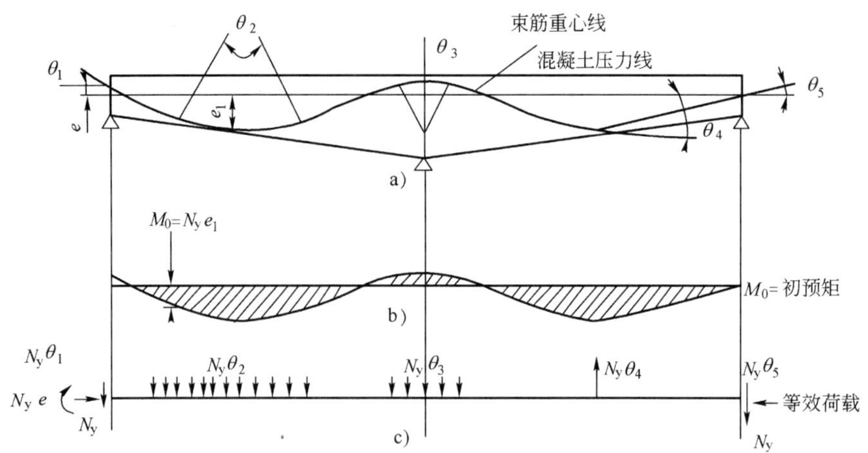

图 2-3-12　与预应力筋对应的初预矩等效荷载图

第四节　混凝土徐变次内力计算的换算弹性模量法

一、徐变次内力概念

混凝土具有徐变的性质，是指混凝土在应力不变时，应变随时间而持续增长的特性。混凝土徐变产生的影响，不仅在计算预应力损失时要考虑，而且在确定结构的变形和分析超静定结构的内力时也应考虑。

1. 定义

1）徐变变形

在长期持续荷载作用下，混凝土棱柱体在瞬时变形 ε_e（弹性变形）以后，随时间 t 增长而持续产生的那一部分变形量，称之为徐变变形 Δ_c，如图 2-3-13 所示。

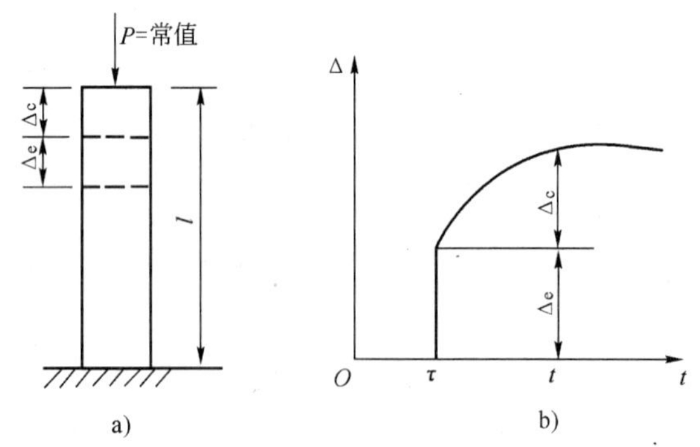

图 2-3-13 棱柱体的徐变变形

2）瞬时应变

瞬时应变又称弹性应变 ε_e，它是指初始加载的瞬间所产生的变形量 Δ_e 与棱柱体长度 l 之比，即：

$$\varepsilon_e = \frac{\Delta_e}{l} \tag{2-3-19}$$

3）徐变应变

单位长度的徐变变形量称为徐变应变 $\varepsilon_c(t)$，它可表示为徐变变形量 Δ_c 与棱柱体长度 l 之比值，即：

$$\varepsilon_c(t) = \frac{\Delta_c}{l} \tag{2-3-20}$$

2. 徐变次内力的概念

当超静定混凝土结构的徐变变形受到多余约束的制约时（施工过程中发生结构体系转换时），结构截面内将产生附加内力，工程上将此内力称为徐变次内力。

如图 2-3-14a)中的两条对称于中线的悬臂梁，在完成瞬时变形后，悬臂端点均处于水平位置，此时，悬臂根部的弯矩均为 $M=\frac{-ql^2}{2}$。随着时间的增长，该两个悬臂梁的端部，将发生随时间 t 而变化的下挠量 Δ_t 和转角 θ_t（图 2-3-14a)）。尽管如此，直到徐变变形终止，该梁的内力沿跨长方向是不发生改变的。

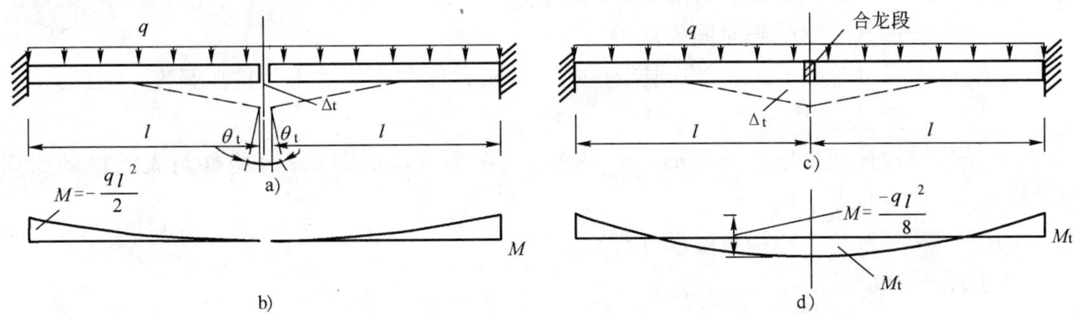

图 2-3-14　徐变变形与徐变次内力

现再考察图 2-3-14c）的情况，当两悬臂端完成瞬时变形后，立即将合龙段的钢筋焊接并浇筑接缝混凝土，以后虽然在接缝处仍产生随时间变化的下挠量 Δ_t，但转角 θ_t 始终为零，这意味着两侧悬臂梁相互约束着角位移，从而使结合截面上的弯矩从 $0 \rightarrow M_t$，而根部截面的弯矩逐渐卸载，这就是所谓的内力重分布（或应力重分布），直到徐变变形终止。结合截面上的 M_t 就是徐变次内力，但它与根部截面弯矩的绝对值之和仍为 $ql^2/2$。

由此可见，静定结构只产生徐变变形，而不产生次内力，超静定结构由于徐变变形受到了约束，将产生随时间 t 变化的徐变次内力。

二、徐变系数表达式

对于混凝土徐变系数的计算，各国规范均有相关规定，主要是依据经验公式，《混凝土桥规》（JTG D62—2004）规定混凝土的徐变系数按下列公式计算：

$$\phi(t,t_0) = \phi_0 \cdot \beta_c(t-t_0) \tag{2-3-21}$$

$$\phi_0 = \phi_{RH} \cdot \beta(f_{cm})\beta(t_0) \tag{2-3-22}$$

$$\phi_{RH} = 1 + \frac{1 - \frac{RH}{RH_0}}{0.46(\frac{h}{h_0})^{\frac{1}{3}}} \tag{2-3-23}$$

$$\beta(f_{cm}) = \frac{5.3}{(\frac{f_{cm}}{f_{cm0}})^{0.5}} \tag{2-3-24}$$

$$\beta(t_0) = \frac{1}{0.1 + (\frac{t_0}{t_1})^{0.2}} \tag{2-3-25}$$

$$\beta_c(t - t_0) = \left[\frac{(t - t_0)/t_1}{\beta_H + (t - t_0)/t_1}\right]^{0.3} \tag{2-3-26}$$

$$\beta_H = 150\left[1 + \left(1.2\frac{RH}{RH_0}\right)^{18}\right]\frac{h}{h_0} + 250 \leqslant 1500 \tag{2-3-27}$$

式中：t_0——加载时的混凝土龄期（d）；

t——计算考虑时刻的混凝土龄期（d）；

$\phi(t, t_0)$——加载龄期为 t_0，计算考虑龄期为 t 时的混凝土徐变系数；

ϕ_0——名义徐变系数，查表 2-3-3 确定；

β_c——加载后徐变随时间发展的系数；

f_{cm}——强度等级 C20～C50 混凝土在 28d 龄期时的平均立方体抗压强度（MPa），其值 $f_{cm}=0.8f_{cu,k}+8$MPa；

h——构件理论厚度（mm），$h=2A/\mu$，A 为构件截面积，μ 构件与大气接触的周边长度；

RH——环境年平均相对湿度（%）；

$RH_0=100\%$；

$t_1=1$d；

$f_{cm0}=10$MPa；

$h_0=100$mm。

混凝土名义徐变系数 ϕ_0 表 2-3-3

加载龄期 (d)	40%≤RH<70%				70%≤RH<99%			
	理论厚度 h（mm）				理论厚度 h（mm）			
	100	200	300	≥600	100	200	300	≥600
3	3.90	3.50	3.31	3.03	2.83	2.65	2.56	2.44
7	3.33	3.00	2.82	2.59	2.41	2.26	2.19	2.08
14	2.92	2.62	2.48	2.27	1.12	1.99	1.92	1.83
28	2.56	2.30	2.17	1.99	1.86	1.74	1.69	1.6
60	2.21	1.99	1.88	1.72	1.61	1.51	1.46	1.39
90	2.05	1.84	1.74	1.59	1.49	1.39	1.35	1.28

强度等级为 C20～C50 混凝土的名义徐变系数 ϕ_0，可按照由式（2-3-22）算得的表 2-3-3 值采用。

徐变系数的大小与加载时混凝土的龄期有很大关系，加载龄期越大则徐变系数越小。

三、混凝土徐变引起的结构次内力计算

(1) 若连续梁在施工过程中转换结构体系（如先期结构在 τ_0 时同时加载简支梁或其它机构体系，在 τ 时同时转换为后期结构的连续梁），在混凝土徐变影响下，后期结构的弯矩可按下列规定计算：

①在先期结构中由结构自重产生的弯矩，经过混凝土徐变重分配，在后期结构中 t 时的弯矩 M_{gt}，可按下式计算：

$$M_{gt} = M_{1g} + (M_{2g} - M_{1g})\{1 - e^{-[\phi(t,\tau_0)-\phi(\tau,\tau_0)]}\} \tag{2-3-28}$$

式中：M_{1g}——在先期结构自重作用下，按先期结构体系计算的弯矩；

M_{2g}——在先期结构自重作用下，按后期结构体系计算的弯矩；

$\phi(t,\tau_0)$——从先期结构加载龄期 τ_0 至后期结构计算所考虑时间 t 时徐变系数，当缺乏符合当地实际条件的数据时，可按照《混凝土桥规》附录 F 计算；

$\phi(\tau,\tau_0)$——从先期结构加载龄期 τ_0 至 τ 时转换为后期结构的徐变系数。

②先期结构中由预加力产生的弯矩，经过混凝土徐变重分配，在后期结构中 t 时的弯矩 M_{pt}，可按下式计算：

$$M_{pt} = M_{1pt} + (M'_{2pt} - M'_{1pt})\{1 - e^{-[\phi(t,\tau_0)-\phi(\tau,\tau_0)]}\} \tag{2-3-29}$$

$$M_{1pt} = M^0_{1pt} + M'_{1pt} \tag{2-3-30}$$

式中：M_{1pt}——在先期结构中预加力作用下，按先期结构计算的弯矩；

M^0_{1pt}——在先期结构中预加力作用下，按先期结构计算的主弯矩（预加力乘以偏心矩）；

M'_{1pt}——在先期结构中预加力作用下，按先期结构计算的次弯矩；当先期结构为静定体系时，M'_{1pt} 为零；

M'_{2pt}——在先期结构中预加力作用下，按后期结构体系计算的次弯矩。

(2) 若预应力混凝土连续梁在施工过程中不转换结构体系，徐变的变形并不引起超静定结构内力的变化，预应力连续梁的总次内力（包括弹性变形和徐变），可由预加应力引起的弹性变形次内力乘以预应力钢筋张拉力的平均系数 c 求得。平均有效系数按下式计算：

$$c = \frac{P_e}{P_i} \tag{2-3-31}$$

式中：P_e——预应力损失全部完成后，预应力钢筋平均张拉力；

P_i——预应力瞬时（第一批）损失完成后，预应力钢筋平均张拉力。

(3) 预应力混凝土连续梁结构，在恒载与预加力作用下，考虑徐变变形影响，结构任意截面的最终弯矩为（龄期相同条件下）：

$$M_t = M_{gt} + M_{pt} \tag{2-3-32}$$

第五节　混凝土收缩次内力计算

混凝土结构的收缩并不是因外力产生，而是由结构材料本身的特性引起的。

一、经验公式

混凝土的收缩应变可按下列公式计算：

$$\varepsilon_{cs}(t,t_s) = \varepsilon_{cs0} \cdot \beta_s(t-t_s) \tag{2-3-33}$$

$$\varepsilon_{cs0}=\varepsilon_s(f_{cm})\cdot\beta_{RH} \tag{2-3-34}$$

$$\varepsilon_s(f_{cm})=[160+10\beta_{sc}(9-f_{cm}/f_{cm0})]\times10^{-6} \tag{2-3-35}$$

$$\beta_{RH}=1.55[1-(RH/RH_0)^3] \tag{2-3-36}$$

$$\beta_s(t-t_s)=\left[\frac{(t-t_s)/t_1}{350(h/h_0)^2+(t-t_s)/t_1}\right]^{0.5} \tag{2-3-37}$$

式中： t——计算考虑时刻的混凝土龄期（d）；

t_s——收缩开始时的混凝土龄期（d），假定为 3～7d；

ε_{cs}（t，t_s）——收缩开始时的龄期为 t_s，计算考虑的龄期为 t 时的收缩应变；

ε_{cs0}——名义收缩系数；

β_s——收缩随时间发展的系数；

f_{cm}——强度等级 C20～C50 混凝土的 28d 龄期时的平均立方体抗压强度（MPa），其值 $f_{cm}=0.8f_{cu,k}+8\text{MPa}$；

$f_{cu,k}$——龄期为 28d、具有 95%保证率的混凝土立方体抗压强度标准值（MPa）；

β_{RH}——与年平均相对湿度相关的系数，公式（2-3-36）适用于 $40\%\leqslant RH<90\%$；

RH——环境年平均相对湿度（%）；

β_{sc}——依水泥种类而定的系数，对一般的硅酸盐类水泥或快硬水泥，$\beta_{sc}=5.0$；

h——构件理论厚度（mm），其值 $h=2A/u$，A 为构件截面面积，u 为构件与大气接触的周边长度；

$RH_0=100$；

$h_0=100\text{mm}$；

$t_1=1\text{d}$；

$f_{cm0}=10\text{MPa}$。

强度等级 C20～C50 混凝土的名义收缩系数 ε_{cs0}，可按由公式（2-3-34）算得的表 2-3-4 所列数值采用。

混凝土名义收缩系数 $\varepsilon_{cs0}\times10^3$ 表 2-3-4

$40\%\leqslant RH<70\%$	$70\%\leqslant RH<99\%$
0.529	0.31

注：①本表适用于一般硅酸盐水泥或快硬水泥配置而成的混凝土；

②本表适用于季节性变化的平均温度－20℃～＋40℃；

③本表数值系按 C40 混凝土计算所得，对温度等级为 C50 及以上混凝土，表列数值乘以 $\sqrt{32.4/f_{ck}}$，式中 f_{ck} 为混凝土轴心抗压强度标准值（MPa）；

④计算时，表中年平均相对湿度 $40\%\leqslant RH<70\%$，取 $RH=55\%$；若 $70\%\leqslant RH<99\%$，取 $RH=80\%$。

二、混凝土收缩应变计算

在具体桥梁设计中，当考虑收缩影响或计算阶段预应力损失时，混凝土收缩应变值可按下列步骤计算：

（1）按公式（2-3-36）计算从 t_s 到 t，t_s 到 t_0 的收缩应变发展系数 β（$t-t_s$）、β_s（t_0-t_s）；在计算 β_s（t_0-t_s）时，公式中的 t 均改用 t_0。其中，t 为计算收缩应变考虑时刻的混凝土龄期（d），t_0 为桥梁结构开始受收缩影响时刻或预应力钢筋传力锚固时刻的混凝土龄期（d），t_s 为收缩开始时（养护期结束时）的混凝土龄期，设计时可取 3～7d，$t>t_0\geqslant t_s$。

（2）按下列公式计算自 t_0 至 t 时的收缩应变值 ε_{cs}（t，t_0）：

$$\varepsilon_{cs}(t,t_0)=\varepsilon_{cs0}[\beta_s(t-t_s)-\beta_s(t_0-t_s)] \tag{2-3-38}$$

式中的名义收缩系数 ε_{cs0} 按表 2-3-4 采用。

三、结构因混凝土收缩引起的次内力计算

求出 t 时刻混凝土收缩总应变 ε_{cs} (t, t_0) 后，可用结构力学的力法计算 t 时刻由连续梁结构收缩变形而引起结构多余力方向上的弹性内力。需要注意的是：在分析混凝土收缩引起的结构次内力，基本结构的变位、载变位计算中必须考虑轴力项。对于连续梁桥结构，由于收缩变形并不受到强大的约束，可只计算结构的收缩位移量。但对于墩—梁固结的连续刚构体系桥梁，则必须考虑因收缩引起的结构次内力。

第六节　基础沉降次内力计算要点

在《结构力学》课程中已经详细的叙述了超静定连续梁结构因沉降产生的次内力计算问题。连续梁墩台基础的沉降与地基土壤的力学性能有关，一般随时间而递增，经过相当长的时间后，接近沉降总的终极值。其变化规律与徐变变化规律相似。它可用下式来表达：

$$\Delta_d(t)=\Delta_d(\infty)[1-e^{-p(t-T)}] \tag{2-3-39}$$

式中：Δ_d (t) ——t 时刻时的墩台基础沉降值；

Δ_d (∞) —— $t=\infty$时刻墩台基础沉降的终极值；

p——墩台沉降增长速度，其值应根据实地土壤的试验资料确定。

对于图 2-3-15 的三跨连续梁，当中墩基础分别产生不等的地基沉陷 $\Delta_{1\Delta}$ 和 $\Delta_{2\Delta}$ 时，可取图 2-3-15b) 的基本结构，它的力法方程为：

$$\left.\begin{aligned}\delta_{11}X_1+\delta_{12}X_2+\Delta_{1\Delta}=0\\ \delta_{21}X_1+\delta_{22}X_2+\Delta_{2\Delta}=0\end{aligned}\right\} \tag{2-3-40}$$

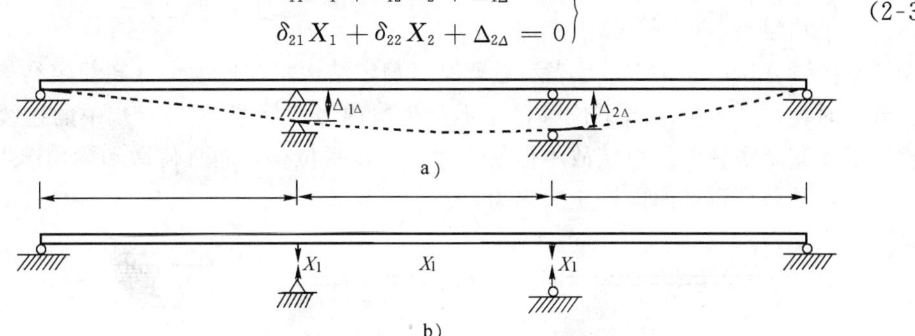

图 2-3-15　连续梁因基础沉陷的计算图式

求解此线性方程组并无多大困难，关键问题在于如何确定基础沉降量 $\Delta_{1\Delta}$ 和 $\Delta_{2\Delta}$。根据设计原则，连续梁桥的桥墩基础应修建在坚硬的岩石上。但当它必须修建在非岩石的地基上时，就必须计入基础沉降引起的结构次内力。有关地基沉降量的具体计算方法，详见《地基与基础》教程和《公路桥涵地基与基础设计规范》。但地基设计规范中有下列规定：

(1) 墩台均匀总沉降 (cm) 值 (不包括施工中的沉降) 应$\leqslant 2.0\sqrt{l}$。

(2) 相邻墩台均匀总沉降 (cm) 值 (不包括施工中的沉降) 应$\leqslant 1.0\sqrt{l}$。

其中 l 为相邻墩台间最小跨径长度，以 m 计。跨径小于 25m 时以 25m 计算。

另外，地基土的沉降变化规律要比混凝土的徐变规律更为复杂，不仅土质类别繁多，历

史成因复杂，而且因所处位置的不同（例如位于河中和位于岸上）也有较大差异。加之结构对它作用力的大小都会影响到它的沉降速度。对于超静定结构，确实会因沉降速度上的差异而产生支点反力的重分布。如果考虑与其他次内力的耦合作用，那么就更难求解了。考虑到大跨径连续梁一般采用悬臂施工，而恒重占的比例较大，土基的沉降量大部分在施工阶段完成，为了简化分析，通常是按《公路桥涵地基与基础设计规范》规定的相邻墩台的容许沉降差进行结构内力分析。另一方面，而且也是更重要的方面，对于处于不良地带的桥位，通常要先进行地基加固处理，或者偏安全地加大地基承压面，采用超长桩或增加桩基数量等措施，以尽量减小后期沉降量。

第七节　温度次内力和自应力计算

一、基本概念

1. 温度梯度

温度梯度是指当桥梁结构受到日照温度影响后，温度沿梁截面高度变化的形式。《混凝土桥规》对材料的温度性质和温度梯度规定可参见本教材第一篇第三章第一节的有关内容。

2. 温度次内力

结构因受到自然环境温度的影响（升温或降温）将产生伸缩或弯曲变形，当这个变形受到多余约束时，便会在结构内产生附加内力，工程上称此附加内力为温度次内力。现举两种呈线性变化形式的温度梯度来说明。

（1）年平均温差

图 2-3-16a）和图 2-3-16b）是表示悬臂梁（静定结构）和连续梁（超静定结构）在年温差（温升）时，只产生纵向水平位移，而不产生次内力。但图 2-3-16c）中的连续刚构在同样条件由于受固结桥墩的约束，故不但使主梁产生水平位移，而且使墩和梁均产生弯曲变形和支点反力，从而导致截面内产生次内力。

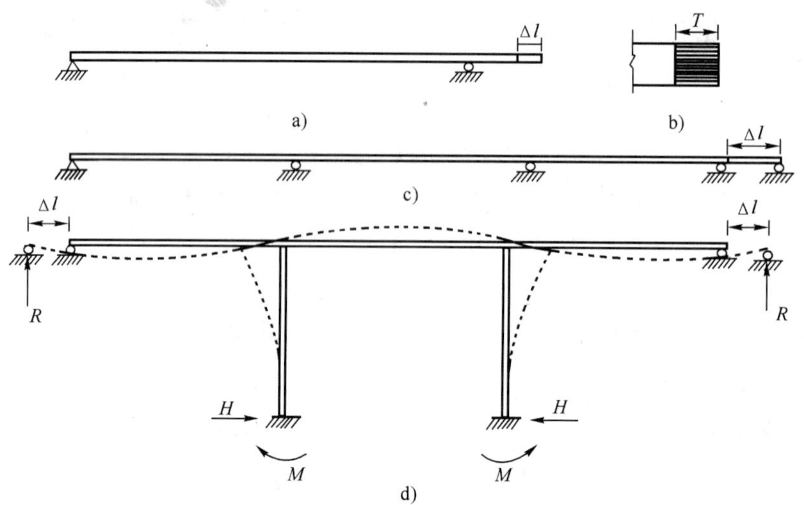

图 2-3-16　年温差对不同结构的影响

(2) 呈线性变化的温度梯度（图 2-3-17）

图 2-3-17a）表示静定的简支梁在线性温度梯度的影响下，结构只产生弯曲变形；图 2-3-17b)表示在同样温度影响下，由于存在中支座的多余约束，限制梁体变形，使中支座产生向下的垂直拉力，从而导致梁体内产生次内力。

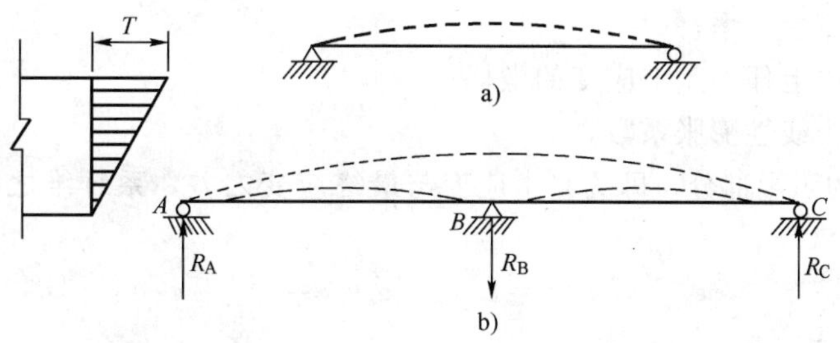

图 2-3-17　线性温度梯度对结构的影响

3. 温度自应力

由于温差作用的温度梯度呈非线性变化，且梁截面变形服从平面假定，致使梁截面的温差变形在纵向纤维之间得到约束，在截面上产生自平衡的纵向约束应力，称此应力为温度自应力。

对于受非线性温度梯度的超静定结构，还会产生温度次内力。因此，其总的温度应力将是自应力 $\sigma_{自}$ 与由温度次内力产生的次应力 $\sigma_{次}$ 之和，即 $\sigma_{总}=\sigma_{自}+\sigma_{次}$。

由于受线性温度梯度影响的超静定结构内力计算在《结构力学》中已有详述，故本节将分别讨论受非线性温度影响的温度自应力计算和超静定结构次内力计算问题。

二、混凝土结构温度自应力的计算

如图 2-3-18 所示，图 2-3-18b）为温度梯度（无约束的自由应变图形与温度梯度同）；图 2-3-18c）为平面变形，为最终应变；图 2-3-18d）内阴影部分为自由应变与最终应变之差，即由纤维之间的约束产生的自应力应变。

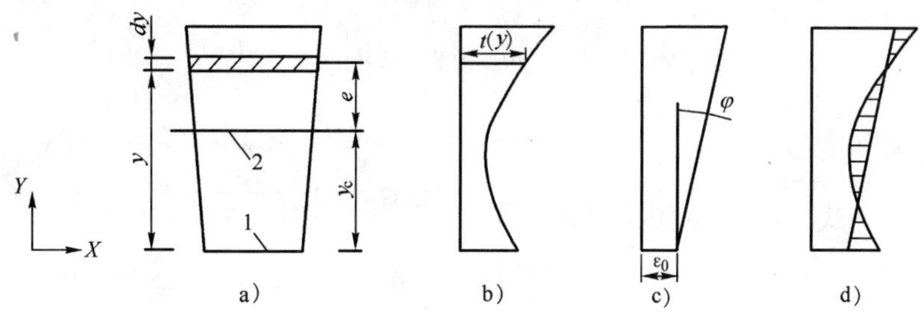

图 2-3-18　温度梯度计算模式

a）截面；b）温度梯度；c）平面变形；d）自应力应变

1-基轴；2-重心轴

取一单元梁段，沿梁高的自由应变（纵向纤维之间不受约束时）$\varepsilon_{t(y)}$ 为：

$$\varepsilon_{t(y)} = \alpha_c t_{(y)} \tag{2-3-41}$$

由于纵向纤维之间相互约束，梁截面应变应符合平面假定，梁截面上的最终应变 $\varepsilon_{f(y)}$ 应呈直线分布，即：

$$\varepsilon_{f(y)}=\varepsilon_0+\varphi y \tag{2-3-42}$$

式中：ε_0——基轴 $y=0$ 处应变；

φ——截面变形曲率；

y——基轴以上任一点求应变的坐标；

α_c——混凝土线性膨胀系数；

图 2-3-18d）的阴影部分，即为自由应变与最终应变之差，系纤维之间的约束产生，其值为：

$$\varepsilon_{\alpha(y)}=\varepsilon_{t(y)}-\varepsilon_{f(y)}=\alpha_c t_{(y)}-(\varepsilon_0+\varphi y) \tag{2-3-43}$$

阴影部分的应力（自应力）为：

$$\varepsilon_{s(y)}=E_c\varepsilon_{\alpha(y)}=E_c[\alpha_c t_{(y)}-(\varepsilon_0+\varphi y)] \tag{2-3-44}$$

全截面上轴向力 N 和弯矩 M 为：

$$\begin{aligned}N&=E_c\int_h\varepsilon_{\alpha(y)}b_{(y)}\mathrm{d}y=E_c\int_h(\alpha_c t_{(y)}-\varepsilon_0-\varphi y)b_{(y)}\mathrm{d}y\\&=E_c\left(\alpha_c\int_h t_{(y)}b_{(y)}\mathrm{d}y-\varepsilon_0\int_h b_{(y)}\mathrm{d}y-\varphi\int_h yb_{(y)}\mathrm{d}y\right)\end{aligned} \tag{2-3-45}$$

$$\begin{aligned}M&=E_c\int_h\varepsilon_{\sigma(y)}b_{(y)}(y-y_c)dy=E_c\int_h(\alpha_c t_{(y)}-\varepsilon_0-\varphi y)b_{(y)}(y-y_c)\mathrm{d}y\\&=E_c[\alpha_c\int_h t_{(y)}b_{(y)}(y-y_c)dy-\varepsilon_0\int_h b_{(y)}(y-y_c)dy-\varphi\int_h b_{(y)}(y-y_c)\mathrm{d}y]\end{aligned} \tag{2-3-46}$$

式中：E_c——混凝土材料弹性模量；

$b_{(y)}$——y 处的宽度；

y——基轴以上任一点求应变的坐标。

对于任何截面，$N=0$，$M=0$，即内力总和为零。

式（2-3-45）、式（2-3-46）可分别写为：

$$\varepsilon_0\int_h b_{(y)}\mathrm{d}y+\varphi\int_h yb_{(y)}\mathrm{d}y]=\alpha\int_h t_{(y)}b_{(y)}\mathrm{d}y \tag{2-3-47}$$

$$\varepsilon_0\int_h b_{(y)}(y-y_c)\mathrm{d}y+\varphi\int_h yb_{(y)}(y-y_c)\mathrm{d}y=\alpha_c\int_h t_{(y)}b_{(y)}(y-y_c)\mathrm{d}y \tag{2-3-48}$$

式（2-3-47）、式（2-3-48）内设

$$\int_h b_{(y)}\mathrm{d}y=A \tag{2-3-49}$$

$$\int_h yb_{(y)}\mathrm{d}y=Ay_c \tag{2-3-50}$$

$$\int_h yb_{(y)}(y-y_c)\mathrm{d}y=\int_h b_{(y)}y^2\mathrm{d}y-\int_h b_{(y)}yy_c\mathrm{d}y=I_b-\int_h b_{(y)}yy_c\,\mathrm{d}y=I_g \tag{2-3-51}$$

$\int_h b_{(y)}\ (y-y_c)\ \mathrm{d}y=0$ （对重心轴的静面积矩为零）

式中：A——截面面积；

I_b——截面面积对基轴（图 2-3-18）惯性矩；

I_g——截面面积对重心轴（图 2-3-18）惯性矩。

将式（2-3-49）、式（2-3-50）和式（2-3-51）代入式（2-3-47）和式（2-3-48）中得：

$$\varepsilon_0 A + \varphi A y_c = \alpha_c \int_h t_{(y)} b_{(y)} \mathrm{d}y \tag{2-3-52}$$

$$\varphi I_g = \alpha_c \int_h t_{(y)} b_{(y)} (y - y_c) \mathrm{d}y \tag{2-3-53}$$

由式（2-3-52）、式（2-3-53）可得：

$$\varepsilon_0 = \frac{\alpha_c}{A}\int_h t_{(y)} b_{(y)} \mathrm{d}y - \varphi y_c \tag{2-3-54}$$

$$\varphi = \frac{\alpha_c}{I_g}\int_h t_{(y)} b_{(y)} (y - y_c) \mathrm{d}y \tag{2-3-55}$$

设在坐标 y 处，截面内一厚度为 i 的微小单元面积 A_y 处温度梯度值为 t_y，以 t_y 为常数值代入式（2-3-54）、式（2-3-55），并注意积分区段仅在 i 厚度范围内有值。因此 $\int_h b_{(y)}\mathrm{d}y = \varphi \int_h b_{(y)}\mathrm{d}y = A_y$，$t_{(y)} = t_y$，$y - y_c = e_y$（单元面积 A_y 对全面积重心的偏心矩）。

$$\varphi = \frac{\alpha_c}{I_g}\int_h t_{(y)} b_{(y)} (y - y_c) \mathrm{d}y = \frac{\alpha_c}{I_g}\int_i t_{(y)} b_{(y)} (y - y_c) \mathrm{d}y = \frac{\alpha_c t_y A_y e_y}{I_g} \tag{2-3-56}$$

$$\begin{aligned}\varepsilon_0 &= \frac{\alpha_c}{I_g}\int_h t_{(y)} b_{(y)} \mathrm{d}y - \varphi y_c = \frac{\alpha_c}{A}\int_i t_{(y)} b_{(y)} \mathrm{d}y - \varphi y_c \\ &= \frac{\alpha_c t_y A_y}{A} - \frac{\alpha_c t_y A_y e_y y_c}{I_g}\end{aligned} \tag{2-3-57}$$

由式（2-3-44）可求得任意点应力 $\sigma_{s(y)}$ 为：

$$\begin{aligned}\sigma_{s(y)} &= E_c[\alpha_c t_{(y)} - (\varepsilon_0 + \varphi y)] \\ &= E_c \alpha_c t_y - \frac{E_c \alpha_c t_y A_y}{A} + \frac{E_c \alpha_c t_y A_y e_y y_c}{I_g} - \frac{E_c \alpha_c t_y A_y e_y y}{I_g}\end{aligned} \tag{2-3-58}$$

如令 $N_{ti} = A_y t_y \alpha_c E_c$，$M_{ti} = N_{ti} e_y = -A_y t_y \alpha_c E_c e_y$ 得：

$$\sigma_{s(y)} = -\frac{N_{ti}}{A} + \frac{M_{ti}}{I_g}(y - y_c) + t_y \alpha_c E_c \tag{2-3-59}$$

上式即为在温度作用下单元面积 A_y 内任一点产生的应力；对于分为很多块单元面积上不同 t_y 的作用，应用分段总和法，具体见《混凝土桥规》附录 B。

式（2-3-59）适用于正温差；如为负温差则整个公式前面冠以负号。

三、连续梁温度次内力计算

超静定结构温度次内力的计算可按一般结构力学公式有限元方法进行。以下介绍用力法求解连续梁温度次内力的基本方法。

1. 等截面连续梁的温度次内力

以两跨连续梁为例，取两跨简支梁为基本结构，在中支点切口处的多余力矩为 M_{1T}，如图 2-3-19 所示，于是可以列出力法方程为：

$$\delta_{11} M_{1T} + \Delta_{1T} = 0 \tag{2-3-60}$$

式中：δ_{11}——$\overline{M}_{1T} = 1$ 时在多余力矩方向上引起的相对转角；

Δ_{1T}——因温度变化在多余力矩方向上引起的相对转角。

Δ_{1T}的计算步骤如下：

（1）按式（2-3-58）分别计算 AB 和 BC 跨简支梁的挠曲线曲率 ψ_1 和 ψ_2，由于该两跨的截面尺寸完全相同，故当不计钢筋影响时 $\psi_1=\psi_2=\psi$；

（2）按《材料力学》公式分别计算该两跨在各自两个端点切线之间的夹角，即：

$$\theta_1=\int_A^B \frac{M}{EI}\mathrm{d}x=\psi\int_A^B \mathrm{d}x=\psi l_1$$

$$\theta_2=\int_B^C \frac{M}{EI}\mathrm{d}x=\psi\int_B^C \mathrm{d}x=\psi l_2$$

（因为 $\psi=\frac{1}{\rho}=\frac{M}{EI}$，$\rho$ 为曲率半径）

（3）由于连续梁是采用等截面的，故基本结构中每跨梁两端的转角对称且相等，各等于 $\theta/2$，于是

$$\Delta_{1T}=-\left(\frac{\theta_1+\theta_2}{2}\right)=-\frac{\psi}{2}(l_1+l_2) \tag{2-3-61}$$

Δ_{1T}取负值是因相对转角方向与所设多余力矩 M_{1T}的方向相反。

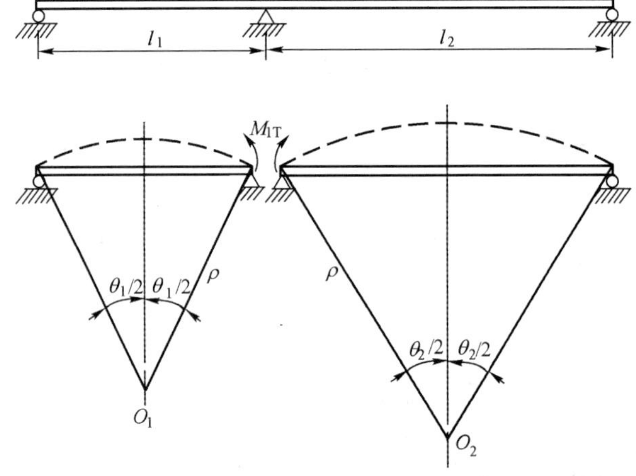

图 2-3-19　连续梁在非线性温度梯度作用下的挠曲变形

2. 变截面连续梁的次内力计算

求两跨变截面连续梁次内力的力法方程同式（2-3-61）。现在的问题是如何计算其中的常变位 δ_{11}和载变位 Δ_{1T}。求解的方法有平面杆系有限元法、共轭梁法和纽玛克法等。本节仅介绍应用共轭梁法（又称图解解析）的计算步骤。

（1）δ_{11}的计算步骤

①绘 $\overline{M}=1$ 的分布图 $\overline{M}$（x），如图 2-3-20b）所示。

②绘曲率分布图，如图 2-3-20c）所示。

③以曲率分布图作为虚荷载，用总和法计算 B 支点的虚反力 R_{B1} 和 R_{B2}，此虚反力便是它们在中支点处的端转角。

④按下式计算 δ_{11}，即：

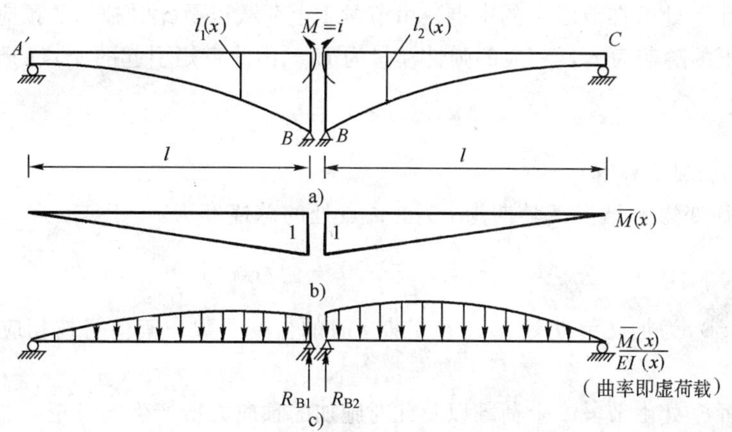

图 2-3-20　变截面梁 δ_{11} 的计算图式

$$\delta_{11}=R_{B1}+R_{B2} \tag{2-3-62}$$

（2）Δ_{1T}的计算步骤

求解的步骤与求 δ_{11} 的基本相似，只需应用式（2-3-58）分别求全梁若干段截面的 $\psi(x)$ 值来取代图 2-3-20 中的$\frac{\overline{M}(x)}{EI(x)}$，所得到 B 支点的反力之和便是 Δ_{1T}。

第八节　悬臂施工时挠度计算

在施工过程中，由于结构自重和预应力的共同作用，显然每个悬臂都要变形。因此，在施工时，要设置这些挠度方向相反的反挠度。在计算这些挠度时，不仅要计算弹性挠度，而且要考虑混凝土徐变等的影响。

为了计算反挠度，在施工时，首先要用试验确定混凝土的瞬时的和长期的弹性模量。但是，要准确的估算实际发生的挠度是非常困难的，因为它与许多不确定因素有关（例如各段混凝土材料性能、温度、湿度以及养护等方面的差异，对工期也很难准确估计）。因此，在跨中两悬臂的端部常常出现高程和转角的差异，有时甚至相当的严重，较难处理。为避免发生这类事件，在每个施工阶段，均应合理地利用预加力来平衡由自重产生的弯矩，并辅以其他措施，适当地预留拱度。现以图 2-3-21 所示悬臂为例，说明估算挠度的近似方法。

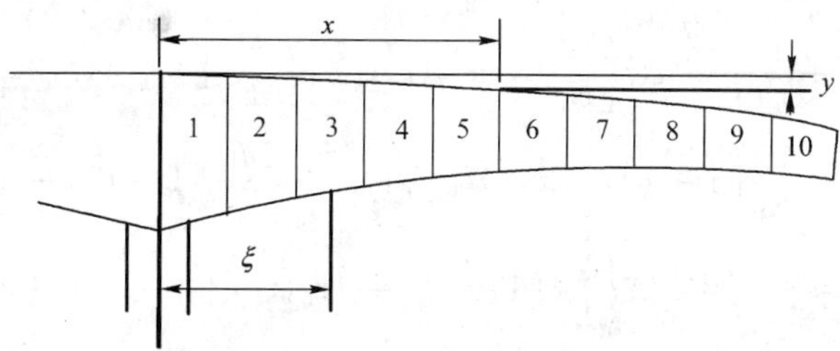

图 2-3-21　混凝土悬臂梁挠度计算方法示意

图示悬臂分为 10 个节段，在其第 5 和第 6 节段的接缝 x 处挠度的计算式为：

$$y=\sum_{0}^{x}\frac{M(x-\xi)}{EI}\xi \tag{2-3-63}$$

式中 $\Delta\xi$ 在 0 至 x 间变化。

设 M_1^1 为截面 ξ_1 处（在节段 1 的中点）由节段 1 上荷载以及此时施加的预应力所产生的弯矩，加载时混凝土的龄期为 τ_1，相应的弹性模量为 E_1，由此弯矩引起的 x 点的瞬时挠度为：

$$M_1^1(x-\xi_1)\frac{\Delta\xi}{E_1 I_1}$$

式中 $\Delta\xi$ 为节段的长度。

考虑混凝土徐变影响，当其龄期为 t 时，x 点处的总挠度为：

$$M_1^1(x-\xi_1)\frac{\Delta\xi}{E_1 I_1}[1+\varphi(t,\tau_1)]$$

式中 $\varphi(t,\tau_1)$ 为加载龄期等于 τ_1 至龄期 t 时的徐变系数，其值可按相应规范或试验曲线确定。

设 M_2^1 为截面 ξ_1 处由节段 2 上荷载以及此时施加的预应力所产生的弯矩，加载时节段 2 混凝土的龄期仍为 τ_1，则此时节段 1 混凝土的龄期是 $2\tau_1$，此时节段 2 相应的弹性模量是 E_1，节段 1 则是 E_2。所以，考虑混凝土徐变后，龄期为 t，由弯矩 M_2^1 引起的 x 点的总挠度为：

$$M_2^1(x-\xi_1)\frac{\Delta\xi}{E_2 I_1}[1+\varphi(t,2\tau_1)]$$

设 M_2^2 为截面 ξ_2（在节段 2 的中点）由节段 2 上荷载以及此时施加的预应力所产生的弯矩，考虑混凝土徐变后，节段 1 龄期为 t，也就是节段 2 龄期为 $(t-\tau_1)$ 时由弯矩 M_2^2 引起的 x 点的总挠度为：

$$M_2^2(x-\xi_2)\frac{\Delta\xi}{E_1 I_2}[1+\varphi(t-\tau_1,\tau_1)]$$

在截面 ξ_2 处，由节段 3 上荷载以及此时施加的预应力所产生的弯矩为 M_3^2。此时节段 2 混凝土的弹性模量为 E_2，龄期为 $2\tau_1$，节段 1 的混凝土龄期为 $3\tau_1$。所以，考虑混凝土徐变影响以后，节段 1 的混凝土龄期为 t 时，由混凝土 M_3^2 所引起的 x 点的总挠度为：

$$M_3^2(x-\xi_2)\frac{\Delta\xi}{E_2 I_2}[1+\varphi(t-\tau_1,2\tau_1)]$$

余类推，故可得节段 1 的混凝土龄期为 t 时，由节段 1 至节段 10 各段上的荷载以及各阶段施加的预应力作用所产生的 x 点的挠度为（设每一节段的施工周期均为 τ_1 天）：

$$\begin{aligned}
y_2 = {} & \frac{x_5-\xi_1}{I_1}\Delta\xi\left\{\frac{M_1^1}{E_1}[1+\varphi(t,\tau_1)]+\frac{M_2^1}{E_2}[1+\varphi(t,2\tau_1)]+\cdots\right.\\
& \left.+\frac{M_2^1}{E_5}[1+\varphi(t,5\tau_1)]+\cdots+\frac{M_{10}^1}{E_{10}}[1+\varphi(t,10\tau_1)]\right\}\\
& +\frac{x_5-\xi_2}{I_2}\Delta\xi\left\{\frac{M_2^2}{E_1}[1+\varphi(t,\tau_1)]+\frac{M_3^1}{E_2}[1+\varphi(t,2\tau_1)]+\cdots\right.\\
& \left.+\frac{M_5^2}{E_4}[1+\varphi(t-\tau_1,4\tau_1)]+\cdots+\frac{M_{10}^2}{E_9}[1+\varphi(t-\tau_1,9\tau_1)]\right\}+\cdots\\
& +\frac{x_5-\xi_5}{I_5}\Delta\xi\left\{\frac{M_5^5}{E_1}[1+\varphi(t-4\tau_1,\tau_1)]+\frac{M_6^5}{E_2}[1+\varphi(t-4\tau_1,2\tau_1)]+\cdots\right.\\
& \left.+\frac{M_{10}^5}{E_4}[1+\varphi(t-4\tau_1,6\tau_1)]\right\}
\end{aligned} \tag{2-3-64}$$

若需计算施工过程中某接缝处的挠度，且此时有的节段尚未拼装或灌注时，则在上式中应扣除这些荷载产生的弯矩影响。

例如，欲求在节段 5 建成后的端点挠度，则式中 M_6^1，M_7^1，…，M_6^2，M_7^2…均应删除。

第四章 箱梁简介

DISIZHANG

第一节 概 述

箱形截面由于具有良好的结构性能，因而在现代各种桥梁中得到广泛的应用。与肋板式截面相比，箱形截面具有以下显著特点：

(1) 箱梁截面抗扭刚度大，结构在施工与使用过程中都有良好的稳定性。

(2) 箱梁的顶板和底板部具有较大的混凝土面积，能有效地抵抗正负弯矩，并满足配筋的要求，适应具有正负弯矩的结构或构件，如连续梁、拱桥、刚架桥、斜拉桥等，也适应于主要承受负弯矩的悬臂梁、T 型刚构等桥型。

(3) 能适应现代化施工的要求，如悬臂施工、顶推施工等，这类施工方法均要求截面具备较厚的底板。

(4) 承重结构与传力结构相结合，使各部件共同受力，同时截面效率高，并适合预应力混凝土结构空间布束，达到较好经济效果。

(5) 对于宽桥，由于抗扭刚度大，使各部件共同受力，跨中无需设置横隔板就能获得满意的荷载横向分布。

(6) 适合于修建曲线桥，具有较大适应性；能很好适应布置管线等公共设施。

箱形截面也存在一些不足之处，需要引起设计者的充分重视，如箱形截面属薄壁结构，需要配置大量构造钢筋，这对于中等跨径的桥梁，有时会导致用钢量比工字形或 T 形截面多；与空腹式桁架相比，箱形截面自重较大，因此设计时必须采取措施，减轻自重；另外箱梁的施工比较复杂等。

箱梁是一个空间体系结构，作用在它上面的车辆荷载一般是不对称于其中轴线的。因此，精确计算箱梁结构的受力就需要应用空间弹性理论，例如板壳理论、广义坐标法等，或者应用空间有限元法，这些方法统称为数值法。但是，不论采用哪一种计算方法，对于工程设计人员来说都是十分复杂的，均没有平面杆系结构的计算理论和计算方法简便。国内外一些学者通过研究，提出了一种荷载分解的分析方法，即先将作用于箱梁上的偏载进行分解，然后分别按照不同平面杆系的结构体系进行分析，最后进行内力或应力叠加，得到问题的最终结果。下面以一个单箱单室矩形截面梁为例，介绍该方法的基本概念，理解基本原理，对于更复杂的截面，可以结合工程实际参考有关资料。

如图 2-4-1 所示，单箱单室截面箱梁桥面作用一偏心集中力 P，在偏心荷载 P 作用下的变形与位移，可以分成纵向弯曲、横向弯曲、扭转及扭转变形（即畸变）等四种基本状态。

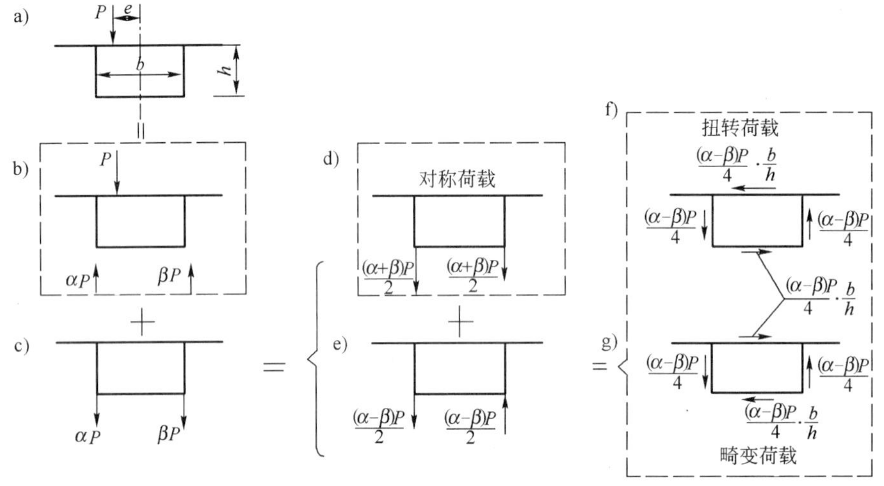

图 2-4-1　箱梁的荷载分布

(1) 按在两侧腹板底部具有铰支承（一个为固定，另一个为活动）的框架结构，计算其顶、底板及腹板的横向内力，这里简称它为局部荷载效应，如图 2-4-1b) 所示。

(2) 按两腹板处具有对称集中力 $\left(\frac{\alpha+\beta}{2}\right)P$ 作用的箱梁（简称为对称荷载），计算整个截面上各点的正应力，如图 2-4-1d) 所示。

(3) 按箱形截面梁具有外扭矩 $\left(\frac{\alpha-\beta}{2}\right)Pb$ 作用时的情况，计算其刚性扭转（截面顶、底板和腹板不发生横向挠曲）下的内力和应力，这个荷载简称为扭转荷载，如图 2-4-1f) 所示。

(4) 按箱梁两腹板具有一对反对称荷载 $\left(\frac{\alpha-\beta}{4}\right)P$ 和顶底板具有另一对反方向的反对称荷载 $\left(\frac{\alpha-\beta}{4}\right)\frac{b}{h}P$ 作用的情况，计算箱梁的横向挠曲及其相应的内力和应力，这种荷载简称为畸变荷载，如图 2-4-1g) 所示。

图中的 α 和 β 为支点反力的系数，可以很容易地从集中力 P 的平衡条件求得。

通过以上步骤可以看出，进行上述计算分析，概念清晰，工作量小。由于混凝土箱形截面桥梁的结构自重占大部分，汽车和人群荷载比例较小，因此，对称荷载引起的应力是计算的重点。

第二节　箱梁的剪力滞效应

一、剪力滞概念

1. 定义

梁弯曲初等理论的基本假定是变形的平截面假定，它不考虑剪切变形对纵向位移的影响，因此，弯曲正应力沿梁宽方向是均匀分布的。但是在箱形梁中，产生弯曲的横向力通过肋板传递给翼板，而剪应力在翼板上的分布是不均匀的，在肋板与翼板的交接处最大，随着离开肋板而逐渐减小，因此，剪切变形沿翼板的分布是不均匀的（图 2-4-2）。由于翼板剪切变形的不均匀性，引起弯曲时远离肋板的翼板的纵向位移滞后于近肋板的翼板的纵向位移，所以其弯曲正应力的横向分布呈曲线形状（图 2-4-3），这个现象就称为“剪力滞后”，也称剪力滞效应。肋板相距越宽，剪力滞效应越显著，剪力滞效应与截面纵桥向位置、荷载形式、支承条件、横桥向宽度、截面形状都有关系。

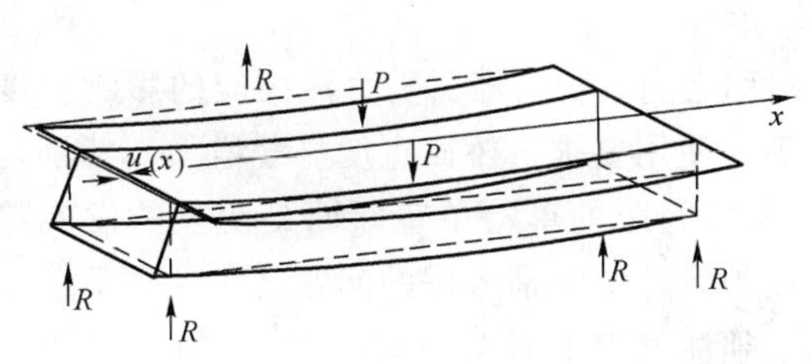

图 2-4-2　箱形梁挠曲时的剪力滞现象

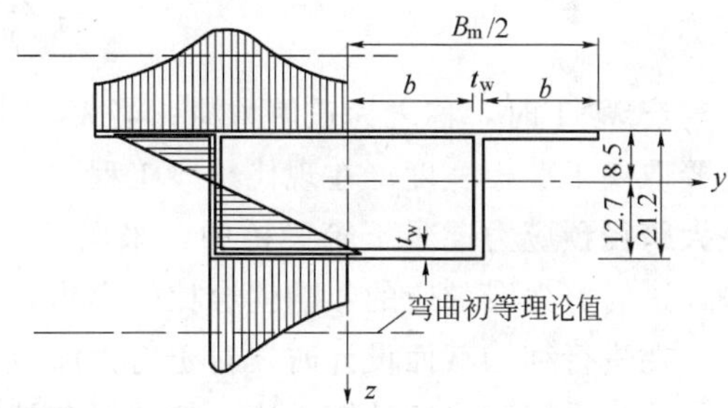

图 2-4-3　对称带悬臂板的单箱单室箱形截面的弯曲应力分布（考虑剪力滞效应）

为了进一步理解图 2-4-3 中箱形截面梁的应力分布现象，以图 2-4-4a）承受集中荷载 P 的矩形截面简支梁为例来加以说明。如果加载之前在它的顶部两侧各扩宽一个矩形条带 1 号，构成了 T 形截面（图 2-4-4b））。显然，两侧条带 1 号与腹板（原矩形梁）之间的接触面上便各产生一组大小相等方向相反的剪切力，这些剪切力对腹板而言，起到阻止上缘被压缩，从而减小了梁的跨中挠度；但对 1 号条带而言，便相当于受到一个偏心压力，使其内侧的压应力大于其外侧的压应力。同理，在图 2-4-4b）的两侧再扩大条带 2 号，又由于同样的剪力传递原因，使 2 号条带内侧的压应力比其外侧的大（图 2-4-4c））。如此类推，便构成了图 2-4-4d）所示的应力沿翼缘宽度方向不均匀分布的图形。

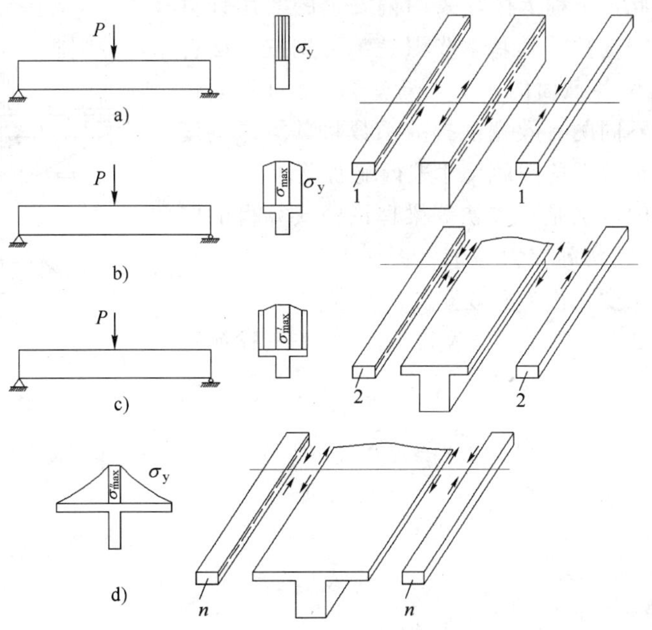

图 2-4-4　宽翼缘梁剪力滞现象

2. 研究剪力滞效应的意义

试验和理论都证实，宽翼缘箱形截面梁（也包括T形梁和I字形梁）存在剪力滞现象，其最大正应力值σ_{max}一般大于按初等梁理论的正应力平均值$\bar{\sigma}$，于是引入剪滞系数λ，它表示为：

$$\lambda = \frac{\sigma_{max}}{\bar{\sigma}} \tag{2-4-1}$$

当$\lambda \geqslant 1$时，称之为正剪力滞；当$\lambda < 1$时，则称之为负剪力滞。剪力滞效应的影响程度主要取决于翼板宽度。在现代桥梁工程中，为了满足使用要求，桥面宽度显著增大，特别是在大跨径预应力混凝土箱梁桥中，采用长悬臂、大肋间距的单箱单室断面是明显的发展趋势，这时剪力滞效应的影响就会比较突出，可能成为设计中特别考虑的问题之一。

在进行结构截面设计时，对于剪力滞效应，必须注意以下两点：

(1) 采用适当的计算方法，如翼缘有效宽度法计算出截面的最大（最小）正应力值，据此确定所需钢筋截面面积。

(2) 有了准确的钢筋截面面积之后，在布置钢筋时，不能平均分配，而应大体上按应力变化的规律进行分配，才能保证结构的安全。实际工程中因忽略了这一点而使结构产生裂缝的例子也不少，应当引起注意。

二、剪力滞的实用计算法

1. 原理

在工程设计中，如果按照精确的剪力滞计算公式或空间有限元来分析结构的截面应力是十分不方便的。因此，工程上往往采用偏安全的实用计算方法——翼缘有效宽度法，其基本步骤是：①先按平面杆系结构理论计算箱梁各截面的内力（弯矩）；②对不同位置的箱形截面，用不同的有效宽度折减系数将其翼缘宽度进行折减；③按照折减后的截面尺寸进行配筋设计。

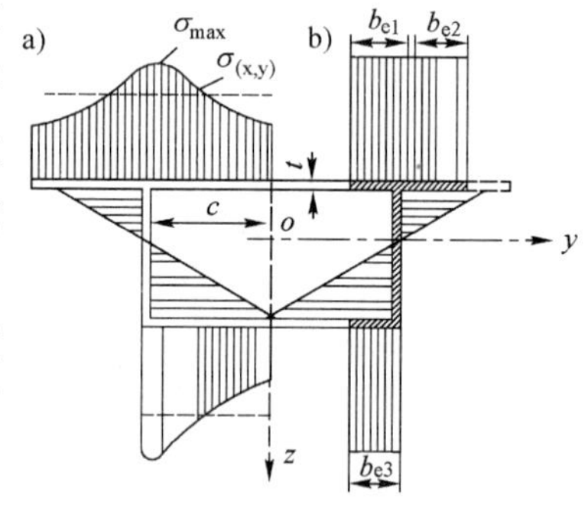

图 2-4-5 翼板有效宽度及正应力

有效分布宽度的定义是：按初等梁理论公式算得的应力（图2-4-5b)）与其实际应力峰值（图2-4-5a)）接近相等的那个翼缘折算宽度，称为有效宽度。

例如：对于图2-4-5中的有效宽度b_{e1}，可按下式换算求得：

$$b_{e1} = \frac{t\int_0^c \sigma(x,y)\mathrm{d}y}{t\sigma_{max}} \tag{2-4-2}$$

式中：c——腹板至截面中线的净宽；

t——上翼缘厚度；

x——沿跨长方向的坐标；

y——沿横截面宽度方向的坐标；

$\sigma(x,y)$——翼板的正应力函数。

2. 规范规定

根据这个原理，我国新颁布的《混凝土桥规》对于箱形截面梁在腹板两侧上、下翼缘的有效宽度 b_{mi}（图 2-4-6）的计算方法有下列规定：

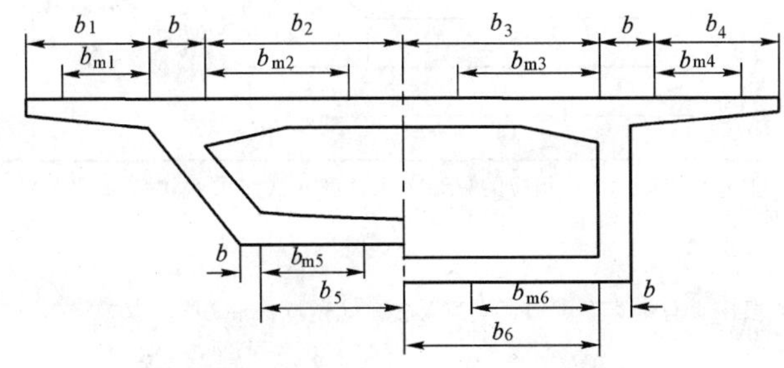

图 2-4-6　箱形截面梁翼缘有效宽度

（1）简支梁和连续梁各跨中部梁段、悬臂梁中间跨的中部梁段

$$b_{mi} = \rho_f b_i \tag{2-4-3}$$

（2）简支梁支点、连续梁边支点及中间支点、悬臂梁悬臂段

$$b_{mi} = \rho_s b_i \tag{2-4-4}$$

式中：b_{mi}、b_i——分别为腹板上、下翼缘的有效宽度和实际宽度（i=1，2，3…）；

ρ_f、ρ_s——分别为相关梁跨内中部梁段和支点处截面的翼缘有效宽度的计算系数，可参见表 2-4-1 和图 2-4-7 所示。

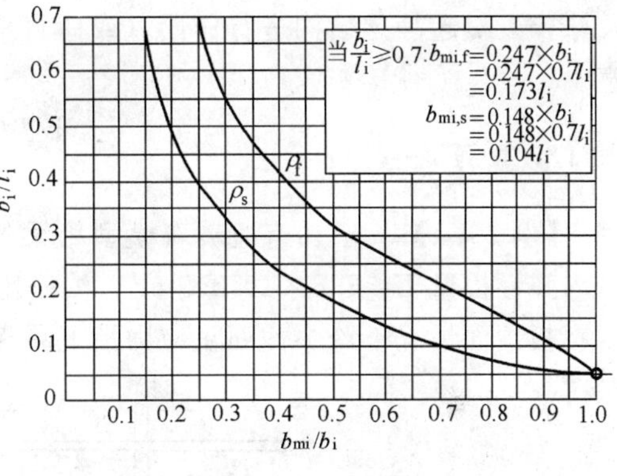

图 2-4-7　ρ_f、ρ_s 曲线图

ρ_s、ρ_f 的应用位置和理论跨径 l_i　　表 2-4-1

结构体系			理论跨径 l_i
简支梁		跨中部分梁段；ρ_s，ρ_f，ρ_s；a，$l-2a$，a；l	$l_i=l$
连续梁	边跨	ρ_s，ρ_f，ρ_s；a，$l-a-c$，c；l	边支点或跨中部分梁段 $l_i=0.8l$
	中间跨	ρ_s，ρ_f，ρ_s；c，$l-2c$，c；l	跨中部分梁段 $l_i=0.6l$，中间支点 l_i 取 0.2 倍两相邻跨径之和

续上表

结构体系		理论跨径 l_i
悬臂梁	ρ_s　ρ_f　l　a	$l_i=1.5l$

注：①α 为与所求计算宽度 b_{mi}（图 2-4-6）相应的翼缘实际宽度 b_i（如求 b_{mi}时，a 取 b_i），但 a 不应大于 $0.25l$（l 为梁的计算跨径）；

②$c=0.1l$；

③在长度 a 或 c 的梁段内，有效宽度可用直线插入法在 $\rho_s b_i$ 与 $\rho_f b_i$ 之间求取。

（3）当梁高 $h \geqslant \dfrac{b_i}{0.3}$时，翼缘有效宽度应采用翼缘实际宽度。

（4）预应力混凝土梁在计算预加力引起的混凝土应力时，预加力作为轴向力产生的应力可按实际翼缘全宽计算；由预加力偏心引起的弯矩产生的应力可按翼缘有效宽度计算。

（5）对超静定结构进行作用（或荷载）内力分析时，箱形截面梁的翼缘宽度可取实际全宽。

3. 算例

【例 2-4-1】 已知有机玻璃模型箱梁的截面尺寸如图 2-4-8 所示，简支跨径 $L=80\text{cm}$，平均弹性模量 $E=2.8\times10^6\text{kN/m}^2$，泊松比 $\mu=0.37$，试分析均布荷载 $q=2\text{N/cm}$ 对称作用于腹板顶面情况下跨中截面正应力沿上翼板的分布。

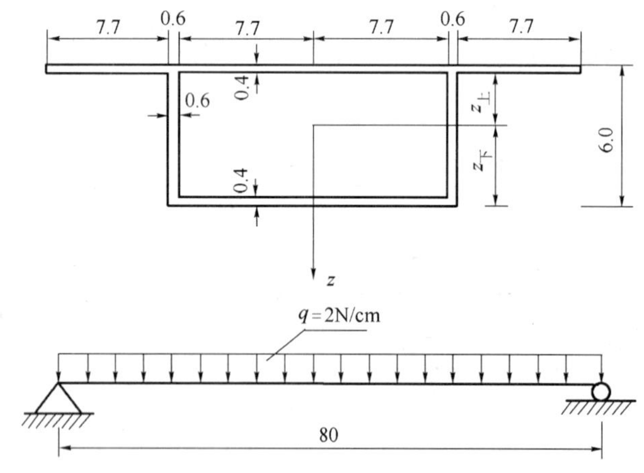

图 2-4-8　例 2-4-1 图式（尺寸单位：cm）

【解】 按《混凝土桥规》公式计算如下：

本例为矩形箱形截面，腹板内外侧的宽度均为 $b=7.7\text{cm}$，宽跨比 $b_i/l=7.7/80=0.09625$，查图 2-4-7 中 ρ_f 曲线上所对应的 $b_i/b_i\approx0.925$，于是得腹板内外侧翼板的有效宽度为：

$$b_{mi}=0.925\times7.7=7.1225\text{cm}$$

全截面经过折减后的图形，如图 2-4-9 中阴影部分所示。

对原中轴的截面抗弯惯矩 I_e 为：

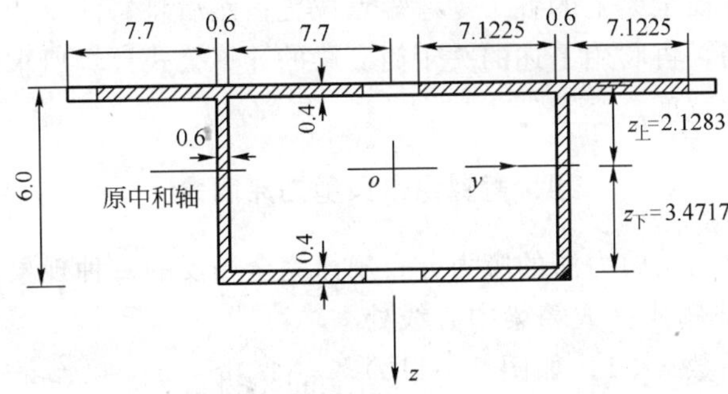

图 2-4-9 按有效宽度折减以后的截面面积（单位：cm）

$$I_e = \frac{(4\times7.1225+2\times0.6)\times0.4^3}{12} + (4\times7.1225+2\times0.60)\times0.4\times2.1283^2$$

$$+\frac{(2\times7.1225+2\times0.6)\times0.4^3}{12}\times(2\times7.1225+2\times0.6)\times0.4\times3.4717^2$$

$$+\frac{2\times0.6\times(6-2\times0.4)^3}{12}+2\times0.6\times(6-2\times0.4)\times\left(\frac{5.2}{2}-2.1283\right)^2$$

$$\approx 147.2989\text{cm}^4$$

跨中弯矩 M_c 为：

$$M_c=\frac{ql^2}{8}=\frac{2\times80^2}{8}=1600\text{N}\cdot\text{cm}$$

上翼板中面的正应力 $\sigma_上$ 为：

$$\sigma_上=\frac{M_c}{I_c}z_上=\frac{1600}{147.2989}\times2.1283=23.1182\text{N/cm}^2$$

三、箱形截面连续梁剪力滞的近似分析

1. 叠加法

应用叠加法分析连续梁剪力滞的原理是：先不考虑剪力滞影响，按一般结构力学解超静定梁的方法，求得中间支点的反力（图 2-4-9a)）；然后，将此支反力也当作外力，使整个结构变为有三个集中荷载作用的简支梁（图 2-4-10b)、c)、d)），分别按上述公式计算相同截面的应力，最后进行叠加，即：

$$\sigma=(x,y)=\sigma^{(b)}_{(x,y)}+\sigma^{(c)}_{(x,y)}+\sigma^{(d)}_{(x,y)} \quad (2\text{-}4\text{-}5)$$

式中的上角 (*b*)、(*c*)、(*d*) 分别代表（图 2-4-10b)、c)、d)）的三种情况。

将式（2-4-5）的计算结果代入式（2-4-2）便可求出所需截面的翼缘有效宽度。

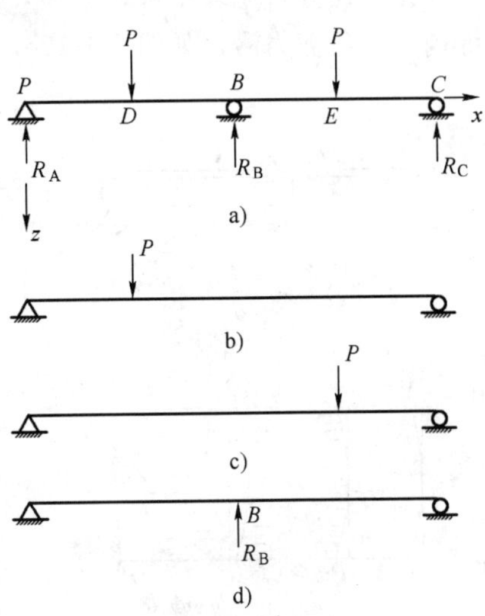

图 2-4-10 叠加法分析

2. 等代简支梁法

等代简支梁法的原理是：先不考虑剪力滞的影

响，按照实际结构计算出全梁上的各个零弯矩点位置；然后将每两个相邻的零弯矩点之间的一段，当作等代简支跨，再利用上述的关于简支梁的计算公式计算所求截面的剪力滞，进而求相应截面的翼缘有效宽度。

四、宽翼缘梁负剪力滞简介

所谓负剪力滞，是与正剪力滞的应力分布规律完全相反的一种现象，即翼板在腹板位置处的正应力反而小于外侧伸臂或箱梁中心线处的翼缘应力，其剪滞系数 $\lambda<1$，如图 2-4-11b）所示。这种现象大都在悬臂箱梁中的 3 种情况下出现：

（1）均布（或分布）荷载满布于全跨长，如图 2-4-11c）所示。

（2）集中荷载作用于悬臂跨上除自由端及固定端以外的任意位置，如图 2-4-11d）所示。

（3）集中弯矩作用于悬臂跨上除自由端及固定端以外的任意位置，如图 2-4-11e）所示。

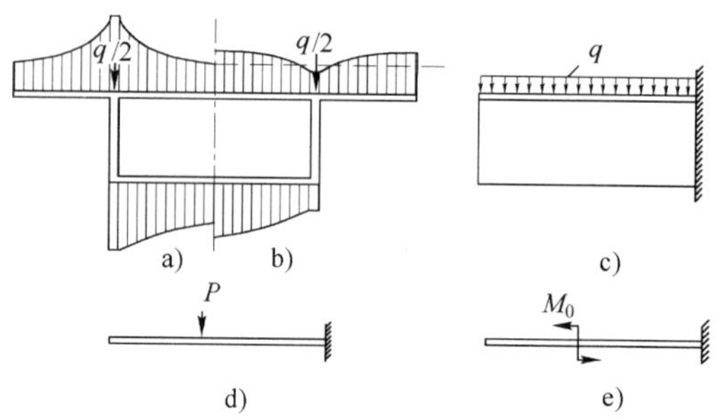

图 2-4-11　负剪力滞现象

为了对负剪力滞现象的发生有一个较清晰的概念，仍从简单的 T 形截面悬臂梁在集中荷载作用的情况来分析，如图 2-4-12a）所示。首先，设想将此梁从 C 截面切开，如图 2-4-12b）所示，此时的 AC 段处于无应力状态，CB 段由于垂直集中力的作用，将使上翼缘产生非均匀变形，即图 2-4-12c）中的 $C''C''$曲线。由于实际结构的 AC、CB 两段在 C 截面是一个连续的整体，故图 2-4-12d）中 $C'C'$ 与 $C''C''$两条曲线应满足变形协调条件，从而使梁肋处的翼板内将产生压应力，在两侧翼缘的大部分范围内产生拉应力。由于翼板外边缘与梁肋处的位移差最大，故它的拉应力最大，如图 2-4-12d）所示。这样，就在梁的翼缘内出现边缘处的应力比梁肋处附近的应力要大的负剪力滞现象，而在梁的全长范围内将被划分成正剪力滞和负剪力滞两个区段。

根据上述分析原理，可以推断，当集中弯矩作用于悬臂跨内某一位置时，同样也会在梁翼缘内产生负剪力滞，如图 2-4-12e）、f）所示。

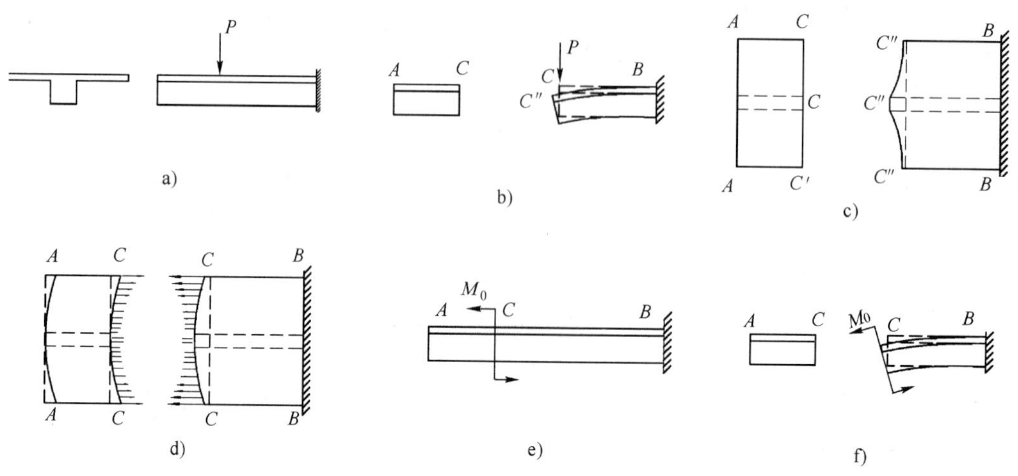

图 2-4-12　悬臂 T 形梁的负剪力滞

第三节　箱梁的扭转

在反对称荷载作用下，箱形截面发生扭转。荷载的扭转作用根据受扭后截面纵向纤维的变形是否受到限制而分为约束扭转和自由扭转两种。薄壁箱梁约束扭转分析的原理较复杂，本节只简单介绍基本概念和扭转微分方程。

一、基本概念

1. 自由扭转

自由扭转又称为纯扭转，它是一种无纵向约束的刚性扭转，梁的纵向位移在各个横截面均相同，因此纵向纤维不发生应变，不产生纵向应力，截面上只产生同样分布规律的剪应力。自由扭转只在某些开口薄壁杆件中存在，如图 2-4-13 所示。对于非圆形的闭口箱形截面梁实际上不存在，工程上有时为了简化分析，也将箱梁按照自由扭转作近似的处理。

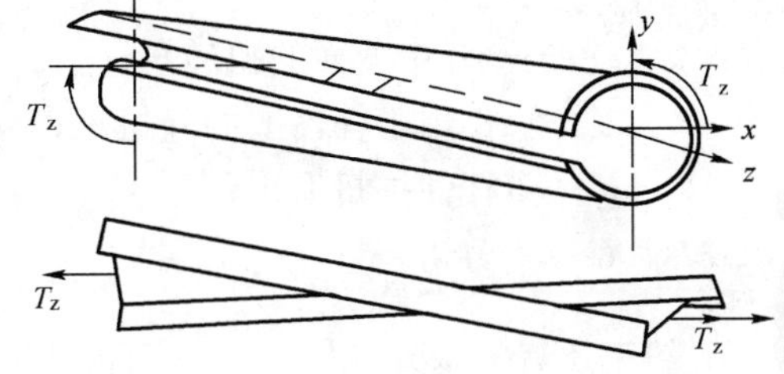

图 2-4-13　开口截面薄壁杆件的自由扭转

2. 约束扭转

约束扭转是由于刚性扭转时在梁的纵向位移受到约束而引起截面应变的扭转，约束扭转在截面内不仅产生剪应力，而且还产生正应力，图 2-4-14 示出了开口截面和闭口箱梁在约束扭转时的变形和应力分布图形。它们共同的特点是：①截面内虽产生纵向的、凹凸不平的翘曲变形，但它们在原平面上的投影仍保持原截面形状不变，如图 2-4-14a）所示；②截面内的正应力是反对称于剪切中心的，相应地其内力（弯矩）也是反对称的，例如对于开口截面 I 字梁的两个翼缘内，其弯矩大小相等、方向相反，如图 2-4-14b）所示；对于箱形截面的每个箱所合成的弯矩也是如此，如图 2-4-14d）所示，理论上将它们定义为双力矩。

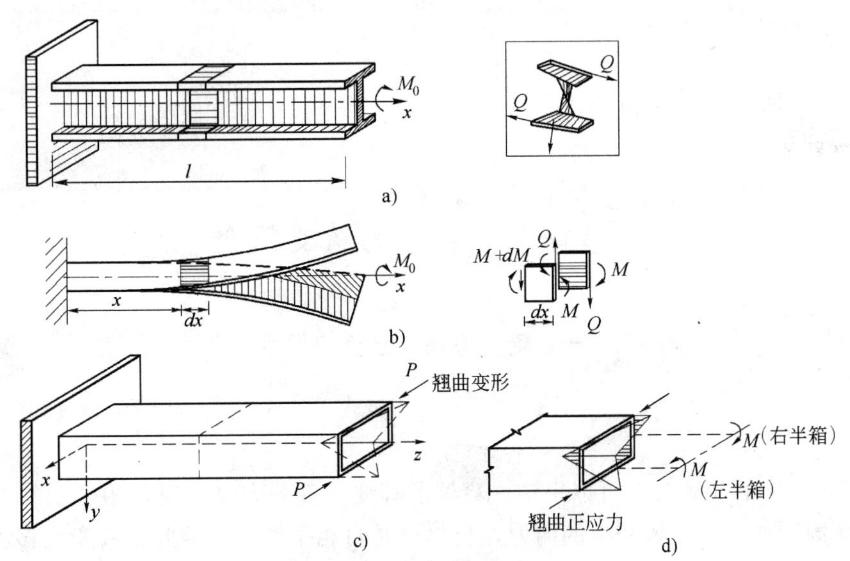

图 2-4-14　薄壁杆件的扭转约束

因此，对闭口箱形截面进行约束扭转分析时，采用以下 3 个基本假定：

（1）杆件横断面不变形。

（2）横断面上的正应力和剪应力沿薄壁的厚度方向呈均匀分布。

（3）横断面的轴向位移 u 沿断面的分布规律虽有翘曲，但周边上任何两点间的距离在原平面上的投影等于原长。

二、基本微分方程

1. 自由扭转的微分方程

$$GK\varphi'(z) - T = 0 \tag{2-4-6}$$

式中：$\varphi(z)$ ——杆中截面的扭转角；

T——作用于杆件上的外扭矩；

K——杆件抗扭惯矩；

G——剪切模量。

2. 约束扭转的微分方程

$$\frac{1}{D}EI_{w}\varphi'''' - GK\varphi'' = m_{t}(z) \tag{2-4-7}$$

其中：

$$\left.\begin{aligned} D &= 1 - \frac{K}{I_{\rho}} \\ I_{\rho} &= \int_{A} \rho_0^2 \mathrm{d}A \end{aligned}\right\} \tag{2-4-8}$$

式中：I_{w}——闭口截面扇形惯性矩；

I_{ρ}——对剪切中心的惯性矩；

ρ_0——端面周边中心线上各点的切线至剪切中心的垂矩；

E——材料的弹性模量；

m_{t}——分布外扭矩；

A——断面周边总面积；

其余符号的意义同前。

*第四节　箱梁的畸变简介

一、畸变位移与分析的假定

1. 畸变位移

从图 2-4-1 中的荷载分解可以得知，箱梁的畸变荷载分力是一组自相平衡的力系，由畸变变形（即周边变形）导致产生的内力，自然也是自相平衡的。因此，畸变位移应包括：

（1）畸变横向挠曲。即垂直于各板单元平面的位移，它将受到箱梁截面的框架刚度的抵抗。

(2) 畸变纵向翘曲。即在各板单元平面内与梁纵轴方向平行的翘曲位移，它将受到翘曲刚度的抵抗。

对于第一种变形是容易理解的，对于第二种变形，可以从图 2-4-15 来阐明。由于畸变荷载（分力）使箱梁的每一块板单元都在各自的平面内发生挠曲，例如：当顶板凸向右侧时（图 2-4-15b)），则顶板左侧受压，右侧受拉，而底板恰相反。对于两侧腹板亦然，从而使箱梁的每一个横截面内产生纵向翘曲位移及翘曲应力。

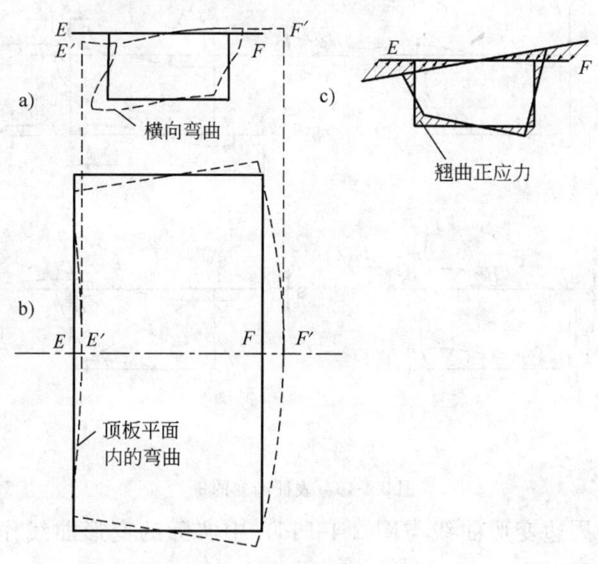

图 2-4-15 畸变位移

畸变横向挠曲对结构是十分有害的，它很容易使箱梁在拐角处产生纵向裂缝，降低结构的承载能力。在工程设计中，常将箱梁的拐角处设计呈“倒角”，用斜置钢筋予以加强，并且每隔一定的距离，在箱内设置抗畸变变形的横隔板。

2. 基本假定

在分析箱梁畸变时，应采用下列基本假定：

(1) 忽略各板平面的法向应变。

(2) 忽略各板平面内的剪切应变。

(3) 翘曲正应力在板厚方向为常数，而在截面中线方向则呈直线分布，如图 2-4-15c) 所示。

3. 畸变量

表征箱梁的畸变量一般采用下列两种方式：

(1) 畸变挠度 ω：指腹板顶点因畸变荷载而产生的垂直挠度，如图 2-4-16a) 所示。

(2) 畸变角 γ：指某节点所连接的两块板因畸变荷载而产生的偏转角，如图 2-4-16b) 所示，它近似地等于：

$$\gamma = \frac{2\Delta_{\mathrm{v}}}{b} + \frac{2\Delta_{\mathrm{h}}}{h} \quad (2\text{-}4\text{-}9)$$

其中：

$$\Delta_h = \frac{\Delta_{ho} + \Delta_{hu}}{2} \tag{2-4-10}$$

式中，Δ_v、Δ_{ho}、Δ_{hu}、b、h 意义参见图 2-4-16 所示。

如果用 δ_v 表示单位长箱段两腹板的相对垂直挠度（图 2-4-16c)），则畸变角可表示为：

$$\gamma = \frac{\delta_v}{b} \tag{2-4-11}$$

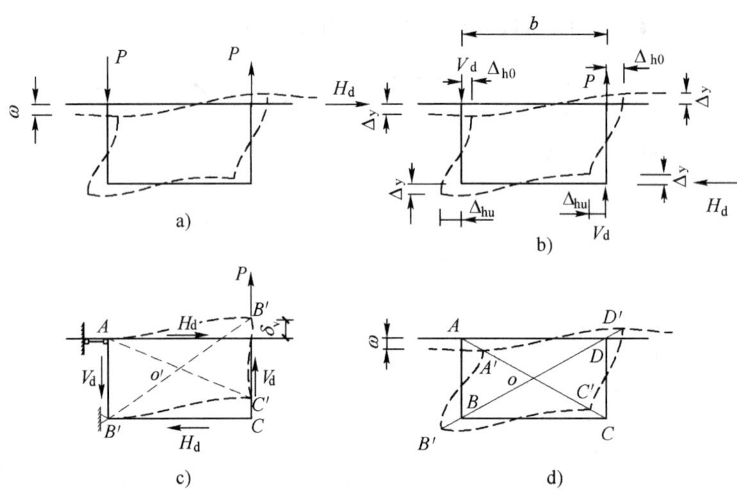

图 2-4-16　表征畸变的量

如果将图 2-4-16c）中周边变形曲线与图 2-4-16d）中实际的变形曲线作比较后，可以看出，对于矩形截面箱梁，畸变挠度近似地等于 $\delta_v/4$，即：

$$\omega = \frac{\delta_v}{4} \tag{2-4-12}$$

于是，由式（2-4-16）和式（2-4-17）可得两种畸变量的关系式为：

$$\gamma = \frac{4\omega}{b} \tag{2-4-13}$$

二、畸变微分方程

有关畸变微分方程的推导详见有关书藉，这里仅列出以不同的两种畸变量表示的畸变微分方程。畸变方程基本上有两类：一是以畸变后的扭转角 γ 来表示；另一种是用挠度 ω 来表示，两者还存在互换关系。

1. 以畸变角 γ 表示的畸变微分方程

$$EI_{11}\gamma^{\mathrm{IV}} + EI_{\mathrm{R}}\gamma = V_d b \tag{2-4-14}$$

式中：EI_{11}——箱梁抗畸变翘曲刚度；

EI_{R}——箱梁抗畸变框架刚度。

它们的具体表达式为：

$$EI_{11} = \frac{EJ_c b^2}{4} \cdot \frac{3 + 2(\overline{a_0} + \overline{a_u}) + \overline{a_0}\,\overline{a_u}}{6 + \overline{a_0} + \overline{a_u}} \tag{2-4-15}$$

$$EI_R = \frac{24EI_c}{h} \cdot \frac{1}{1+\dfrac{2\dfrac{b}{h}+3\dfrac{I_0+I_u}{I_c}}{\dfrac{I_0+I_u}{I_c}+6\dfrac{I_0 I_u}{I_c^2}\cdot\dfrac{h}{b}}} \tag{2-4-16}$$

$$J_c = \frac{t_c h^3}{12} \tag{2-4-17}$$

2. 以畸变挠度 ω 表示的畸变微分方程

$$EI_b \omega^{IV} + K\omega = V_d \tag{2-4-18}$$

和

$$EI_b = EJ_c \cdot \frac{3+2\ (\bar{a}_0+\bar{a}_u)\ +\bar{a}_0\bar{a}_u}{6+\bar{a}_0+\bar{a}_u} \tag{2-4-19}$$

$$K = \frac{96EI_c}{b^2 h} \cdot \frac{1}{1+\dfrac{2\dfrac{b}{h}+3\dfrac{I_0+I_u}{I_c}}{\dfrac{I_0+I_u}{I_c}+6\dfrac{I_0 I_u}{I_c^2}\cdot\dfrac{h}{b}}} \tag{2-4-20}$$

其中：

$$\bar{a}_u = \left(\frac{b_u}{\mathrm{b}}\right)^3 \frac{bt_u}{ht_c} \qquad \bar{a}_0 = \left(\frac{b_0}{b}\right)\frac{bt_u}{ht_c} \tag{2-4-21}$$

式中：I_0、I_u、I_c——分别为单位长箱段上顶板、底板和腹板的抗弯惯矩，其通式为：

$$I_i = \frac{t_i^3}{12(1-\mu^2)} \quad (i = 0, u, c)$$

H_d、V_d——分别为畸变荷载的水平分力和垂直分力，如图 2-4-17b）和图 2-4-1g）所示；

E——材料弹性模量；

其余尺寸符号参见图 2-4-17a）所示。

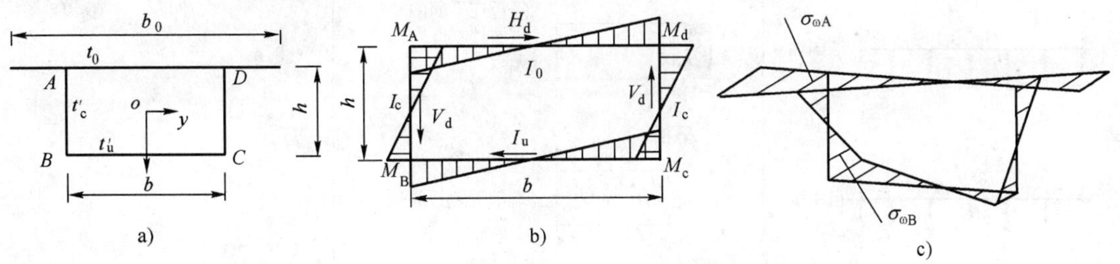

图 2-4-17　截面尺寸及截面内的翘曲应力

三、利用与弹性地基梁的相似性解畸变微分方程

式（2-4-14）和式（2-4-18）均与弹性地基梁控制微分方程具有相似的形式，因此求解十分简单，在许多设计手册中或专著中都列出了现成的解答，利用它们之间的相似性，便能直接得出结果。表 2-4-3 列出了弹性地基梁的弯曲与箱梁畸变之间的关系。在实际应用时要注意以下几点：

（1）两种畸变微分方程所对应的许多物理量，虽然名称相同，但计算公式和量纲不相同。

（2）畸变荷载值应按图 2-4-1 中的分解方法确定。

（3）畸变翘曲应力可按表 2-4-2 中的公式计算，其中的符号应与图 2-4-17 中的一致，若得出的应力为负值时，则该图中的符号全应反号。

弹性地基梁的弯曲与箱梁畸变的相似关系 表 2-4-2

弹性地基梁的弯矩	箱梁的畸变	
控制微分方程		
$EI_b y^{IV}+ky=q$	$EI_{11}y^{IV}+EI_R\gamma=v_d b$	$EI_b\omega^{IV}+k\omega=V_d$
相似的物理量		
I_b 抗弯惯矩（m^4）	I_{11}抗畸变翘曲惯矩（m^6）	I_b 抗畸变翘曲惯矩（m^4）
EI_b 抗弯刚度（$kN\cdot m^2$）	EI_{11}抗畸变翘曲刚度（$kN\cdot m^4$）	EI_b 抗畸变翘曲刚度（$kN\cdot m^2$）
k 地基模量（$kN\cdot m^2$）	EI_R 抗畸变框架刚度（kN）	K 抗畸变框架刚度（$kN\cdot m^2$）
q 分布荷载（$kN\cdot m$）	$V_d b$ 分布畸变垂直分力偶（$kN\cdot m/m$）	V_s 分布畸变垂直分力（$kN\cdot m$）
y 挠度（m）	γ 畸变角（弧度）	ω 畸变挠度（m）
$M=-EI_b y''$弯矩（$kN\cdot m$）	$B_{11}=-EI_{11}\gamma''$畸变双力矩（$kN\cdot m^2$）	$M_\omega=-EI_b\omega''$畸变双力矩（$kN\cdot m$）
$\sigma_{上}=\frac{M}{I_b}h_{上}$ 上纤维应力（kN/m^2）	$\sigma_{\omega A}=\frac{B_{11}}{I_{11}}\cdot\frac{\beta}{1+\beta}\cdot\frac{bh}{4}$ 上角点翘曲应力（$kN\cdot m^2$）	$\sigma_{\omega A}=\frac{M_\omega}{I_b}\cdot\frac{\beta h}{1+\beta}$ 上角点翘曲应力（$kN\cdot m^2$）
$\sigma_{下}=\frac{M}{I_b}h_{下}$ 下纤维应力（$kN\cdot m^2$）	$\sigma_{\omega B}=\frac{B_{11}}{I_{11}}\cdot\frac{\beta}{1+\beta}\cdot\frac{bh}{4}$ 下角点翘曲应力（$kN\cdot m^2$）	$\sigma_{\omega B}=\frac{M_\omega}{I_b}\cdot\frac{h}{1+\beta}$ 下角点翘曲应力（$kN\cdot m^2$）
简支端	隔板在平面内刚度无限大，在平面外刚度较小 隔板	同左
嵌固端	隔板在平面内及平面外刚度均为无限大 隔板	同左
自由端	端部无隔板隔板	同左

注：表中 β 的表达式为 $\beta=\frac{3+\bar{a}_u}{3+\bar{a}_0}$ 或 $\beta=\frac{\sigma_{\omega A}}{\sigma_{\omega B}}$。

四、畸变横向弯矩的计算公式

1. 以 γ 表示畸变量时

$$M_A=\frac{6E\frac{I_0}{b}\left(1+3\frac{h}{b}\cdot\frac{I_u}{I_c}\right)}{1+2\frac{h}{b}\cdot\frac{I_0+I_u}{I_c}+3\frac{I_0 I_u}{I_c^2}\cdot\frac{h^2}{b^2}}\cdot\gamma \qquad (2\text{-}4\text{-}22)$$

$$M_B = \frac{6E\frac{I_u}{b}\left(1+3\frac{h}{b}\cdot\frac{I_0}{I_c}\right)}{1+2\frac{h}{b}\cdot\frac{I_0+I_u}{I_c}+3\frac{I_0 I_u}{I_c^2}\cdot\frac{h^2}{b^2}}\cdot\gamma \tag{2-4-23}$$

2. 以 ω 表示畸变量时

$$M_A = \frac{24E\frac{I_0}{b^2}\left(1+3\frac{h}{b}\cdot\frac{I_u}{I_c}\right)}{1+2\frac{h}{b}\cdot\frac{I_0+I_u}{I_c}+3\frac{I_0 I_u}{I_c^2}\cdot\frac{h^2}{b^2}}\cdot\omega \tag{2-4-24}$$

$$M_B = \frac{24E\frac{I_u}{b^2}\left(1+3\frac{h}{b}\cdot\frac{I_0}{I_c}\right)}{1+2\frac{h}{b}\cdot\frac{I_0+I_u}{I_c}+3\frac{I_0 I_u}{I_c^2}\cdot\frac{h^2}{b^2}}\cdot\omega \tag{2-4-25}$$

以上各式中的符号意义同前。注意，若算得的弯矩值为正时，则内力方向与图 2-4-17 中的一致，若为负时则相反。

五、变截面连续箱梁畸变的近似解

变截面连续箱梁畸变的理论分析相当复杂，应用起来也很不方便。直接应用空间有限元的计算程序进行计算，虽然完全可以做到，但对于设计人员来说也是不太方便。好在上述的等截面箱梁的畸变微分方程式（2-4-20）和式（2-4-24）与弹性地基梁的微分方程具有相似性，这样便把空间理论问题转化为平面杆系问题，为应用平面杆系有限元程序求解变截面箱梁的畸变提供了可能性。其次，式（2-4-24）是以畸变挠度 ω 表示的微分方程，如果将实际的变截面连续箱梁等效为变截面的弹性支承连续梁（简称等代梁），那么，应用平面杆系有限元程序解得挠度 ω 后，就可应用本节中的公式计算出横向弯矩和根据畸变双力矩计算翘曲正应力。

（1）确定等代梁的支承类型

一般来说，中支点反力较大，其横隔板也相当的厚实，且与两侧箱梁固结，故可视作固支端；边跨端支点处横隔板相对薄一些，且只有一侧与箱梁固结，故可视作铰支端；中跨中横隔板一般较薄，但与两侧箱梁固结，故也可作为固支边，本例偏保守地仍取它作铰支承，如图 2-4-18b）所示。

（2）确定等代梁的抗畸变翘曲刚度 $EI_b(x)$

实际结构的抗弯刚度为 EI（x），与它具有相似性的抗畸变翘曲刚度 $EI_b(x)$可按式(2-4-19)求算，若应用有限元法计算程序时，可将全梁划分为 n 个单元和 $n+1$ 个结点，单元的多少，视对计算精度的要求而定，如图 2-4-18a）所示，然后计算各结点截面的$EI_b(i)$。

（3）计算等代梁的抗畸变框架刚度 $k(x)$

同理，按式（2-4-20）计算各结点截面单元长度上的分布弹簧支承刚度 $k(i)$，如图 2-4-18b)所示。

（4）将分布的弹簧刚度 $k(x)$简化为各个结点处的集中弹簧刚度 K_i^j

i 结点的集中弹簧刚度可按下式求得：

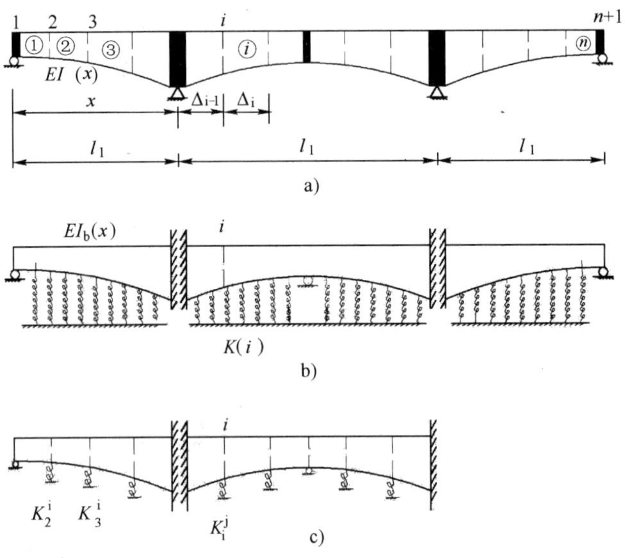

图 2-4-18　变截面连续梁畸变计算图式

$$K_i^j = \left(\frac{\Delta_{i-1} + \Delta_j}{2}\right) k_i \tag{2-4-26}$$

如图 2-4-18c）所示，式中 Δ_{i-1} 和 Δ_i 为 i 结点截面相邻两个单元的长度。这里说明一点，式（2-4-20）的 K 就是单位长的抗畸变框架刚度，也是本公式中所谓的分布弹簧刚度 $k(x)$。

（5）计算畸变荷载的垂直分量 V_d

图 2-4-19 示出了两行汽车车队的横桥向布置，其合力为 nP（n 为车队数，P 为轴重），按照图 2-4-1 中的荷载分解法，可以求出畸变荷载垂直分量 V_d 为：

$$V_d = \frac{nP \cdot e}{2b} = m_{畸} P \tag{2-4-27}$$

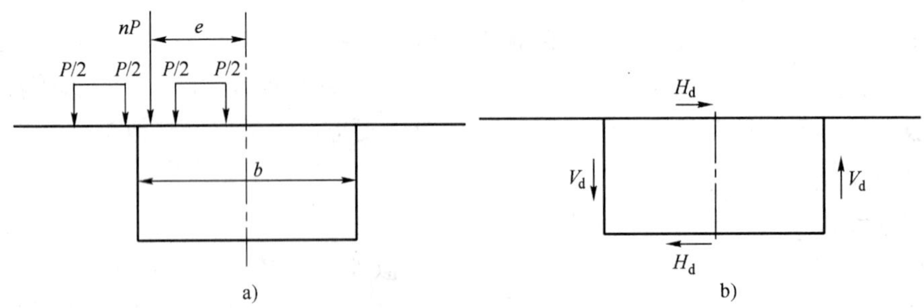

图 2-4-19　箱梁畸变荷载分量

（6）应用有限元计算程序计算各结点截面的挠度 ω_i 和弯矩 M_i（$i=1$，2，3…）。计算图式可以按全桥的模式一次输入数据，也可按各跨度分别计算，如图 2-4-18c）所示，由于结构对称，故当按分跨的模式计算时可以只取一个边跨和一个中跨。

（7）将所求出的结点截面挠度 ω_i 代入式（2-4-24）和式（2-4-25）可以求得腹板上、下

角点的横向弯矩 M_A 和 M_B。

(8) 计算截面的翘曲正应力 σ_ω

由程序计算得到的 M_i 就是表 2-4-2 中所对应的 $M_{\omega i}$，然后应用表 2-4-2 中的相应公式，便可以得到 i 号截面腹板上、下角点的翘曲正应力 $\sigma_{\omega A}$ 和 $\sigma_{\omega B}$。

第五节　箱梁局部荷载的作用效应

一、平面框架法

作用于箱梁上的车辆荷载并不是象图 2-4-1 中所示的单独一个集中荷载 P，而是多个按一定的纵横向间距排列的车轮荷载。图 2-4-1a) 中的 P 仅是横向一排中几个轮重的合力。这是为了便于将它分解为几种特殊的荷载分量，使之适宜于按不同理论公式进行分析。因此，再回过头来讨论图 2-4-1b) 的箱梁受力情况时，理应将这个力 P 再恢复到原来的位置和原来的大小，并且必须按照空间理论进行分析，显然对于设计来说这是不太方便的。对于等截面的箱形梁，比较简便的计算方法之一是平面框架法，其具体计算步骤如下：

(1) 将箱梁的悬臂板视作固支悬臂板，将中部顶板视作简支在两腹板上的简支板，然后分别按《桥规》有关板的规定，即本篇第二章所介绍的内容，来确定车轮荷载在板上的有效分布宽度。

(2) 将有效宽度内的车轮荷载分别除以相应的分布宽度，便可得到纵向单位长箱梁（即单宽平面框架）上的分布荷载。

(3) 按平面杆系结构的计算方法来确定此单宽平面框架上内的横向弯矩。

(4) 实际上顶板是弹性嵌固在两侧腹板上的，故应将算得顶板中点的弯矩值乘以 1.1 的修正系数，其余的弯矩值不变，这便是箱梁在该荷载平面内的弯矩最终计算值。

二、算例分析

1. 已知条件

(1) 截面尺寸

截面尺寸取梯形和矩形两种，腹板间距在顶板的一端为 B=5m、6m、6.8m、8m 等 4 种，横隔板间距取等于 30m，其余细部尺寸如图 2-4-20 所示。弹性模量 $E=2.7\times10^4$MPa，泊松比 $\mu=1/6$。

(2) 荷载布置

①横向

将公路—I 级荷载的车辆对称于顶板中线布置，确定板的有效分布宽度时，车轮压力面的尺寸为 $a_1\times b_1=0.4\text{m}\times0.8\text{m}$ 考虑；当对单宽平面框架进行分析时，车轮荷载均按集中力考虑，a_1 为顺桥向尺寸，b_1 为横桥向尺寸。

②纵向

沿纵向分两种情况布置荷载，并把两横隔板视作支承点，求箱梁跨中截面各点的横向内力，如图 2-4-20e)、f) 所示。

情况 I：中轴 120kN 置于两横隔板之间的中点，如图 2-4-20e) 所示；

情况 II：将后轴 140kN 置于两横隔板之间的中点，如图 2-4-20f) 所示。

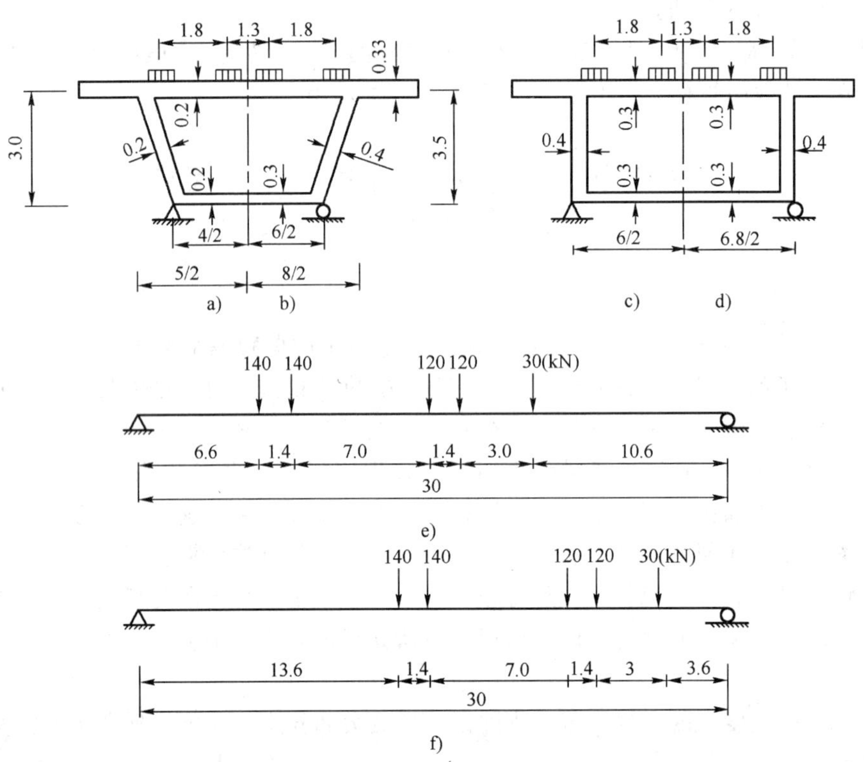

图 2-4-20 箱梁截面尺寸（尺寸单位：m）

2. 解题步骤

(1) 顶板按支于两侧腹板上的简支板来确定其有效分布宽度，现在先以图 2-4-20a) 的截面尺寸为例，其计算过程如下。

对于情况 I：

跨径中部的两排车轮轴距 $d=1.4\text{m}$，显然其相邻轮的有效分布宽度发生重叠，故其按《桥规》规定分布宽度为：

$$a=a_1+d+\frac{l}{3}=u+d+\frac{B}{3}=0.4+1.4+\frac{5}{3}=3.467\text{m}$$

《桥规》又规定： $a\geqslant\frac{2}{3}l+d=\frac{2}{3}\times5+1.4=4.73\text{m}$

故最终取： $a=4.73\text{m}$

对于情况 II：

跨径中部的两排车轮轴距 $d=1.4\text{m}$，显然其相邻轮的有效分布宽度同样会出现重叠，故其有效分布宽度仍为：

$$a=4.73\text{m}$$

对于其余截面，其计算方法均与此相同，其计算法结果均列出于表 2-4-4 中。

(2) 用算得的有效分布宽度 a 去除所对应的轮重，使得到单宽框架上荷载值及计算图式，如图 2-4-20a)～图 2-4-20d)所示。

（3）为了简化分析，可以将小块分布荷载换为集中力，然后用力法或平面杆系有限元法计算此框架内各截面的横向弯矩，为偏安全计，仅对顶板中点的正弯矩乘以 1.1 的修正系数，其余各值均不作修正，表 2-4-3 中列出了所有的计算结果。

箱梁的横向内力分析值及比较（单位：10kN·m）　　表 2-4-3

示意图	弯矩位置	按图 2-4-20e）纵向布载					按图 2-4-20f）纵向布载				
		按弹性理论分析 $\overline{M}_{理}$	按单宽平面框架分析				按弹性理论分析 $\overline{M}_{理}$	按单宽平面框架分析			
			有效宽度 a	弯矩 $\overline{M}_{框}$	$\frac{\overline{M}_{框}}{\overline{M}_{理}}$	弯矩修正 $1.1\overline{M}_{A}^{框}$		有效宽度 a	弯矩 $\overline{M}_{框}$	$\frac{\overline{M}_{框}}{\overline{M}_{理}}$	弯矩修正 $1.1\overline{M}_{A}^{框}$
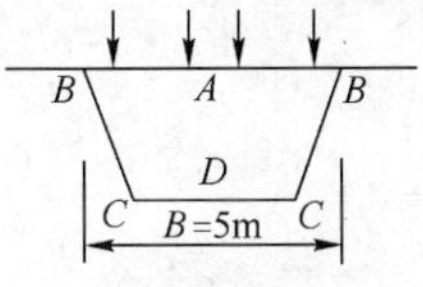 B=5m	A	2.6745	4.73	2.5706	0.961	2.8277	1.8600	4.73	1.3920	0.7484	1.5312
	B	−1.9567		−2.2463	1.148	—	−1.3053		−1.2164	0.9319	—
	C	0.3453		0.3777	1.094	—	0.2268		0.1475	0.6504	—
	D	0.2332		0.3777	1.620	—	0.1545		0.1475	0.9547	—
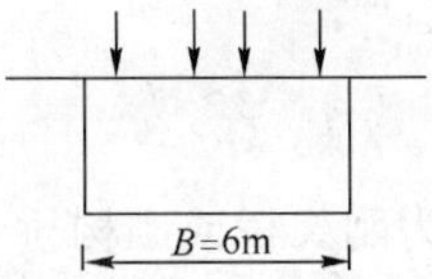 B=6m	A	3.1368	5.40	2.8268	0.901	3.1095	2.1855	5.40	1.5312	0.7006	1.6843
	B	−3.1134		−3.6176	1.162	—	−2.0920		−1.9596	0.9367	—
	C	0.1245		0.0952	0.765	—	0.0827		0.0516	0.6239	—
	D	0.0533		0.0952	1.786	—	0.0353		0.0516	1.4618	—
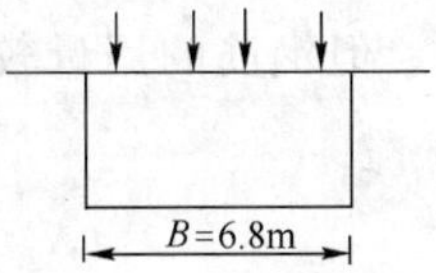 B=6.8m	A	3.6232	5.93	3.2154	0.887	3.5369	2.5138	5.93	1.7414	0.6927	1.9155
	B	−3.9490		−4.2676	1.081	—	−2.6758		−2.3112	0.8637	—
	C	0.1402		0.0999	0.697	—	0.0951		0.0540	0.5678	—
	D	0.0625		0.0999	1.595	—	0.0381		0.0540	1.4173	—
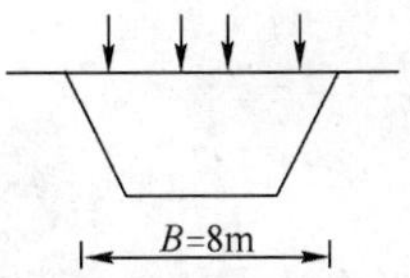 B=8m	A	4.2053	6.73	3.8385	0.912	4.2223	2.9041	6.73	2.0789	0.7159	2.2868
	B	−5.0525		−4.8942	0.969	—	−3.4379		−2.6507	0.7710	—
	C	0.3809		0.3566	1.154	—	0.2494		0.1932	0.7747	—
	D	0.1964		0.3566	1.816	—	0.1302		0.1932	1.4839	—

为了对比计算结果的精度，表中还列出了它们的弹性理论分析值，显示出两者比较接近。

第五章 刚架桥简介

DIWUZHANG

第一节 概　　述

桥跨结构（主梁或板）和墩台（立柱或竖墙）整体相连的桥梁称为刚架桥或刚构桥。刚架桥的主要优点是：外形尺寸小，桥下净空大，桥下视野开阔，混凝土用量少。同时，桥墩固结，有利于悬臂施工，且可以减少大型支座及其养护、维修和更换。但钢筋的用量较大，基础的造价也较高。

在竖向荷载作用下，刚架桥具有以下受力特点（图 2-5-1）。

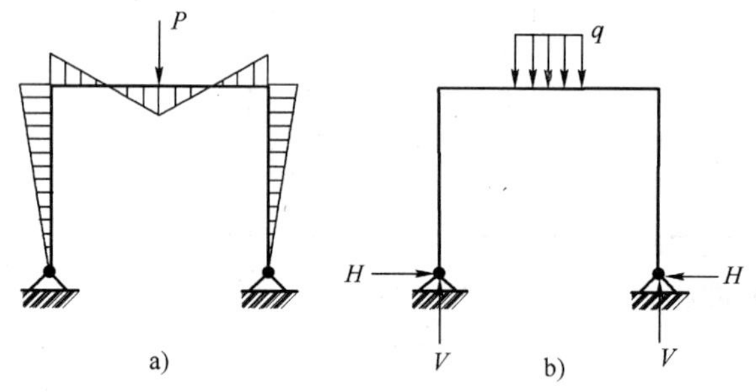

图 2-5-1　刚架桥的受力特点

a）弯矩图；b）反力图

（1）主梁端部产生负弯矩，从而减少了跨中的正弯矩，所以跨中截面尺寸可相应减小。

（2）立柱除承受压力外，还承受弯矩，所以立柱一般也为钢筋混凝土构件。

（3）立柱脚将产生水平推力，为此，必须要有良好的地基条件，或用较深的基础（如桩基础、沉井基础等）和特殊的构造措施来抵抗水平推力的作用。

刚架桥的主梁高度一般较同跨径的梁桥小，因此，通常适用于需要较大桥下净空或建筑高度受到限制的情况，如立交桥、城市高架桥等。

刚架桥可以分为单跨刚架桥和多跨刚架桥。

单跨刚架桥是介于梁与拱之间的一个结构体系，整个体系既是压弯结构，也是推力结构。

单跨刚架桥的立柱可以做成直柱式（图 2-5-2a））或斜柱式（图 2-5-2c））两种，前者称为门形刚架（或门式刚架），后者称为斜腿刚架。

门形刚架也可两端带有悬臂（图 2-5-2b）），这样可减少水平反力，改善基础的受力状态，且有利于和路基连接，但增加了主梁的长度。

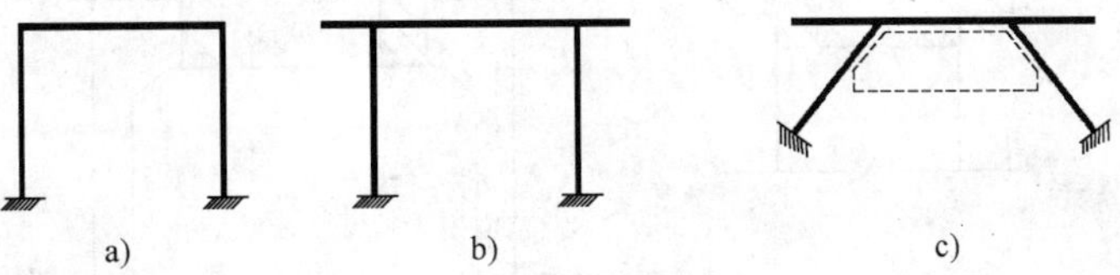

图 2-5-2　单跨刚架桥的形式

a）直柱式；b）悬臂式；c）斜柱式

斜腿刚架中压力线和各部分构件的轴线比较接近，故其所受的弯矩比门形刚架要小，同时缩短了主梁跨度，但支承反力有所增加，而且斜柱的长度也较大。当桥下净空要求为梯形时，采用斜腿刚架是有利的，它可用较小的主梁跨度来跨越深谷或同其他线路立交。国外有不少跨线桥或跨越山谷桥均采用斜腿刚架，它不仅造型轻巧美观，施工也较拱桥简单。

为减少斜腿刚架桥的桥台，可设边拉杆，成为无桥台 V 形刚架桥，同时也减小了跨中的正弯矩和挠度，如图 2-5-3 所示。

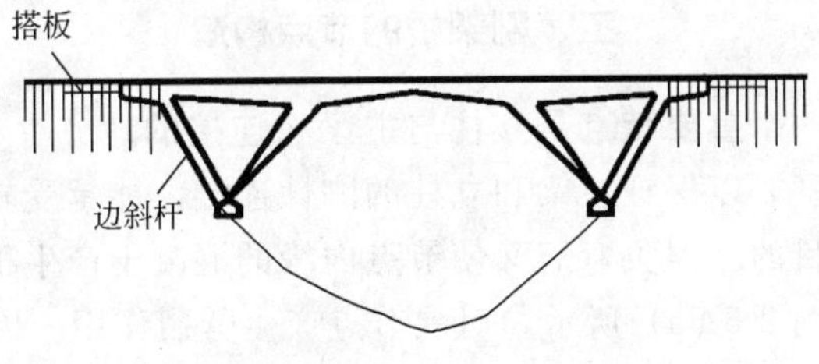

图 2-5-3　无桥台 V 形刚架桥

第二节　单跨刚架桥的构造特点

一、一般构造特点

刚构桥可以全部采用钢筋混凝土或预应力混凝土做成。不过，随着悬臂施工技术的发展，绝大多数的刚构桥都采用预应力混凝土。

与梁式桥相同，刚架桥的主梁截面有板式、肋梁式、箱形等多种形式，且桥面构造与梁式桥没有区别。主梁截面沿纵方向的变化可以做成等截面、等高变截面和变高度 3 种。小跨刚架桥宜采用等高度主梁，以便于施工。变高度主梁的底缘形状有曲线形、折线形、曲线加直线等形状，主要根据主梁内力的分布情况，按等强度原则选定。为保证底板的刚度，在下缘转折处一般均宜设置横隔墙（详见节点构造）。有时还把主梁在不同位置做成不同的截面形式，以适应内力的变化和方便施工。例如，主梁跨中段做成肋式，支承段做成箱形。

立柱有薄壁式和立柱式，如图 2-5-4 所示。立柱式中又可分为单柱和多柱。

单柱式的截面要与主梁截面相配合，腹板要尽可能与主梁腹板布置成一致，以利传力。

多柱式的柱顶通常都用横梁相连，形成横向框架，以承受侧向作用力。当立柱较高时，尚应在其中部用横撑将各柱连接起来。

立柱的横截面可以做成实体矩形、I字形或箱形等。

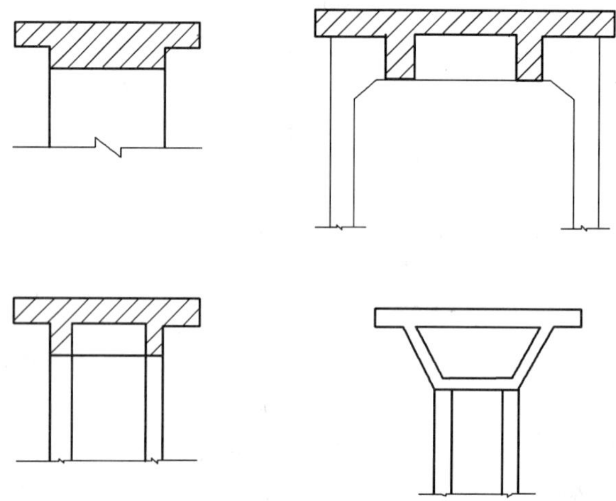

图 2-5-4　支柱形式

二、刚架桥的节点构造

刚架桥在构造上的一个重要特点是立柱与主梁相连接的地方存在角隅节点或称隅节点。该节点必须具有强大刚度，以保证主梁和立柱的刚性连接，能承受较大的负弯矩，达到使桥跨跨中的正弯矩卸载的目的。但负弯矩又使节点内缘的混凝土产生很高的压应力，节点外缘产生很大的拉应力，如图 2-5-5a）所示，对隅节点产生劈裂作用。因此，工程设计时必须在此处设置防劈钢筋予以特别加强，如图 2-5-5b）所示。

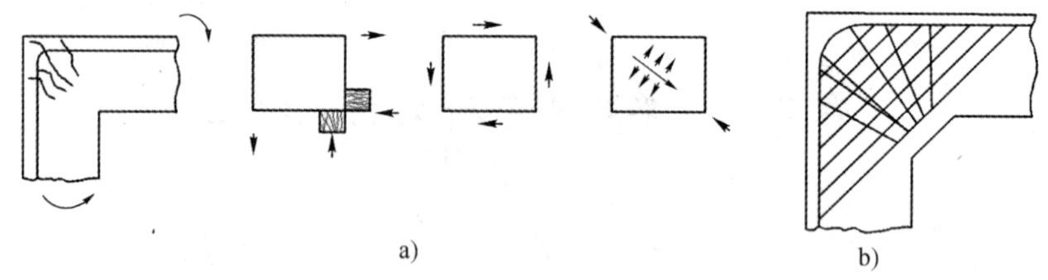

图 2-5-5　隅节点受力示意图

对于板式主梁刚架，可在节点内缘加梗腋（图2-5-6），以改善其受力情况，而且可以减少配筋，以利施工。隅节点的外缘钢筋必须连续绕过角隅之后加以锚固。

对于肋式主梁的刚架，其隅节点加设梗腋的方法如图 2-5-7 所示。图 2-5-7a）仅在桥面加设梗腋；图 2-5-7b)仅在梁肋加设梗腋；图 2-5-7c）桥面和梁肋都设梗腋。必要时还可在主梁底缘加设底板，使隅节点附近的主梁成为箱形截面（图 2-5-8）。对于立柱也可照此办理。这样就大大增加受压区的混凝土面积，改善受力情况。

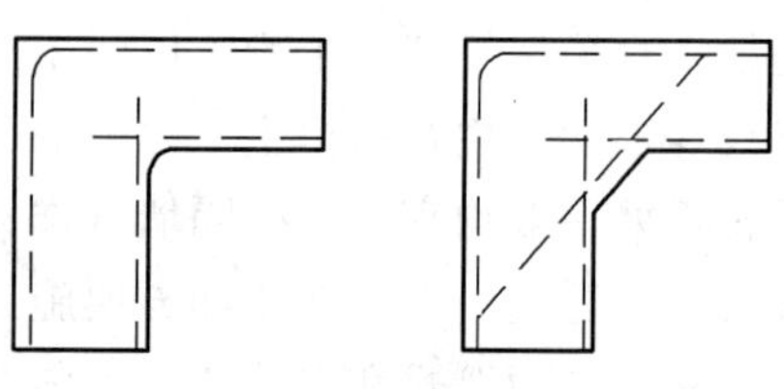

图 2-5-6　板式主梁刚架隅节点处梗腋图

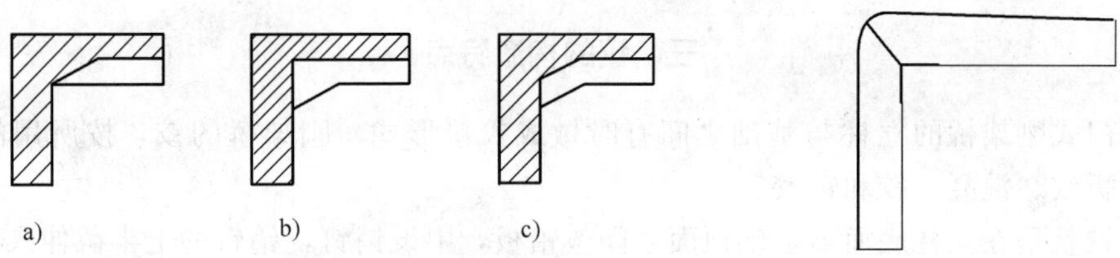

图 2-5-7　加梗腋的肋式主梁　　　　图 2-5-8　主梁加设底板

当主梁和立柱都是箱形截面时，隅节点可做成图 2-5-9 所示的 3 种形式。图 2-5-9a）式仅在箱形截面内设置斜隔板；斜隔板抵抗对角压力最为有效，传力直接，施工简单，但主筋的布置不如图 2-5-9b）式和图 2-5-9c）式方便。图 2-5-9b）式设有竖隔板和平隔板，其传力间接，但构造和施工较简单。图 2-5-9c）式兼有竖隔板、平隔板和斜隔板，节点刚强，布置主筋也较方便，但施工很麻烦。

采用图 2-5-9a）式时，斜隔板应有足够的厚度。有时为了使隅节点有强大的刚性，并简化施工，也可将它做成实体的。

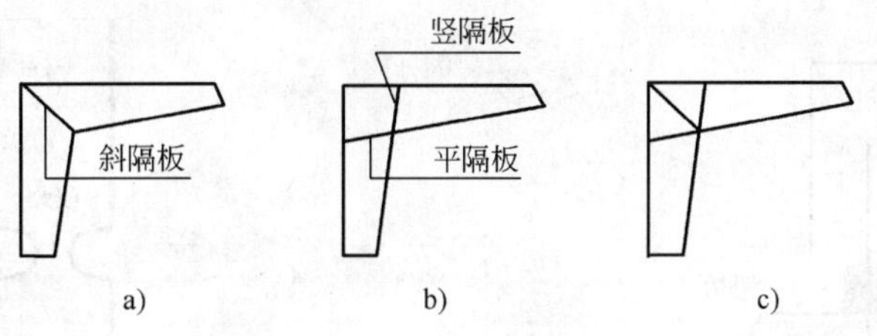

图 2-5-9　箱形截面刚架节点形式

斜腿刚架桥的斜腿与主梁相交的节点，根据截面形式的不同，可以做成图 2-5-10 所示的两种形式。图 2-5-11 所示为一种预应力钢筋布置的形式。

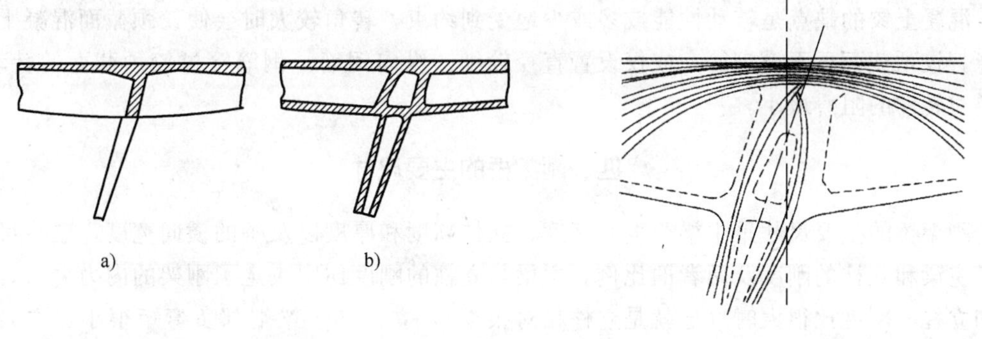

图 2-5-10　斜腿与主梁相交的结点形式　　　　图 2-5-11　节点预应力筋

关于隅节点的配筋，当采用普通钢筋混凝土时，一定要有足够的连续钢筋绕过隅节点外缘（图 2-5-5b），否则，外缘混凝土由于受拉会产生裂缝。对于受力较大的节点，在对角力的方向要设置受压钢筋，在和对角力相垂直的方向要设置防裂钢筋。如果是预应力混凝土刚架桥，与隅节点相邻截面的预应力钢筋宜贯穿隅节点，并在隅角内交叉后锚固在梁顶和端头上。局部应力区段内尚应设置箍筋或钢筋网，用以承受局部拉应力。对于加设梗腋的隅节点，要设置与梗腋外缘相平行的钢筋。

三、铰的构造特点

单跨门式刚架桥的立柱与基础之间有时做成铰接形式。刚架桥的铰，按所用的材料划分，有铅板铰、混凝土铰和钢铰。

铅板铰就是在立柱底面与基础顶面之间垫铅板，中设销钉，销钉的上半截伸入柱内，下半截伸入基础内（图 2-5-12），利用铅容易产生变形的特点形成铰的转动作用。铅板铰的承压强度不高，一般仅能承受 100～150MPa 的压应力，而且造价比混凝土铰高，养护也较困难。

钢铰一般为铸钢制成，其构造与梁桥固定支座相同。

混凝土铰（图 2-5-13）就是在铰的位置处将混凝土截面骤然减小（称为颈缩），使该截面刚度大大减小，因而该处的抗弯能力很低，可产生结构所需要的转动，这样就形成了铰的作用。由于截面的骤然颈缩，相应产生横向压力。该横向压力对铰颈混凝土起套箍作用，使混凝土处于多轴受压状态，从而提高铰颈处混凝土的抗压强度，故铰颈截面的尺寸虽然很小却能承受较高的压力。

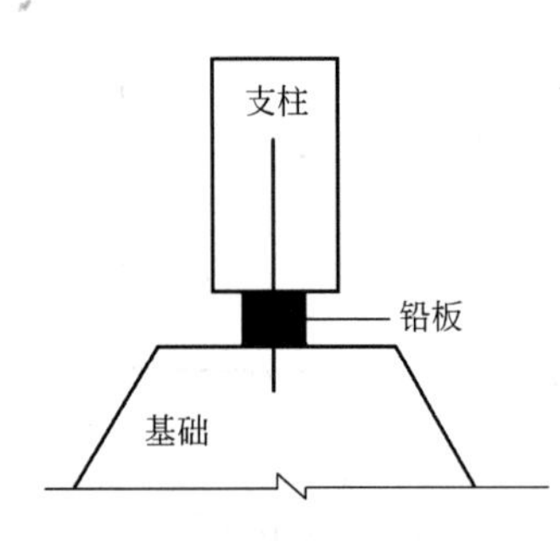

图 2-5-12　铅板铰简图

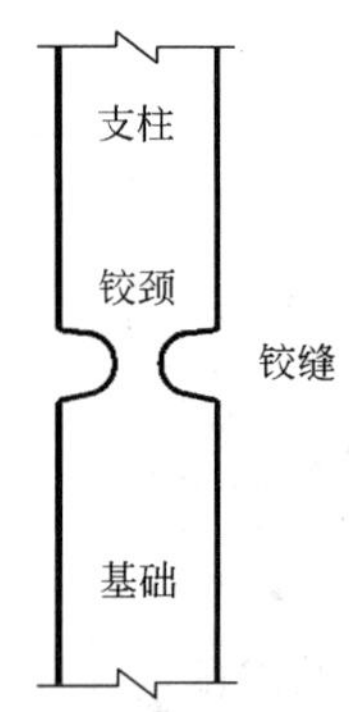

图 2-5-13　混凝土铰简图

混凝土铰的缺点是转动性能或多或少地受到约束，转角较大时会使铰颈截面混凝土产生裂缝。铰颈截面可不设钢筋，或仅设置直径较细的纵向钢筋。钢筋穿过铰颈截面的转动抽，这样对转动的阻碍最小。

四、刚架桥的主要尺寸

刚架桥的主要尺寸是主梁跨度和高度、立柱高度和厚度以及桥的横向宽度。这些尺寸决定了主梁和立柱的刚度及两者的比例。主梁与立柱的刚度比则决定了刚架的内力分布。当主梁和立柱的刚度比很大时（也就是立柱相对很柔），立柱和主梁端部负弯矩很小，主梁跨中正弯矩很大，趋于简支梁的情况；反之，如果刚度比很小，则主梁负弯矩增大，正弯矩减少，趋于固端梁情况。刚度比还影响到基础的水平推力和次内力的大小。同时，主梁和立柱尺寸的确定还应保证结构的变形不超过容许值。

带悬臂的门形刚架两端悬臂长约为中跨跨度的 0.2 倍。悬臂加长，端支柱弯矩和跨中正弯矩均可减小，但主梁变形较大，中跨主梁弯矩变化也较大。

斜腿刚架桥斜腿的倾斜角度一般在 40°～60°，边跨通常为中跨的 0.45～0.55 倍，无桥台的 V 形刚架，边跨可达中跨的 0.65～0.85 倍。

刚架桥的主梁高度，在大跨度预应力刚架桥中，通常为跨度的（1/30～1/40）；当采用

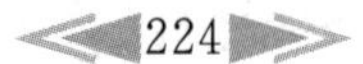

变高度梁时，端部梁高可为跨中梁高的 1.2～2.5 倍。加大端部的梁高，可使正弯矩减小，正弯矩区域缩短，使主梁大部分承受负弯矩，这样使大多数预应力钢筋布置在梁的顶部。

立柱在纵向的厚度可采用其高度的 1/8～1/15（立柱较高时用较小的比值）。立柱在横桥向的尺寸要和主梁配合，并考虑桥的横向刚度和稳定性。

五、斜腿刚架桥实例

图 2-5-14 所示是建成于 1987 年的江西遂川洪门大桥立面图，介于两斜腿基脚之间的跨径为 60m，是一座预应力混凝土斜腿刚架桥，该桥有以下特点：

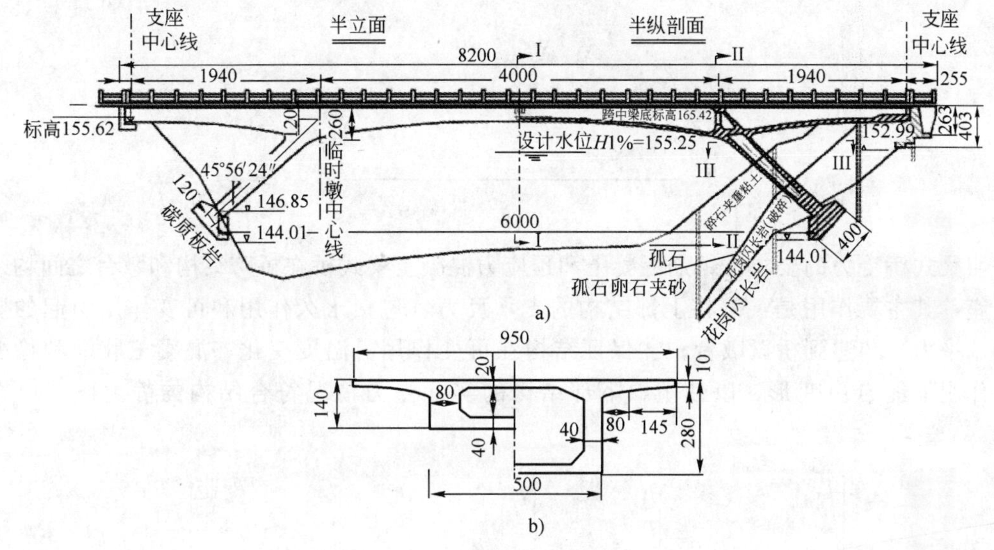

图 2-5-14　江西洪门大桥（尺寸单位：cm）

a）立面图；b）横剖图

（1）边跨与中跨的跨长比约为 1∶2，主梁与斜腿采用箱形截面，在斜腿基脚处采用固结构造。

（2）设临时墩和临时支架，对斜腿及斜腿顶部一段梁段采用现浇混凝土施工，然后利用悬臂吊机进行对称悬臂拼装预制节段。

（3）悬拼时的体内预应力筋，布置在梁的顶板和腹板内，悬拼完毕后，在箱梁顶板、底板的锚座上设置体外无粘结筋，力筋穿入到硬聚氯乙烯管内，张拉锚固后再向管内压入水泥浆用以防腐。

（4）现浇斜腿之前，用高强度水泥浆整平 1m×5m 的基础斜面，并钻出为布置抗剪钢筋用的锚孔，然后插入抗剪钢筋并浇注 C40 水泥浆，抗剪钢筋外露 1.5m，为的是将它与斜腿根部相连接，形成简单铰，待全桥施工完毕 2 个月后，再行立模和浇筑混凝土，将斜腿根部转换为固结。

第六章 梁式桥的支座

DILIUZHANG

按照梁式桥受力的要求，钢筋混凝土和预应力混凝土梁式桥在桥跨结构和墩台之间均须设置支座，其主要作用是：①将上部结构的支承反力（包括永久作用和可变作用引起的竖向力和水平力）传递到桥梁墩台；②保证结构在可变作用、温度变化、混凝土收缩和徐变等因素作用下能自由变形，以使上、下部结构的实际受力情况符合结构的静力图式（图2-6-1）。

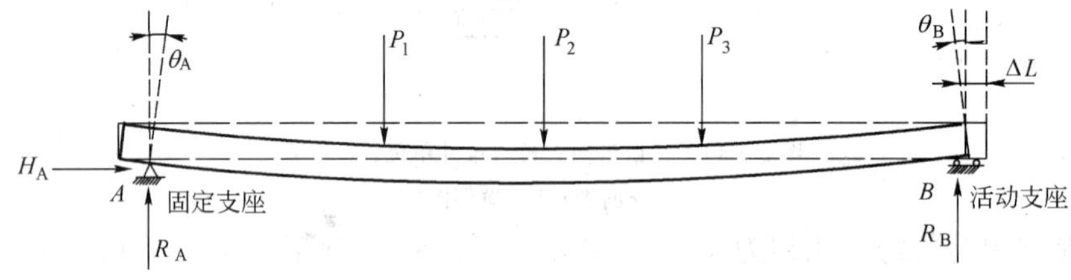

图 2-6-1 简支梁的静力图式

梁式桥的支座一般分成固定支座和活动支座两种。固定支座既要固定主梁在墩台上的位置并传递竖向压力和水平力，又要保证主梁发生挠曲时在支承处能自由转动，如图 2-6-1 左端所示。活动支座只传递竖向压力，但要保证主梁在支承处既能自由转动又能水平移动，如图 2-6-1 右端所示。

根据静力计算图式，简支梁桥应在每跨的一端设置固定支座，另一端设置活动支座。悬臂梁桥的锚固跨也应在一侧设置固定支座，另一侧设置活动支座。多孔悬臂梁桥挂梁的支座布置与简支梁相同。连续梁桥应在每联的一个桥墩（或桥台）上设置固定支座，其他墩台上均应设置活动支座。此外，悬臂梁桥和连续梁桥在某些特殊情况下支座需要传递竖向拉力时，也应设置能承受拉力的支座。

第一节 常用支座的类型和构造

由于桥梁跨径、支座反力、支座允许的转动与位移不同，选用的支座材料的不同，以及支座是否满足防震、减震要求的不同，从简易的油毛毡垫层至结构复杂的铸钢辊轴支座，桥梁支座结构类型甚多。本节主要介绍钢筋混凝土和预应力混凝土桥梁常用的支座形式。

一、简易垫层支座

跨径小于 10m 的板梁桥，可不设专门的支座结构，而直接采用由几层油毛毡或石棉做成的简易支座。这种垫层支座经压实后的厚度不小于 1cm。为了防止墩、台顶部前缘与上部结构相抵，通常应将墩、台顶部的前缘削成斜角（图 2-6-2），并且最好在板或梁端底部以及墩、台顶部内增设 1～2 层钢筋网予以加强。这种简易垫层的变形性能较差。

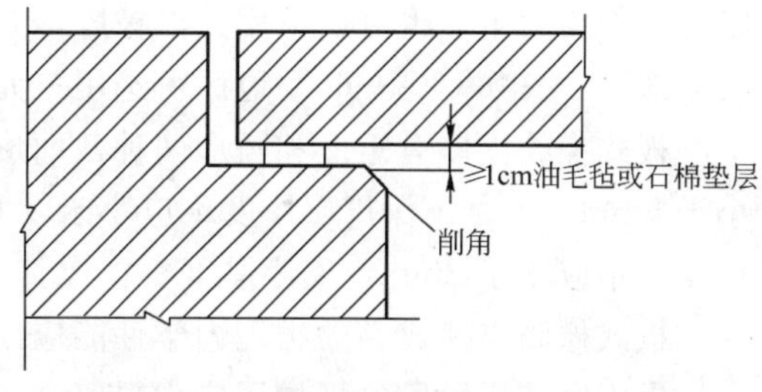

图 2-6-2　简易垫层支座

二、橡胶支座

橡胶支座和其它金属刚性支座相比，具有构造简单、造价低、结构高度小、加工和安装方便以及使用性能良好的优点。此外，鉴于橡胶支座能方便地适应任意方向的变形，故特别适应于宽桥、曲线桥和斜交桥。橡胶的弹性还能削减上、下部结构所受的动力作用，对于抗震十分有利。目前，橡胶支座已经得到越来越广泛的使用。

橡胶支座一般可分为板式橡胶支座、聚四氟乙烯滑板式橡胶支座和盆式橡胶支座 3 类。

1. 板式橡胶支座

板式橡胶支座由几层橡胶和薄钢片镶嵌、粘合、压制而成，如图 2-6-3 所示。它具有足够的竖向刚度以承受垂直荷载，能将上部结构的反力可靠地传递给墩台，有良好的弹性，以适应梁端的转动，有较好的剪切变形，以满足上部结构的水平位移。

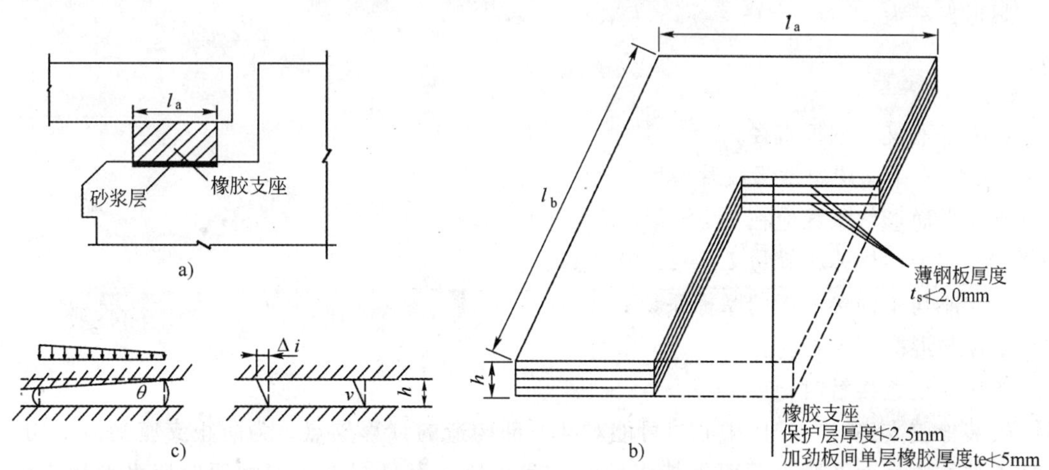

图 2-6-3　板式橡胶支座

板式橡胶支座一般不分固定支座和活动支座，这样能将水平力均匀地传递给各个支座且便于施工，如有工程要求必需设置固定支座，可采用不同厚度的橡胶支座来实现。

无加劲层的纯橡胶支座容许压应力甚小，约为 3000kPa，故只适用于小跨径桥梁。常用的板式橡胶支座都是用几层薄钢板作为加劲层。由于橡胶之间的加劲层能起到阻止橡胶片侧向膨胀的作用，从而可以显著提高橡胶片的抗压强度和支座的抗压刚度，这种支座的容许压应力可达 8～10MPa。

目前我国生产的板式橡胶支座的竖向支承反力为 100～10000kN 左右，支座的橡胶材料以氯丁橡胶为主，也可以采用天然橡胶等胶种，根据地区温度，－25℃～＋60℃地区可选用氯丁橡胶，－40℃～＋60℃地区可选用三元乙丙橡胶支座或天然橡胶支座。

板式橡胶支座有矩形和圆形两种截面形式。橡胶支座加劲板与支座边缘的最小距离不应小于 5mm，上、下保护层厚度不应小于 2.5mm，中间橡胶片的厚度不应小于 5mm，加劲钢板厚度不应小于 2mm，支座厚度根据橡胶支座的剪切位移而采用不同层数组合而成。

板式橡胶支座成品的物理力学性能应满足以下要求：

①支座使用阶段的平均压应力限值 $\sigma_c = 10.0$MPa。

②常温下橡胶支座的剪变模量 $G_e = 1.0$MPa。

橡胶支座的剪变模量随橡胶变冷而递增，当累计最冷月平均温度的平均值为 0～－10℃时，G_e 值应增大 20%；当低于－10℃时，G_e 值应增大 50%；当低于－25℃时，G_e 为 2MPa。

③橡胶支座的抗压弹性模量

$$E_e = 5.4 G_e S^2$$

式中：S——支座的平面形状系数，为橡胶支座的承压面积与自由表面积之比，矩形支座为：

$$S = \frac{l_{0a} \times l_{0b}}{2t_{es}(l_{0a} + l_{0b})}$$

式中：l_{0a}——支座加劲钢板短边边长（顺桥向）；

l_{0b}——支座加劲钢板长边边长（横桥向）；

t_{es}——中间层单层橡胶片厚度。

圆形支座为：

$$S = \frac{d_0}{4t_{es}}$$

式中：d_0——支座钢板直径；

t_{es}——中间层单层橡胶片厚度。

支座平面形状系数应在 $5 \leqslant S \leqslant 12$ 范围内取用。

④橡胶弹性体体积模量 $E_b = 2000$MPa。

⑤支座与不同接触面的摩擦系数

支座与混凝土接触时，$\mu = 0.3$；

支座与钢板接触时，$\mu = 0.2$。

安装橡胶支座时，支座中心尽可能对准上部构造的计算支点。为防止支座受力不均匀，应使上部结构底面及墩台顶面保持表面清洁和粗糙，而且与支座接触面保持水平和紧密贴合，必要时可先铺一薄层水灰比不大于 0.5 的 1∶3 水泥砂浆垫层。

2. 聚四氟乙烯滑板式橡胶支座

聚四氟乙烯滑板式橡胶支座是在普通板式橡胶支座上按照支座平面尺寸大小粘附一层聚四氟乙烯板（厚 2～4mm）而成。它除了具有普通板式橡胶支座的优点外，还能利用聚四氟乙烯板与梁底不锈钢板之间的低摩擦系数（$\mu \leqslant 0.08$），使桥梁上部构造的水平位移不受限制。

聚四氟乙烯滑板式橡胶支座适应于跨度较大或桥面连续的简支梁桥、连续桥梁；此外，这种支座还可在顶推、横移等施工中作滑板使用。

3. 盆式橡胶支座

一般的板式支座处于无侧限受压状态，故其抗压强度不高，加之其位移量取决于橡胶的容许剪切变形和支座高度，所以板式橡胶支座的承载能力和位移值受到一定的限制。

当竖向力较大时则应使用盆式橡胶支座（图 2-6-4）。它由不锈钢滑板、聚四氟乙烯板、盆环、氯丁橡胶块、钢密封圈、钢盆塞及橡胶防水圈等组成。它是利用设置在钢盆中的橡胶板达到对上部结构具有承压和转动的功能，利用聚四氟乙烯板和不锈钢板之间的平面滑动来适应桥梁的水平位移要求。

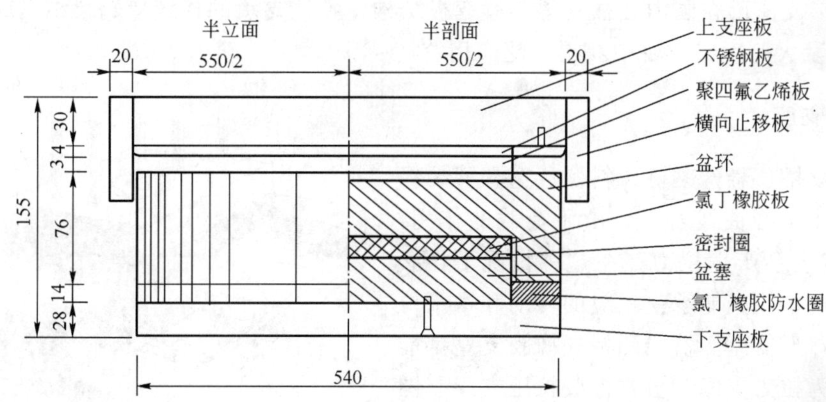

图 2-6-4　盆式橡胶支座的构造图（尺寸单位：cm）

盆式橡胶支座按其工作特征可以分为固定支座、多向活动支座和单向活动支座 3 种。与板式橡胶支座相比，盆式橡胶支座具有承载能力大、水平位移量大、转动灵活等优点，因此特别适宜在大跨度桥梁上使用。

三、特殊功能的支座

1. QGZ 球形钢支座

球形钢支座（图 2-6-5）传力可靠，转动灵活，它不但具备盆式橡胶支座承载能力大、允许支座位移大等特点，而且能更好地适应支座大转角的需要。与盆式橡胶支座相比，球形钢支座具有如下优点：

①通过球面传力，不出现力的缩颈现象，作用在混凝土上的反力比较均匀。

②通过球面聚四氟乙烯板的滑动实现支座的转动过程，转动力矩小，且转动力矩只与支座球面半径及聚四氟乙烯板的摩阻系数有关，与支座转角大小无关。因此，特别适用于大转角要求，设计转角可达 0.05rad 以上。

③支座各向转动性能一致，适用于宽桥和曲线桥。

④支座不用橡胶承压，不存在橡胶老化对支座转动性能的影响，特别适用于低温地区。

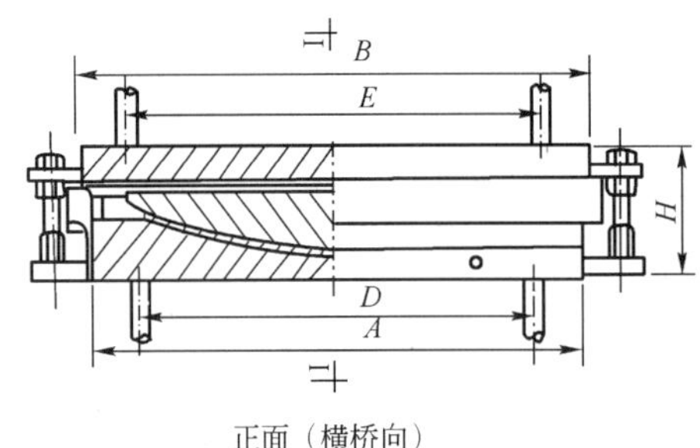

正面（横桥向）

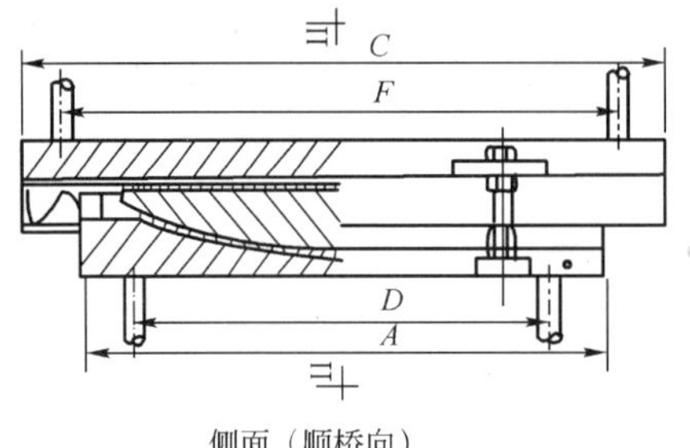

侧面（顺桥向）

图 2-6-5　球形支座构造示意图

球形支座有固定支座、单向活动支座和多向活动支座之分。活动支座主要由下支座凹板、中间球形钢衬板、上定座滑板、不锈钢位移板、聚四氟乙烯滑板（平面和球面各一块，简称四氟板）及橡胶密封圈和防尘罩等部件组成。

目前球形支座已在国内独柱支承连续弯板结构、独柱支承的连续弯箱梁结构、双柱支承的连续 T 构及大跨度斜拉桥中获得广泛应用。

2. 拉力支座

在连续梁桥、悬臂梁桥、斜桥、宽悬臂翼缘箱梁桥以及小半径曲线桥上，由于荷载的作用，在某些支点上会产生拉力。在这种情况下，必须设置既能抗拉拔又能承受相应的转动和水平位移的支座。球形支座、盆式和板式橡胶支座都能变更功能作为拉力支座。板式橡胶拉压支座（图 2-6-6）适用于拉力较小的桥梁，对于反力较大的桥梁，则用球形抗拉钢支座或盆式拉力支座更适合。但是，支座拉力超过 1000kN 时，上述结构则不经济。

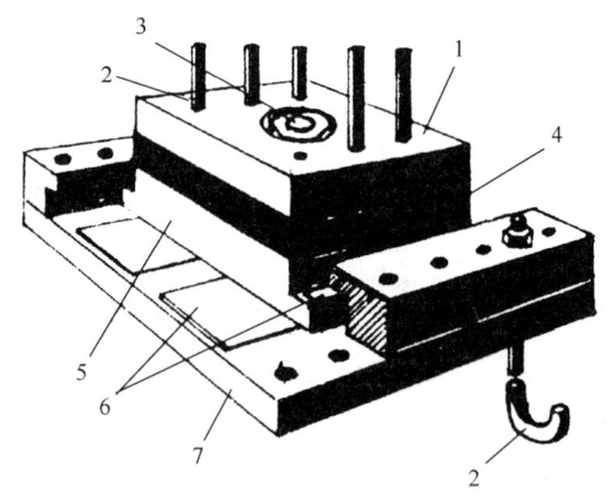

图 2-6-6　板式橡胶拉压支座

1-上支座板；2-锚筋；3-受拉螺栓；4-承压橡胶块；5-滑块；6-奥氏体钢；7-下支座板

3. 抗震支座

地震地区的桥梁支座不仅应满足支承要求，同时应具备减震、防震等功能。按照抗震设计要求，支座必须具有抵抗地震力的能力；而减、隔震支座的作用就是尽可能地将结构或部件与可能引起破坏的地震地面运动分离开来，以大大减小传递到上部结构的地震力和能量。目前国内主要的减隔震支座、抗震支座的类型有抗震型球形钢支座（图 2-6-7）、铅芯橡胶支座和高阻尼橡胶支座等。

抗震型球形钢支座是通过变更上下支座板的构造形式，除保证满足常规支座要求外，还能承受地震时的反复荷载及满足防落梁要求。

铅芯橡胶支座是在多层橡胶支座中插入铅芯，当多层橡胶产生剪切变形时，利用铅芯的塑性变形吸收能量。

高阻尼橡胶支座是将特殊配置的具有较高耗能能力的橡胶代替普通橡胶支座中的氯丁橡胶、天然橡胶等常用材料制作而成的。该支座的特点是滞回环面积较大，具有较大的吸收地震能量的能力。

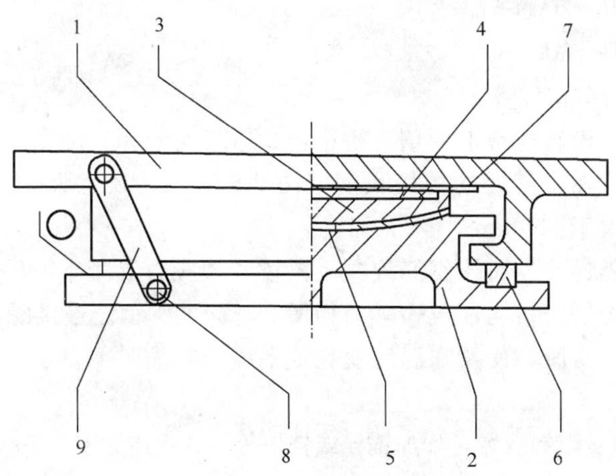

图 2-6-7　KQGZ 抗震型球形钢支座

1-上支座板；2-下支座板；3-支座钢球芯（钢衬板）；4-F4（PTFE）圆平板；5-F4（PTFE）球形板；6-橡胶密封圈；7-不锈钢板；8-螺栓；9-搭板

桥梁的震害是多方面的，如桥头路堤下沉、滑动，锥坡震裂，桥台前滑，耳墙被梁体撞碎或挤断，桥墩下沉、倾斜或断裂，支座锚栓剪断，支座移动或脱落，上部结构产生纵、横向位移或坠落桥下等。其中损害最严重、修复最困难的是梁体坠落。

上部结构本身很少直接被震坏。其结构的异常位移与坠落主要是由于墩台的位移、变形和倒塌所引起，但也有地震时下部结构完整，而地震的惯性力导致上部结构过大位移而坠落。因此，上部结构的抗震措施主要在于防止梁体坠落。

防止落梁的措施一般有以下几种：

①桥梁墩台顶部沿梁轴方向的预留设计宽度 B（单位为 mm）应大于以下计算值（图 2-6-8a））：

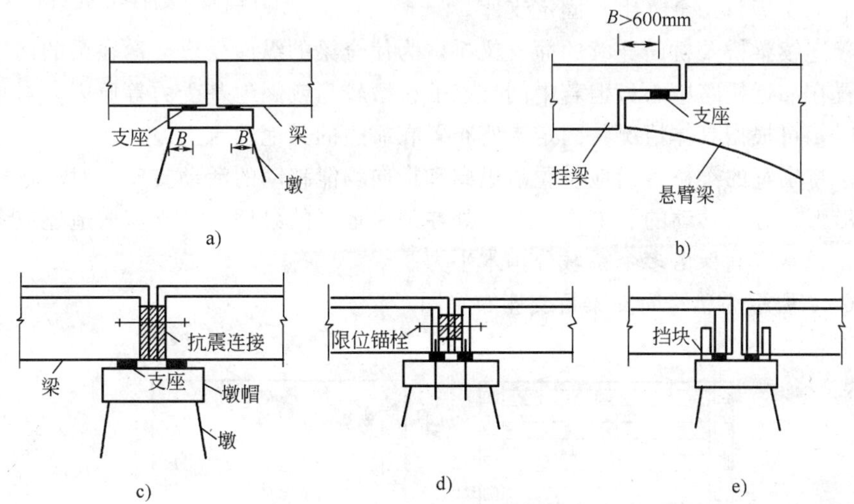

图 2-6-8　防止落梁的措施

a）支座在墩台顶预留设计宽度；b）挂梁在悬臂支座处的搭接长度；c）桥跨结构的抗震设计；d）锚栓限位装置；e）挡块限位示意

当 $l \leqslant 100$m 时，$B=200+5l$

当 $l > 100$m 时，$B=300+4l$

上式中，l 取 m 为单位计算。

此外，对于架设在松软地基上的重要桥梁，B 值应大于 350mm。

对于悬臂梁与挂梁在支座处的搭接长度（图 2-6-8b)），B 宜大于 600mm，但对软弱地基上的桥梁，其值应大于 700mm。

②桥跨结构的抗震连接。对于钢筋混凝土梁桥和预应力混凝土梁桥，当墩顶较宽时，可采用连接螺栓和嵌塞将桥跨结构连成一体，如图 2-6-8c）所示。连接螺栓与端横梁，嵌塞与端横梁之间应设置氯丁橡胶，使梁在温度变化或混凝土收缩时能自由伸缩，而在地震时，又能起抗震作用。

③在活动支座上设置限制装置，如加锚栓或挡块等，其构造如图 2-6-8d）及图 2-6-8e）所示。

第二节　支座的布置

支座的布置，应以有利于墩台传递纵向水平力、有利于梁体的自由变形为原则。根据梁桥结构体系以及桥宽，支座在纵、横桥向的布置方式主要有以下几种：

（1）对于坡桥，宜将固定支座布置在标高低的墩台上。同时，为了避免整个桥跨下滑，影响车辆的行驶，通常在设置支座的梁底面，增设局部的楔形构造，如图 2-6-9 所示。

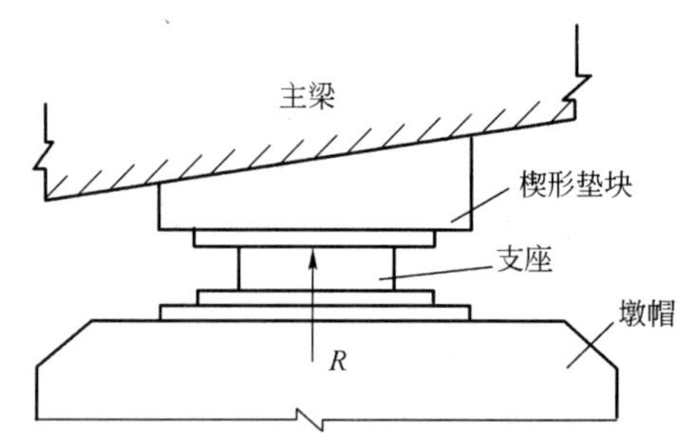

图 2-6-9　坡桥楔形垫块图

（2）对于简支梁桥，每跨宜布置一个固定支座，一个活动支座；若个别墩较高，也可在高墩上布置两个（组）活动支座。对于多跨简支梁，一般把固定支座布置在桥台上，每个桥墩上布置一个（组）活动支座与一个（组）固定支座。

（3）对于连续梁桥及桥面连续的简支梁桥，为使全梁的纵向变形分散在梁的两端，宜将固定支座设置在靠近桥跨中心；但若中间支点的桥墩较高或因地基受力等原因，对承受水平力十分不利时，可根据具体情况将固定支座布置在靠边的其他墩台上。

（4）对于特别宽的梁桥，尚应设置沿纵向和横向均能移动的活动支座。对于弯桥则应考虑活动支座沿弧线方向移动的可能性。对于处在地震地区的梁桥，其支座构造还应考虑桥梁防震的设施，通常应确保由多个桥墩分担水平力。

如图 2-6-10 所示为单跨简支梁桥支座布置图。

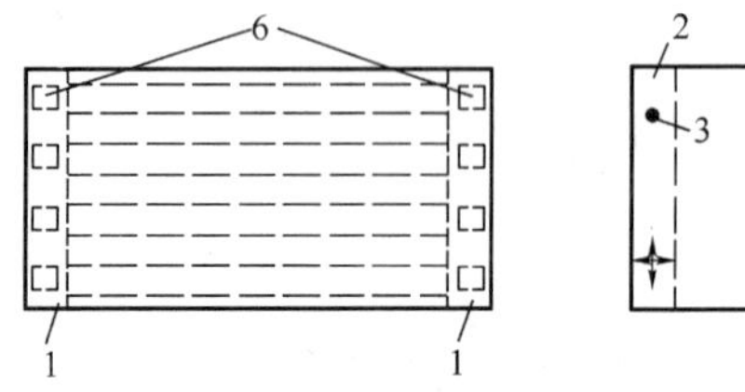

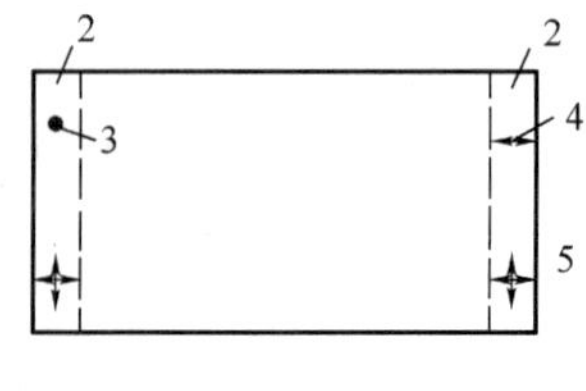

图 2-6-10　单跨简支梁桥支座布置图

1、2-桥台；3-固定支座；4-单向活动支座；5-多向活动支座；6-橡胶支座

(5) 对于悬臂梁桥，锚固孔一侧布置固定支座，一侧布置活动支座；挂孔支座布置与简支梁相同。

此外，对于大跨径桥梁应选择摩擦系数小的支座，施工中保证安装质量，不能将支座设置于水中。

第三节　支座的计算

一、支座反力的确定

在进行桥梁支座尺寸的选定和稳定性验算时，必须先求得每个支座上所承受的竖向力和水平力。

1. 竖向力

支座上的竖向力有结构自重的反力、可变作用的支点反力及其影响力。在计算可变作用的支点反力时，应按照最不利的状态布置荷载计算，对于汽车荷载的作用，应计入冲击影响力；当支座可能出现拉拔力时，应分别计算支座的最大竖向力和最大上拔力；对于上部结构可能被风力掀离的桥梁，应计算其支座锚栓及有关部件的支承力。

2. 水平力

正交直线桥梁，一般仅需计算纵向水平力。斜桥和弯桥，还需要计算由于汽车荷载的离心力或其他原因如风力等所产生的横向水平力。

支座上的纵向水平力，包括由于汽车荷载的制动力、风力、支座摩阻力或温度变化、支座变形等引起的水平力，以及桥梁纵坡等产生的水平力。

对于各支座所传递汽车制动力的大小，应按《桥规》第 4.3.6 条计算，板式橡胶支座当其厚度相等时，制动力可平均分配。

二、板式橡胶支座的设计计算

板式橡胶支座的设计与计算包括确定支座尺寸、验算支座受压偏转情况以及验算支座的抗滑稳定性。

1. 确定支座的平面尺寸

橡胶支座的平面尺寸 $l_a \times l_b$ 要由橡胶板本身的抗压强度、梁底或墩台顶混凝土的局部承压强度等 3 方面因素全面考虑后来确定。在一般情况下，平面尺寸多由橡胶支座的强度来控制，即式 (2-6-1) 所控制。

对于橡胶板

$$A_e \geqslant \frac{R_{ck}}{\sigma_c} \tag{2-6-1}$$

式中：R_{ck}——支座压力标准值，汽车荷载应计入冲击系数；

A_e——橡胶支座的有效承压面积（承压加劲钢板面积），其值 $A_e = l_{0a} \times l_{0b}$。

橡胶支座平面毛面积为 $A_g \geqslant (l_{0a} + 2 \times 5) \times (l_{0b} + 2 \times 5)$。

2. 确定支座的厚度

(1) 支座橡胶层总厚度的计算

板式橡胶支座的重要特点是：梁的水平位移要通过全部橡胶片的剪切变形来实现，如图2-6-11所示。

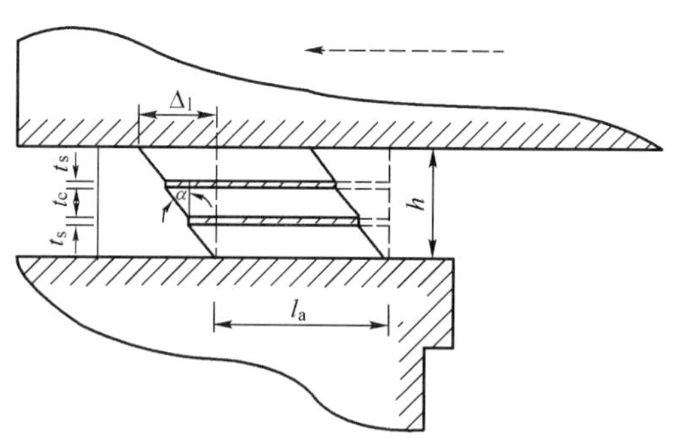

图 2-6-11　支座厚度的计算图式

显然，橡胶片的总厚度 t_e 与梁体水平位移 Δ 之间应满足下列关系：

$$\tan\alpha=\frac{\Delta_l}{t_e}\leqslant[\tan\alpha] \qquad (2\text{-}6\text{-}2)$$

式中：t_e——橡胶片的总厚度；

$[\tan\alpha]$——橡胶片的容许剪切角正切值，《桥规》规定，当不计制动力时采用0.5，计及制动力时采用0.7。

由此式（2-6-2）可写成：

不计制动力时
$$t_e\geqslant2\Delta_l \qquad (2\text{-}6\text{-}3)$$

计及制动力时
$$t_e\geqslant1.43\Delta_l \qquad (2\text{-}6\text{-}4)$$

当板式橡胶支座在横桥向平行于墩台帽横坡或盖梁横坡设置时，制作橡胶层总厚度应满足下列条件：

不计制动力时
$$t_e\geqslant2\sqrt{\Delta_l^2+\Delta_t^2} \qquad (2\text{-}6\text{-}5)$$

计及制动力时
$$t_e\geqslant1.43\sqrt{\Delta_l^2+\Delta_t^2} \qquad (2\text{-}6\text{-}6)$$

式中：Δ_l——由上部结构温度变化、混凝土收缩和徐变等作用标准值引起的剪切变形和纵向力标准值（当计入制动力时包括制动力标准值）产生的支座剪切变形，以及支座直接设置于不大于1%纵坡的梁底面下，在支座顶面由支座承压力标准值顺纵坡方向分力产生的剪切变形；其值为：

$$\Delta_l=\Delta_s+\Delta_F+\Delta_b+\cdots$$

Δ_s——由上部结构混凝土收缩和徐变作用标准值引起的剪切变形；

Δ_F——由上部结构温度变化作用标准值引起的剪切变形；

Δ_b——由上部结构纵向力标准值（当计入制动力时包括制动力标准值）产生的支座剪切变形，其值为：$\Delta_b=\dfrac{F_{bk}t_e}{G_eA_g}$；

F_{bk}——由汽车荷载引起的制动力标准值；

Δ_t——支座在横桥向平行于不大于2%的墩台帽横坡或盖梁横坡上设置，由支座承压力标准值平行于横坡方向分力产生的剪切变形。

同时，考虑到橡胶支座工作的稳定性，t_e 还应符合下列规定：

矩形支座：
$$\frac{l_a}{10}\leqslant t_e\leqslant\frac{l_a}{5} \qquad (2\text{-}6\text{-}7)$$

圆形支座：
$$\frac{d}{10}\leqslant t_e\leqslant\frac{d}{5} \qquad (2\text{-}6\text{-}8)$$

式中：l_a——矩形支座短边尺寸；

d——圆形支座直径。

（2）板式橡胶支座加劲板厚度按下式计算，且其最小厚度不应小于 2mm：

$$t_s = \frac{K_p R_{ck}(t_{es,u} + t_{es,l})}{A_e \sigma_s} \tag{2-6-9}$$

式中：t_s——支座加劲板厚度；

K_p——应力校正系数，取 1.3；

$t_{es,u}$、$t_{es,l}$——一块加劲板上、下橡胶层厚度；

σ_s——加劲钢板轴向拉应力限值，可取钢材屈服强度的 0.65 倍。

确定了橡胶片总厚度 t_e，再加上金属加劲薄板的总厚度 t_s，就可得到所需支座的总厚度 h。

3. 验算支座的偏转情况

主梁受荷后发生挠曲变形时，梁端将引起转角 θ，如图 2-6-12 所示。此时支座伴随出现线性的压缩变形，在外侧为 δ_1，在内侧为 δ_2。支座的平均压缩变形为（忽略薄钢板的变形）：

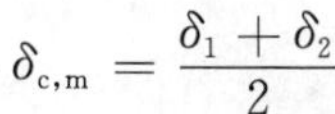

$$\delta_{c,m} = \frac{\delta_1 + \delta_2}{2}$$

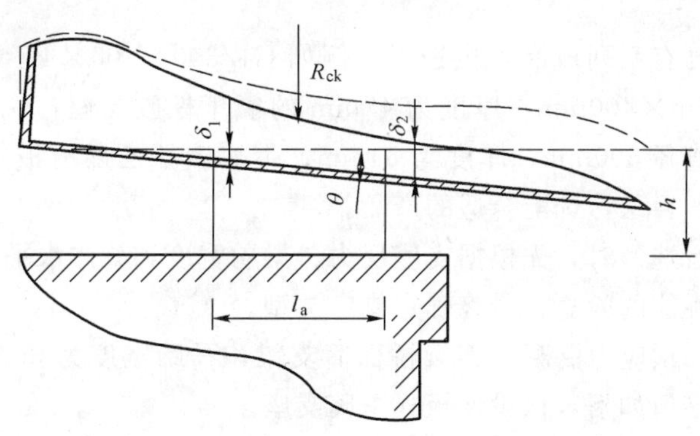

图 2-6-12 支座偏转图式

为了确保支座偏转时橡胶与梁底不发生脱空而出现局部承压的现象，则必须满足：

$$\delta_1 \geqslant 0 \tag{2-6-10}$$

$$\delta_1 - \delta_2 = \theta l_a$$

$$\delta_1 = \delta_{c,m} - 0.5\theta l_a \geqslant 0$$

即：

$$\delta_{c,m} = \frac{R_{ck} t_e}{A_e E_e} + \frac{R_{ck} t_e}{A_e E_b} \geqslant \frac{\theta}{2} l_a \tag{2-6-11}$$

式中：$\delta_{c,m}$——平均压缩变形（忽略薄钢板的变形）；

θ——由上部结构挠曲在支座顶面引起的倾角，以及支座直接设置于不大于 1% 纵坡的两底面下，在支座顶面引起的纵坡坡角（rad）。

其余符号同前。

此外，《桥规》还规定橡胶支座的竖向平均压缩变形 $\delta_{c,m} \leqslant 0.07 t_e$。

4. 验算支座的抗滑稳定性

板式橡胶支座通常设置在桥墩台顶面与梁底之间，直接与混凝土相接触。当梁体因温度变化、混凝土收缩和徐变等作用等因素引起水平位移以及有可变作用制动力作用时支座将承

受相应的纵向水平力作用，为了保证橡胶支座与梁底或墩台顶面之间不发生相对滑动，则应满足以下条件：

不计汽车制动力时

$$\mu R_{GK} \geqslant 1.4 G_e A_g \frac{\Delta_l}{t_e} \tag{2-6-12}$$

计入汽车制动力时

$$\mu R_{ck} \geqslant 1.4 G_e A_g \frac{\Delta_l}{t_e} + F_{bk} \tag{2-6-13}$$

式中：R_{GK}——由结构自重引起的支座反力标准值；

R_{ck}——由结构自重标准值和 0.5 倍汽车荷载标准值（计入冲击系数）引起的支座反力；

F_{bk}——由汽车荷载引起的制动力标准值。

Δ_l——见本节前述，但不包括汽车制动力引起的剪切变形；

A_g——支座平面主面积。

5. 成品板式橡胶支座的选配

板式橡胶支座早已有系列成品可供选择，例如 GJZ300×400×47（CR）表示公路桥梁矩形、平面尺寸 300mm×400mm、厚度为 47mm 的氯丁橡胶支座；GYZF4300×54（NR）表示公路桥梁圆形、直径 300mm、厚度为 54mm、带聚四氟乙烯滑板的天然橡胶支座。只需根据标准成品支座的目录，选配合适的产品。

当用成品目录进行选型时，先根据支座反力、梁肋宽度和梁体水平位移初选出支座，再通过偏转验算和抗滑性能的验算，最终确定支座类型。

【例 2-6-1】 30m 预应力混凝土连续桥面简支梁，马蹄宽度为 360mm。板式橡胶支座的作用（或荷载）标准值如下，试设计板式橡胶支座。

自重反力 R_{GK}=505.308kN；

汽车荷载反力 R_{ak}=427.451kN（计入冲击系数）；

自重和汽车荷载反力合计 R_{ck}=932.759kN；

温度下降、混凝土收缩和徐变引起的支座剪切变形 Δ_{1+s+c}=16.5mm，其相应剪力为 28.817kN；

汽车制动力 F_{bk}=6.799kN；

支座直接设于设有 0.5%纵坡的梁底面下，支座顶面形成 0.5%纵坡，顺纵坡的反力分力如下：

自重 F_{GK}=0.005×505.308=2.527kN；

汽车荷载 F_{ak}=0.005×427.451=2.137kN；

自重挠度在支点倾角 θ_G=0.00448rad；

汽车荷载挠度在支点倾角 θ_a=0.00200rad。

【解】 (1) 确定支座平面尺寸

选定平面尺寸为 300mm×350mm×78mm，单层橡胶层厚度 t_{es}=11mm，橡胶层总厚度 t_e=66mm 的 6 层钢板且钢板厚为 2mm 矩形板式橡胶支座。30m 简支梁马蹄宽度为 360mm，大于支座长边尺寸，可以满足支座全面积受压要求。

加劲钢板短边长度 $l_{0a}=300-10=290\text{mm}$（10mm 为钢板侧向保护层），支座钢板长边长度 $I_{0b}=350-10=340\text{mm}$；支座毛平面面积 $A_g=105000\text{mm}^2$，有效平面面积 $A_e=290\times340=98600\text{mm}^2$。

支座抗压弹性模量和支座形状系数 S 为：

$$E_e=5.4G_eS^2=5.4\times1.0\times7.11^2=273\text{MPa}$$

$$S=\frac{l_{0a}l_{0b}}{2t_{es}(l_{0a}+l_{0b})}=\frac{290\times340}{2\times11\times(290+340)}=7.11$$

支座形状系数在 $5\leqslant S\leqslant12$ 范围内，符合规定。

板式橡胶支座有效承压面积 A_e 验算如下：

$$\frac{R_{ck}}{\sigma_C}=\frac{932759}{10.0}=93275.9\text{mm}^2<98600\text{mm}^2=A_e(\text{符合规定})$$

（2）板式橡胶支座橡胶层总厚度验算

①从满足剪切变形考虑

a. 不计入制动力时

$$\Delta_{F+s+c}=16.5\text{mm}$$

$$\Delta_{Gk+ak}=\frac{(F_{GK}+F_{ak})t_e}{G_eA_g}=\frac{(2527+2137)\times60}{1.0\times105000}=2.7\text{mm}$$

总剪切变形： $\Delta_l=\Delta_{F+s+c}+\Delta_{Gk+ak}=16.5+2.7=19.2\text{mm}$

$$2\Delta_l=2\times19.2=38.4\text{mm}<t_e=60\text{mm}(\text{符合规定})$$

b. 计入制动力时

$$\Delta_{F+s+c}=16.5\text{mm},\Delta_{Gk+ak}=2.7\text{mm}$$

制动力引起剪切变形：$\Delta_b=\dfrac{F_{bk}t_e}{G_eA_g}=\dfrac{6799\times60}{1.0\times300\times350}=3.9\text{mm}$

总剪切变形： $\Delta_l=\Delta_{t+s+c}+\Delta_{Gk+ak}+\Delta_b=16.5+2.7+3.9=23.1\text{mm}$

$$1.43\Delta_l=1.43\times23.1=33.0\text{mm}<t_e=60\text{mm}(\text{符合规定})$$

②受压稳定

根据《桥规》规定，尚应满足：$\dfrac{l_a}{10}\leqslant t_e\leqslant\dfrac{l_a}{5}$

$$\frac{l_a}{10}=\frac{300}{10}=30\text{mm}<t_e=60\text{mm},\frac{l_a}{5}=\frac{300}{5}=60\text{mm}=t_e(\text{符合规定})$$

板式橡胶支座橡胶层总厚度满足要求。

（3）板式橡胶支座竖向平均压缩变形 $\delta_{c,m}$ 的验算

$$\delta_{c,m}=\frac{R_{ck}t_e}{A_eE_e}+\frac{R_{ck}t_e}{A_eE_b}=\frac{932759\times60}{290\times340\times273}+\frac{932759\times60}{290\times340\times2000}=2.36\text{mm}$$

支座由于结构自重挠度倾角和汽车荷载挠度倾角分别 $\theta_G=0.00448\text{rad}$ 和 $\theta_a=0.00200\text{rad}$，支座顶面由于直接承接梁底 0.5%纵坡引起顶面坡角为 $\theta_l=0.005\text{rad}$，三者合计支座顶面倾角为 $\theta=\theta_G+\theta_a+\theta_l=0.00448+0.002+0.005=0.01148\text{rad}$

$$\frac{\theta}{2}l_a=0.01148\times\frac{300}{2}=1.72\text{mm}<\delta_{c,m}=2.36\text{mm}(\text{符合规定})$$

根据《桥规》规定，尚应满足 $\delta_{c,m}\leqslant0.07t_e$ 的要求。

$$\delta_{c,m}=2.36\text{mm}<0.07t_e=0.07\times60=4.2\text{mm}(\text{合格})$$

（4）验算板式橡胶支座加劲钢板厚度 t_s

一块加劲钢板上、下层橡胶层厚度采用 11mm；加劲钢板采用屈服强度为 235MPa 的钢板，其拉应力限值取 $\sigma_s = 0.65 \times 235 = 152.8\text{MPa}$，则

$$t_s = \frac{K_p R_{ck}(t_{es,u} + t_{es,l})}{A_e \sigma_s} = \frac{1.3 \times 932759 \times (11 + 11)}{98600 \times 152.8} = 1.77\text{mm}$$

所以，取 $t_2 = 2\text{mm}$，满足要求。

（5）验算支座的抗滑稳定性

①不计汽车制动力时

$$\mu R_{GK} \geqslant 1.4 G_e A_g \frac{\Delta_l}{t_e}$$

$$\mu R_{Gk} = 0.3 \times 505.308 = 151.592\text{kN}$$

$$1.4 G_e A_g \frac{\Delta_l}{t_e} = 1.4 \times 1.0 \times 105000 \times \frac{19.2}{60} = 47040\text{N} = 47.040\text{kN} < 151.592\text{kN}(\text{合格})$$

②计入汽车制动力时

$$\mu R_{ck} \geqslant 1.4 G_e A_g \frac{\Delta_l}{t_e} + F_{bk}$$

$$\mu R_{ck} = 0.3 \times (R_{GK} + 0.5 \times R_{ak}) = 0.3 \times (505.308 + 0.5 \times 427.451) = 215.710\text{kN}$$

$$1.4 G_g A_g \frac{\Delta_l}{t_e} + F_{bk} = 1.4 \times 1.0 \times 105000 \times \frac{23.1}{60} + 6799 = 63394\text{N} = 53.839\text{kN}$$

215.710kN＞53.839kN（合格）。结果表明支座不会发生相对滑动。

结论：选定平面尺寸为 300mm×350mm×78mm，单层橡胶层厚度 $t_{es} = 11\text{mm}$，橡胶层总厚度 $t_e = 66\text{mm}$ 的 6 层钢板且钢板厚为 2mm 矩形板式橡胶支座，符合要求。

三、盆式橡胶支座的选用

盆式橡胶支座的设计验算内容有：确定聚四氟乙烯板和氯丁橡胶板的尺寸；确定钢盆环的直径；盆塞的计算（包括底面积尺寸、盆塞厚度、盆塞的抗滑验算等）；钢密封环的设计；橡胶密封圈的设计；盆环顶偏转的控制；钢盆环与顶板之间的焊缝应力验算等。而实际工程中，设计人员主要是根据支座反力和变形直接在成品目录上选配适合的支座，同时考虑温度和地震两个因素，以确定适配常温型和耐寒型支座和采用何种抗震型支座或抗震措施。

我国成品盆式橡胶支座系列主要有中交公路规划设计院设计的 GPZ 系列，以及铁道部科学研究院设计的 TPZ—1 系列等，支座竖向承载力一般为 1000～50000kN，最多分为近 40 个级，并有 DX（单向）、SX（双向活动）及 GD（固定）之分，有效水平位移量从 ±40～±250mm，支座的容许转角为 40′，设计摩阻系数为 0.05，GDZ 则为抗震型固定支座的代号。

第七章 混凝土斜梁桥与弯梁桥简介

DIQIZHANG

第一节 斜梁桥简介

一、斜梁桥的主要类型

在桥梁建设中，常常由于桥位处的地形限制，或者由于高等级公路对线形的要求而将桥梁设计成桥轴线与支承线不相互垂直的斜交形式，这样布置的梁桥称为斜桥。近年来，随着我国交通运输事业的发展，斜桥得到越来越广泛的应用。

图 2-7-1b）中的 α 为斜桥的斜交角，它是指桥轴线与支承边构成的小于 90°的夹角，它是相对于“正交”的直桥而言的，并不体现斜桥斜的程度；图 2-7-1b）中的 φ 为斜桥的斜度，表示斜桥偏斜的程度，它是指桥轴线的法线与支承边（或支座连线）的夹角，斜度有正负之分，当支承边逆时针旋转到达桥轴线的法线（右手法则）时，斜度为正，反之为负。显然，α 与 φ 互为余角。为了与桥涵水文中关于水流方向的斜交角定义相一致，我国交通部颁布的桥涵标准图以及《桥梁设计手册》中均定义图 2-7-1 中的 φ 为斜交角。

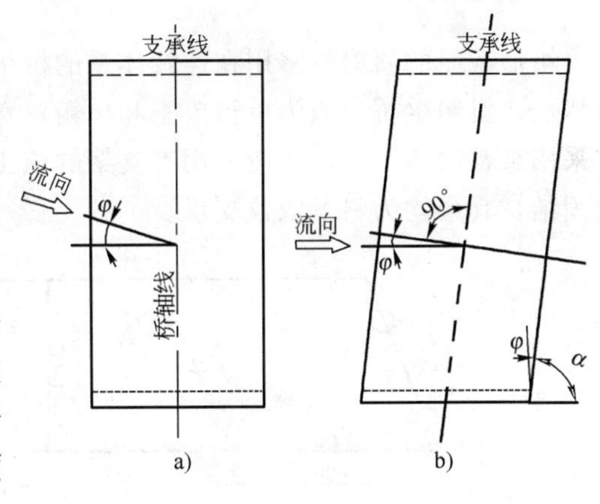

图 2-7-1 斜交角表示法

按截面形式的不同，斜梁桥可以分为以下几种类型。

1. 斜板桥

同正交板桥相似，斜板桥的截面形式主要有实心板和空心板两种。按照制作工艺，钢筋混凝土斜实心板又可以分为整体式和预制装配式两种，装配式钢筋混凝土斜空心板标准跨径分为 6m、8m、10m、13m 共 4 种；装配式预应力混凝土空心板的最大跨径可达 30m。

2. 斜肋梁桥

斜肋梁桥的最大跨径可达40m，考虑到吊装设备的起重能力，可以采用装配式结构和装配一整体式结构。这一类型的斜桥可由不同断面形式的主梁与行车道板组成，通常有T形梁（图2-7-2a））、I形组合梁、槽形组合梁、箱形组合梁等（图2-7-2b）～e））。

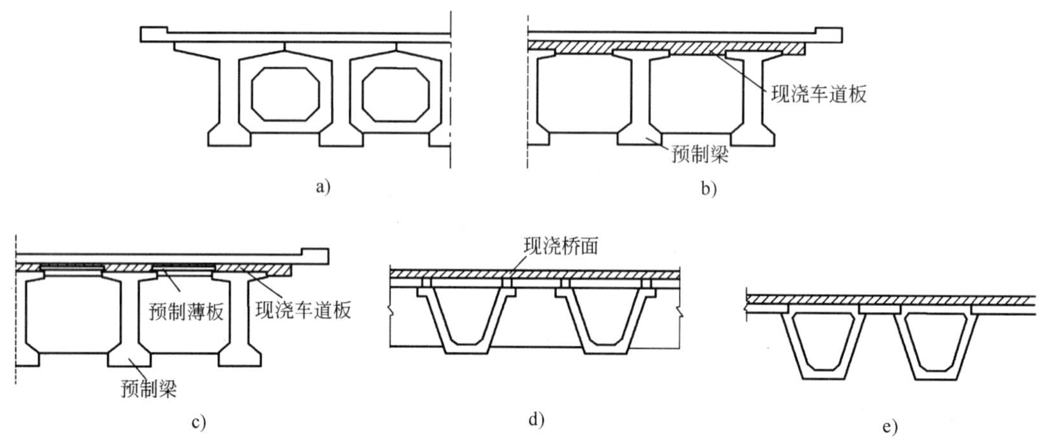

图2-7-2　多梁式斜梁桥截面形式

上述几种截面形式，除闭合箱型组合梁因抗扭刚度较大外，其余的均须设置中横隔板以加强梁肋之间的联系和整个桥跨结构工作的整体性。

3. 斜箱梁桥

箱形截面的斜梁桥多用在连续体系的桥梁上，其截面的抗扭刚度较大，更适应斜梁的受力特点。斜箱梁桥一般为单箱单室和单箱双室，而以后者居多。由于其支座是斜置的，故不宜采用悬臂法施工，而一般采用有支架的施工。图2-7-3所示是其中一例，它的中墩采用墩梁固结，其余均为斜置双铰支承。

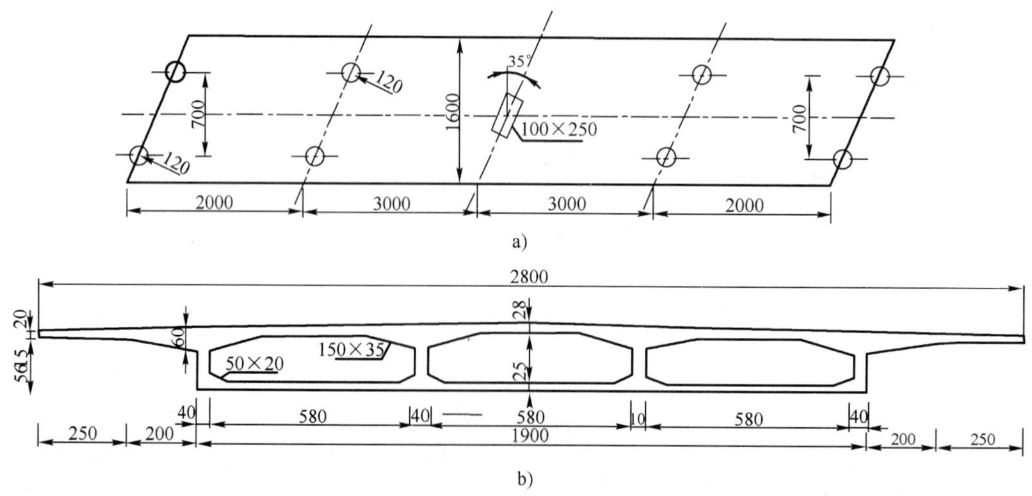

图2-7-3　连续斜箱梁桥示例（尺寸单位：cm）

a）平面布置；b）横断面

二、斜梁桥的特点

1. 斜板桥

1）斜板桥的受力特点

斜板桥的受力与正交板桥相比，有其特别之处。国内外学者经过大量的理论和实验研究，把斜板的受力性能简单地用一个三跨连续梁相比拟，如图 2-7-4a)、b）所示。具体归纳为如下几点：

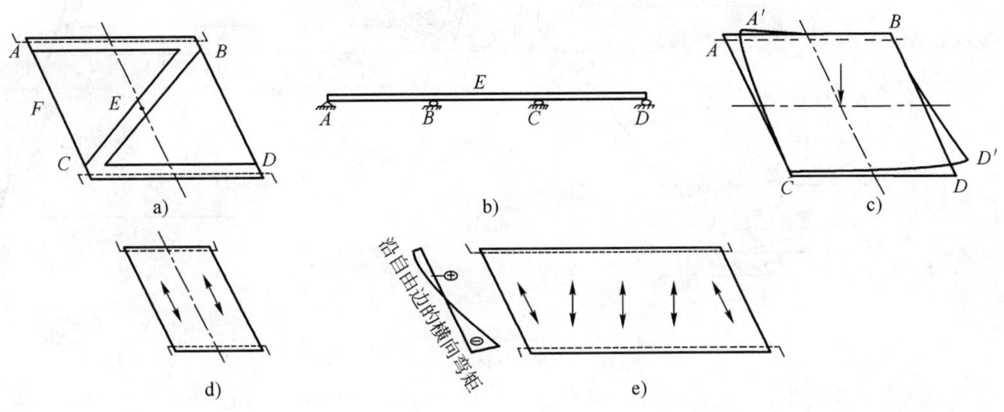

图 2-7-4　斜板桥的受力状态

(1) 支承边反力

斜板各角点的受力情况可以用图 2-7-4a）以 $ABCD$ 为支点的 Z 字形连续梁（三跨连续梁）来比拟。斜板在支承边上的反力很不均匀。以钝角 B、C 处的反力最大，锐角 A、D 处的反力最小，当斜交角与宽跨比都很大时，甚至可能出现负反力，使锐角向上翘起，如图 2-7-4c）所示。

(2) 跨中主弯矩

对于宽跨比较大的斜板桥，最大主弯矩的方向，在板的中央部分接近于垂直支承边；在板的自由边处接近于自由边与支承边垂线之间的中间方向如图 2-7-4d)、e）所示。弯矩值沿板宽分布也是不均匀的，对于均布荷载，中部弯矩值大于两侧，对于集中荷载，则以荷载点处为最大。

(3) 钝角负弯矩

在钝角 B、C 处产生接近于跨中弯矩值的负弯矩，其方向垂直于钝角的二等分线；其值随 φ 的增大而增大，但分布范围较小，并迅速削减。

(4) 横向弯矩

斜板的最大纵向弯矩，虽比同等跨径的直桥要小，但横向弯矩却比同等跨径的直桥要大得多，并且沿自由边的横向弯矩还出现异号，靠近锐角处为正，靠钝角处为负，如图 2-7-4e）所示。

(5) 扭矩

如图 2-7-4c）所示，当出现负反力，使锐角向上翘起时，如果固定锐角 A、D 两点，将使斜板在两个方向产生扭矩，这也是斜板的一个重要特点，但它的分布十分复杂，图 2-7-5

是满布荷载下的扭矩分布示意图。

2）斜板桥的钢筋布置

（1）主钢筋

根据斜交角的大小，主钢筋有两种布置方式，下面分别介绍。

①当斜度 $\varphi \leqslant 15^{\circ}$时，斜交板的受力特性与正交板相近，可按正交板布置主钢筋（图 2-7-6 的中钢筋 1）。

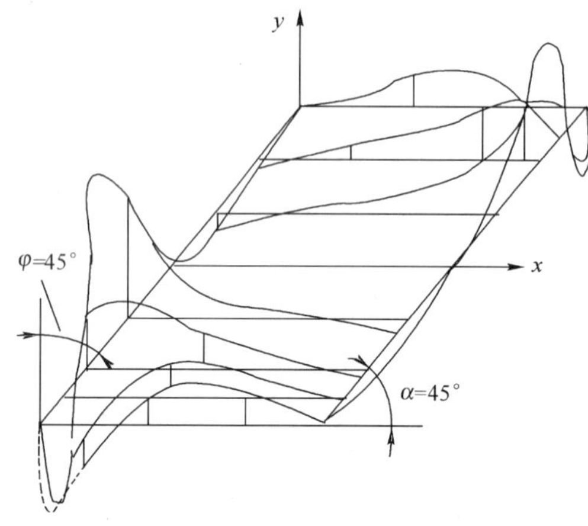

图 2-7-5　斜交角为 45°的简支斜板在满布均布荷载下的扭矩图

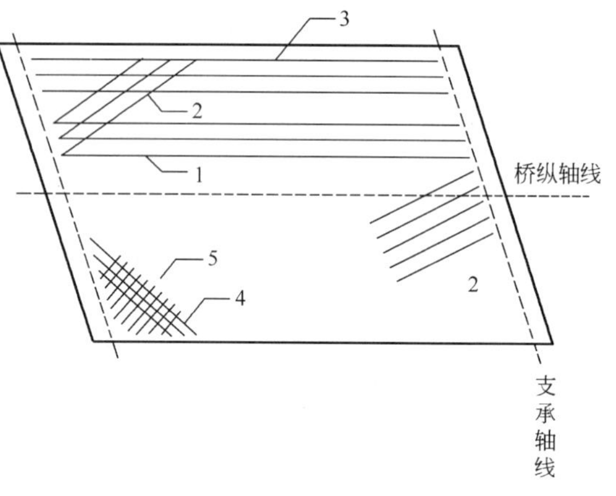

图 2-7-6　斜板中几种主要钢筋

1-顺桥纵轴线钢筋；2-与支承轴正交钢筋；3-自由边钢筋；4-垂直于钝角平分线的钝角钢筋；5-平行于钝角平分线的钝角钢筋

②当斜交角 $\varphi > 15^{\circ}$时，按斜交板布置主钢筋。底层主钢筋垂直于支承边布置（图 2-7-6 中钢筋 2），此时，在板的自由边应上下各设一条平行于自由边的钢筋带，其数量不少于 3 根主筋（图 2-7-6 中钢筋 3），并用箍筋箍牢。在板的钝角底层增设方向平行于钝角平分线的附加钢筋（图 2-7-6 中钢筋 5），为了克服钝角布筋层数过多的缺点，可改用平行于主钢筋和分布钢筋方向的钢筋网；在板的钝角上层处设置垂直于钝角平分线的附加钢筋（图 2-7-6 中钢筋 4）。附加钢筋直径不小于 12mm，间距为 100～150mm，布置于钝角两侧 1.0～1.5m 边长的扇形面积内。

（2）分布钢筋

分布钢筋宜垂直于主钢筋方向设置，其直径不小于 8mm、间距不应大于 200mm，且分布钢筋的截面面积不宜小于板的截面面积的 0.1%。

为了抵抗扭矩，在板的自由边上层加设一些钢筋网。当斜度较大时，应在支承附近上层布置平行于支承边的钢筋网，布置的范围约为斜跨径的 1/5，如图 2-7-9 所示。

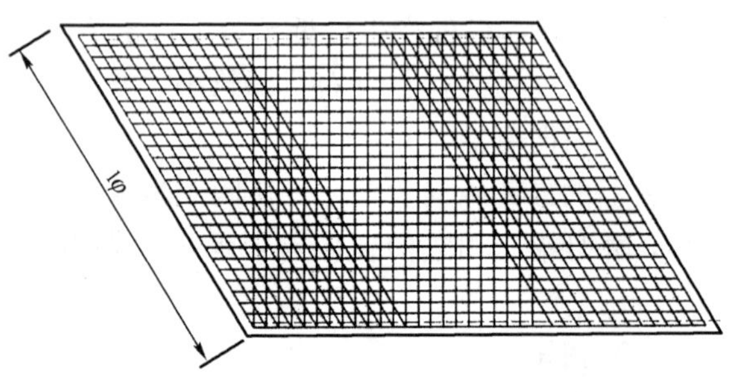

图 2-7-7　大斜交角斜板底层钢筋构造

斜板桥在使用过程中，为了防止行车时因板的锐角端起翘和导致在平面上的旋转位移，在装配式铰接斜板的支承处，常在其中心位置预留锚孔，待安装完毕后，再用栓钉固定。如果板的支座没有预留锚孔，应在板的锐角处的墩台帽上设置防翘设施。

3）构造实例

（1）装配式钢筋混凝土斜板桥

2000 年我国新编制的装配式钢筋混凝土斜板桥标准图（JT/GQB 017—2000）中，斜跨径分为 3m、4m、5m 共 3 种，斜交角 φ 分为 0°（直桥）、10°、20°、30°和 40°共 5 种，预制板在垂直于桥轴线的板宽为 125cm，不包括后浇混凝土层的板厚（分别为 22cm、26cm、30cm）。图 2-7-8 示出了斜跨长 $l_{\varphi}=4$m、斜交角为 30°和 40°的钢筋构造图。板端设置了锚栓孔，其作用是防止斜板锐角起翘和防止在地震荷载下使整个桥面遭到横移破坏。

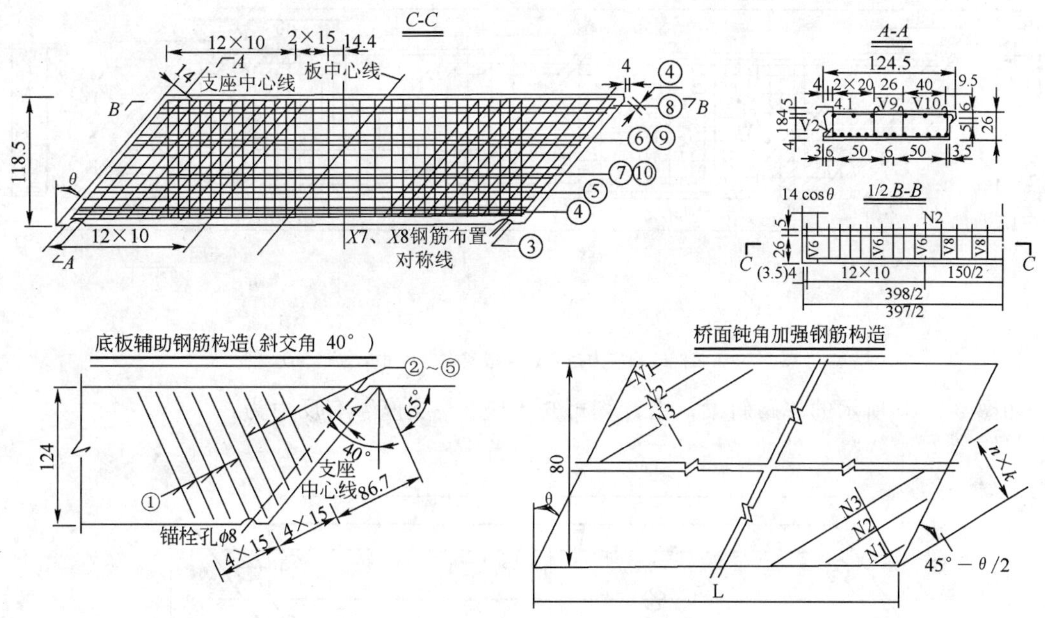

图 2-7-8 装配式钢筋混凝土斜板构造实例（尺寸单位：cm）

（2）装配式预应力混凝土斜空心板桥

我国 1993 年编制的装配式预应力混凝土斜空心板标准图（JT/GQB001—93）中，斜跨径分为 10m、13m、16m、20m 共 4 种，斜交角平分为 10°、20°、30°和 40°共 4 种，垂直于桥轴线的板宽亦为 125cm，不包括后浇混凝土层的板高分别为 50cm、60cm、75cm 和 90cm。图 2-7-9 示出了斜跨长 $l_{\varphi}=20$m，斜交角为 40°的空心板钢筋构造。从图中可以看出，承受主弯矩的预应力钢绞线是平行于自由边布置的。由于空心板较高，其高宽比（h/b）比装配式钢筋混凝土实心板大很多，故在每块预制板的底板钝角处有布置平行于二等分角线的局部加强钢筋，而仅在两侧边板顶面钝角处设置了抵抗负弯矩的加强钢筋。

2. 斜肋梁桥

1）斜肋梁桥的受力特点

斜梁桥的力学特点与正交桥有很大区别，与后面介绍的弯梁桥有许多相似之处。

（1）弯扭耦合

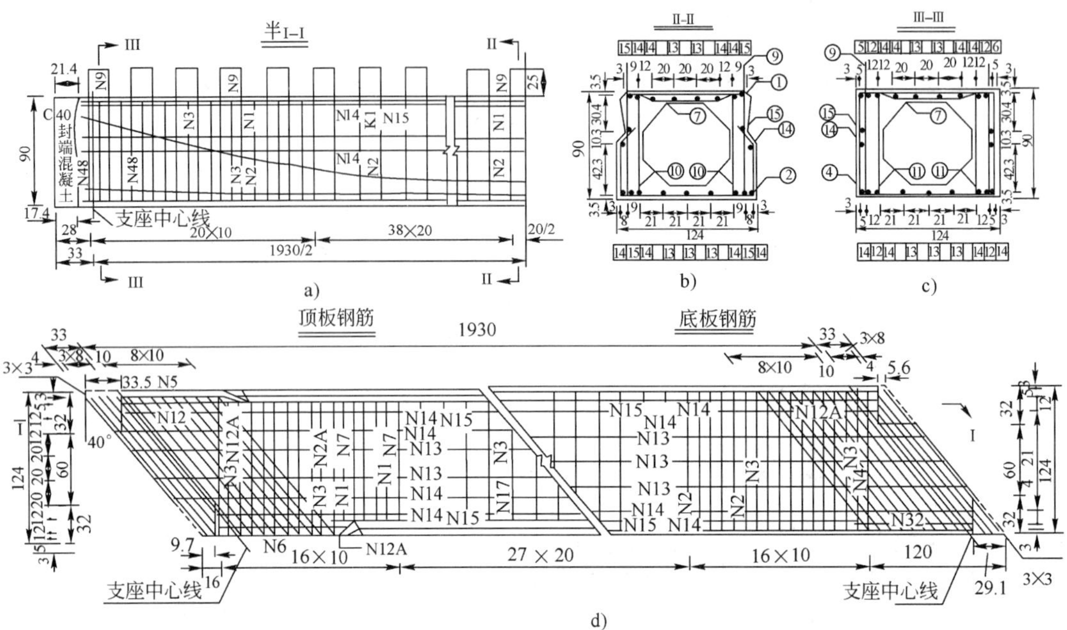

图 2-7-9 装配式预应力空心板构造实例（尺寸单位：cm）

如图 2-7-10 所示的单跨斜梁，由计算可知支座 1～支座 4 有反力为：

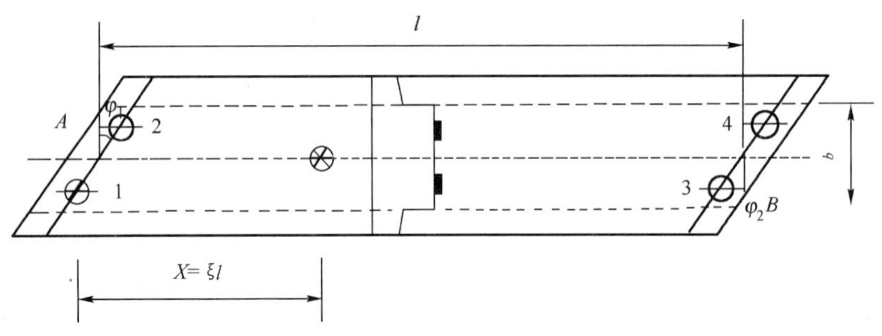

图 2-7-10 单跨斜梁

$$R_{1,2}=\frac{1}{2}Q_{a}\mp\frac{T_{a}}{b} \tag{7-1-1}$$

$$R_{3,4}=-\frac{1}{2}Q\mp\frac{T_{b}}{b} \tag{7-1-2}$$

式中：Q_a、Q_b——左右梁端剪力，数值上为各反力的代数和，即

$$Q_{a}=R_{1}+R_{2} \tag{7-1-3}$$

$$Q_{b}=R_{3}+R_{4} \tag{7-1-4}$$

T_a、T_b——左右梁端 R_1 与 R_2、R_3 与 R_4 对梁轴的力矩，即

$$T_{b}=\frac{\xi\ (1-\xi)}{2\sin\varphi\ (1+k\cot^{2}\varphi)}Pl \tag{7-1-5}$$

$$T_{a}=-T_{b}$$

式中：k——主梁弯扭刚度比，$k=EI/GJ$；

EI——抗弯刚度；

GJ——抗扭刚度；

l——计算跨径；

ξ——集中荷载 P 作用的相对位置。

进而有：

$$R_{1,2}=\frac{1}{2}\frac{l-x}{l}P\left[1\pm\frac{x\cot\varphi}{b\ (1+k\cot^2\varphi)}\right] \tag{7-1-6}$$

$$R_{3,4}=\frac{1}{2}\frac{x}{l}P\left[1\pm\frac{(1-x)\ \cot\varphi}{b\ (1+k\cot^2\varphi)}\right] \tag{7-1-7}$$

式中，$x=\xi l$，b 为支座间距。

进一步可得内力：

$$M=-T_b\sin\varphi+\ (1-\xi)\ \xi_1 Pl \tag{7-1-8}$$

$$T=-T_b\cos\varphi \tag{7-1-9}$$

式中：ξ_1——所求内力截面位置 x_1 与 l 的比值。

从上面的分析可知，当集中力 P 作用于梁轴线上时，除了产生内力弯矩 M 外，还要产生扭矩 T。在正交简支梁及固端梁中是不会有 T 产生的。这说明斜梁桥具有弯扭耦合特性。进一步考查梁端部的弯矩、扭矩，由式（7-1-8）和式（7-1-9）中的 $\xi_1=0$，即可得：

$$M^2+T^2=T_b^2$$

很显然，弯矩与扭矩间是此消彼长的，这更能说明斜梁桥的弯扭耦合作用。

（2）反力分布

由式（7-1-6）和式（7-1-7）可知，钝角反力 R_2、R_3 大于锐角反力 R_1、R_4，两者的反力差与斜交角 φ 及弯扭刚度比 k 有关。很显然，斜交角越大，两者的反力差越大；弯扭刚度比越小，两者反力差越大。在钝角反力增大的同时，锐角的反力在减小，甚至可能出现负反力。

（3）跨中弯矩折减

斜梁桥弯矩耦合的直接后果即是跨中弯矩折减，即相对正交简支梁而言，它的弯矩要小。由式（7-1-8）可知，斜梁与正交简支梁相比，跨中弯矩减小了 $T_b\sin\varphi$。显然，斜度 φ 越大，弯矩折减就越大；弯矩刚度比 k 越大，弯矩折减也就越大。

（4）平面内位移

在外界因素（如温度变化、混凝土收缩、徐变、预加力等）发生变化时，斜梁桥在其行车道平面内的各点将有应变产生，在各支承（支座）处将产生变位，即在支承（支座）上产生约束反力（与行车道平面平行），这些力可能会产生一个不平衡的旋转力矩，从而引起“斜桥的爬行”。另一方面，斜梁桥在外荷载作用时，如果这些力的合力不通过转动中心，则这些力即对转动中心产生不平衡的力矩及合力，引起斜梁桥在其平面内的转动及平移。

（5）斜度 φ

由前述计算结果可知，斜度 φ 是斜梁桥的一个重要指标，它影响反力分布也影响弯矩折减。

（6）弯扭刚度比 k

斜度 φ 一定时，k 值越小，弯扭耦合越明显，即扭矩越大，反力分布越不均匀。k 是斜梁桥中的又一个重要物理量。

2）构造实例

我国1993年编制的装配式后张法预应力混凝土工字形组合梁斜桥标准图，斜跨径分为20m、30m和40m共3种，斜交角φ分为0°、15°、30°和45°共4种。图2-7-11示出了斜跨长40m、斜交角为45°的五梁式斜桥。从该图中可以看出，它充分考虑了斜肋桥的力学特性，即：

（1）横隔板的布置方式，它采用了与主梁正交的布置方式，有利于荷载的横向分布。

（2）采用装配－整体式的施工工艺，它的施工程序是：

①安装预制的预应力混凝土工字形梁肋。

②现浇各梁肋间的横隔板接头混凝土。

③在梁肋间铺预制钢筋混凝土底板，厚5cm，充作桥面板的底模。

④绑扎桥面板与梁肋及横隔板三者之间的连接钢筋和桥面构造钢筋。

⑤现浇桥面板混凝土，使整个桥面形成整体，共同受力，其余工序同普通钢筋混凝土桥梁。

采用这样的工序，首先解决了自重荷载下各主梁挠度不一致的矛盾，从而大大减少了恒载产生的扭矩，其次，采用集零为整的工艺，可以减轻主梁的起吊重量。

（3）充分考虑斜桥的扭转特性。

由于斜梁桥中存在较大的扭矩，故应在桥道板的上、下层布置足够的构造钢筋来抵抗扭转应力。其布置方式是：在桥跨的两端按平行于支承边布置，在桥跨中部均按垂直于自由边布置，如图2-7-11d）、e）所示。

三、连续斜箱梁桥的支座布置与受力特点

1. 支座布置

连续斜箱梁桥的两端桥台上，一般布置具有抗扭功能的双支座，但在中间桥墩顶面上，支座的布置形式却是多种多样的，归纳起来，大体上有以下几种。

1）*A*型——全桥各个墩（台）上均布置双支座（图2-7-12a））

这种布置方式对于抵抗上部结构的偏载扭矩十分有利，也是在高速公路上常采用的方式。其缺点是：①采用的支座数量相对较多；②一般采用斜置的双柱式桥墩，这将有损于城市立交桥的桥下美观，若采用独柱式墩，则要求桥墩具有较强的斜向抗弯刚度。

2）*B*型——两端为抗扭双支座，中墩均为单点铰支座（图2-7-12b））

这种布置方式的优点是可以将中间桥墩设计成独柱式的，对于城市立交桥可以增强美观，若修建于河中可以减小阻水面积；但其主要缺点是抵抗上部结构的扭矩不利，因此，它一般用在跨径不多（3～4跨）、全桥不太长和桥不太宽的场合。

3）混合型——部分中墩为单点铰支座，其余均为抗扭双支座

这种方式实际上是综合了*A*型和*B*型中的优点，典型的桥例如图2-7-12c）所示，它是跨越沪宁高速公路上的一座互通式立交桥，单箱双室截面，桥宽16m，跨径为20m＋2×30m＋20m，斜角为25°，仅中墩为独柱式支承。

此外，工程设计中还会结合桥位处的实际条件，采用其它的布置方式，虽然如此，但基本上仍是上面3种基本类型的变化。

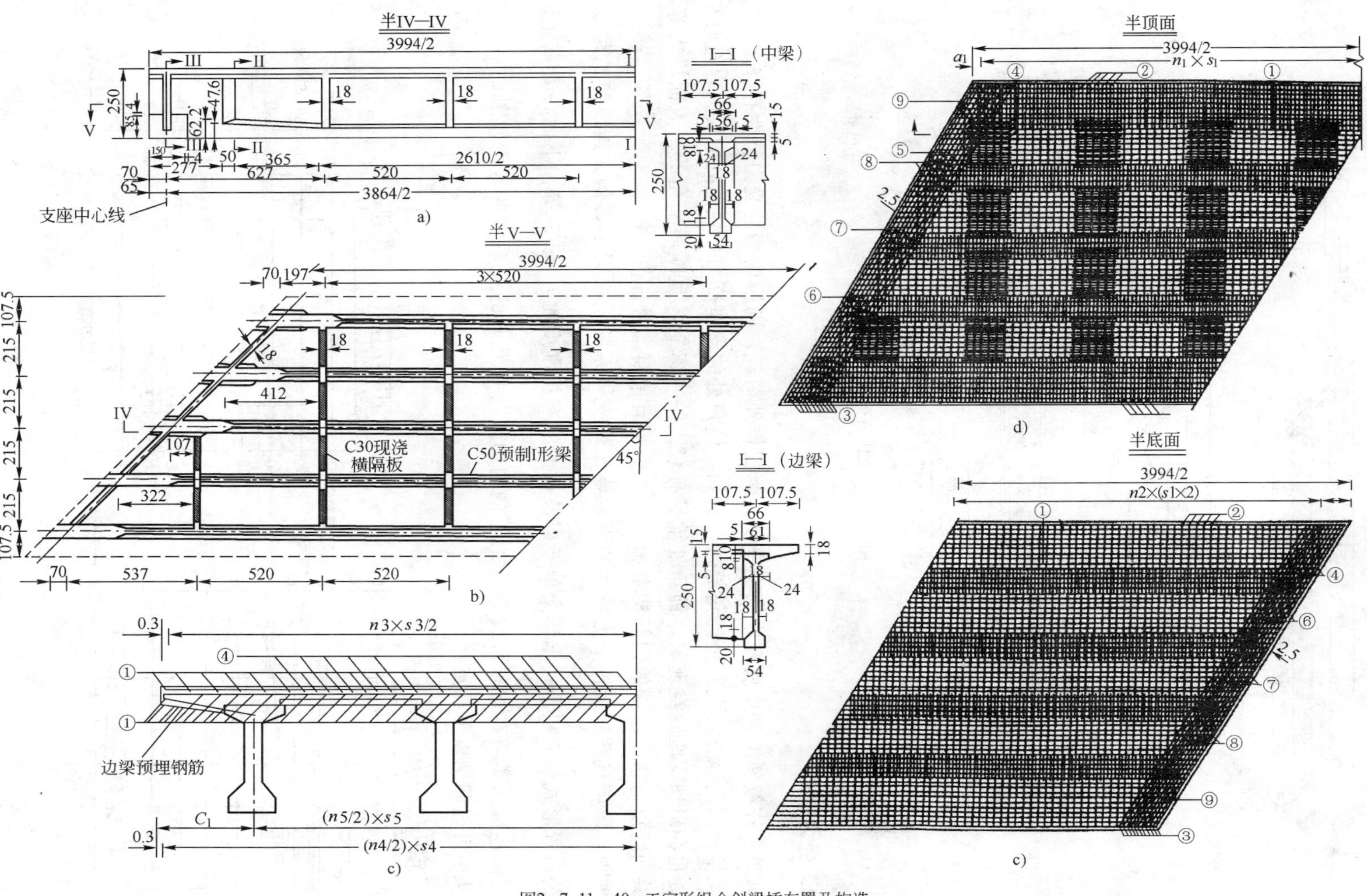

图2-7-11 40m工字形组合斜梁桥布置及构造

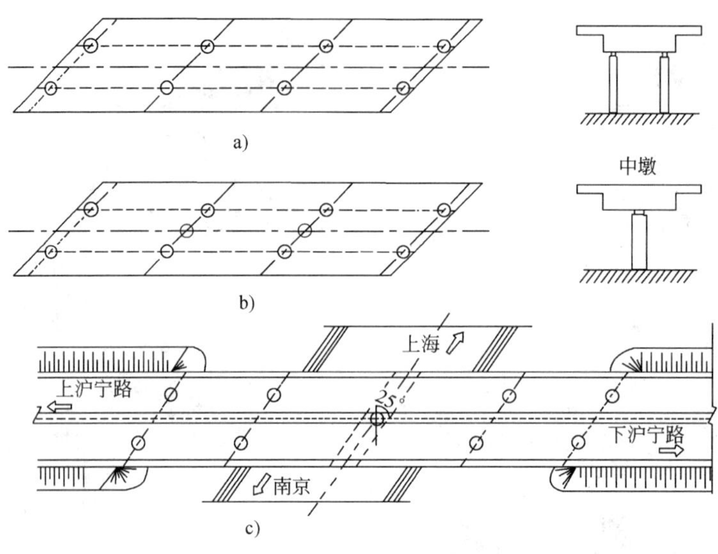

图 2-7-12　支座的布置

2. 受力特点

如果把连续斜梁桥中所有中间支座反力都视作外荷载，则桥两端的受力特性有许多与简支斜梁桥相同的地方，尤其是钝角部位。例如：钝角处的支座反力比锐角处的要大，有时在锐角处也会出现支座脱空现象；钝角处承受有较大的负弯矩，且随斜交角的增大而增大等。这些共同特点对桥头两端的钢筋构造和支座布置都有重要参考价值。

然而，影响连续斜梁桥受力特性的因素要比简支体系的复杂得多，例如连续跨的跨数、支座的布置形式、荷载形式、斜交角 φ 以及截面的弯扭刚度比 $k=\dfrac{EI}{GI_{\mathrm{T}}}$ 等。下面将着重介绍 B 型三跨连续斜梁桥在均布荷载 P 作用下的内力值与 φ 及 k 的关系供参考，如图 2-7-13 所示。从中可以归纳以下几点：

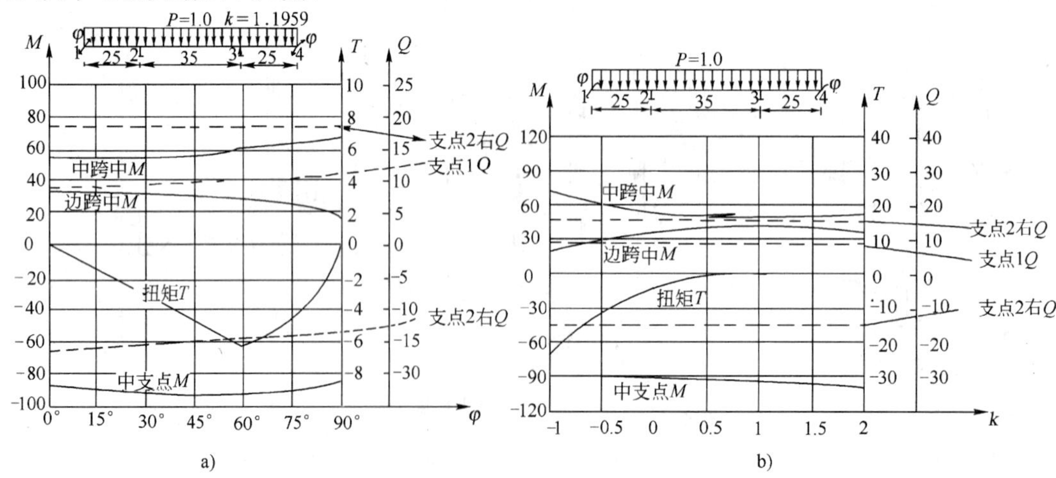

图 2-7-13　连续梁桥内力与 φ、k 的关系（尺寸单位：m）

a）三跨 B 型连续斜梁在均布荷载 P 作用下的内力随 φ 的变化规律；b）三跨 B 型连续斜梁在均布荷载 P 作用下的内力随 k 的变化规律

1）斜交角 φ 的影响

在常用的交角 $\varphi \leqslant 45°$ 的范围内，随着斜交角 φ 的增大，则有：

（1）边跨跨中和中支点的弯矩绝对值逐渐减小，而中跨跨中弯矩逐渐增大。

（2）截面的扭矩绝对值也是逐渐增大。

（3）对中支点处的截面剪力影响较小。

2）弯扭刚度比 k 的影响

在 $k=0.5\sim2.0$ 的范围内，随着 k 值的增大，则有：

（1）边跨跨中和中支点处的弯矩绝对值逐渐增大，而中跨跨中的弯矩值逐渐减小。

（2）当 φ 值一定时，扭矩的绝对值逐渐减小。

（3）对中支点处的截面剪力影响同样较小。

四、斜梁桥计算方法综述

斜梁桥的精确计算是比较复杂的，到目前为止，仍没有一个可供使用计算的比较适宜的简化方法。利用电子计算机，采用梁格法和其他有限元法可以模拟计算任意形状的斜梁桥，该方法的关键是如何划分单元和梁格的截面特性。对于桥梁设计师来说，还是希望有一个行之有效的使用方法进行估算，以判断电算结果的正确性。

模仿正交桥，采用单梁计算主梁内力，然后通过横向分布系数考虑活载的偏载作用，是一个比较简单、思路清晰的方法，但是，斜梁桥很难满足影响纵横向各截面分别相似的要求，因此该方法计算的误差相比正交桥要大。

长期以来，国内外许多学者多从三种途径来求得斜梁桥理论计算的近似解，即有限差分法、有限单元法和模型试验。然后编制出实用图表，供设计人员使用。详细内容，可直接查阅《公路桥梁设计手册—梁桥》（上）。

对于整体式或装配式斜桥，当斜交角等于或小于15°时，可按正交板计算。

第二节　弯梁桥简介

一、弯梁桥的定义及受力特点

弯梁桥是指在水平面内梁的轴线是曲线的梁桥。弯桥是公路建设发展的产物，今后随着我国的经济不断飞速向前发展，弯桥的建造将会不断增多。本节主要讨论弯桥中的梁桥。

弯桥和直桥的区别最直观的是几何形状的不同。直桥的中心线是一条直线，弯桥的中心线是一条曲线，一般是圆弧线；从结构力学观点来看，直桥的内力求解是平面问题，而弯桥的内力求解则是空间力系问题。

1. 弯梁桥的受力特点

弯梁桥有曲率，在竖向荷载作用下，弯梁桥因曲率而产生扭转，而这种扭转作用又将导致梁的挠曲变形，故称之为“弯－扭”的耦合作用。这一作用使弯桥具有以下受力特点：

（1）由于弯扭耦合，弯梁桥的变形比同样跨径直线桥要大，外边缘的挠度大于内边缘的挠度，而且曲率半径越小、桥越宽，这一趋势越明显。

（2）弯梁桥即使在对称荷载作用下也会产生较大的扭转，通常会使外梁超载，内梁卸载，内外梁产生应力差别。

（3）弯梁桥的支点反力与直线桥相比，有曲线外侧变大、内侧变小的倾向，内侧甚至产生负反力。当曲率半径小、结构自重较小时，应注意在设计上控制内侧支点的负反力，必要时应在构造上采取相应的措施，设置拉压支座，同时应防止外侧支座超载。

（4）弯桥的中横梁，除具有直线桥中的功能外，还是保持全桥稳定的重要构件，与直线桥相比，其刚度一般较大。

（5）弯梁桥中预应力效应对支座反力的分配有较大的影响，计算支座反力时必须考虑预应力效应的影响。

2. 影响弯梁桥受力特性的主要因素

（1）体积重心的偏心

以等厚度矩形截面实心板为例，弯梁桥在平面上呈扇形，在桥轴线上取单位弧长。与曲率中心连线所构成的两个扇形面积，是不对称于桥轴线的，其外弧侧的面积要大于内弧侧的面积；弯梁桥的体积重心偏于桥轴线的外弧侧，如图 2-7-14 所示。

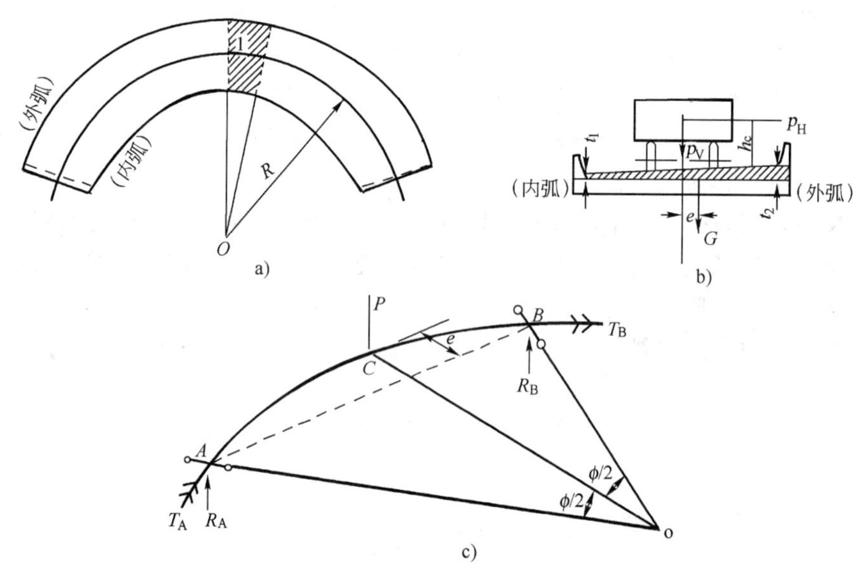

图 2-7-14 弯梁桥的受力

（2）桥面横坡的影响

由于行车的要求，在结构横断面上要设置外侧高内侧低的超高横坡，其铺装层在外弧侧的厚度大于内弧侧的厚度。仅就永久作用而言，便又构成了弯梁桥的体积重心偏于桥轴线的外弧侧。当然，在设计上可以将桥跨结构斜置，使桥面铺装做成等厚度的，以减小自重偏心。

（3）车辆行驶时的离心力

如图 2-7-14b）所示，车辆在弯道上行驶时，除了轴重的垂直力 P_V 外，还具有指向外弧且离桥面高度为 h_C 的离心力 P_H，该力对结构也要产生向外倾翻的扭矩 $T=P_H \cdot h_C$。

（4）力平衡条件

由图 2-7-14c）可以看出，就静力平衡而言，不论是结构自重还是汽车和人群荷载，它们均与弯梁桥中相邻两支点的连线不处在同一个平面内，而是绕该连线发生扭转。

因此，在桥跨内每个截面上除了弯矩以外，还产生有扭矩，曲率半径愈小，扭矩值愈大。如果将每个支点上的支反力和反力扭矩先分解后再合成，便会出现外侧支座反力大和内侧支座反力小甚至为负反力的现象。这些都是与直桥的最大差别。

二、弯梁桥平面内变形的特点

同斜梁桥类似，弯梁桥会因为各种因素在水平面内产生位移，主要影响因素有两类，且两类位移的方向有很大的差别。

1. 由于温度变化和混凝土收缩引起的水平位移

这类位移属于弧线段膨胀或缩短性质的位移，它只涉及到曲率半径的变化，而圆心角不发生改变，即 $r_0 \to r$ 而 $\varphi_0 = \varphi$，如图 2-7-15a）所示。弯梁的左端为固定支座，其余为多向活动支座，当温降或者混凝土收缩时，位于 1 号、2 号、3 号支座处的桥面将分别产生 δ_1、δ_2 和 δ_3 的水平位移。虽然它们的位移方向并不相同，但均指向固定支座。

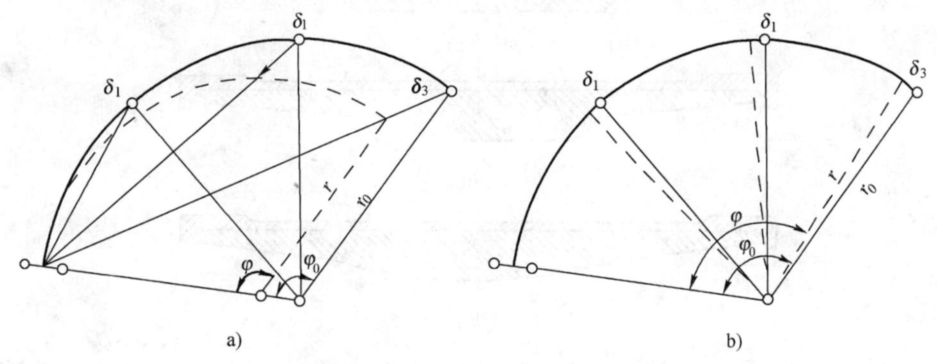

图 2-7-15　连续弯梁桥的两种平面内变形

2. 由于预加力和混凝土徐变引起的水平位移

这类位移属于切线方向的位移。图 2-7-15b）所示是在截面形心处施加预应力时由弹性压缩和徐变变形所引起的水平位移。此时，曲率半径不发生改变，$r_0 = r$，而圆心角却发生改变，即 $\varphi_0 \neq \varphi$。

三、弯梁桥的构造及布置

1. 截面形式

与直线梁桥一样，混凝土弯梁桥的截面形式有板式、肋板式、肋式和箱式等。从弯梁桥存在较大扭矩的受力特点考虑，宜采用箱形截面的形式。常用的箱形截面有单箱单室、单箱双室、双箱单室和单箱多室等，如图 2-7-16a）～d）所示。多室箱梁多用在宽桥上，但它在施工上比较麻烦，而且在横向受力分析上也比较复杂，因此常将一座宽桥设计成两座独立而平行的桥梁，即做成分离式弯箱梁桥。图 2-7-16e）、f）所示的布置方式，便于悬臂施工，有利于适应桥梁基础在横桥向发生的不均匀沉降；并且由于横向抗弯刚度的减小，有利于当温度变化时，弯桥在横桥向的挠曲变形，从而有利于桥梁伸缩缝的设置。

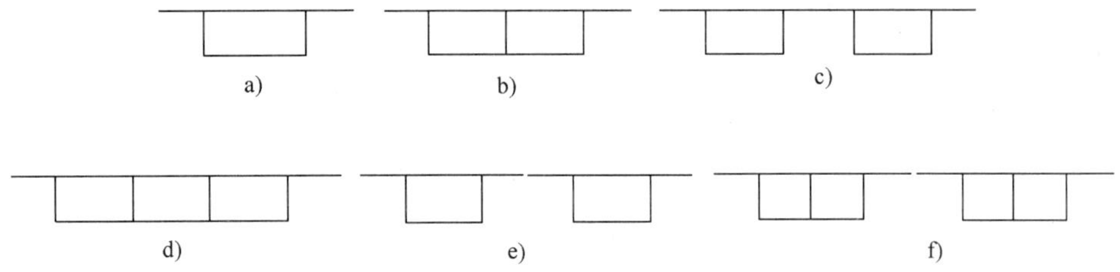

图 2-7-16　弯梁桥的箱形截面形式

另一方面，在现代的城市高架桥中，桥型美观常常被提到一定的高度。若桥不太宽且跨径不太大时，也常采用板式截面，如图 2-7-17 所示。尤其是其中的鱼腹式曲线形断面，因其具有纤细、流畅的优美外形，大大减轻了城市高架桥对街道带来的压抑感。

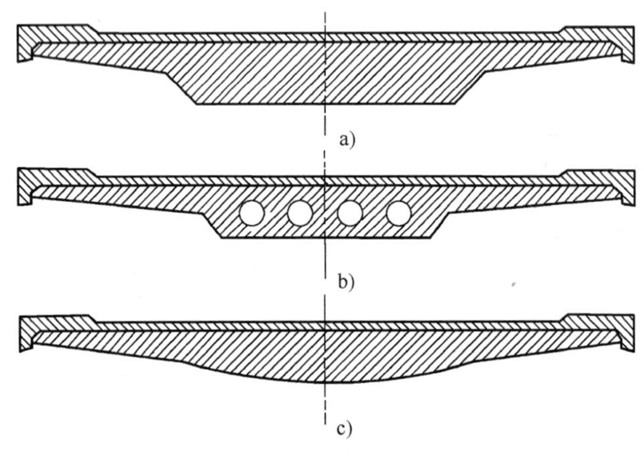

图 2-7-17　板式截面形式

a）实心板；b）空心板；c）鱼腹式板

2. 桥墩形式

弯梁桥桥台的形式一般与直桥无多大差别，这里着重介绍桥墩形式。当桥梁上部结构采用箱形截面时，可选用图 2-7-18 中的相应布置图式。

图 2-7-18a）为独柱式墩，当连续弯梁桥的曲率半径较小时，宜采用这种形式，它有利于立交桥的墩位布置，占地范围小，不但可以节省工程造价，还可以改善桥下视野，在城市立交桥的匝道中被广泛采用；若建在河中时，则其阻水面积小，并且有利于整个桥型的美观。

当桥梁的曲率半径较大，中间采用独柱式墩与采用双柱墩时，虽然两者的弯矩与剪力差别不大，但扭矩是有明显区别的。曲率半径较大时，弯扭耦合作用减小，如果中间均设独柱式墩，活载偏心所产生的扭矩大部分传递到相邻孔，所有中间孔的扭矩最终累积到梁端的抗扭支承上，较大的扭矩将使某一侧端支座产生拔力，造成支座脱空。因此，应视具体情况，在中间适当的墩位处，采用能布置抗扭双支座的变宽度墩身，如图 2-7-18b）、d）所示。这样便可以保证全桥侧倾的稳定性。

墩身可以采用上宽下窄，也可以采用上窄下宽的形式，这要视墩身的内力和地基的承载能力而定，但前一种形式可以增加立体上的美感，宜用在城市的高架桥上。如果桥面太宽或采用分离式双箱时，则桥墩也可采用分离式的桥墩，如图 2-7-18e）、f）所示。

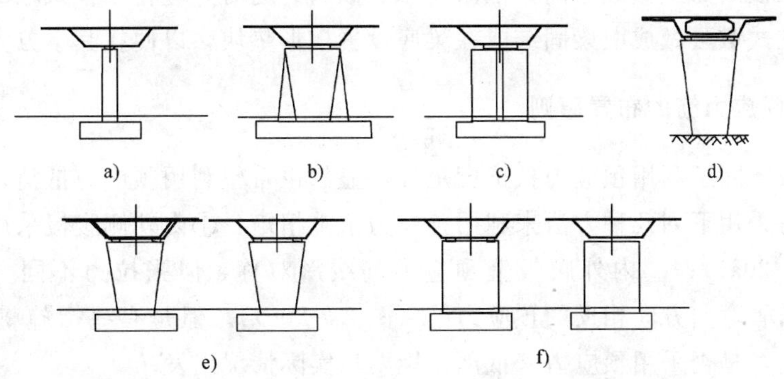

图 2-7-18　箱形上部结构的桥墩横向布置

3. 支座布置

对于弯梁桥尤其是连续弯梁桥而言，支座布置是一个较复杂的问题。支座布置是否合理，不但会影响到结构的受力，而且还会影响车辆的正常行驶。

对于每个墩台设多个支座的弯梁桥，显然是外弧侧的支座反力比内弧侧的支座反力要大；对于中墩为独柱支承，而每座桥台上只有两个支座的箱形截面连续弯梁桥，往往会出现桥台上内弧侧支座有脱空的危险。

我国近年来在一些城市内所设计的连续弯梁桥中，常因支座的布置不当而出现故障的情况时有出现。参考国内外的理论研究和设计经验，可以采取一些构造措施加以改善，如：

(1) 一般宜将桥台上内弧侧的支座设计为拉压支座。

(2) 为了达到人为地调整梁内扭矩分布的目的，将中间独柱墩上的支座，可以按计算值向外弧侧给予一定的预偏心，即预偏心地布置独柱墩上的支座，如图 2-7-19 所示。

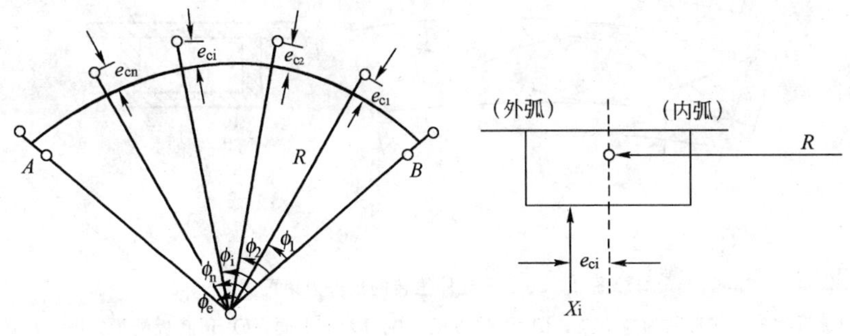

图 2-7-19　单点铰支座预偏心布置

(3) 将中间独柱墩每间隔若干跨设计成固结墩或双柱墩等。

4. 横坡设置

一般弯梁桥的横坡有两种设置方法，分别为：

(1) 将横断面上的每根梁肋（开口截面）或每片腹板（箱形截面）的高度做成不等高的。

（2）将主梁横断面虽做成等高，但向内弧侧倾斜，这时，应将多柱式墩的盖梁也做成倾斜的，对于多柱式墩可做成墩梁固结或在梁底设置楔形垫块，以便在其下方安置支座。

5. 弯梁桥预应力筋的布置原则

对于弯梁桥，除了利用预应力抵抗弯矩外，显然也希望利用预应力抵消外荷载产生的扭矩。理论上，可采用下列几种方法来利用预应力抵消扭矩：①内外侧腹板采用不同线形的预应力筋（图 2-7-20a））；②内外腹板上预应力筋线形对称，但张拉力不同（图 2-7-20b））；③在顶底板中布置弯曲方向相反的预应力筋（图 2-7-20c））。但是有些措施将降低预应力的抗弯效应，因此，是否采用预应力来抵消扭矩要从实际情况出发。

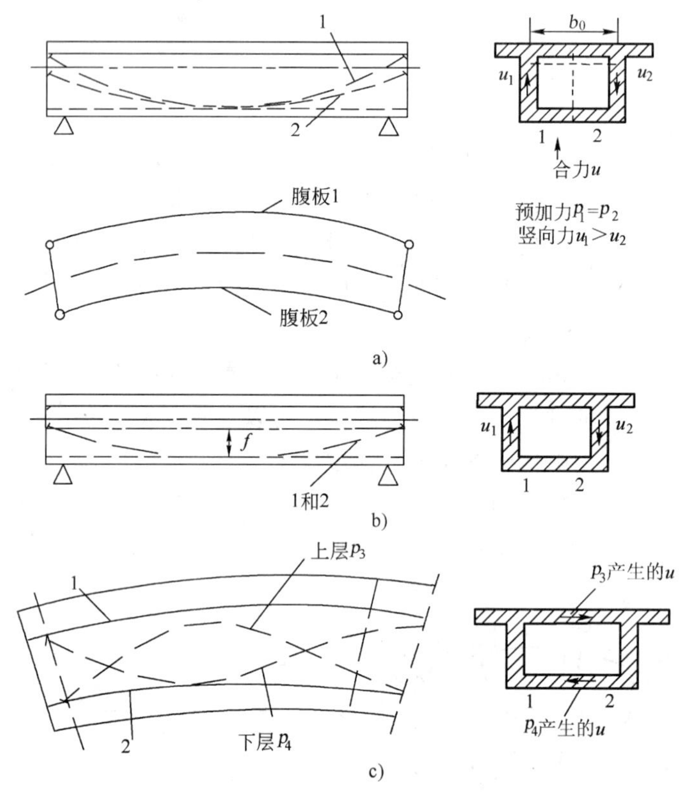

图 2-7-20　抵抗外扭转的预应力束配置

a）内外腹板采用不同线形的预应力束；b）内外腹板预应力大小不同；c）顶底板配置方向相反的预应力束

目前弯梁桥设计中常见的做法是：

（1）确定外荷载引起的弯矩、扭矩和剪力。

（2）按照抵抗弯矩的要求计算所需预应力钢筋的数量和线形。

（3）移动抗弯预应力钢筋，尽量抵消外扭矩。

（4）计算剩余扭矩和剩余剪力，必要时配置专门的抗扭和抗剪预应力筋或普通钢筋。

（5）全桥预应力效应校核。

弯梁桥的预应力效应计算过程复杂，一般要采用计算机程序进行。

第八章 混凝土梁桥的施工

DIBAZHANG

混凝土梁桥的施工方法很多，不同的施工方法所需的机械设备、劳动力不同，施工的组织、安排和工期也不一样。施工方法的选择，应根据桥梁的设计，施工的现场、环境、设备、经验、工期要求等因素决定。绝对相同的施工方法和施工组织是不存在的，必须结合具体实际，选择合理的施工方案。施工方法的选择是否合理关系到整个工程的造价、施工质量、人身安全和工期长短。

第一节 钢筋混凝土简支梁桥施工工艺

一、模　板

模板是供浇筑混凝土用的临时结构物，它不仅关系到混凝土梁尺寸的精确度，而且对工程质量、施工进度和工程造价有直接影响。模板应满足下列要求：

(1) 具有足够的强度和稳定性，能可靠地承受施工中的各项荷载。

(2) 具有足够的刚度。在施工中不变形，保证结构的设计形状、尺寸和模板各部件之间相互位置的准确性。

(3) 模板的接缝严密，不漏浆，施工操作方便，保证安全。

(4) 制作便利、装拆方便，提高模板的周转使用率。

按制作材料，桥梁施工常用的模板有木模板（木质胶合板）、钢模板、钢木结合模板、充气橡胶模板、竹材胶合板、玻璃钢模板、铝合金模板、一次性纸芯模等。有时为了节省钢木材料，也可因地制宜利用土模或砖模来制作。按模板的拆装方法分类，可分为零拼式模板、分片装拆式模板、整体装拆式模板等。目前我国公路桥梁上使用最多的还是木模板。随着国家工业的发展，既能节约木材又可提高预制质量而且经久耐用的钢模板，将逐步得到使用和推广。

(1) 木模板

在桥梁工程中最常用的模板是木模板。它的优点是制作容易，但是木材耗量大，成本较高。木模板常在没有定型设计的构件或小跨径桥梁上使用，这种模板制作容易，但易变形，周转次数少，因此，使用成本往往大于钢模板。我国由于木材资源缺乏，实木的木模板已基本不用。但由于加工方便，重量轻，国外还在大量应用，苏通大桥桥墩采用的是进口木模。

木模板的基本构造由紧贴于混凝土表面的壳板（又称面板）、支承壳板的肋木与立柱与横挡组成，壳板可以垂直拼装（图 2-8-1a））或水平拼装（图 2-8-1b））。壳板的接缝可做成平缝（图 2-8-1b））搭接缝或企口缝（图 2-8-1c））。当采用平缝拼接时，模板接缝必须密合，如有缝隙，需堵塞严密，以防漏浆。

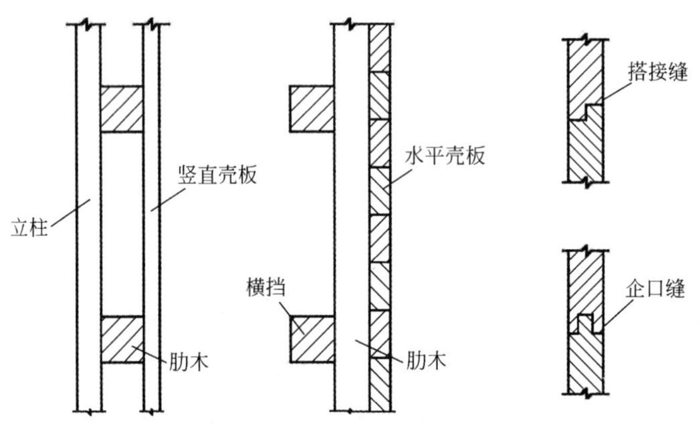

图 2-8-1　模板基本构造

为改进木模板的使用，往往在壳板上加钉一层薄铁皮，使用时表面涂上脱模剂。既可以增加木模板的周转次数，方便脱模，又能获得光滑的混凝土表面。

壳板厚度一般为 2～5cm，宽 15～18cm，不宜超过 20cm，过薄与过宽的板容易变形。肋木、立柱或横挡的尺寸可根据经验或计算确定。肋木间距一般为 0.7～1.5m。

（2）钢模

钢模的造价虽然高，但周转次数多，实际成本低，且结实耐用，接缝严密，能经受强力振捣，浇筑的构件表面光滑，故目前采用日益增多。

图 2-8-2 示出一种分片装拆式钢模板的结构组成。它是由用于截面成型的钢壳板、底模、角钢做成水平肋、竖向肋、斜撑、直撑、固定侧模用的顶部和底部拉杆等部件组成。底模通常用 6～12mm 的钢板制成，它通过垫木支承在底部钢横梁上。

在桥梁工程中大量使用定型钢模，由加工厂特殊加工制作。定型钢模强度和刚度大，但一次性成本高，大型工地侧模一般采用定型钢模。

组合钢模是用建筑钢模拼制而成，表面粗糙，外观差，整体性差但成本低，一般用于无外观要求之处。

（3）钢木组合模板

钢木组合模板用角钢作支架，木模板用平头开槽螺栓连接于角钢上，表面钉以黑铁皮。这种模板节约木料，成本较低，同时具有较大的刚度和稳定性，如图 2-8-3 所示。

（4）土模

土模按其位置高低可分为地下式、半地下式和地上式 3 种。一般用于基础施工，土模的优点是节约材料和施工空间。

（5）空心板模板

内模是空心截面梁、板桥的预制关键，其结构形式直接影响到制作是否简便、经济，拆

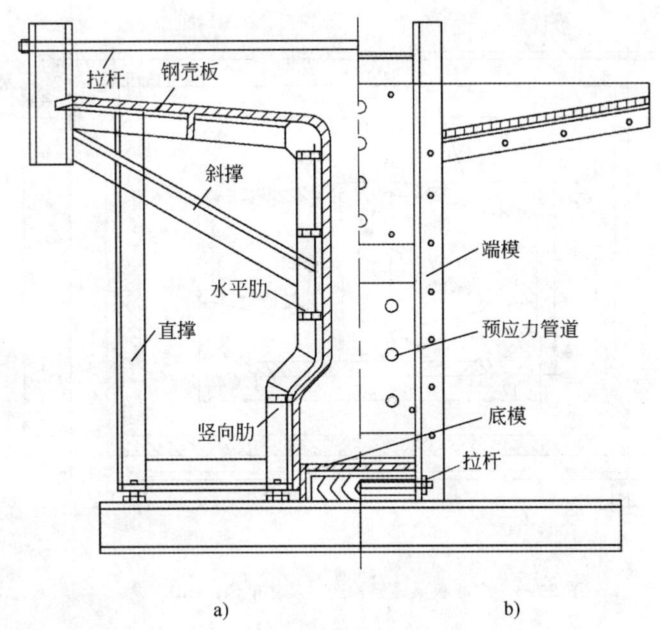

图 2-8-2　钢模板的组成

装是否方便，周转率是否高的问题。芯模的设计应有利于拆模，可分有拉杆和无拉杆两种。图 2-8-4 所示是目前桥梁工程中常用于空心板梁的木制芯模构造。图 2-8-5 为芯模构造，它采用四合式活动模板，按桥长分为两节，每节由四块单元体组成，每隔 70cm 左右设木骨架一道，且以扁铁条相联结，中间设活动支架，支承板除一个角用铰链联结外，其余三个角均以活榫支撑。支承板中间开孔，用来适应拉条在立芯模和拆芯模时的活动范围。芯模在底板浇筑后架立，顶上用临时支架固定，在两侧混凝土浇筑高度达芯模的 2/3 时，将顶上的临时支架拆除。

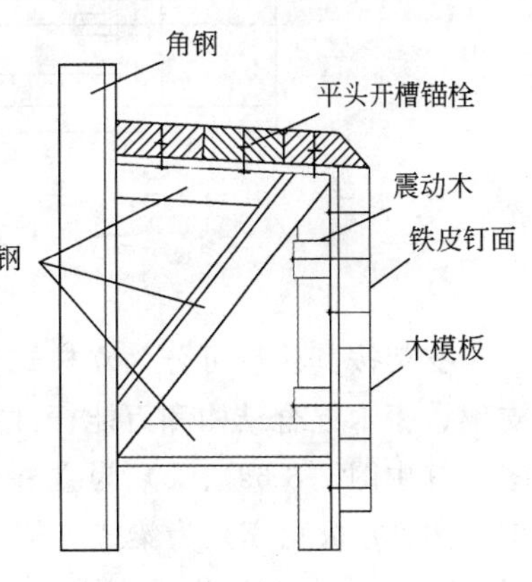

图 2-8-3　钢木结合模板构造

内芯模亦可用充气胶囊或一次性纸芯模作为空心板梁的内芯模。

(6) 竹材胶合板

竹材胶合板在桥梁上部结构中使用较多，它具有强度高、刚度大、表面光滑等优点，特别是竹材胶合板的尺寸比较大，由此混凝土表面的平整度较好，可用作清水模板。常用于底模和侧模。

二、支　架

1. 常用的支架形式

为了完成钢筋混凝土梁桥的现浇施工，首先应根据桥孔跨径、桥孔下面覆盖土层的地质条件、水的深浅等因素，合理地选择支架形式。

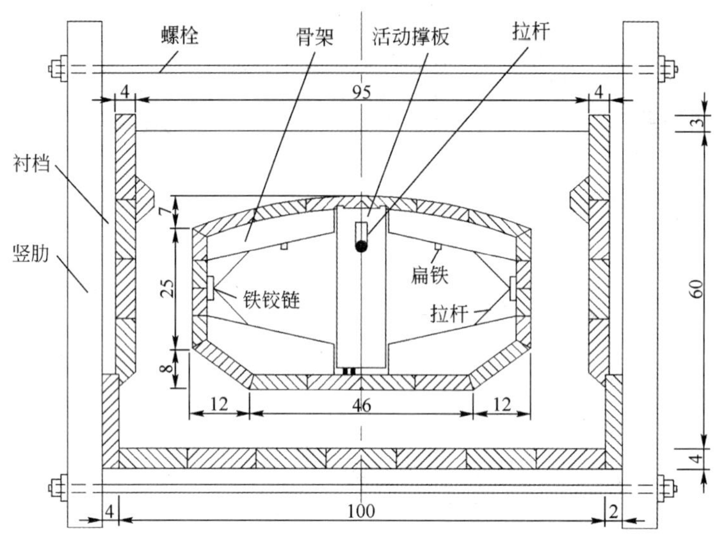

图 2-8-4 空心板梁芯模构造（尺寸单位：cm）

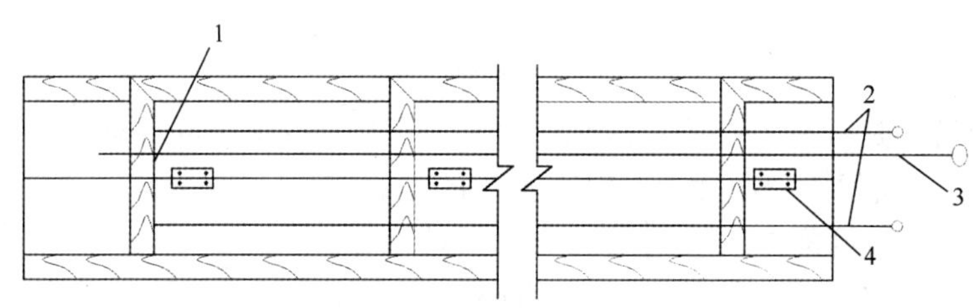

图 2-8-5 芯模构造

1-活动支承板；2-扁铁条；3-拉条；4-铁铰

支架按其构造可分为立柱式支架、梁式支架和梁一柱式支架；按材料可分为木支架、钢支架、钢木混合结构和万能杆件拼装的支架等。图 2-8-6 示出了按构造分类的几种支架构造图。其中图 2-8-6a)、b) 为立柱式支架，可用于旱桥、不通航河道以及桥墩不高的小桥施工；图 2-8-6c)、d) 为梁式支架，钢板梁适用于跨径小于 20m，钢桁梁适用于大于 20m 的情况；图 2-8-6e)、f) 为梁一柱式支架，适用于桥墩较高、跨径较大且支架下需要排洪的情况。

2. 支架的基础

为了保证现浇的梁体不产生大的变形，除了要求支架本身具有足够的强度、刚度以及在纵、横、斜三个方向有足够的连接杆件来保证整体性能外，支架的基础必须坚实可靠，使其沉陷值不超过施工规范的要求。对于跨径不大且采用满布式的木支架排架（图 2-8-6a)、b)），可以将基脚设置在枕木上，枕木下的垫层必须夯实；对于梁一柱式支架，因其荷载较集中，故其基脚宜支承在临时桩基上（图 2-8-6e)、f)），也可直接支承在永久结构的墩身或基础的上面（图 2-8-6c)、d)）。

3. 支架的预拱度

为了使上部结构在卸架后能满意地获得设计规定的线形，必须在施工时根据需要设置预

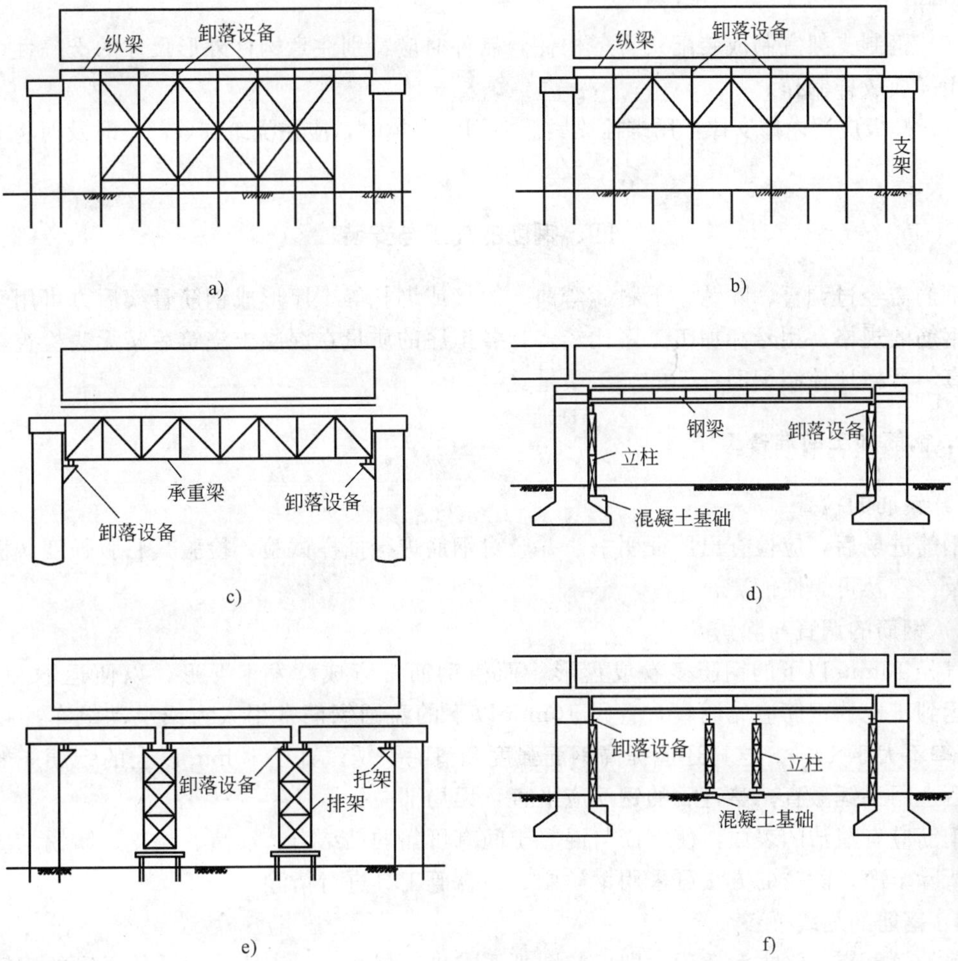

图 2-8-6 常用支架的主要构造

a)、b）立柱式支架；c)、d）梁式支架；e)、f）梁—柱式支架

拱度。在确定预拱度时应考虑以下因素：即卸架后由上部结构自重及活载一半所产生的挠度 δ_1，施工期间支架结构在恒载及施工荷载（施工人员、机具、设备等）作用下的弹性压缩 δ_2，支架基底土在荷载作用下的非弹性沉陷 δ_4，由混凝土收缩及温度变化而引起的挠度 δ_5 等。其中有的如支架和在荷载作用下的非弹性变形可通过对支架用等载预压消除。根据梁的挠度和支架的变形所计算出来的预拱度之和就是简支梁预拱度的最高值，它应设置在桥跨的中点。其它各点的预拱度，一般按二次抛物线比例进行分配，在两端的支点处则为零。

三、模板及支架在制作和安装时的注意要点

（1）构件的连接应尽量紧密，以减少支架变形，使沉降量符合预计数值。

（2）为保证支架稳定，应防止支架与脚手架和便桥等接触。

（3）模板的接缝必须密合，如有缝隙，须塞堵严密，以防跑浆。

（4）建筑物外露面的模板应刨光并涂以石灰乳浆、肥皂水或润滑油等润滑剂。

（5）为减少施工现场的安装拆卸工作和便于周转使用，支架和模板应尽量制成装配式组

件或块件。

(6) 钢制支架宜制成装配式常备构件，制件时应特别注意构件外形尺寸的准确性，一般应使用样板放样制作。

(7) 模板应用内撑支撑，用螺栓拴紧。使用木内撑时，应在浇筑到该部位时及时将支撑撤去。

四、钢筋的加工与安装

钢筋需经过调直、除锈、下料、弯曲、焊接或绑扎等工序形成钢筋骨架后方可用于结构中。钢筋的规格、型号和加工工序比较多，各工序的质量在混凝土浇筑后又无法检查，故必须认真、严格地控制钢筋骨架的施工质量。

1. 钢筋加工的准备工作

1) 钢筋的检查

钢筋进场后，应检查出厂证明书。并应对钢筋进行抽样试验，检验其屈服强度、极限强度以及冷弯及可焊性能。

2) 钢筋的调直与除锈

直径10mm以下的钢筋多卷成盘形，而粗钢筋常弯成“发卡”形，以便运输和储存，因此运到工地的钢筋应先调直。直径10mm以下的盘圆钢筋常用人力或电动绞车冷拉调直(伸长率不大于1%)。这样还能提高钢筋强度和清除铁锈。直径10mm以上的钢筋一般放在工作台上用手锤敲直。整直后的钢筋应平直，无局部曲折。

钢筋应有清洁的表面，使钢筋与混凝土间有可靠的粘结力。油渍、漆皮、鳞锈均应在使用前清除干净。除锈的方法可采用钢丝刷、砂盘等工具进行清除。

3) 钢筋的划线下料

钢筋经整直、除去污锈后，即可按图纸要求进行划线下料工作。为了使成形的钢筋比较精确地符合设计要求，在下料前应计算图纸上所标明的折线尺寸与弯折处实际弧线尺寸之间的差值(通常可查阅现成的计算表格)，同时还应计入钢筋在冷拉弯折过程中的伸长量。弯折伸长量可按表2-8-1进行估算。

钢筋弯折伸长量估算表(cm)　　表2-8-1

钢筋直径(mm)	弯折角度			钢筋直径(mm)	弯折角度		
	180°	90°	45°		180°	90°	45°
6	1.0	0.5	不计	18	3.0	1.5	1.0
8	1.0	1.0		20	4.0	2.0	1.0
10	1.5	1.0		25	4.5	2.5	1.5
12	1.5	1.0	0.5	27	5.0	3.0	2.0
14	2.0	1.5	0.5	32	6.0	3.5	2.5
16	2.5	1.5	0.5				

下料长度可按以下公式进行计算：

下料长度＝钢筋设计长度＋接头长度－弯折伸长量

钢筋弯制前准备工作的最后一道工序为下料，即截断钢筋，通常视钢筋直径大小，用錾子、手动剪切机和电动剪切机来进行。

4）钢筋的弯制和连接

下料后钢筋可在工作平台上用手工或电动弯筋器按规定的圆曲半径弯制成形，钢筋的两端亦应按图纸弯成所需的标准弯钩。如钢筋图中对弯曲半径未作规定时，宜采用 15d（d 为钢筋直径）为半径进行弯制。对于需要较长的钢筋，最好在接长以后再进行弯制，这样较容易控制尺寸。

钢筋的接头应采用电焊，并以闪光接触对焊为宜，这种接头的传力性能好，且省钢材。在缺乏闪光对焊条件时，可采用电弧焊（如搭接焊、棒条焊、坡口焊、熔槽焊等）。焊接接头应设置在内力较小处，在构件内应尽量错开布置，在任一搭接长度的区间内，接头数量应根据接头和钢筋的受力性能，满足《公路桥涵施工技术规范》（JTJ 041—2000）的要求。且受拉主钢筋的接头截面积不得超过受力钢筋总截面积的 50%。装配式构件连接处受力钢筋的焊接接头可不受此限制。

直径不大于 25mm 的受力钢筋，也可采用绑扎搭接，接头长度不应小于表 2-8-2 的规定。且搭接长度区段内受力钢筋接头的截面积，在受拉区不得超过钢筋总截面积的 25%，在受压区不得超过 50%。受压钢筋绑扎接头的搭接长度，应取受拉钢筋绑扎接头的 0.7 倍。

受拉钢筋绑扎接头的搭接长度 表 2-8-2

钢 筋 种 类		混凝土强度等级		
		C20	C25	高于 C25
I 级钢筋		35d	30d	25d
月牙纹	HRB335	45d	40d	35d
	HRB400	55d	50d	45d

直径大于 25mm 的钢筋一般采用机械连接或焊接，优先采用机械连接。当采用搭叠式电弧焊接时，钢筋端都应预先折向一侧，使两接合钢筋轴线一致。搭接时，双面焊缝的长度不得小于 5d，单面焊缝的长度不得小于 10d（d 为钢筋直径），如图 2-8-7a）所示。

当采用夹杆式电弧焊接时，夹杆的总截面面积不得小于被焊钢筋的截面积。夹杆长度，如用双面焊缝不小于 5d，用单面焊时不应小于 10d，如图 2-8-7b）所示。

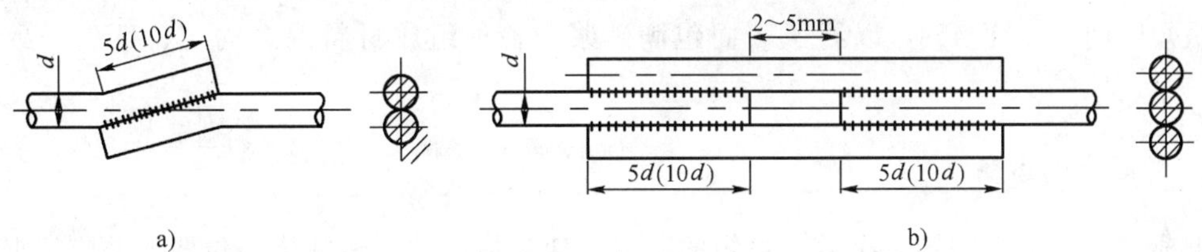

图 2-8-7 钢筋接头焊缝形式（括号内数字为单面焊缝）

a）搭叠式电弧焊；b）夹杆式电弧焊

2. 钢筋骨架的组成与安装

1）钢筋骨架的组成

混凝土内的钢筋骨架是由纵向钢筋（主筋）、架立筋、箍筋、弯起钢筋（斜筋）、分布钢筋以及附加钢筋构成。关于钢筋的作用及截面的计算详见《结构设计原理》一书。图 2-8-8 给出了普通矩形截面梁的钢筋骨架构造。

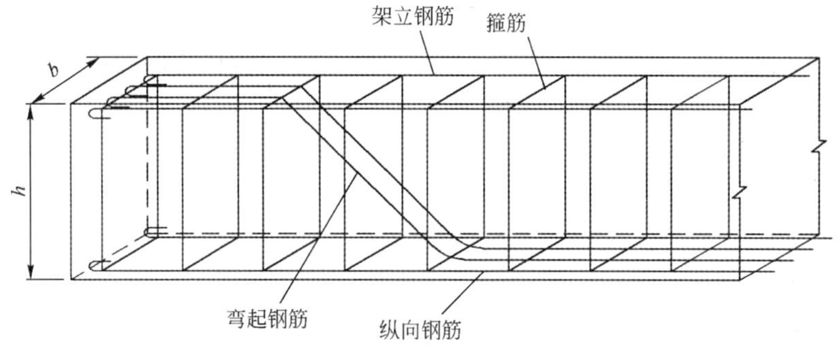

图 2-8-8　简支梁的钢筋构造梁的纵剖面

2）钢筋骨架的成型

钢筋骨架都要通过钢筋整直→切断→除锈→弯曲并焊接或者绑扎等工序以后才能成型。除绑扎工序外，每个工序都可应用相应的机械设备来完成。对于就地现浇的结构，焊接或者绑扎的工序多放在现场支架上来完成，其余可在工地附近的钢筋加工车间来完成。

钢筋骨架的焊接一般采用电弧焊，先焊接成单片平面骨架，再将它组拼成立体骨架。组拼后的骨架需有足够的刚性，焊缝需有足够的强度，以便在搬运、安装和灌筑混凝土过程中不至变形、松散。

焊接成型的钢筋骨架，安装比较简单，用一般的吊装设备吊入模板即可。

五、混凝土工作

混凝土工作包括混凝土搅拌、运输、浇筑、振捣和养护及拆模等工序。配合比应通过设计和试验室的验证来确定，拌制一般采用搅拌机。

1. 混凝土的拌制

混凝土一般采用机械集中搅拌，以保证混凝土的质量并减小环境污染。混凝土的配合比应根据混凝土的强度等级、钢筋的间距、浇筑方法、施工季节等因素，通过计算并由试验室试配、验证来确定。在拌制的过程中，应严格控制水灰比，不得任意增加用水量。混凝土的拌和最短时间不少于 45s，以石子表面包满砂浆、各种组成材料混合均匀、颜色一致为标准。

2. 混凝土的运输

混凝土应以最少的转运次数、最短的距离迅速从搅拌地点运往浇筑位置。并应根据工程情况和设备情况选择运输工具。运输道路要平整，以防止混凝土因颠簸振动而发生离析、泌水和灰浆流失现象，一经发现，必须在浇筑前进行再次搅拌。

混凝土从拌和机内卸出，经运输、浇筑直至振捣完毕的延续时间不宜超过表 2-8-3 的规定，如果超出规定时间，应在浇筑点检验其稠度，并制作试验块检验其强度。

混凝土自高处倾落时，为防止离析，其自由倾落高度不宜超过 2m；超过 2m 时，应采用串筒、溜槽或振动溜管等工具协助输送；倾落高度大于 10m 时，串筒内应附设减速叶片。使用混凝土泵运送混凝土，既可简便竖直运输的工作，提高工效，又可保证混凝土的拌制质量。

混凝土运输、浇筑允许时间表（min）　　表 2-8-3

混凝土强度等级	气温	
	≤25℃	>25℃
≤C30	120	90
>C30	90	60

注：①对掺有外加剂或采用快硬水泥拌制的混凝土，其延续时间应按试验确定；

②对轻集料混凝土，其延续时间应适当缩短。

3. 混凝土的浇筑

浇筑混凝土前要仔细检查模板和钢筋的尺寸、预埋件的位置是否正确，并要查看模板的清洁、润滑和密合程度。

混凝土的浇筑方法直接影响到混凝土的密实度和整体性，关系到成品混凝土的质量。因此，必须根据混凝土的拌制能力、运距、浇筑速度、气温及振捣能力等因素，认真制定混凝土的浇筑工艺。

T 梁和空心板梁的混凝土的浇筑，一般采用水平分层浇筑，如图 2-8-9a）所示。

较大跨径的桥梁，由于每小时混凝土浇筑量相当大，将使混凝土的生产能力很难适应，采用斜层浇筑方法，可使浇筑面积减少，从而减少每小时混凝土浇筑量，如图 2-8-9b）所示，混凝土的适宜倾斜角与混凝土的稠度有关，一般可为 20°～25°，如图 2-8-9b）所示。也可以上下层同时浇筑，但上层和下层前后浇筑距离应保证在 1.5m 以上。

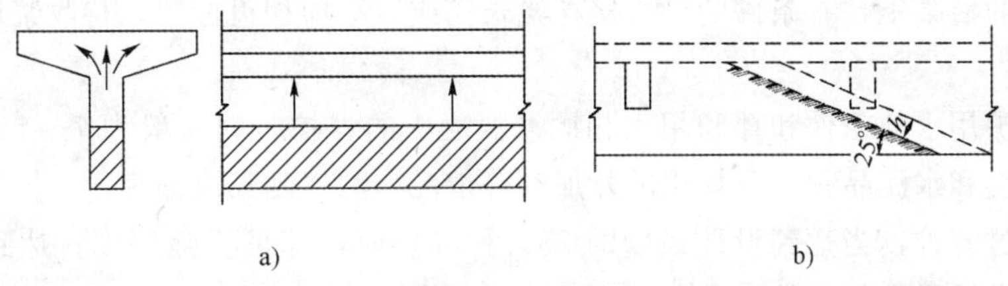

图 2-8-9　混凝土的浇筑方法

对于大型构造物，当其面积超过 100～150m² 时，为了减少混凝土每小时的浇筑量，可把整体混凝土分成几个单元来浇筑，每个单元的面积最好不小于 50m²，高度不小于 1.5m。上下两个单元之间的垂直缝应彼此相同，互相错开 1～1.5m。单元相互间应很好结合，结合处应按工作缝处理，其方法如下：

①已浇筑混凝土强度达到 1200kPa（钢筋混凝土为 2500kPa）后方可浇筑后续混凝土。

②在浇筑混凝土前应凿除施工缝处原混凝土表层的水泥浆和松弱层。

③经凿毛处理的混凝土表面，应用水冲洗干净，且不得留有积水。在浇筑新混凝土前，垂直缝应刷一层净水泥浆；水平缝应在全部接触面上铺一层与混凝土相同而水灰比略小的厚为 1～2cm 的水泥砂浆。

④接缝处于重要部位或结构物处在地震区，在浇筑前应加锚固钢筋，以防受力时开裂。斜面接缝应将斜面混凝土凿成台阶。

⑤无筋构件的工作缝应加锚固钢筋和石榫。

4. 混凝土的振捣

混凝土拌合物具有受振时产生暂时流动的特性，此时其中的骨料靠重力向下沉落并互相嵌挤，其间隙被流动性大的水泥砂浆所充满，而空气则形成小气泡浮到混凝土表面被排出。从而增加了混凝土的密实度，大大提高了混凝土的强度和耐久性，真正达到内实外美的要求。

混凝土应用振捣器进行振捣，仅在缺乏或不能用振捣器时方可采用人工插捣。采用人工插捣的混凝土应分层浇筑，每层用捣钎捣实，特别是模板边缘，要用手锤轻敲模板，使之抖动。插捣时应注意均匀进行，大力振捣不如小力且加快振捣有效。

机械振捣包括平板式振捣、附着式振捣和插入式振捣等，相对人工插捣，机械振捣可获得较大的密实度。

混凝土每次振捣的时间要认真掌握，振捣时间过短或过长均有弊病，一般以振捣至混凝土不再下沉，无显著气泡上升，混凝土表面出现薄层水泥浆，表面达到平整为适度。

5. 混凝土的养护及模板拆除

混凝土中水泥的水化作用过程，就是混凝土凝固、硬化和强度发育的过程。它与周围环境的温度和湿度有着密切的关系。

对于在施工现场的混凝土，应根据施工对象、环境、水泥品种、外加剂以及对混凝土性能的要求，提出具体的养护方案，并应严格执行规定的养护制度。一般混凝土浇筑完成后，应在收浆后尽快予以覆盖和洒水养护。对于干硬性混凝土、炎热天气浇筑的混凝土以及桥面等大面积裸露的混凝土，有条件的可直接在浇筑完成后立即加设棚罩，待收浆后再予以覆盖和洒水养生。

混凝土养护用水的条件和拌和用水相同。混凝土的养护时间一般为 7～14d，可根据空气的湿度、温度和水泥品种以及掺用的外加剂等情况，酌情延长或缩短。

混凝土经过养护，当达到设计强度的 25%～50%时，即可拆除侧模；达到了设计吊装强度并不低于设计强度等级的 70%时，就可起吊主梁。

第二节　预应力混凝土简支梁桥施工工艺

对于预应力混凝土预制梁，对梁施加预应力是一项非常重要的工作。施加预应力过多或不足都会影响到梁的质量，必须按设计要求准确地施加预应力。

一、夹具和锚具

夹具和锚具的种类很多，就国内现有的锚夹具也有数十种。

常用的夹具有张拉钢丝用的圆锥形夹具（图 2-8-10）、张拉钢筋用的圆锥形两片式夹具（图 2-8-11）和张拉钢绞线用的圆锥形两片式夹具。

常用的锚具有锥形锚（弗氏锚）（图 2-8-12）、螺丝端杆锚（图 2-8-13）、高强精扎螺纹粗钢筋锚、OVM 锚（图 2-8-14）及 OVM 固定端 P 锚（图 2-8-15）等。

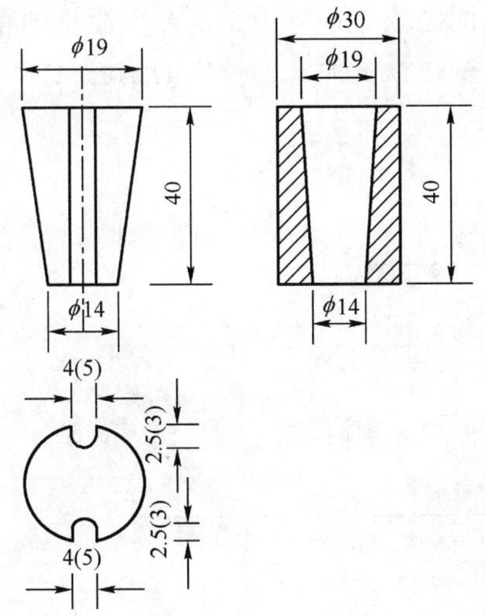

图 2-8-10　圆锥形钢丝夹具（尺寸单位：mm）

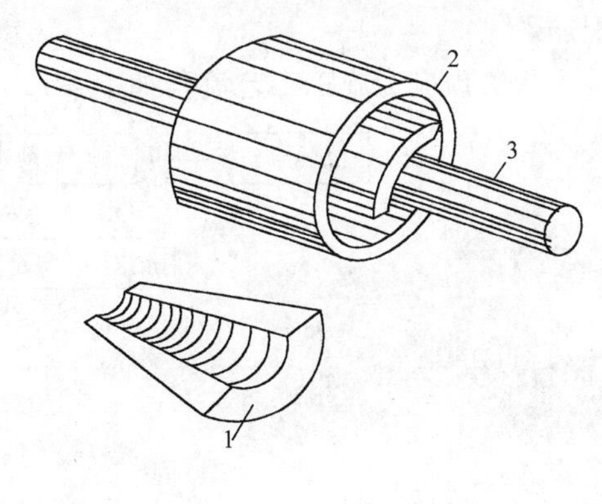

图 2-8-11　圆锥形钢筋夹具

1-夹片；2-套筒；3-钢筋

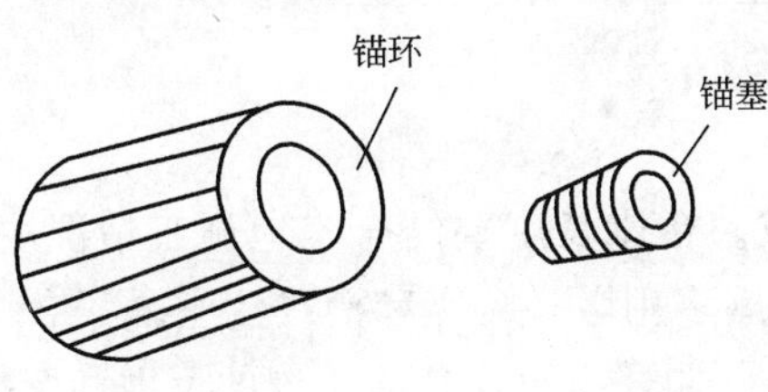

图 2-8-12　锥形锚具

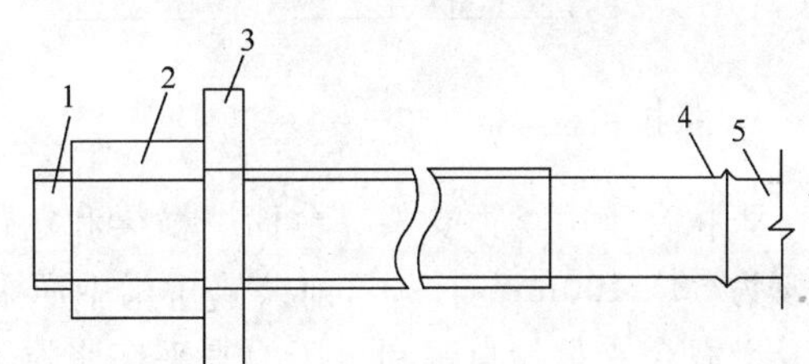

图 2-8-13　螺丝端杆锚具

1-螺丝端杆；2 螺帽；3-垫板；4-焊接接头；5-钢筋

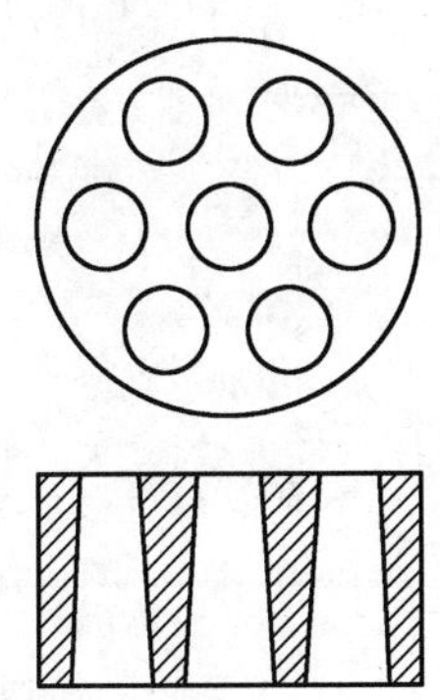
图 2-8-14　OVM 张拉端圆形群锚

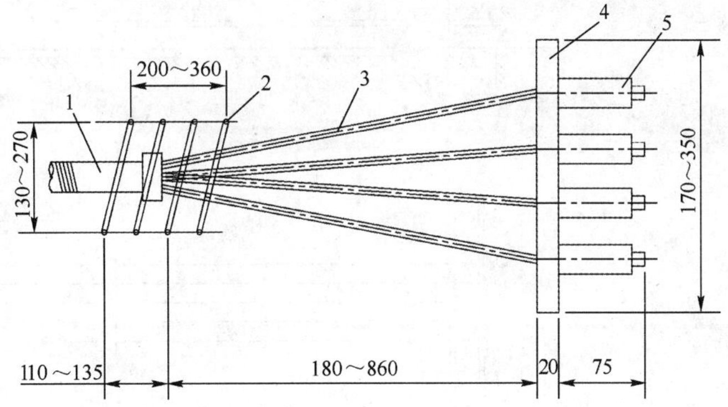

图 2-8-15　OVM 固定端 P 型锚具（mm）

1-波纹管；2-螺旋筋；3-预应力筋；4-固定锚板；5-挤压头

二、先张法预应力混凝土简支梁施工

先张法是指在浇筑混凝土前先把钢筋在台座上按设计要求进行张拉，待混凝土达到一定强度后逐渐放松钢筋。由于混凝土与钢筋的粘结作用，阻止了预应力钢筋的弹性回缩，使混凝土得到相应的预压应力。

先张法的优点是张拉钢筋时，只需夹具，它的锚固是依靠预应力钢筋与混凝土的粘结力自锚于混凝土中，它的缺点是需要专门的张拉台座，基建投资大；构件中的钢筋只能采用直线配筋。

先张法预应力施工工艺流程如下：

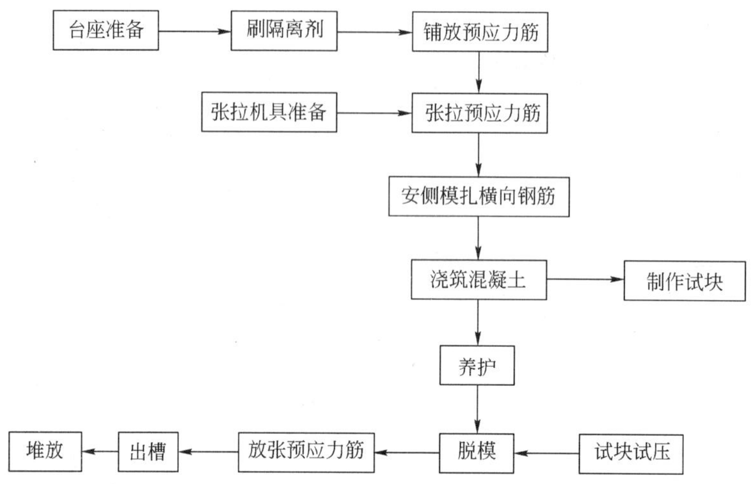

1. 张拉台座

张拉台座由承力支架、台面、横梁和定位板组成。台座长度要结合工地施工情况决定，一般为 50～100m 左右。目前公路桥梁中所采用的台座多用墩式台座和槽式台座。

墩式台座是靠自重和土压力来平衡张拉力所产生的倾覆力矩，并靠土壤的反力和摩擦力来抵抗水平位移。台座由台面、承力架、横梁和定位钢板等组成，如图 2-8-16 所示。

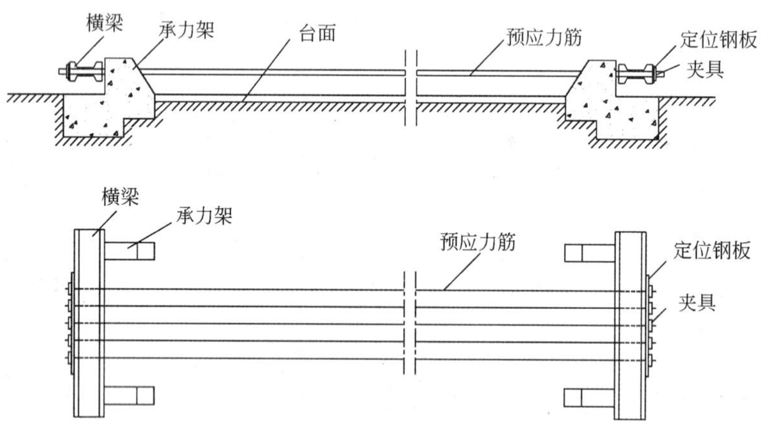

图 2-8-16　重力式台座构造示意图

2. 张拉

张拉前，应对台座、横梁及各项张拉设备进行详细检查，符合要求后方可进行操作。

同时张拉多根预应力筋时，应预先调整其初应力，使相互之间的应力一致；张拉过程中，应使活动横梁与固定横梁始终保持平行，并应抽查力筋的预应力值，其偏差的绝对值不得超过按一个构件全部力筋预应力总值的 5％。

预应力筋张拉完毕后，与设计位置的偏差不得大于5mm，同时不得大于构件最短边长的4%。

先张法预应力筋的张拉应符合设计要求，若设计无规定时，其张拉程序可按表2-8-4中的规定进行。断丝数量不得超过表2-8-5的规定。

先张拉预应力筋张拉程序 表2-8-4

预应力筋种类	张拉程序
钢筋	0→初应力→1.05σ_{con}（持荷2min）→0.9σ_{con}→σ_{con}（锚固）
钢丝、钢绞线	0→初应力→1.05σ_{con}（持荷2min）→0→σ_{con}（锚固）
	对于夹片式等具有自锚性能的锚具 普通松弛预应力筋：0→初应力→1.03σ_{con}（锚固） 低松弛预应力筋：0→初应力→σ_{con}（持荷2min锚固）

注：表中σ_{con}为张拉时的锚下控制应力值，包括预应力损失值。

先张法预应力筋断丝限制 表2-8-5

类　别	检查项目	控制数
钢丝、钢绞线	同一构件内断丝数不得超过钢丝总数的	1%
钢筋	断筋	不容许

3. 预应力筋的放松

当混凝土达到了设计规定的放松强度以后（若无特殊规定，一般不得低于设计强度的75%）时，就要从台座上将预应力筋的张拉力放松，预应力筋的放松顺序应符合设计要求，涉及未规定时，应分阶段、对称、相互交错地放张。在力筋放松之前，应将限制位移的侧模、翼缘模板或内模拆除。多根整批预应力筋的放张，可采用以下两种方法：

（1）千斤顶放松。首先要在台座固定端的承力支架与横梁之间预先安装千斤顶，待混凝土达到规定放松强度后，逐渐放松千斤顶，使拉紧的预应力筋徐徐回程（图2-8-17）。

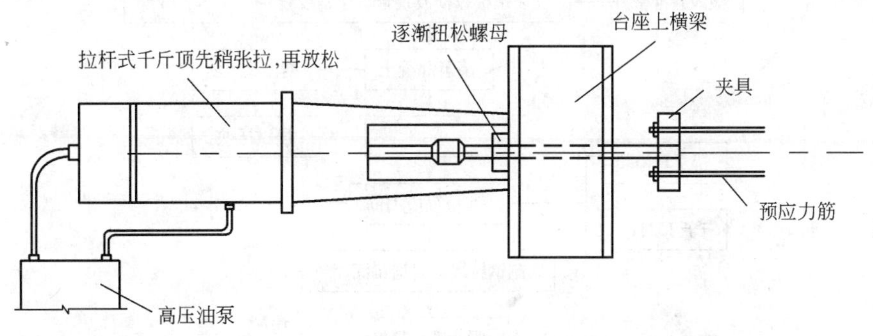

图2-8-17　千斤顶

（2）砂筒放松。以砂筒代替千斤顶（图2-8-18）。张拉时筒内砂子被压实。当需要放松预应力筋时，可将出砂口打开，使砂子慢慢流出，活塞徐徐顶入，预应力筋徐徐回缩，直至张拉力全部放松为止。

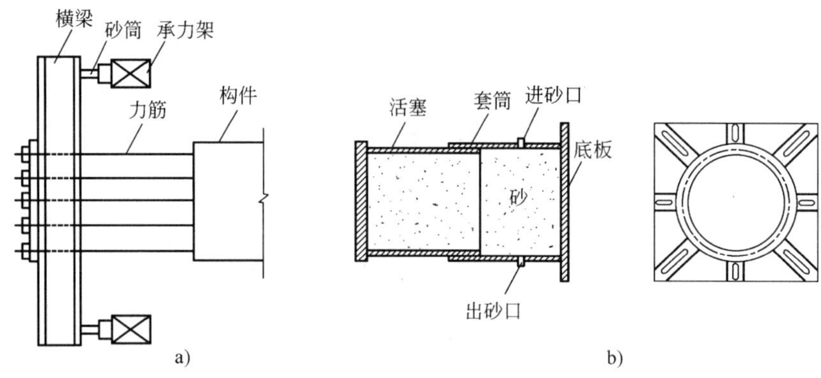

图 2-8-18　砂筒放松示意图

三、后张法预应力混凝土简支梁施工

后张法制作梁的步骤是先预留预应力筋孔道，待其混凝土达到规定强度后，再在孔道内穿入预应力筋进行张拉并锚固，最后进行孔道压浆并浇灌梁端封头混凝土。

后张法的优点是预应力筋可直接在构件上张拉，不需要专门台座；预应力筋可按设计要求配合弯矩和剪力变化布置；缺点是每一束或每一根预应力筋两头都要加设锚具；而且在施工中还增加留孔、穿筋、灌浆和封锚等工序，施工工艺复杂。

后张法预应力施工工艺流程如图 2-8-19 所示。

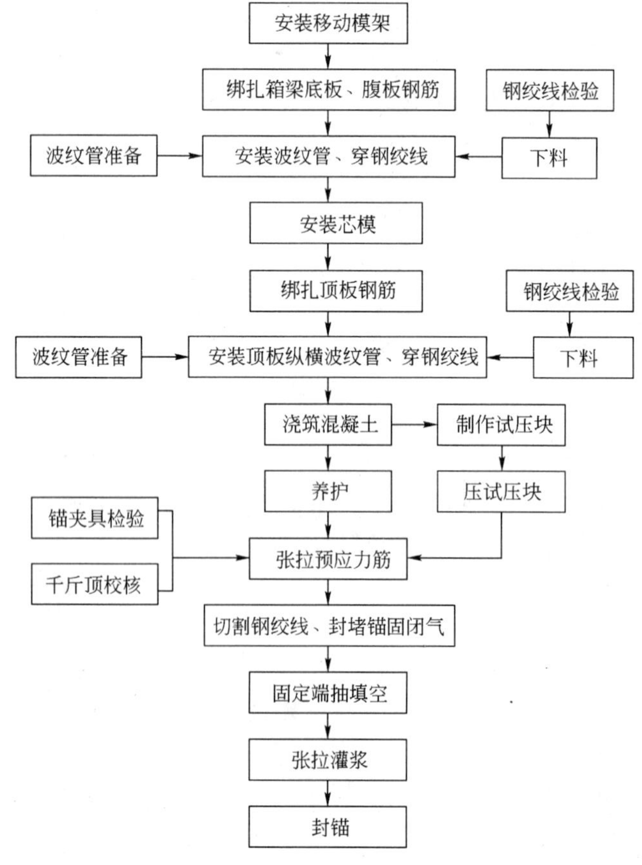

图 2-8-19　后张法预应力施工工艺流程

1. 预应力筋孔道成型

为在梁体混凝土内形成钢束的管道，应在浇筑混凝土前安装制孔器。按照制孔的方式可分为预埋式制孔器和抽拔式制孔器两大类。

预埋式制孔器有预埋铁皮或铝合金波纹管、PE 塑料管等；抽拔式制孔器有橡胶管（用橡胶夹两层钢丝编织而成，管内插入钢筋芯棒）抽芯、金属伸缩管（用金属丝编织成的软管套，内用橡胶衬管和钢筋芯棒加劲）抽芯、钢管抽芯和充气、充水胶管抽芯等，抽拔式制孔器现较少使用。

预埋式制孔器按钢筋的设计位置和形状固定在钢筋骨架中，待混凝土灌注后，形成预应力筋的孔道。抽拔式制孔器按钢筋的设计位置固定在钢筋骨架中，混凝土浇筑后应及时抽拔制孔器，过早抽拔，混凝土可能塌陷；过迟抽拔，可能拔断制孔器。因此，制孔器的抽拔要在混凝土初凝之后与终凝之前进行，一般以混凝土抗压强度达到 4～8MPa 时为宜。抽拔时间可参照表 2-8-6 确定。

抽拔制孔器的时间 表 2-8-6

环境温度（℃）	＞30	30～20	20～10	＜10
抽拔时间（h）	3	3～5	5～8	8～12

所有管道均应设压浆孔，还应根据规范要求在最高点设排气孔及需要在最低点设排气孔。管道在模板内安装完毕后，应将其端部盖好，防止水或其它杂物进入。

2. 预应力筋的安装

预应力筋可在浇筑混凝土之前或之后穿入管道（分别称为先穿束和后穿束），对钢绞线，可将一根钢束中的全部钢绞线编束后整体装入管道中，也可逐根将钢绞线穿入管道。穿束前应检查锚垫板和孔道，锚垫板应位置准确，孔道内应畅通，无水和其他杂物。

预应力筋安装后的保护需要注意以下几点：

(1) 对在混凝土浇筑及养生之前安装在管道中但在下列规定时限内没有压浆的预应力筋，应采取防止锈蚀或其他防腐蚀的措施，直至压浆。

不同暴露条件下，未采取防腐蚀措施的力筋在安装后至压浆时的容许间隔时间如下：

空气湿度大于 70％或盐分过大时：7d

空气湿度 40％～70％时：15d

空气湿度小于 40％时：20d

(2) 在力筋安装在管道中后，管道端部开口应密封以防止湿气进入。采用蒸气养生时，在养生完成之前不应安装力筋。

(3) 在任何情况下，当在安装有预应力筋的构件附近进行电焊时，对全部预应力筋和金属件均应进行保护，防止溅上焊渣或造成其他损坏。

对于先穿束的管道，力筋安装完成后，应进行全面检查，以查出可能被损坏的管道。在混凝土浇筑之前，必须将管道上一切非有意留的孔、开口或损坏之处修复，并应检查力筋能否在管道内自由滑动。

3. 预应力筋的张拉

1）张拉前的准备工作

对力筋施加预应力之前，应对构件进行检验，外观和尺寸应符合质量标准要求。张拉时，构件的混凝土强度应符合设计要求，设计未规定时，不应低于设计强度等级值的75％。

应使用能张拉多根钢绞线或钢丝的千斤顶同时对每一钢束中的全部力筋施加应力，但对扁平管道中不多于4根的钢绞线除外。

预应力筋张拉端的设置应符合设计要求，当设计无具体要求时，应符合下列规定：

（1）对曲线预应力筋或长度大于等于25m的直线预应力筋，宜在两端张拉；对长度小于25m的直线预应力筋，可在一端张拉。

（2）曲线配筋的精轧螺纹钢筋应在两端张拉，直线配筋的可在一端张拉。

（3）当同一截面中有多束一端张拉的预应力筋时，张拉端宜分别设置在构件的两端。预应力筋采用两端张拉时，可先在一端张拉锚固后，再在另一端补足预应力值进行锚固。张拉时应避免构件呈过大的偏心状态，因此，应对称于构件截面进行张拉，或先张拉靠近截面重心处的预应力筋，后张拉距截面重心较远处的预应力筋。

预应力筋在张拉控制应力达到稳定后方可锚固。预应力筋锚固后的外露长度不宜小于30mm，锚具应用封端混凝土保护，当需长期外露时，应采取防止锈蚀的措施。一般情况下，锚固完毕并经检验合格后即可切断端头多余的预应力筋，严禁用电弧焊切割。

2）主要张拉设备

预应力筋的张拉操作方法与配用的锚具和千斤顶有关。如张拉钢丝束可配用锥形锚具、锥锚式千斤顶；张拉粗钢筋可配用螺丝端杆锚具、拉杆式千斤顶；张拉精扎螺纹钢筋可配用特制螺帽、穿心式千斤顶；张拉钢绞线束可配用OVM锚、穿心式千斤顶。

（1）锥锚式千斤顶

图2-8-20所示的是TD—60型锥锚式三作用千斤顶的构造和张拉装置简图。这种千斤顶具有张拉、顶锚和退楔块三种功能，适用于锥形锚具的钢丝束。千斤顶的工作靠高压油泵的进油与回油来控制，施加预应力的大小靠油表读值及力筋延伸率大小来控制。

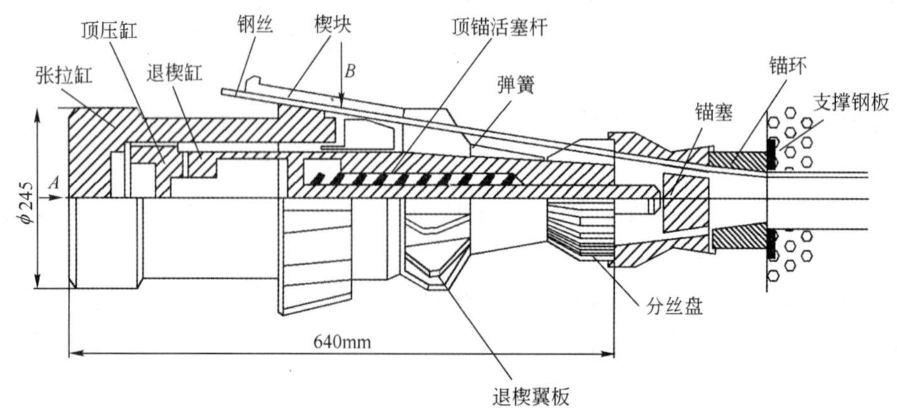

图2-8-20　TD—60型锥锚式三作用千斤顶张拉装置

(2) 拉杆式千斤顶

拉杆式千斤顶构造简单，操作方便，适用于张拉常用螺杆式和墩头式锚、夹具的单根粗钢筋、钢筋束或碳素钢丝束。图 2-8-21 为常用的 GJzY—60A 型拉杆式千斤顶的构造示意图。张拉前先用连接器将预应力筋和张拉杆联结。

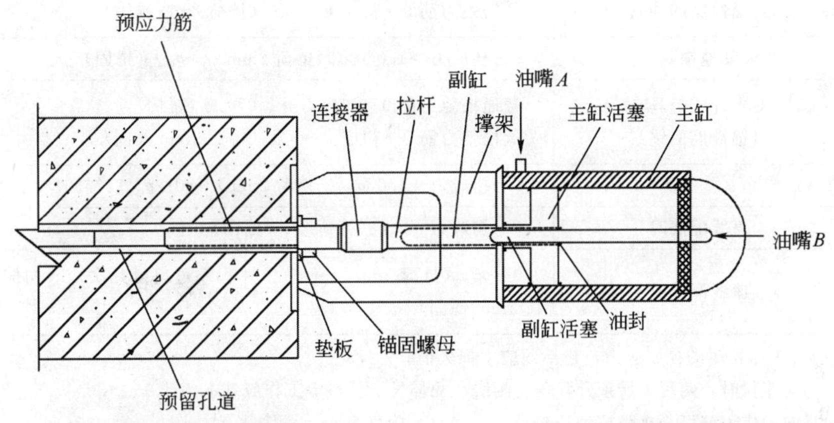

图 2-8-21 GJ_ZY—60A 型拉杆式千斤顶的构造示意图

(3) 穿心式千斤顶

这种千斤顶主要用于张拉带有夹片式锚、夹具的单根钢筋、钢绞线或钢筋束和钢绞线束。

图 2-8-22 示出 GJ_ZY—60 型穿心式千斤顶的构造简图。张拉前先将预应力筋穿过千斤顶，在其后端用锥销式工具锚将力筋锚住，然后借助高压油泵完成张拉工作。

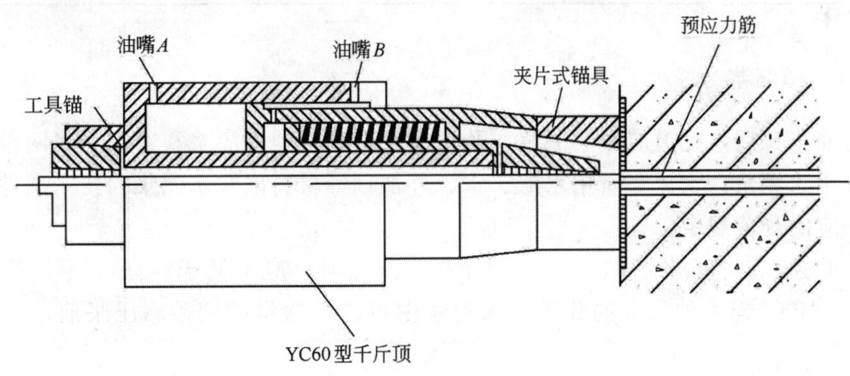

图 2-8-22 GJ_ZY—60 型穿心式千斤顶的构造简图

4. 张拉程序

预应力筋的张拉顺序应符合设计要求，当设计未规定时，可采取分批、分阶段对称张拉。

不同预应力筋构件所采用的张拉程序见表 2-8-7。后张预应力筋断丝及滑移不得超过表 2-8-8 的规定。

后张法预应力筋张拉程序　　表 2-8-7

预应力筋		张拉程序
钢筋、钢筋束		0→初应力→1.05σ_{con}（持荷 2min）→σ_{con}（锚固）
钢绞线束	对夹片式等具有自锚性能的锚具	普通松弛力筋 0→初应力→1.03σ_{con}（锚固） 低松弛力筋 0→初应力→σ_{con}（持荷 2min 锚固）
	其他锚具	0→初应力→1.05σ_{con}（持荷 2min）→σ_{con}（锚固）
钢丝束	对夹片式等具有自锚性能的锚具	普通松弛力筋 0→初应力→1.03σ_{con}（锚固） 低松弛力筋 0→初应力→σ_{con}（持荷 2min 锚固）
	其他锚具	0→初应力→1.05σ_{con}（持荷 2min）→0→σ_{con}（锚固）
精轧螺纹钢筋	直线配筋时	0→初应力→σ_{con}（持荷 2min 锚固）
	曲线配筋时	0→σ_{con}（持荷 2min）→0（上述程序可反复几次）→初应力→σ_{con}（持荷 2min 锚固）

注：①表中 σ_{con} 为张拉时的控制应力，包括预应力损失值；
②两端同时张拉时，两端千斤顶升降压、画线、测伸长、插垫等工作应基本一致；
③梁的竖向预应力筋可一次张拉到控制应力，然后于持荷 5min 后测伸长和锚固；
④超张拉数值超过规定的最大超张拉应力限值时，应按规定的限值进行张拉。

后张预应力筋断丝及滑移限制　　表 2-8-8

类别	检查项目	控制数
钢丝束和钢绞线束	每束钢丝断丝或滑丝	1 根
	每束钢绞线断丝或滑丝	1 丝
	每个断面断丝之和不超过该断面钢丝总数的	1%
单根钢筋	断筋或滑移	不容许

5. 后张孔道灌浆

预应力筋张拉后，孔道应尽早灌浆。孔道灌浆有真空辅助灌浆和常规压浆两种方法。孔道压浆宜采用水泥浆，水泥浆所用水泥、水、外加剂等材料以及水泥浆的技术条件应符合设计要求或相应的规范规定。

水泥浆的强度应符合设计规定，设计无具体规定时，应不低于梁体混凝土强度的 80% 且不低于 30MPa。对截面较大的孔道，水泥浆中可掺入适量的细砂。压浆前，应对孔道进行清洁处理。

压浆时，对曲线孔道和竖向孔道应从最低点的压浆孔压入，由最高点的排气孔排气和泌水。压浆顺序应先压注下层孔道。水泥浆自拌制压入孔道的延续时间，视气温情况而定，一般在 30～45min 范围内。

水泥浆在使用前和压注过程中应连续搅拌。对于因延迟使用所致的流动度降低的水泥浆，不得通过加水来增加其流动度。压浆应缓慢、均匀地进行，不得中断。应将所有最高点的排气孔一一放开和关闭，使孔道内排气通畅。

对于较集中和临近的孔道，宜尽量先连续压浆完成，不能连续压浆时，后压浆的孔道应在压浆前用压力水冲洗通畅。压浆过程中及压浆后 48h 内，结构混凝土的温度不得低于 5℃，否则应采取保温措施。当气温高于 35℃时，压浆宜在夜间进行。

6. 封锚

孔道灌浆后对需封锚的锚具，压浆后应立即先将其周围冲洗干净并对梁端混凝土凿毛，然后设置钢筋网浇筑封锚混凝土。在绑扎端部钢筋网和安装封端模板时，要妥善处理，以免在浇筑混凝土时因模板走动而影响梁长。封锚混凝土的强度应符合设计规定，一般不宜低于构件混凝土强度等级值的80％。浇完封端混凝土并静置1～2h后，应按一般规定进行浇水养护。

长期外露的锚具，应采取防锈措施。对后张预制构件，在管道压浆前不得安装就位，在压浆强度达到设计要求后方可移运和吊装。

第三节　装配式简支梁桥的运输和安装

一、预制构件出坑与堆放

装配式简支梁桥的柱梁通常在施工现场的预制场内或者在桥梁厂内预制，由于预制场地有限，预制构件在达到强度后，应移梁堆放，待满足安装条件后，再将梁运至桥头或桥孔下进行安装。

预制构件出坑、堆放时应注意以下几点：

(1) 装配式预制构件在出坑、移运与堆放时，混凝土强度不应低于设计对吊装所要求的强度，且不宜低于设计强度的75％，对于跨径≤3m的板等一般构件，其混凝土强度应达到设计强度的50％后，方可出坑移运。

(2) 预制构件在出坑前，拆模后应检查其实际尺寸、伸出预埋钢筋（或钢板）、吊环的位置及混凝土的质量，并根据有关规定进行适当修补、处理，务使预制构件形状正确，表面光滑，安装时不致发生困难，尖角、凸出或细长构件在装卸移运过程中应用木板保护。如有必要，试拼的构件应注上号码。

(3) 构件移运时的起吊位置应按设计规定，一般为吊环或吊孔的位置。如设计无规定，又无预埋吊环或吊孔时，对上、下面有相同配筋的等截面直杆构件的吊点位置，一点吊可设在离端头$0.293L$处，二点吊可设在离端头$0.22\sim0.25L$处（L为构件长）。其它配筋形式的构件应根据计算决定吊点位置。

(4) 构件的吊环应顺直，如发现弯扭必须校正，使吊环能顺利套入。吊绳（千斤绳）交角大于60°时，必须设置吊架或扁担，使吊环垂直受力，以防吊环折断或破坏临时吊环的混凝土。如用钢丝绳捆绑起吊时，需用木板、麻袋等垫衬，以保护混凝土的棱角。

(5) 预制板、梁构件移运和堆放时的支点位置应与吊点位置一致，并应支承牢固。起吊及堆放板式构件时，注意不要吊错上下面位置，以免折断。

(6) 堆放预制构件的场地，应平整压实不致积水。雨季和春季冻融期间，必须注意防止地面软化下沉而造成构件折断和损坏。

(7) 预制构件应按吊运及安装次序顺号堆放，并注意在相邻两构件之间留出适当通道。构件堆垛时应设置在垫木上，吊环应向上，标志应向外，构件混凝土养护期未满时，应继续养护。

(8) 构件堆放时，应按构件的刚度和受力情况决定平放还是竖放，并保持稳定。水平分层堆放构件时，其堆垛高度应按构件强度、地面耐压力、垫木强度以及堆垛的稳定性而定。

一般大型构件以 2 层为宜，不宜超过 3 层。预制梁堆垛不宜多于 4 层。小型构件堆放如有折断可能时，应以其刚度较大的方向作为竖直方向。

(9) 堆放构件必须在吊点处设垫木，以免产生负弯矩而断裂，层与层之间应以垫木隔开，多层垫木位置应在一条垂直线上。

二、预制梁的运输

从工地预制场至桥头的运输，称为场内运输，通常需铺设钢轨便道，由预制场的龙门吊车或木扒杆将梁装上平车后用绞车牵引运至桥头。运输中，梁应竖直放置，为了防止构件发生倾倒、滑动或跳动等现象，需要在构件两侧采用斜撑和木楔等临时固定。对于小跨径梁或规模不大的工程，也可设置木板便道，利用钢管或硬圆木作磙子运至桥头。

当采用水上浮吊架梁而需要使预制梁上船时，运梁便道应延伸至河边能使驳船靠拢的地方，为此就需要修筑一段装船用的临时栈桥或码头。

当预制工厂距桥工地甚远时，通常可用大型平板拖车、火车或驳船将梁运至工地存放，或直接运至桥头或桥孔下进行架设。构件装车时须平衡放正，以使车辆承重对称均匀。构件支点下及相邻两构件间，须垫麻袋或草帘，以防止构件相互碰撞。构件下的支点须设活动转盘以免搓伤混凝土。预制简支梁运输时应竖立放置，并用斜撑支承（应支在梁腹上，不得支在梁板上，以防梁板根部发生负弯矩而开裂），以防梁倾倒。

在场内运梁时，为使平稳前进以确保安全，通常在用牵引绞车徐徐向前拖拉的同时，后面的制动索应跟着慢慢放松，以控制前进的速度。

梁在起吊和安装时，应按设计规定的位置布置吊点或支承点。

三、预制梁的安装

预制梁的安装是装配式桥梁施工中的关键性工序。安装预制简支梁构件是一项复杂的高空作业，方法很多，归纳起来可分为人工架设、机械架梁和浮运架梁等 3 大类，每类中又有很多不同的方法，施工时可根据梁的种类、重力、长度、桥址处水流与地形及工地设备情况合理选择架梁的方法。下面仅介绍几种常见的架梁方法。

1. 自行式吊车架梁

当桥梁高度不大的中、小跨径桥梁，可以采用自行式吊车（汽车吊车或履带吊车）架梁，这是一种机械架梁方法。适用于岸上的引桥或者桥墩不高的情况，视吊装质量的不同，用一台或两台（抬吊）吊车直接在桥下进行吊装，如图 2-8-23a）所示；如果桥下是河道或桥墩较高时则将吊车直接开到桥上，利用吊机的伸臂边架梁、边前进，如图 2-8-23b）所示。

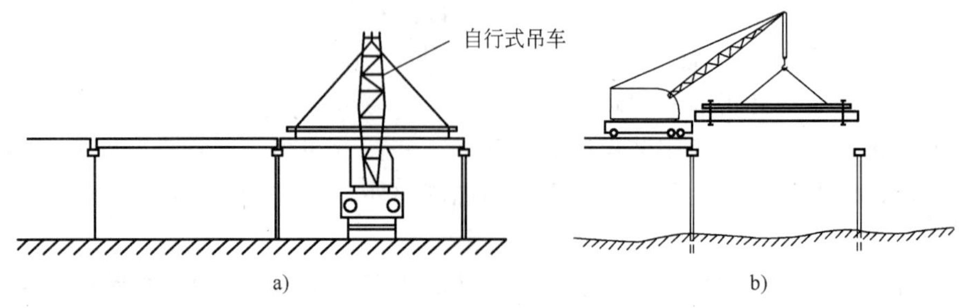

图 2-8-23　小跨径梁的架设

不过采用此种方法时必须先核算主梁是否能够承受吊车、被吊构件、机具以及施工人员等的重力，这时应注意钢丝绳与梁面的夹角不能太小，一般以 45°～60°为宜。

2. 浮吊船架梁

浮吊船架梁采用的是浮运架梁方法，如图 2-8-24 所示。浮运架梁法是将预制梁用各种方法移装到浮船上，并浮运到架设孔以后就位安装。浮吊船实际是吊车与驳船的联合体，它适用在通航河道上的桥孔下面架桥，施工时需要装梁船和牵引船与之相配合，预制构件装在装梁船上，随时供浮吊船起吊。

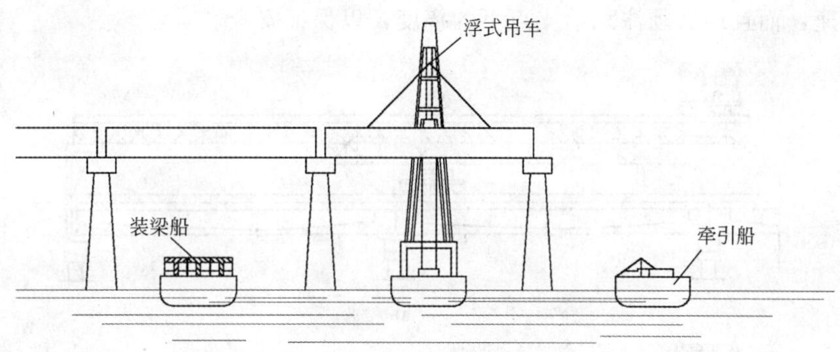

图 2-8-24　浮吊架设法

采用浮运架梁法时，河流须有适当的水深，水深需根据梁重而定，一般宜大于 2m；水位应平稳或涨落有规律如潮汐河流；流速及风力不大；河岸能修建适宜的预制梁装卸码头；具有坚固适用的船只。

浮运架梁法的优点是桥跨中不需设临时支架，可以用一套浮运设备架设安装多跨同跨径的预制梁，较为经济，且架梁时浮运设备停留在桥孔的时间很少，不影响河流通航。

浮吊船宜逆流而上，先远后近地安装。吊装前应先下锚定位，航道要临时封锁。

3. 跨墩龙门式吊车架梁

当桥不太高、架桥孔数又多且沿桥墩两侧铺设轨道不困难时，可以采用跨墩的龙门式吊车架梁，这是一种人工架梁的方法，如图 2-8-25 所示，构件用平车运至龙门吊机下，即可起吊、横移、下落就位。

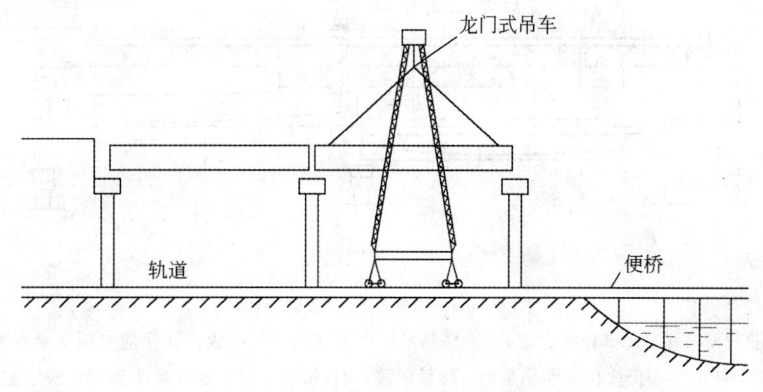

图 2-8-25　跨墩龙门吊机架梁法

预制梁可由轨道平车运送至桥孔，如两台龙门架吊机自行且能达到同步运行时，也可利用跨墩龙门架将梁吊着运送到桥孔再吊起横移落梁就位。

该方法的优点是架设安装速度较快，河滩无水时也较经济，而且架设时不需要特别复杂的技术工艺。作业人员较少。但龙门吊机的设备费用一般较高，尤其在高桥墩的情况。

4. 宽穿巷式架桥机架梁

图 2-8-26 所示是用宽穿巷式架桥机架梁的示意图，这也是一种机械架梁方法。其中的安装梁可用贝雷架或万能杆件拼组而成。这种架桥机的自重很大，在施工时一定要保持沿桥面移动时慢速，而且还必须注意前支点下的挠度，以保证安全。

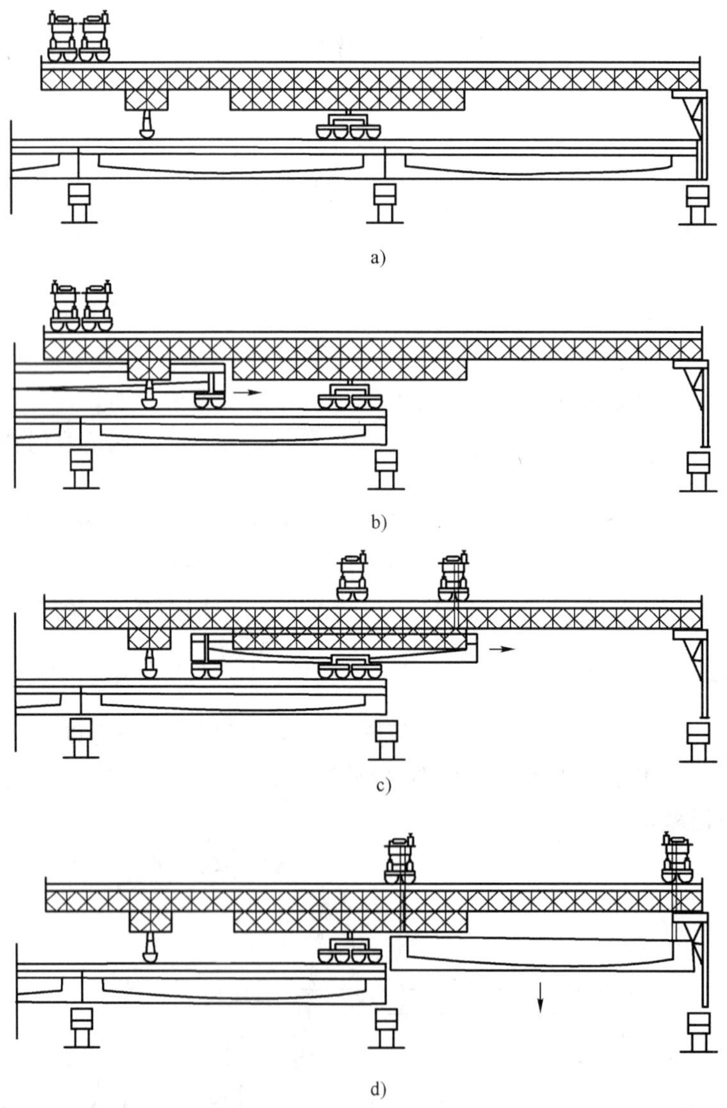

图 2-8-26　宽穿巷吊机架梁步骤

a）一孔架完后，前后横梁移至尾部作平衡重；b）穿巷吊机向前移动一孔位置，并使前支腿支承在墩顶上；c）吊机前横梁吊起 T 形梁，梁的后端仍放在运梁平车上，继续前移；d）吊机后横梁也吊起 T 形梁，缓慢前移，对准纵向梁位后，先固定前后横梁，再用横梁上的吊梁小车横移落梁就位

5. 联合架桥机架梁

图 2-8-27 所示为联合架桥机架梁的示意图，其架梁操作步骤为：

(1) 在桥头拼装钢导梁，梁顶铺设钢轨，并用绞车纵向拖拉导梁就位。

(2) 用托架将两个门式吊机移至待架桥孔两端的桥墩上。

(3) 由平车轨道运预制梁至架梁孔位，将导梁两侧可以安装的预制梁用两个门式吊机吊起，横移并落梁就位，如图 2-8-27b) 所示。

(4) 将被导梁临时占住位置的预制梁暂放在已架好的梁上。

(5) 用绞车纵向拖拉导梁至下一孔后，将临时安放的梁由门式吊机架设就位，完成一孔梁的架设工作，并用电焊将各梁联结起来。

(6) 在已架设的梁上铺接钢轨，再用蝴蝶架顺序将两个门式吊机托起并运至前一孔的桥墩上。

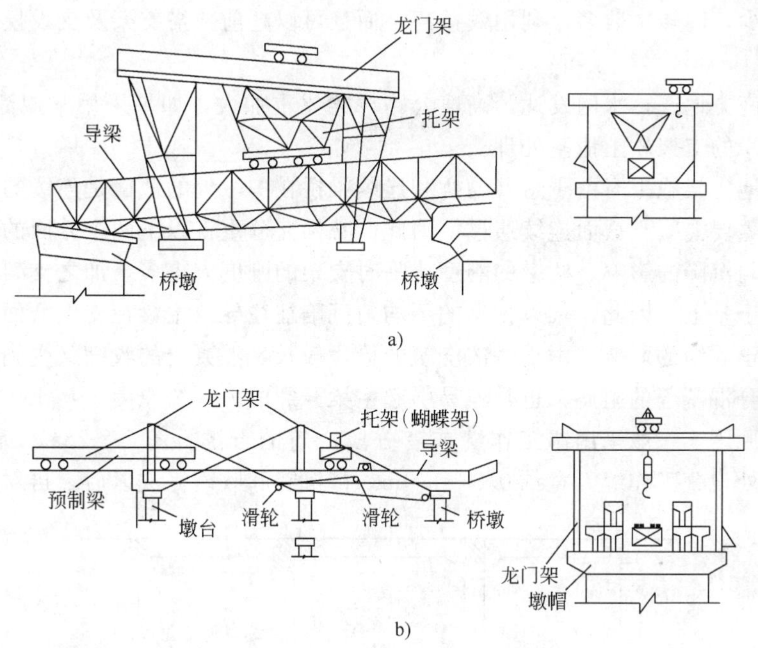

图 2-8-27 联合架桥机安装预制梁

如此反复，直到将各孔主梁全部架好为止。此法适用于孔数较多和较长的桥梁时才比较经济。

第四节 悬臂体系和连续体系梁桥的施工特点

悬臂体系和连续体系梁桥的最大特点是，桥跨结构上除了有承受正弯矩的截面外，还有承受负弯矩的支点截面，这也是它们与简支梁体系的最大差别。悬臂体系和连续体系梁桥的施工方式与简支梁大不相同，目前所用的施工方法大致可分为 3 类：

(1) 逐孔施工法。它又可分为落地支架施工和移动模架施工两种。

(2) 悬臂施工法。利用预应力混凝土能抗拉和便于承受负弯矩的特性，将跨中的施工移到支点，并用支点截面来承受施工期间的负弯矩。一般采用悬臂浇筑或者悬臂拼装（预制节段）两种施工方法。

（3）顶推施工法。在沿桥纵轴方向的台后设置预制场地，分节段的预制梁，并用纵向预应力筋将预制节段与施工完成的梁体连成整体，然后应用水平液压千斤顶施力，将梁体向前顶推出预制场地，然后继续在预制场进行下一节段梁的预制，直至施工完成。按顶推施力的方法又可分为单点顶推和多点顶推两类。

下面将分别介绍这些施工方法的各自特点。

一、逐孔施工法

1. 落地支架施工

满堂支架是在一联或多跨桥下设置支架，体系转换次数很少，或者没有。南京长江第三大桥南引桥满堂支架施工就是按照逐孔现浇施工法进行施工的。逐孔现浇施工法的优点是需要的支架数量少，周转次数多，利用效益高，而且可以超前抢搭支架及支设模板，施工速度快。

在我国的南方地区，水网发达，高速公路桥梁比重加大，如果采用常规满堂支架施工，需要进行大面积的支架软土地基处理。

在进行落地支架施工时由于悬臂梁桥和连续梁桥在中墩处的截面是连续的，而且承担较大的负弯矩，需要混凝土截面连续通过。因此，必须充分重视以下两个方面的影响：

（1）不均匀沉降的影响。桥墩的刚度比临时支架的刚度大得多，加之支架一般垫基在未经精心处理的土基上，因此，难以预见的不均匀沉陷往往导致主梁在支点截面处开裂。

（2）混凝土收缩的影响。由于每次浇筑的梁段较长，混凝土的收缩又受到桥墩、支座摩阻力和先浇部分混凝土的阻碍，也是容易引起主梁开裂的另一个原因。

鉴于上述原因，一般采用留工作缝或者分段浇筑的方法。图 2-8-28a）所示的连续梁，仅在几个支点处设置工作缝，宽约 0.8～1.0m，待沉降和收缩完成以后，再对接缝截面进行

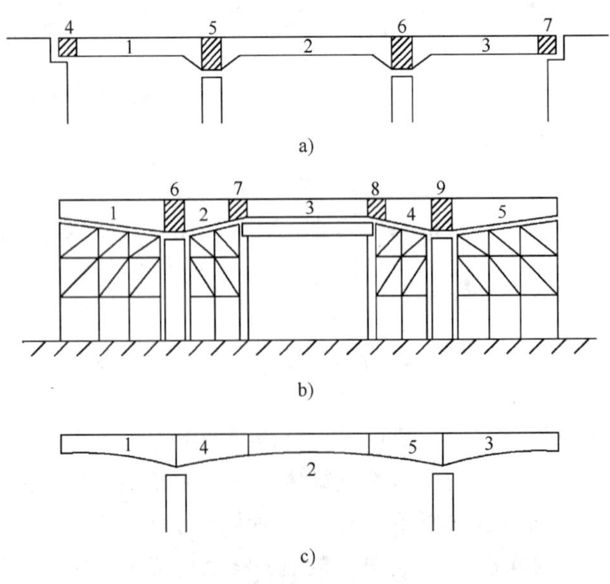

图 2-8-28 浇筑次序和工作缝设置

（图中序号表示浇筑顺序）

凿毛和清洗，然后浇灌接缝混凝土。当梁的跨径较大时，临时支架也会因受力不均，产生挠曲线，如图 2-8-28b）所示悬臂梁中跨的临时桥下过道处，将有明显的折曲，故在这些部位也预留工作缝。

有时为了避免设置工作缝的麻烦而采用图 2-8-28c）所示的分段浇筑方法。其中的 4、5 段须待 1、2、3 段达到足够强度后才能浇筑。

满堂支架适用于高度低于 20m 左右的墩身上部结构以及其它施工方法不经济的情况下建造桥梁上部结构，具有周转次数多，周转时间短，使用辅助设备少，减少了人力物资的浪费，特别适用于多跨现浇梁施工，既保证了工程质量，又能加快施工进度，具有良好的经济效益。

2. 移动模架施工

移动模架施工法是使用移动式的脚手架和装配式的模板，在桥上逐孔浇筑施工。它象一座设在桥孔上的活动预制场，随着施工进程不断移动和连续现浇施工。图 2-8-29 所示是上承式移动模架构造图的一种。它由承重梁、导梁、台车、桥墩托架和模架等构件组成。在箱形梁两侧各设置一根承重梁，用来支承模架和承受施工重力。承重梁的长度要大于桥梁跨径，

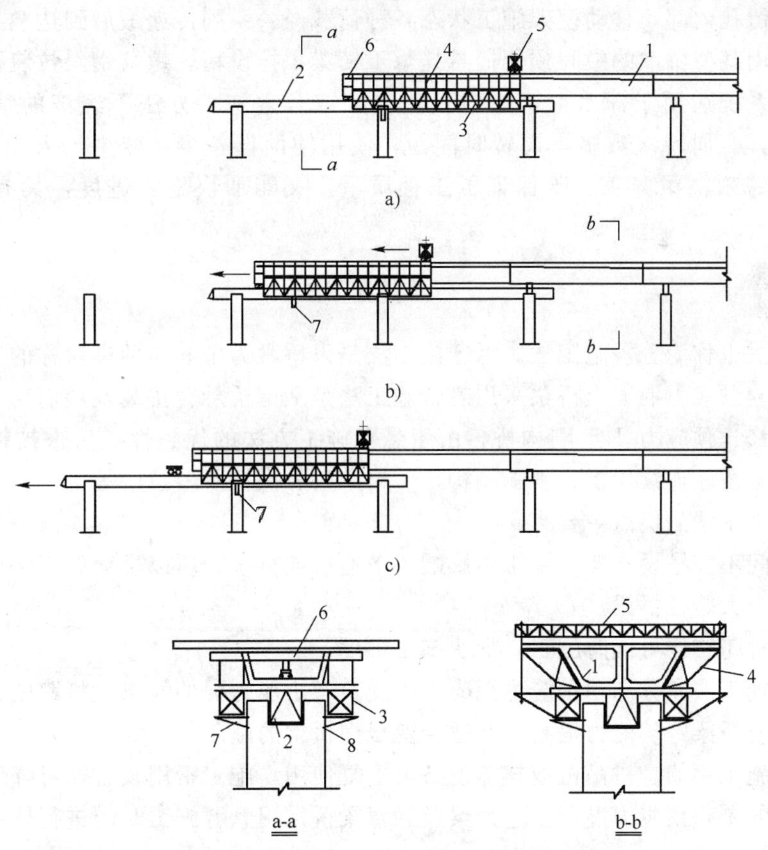

图 2-8-29　移动式模架逐孔施工法

a）浇筑混凝土，施加预应力；b）脱模移动模架梁；c）模架梁就位后，移动导梁，浇筑混凝土前准备工作

1-已完成的梁；2-导梁；3-承重梁；4-模架；5-后端横梁和悬吊台车；6-前端横梁和支承台车；7-桥墩支承托架；8-墩台留槽

浇筑混凝土时承重梁支承在桥墩托架上。导梁主要用于运送承重梁和活动模架，因此，需要大于2倍桥梁跨径的长度。当一孔梁的施工完成后便进行脱模卸架，由前方台车和后方台车在导梁和已完成的桥梁上面，将承重梁和活动模架运送至下一桥孔。承重梁就位后，再将导梁向前移动。

移动模架逐孔现浇施工接缝一般设置在跨径的1/4～1/6处，即接近连续梁零弯矩点附近，施工状态与成桥状态受力模式比较接近。

移动模架逐孔现浇施工法与在支架上现浇施工的主要区别是前者仅在一孔桥下设置支撑，经体系转换成桥，而后者是在一联或多跨桥下设置支架，体系转换次数很少，或者没有。

该施工法的优点是需要的支架数量少，周转次数多，利用效益高，施工速度快。特别在我国的南方地区，水网发达，高速公路桥梁比重加大，如果采用常规满堂支架施工，此地区特有的支架软土地基处理费用相当高。不用堆载预压，移动模架施工更具优势。

对于中小跨径的连续梁桥或陆地上的桥跨结构，可以使用可移动的落地支架，典型应用方式之一是移动模架支撑三角架采用接长钢支腿，钢支腿最后生根在承台上；而当桥墩较高、桥跨较大，或者水中桥跨结构等桥下净空受到约束时，可以采用非落地支撑的移动模架。非落地支撑的典型应用方式之一是在墩身侧面预留孔，移动模架支撑三角架或者支撑横梁直接插入预留孔内部，移动模架施工状态各种荷载经一系列传递最后到达墩身；典型应用方式之二是利用某些桥墩的中间预留槽悬挂承重横梁，挂设精轧螺纹钢斜拉装置。

移动模架系统适用于深水或高墩身使用支架或其它施工方法不经济的情况下建造桥梁上部结构，具有周转次数多，周转时间短，使用辅助设备少，减少了人力物资的浪费，特别适用于多跨现浇梁施工，既保证了工程质量，又能加快施工进度，具有良好的经济效益。

二、悬臂施工法

悬臂施工法也称为分段施工法。悬臂施工法是以桥墩为中心向两岸对称的、逐节悬臂接长的施工方法。预应力混凝土桥梁采用悬臂施工法是从钢桥悬臂拼装发展而来。悬臂施工法最早主要用于修建预应力T型刚构桥，由于悬臂施工方法的优越性，后来被推广用于预应力混凝土悬臂梁桥、连续梁桥、斜腿刚构桥、桁架桥、拱桥及斜拉桥等。

采用悬臂施工法的优点主要有：

(1) 桥跨间不需搭设支架，施工不影响桥下通航或行车。所以悬臂施工法可应用于通航河流及跨线立交大跨径桥梁。

(2) 多孔桥跨结构可同时施工，加快施工进度。

(3) 悬臂施工法充分利用预应力混凝土承受负弯矩能力强的特点，将跨中正弯矩转移为支点负弯矩，使桥梁跨越能力提高，并适合变截面桥梁的施工。

(4) 悬臂施工用的悬拼吊机或挂篮设备可重复使用，施工费用较省，可降低工程造价。

需要注意的是，预应力混凝土连续梁及悬臂梁桥采用悬臂施工时需进行体系转换。

1. 悬臂浇筑法

悬臂浇筑法一般利用挂篮进行施工。挂篮是由悬挂系统、钢桁架、行走系统、平衡重力及锚固系统、工作平台等组成，如图2-8-30所示。

挂篮能沿轨道行走，通过悬挂在已经完成的悬臂梁段上进行下一梁段施工。由于梁段的

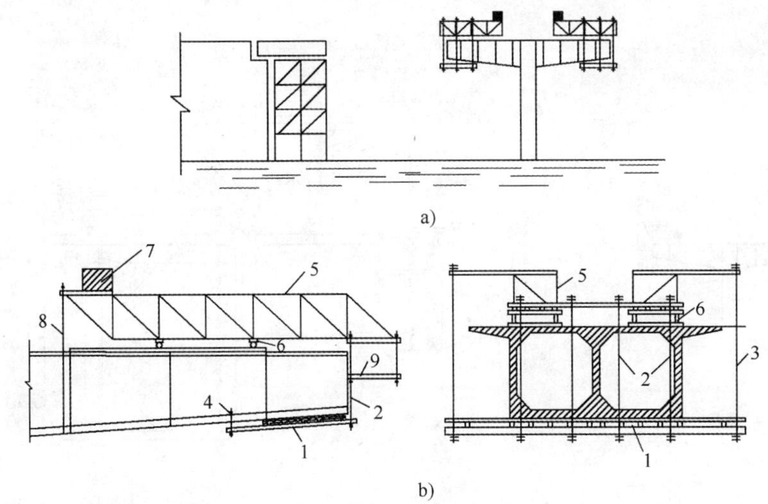

图 2-8-30 悬臂浇筑法施工

a）悬臂施工法概貌；b）挂篮结构简图

1-底模架；2、3、4-悬吊系统；5-承重结构；6-行走系统；7-平衡重；8-锚固系统；9-工作平台

模板架设、钢轨绑扎、制孔器安装、混凝土浇注、预加应力和管道压浆均在挂篮上进行，所以挂篮除具备足够的强度外，还应满足变形小、行走方便、锚固和拆装容易等要求。

当桥墩宽度较小时，浇注桥墩两侧的 1 号梁段，因挂篮拼装场地不足，往往采用托架支撑，然后再在其上安装脚手钢桁架，供吊设挂篮和浇注 2 号悬臂梁段。待左右两侧的 2 号梁段浇好后，再延伸钢桁架。并移动挂篮位置至外端，供 3 号梁段浇筑（图 2-8-30）。

2. 悬臂拼装法

悬臂拼装法是将梁段分段预制（分长度和起吊能力控制），现场组拼。为了使段与段之间的接缝紧密，可先浇制奇数编号的块件。为了使拼装构件的位置准确，可以在顶板和腹板上设置榫头作导向。

悬臂拼装的顺序是先安装墩顶梁段，再用墩顶上的悬臂钢桁架，同时拼装两侧块件。待拼装几段后，分开导梁，一端支在已拼装的 3 号块件上，另一端支在岸墩上和支在靠近桥墩的块件上，依次对称拼装其它块件，如图 2-8-31 所示。

图 2-8-31c）是菱形挂篮吊机构造示意图。它由菱形主体构架、支承与锚固装置、起吊系统、自行走系统和工作平台等部分组成。与桁架式吊机的最大不同点是它具有自行前移的功能，可以加快施工速度。

预制节段之间的接缝可采用湿接缝和胶接缝。湿接缝宽度约为 0.1～0.2m，拼装时下面设临时托架，梁段位置调准以后，使用高强度等级的砂浆或细石混凝土填实，待接缝混凝土达到设计强度以后再施加预应力。胶接缝是用环氧树脂加水泥在节段接缝面上涂上约厚 0.8mm 的薄层，它在施工中可使接缝易于密贴，完工以后可提高结构的抗剪能力、整体刚度和不透水性，故应用较普遍。但胶接缝要求梁段接缝有很高的制造精度。

3. 悬臂施工法中的临时固结措施

用悬臂施工法从桥墩两侧逐段延伸来建造预应力混凝土悬臂梁桥时，为了承受施工过程

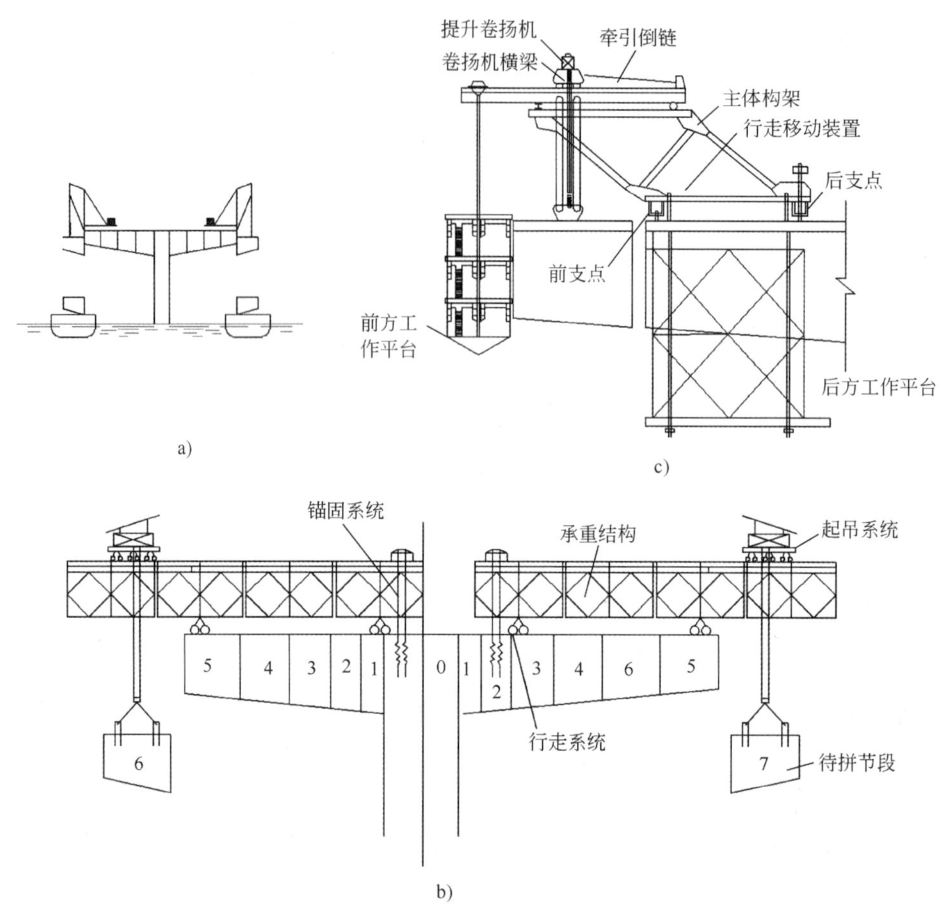

图 2-8-31　悬臂拼装法施工

a）悬臂拼装概貌；b）桁架式悬臂吊机构造图；c）菱形挂篮安装系统

中可能出现的不平衡力矩，就需要采取措施使墩顶的零号块件与桥墩临时固结起来。图2-8-32是0号块体与桥墩临时固结的构造示意图，只要切断预应力筋后，便解除了临时固结，

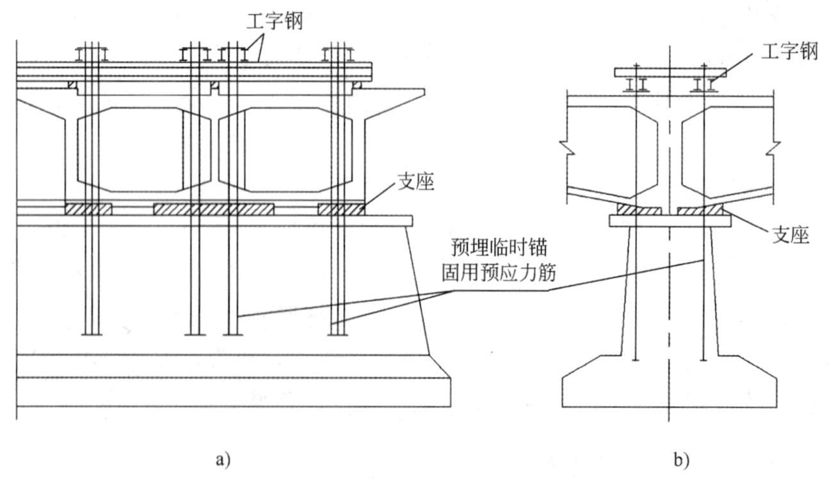

图 2-8-32　0号块件与桥墩的临时固结构造

完成了结构体系的转换。图 2-8-33 是几种不同的临时支承措施示意图。临时支承可用硫磺水泥砂浆块、砂筒或混凝土块等卸落设备，以便于体系转换和拆除临时支承。

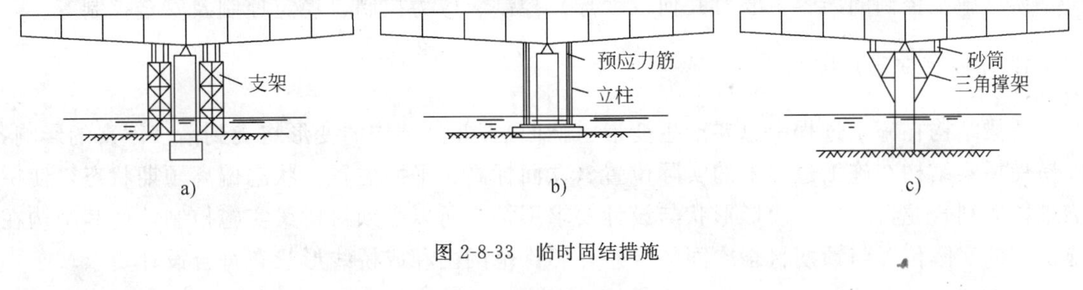

图 2-8-33 临时固结措施

三、顶推施工法

顶推施工法源于钢桥拖拉架设法，以千斤顶代替卷扬机和滑车组，改善启动时的冲动。以滑板、滑道代替滚筒，避免线接触，保证薄壁箱式结构的安全。

顶推施工法有以下优点：机具设备简便，无需大型起吊设备；节省施工用地，工厂化制作；能保证构件质量，模板可周转，不影响通航；节约劳力，施工安全。适用于连续梁、组合梁（桥面板）、简支梁、拱桥（桥面纵梁）、斜拉桥（主梁）等结构。

但也有缺点：不适应多跨变高梁，曲率变化的曲线桥和竖向曲率大的桥梁；受顶推悬臂弯矩的限制，顶推跨径大于 70～80m 不经济；顶推过程中的反复应力，使梁高取值大；临时约束多，张拉工序繁琐；随着桥长的增大，施工进度较慢等。

第五节　桥梁施工控制简介

一、桥梁施工控制的定义

桥梁施工，特别是大跨径桥梁的施工是一个系统工程。在该系统中，设计图只是目标，而在自开工到竣工整个为实现设计目标而必须努力的过程中，将受到许许多多确定和不确定因素（误差）的影响，包括设计计算、桥用材料性能、施工精度、荷载、大气温度等诸多方面在理想状态与实际状态之间存在的差异，施工中如何从各种受误差影响而失真的参数中找出相对真实之值，对施工状态进行实时识别（监测）、调整（纠偏）、预测，对设计目标的实现是至关重要的。上述工作一般需以现代控制论为理论基础来进行，所以称之为施工控制。

二、施工控制在桥梁施工中的作用

（1）桥梁施工控制不仅是桥梁施工技术的重要组成部分，而且也是实施难度相对较大的部分。

（2）桥梁施工控制是确保桥梁施工宏观质量的关键。

（3）桥梁施工控制也是桥梁建设的安全保证。

三、桥梁施工控制的任务

对桥梁施工过程实施控制，确保在施工过程中桥梁结构的内力和变形始终处于容许的安全范围内，确保成桥状态（包括成桥线型与成桥结构内力）符合设计要求。

四、桥梁施工控制的内容

桥梁施工控制的内容主要有几何（变形）控制、应力控制、稳定控制及安全控制等。

1. 几何（变形）控制

桥梁结构在施工过程中总要产生变形（挠曲），并且结构的变形将受到诸多因素的影响，极易使桥梁结构在施工过程中的实际位置（立面标高、平面位置）状态偏离预期状态，使桥梁难以顺利合龙，或成桥线形形状与设计要求不符，所以必须对桥梁实施控制，使其结构在施工中的实际位置与预期状态之间的误差在容许范围内和成桥线形状态符合设计要求。

2. 应力控制

桥梁结构在施工过程中以及成桥状态的受力情况是否与设计相符合是施工控制要明确的重要问题。通常通过结构应力的监测来了解实际应力状态，若发现实际应力状态与理论应力状态的差别超限就要进行原因查找和调控，使之在允许范围内变化。

3. 稳定控制

桥梁结构的稳定性关系到桥梁结构的安全。世界上有不少桥梁在施工中因失稳破坏的例子。因此在桥梁施工中不仅要严格控制变形和应力，还要严格控制施工各阶段构件的局部和整体稳定。

目前主要是通过稳定分析计算（稳定安全系数），并结合结构应力、变形情况来综合控制其稳定性。

4. 安全控制

桥梁施工安全控制是上述变形控制、应力控制、稳定控制的综合体现，上述各项得到了控制，安全也就得到了控制由于结构形式不同，直接影响施工安全的因素也不一样，在施工控制中需根据实际情况，确定其安全控制重点。

第九章 梁桥实例

DIJIUZHANG

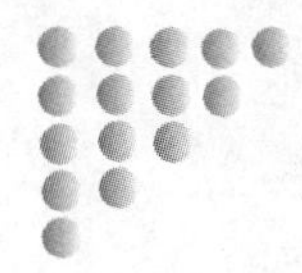

第一节　河南太澳枢纽立交主线桥

一、概　　况

太澳枢纽立交为河南郑石高速公路上跨太澳高速而设置的互通式立体交叉。互通范围内共设有9座桥梁，它北连石人山市，南连郑州市，分成6联，按双幅桥设计。跨径布置为5×20+4×20+5×29.94+4×29.94+(3×30.62+3×32.08)+4×30=757.56m。上部结构采用现浇预应力混凝土连续箱梁（单孔跨径>20m）和现浇钢筋混凝土连续箱梁（单孔跨径20m)。下部结构采用桩柱式桥墩及桩柱式桥台，桩基础。由于桥梁较长，立面图仅以第5联为例，如图2-9-1所示。

该桥2005年10月开工建设，2007年5月将建成通车，由湖北兴达交通工程建设股份有限公司施工，广西交通规划勘察设计研究院设计。

二、主要技术标准

(1) 设计荷载：公路—I级×1.3。

(2) 地震烈度：地震加速度动峰值0.05g。

三、主 要 材 料

1. 混凝土

预应力钢筋混凝土箱梁采用C50混凝土，钢筋混凝土箱梁采用C40混凝土。桥面铺装调平层采用C50混凝土；桥墩、盖梁、承台、桥台台帽、背墙、牛腿、耳墙、搭板采用C30混凝土；肋板、桩基采用C25混凝土。

2. 普通钢筋

设计采用钢筋为R235和HRB335两种。

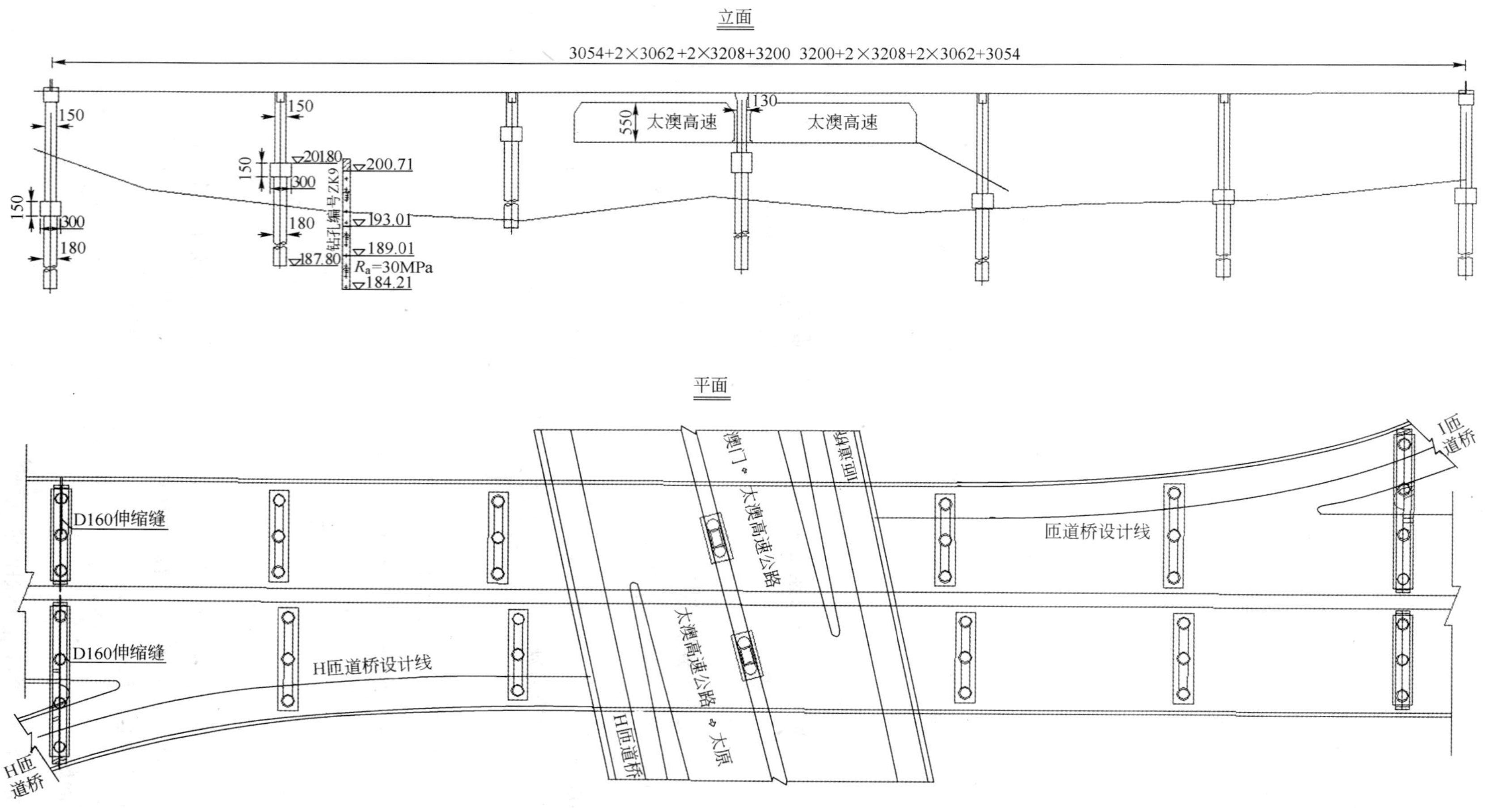

立面

3054+2×3062+2×3208+3200 3200+2×3208+2×3062+3054

150
300
180
150
150
300
180
钻孔编号ZK9
201.80
200.71
193.01
189.01
187.80
R_a=30MPa
184.21
550
太澳高速
130
太澳高速

平面

D160伸缩缝
D160伸缩缝
H匝道桥设计线
H匝道桥
澳门 ➪ 太澳高速公路
太澳高速公路 ➪ 太原
H匝道桥
I匝道桥
匝道桥设计线
I匝道桥

图2-9-1 太澳枢纽立交第5联预应力混凝土现浇连续箱梁总体布置图(尺寸单位:cm)

3. 预应力筋

预应力筋采用低松弛 270 级钢绞线，公称直径 Φ^{s}15.2mm（0.6″），标准设计强度为 1860MPa，弹性模量为 1.95×10^{5}MPa，松弛率≤2.5%。

预应力管道采用厚度不小于 0.3mm 镀锌双波波纹管。

4. 锚具

锚具采用 OVM 型锚具及其配套的设备。

5. 支座与伸缩缝

支座均采用 GPZ（II）型盆式支座；伸缩缝采用 D80 型和 D160 型毛勒伸缩缝。

四、设 计 要 点

1. 上部结构

预应力混凝土箱梁梁高 1.6m（图 2-9-2），钢筋混凝土箱梁梁高 1.4m，箱梁顶板与底板平行。

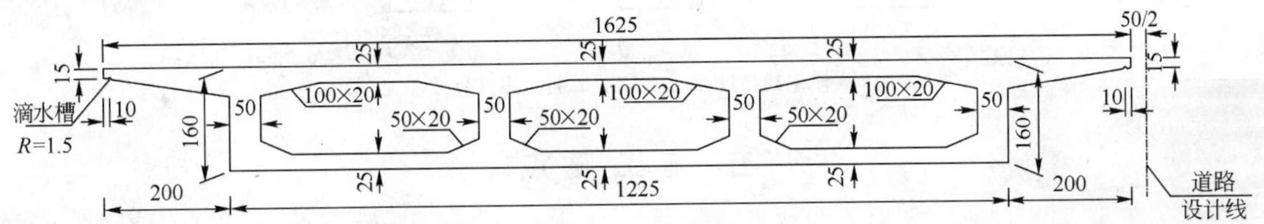

图 2-9-2 太澳主线桥箱梁标准横断面图（尺寸单位：cm）

桥面铺装：10cm 厚沥青混凝土＋8cm 厚 C50 混凝土调平层。

2. 下部结构

下部结构均采用钢筋混凝土盖梁、柱式桥墩和桩基础。桥台采用桩柱式桥台，桩基均按嵌岩桩设计，如图 2-9-3 所示。

3. 结构计算

箱梁上部结构按平面杆系假定，采用桥梁综合程序进行结构内力计算，预应力混凝土连续箱梁按全预应力混凝土构件设计，桥墩按集成刚度法进行水平力分配，钻孔桩按嵌岩桩模式计算设计，桩身内力按“m”法计算。

一期自重：一期自重包括主梁材料重量。混凝土容重取 26kN/m³，主梁按实际断面计取重量。主梁横隔梁以集中力计入。

二期自重：二期自重为桥面防撞护栏、分隔带护栏等及桥面铺装。

活载偏载系数：1.15。

基础不均匀沉降：5mm。

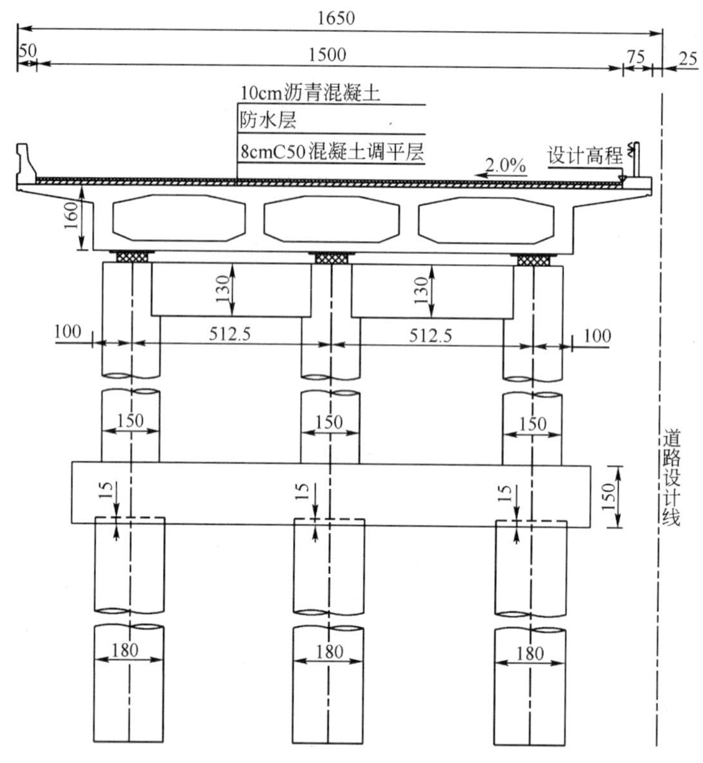

图 2-9-3 太澳主线桥跨中 1/2 标准横断面图（尺寸单位：cm）

五、施 工 要 点

1. 箱梁施工

（1）预应力箱梁采用逐孔施工法施工，钢筋混凝土箱梁采用满堂支架现浇施工，预应力混凝土连续箱梁为抵消支架弹性变形而设置了预拱。浇筑混凝土前为消除支架的非弹性变形，对支架进行了等载预压，且预压期不小于 15d。箱梁外模板采用大块钢模板。

在混凝土强度达到设计强度的 90％以后进行张拉预应力，预应力管道在张拉后 24h 内压浆，压浆排气管出口在压浆过程及浆体初凝前均高于管道不小于 50cm。

（2）预应力张拉

开始张拉前将所有钢绞线尾端切割成一个平面或采用与钢绞线颜色反差较大的颜料标出一个平面，在任何步骤下量测引伸量均量测该平面距锚垫板之间的距离，而不是量测千斤顶油缸的变位量，以免使滑丝现象被忽略。

预应力张拉按如下步骤操作：

$$\text{初张拉 } P_0 \xrightarrow{\text{总张拉吨位的 }10\%\sim15\%} \text{持荷 3min} \xrightarrow{\text{量测引伸量 }\delta_1} \text{张拉到总张拉吨位 } P \longrightarrow$$

$$\text{持荷 3min} \xrightarrow{\text{量测引伸量 }\delta_2} \text{回油} \longrightarrow \text{量测引伸量 } \delta_3$$

2. 桥面铺装、护栏施工

将结合面上的浮皮、油污清除，并用水冲净后，测量板顶面各点标高，测点纵、横间距不大于5m。将实际值与理论值进行比较，再进行浇筑桥面铺装混凝土。

防撞护栏混凝土在跨中、支点位置设置1cm左右宽断缝；伸缩缝位置护栏连接钢管一端与护栏钢管点焊，一端自由。

3. 桥墩、桩基施工

施工时按承台或桩顶顶面标高应在天然或规划地面以下0.5m左右的原则，根据实际地形适当调整桩顶标高。桩基严格按照规范清孔，桩底沉淀厚度小于5cm。所有桩基均进行了检测，合格率100%。

桥墩墩柱施工采用钢模板，一节长度不小于2m。对于填土高度大于5m的桩柱式桥台，均采取了先分层填土压实再成孔的顺序施工。填土厚度不大于25cm，每层的压实度不小于98%。

第二节　望 亭 大 桥

一、概　　况

望亭大桥位于望亭—东桥一级公路上，南接312国道，向北下穿沪宁铁路往东桥镇，跨越京杭大运河，为连接苏州市望亭镇与东桥镇的过境道路干线上的位于城市内的桥梁，桥面车行道为双向六车道，沥青路面。桥梁主跨采用双向2.35%纵坡，并设置$R=6500$m的竖曲线。桥台处东端最高填土不大于5m，台后接路采用放坡路堤；桥台处西端最高填土不大于4m，设挡土墙，如图2-9-4、图2-9-5所示。

二、设 计 标 准

(1) 道路等级：一级公路兼顾城市功能。

(2) 设计荷载：汽—超20、挂—120，人群荷载按3.5kN/m^2。

(3) 桥面宽度：2.75m人行道＋12m车行道＋0.75m护栏带＋1m中央分隔带＋0.75m护栏带＋12m车行道＋2.75m人行道＝32m。

(4) 通航标准：结合京杭大运河特点，四级航道标准为$B=50$m，$b=40$m，$H=7$m，$h=4$m。设计通航水位黄海标高2.67m。

(5) 抗震标准：地震基本烈度为6度，按7度设防。

三、设 计 要 点

1. 主桥

根据四级航道及河中不设桥墩的要求，主桥采用三跨三向预应力混凝土变截面连续箱梁，跨径组合为57＋86＋57m＝200m，横向由两个单箱单室组成。采用直腹板，顶板宽度15.5m，底板宽8m，翼缘板悬臂分别长3.75m。由腹板不等高形成2%的顶板横坡，单箱梁中轴线处梁高由2.2m（跨中）变至5.0m（中支点），梁底下缘采用$R=240$m圆曲线变化。箱梁顶板厚25cm，底板厚度中跨由跨中25cm变至0号块端部70cm，边跨从25cm变至50cm。每侧腹板厚50cm，靠近0号块端部渐变至70cm。在两端支点、中跨跨中、两中支点处共设5道 横隔梁。

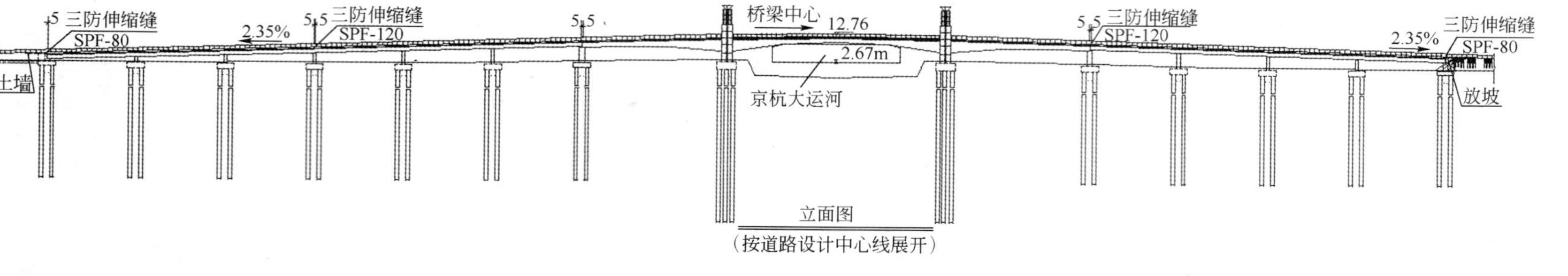

图2-9-4　望亭大桥纵断面布置图

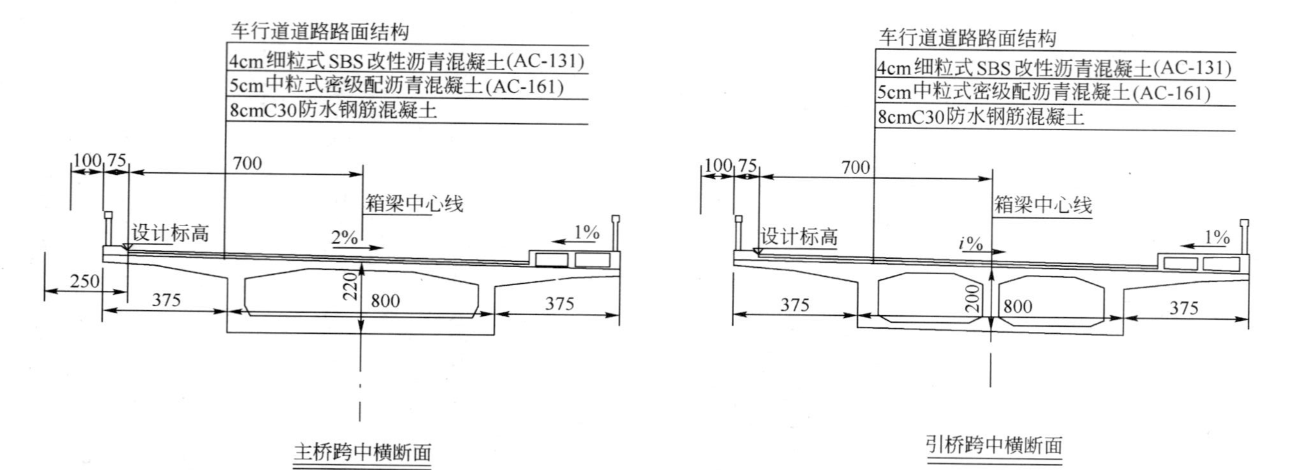

图2-9-5　望亭大桥横断面布置图(尺寸单位:cm)

箱梁采用C50混凝土，并设置三向预应力体系，纵、横向预应力体系采用Φ^s15.24低松弛预应力钢绞线和OVM群锚体系组成，竖向预应力体系采用高强精轧螺纹粗钢筋和轧丝锚组成。

主桥8、9号中墩采用实体矩型切角桥墩，截面300×800cm，切角30×40cm，墩高3.6m。承台尺寸为3.0×8.0×13.5m，单幅桥每个桥墩基础由8根Φ1500mm钻孔灌注桩组成。

主引桥交接墩采用实体矩形哑铃型桥墩，墩厚2m，宽8m，高6.35m。承台尺寸为220×670×1090cm，单幅桥每个桥墩基础由6根Φ1500mm钻孔灌注桩组成。

2. 引桥

引桥采用双向预应力混凝土等截面连续箱梁，跨径组合西岸3×35+3×35=210m。东岸4×35=140m，桥面宽32m。引桥横向由两个单箱双室组成，顶板宽度15.5m，底板宽8m，翼缘板悬臂长3.75m。随道路横坡变化，箱梁顶、底板随其变化而变化。

引桥墩采用实体矩形哑铃型桥墩，墩厚1.3m。承台尺寸为2.2×6.7×6.7m，单幅桥每个桥墩基础由4根Φ150cm钻孔灌注桩组成。

桥台采用重力式桥台，承台尺寸为1.5×6.7×16.05m，单幅桥每个桥台基础由6根Φ150cm钻孔灌注桩组成。

四、主要材料

1. 混凝土

箱梁采用C50混凝土，桥墩、桥面铺装、人行道、采用C30混凝土，桩基、承台、桥台、护栏、搭板采用C25混凝土。

2. 普通钢筋

分别采用R235和HRB335钢筋。

3. 预应力钢铰线、锚具

预应力钢铰线采用标准的Φ^s15.24高强度低松驰钢铰线，锚具采用OVM群锚体系。

4. 支座、伸缩缝

支座采用GPZ小位移系列盆式支座；伸缩缝采用SFP三防系列伸缩缝，桥台处用SFP—80型，桥墩处用SFP—120型、SFP—160型。

五、施工要点

1. 上部结构

主桥上部箱梁采用挂篮对称悬臂浇筑，若双幅同时施工，则需要4对挂篮，先在中墩墩顶托架上浇筑0号块，并在墩顶与0号块设置临时锚固措施，然后利用挂篮向两侧对称平衡悬臂施工，节段最大重量1143kN，最大悬臂长度为38m。边跨13m直线梁段在支架上浇筑，先合龙边跨，再合龙中跨。

箱梁浇筑应严格保证混凝土的质量、强度和弹性模量，在浇筑新混凝土前应将旧混凝土

表面凿毛，以保证新旧混凝土的整体性，并注意混凝土的养护。等混凝土强度达到设计强度的90%，才能张拉预应力束和拆模。

2. 下部结构

1）桥墩、桥台

墩台身施工要求尺寸准确，表面光洁平整。墩台身是主要承重结构，要求确保墩身混凝土的质量和强度，注意混凝土工作缝的处理，确保其整体性。临时支座混凝土垫块中预留电阻丝，间距应通过试验确定。盆式橡胶支座地脚螺栓安装孔，待螺栓安装后用环氧树脂砂浆灌实，环氧树脂砂浆标号不低于40号。

2）基础施工

各钻孔桩护筒安装完毕后应满足中心偏差不大于5cm，倾斜度不大于1：100。应严格控制钻孔桩护筒在施工各环节中发生变形。如遇软弱及易坍孔土层时，应按规范采取改善泥浆性能、加高水头等措施确保孔壁不坍塌。主墩承台属大体积混凝土，且钢筋较密集，施工浇筑与养生工艺应精心编制，以保证承台混凝土的质量。

第三节　夏仕港特大桥

一、概　　况

夏仕港特大桥为泰州市沿江高等级公路靖江段新建桥梁，跨越夏仕港新老河道，桥梁跨径为6×30+(60+90+60)+3×30=480m，该桥平面位于直线段上，纵断面位于R=7000m的竖曲线上。桥面车行道为双向四车道，单向宽11.25m车行道，外侧0.5m防撞护栏，内侧0.75m波形护栏带，两幅上下行桥间有0.5m中央分隔带，桥梁总宽度25.5m。

主桥上部结构采用（60+90+60)m预应力混凝土连续箱梁，下部主墩采用实体桥墩，交接墩采用双柱式桥墩；引桥上部结构采用30m跨径PC组合箱梁，先简支后连续；下部结构的桥台采用肋板式台，桥墩采用桩柱式墩。基础均采用钻孔灌注桩基础。如图2-9-6～图2-9-8所示。

该桥由林李土建工程咨询有限公司第二道路桥隧设计所设计，江阴大桥工程公司施工。

二、设计要点

1. 主桥

根据五级航道及现场条件的要求，主桥采用三跨预应力混凝土变截面连续箱梁，主桥横向两个单箱单室、直腹板截面，顶板宽12.5m，底板宽7m，翼缘板悬臂分别长2.75m。由腹板不等高形成2%的顶板横坡，单箱梁中轴线处梁高由2.3m（跨中）变至5.2m（中支点），梁底下缘采用R=257m圆曲线变化。顶板厚25cm，底板厚在中跨25cm（跨中）变至0号块根部的80cm，边跨从25cm变至45cm。腹板厚50cm，6～7号块渐变至70cm。在两端支点、中跨跨中、两中支点处共设5道横隔梁。

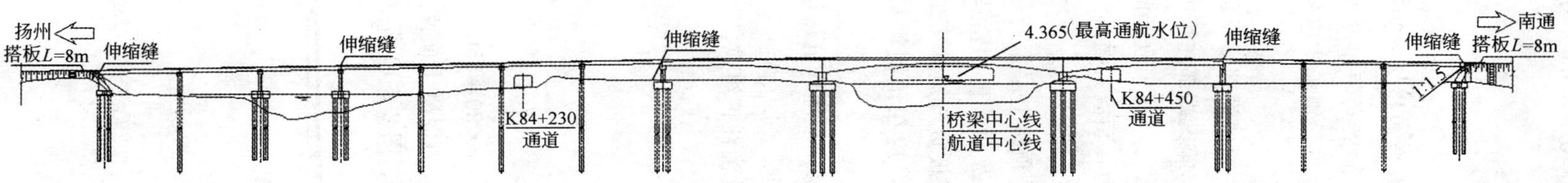

图2-9-6　夏仕港特大桥纵断面布置图

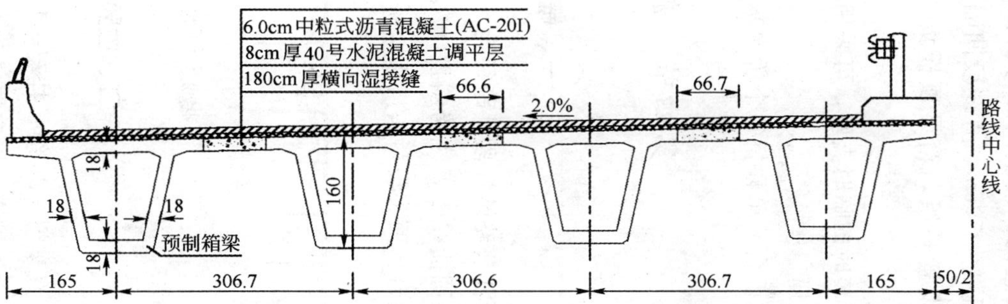

图2-9-7　夏仕港特大桥垮中横断面图(尺寸单位：cm)

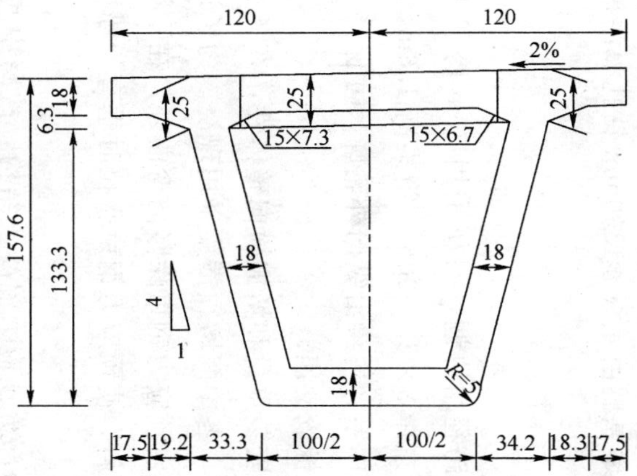

图2-9-8　跨中中梁横断面图(尺寸单位：cm)

主引桥交接墩采用双柱式桥墩，立柱尺寸 1.6×1.8m。承台尺寸为 2.5×6.6×8.0cm，单幅桥每个桥墩基础由 4 根 Φ1500mm 钻孔灌注桩组成。

2. 引桥

为与主桥跨径相协调，引桥采用 30m 跨径 PC 组合箱梁，跨径组合西岸 3×30＋4×30m＝210m。东岸 3×30＝90m。箱梁高 1.6m，采用多箱单独预制，简支安装，再现浇连续接头的结构体系。主梁沿纵向外轮廓尺寸保持不变。支座设置除端支座设滑板支座外，各中墩上设圆板橡胶支座。

为了减轻安装重量和增加横向整体性，在各箱之间设横向湿接缝。每联端部横梁部分与箱梁同时预制，各中间墩顶横梁采用现浇。为了满足锚具布置的需要，箱梁端部在箱内侧方向加厚，腹板内预应力钢束除竖向弯曲外，在主梁加厚段尚有平面弯曲。与此相应，锚固面在 3 个方向倾斜，使预应力钢束张拉时垂直于锚固端面。为了扩散应力，预应力锚具在梁端布置力求均匀。

本设计为部分预应力混凝土结构，故跨中底板下层钢筋和支点处顶板上层钢筋是根据承载能力极限状态设置的。钢绞线的弯折处采用圆曲线过渡，管道圆顺，预制箱梁定位钢筋在曲线部分以间隔为 50cm、直线段间隔为 100cm 设置一组。顶板负弯矩钢束的定位钢筋每间隔 100cm 设置一组。箱梁顶板负弯矩钢束的钢波纹扁管，应在预制箱梁时预埋。

预制箱梁简支安装时的临时支座，可采用硫磺砂浆制成，硫磺砂浆内应埋入电热丝，采用电热法解除临时支座。

桥台采用肋板式桥台，单幅桥每个桥台基础由 6 根 Φ1200mm 钻孔灌注桩组成。

第四节　新十圩港桥

一、概　　况

本桥位于泰州沿江公路靖江段，跨径为 6×30＋(30＋40＋4×30)＋6×30＝550m，桥梁平面位于缓和曲线及圆曲线上，主跨斜度 10°。该桥上部结构采用预应力混凝土简支 T 梁，下部结构采用轻型墩台，两头设桥头搭板，桥面宽 25.5m。如图 2-9-9、图 2-9-10 所示。

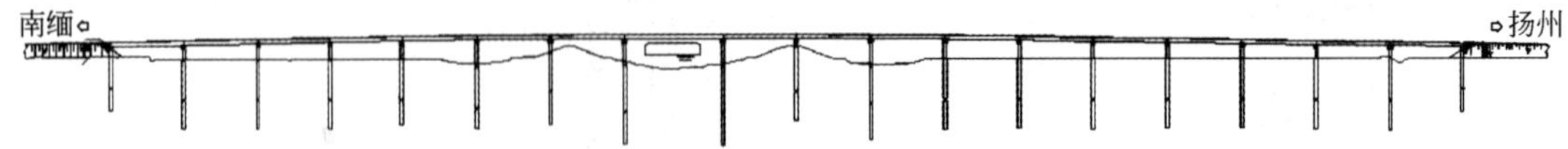

图 2-9-9　新十圩港桥图式

二、主要技术标准

(1) 荷载等级：汽车超—20 级、挂车—120。

(2) 新十圩港为六级航道，净空要求为 22×4.5m。

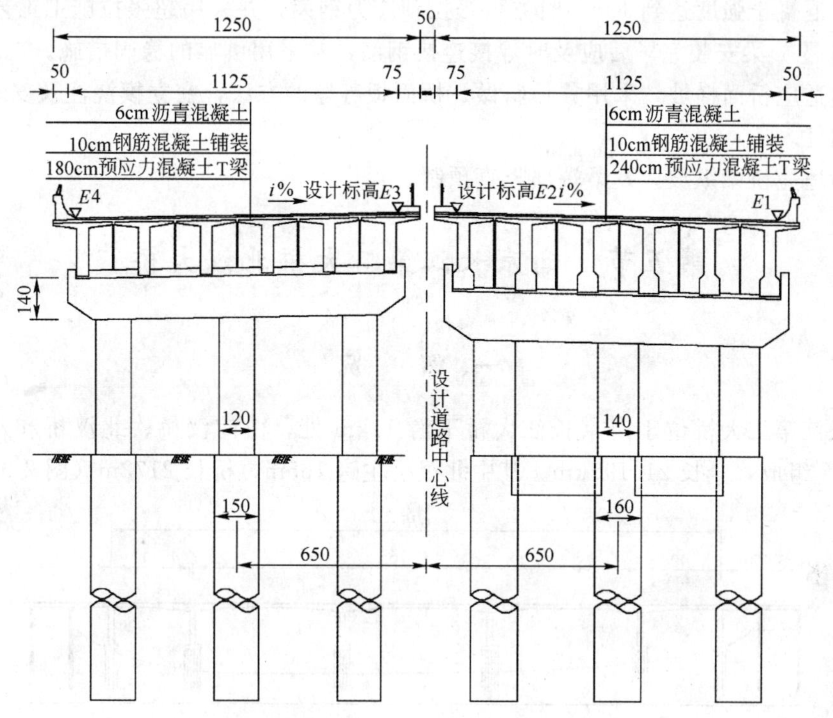

图 2-9-10 新十圩港桥桥墩横断面图（尺寸单位：cm）

三、主 要 材 料

1. 混凝土

预制 T 形梁采用 C50 混凝土；桥面钢筋混凝土铺装采用 C40 混凝土；桥台、桥墩、搭板、耳背墙采用 C30 混凝土；桩采用 C25 混凝土。

2. 普通钢筋

非预应力钢筋采用 I 级钢筋和 II 级钢筋（GB 1499—79）。

3. 预应力钢筋

预应力钢筋采用 Φ^{s}15.24 高强度低松弛预应力钢绞线。标准强度 $R_y^b=1860$MPa，$E_y=1.95\times105$MPa，控制张拉应力 $\sigma_k=0.75R_y^b$。

四、设 计 要 点

（1）30m 跨径的 T 梁采用 GYZ 支座（350×66）mm，40m 跨径的 T 梁采用 GYZ 支座（425×88）mm，桥梁伸缩缝处采用四氟 GYZ 支座（350×66）mm。

（2）桥面铺装上层采用 6cm 沥青混凝土，下层采用 10cm 现浇 C40 钢筋混凝土。

（3）上部结构采用 30m、40m 预应力简支 T 梁；下部结构桥墩、桥台采用桩柱式墩台。基础均为钻孔灌注桩。

(4) 在混凝土强度达到100%时方可张拉预应力钢束，并采用超张拉施工工艺。

(5) 相邻T梁安装完毕后应及时焊接连接钢筋，并采用可靠的稳固措施。

(6) 为适应桥面横坡，采用翼板斜做、桥面板等厚的方法，在立模浇注及安装时应注意横坡的方向性。

(7) 为适应桥梁纵坡，T梁端部竖直预制。

第五节　南京长江第二大桥北汊大桥

一、概　况

南京长江第二大桥位于南京长江大桥下游11km处，由南汊桥、北汊桥和八卦洲公路"二桥一路"组成，全长21.197km。其中北汊桥主跨165m，桥长2172m（图2-9-11）。

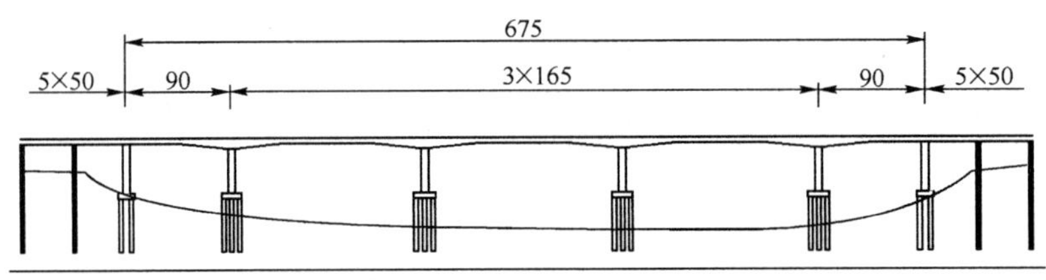

图2-9-11　南京长江第二大桥北汊大桥纵断面总体布置图（尺寸单位：m）

二、主要技术指标

设计行车速度：100km/h

桥梁宽度：32m

设计荷载：汽车—超20，挂车—120

设计风速：30.4m/s

地震基本烈度：VII度

通航净空：净宽≥125m，净高18m

设计洪水频率：1/300

三、桥梁总体设计

主桥侧重于先进性，引桥侧重于经济性来进行桥型方案选择及桥孔布设。重点考虑下述因素：

两岸均已建成长江南京河段达标大堤，为防安全，应避开大堤设墩，并留以足够的安全距离，确保施工及运营期大堤安全。

考虑北汊航道航迹及其中心位置，尽可能使主桥中心与航道中心一致，并使主桥通航桥孔覆盖航迹范围，主桥不少于两个通航孔，从利于通航和美学考虑，布置了三孔通航孔。

尽量减少深水基础，以缩短工期、节省投资。

主桥边中跨比大小，既考虑结构合理受力，也考虑方便施工。考虑到一座大跨径PC连续梁或连续刚构在边路近边支点梁段裂缝的经验教训，主桥设计中，适当减小了边孔跨径，降低边、中跨径比，尽量减小边跨主拉应力，避免裂缝产生，并有利于施工。

桥址下基岩埋深不大，岩面平整。

漫滩中引桥适当加大跨径，这一跨径应能跨越两岸江堤，堤内引桥则以经济跨径布设。

按照软土路基允许最大填土高度要求，桥头路堤填土高控制在5m以内。

综合考虑上述诸因素，在初步设计和技术设计阶段，主桥拟定了（90＋3×165＋90）m和（105＋3×180＋105）m两种跨径组合的预应力变截面连续箱梁和连续刚构方案进行了同深度的技术经济比较。结果认为，主孔165m的布孔方案已基本覆盖了航迹范围，满足通航及防洪要求，且大跨径预应力混凝土连续箱梁结构整体性能良好，刚度大，变形小，行车舒适，断面抗扭刚度大，抗震性能好，主墩刚度相对较大，抵抗船舶撞击能力较强，全桥线形简洁大方，施工难度不大，养护维修方便，造价适度，经专家审查和交通部批准，同意北汉主桥采用主跨165m的五跨预应力混凝土连续箱梁方案。最终北汉大桥桥跨总体布设方案为：主桥90＋3×165＋90＝675m等截面预应力混凝土连续箱梁桥；北引桥35＋16×30＋5×50＝765m等截面预应力混凝土连续箱梁桥；南引桥5×50＋17×30＝760m等截面预应力混凝土连续箱梁桥；全桥长2172m。主梁断面如图2-9-12所示。

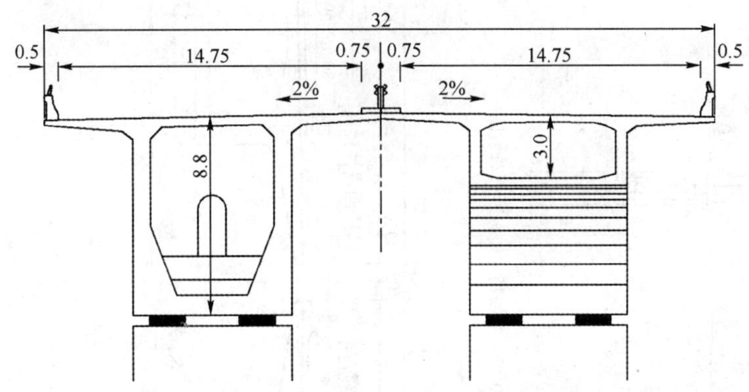

图2-9-12　主梁横断面图（尺寸单位：m）

主桥桥面标高，按两次边孔在最高通航水位以上留有通航净高18m考虑，桥面以主桥中心对称设置2.957％的双向纵坡，并设半径为16000m的凸型竖曲线。为改善大桥景观，展示大桥结构造型美感，在大桥南、北引桥还分别设置了半径为8000m和4136m的平曲线。

该桥由中交公路第一勘察设计院设计，中铁第十九工程局、山东交通工程总公司等单位承建，于1998年1月开工，2001年3月全线通车。

第六节　临淮关淮河特大桥

一、概　　况

临淮关淮河大桥是拟建蚌埠～南京高速公路上的一座特大型桥梁，也是历年来淮河桥中规模最大的一座桥梁。主桥纵向采用分离双幅形式，三跨预应力混凝土变高度直腹板连续刚构，单箱单室断面。其跨度布置为：78＋140＋78＝296m，桥面宽37m。箱梁顶板宽13.5m，底板宽7m。梁高在主墩处为7.5m、在过渡墩处为2.8m，主跨和边跨跨中梁高为2.8m。箱梁底板厚度和梁高按二次抛物线变化。单幅桥面2％的单向横坡通过箱梁梁底垫石和墩身变高度来实现。总体布置如图2-9-13、图2-9-14所示。

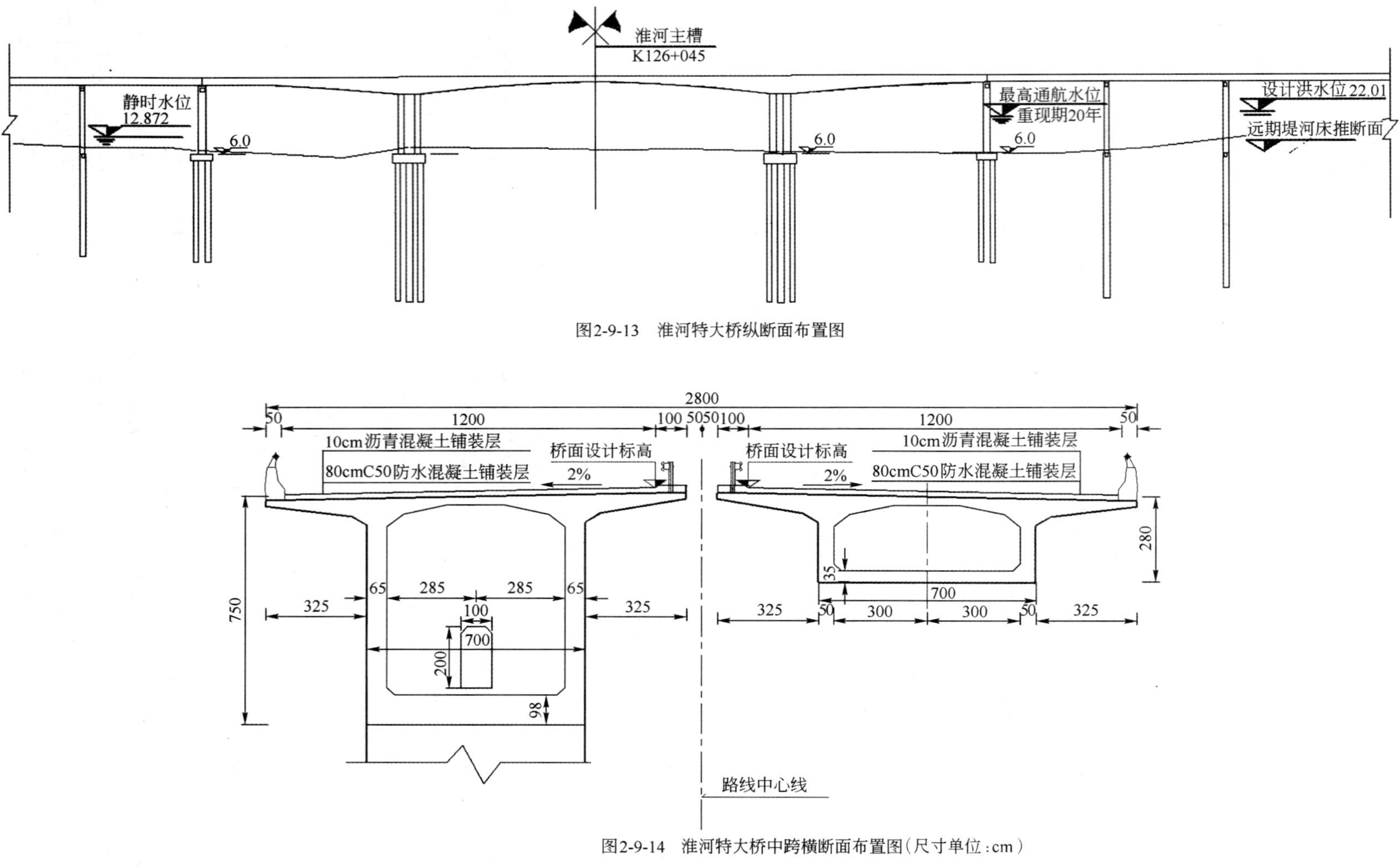

图2-9-13　淮河特大桥纵断面布置图

图2-9-14　淮河特大桥中跨横断面布置图(尺寸单位:cm)

二、技术标准

(1) 设计车速：120km/h

(2) 设计荷载：汽车—超 20 级，挂车—120 级

(3) 地震基本烈度：VII 度，按 VIII 度设防

(4) 设计风速：按 30m/s 考虑，相应基本风压 500Pa

三、主要材料

1. 混凝土

箱梁与主桥桥墩采用 C50 混凝土，主墩承台采用 C40 混凝土，主墩桩基采用 C30 水下混凝土，引桥桥墩承台、系梁、桥台台帽、耳背墙采用 C30 混凝土，桩基采用 C30 水下混凝土，桥面铺装采用 10cm 厚沥青混凝土和 8cm 的 C50 防水混凝土。

2. 普通钢筋

普通钢筋直径大于等于 12mm 时，采用 HRB335 钢筋，直径小于 12mm 者，采用 R235 钢筋。

3. 预应力钢材、锚具

纵向预应力采用 Φ^s15.24 低松弛预应力钢绞线，标准强度 1860MPa，弹性模量 1.9×10^5MPa。

竖向预应力采用直径 Φ32mm 的高强精轧螺纹粗钢筋，标准强度 750MPa，张拉控制应力为抗拉设计强度的 0.75 倍，弹性模量 $E_G=2.0\times10^5$MPa。纵向预应力采用 OVM15 系列锚具，竖向预应力采用 YGM 锚具。

4. 支座与伸缩缝

采用多吨位抗震盆式橡胶支座。盆式橡胶支座采用固定支座、单向滑动支座、多向滑动支座 3 种，其中多向滑动支座按照单向滑动支座形式加工，但横向要求有 ±3mm 位移量；盆式支座要求采用抗震型支座，其所承受的水平推力为支座反力的 20%。伸缩缝采用 LB—240 (160) 型。

四、设计要点

1. 主桥结构设计

箱梁按三向预应力设计，纵向预应力分为顶板束及底板束两种，采用钢绞线，张拉吨位为 3125kN；竖向预应力采用直径 32mm 的高强精轧螺纹钢筋，张拉吨位为 540kN。横向预应力束采用 4Φ^s15.24mm 钢绞线，配以 BM15—4 型锚下铸件锚座锚具，在一端交替张拉锚固，每束张拉力 586kN，钢束之间纵向间距 100cm。

主桥下部结构主墩为钢筋混凝土矩形实体式桥墩，尺寸 7.0×2.0m，承台厚 4.0m，基础采用 9 根直径 1.8m 钻孔灌注群桩基础；过渡墩为钢筋混凝土双柱式桥墩，基础采用 4 根

直径 1.8m 钻孔灌注群桩基础。过渡墩与引桥的连续梁衔接，相接处引桥梁高 2.6m；梁高差采用支座垫石调整，过渡墩顶面不设台阶。

2. 引桥结构设计

（1）采用双幅一联 45m 预应力混凝土等高度直腹板连续箱梁，单箱单室断面，梁高 2.6m。箱梁顶板宽 13.5m，底板宽 7.0m，单幅桥面 2%的单向横坡通过箱梁的整体旋转来实现。

（2）各桥墩为双柱墩，柱径 2.0m，基础采用两根直径 2.2m 钻孔灌注桩基础。

（3）箱梁按二向预应力设计，纵向预应力采用 21Φ^s5.24mm 和 9Φ^s15.24mm 的钢绞线，张拉吨位为 4101kN 和 1758kN，相应锚具为 OVM15—21 型和 OVM15—9 型；横向预应力束采用 4Φ^s15.24mm 钢绞线，配以 YMB15—4 型锚下铸件锚座锚具，在一端交替张拉锚固，每束张拉力 586kN，布设在顶板内并锚固在箱梁翼缘两边槽口内，钢束之间纵向间距 100cm。

五、施 工 要 点

1. 桩基础工程施工

基础大部采用钻孔灌注桩。岸上桩基的施工除明光岸引桥部分桥墩桩基可因地制宜采用人工挖孔桩外，其余均采用回旋钻孔和冲击钻常规方法施工。

根据地质和水文情况，深水区主墩桩基采用水中固定钻孔平台，回旋钻机反循环钻孔或冲击钻机钻孔方法施工。处于深水区的主墩承台采用薄壁钢围堰围水施工方案。

2. 主桥主墩施工

墩身混凝土施工采用滑模施工，在墩身施工时注意安装主梁 0 号块和 1 号块托架的预埋构件。墩身垂直度允许偏差不大于 1/3000，且墩身各断面中心位置与设计位置偏差不大于±2cm。墩身和承台之间的混凝土浇注龄期差不大于 20d。

承台上、下层钢筋全部为受力钢筋，施工承台时埋置冷却管，利用管内流淌的冷水带走混凝土内部的部分热量，从而降低混凝土内部的最高温度。承台水泥采用水化热较低的硅酸盐水泥，在确保混凝土强度及坍落度的条件下，掺用 25%的 II 级粉煤灰及外加剂，从而减少混凝土配合比中的水泥用量，降低混凝土中的水化热温升，控制最终水化热。

3. 引桥与跨堤引桥墩身施工

墩身采用 30 号混凝土，在施工前进行配合比试验，以保证泵送混凝土的流动性、和易性及缓凝、早强等性能。墩顶的支座垫石预埋件在墩身施工时预埋，浇筑支座垫石混凝土时，要保证支座顶面标高准确无误。施工使用的预埋件在墩身施工完毕后均割除磨平并满足整体景观的要求。随时观测墩身的变形，并进行相应调整，以保证墩身的几何形状符合要求。

4. 主桥箱梁施工

箱梁采用挂篮悬臂施工工艺，其主要施工顺序如下：

完成主墩施工后在托架（或支架）现浇0号、1号块。在主墩墩身上焊接“X”形撑，安装悬臂施工挂篮并调试、试压。依次由墩顶至跨中对称、平衡悬臂浇筑箱梁，张拉预应力钢束，直至悬臂浇注梁段施工完成。

主要流程如下：前移挂篮、确定立模标高→立模、绑扎钢筋、对称同步浇筑混凝土、养生，达到设计强度，拆模、张拉该梁段纵、横、竖预应力钢束筋，并锚固→架设边跨合龙段导梁并配重，现浇20号、21号梁段→拆除悬臂施工挂篮，安装合龙挂篮、配重劲性骨架，浇注合龙段混凝土，并同步等量减少配重，配重重量按合龙段混凝土重量的90%控制→张拉边跨预应力钢束→安装跨中合龙段挂篮、配重，安装劲性骨架，浇注合龙段混凝土，并同步等量减少配重；张拉预应力钢束→全桥合龙，拆除桥墩“X”形撑。

5. 引桥箱梁（多联45m跨）**施工**

引桥采用墩顶移动模架，逐跨现浇的施工方法进行。施工箱梁采用滑模施工，箱内内模小车轨道铺设及定位由施工单位根据施工组织设计要求自行设计。箱梁中横梁二次浇筑的混凝土要求强度达到90%后，进行下一个阶段梁体钢筋绑扎、混凝土浇筑，以防止梁体变形。

箱梁正、负弯矩预应力钢束均为一端张拉，腹板与底板钢束张拉顺序是先腹板束后底板束。腹板束从高处向低处顺序张拉，即先张拉长束后张拉短束；顶、底板束是先中间，后两边；腹板束、顶板束、底板束以箱梁中线为准对称张拉。二向应力张拉顺序先张拉纵向预应力束，后张拉横向预应力束。

第三篇　拱　　桥

第一章 概　述

DIYIZHANG

第一节　拱桥的基本特点

拱桥是桥梁工程中使用广泛且历史悠久的一种桥梁结构类型。它的造型宏伟壮观，且经久耐用。拱桥与梁桥的区别，不仅在于外形不同，更重要的是两者受力性能有着本质区别。梁式结构在竖向荷载作用下，支承处仅产生竖向支承反力，梁体主要承受弯矩和剪力；而拱式结构在竖向荷载作用下，两端支承除了有竖向反力外，还将产生水平推力。正是这个水平推力，使拱体的弯矩大为减小，拱截面主要承受轴向压力，主拱圈以受压为主，使之成为以受压为主的压弯构件。从梁、拱截面所产生的应力分析来看，梁体中性轴以下截面是受拉区（图3-1-1a)），当下缘应力达到极限时，中性轴处的应力还很小，应力分布极不均匀，材料

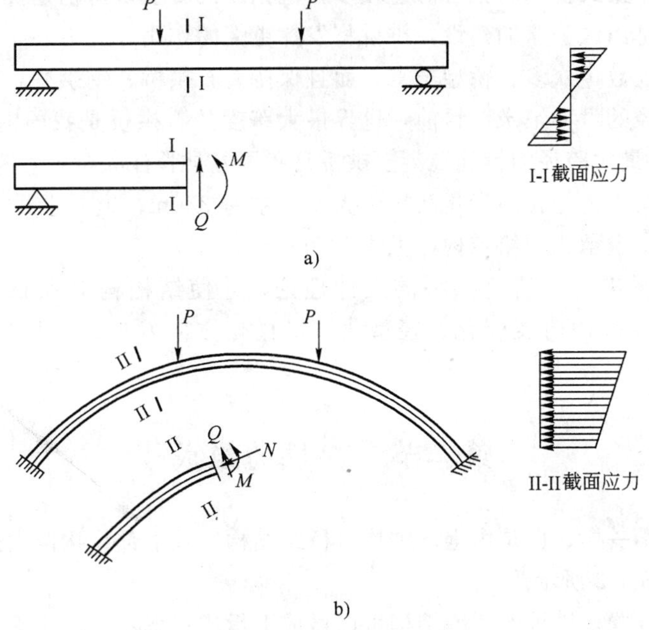

图 3-1-1　拱与梁的应力比较

强度不能充分发挥。而拱由于轴向压力的作用使大部分截面处于受压区（图 3-1-1b)），应力分布均匀，可以充分利用材料的抗压强度。如果拱的轴线选择合理，能使拱体只承受轴向压力。例如，承受均布荷载的三铰拱，若采用二次抛物线作为拱轴线，则拱体内任意截面的弯矩均等于零。因此，拱式结构可以充分利用主拱截面材料强度，使跨越能力增大。由于拱具有上述受力特点，所以拱桥不仅可以利用钢、钢筋混凝土等材料来建造，还可以充分利用抗压性能较好而抗拉性能较差的圬工材料如石料、砖、混凝土等来修建。用砖、石、混凝土等圬工材料修建的拱桥，称为圬工拱桥。

为了减小主拱圈的截面尺寸及其重量，在混凝土中设置一定数量的受力钢筋就成为钢筋混凝土拱桥。其主拱圈截面内的拉应力由钢筋来承受，达到减小桥梁的上、下部尺寸的目的，有效地提高了拱桥的经济性能，扩大了拱桥的适用范围。为了进一步减轻拱的自重及修建更大跨径的拱桥，也可采用钢材修建拱桥，称为钢拱桥。

拱桥的主要优点是：①跨越能力较大；②抗风稳定性强，结构整体性好；③能就地取材，可以充分利用当地的圬工和钢筋混凝土等材料，造价较低；④耐久性能好，维修、养护费用低；⑤构造较简单，技术容易掌握，有利于广泛应用；⑥建筑艺术造型简洁美观，能与周围环境较好协调。

拱桥的主要缺点是：①自重较大，由于存在水平推力，墩台和地基必须承受拱脚的强大推力作用，增加了下部结构的工程量，并要求有良好的地基条件；②对连续多孔的大、中桥梁，为防止一孔破坏而影响全桥的安全，需要采用较复杂的结构措施或设置单向推力墩，以承受不平衡的推力，相应增加了造价；③与梁式桥相比，上承式拱桥的建筑高度较高，在城市及平原地区，为满足桥下净空要求，必须提高桥面高程，使两岸接线长度增长，或使桥面纵坡增大，使其应用范围受到一定的限制；④传统的拱桥（尤其是圬工拱桥，一般都采用有支架施工方法建造）施工工序多，难度大，工期长，从而增加了拱桥的总造价。

拱桥由于其优点突出，且具有民族特色，符合我国实际情况，故在桥梁设计方案中常被选用。近年来，虽然梁式桥和斜拉桥修建较多，但钢筋混凝土拱桥仍是桥梁建设中不可缺少的桥型之一，尤其是山区公路的建设，拱桥将发挥更大的作用。

我国的拱桥不仅数量众多、桥型丰富，而且保持着石拱桥、钢拱桥、钢筋混凝土拱桥和钢管混凝土拱桥跨径的世界纪录。目前，世界最大跨度的石拱桥是我国山西晋城丹河大桥，主跨 146m；世界上最大跨径的钢筋混凝土拱桥是我国万县长江大桥，主跨 420m；世界上最大跨度的混凝土桁架拱桥是我国贵州江界河大桥，主跨 330m；世界上最大跨度的钢拱桥是我国上海卢浦大桥，中承式钢箱结构，主跨 550m。

今后，一方面要进一步研究拱桥的设计理论，并使结构构造和施工工艺日臻完善；另一方面要更加重视拱桥向装配化、轻型化、机械化方向发展，以加快我国桥梁建设的速度。

第二节　拱桥的组成

拱桥同其他桥梁一样，也是由上部结构（桥跨结构）及下部结构两大部分组成，各主要组成部分名称如图 3-1-2 所示。

根据行车道的位置，拱桥的桥跨结构可以做成上承式、下承式或中承式 3 种类型，如图 3-1-3 所示。

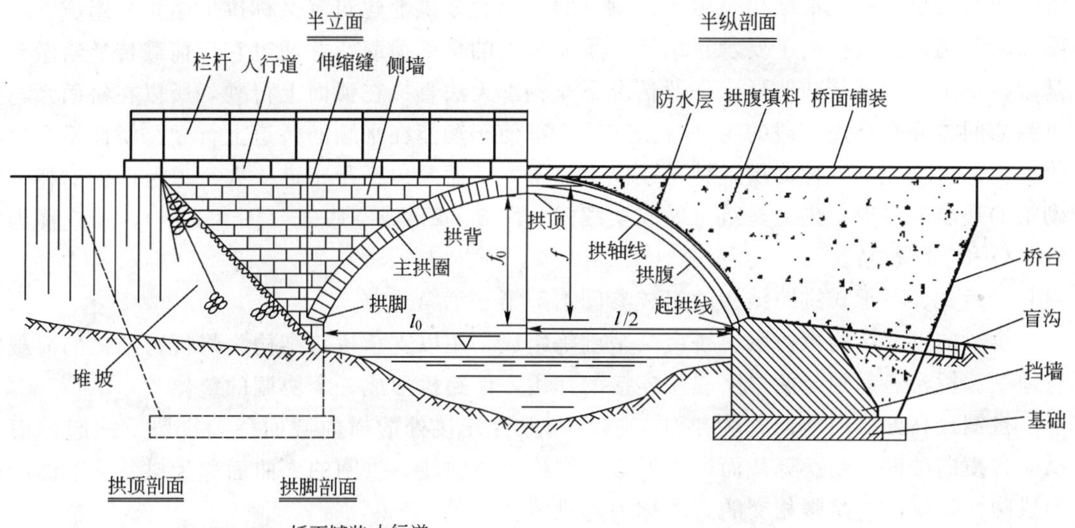

图 3-1-2　拱桥的主要组成部分

l_0-净跨径；l-计算跨径；f_0-净矢高；f-计算矢高；f/l（f_0/l_0）矢跨比

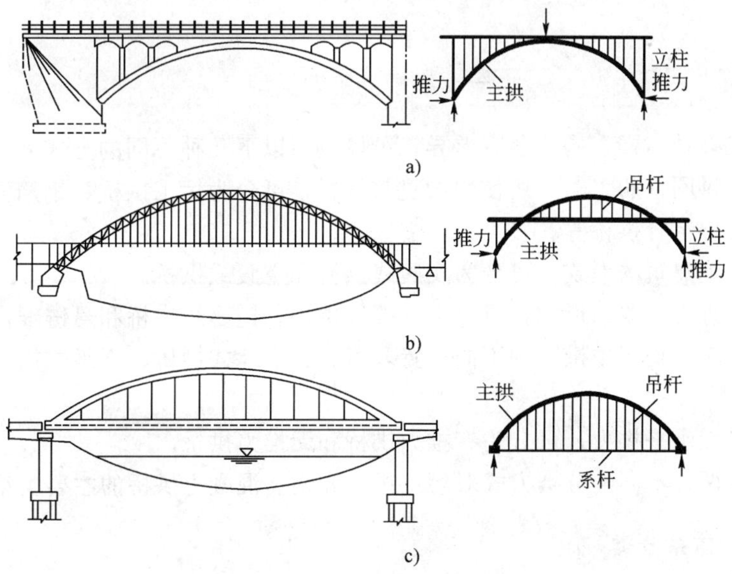

图 3-1-3　拱桥的桥跨结构和计算简图

a）上承式；b）中承式；c）下承式

上承式拱桥的上部结构是由主拱圈（肋、箱）和拱上建筑（又称拱上结构）组成。主拱圈（肋、箱）是拱桥的主要承重结构，承受桥上的全部荷载，并通过它把荷载传递给墩台及基础。由于主拱圈是曲线形，一般情况下车辆都无法直接在弧面上行驶，所以在桥面系与主拱圈之间需要有传递荷载的构件或填充物，以使车辆能在平顺的桥道上行驶。桥面系和这些传力构件或填充物统称为拱上结构或拱上建筑。桥面系包括行车道、人行道及两侧的栏杆或砌筑的矮墙等构造。拱上建筑可做成实腹式（图 3-1-2）或空腹式（图 3-1-3a），相应称为实腹拱桥和空腹拱桥。

中承式、下承式拱跨结构的组成参阅本篇第二章第二节。

拱桥的下部结构由桥墩、桥台及基础等组成，用以支承桥跨结构，将桥跨结构的荷载传至地基。桥台还起到与两岸路堤相连接的作用，使路桥形成一个协调的整体。

拱圈最高处横向截面称为拱顶，拱圈和墩台连接处的横向截面称为拱脚（或起拱面）。拱圈各横向截面（或换算截面）的形心连线称为拱轴线。拱圈的上曲面称为拱背，下曲面称为拱腹。起拱面与拱腹相交的直线称为起拱线。

拱桥的几个主要技术名称如下：

净跨径（l_0）是每孔拱跨两个拱脚截面最低点之间的水平距离。

计算跨径（l）是两相邻拱脚截面形心点之间的水平距离。因为拱圈（或拱肋）各截面形心点的连线称为拱轴线，也就是拱轴线两端点之间的水平距离。

净矢高（f_0）是从拱顶截面下缘至相邻两拱脚截面下缘最低点之连线的垂直距离。

计算矢高（f）是从拱顶截面形心至相邻两拱脚截面形心之连线的垂直距离。

矢跨比（f/l 或 f_0/l_0）是拱桥中拱圈（或拱肋）的净矢高与净跨径之比，或计算矢高与计算跨径之比。

一般将矢跨比大于或等于 1/5 的拱称为陡拱；矢跨比小于 1/5 的拱称为坦拱。

第三节　拱桥的主要类型和选型

一、拱桥的主要类型

拱桥的形式多种多样，构造各有差异，可以按照以下几种不同的方式来进行分类：

(1) 按照主拱圈（肋、箱）所使用的建筑材料，可分为圬工拱桥、钢筋混凝土拱桥、钢拱桥和钢筋混凝土组合拱桥等。

(2) 按照拱上建筑的形式，可分为实腹式拱桥和空腹式拱桥。

(3) 按照主拱圈轴线的形式，可分为圆弧线拱桥、抛物线拱桥和悬链线拱桥。

(4) 按照行车道处于主拱圈的不同位置，可分为上承式拱桥、下承式拱桥和中承式拱桥（图 3-1-3）。

(5) 按照有无水平推力，可分为有推力拱桥和无推力拱桥。

下面按另外两种不同的分类方式对圬工拱桥和钢筋混凝土拱桥的主要类型作一些介绍。

1. 按照结构体系分类

按照主拱圈与行车系之间相互作用的性质和影响程度，可以把拱桥分为 3 种类型。

1）简单体系的拱桥

简单体系的拱桥，可以做成上承式、下承式（无系杆拱）或中承式（图 3-1-3），均为有推力拱。

在简单体系的拱桥中，上承式拱桥的拱上建筑或中、下承式拱桥的拱下悬吊结构（统称为行车道系结构），一般都不考虑它与主拱的联合作用来共同承受桥面荷载。桥上的全部荷载由主拱单独承受，它们是桥跨结构的主要承重构件。拱的水平推力直接由墩台或基础承受。

按照主拱的静力体系，简单体系的拱桥又可以分成以下 3 种（图 3-1-4）。

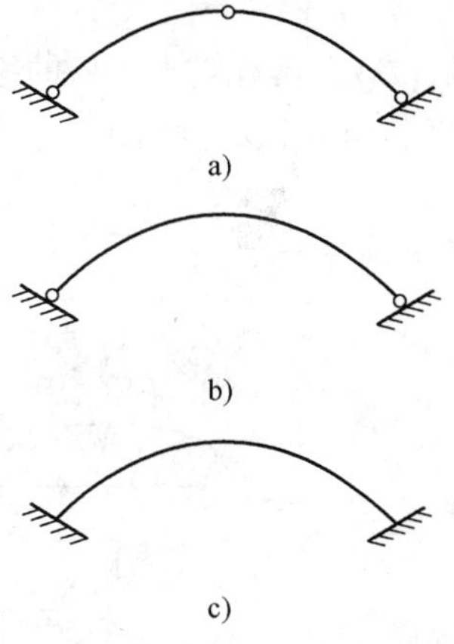

图 3-1-4 简单体系的拱桥

a）三铰拱；b）两铰拱；c）无铰拱

（1）三铰拱（图 3-1-4a））

三铰拱属外部静定结构。因温度变化、混凝土收缩、支座沉陷等因素引起的变形不会对拱内产生附加内力，计算时无需考虑体系弹性变形对内力的影响。所以，在软土地基或寒冷地区，需要采用拱式桥梁时，可以选用三铰拱。但由于铰的存在，使其构造复杂，施工困难，维护费用增高，而且降低了结构的整体刚度，尤其减小了抗震能力。同时拱的挠度曲线在顶铰处有转折，对行车不利，因此，大、中跨径的主拱圈一般不宜采用三铰拱。德国的 Mosel 拱桥的跨径是世界三铰拱桥中的最大跨径，达到 107m。我国仅在一些较小跨径的桥上有所应用，另外，大、中跨径空腹式拱桥的拱上建筑中的边腹拱，也常采用三铰拱。

（2）两铰拱（图 3-1-4b））

两铰拱属外部一次超静定结构。由于取消了拱顶铰，使结构整体刚度较三铰拱大。基础位移、温度变化、混凝土收缩和徐变等引起的附加内力比对无铰拱的影响要小，故可在地基条件较差时或坦拱中采用。目前，世界最大跨径的两铰拱桥是日本的外津桥，跨径达到 170m。

（3）无铰拱（图 3-1-4c））

无铰拱属外部三次超静定结构。在自重及外荷载作用下，拱内的弯矩分布比两铰拱均匀，材料用量省。由于没有设铰，结构的整体刚度大，构造简单，施工方便，维护费用少，因此在实际中使用最广泛。但由于无铰拱的超静定次数高，温度变化、材料收缩、结构变形，特别是墩台位移会在拱内产生较大的附加内力，所以无铰拱一般修建在地基良好的条件下，这使它的使用范围受到一定限制。不过，随着跨径的增大，附加内力的影响相对减少，因而无铰拱仍是国内外拱桥上采用最多的一种构造形式，世界最大跨径已达 420m。

2）组合体系拱桥

拱式组合体系桥一般由拱肋、系杆、吊杆（或立柱）、行车道梁（板）及桥面系等组成。拱式组合体系桥将梁和拱两种基本结构组合起来，共同承受桥面荷载和水平推力，充分发挥梁受弯、拱受压的结构特性及其组合作用，达到节省材料的目的。由于桥面系与主拱的组合方式不同，其静力图式也不同。拱式组合体系桥一般可划分为有推力的和无推力的两种类型。同样，可以做成上承式或下承式拱桥。常用组合体系拱桥有以下几种型式。

（1）无推力的组合体系拱

无推力拱式组合体系桥（也称系杆拱桥）是外部静定结构，兼有拱桥的较大跨越能力和简支梁桥对地基适应能力强的两大特点。拱的推力由系杆承受，系杆的含义就是一个将两拱脚相互联系在一起的水平构件，因而墩台不承受水平推力。据拱肋和系杆（梁）相对刚度的大小及吊杆的布置形式可以分为：具有竖直吊杆的柔性系杆刚性拱称为系杆拱（图3-1-5a））；具有竖直吊杆的刚性系杆柔性拱称为篮格尔拱（图3-1-5b））；具有竖直吊杆的刚性系杆刚性拱称为洛泽拱（图3-1-5c））。

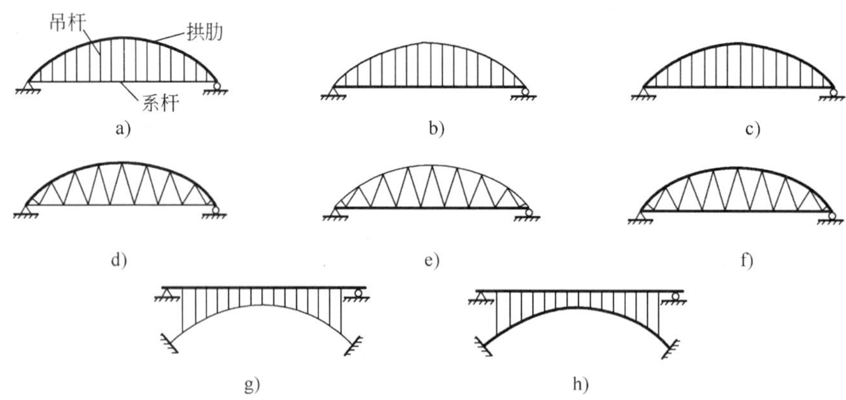

图3-1-5　组合体系拱

柔性系杆刚性拱组合体系中，系杆的刚度远小于拱肋的刚度，即 $EI_{拱}/EI_{系}>80$。系杆和吊杆均为柔性杆件，可以忽略系杆承受的弯矩，通过张拉系杆以抵消大部分拱的推力，从而能发挥材料的特性，减轻墩台负担，使这种体系能应用于软土地基上。这类桥梁适用跨径为20～90m。

刚性系杆柔性拱体系中，拱肋的刚度与系杆的刚度相比小得多，即 $EI_{拱}/EI_{系}<1/80$，可以忽略拱肋中的弯矩，认为刚性系杆不仅承受拱的推力，还要承受弯矩，为拉弯组合的梁式构件，而拱肋只承受轴向力，故称为柔性拱。刚性系杆柔性拱的适用跨径可达100m。

刚性系杆刚性拱介于刚性系杆柔性拱和柔性系杆刚性拱之间，即 $EI_{拱}/EI_{系}$ 在1/80～80之间，拱肋和系杆都有一定的抗弯刚度，荷载引起的弯矩在拱肋和系杆之间按刚度分配，它们共同承受纵向力和弯矩，适用于跨径20～100m。

以上3种拱，当用斜吊杆来代替竖直吊杆时，称为尼尔森拱，如图3-1-5d）、e）、f）所示。斜吊杆与拱肋和系杆的联结构造稍显复杂，但这种体系与桁架结构相似，与竖吊杆相比，内力分配更均匀，整体刚度更大，可节省材料10%～15%。

（2）有推力的组合体系拱

此种组合体系拱没有系杆，由单独的梁和拱共同受力，拱的推力仍由墩台承受。图3-1-5g)是刚性梁柔性拱（倒篮格尔拱）；图3-1-5h）是刚性梁刚性拱（倒洛泽拱）。

3）拱片桥

上边缘与桥面纵向平行，下边缘是拱形的有推力结构，称为拱片，如图3-1-6所示。拱片的行车道系与拱肋刚性连成一整体，共同承受荷载，故它仅能用于上承式拱桥。拱片的立面可以做成实体拱片，一般被挖空做成桁架式的拱片。根据桥梁宽度的不同。拱片桥可由两片以上的拱片组成，并用横向联系将各拱片连成整体，行车道板支承在拱片上。拱片桥可以做成无铰、两铰或三铰结构，它的推力均由墩台承受。

2. 按主拱圈的截面型式分类

主拱圈横截面型式很多，通常分为下面几种形式（图3-1-7）。

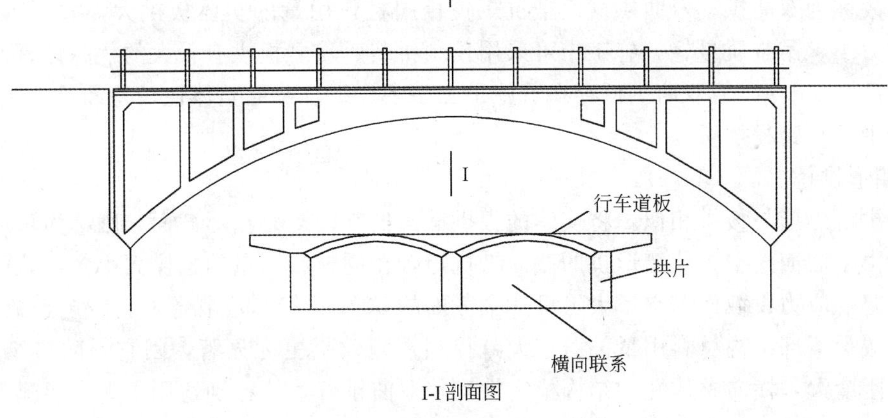

图 3-1-6　拱片桥

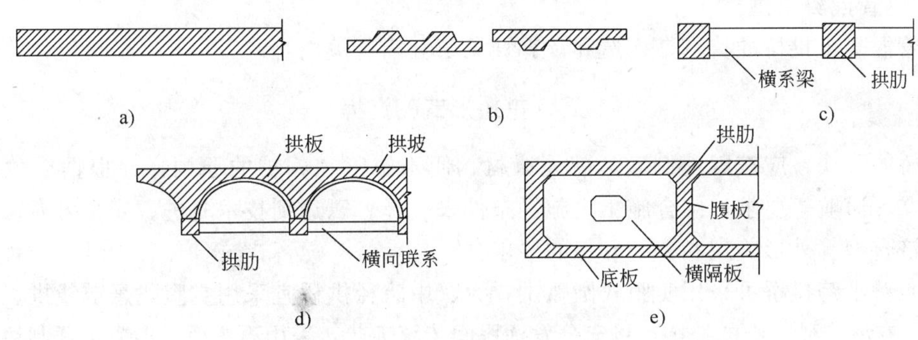

图 3-1-7　主拱圈的横截面型式

a）板拱；b）板肋拱；c）肋拱；d）双曲拱；e）箱形拱

1）板拱桥（图 3-1-7a））

主拱圈采用矩形实体截面的拱桥称为板拱桥。板拱桥是最古老的拱桥型式，由于它构造简单，施工方便，至今仍在使用。

但在相同截面积的条件下，实体矩形截面比其它形式截面的抵抗矩小，在有弯矩作用时，材料的强度没有得到充分利用。如果要获得与其他形式截面相同的截面抵抗矩，板拱就必须增大截面尺寸，这就相应地增加了材料用量和结构自重，从而加重了下部结构的负荷，这是不经济的。因此通常只在地基条件较好的中小跨径圬工拱桥中才采用这种形式。

2）板肋拱桥（图 3-1-7b））

板肋拱的拱圈截面是由板和肋组成的，它是在较薄的拱板上增加几条纵向肋，以提高拱圈的抗弯刚度。根据主拱圈弯矩的分布情况，在跨径中部，肋宜布置在下面，而在拱脚区段，肋布置在上面较为合理。但实际应用时，为了简化模板和钢筋工作，往往沿整个拱跨将肋布置在主拱圈截面的上面或下面。

3）混凝土肋拱桥（图 3-1-7c））

肋拱桥是在板拱桥的基础上发展形成的，它是将板拱的整块矩形实体截面划分成两条或多条分离的、高度较大的拱肋，肋与肋间用横系梁相连，这样就可以用较小的截面面积获得较大的截面抵抗矩，从而节省材料，减轻拱桥的自重。但构造比板拱桥复杂，因此多用于大、中跨径的拱桥。

4）双曲拱桥（图 3-1-7d））

双曲拱桥的主拱圈横截面是由一个或数个横向小拱组成，由于主拱圈的纵向及横向均呈曲线形，故称为双曲拱。双曲拱截面抵抗矩较相同材料用量的实体板拱大，故可节省材料，结构自重力小，吊装质量轻，施工中可采用预制拼装，较之板拱有较大的优越性。双曲拱桥最大跨径已达150m。但双曲拱桥存在着施工工序多、组合截面整体性较差和易开裂等缺点，一般用于中、小跨径拱桥。

5）箱形拱桥（图3-1-7e））

这类拱桥外形与板拱相似，将实体的板拱截面挖空成空心箱形截面，则称为箱形拱或空心板拱。由于截面挖空，使箱形拱的截面抵抗矩较相同材料用量的板拱大很多，从而大大减小弯矩引起的应力；截面挖空率大，可达全截面的50%～70%，节省材料较多，减轻自重，相应地也减少下部结构材料用量。对于大跨径拱桥则效果更为显著，因它是闭口箱形截面，截面抗扭刚度大，横向整体性和结构稳定性均较双曲拱好，故特别适用于无支架施工。但箱形截面施工制作较复杂，因此，往往使用在大跨径拱桥上。

6）钢管混凝土拱桥

钢管混凝土拱桥的特点、构造和计算详见第五篇有关内容。

二、拱桥形式的选择

拱桥的形式，应按因地制宜、就地取材、便于施工和养护的原则，并根据桥位处的地形、水文、通航等要求，结合施工设施等条件来选择。以达到技术先进、安全可靠、适用耐久、经济合理、外形美观和有利环保的要求。

(1) 对小跨拱桥可采用实腹式圆弧拱，大、中跨径拱桥宜采用空腹式悬链线拱。

(2) 在盛产砂、石的地区，可充分发挥民间传统工艺，采用石拱桥或混凝土预制块拱桥。

(3) 箱型截面拱具有抗扭刚度大、结构稳定性强、整体性能好等优点，宜用于大跨径无支架施工的钢筋混凝土拱桥。

(4) 肋拱桥具有材料省、重量轻、能减少下部工程量、外形美观等优点，可用于大、中跨径的钢筋混凝土拱桥。

(5) 软土地基上修建无铰拱时，应采取无支架施工或早期脱架施工，使主拱圈随着拱上建筑的修筑，逐步适应地基变形。无支架施工或早期脱架施工的拱轴系数 m 值，不宜超过2.24，使之比较接近于抛物线的拱轴线。m 值较小，则墩台水平位移引起的主拱圈的内力也较小。矢跨比 f/l，宜采用大值（不宜小于1/8），以适应墩台变位。修建多孔拱桥时，宜采用等跨连续拱，使其各墩台位移值相等。

第四节　拱桥的总体布置

在选定了桥位，进行了必要的水文水力计算，掌握了桥址处的地质、地形等资料后，即可进行拱桥的总体布置。总体布置是否合理，考虑问题是否周全，不仅直接影响桥梁的总造价，而且还对今后桥梁的使用、维护、管理带来直接的影响。因此，拱桥的总体布置十分重要。一个好的设计，往往就体现在总体布置的优劣上。

拱桥总体布置的主要内容应包括：拟定结构体系及结构形式；拟定桥梁的长度、跨径、孔数；拱的主要几何尺寸；桥梁的高度；墩台及其基础形式和埋置深度；桥上及桥头引道的纵坡等。

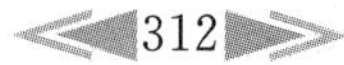

一、确定桥梁长度及分孔

当通过水文水力计算和技术经济等方面的比较，确定了两岸桥台之间的总长度之后，在纵、平、横三个方面综合考虑桥梁与两端路线的衔接，就可以确定桥台的位置和长度，从而确定桥梁的全长。

在桥梁全长确定后，根据桥址处的地形、地质等情况，并结合选用的结构体系、结构形式和施工条件，可以进一步确定选择单孔还是多孔拱桥。

如果采用多孔拱桥，如何进行分孔，是总体布置中的一个关键问题。若需跨越通航河流，在确定孔数与跨径时，一般分为通航孔和不通航孔两部分。分孔时，除应满足设计洪水通过的需要外，还应确定一孔或两孔作为通航孔。通航孔跨径和通航净空的大小应满足航道等级规定的要求，并与航道部门协商。通航孔的位置多半布置在常水位时的河床最深处或航行最方便的地方。对于航道可能变迁的河流，必须设置几个通航的桥跨。对于不通航孔或非通航河段，桥孔划分可按经济原则考虑，尽量使上下部结构的总造价最低。

在分孔中，有时为了避开深水区或不良的地质地段（如软土层、溶洞、岩石破碎带等）而可能将跨径加大或减小。在水下基础结构复杂、施工困难的地方，为减少基础工程，可考虑采用较大跨径；对跨越高山峡谷、水流湍急的河道，建造大跨径桥梁更为经济合理，如四川万县长江大桥。分孔中，还应考虑施工的方便和可能。通常，全桥宜采用等跨或分组等跨的分孔方案，并尽量采用标准跨径，以便于施工和修复，又能改善下部结构的受力和节省材料。此外，分孔中，还需注意整座桥的造型和美观。

二、确定桥梁的设计高程和矢跨比

拱桥的高程主要有 4 个，即桥面高程、拱顶底面高程、起拱线高程和基础底面高程（图 3-1-8），这 4 项高程的合理确定，是拱桥总体布置中的另一个重要问题。

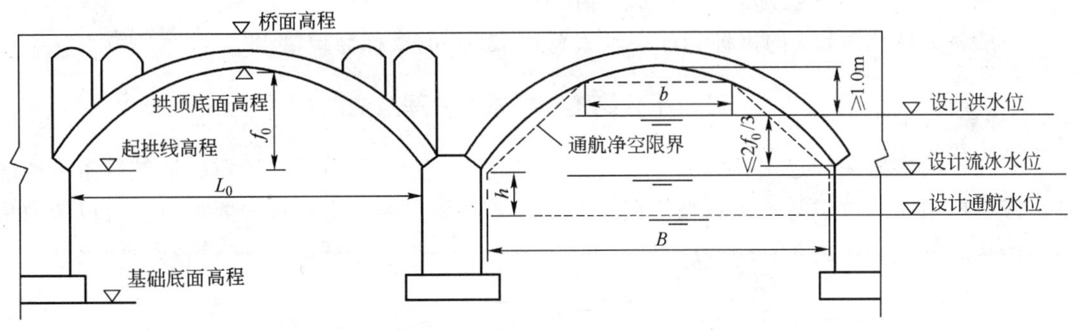

图 3-1-8　拱桥的主要高程及桥下净空示意图

桥面高程一般由两岸线路的纵断面设计所控制。对跨越平原地区河流的拱桥，其桥面最小高度一般由桥下净空所控制，并且还需满足排泄设计洪水流量或不同航道等级所规定的桥下净空界限的要求。

为了保证漂浮物的通过，在任何情况下，拱顶底面应高出设计洪水位 1.0m。对于有淤积的河床，桥下净空应适当加高。对于通航河流，通航孔的最小桥面高度，除应满足以上要求外，还应满足不同航道等级所规定的桥下净空界限的要求（图 3-1-8）。设计通航水位一般是按一定的设计洪水频率进行计算，并与航运部门具体协商决定。

当桥面高程确定之后，由桥面高程减去拱顶处的建筑高度（拱顶填料厚度和主拱圈厚度），就可得到拱顶底面的高程。

拟定起拱线高程时，为了减小墩台基础底面的弯矩，节省墩台的圬工数量，一般宜选择低拱脚的设计方案。但对于有铰拱桥，拱脚需高出设计洪水位以上 0.25m。为了防止冰害，对有铰或无铰拱，拱脚均应高出最高流冰面 0.25m。当洪水带有大量漂浮物时，若拱上建筑采用立柱时，宜将起拱线高程提高，使主拱圈不要淹没过多，以防漂浮物对立柱的撞击或挂留。有时为了美观的要求，应避免就地起拱，而应使墩台露出地面一定的高度。

起拱线高程主要依据矢跨比的要求确定。

基础底面的高程，应根据冲刷深度、地基承载能力等因素确定。

主拱圈矢跨比是拱桥的主要设计参数之一。它不但影响主拱圈内力的选择，还影响拱桥的构造型式和施工方法的选择，应从上、下部结构受力、通航、泄洪和美学等综合因素考虑确定矢跨比。

计算表明，永久作用的水平推力 H 与垂直反力 V 之比值，随矢跨比的减小而增大。当矢跨比减小时，拱的推力增大，反之则推力减小。众所周知，推力大，相应地在拱圈内产生的轴向力也大，对拱圈自身的受力状况是有利的，但对墩台基础不利。同时，当拱圈受力后因其弹性压缩，或因温度变化、混凝土收缩，或因墩台位移等原因，都会在无铰拱的拱圈内产生附加的内力，因而拱愈坦即矢跨比越小，附加内力越大。但当拱的矢跨比过大时，也会使拱脚区段过陡，给拱圈的砌筑或混凝土浇筑带来困难。另外，拱桥的外形是否美观，与周围景物能否协调，同时也与矢跨比有很大关系，因此在设计时，矢跨比的大小应经过综合比较后进行选定。

通常，对于砖、石、混凝土板拱桥及双曲拱桥，矢跨比一般为 1/4～1/6，不宜小于 1/8；箱形拱桥的矢跨比一般为 1/6～1/8，上述圬工拱桥的矢跨比一般都不宜小于 1/10。钢筋混凝土拱桥的矢跨比一般为 1/6～1/10，再小也不宜小于 1/12。

一般将矢跨比≥1/5 的拱称为陡拱，矢跨比＜1/5 的拱称为坦拱。

三、不等跨连续拱桥的处理方法

多孔连续拱桥最好选用等跨或分组等跨的分孔方案。在受地形、地质、通航等条件的限制，或引桥很长，考虑与桥面纵坡协调一致时，或对桥梁的美观有特殊要求时，可以考虑采用不等跨的分孔，如图 3-1-9 所示。

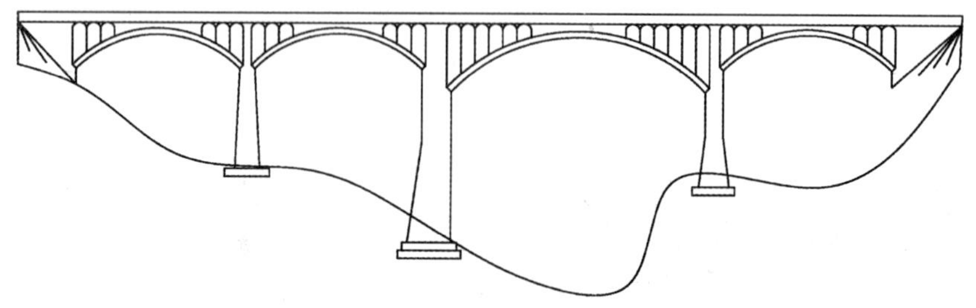

图 3-1-9　不等跨分孔的拱桥桥型图

不等跨拱桥，由于相邻孔的永久作用推力不相等，使桥墩和基础增加了永久作用的不平衡推力。在采用柔性墩的多孔连续拱桥中，还需考虑永久作用不平衡推力产生的连拱作用，使计算和构造复杂。为了减小这个不平衡推力，改善桥墩、基础的受力状况，节省材料和造价，可以采用如下措施。

1. 采用不同的矢跨比

利用矢跨比与推力大小成反比的关系，在相邻两孔中，大跨径用较陡的拱（矢跨比较大），小跨径用较坦的拱（矢跨比较小），使两相邻孔在永久作用下的不平衡推力尽量减小。

2. 采用不同的拱脚高程

由于采用了不同的矢跨比，致使两相邻孔的拱脚高程不在同一水平线上（图 3-1-10）。因为大跨径孔的矢跨比大，拱脚降低，减小了拱脚水平推力对基底的力臂，这样可使大跨与小跨的永久作用下产生的水平推力对基底产生的弯矩得到平衡。

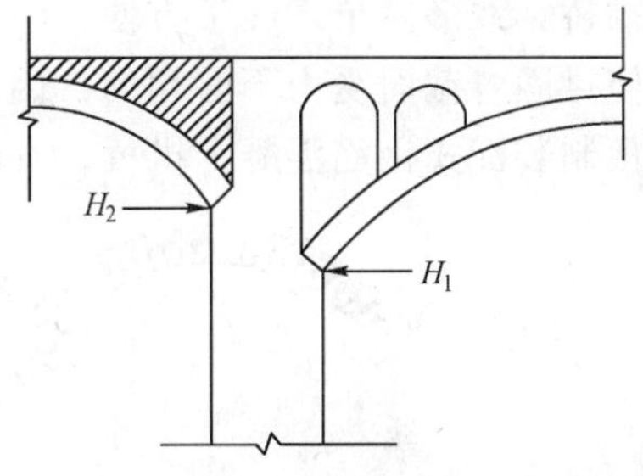

图 3-1-10　大跨与小跨的拱脚标高

3. 调整拱上建筑的永久作用

在必须使相邻孔的拱脚放置在相同或相接近的高程上时，也可用调整拱上建筑的质量来减小相邻孔间的不平衡推力。大跨径可用轻质的拱上填料或采用空腹式拱上建筑，小跨径用重质的拱上填料或采用实腹式拱上建筑，通过增加小跨径拱结构重力来增大它的水平推力。

4. 采用不同类型的拱跨结构

常常是小跨径用板拱结构，大跨径用分离式肋拱结构，以减轻大跨径的结构重力达到减小水平推力的作用。有时，为了进一步减小大跨径拱的水平推力，还可以加大大跨径拱肋的矢高，做成中承式肋拱。

在具体设计时，也可以将以上几种措施同时采用。如果仍不能达到完全平衡推力的目的，则需设计成体型不对称的或加大的桥墩和基础尺寸来加以解决。

四、拱轴线的选择

选择拱轴线的原则，就是要尽可能降低由于荷载作用产生的拱圈内弯矩数值。最理想的拱轴线是与拱上各种荷载作用下的压力线相吻合，这时拱圈截面只受轴向压力，而无弯矩作用，从而能充分利用圬工材料的抗压性能。但事实上是不可能获得这样的拱轴线的，因为除了永久作用外，拱圈还要受到汽车、人群荷载等可变作用以及温度变化和材料收缩等因素的影响。当永久作用下的压力线与拱轴线吻合时，在可变作用下就不再吻合。公路拱桥的结构重力占全部作用的比重较大，如一座 30m 跨径的双车道公路拱桥，可变作用大约只是结构重力的 20%，随着跨径的增大，结构重力所占的比重还将增大。因此，以结构重力作用下的压力线作为设计拱轴线，可以认为基本上是适宜的。但是，即使仅在结构重力作用下，拱圈本身的轴线还将因材料的弹性压缩而变形，致使拱圈的实际压力线与原来设计所采用的拱轴线，仍会发生偏离。因此在拱桥设计时，即使要选择一条能够使结构重力作用下的截面弯矩都为零的拱轴线，也是不可能的。

一般而言，拱桥设计中所选择的拱轴线应满足以下几方面的要求：①尽量减小拱圈截面的弯矩，使主拱圈在计入弹性压缩、均匀温降、混凝土收缩等影响下各主要截面的应力相差不大，且最大限度减小截面拉应力，最好是不出现拉应力；②对于无支架施工的拱桥，应能满足各施工阶段的要求，并尽可能少用或不用临时性施工措施；③线型美观，便于施工。

目前，拱桥常用的拱轴线型有以下几种。

1. 圆弧线

在均布径向荷载作用下（如水压力），拱的合理拱轴线为一圆弧线（图 3-1-11a)）。这类拱桥，线形简单，施工方便。但在一般情况下，圆弧形拱轴线与结构自重压力线偏离较大，使拱圈各截面受力不够均匀，因此圆弧线常用于 20m 以下的小跨径拱桥。对于较大跨径的预制装配式钢筋混凝土拱桥，有时为了简化施工，也可采用圆弧形拱轴线。

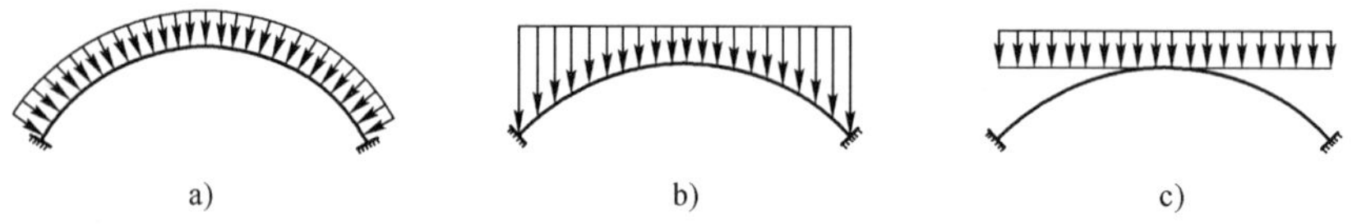

图 3-1-11　拱桥常用的拱轴线型

a）圆弧线；b）悬链线；c）抛物线

2. 悬链线

实腹式拱桥的永久作用集度（单位长度上的重力），可以看成从拱顶向拱脚是均匀增加的，这种荷载分布图式的拱圈压力线是一条悬链线（图 3-1-11b)。因此，实腹式拱桥可以采用悬链线作为拱轴线。在结构自重作用下，当不计拱圈结构自重因弹性压缩产生的影响时，拱圈截面只承受轴力而无弯矩。

3. 抛物线

由结构力学可知，在竖向均布荷载作用下，拱的合理拱轴线是二次抛物线（图 3-1-11c)。对于结构自重作用集度比较接近均布的拱桥，往往可以采用二次抛物线作为拱轴线。钢筋混凝土桁架拱和刚架拱等轻型拱桥，由于结构自重作用分布较均匀，往往采用二次抛物线作为拱轴线。

在某些大跨径拱桥中，由于拱上建筑布置的特殊性，为了使拱轴线尽可能与结构自重作用的压力线相吻合，也可采用高次抛物线（如 4 次或 6 次抛物线）作为拱轴线。

综上所述，拱上建筑的形式及其布置，对于合理选择拱轴线型是密切相关的。在一般情况下，小跨径拱桥可采用实腹式圆弧拱或实腹式悬链线拱；大、中跨径拱桥可采用空腹式悬链线拱；轻型拱桥或矢跨比较小的大跨径拱桥可以采用抛物线拱。

第二章 拱桥的构造与设计

DIERZHANG

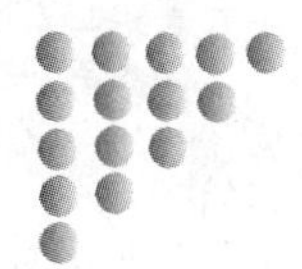

第一节　上承式拱桥的构造与设计

上承式拱桥可分为两大类：一类是普通型上承式拱桥，这类拱桥由主拱（圈）拱上传载构件、桥面系等组成，主拱（圈）是主要承重结构；另一类是整体型上承式拱桥，这类拱桥则是由主拱片（指由拱圈与拱上传载构件组成的整体结构）和桥面系组成，主拱片是主要承重结构。

一、主拱圈的构造

上承式拱桥根据主拱圈的横截面形式可分为板拱、肋拱、箱形拱、双曲拱 4 种。

1. 普通型上承式拱桥

1）板拱

拱桥的主拱圈采用整体实心矩形截面时，称为板拱。按建筑材料划分，板拱又可分为石板拱、混凝土板拱和钢筋混凝土板拱等。

（1）石板拱

砌筑石板拱主拱圈的石料主要有料石、块石和砖石等，用粗料石砌筑拱圈时，拱石需要随拱轴线和截面型式不同而分别进行编号，以便加工，等截面圆弧拱的拱石规格少，编号简单（图 3-2-1）；变截面圆弧拱圈的拱石类型较多，编号较复杂，施工不便。有的石拱桥也采用等截面或变截面的悬链线作为拱轴线，这时，拱石的编号更为复杂（图 3-2-2）。因此，目前大多采用等截面拱桥。

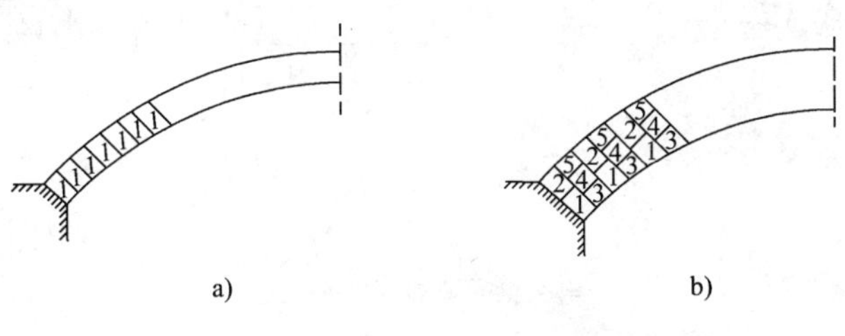

图 3-2-1　等截面圆弧拱的拱石编号

用于拱圈砌筑的石料应要求石质均匀，不易风化，无裂纹，石料标号不得低于 MU30。拱石形状可根据桥跨大小和当地石料供应情况分别采用。

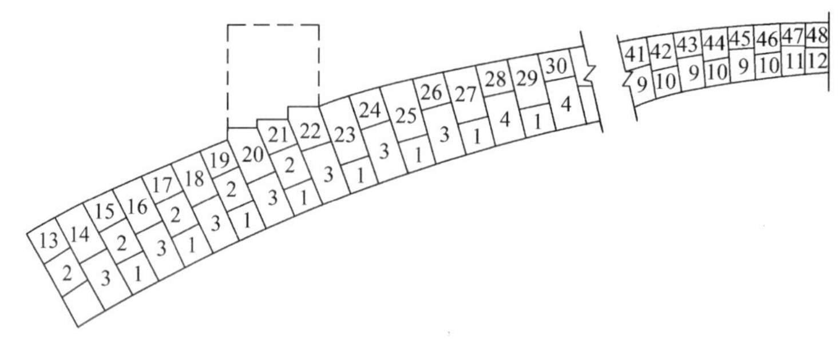

图 3-2-2　变截面拱圈的拱石编号

对于粗料石拱石，应外形方正，成六面体，其厚度（拱轴方向）为 20～30cm，宽度为厚度的 1.0～1.5 倍，高度应为厚度的 1.5～2.0 倍，长度为厚度的 1.5～4.0 倍。当拱石上下砌缝宽度相差超过 30%时，拱石宜制成楔形。

对于块石拱，拱石可制成大致方正的形状，厚度为 20～30cm，宽度约为厚度的 1.0～1.5 倍，长度约为厚度的 1.5～3.0 倍。拱石上下的弧线差可用灰缝宽度调整。

对于片石拱，其拱石的厚度不小于 15cm，将尖锐突出部分敲除即可。

各类拱石，石料层面应与拱轴线垂直。砌筑拱石用的砂浆，对大、中跨径拱桥不得低于 M7.5，对于小跨径拱桥不得低于 M5。在必要时也可用小石子混凝土进行砌筑，小石子粒径一般不得大于 2cm。采用小石子混凝土（C5～C40）砌筑的片石板拱，其砌体强度比用同标号的水泥砂浆的砌体强度要高，而且可以节约水泥 1/4～1/3。

根据拱圈的受力（主要承受压力，其次是弯矩）特点和需要，拱圈砌筑应满足下列构造要求：

①错缝。对料石拱，拱石受压面的砌缝应与拱轴线垂直，可以不错缝；当拱圈厚度不大时，可采用单层砌筑（图 3-2-1a)），但其横向砌缝必须错开且不小于 10cm；当拱圈厚度较大时，采用多层砌筑（图 3-2-1b)、图 3-2-2），但其垂直于受压面的顺桥向砌缝（图 3-2-3a)），拱圈横截面内拱石竖向砌缝（图 3-2-3b)、c)）以及各层横向砌缝必须错开且不小于 10cm，以免因存在通缝而降低砌体的抗剪强度和削弱其整体性。对块石拱，应选择较大平面与拱轴线垂直，拱石大头在上，小头在下，砌缝错开不小于 8cm。对于片石拱，拱石较大面与拱轴线垂直，大头在上，砌缝交错。

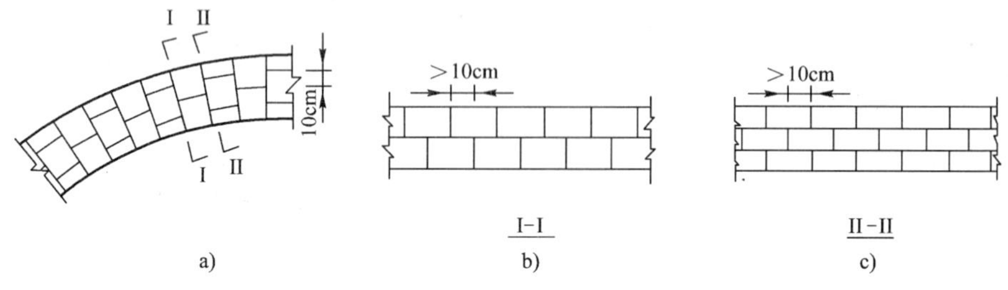

图 3-2-3　拱石的错缝要求

②限制砌缝宽度。拱石砌缝宽度不能太大，因砂浆强度比拱石低得多，缝太宽必将影响

砌体强度和整体性。通常，对料石拱不大于 2cm，对块石拱不大于 3cm，对片石拱不大于 4cm，采用小石子混凝土砌筑时，块石砌缝宽不大于 5cm，片石砌缝宽为 4～7cm。

③设五角石。拱圈与墩台以及拱圈与空腹式拱上建筑的腹孔墩连接处，应采用特别的五角石（图 3-2-4a)），以改善该处的受力状况。为避免施工时损坏或被压碎，五角石不得带有锐角，为了简化施工，目前常用现浇混凝土拱座及腹孔墩底梁（图 3-2-4b)）代替石质五角石。

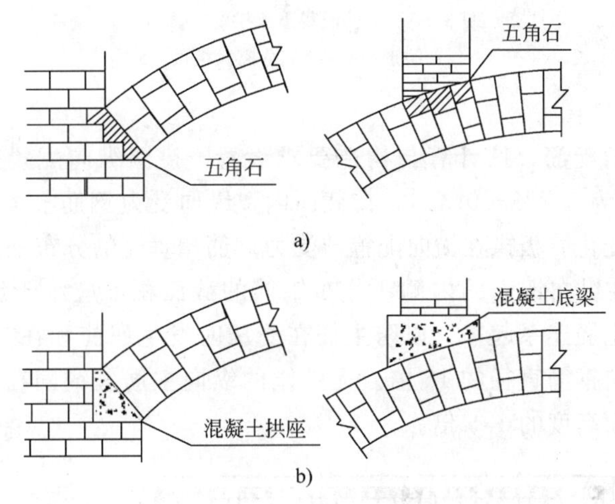

图 3-2-4　拱圈与墩台及腹孔墩连接

（2）素混凝土板拱

在缺乏合格天然石料的地区，板拱可以采用素混凝土来建造。素混凝土板拱拱圈可以采用整体现浇或预制构件拼装的方法施工。整体现浇混凝土拱圈，拱内收缩应力很大，受力不利；同时，需用拱架、模板，耗费大量的木料；工期长，花费劳动力多，质量也难以控制，故现在已较少采用。目前采用将拱圈沿纵横向划分成一些块件进行预制、组拼的方法施工。由于块件特殊，在组拼拱圈的过程中，可少用或不用拱架，节省大量的拱架木料、铁件，而又便于采用机械化施工，节省人力，缩短工期，质量也容易控制。

素混凝土板拱砌块的混凝土强度等级一般采用 C15～C25，砌筑砌块应用的砂浆为 M7.5～M10。混凝土砌块在砌筑之前应有足够的养生期，以消除或减少混凝土收缩的影响。

为了节省水泥用量，可在砌块中渗入不多于 25％的片石，做成片石混凝土砌块。片石标号不低于 MU30，并将棱角敲去，分层渗入混凝土中。

由于混凝土的弹性模量和线胀系数均比天然石料的大，故混凝土拱圈的温度附加内力比石拱桥的大。素混凝土板拱的水泥用量也比石板拱的多。

（3）钢筋混凝土板拱

与石板拱相比，板拱采用钢筋混凝土具有构造简单、外表整齐、可以设计成最小的板厚、轻巧美观、附加内力小等特点。

为了较充分利用混凝土的强度，节省材料，减轻质量，可以将实体板拱受拉区混凝土面积挖去一部分做成肋形板拱的形式，如图 3-2-5a）所示。

钢筋混凝土板拱根据桥宽需要可做成单条整体拱圈或多条平行板（肋）拱圈（拱圈之间可不设横向联系），如图 3-2-5b）所示，可以反复利用一套较窄的拱架和模板来完成几条平

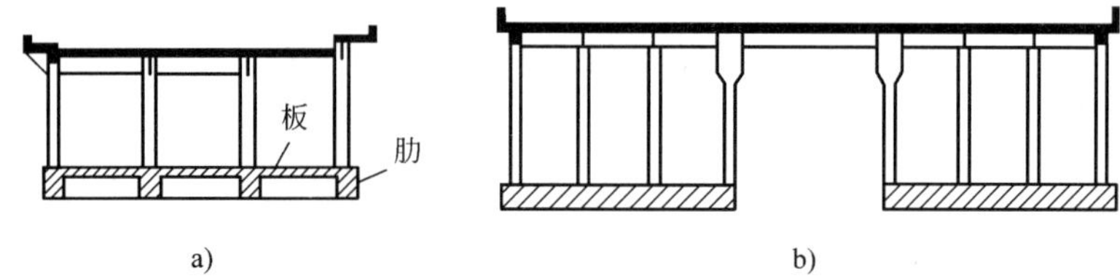

图 3-2-5　钢筋混凝土板拱的横截面

a）肋形板拱；b）分离式板拱

行拱圈的施工，节省材料。

钢筋混凝土板拱的配筋，按计算与构造要求设置。拱圈纵向配置拱形的受力钢筋（主筋），一般最小配筋率为 0.2%～0.4%。在截面内，纵向受力钢筋上下缘对称设置，以适应沿拱圈各截面弯矩的变化。板拱在横向配置与受力钢筋相垂直的分布钢筋及箍筋，如图 3-2-6 所示。分布钢筋应设在纵向钢筋的内侧，分布钢筋的截面积不应小于纵向主筋的 15%。横向箍筋则应将上下缘主筋连系起来，以防主筋在受压时发生屈曲和在拱腹受拉时发生外崩，箍筋间距不应超过纵向钢筋直径的 15 倍。无铰拱的纵向主筋应锚固在墩台台帽中，其锚入深度不应小于拱脚截面高度的 1.5 倍。

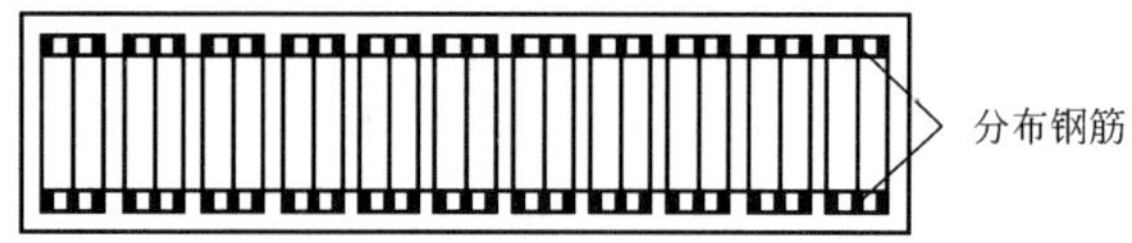

图 3-2-6　板拱的横向配筋

钢筋混凝土板拱厚度的估算，与混凝土的强度等级、含筋率、荷载大小以及拱的矢跨比等因素有关。初拟尺寸时，拱顶厚度一般采用拱桥跨度的 1/60～1/70。拱桥跨度大，拱顶厚度取小值。

（4）板拱主拱截面宽度、厚度及变化规律

①板拱主拱截面宽度

板拱一般用于实腹式拱桥，其拱圈截面宽度主要取决于桥面宽度（行车道宽度和人行道宽度之和），当不设人行道时，通常将安全护栏悬出 5～10cm（图 3-2-7a））；当设人行道时，则将栏杆（宽约 15～25cm）悬出（图 3-2-7b））。

对多孔或大跨径实腹式拱桥，可将人行道宽度部分或全部布置在钢筋混凝土悬臂上，以减少主拱圈宽度和墩台尺寸。钢筋混凝土人行道悬臂的做法主要有两种：一种是设置单独的人行道悬臂构件（图 3-2-7b）、c））；另一种是采用横贯全桥的钢筋混凝土横挑梁，一般可悬出 1～2.5m，最大可悬臂 4m，在挑梁上再安设钢筋混凝土人行道板（图 3-2-7d））。

当板拱用于空腹式拱桥时，拱圈宽度拟定则随拱上腹孔型式的不同而异。对拱式腹孔，拱圈宽度拟定与实腹式拱相同；对梁式腹孔，拱圈宽度通常小于桥面宽度，通过拱上立柱盖梁将人行道或部分车行道悬挑出拱圈宽度以外，以减小拱圈宽度和墩台尺寸。

通常把拱圈宽度小于桥面宽度的拱圈，称为窄拱圈。

在窄拱圈中，由于拱圈自重及大部分拱上结构自重所产生的应力变化不大，仅可变作用和部分永久作用所产生的应力略有增加。所以，当拱圈中的永久作用应力在其总应力中所占

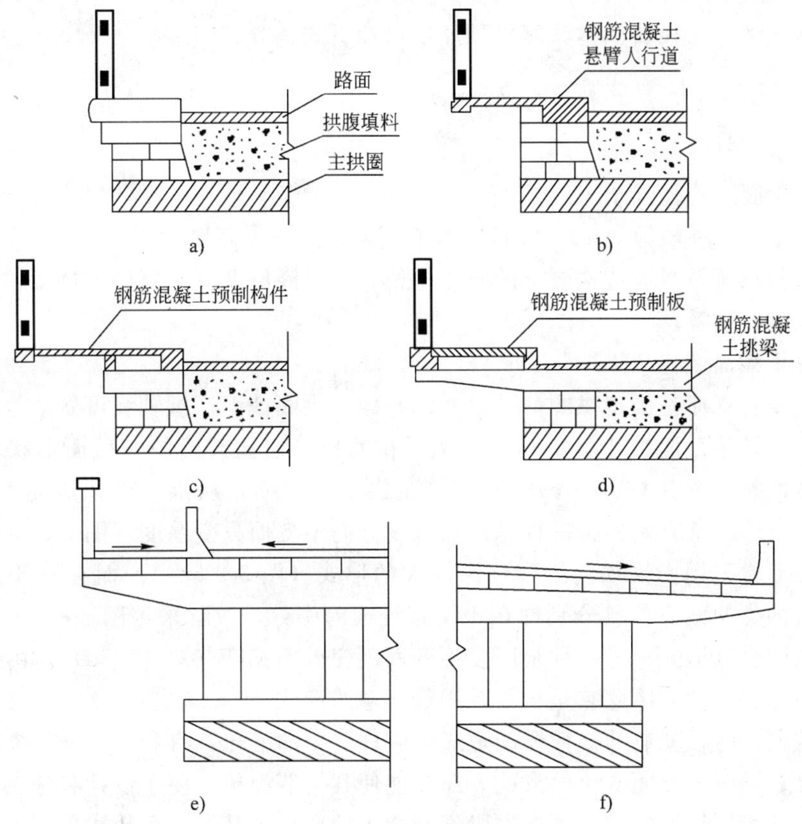

图 3-2-7 板拱宽度

的比例很大时，采用窄拱圈，对上、下部结构都比较经济。目前在多孔或大跨径拱桥中，一般都采用窄拱圈的形式。如长沙湘江大桥主桥全长 1250m，桥面宽度为 20m，由于采用了图 3-2-7c) 所示的预制钢筋混凝土悬臂人行道，两侧各挑出 1.1m，使主拱圈宽度减小到 17.8m，从而节省了造价。

在拟定拱圈宽度时，要兼顾桥面悬臂长度和宽跨比。悬臂长度较大，虽然减小了拱圈宽度和墩台尺寸，但相应增加了悬臂构件的用量；同时，过小的拱圈宽度，难以确保其横向稳定性的要求。现行桥规规定，拱圈宽度小于 1/20 拱跨时，应验算拱圈的横向（平面外）稳定性。目前国内外已建拱桥中，拱圈宽跨比较小的有南斯拉夫克尔克 1 号桥，宽跨比 1/30，我国丹河大桥宽跨比 1/26.67。

②板拱主拱截面厚度

拱圈厚度可以是等厚度，也可以是变厚度，主要根据桥梁跨径、矢跨比、建筑材料、荷载大小等因素综合确定。

对于等厚度的小跨径石拱桥，初拟厚度时，可按下式估算：

$$h = \beta k \sqrt[3]{l_0} \tag{3-2-1}$$

式中：h——拱圈厚度（cm）；

l_0——拱圈净跨径（cm）；

β——系数。一般为 4.5～6.0，取值随矢跨比的减小而增大；

k——荷载系数。对于公路－II 级为 1.2，公路－I 级时需试算。

对于变厚度的小跨径石拱桥，其拱顶厚度可按下式估算：

$$h_{\mathrm{d}} = \alpha(1 + \sqrt{l_0}) \tag{3-2-2}$$

式中：h_{d}——拱顶厚度（cm）；

l_0——拱圈净跨径（cm）；

α——系数，一般为 0.13～0.17，取值随跨径的增大而增大 。

大跨径石板拱桥及具有特殊要求的石板拱桥，其拱圈厚度可参照已成桥梁的设计资料或其他经验公式进行估算。

③板拱主拱截面变化规律

拱圈截面变化规律是确定拱圈截面尺寸的基础。拱圈截面沿拱轴线可做成等截面或变截面两种型式。所谓等截面拱（图 3-2-8a)）就是拱圈任一法向截面的横截面形状和尺寸是相同的；而变截面拱（图 3-2-8b)、c)、d)）的主拱法向截面，从拱顶到拱脚是逐渐变化的。变截面拱圈的做法通常有两种：一种是拱圈宽度方向不变而只变厚度（图 3-2-8b)、c)），如对于无铰拱，通常采用由拱顶向拱脚逐渐增大的形式（图 3-2-8b)）。而在三铰拱或两铰拱中，由于最大内力的截面位置分别约在 1/4 跨径或跨中处，故常采用图 3-2-8c)（又称镰刀形）所示的截面变化形式；另一种是厚度不变而改变拱圈宽度（图 3-2-8d)）。由于等截面拱的构造简单，施工方便，因此它是目前采用最普遍的型式。

拱圈横截面沿跨径变化的规律要能适应拱圈内内力的变化，有利于充分发挥拱圈每个截面的材料强度；同时，截面变化的形式，还应能使其构造简单，便于设计和施工。

无铰拱通常可用惯性矩从拱顶向拱脚逐渐增大的变化，其解析函数式采用如下 Ritter 公式（图 3-2-9）：

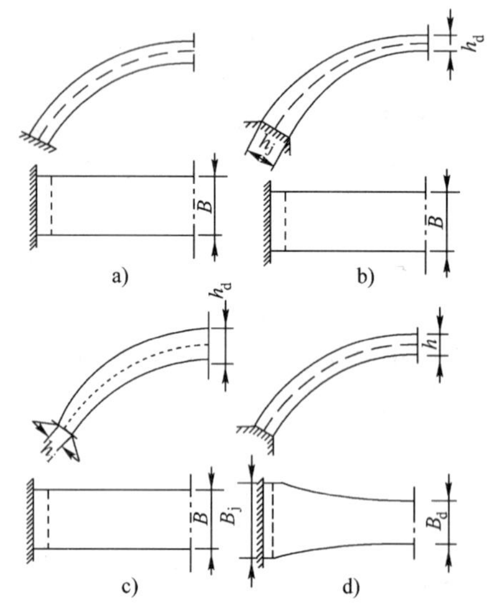

图 3-2-8　等截面与变截面拱

a）等截面积；b）拱厚自拱顶向拱脚增加；c）拱厚自拱顶向拱脚减少（镰刀形）；d）拱宽自拱顶向拱脚增加

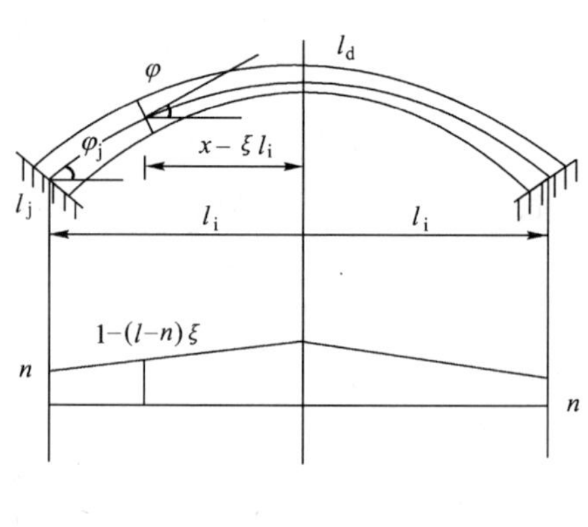

图 3-2-9　变截面拱圈的截面变化规律图

$$\frac{I_{\mathrm{d}}}{I\cos\phi} = 1 - (1 - n)\zeta$$

$$I = \frac{I_d}{[1-(1-n)\zeta]\cos\phi} \tag{3-2-3}$$

或

$$n = \frac{I_d}{I_j \cos\phi_j} \tag{3-2-4}$$

式中：I——拱任意截面的惯性矩；

I_d——拱顶截面的惯性矩；

I_j——拱脚截面的惯性矩；

ϕ——拱任意截面的拱轴水平倾角；

ϕ_j——拱脚截面的倾角；

ζ——拱任意截面到拱顶距离系数；

n——拱厚变化系数，可用拱脚处 $\zeta=1$ 的边界条件求得。

拱厚变换系数 n 愈小，拱厚变化就愈大，截面的变化就越大。

在设计中，可先拟定拱顶和拱脚两截面的尺寸，求出 n，再求其他截面的 I；也可先拟定拱顶截面尺寸和拱厚系数 n，再求 I。在公路圬工拱桥中，对于空腹式拱桥，n 值一般取为 0.3～0.5；实腹式拱桥采用 0.4～0.6；双曲拱桥和钢筋混凝土拱桥采用 0.5～0.8。对于矢跨比较小的拱，采用上述较小的 n 值，矢跨比较大的拱，采用上述较大的 n 值。

拱圈截面惯性矩自拱顶向拱脚变化的方式主要有截面自拱顶向拱脚等宽度变厚度和等厚度变宽度两种。对于前一种（图 3-2-8b)），其任意截面的高度 h 可按下列公式计算。

对实体矩形截面，其截面惯矩为：

$$I = \frac{1}{12}Bh^3 \tag{3-2-5}$$

将式（3-2-5）代入式（3-2-3）得拱圈任意截面的厚度 h 为：

$$h = \frac{h_d}{C\sqrt[3]{\cos\phi}} \tag{3-2-6}$$

式中的 C 值为 $C=\sqrt[3]{[1-(1-n)\zeta]}$。对工字钢及箱形截面（图 3-2-10），由于截面惯矩 $I=(1-\alpha\beta^3)bh^3/12$，其截面变化较为复杂，但当挖空率 α、β 值不变，腹板厚度沿拱轴相等，仅翼板（工字形）或顶板（箱形）厚度从拱顶向拱脚逐渐增大时，则式（3-2-6）仍然适用。

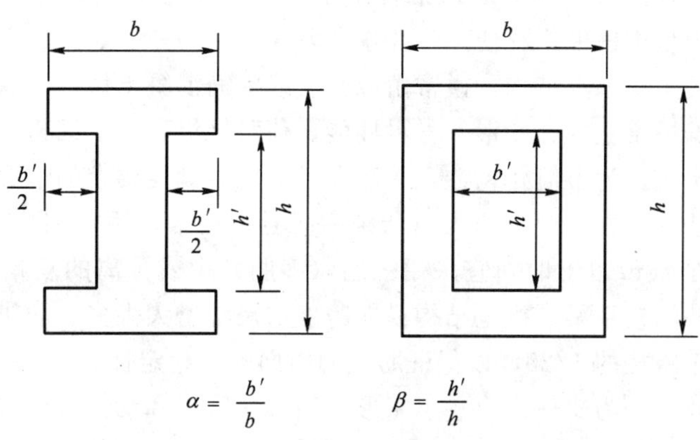

图 3-2-10 工字钢及箱形截面尺寸

对于上述第二种惯性矩变化方式，即拱顶向拱脚等厚度变宽度方式，主要是在大跨径拱桥中，为了抵抗向拱脚增大的轴力 N 而采用的一种变化规律（图 3-2-8d)），它是在截面惯性矩增大并不太多的情况下来增大截面面积，而使拱脚的弯矩变小，同时还提高了拱的横向稳定性。目前主要用于中承式拱桥，桥面以上拱肋为使构造简单而采用等宽度，而对桥面以下则采用变宽度。

上述惯性矩变化均是自拱顶向拱脚增大的，法国工程师巴烈脱曾提出了与此相反的变化方式，即惯性矩自拱顶向拱脚逐渐减小，这种拱被称为镰刀形拱（图 3-2-8c)）。采用镰刀形拱的目的是尽量减小无铰拱拱脚弯矩，镰刀形拱的使用跨径在 100m 以上，目前这种桥型在世界上还建造得不多。

由于变截面拱的构造复杂，施工不便，目前国内外都有广泛采用等截面拱的趋势。一般在无铰拱桥设计中，对于跨径小于 50m 的石板拱桥，跨径小于 100m 的双曲拱、箱形拱或钢筋混凝土肋拱桥，均可采用等截面形式。

2）肋拱

肋拱桥是由两条或多条拱肋、横系梁、立柱和由横梁支承的行车道部分组成，如图 3-2-11 所示。拱肋相当于将板肋和拱肋之间的板全部挖去，用两条或多条分离式的平行拱肋来代替拱圈，为保证拱肋的横向稳定性和整体性，需在肋间设置足够数量和刚度的横系梁。

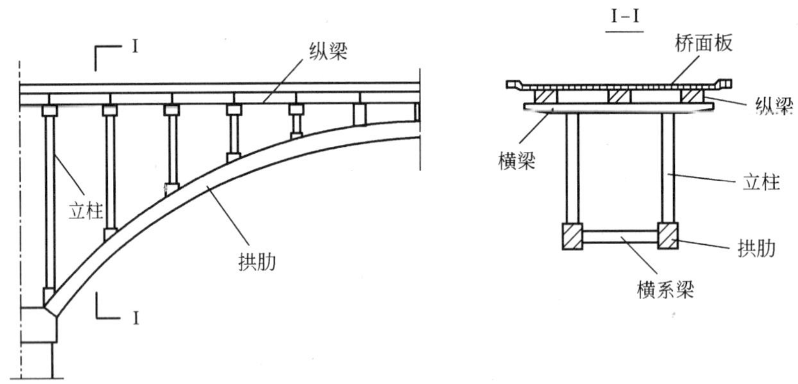

图 3-2-11　肋拱桥的立面布置

肋拱质量轻，结构自重的内力减小，相应可变作用的内力比重增大，可充分发挥钢筋等材料的性能，具有较好的经济性。肋拱常常用于一些矢跨比很大的高桥中，跨越能力也较大。肋拱现已在大中型拱桥中广泛使用，并逐渐取代板拱。

拱肋是肋拱桥的主要承重结构，通常由混凝土或钢筋混凝土做成。拱肋的数目和间距以及截面型式主要根据桥梁宽度、肋形、材料性能、荷载等级、拱上结构、施工方法与经济性等各方面综合考虑决定。为了简化构造，一般在吊装能力满足要求的情况下，宜采用少肋型式，这样既简化构造，又在外观上给人以清晰的感觉。通常，桥宽在 20m 以内时可考虑采用双肋式；当桥宽在 20m 以上时，宜采用三肋（多肋）拱或分离的双幅双肋拱，以避免由于肋中距增大而使肋间横系梁、拱上结构横向跨度与尺寸增大太多。肋拱两外侧拱肋最外缘的间距一般不宜小于跨径的 1/20，以保证肋拱的横向整体稳定性。

拱肋的截面形式可分为实体矩形、工字形、箱形、管形和劲性骨架混凝土箱形等，如图 3-2-12 所示。

矩形截面具有构造简单、施工方便，但由于受弯矩作用时不能充分发挥材料的作用，一般仅用于中小跨径的肋拱桥。初拟尺寸时，肋高可取跨径的 1/40～1/60，肋宽取肋高的

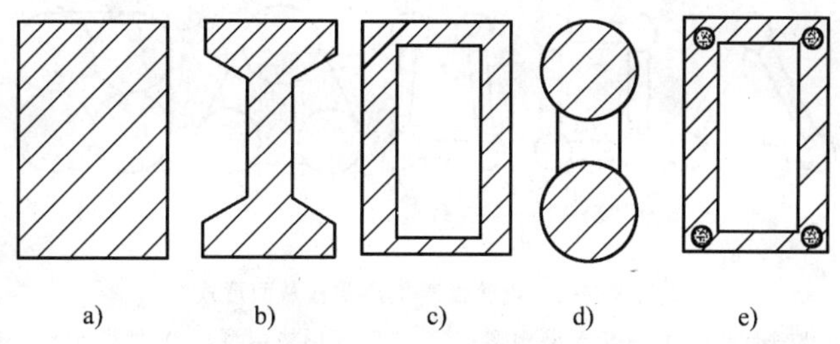

图 3-2-12 截面形式

a）实体矩形；b）工字形；c）箱形；d）管形；e）劲性骨架混凝土箱形

0.5～2.0 倍。矩形拱肋除采用混凝土和钢筋混凝土作为拱肋外，在我国西南地区的四川、重庆等地，因地制宜，修建了不少石肋拱桥。石肋拱可以是双肋，也可以是多肋，肋间设置足够的钢筋混凝土横系梁。石肋拱所用石料为料石或石块，标号为 50～60 号，用砂浆或小石子混凝土砌筑（15～20 号）。石肋拱与石板拱相比具有更好的经济性。

工字形截面的抗弯惯矩比矩形截面大，可以降低截面拉应力的数值，常用于大、中跨径的肋拱桥。工字形的肋高一般为跨径的 1/25～1/35，肋宽约为肋高的 0.4～0.5 倍，腹板厚度常为 30～50cm。工字形肋拱虽在材料使用上比矩形拱肋经济，但也存在构造较复杂，施工麻烦以及拱肋横向刚度小的问题。

拱肋截面采用箱形截面的肋拱称为箱形肋拱。箱形肋拱的截面尺寸根据受力确定。初拟时箱肋高一般为跨径的 1/50～1/70，肋宽取肋高的 1.0～2.0 倍，腹板或翼板厚度一般不小于 25～30cm，以便布置钢筋和浇筑混凝土。同时，还必须在立柱支承处按一定的间距设置内横隔板，以保证拱肋截面局部稳定性的需要，隔板厚度为 20～30cm。图 3-2-13 所示为四川遂宁县用转体施工法修建的主跨为 70m 的双室箱肋拱桥截面形式。

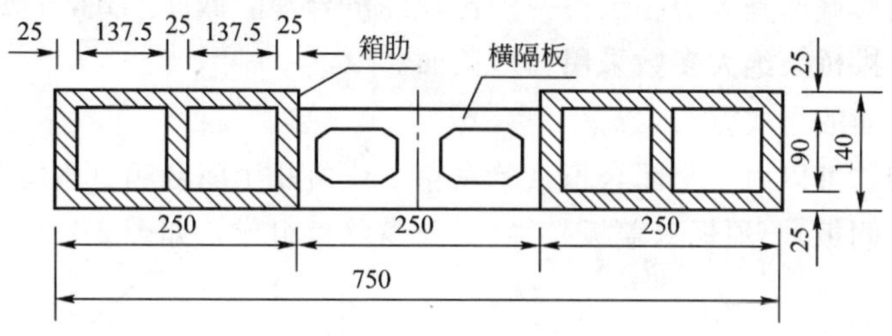

图 3-2-13 双室箱肋拱桥的截面形式（尺寸单位：cm）

一般拱肋高度在 1.5～3.0m 时，采用工字形和箱形截面是合理的。

管形肋拱是指采用钢管混凝土结构作为拱肋的拱桥，其肋高与跨径之比常在 1/45～1/65 之间。钢管混凝土拱肋中钢管根数、布置形式与桥梁跨度、桥宽、荷载等级及受力等有关，其截面形式有单肢（管）型、双肢哑铃型、三角形格构型、四肢格构型和集束型等，如图 3-2-14 所示。有关钢管混凝土拱桥的详细内容见第五篇第三章。

3）箱形拱

将实体的板拱截面挖成空心箱形截面，即主拱圈截面由多室箱构成的拱称为箱形拱，如图 3-2-15 所示。

（1）箱形拱的主要特点

①截面的挖空率大，可达全截面的 50%～60%，与板拱相比，可节省大量圬工体积，

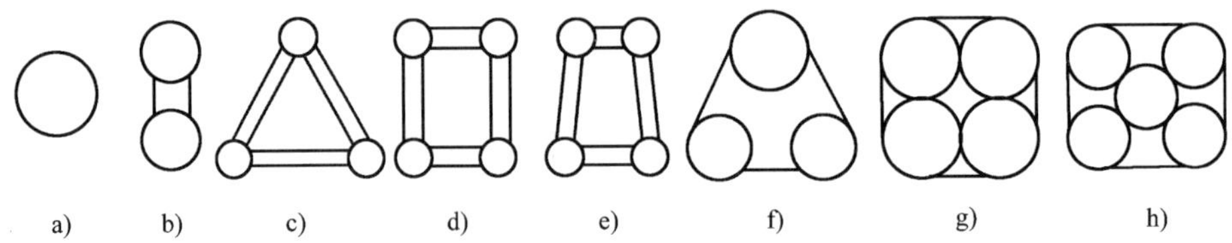

图 3-2-14 钢管混凝土拱肋横截面形式

a）单肢（管）型；b）双肢哑铃型；c）三角形格构型；d）四肢矩形格构型；e）四肢梯形格构型；f）三管集束型；g）四管集束型；h）五管集束型

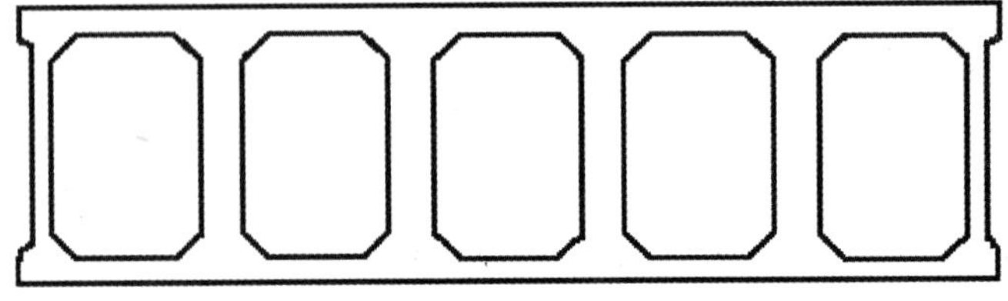

图 3-2-15 箱形拱拱圈截面示意

减轻自重。

②箱形截面的中性轴大致居中，对于抵抗正负弯矩几乎具有相等的能力，能较好地适应主拱圈各截面正负弯矩变化的需要。

③由于是闭合空心截面，抗弯和抗扭刚度大，拱圈的整体性好，应力分布比较均匀。

④单条箱肋刚度较大，稳定性较好，能单箱肋成拱，便于无支架吊装。

⑤预制拱箱的宽度，施工操作安全，易保证施工质量。

⑥制作要求较高，吊装设备较多，主要用于大跨径拱桥。

可以看出，箱形截面是大跨径拱桥一种比较经济合理的截面形式，因此，国内外建造的大跨径钢筋混凝土拱桥，绝大多数采用箱形截面。

(2) 箱形拱截面的组成方式

箱形拱的拱圈，可以由一个闭合箱（单室箱）或由几个闭合箱（多室箱）组成，每一个闭合箱又由箱壁（侧板）、顶板（盖板）、底板及横隔板组成，如图 3-2-16 所示。

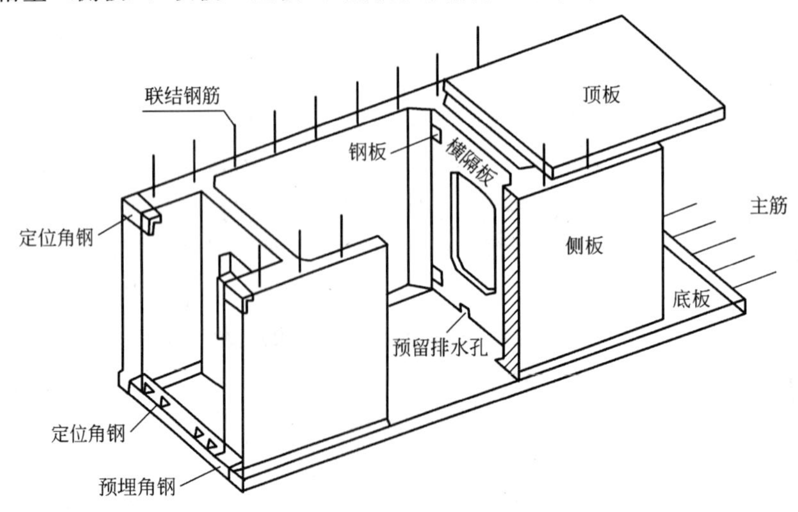

图 3-2-16 箱形拱闭合箱的构造

大跨径拱桥的主拱圈，为了采用预制装配的施工方法，在横向将拱圈截面划分成若干个箱肋，在纵向将箱肋分段，通常为3～5段，以减轻吊装重量。待箱肋拼装就位后，再浇筑肋间混凝土把各箱肋连成整体，形成主拱圈的截面。箱形拱桥主拱圈的组成方式主要有以下几种：

①由多条U形肋组成的多室箱形截面（图3-2-17a））。它是将底板和箱壁预制成开口U形拱肋，并沿轴线方向一定间距内设置横隔板。采用分段预制，吊装合龙后安装预制盖板，再现浇顶板及箱壁接缝混凝土，形成箱形截面。盖板可做成平板或微弯板。U形肋的优点是预制时不需要顶面模板，只需在拱胎上立侧模板；虽是开口截面，吊装时仍有足够的纵横向稳定性，吊装重量轻。缺点是现浇混凝土工作量大，盖板在参与拱圈受力时作用不大，纵、横向刚度不够大，目前已较少采用。

②由多条工字形肋组成的多室箱形截面（图3-2-17b））。将设有横隔板的工字形拱肋吊装合龙后，翼缘板直接对接，并对横向连接的钢板电焊即形成拱圈截面，省去了现浇混凝土部分，减少了施工工序。工字形拱肋的缺点是吊装稳定性较差，焊接下翼缘和横隔板的联结钢板时，质量难以保证，一般较少采用。

③由多条闭合箱肋组成的多室箱形截面（图3-2-17c））。此种箱肋的特点是在预制过程中，箱壁采用了分段预制再组合拼装成箱的工艺。先将预制好的箱壁及横隔板按拱箱尺寸拼装起来（图3-2-18），再浇筑底板混凝土和侧板与横隔板接头，形成U形开口箱，最后在U形箱内立模板，浇筑顶板混凝土形成闭合箱肋。为了加强块件之间的连接，在箱壁和横隔板四周预留环状剪力钢筋及连接钢筋（图3-2-18）。闭合箱肋吊装成拱后，浇筑肋间填缝混凝土形成多室箱形截面。

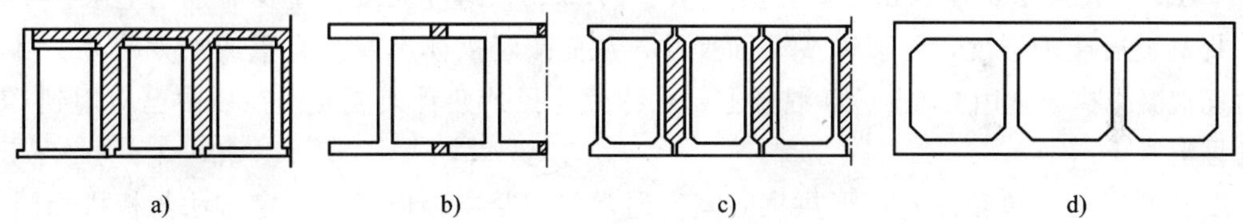

图3-2-17　箱形截面的组成方式

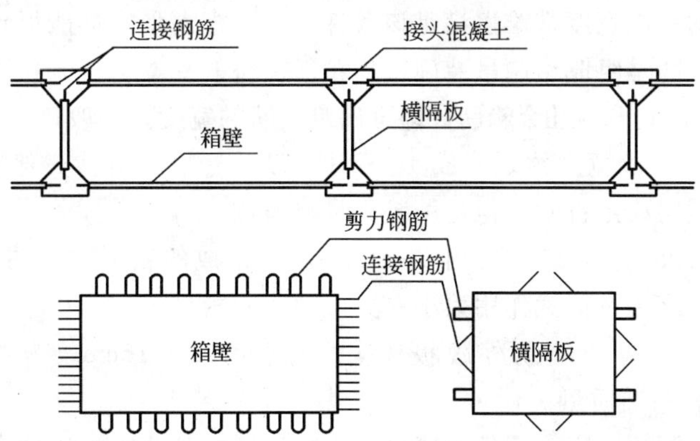

图3-2-18　箱壁横隔板连接示意

闭合箱肋的优点是：箱壁及横隔板分块预制，可改为卧浇，采用干硬性混凝土，并在振动台上进行施工，节省大量模板，提高工效；同时闭合箱抗弯抗扭的刚度均较开口箱大，吊装稳定性好。目前，箱形拱主要采用这种截面形式。

④单箱多室截面（图 3-2-17d)）。这种截面外形为一箱，箱内具有多个室，它主要应用在（特）大跨度混凝土拱桥中。单箱多室截面拱的形成与施工方法有关。当采用劲性骨架施工时，拱箱是在劲性骨架拱（钢管混凝土或型钢骨架）上分层分段浇筑而成。

这种形成方式的特点是：将拱箱庞大的体积化小，通过将底板、侧板和顶板混凝土沿纵向划分成若干段，横向又根据侧板高度划分成若干层，采用连续浇筑或多工作面浇筑的方法逐步形成拱箱，省去了大量的临时支架。

由于拱箱混凝土是分步形成的，因此，各部分的混凝土龄期差别大，收缩、徐变对应力和变形影响很大，在拱箱混凝土浇筑过程中必须进行施工监控，确保在混凝土浇筑过程中先期浇筑的混凝土和骨架的受力安全和稳定性要求。

单室箱形拱桥在钢材和混凝土用量方面均比多室箱形拱桥节省，一般约节省钢材50％～60％，混凝土体积约节省 40％～50％。

（3）箱形拱圈截面尺寸拟定

拟定箱形拱截面尺寸主要包括拱圈的高度、宽度、箱肋的宽度以及顶板、底板及腹板尺寸。

①拱圈高度。拱圈的高度主要取决于拱的跨度，还与拱圈所用混凝土强度有很大关系。初拟拱圈的高度时，拱圈高度可取跨径的 1/55～1/75，或者按以下经验公式估算：

$$h = l_0/100 + \Delta$$

式中：h——拱圈高度（m）；

l_0——净跨径（m）；

Δ——取为 0.6～0.7m，箱肋拱为 0.8～1.0 m。跨度大或箱室少时选用上限。

提高混凝土的强度，可以减少截面尺寸，从而减轻拱体本身的自重或加大跨径。目前国内钢筋混凝土拱桥常用 C30～C40 混凝土，对特大跨径劲性骨架混凝土拱桥中已应用到 C50～C60 号混凝土。

②拱圈宽度。单箱多室箱形拱拱圈宽度通常采用窄拱圈形式。拟定方法与板拱相同，为减小拱圈宽度，可考虑采用悬挑桥面。拱圈宽度一般可为桥宽的 0.6～1.0 倍，桥面悬挑 1～2.5m，最大可达 4.0m，但为了保证其横向的刚度和稳定性，宽跨比应满足 1/20 的要求，但特大跨径桥的拱圈宽度常难以满足该条件，只要横向稳定性能得到保证即可。

③箱肋宽度。箱肋是组成预制吊装施工的箱形拱桥的基本构件。拱圈宽度确定后，根据缆索吊装能力，在横向划分为几个箱肋，即可确定拱肋的宽度。一般每个箱肋的宽度取 1.3～1.7m。双车道桥面的拱圈宽度约划分成 4～6 片箱肋。箱肋宽度大，箱肋肋数少，接头少，整体性强，单箱的横向稳定也好，但是吊装重量将增加。

④顶底板及腹板尺寸。对常用的由多条闭口箱肋组成的箱形拱（图 3-2-19），其顶底板及腹板各部分尺寸与跨径及荷载作用大小有关。顶、底板厚度 t_d 一般为 15～22cm，可以等厚，也可以不等厚。两外边箱肋外腹板厚 t_{wf} 一般为 12～15cm，内箱肋腹板厚 t_{nf} 常取 5～6cm，以尽量减轻吊装质量。

需注意的是，拱圈顶、底、腹板太薄可能出现压溃，其原因除构造尺寸太小外，就是应力允许值用得太大（国际上对压板应力值限制很严），故应对其作必要的压溃及局部应力验算。箱肋间的填缝宽度 t_f 根据受力大小确定（主要考虑轴力），一般采用 20～35cm。为保证填缝混凝土浇筑质量，Δ_1 不宜小于 20cm，Δ_2 为安装缝，通常为 4cm。

（4）箱形拱的横隔板及横向联结

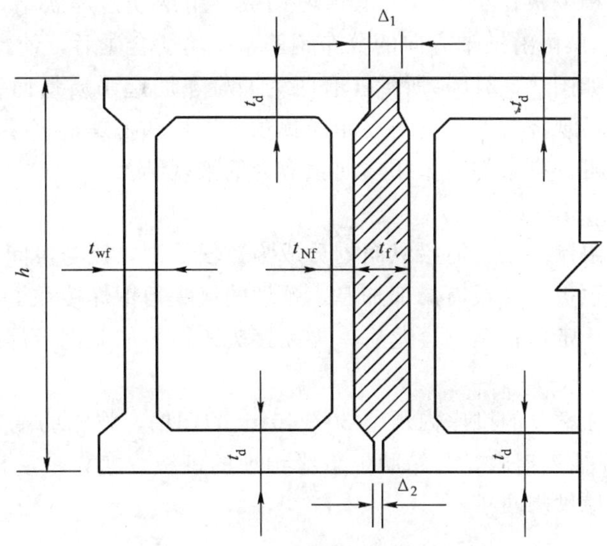

图 3-2-19　箱形拱截面构造

为提高箱肋在吊运及使用阶段的抗扭能力，加强箱壁的局部稳定性，需在拱箱内每隔一定距离设一道横隔板。除在箱肋接头处，吊扣点及拱上立柱处必须设置外，其余部分每 3～5m 设一道，其厚度为 60～80mm。为减轻质量，便于施工人员通行，通常将横隔板中间挖空或做成桁架式横隔板（图 3-2-20）。

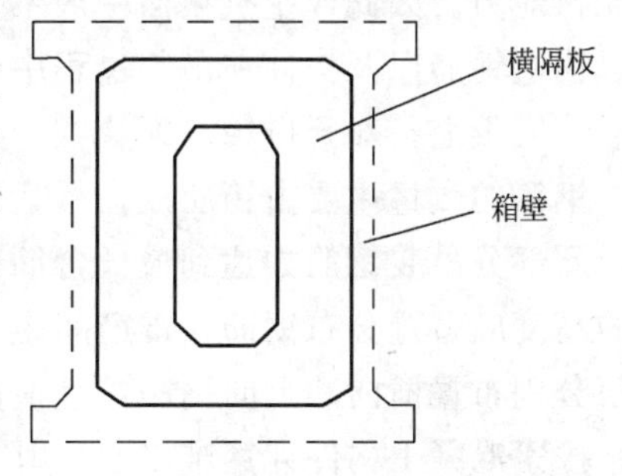

图 3-2-20　横隔板构造

对于多室箱组合截面，为了加强拱箱的整体性，箱与箱之间要作横向联结。横向联结与箱肋形式有关。

对开口箱肋，在横隔板两侧的箱壁上下缘预留孔洞，用短钢筋穿入，并与横隔板上的预埋钢板焊接，如图 3-2-21a）所示，并将箱肋填缝混凝土与顶板混凝土一起浇筑成整体。箱肋上的竖向钢筋外伸，埋入顶板混凝土中，并在顶板混凝土中沿全拱宽布设通长钢筋网。

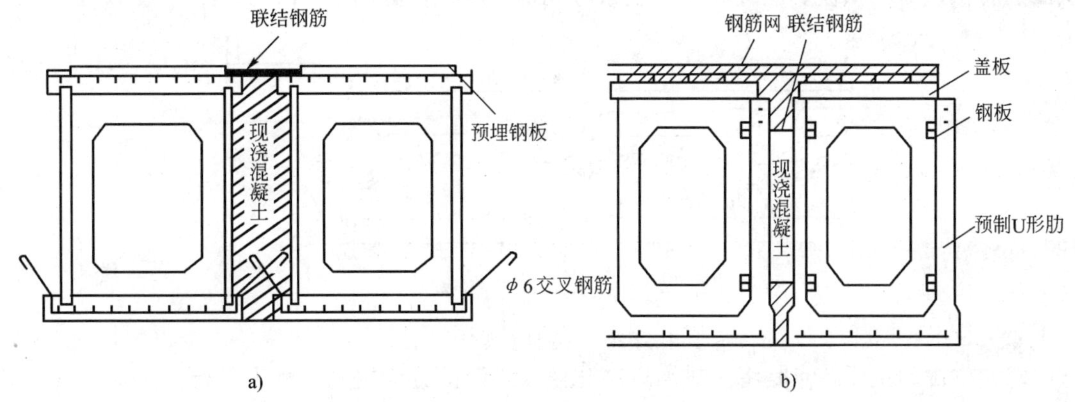

图 3-2-21　箱肋的纵向主筋和横向联结

a）开口箱的横向联系；b）闭口箱的横向联系

对闭口箱肋，在横隔板位置的顶板上预埋钢板，用钢筋搭焊联结，并在各箱肋底板上（外侧箱的外侧除外）预留沿拱轴方向的分布钢筋，待箱肋合龙后，使预留钢筋交叉、勾住，再浇注填缝混凝土，如图 3-2-21b）所示。有时为减轻箱肋起吊质量而将箱肋顶板的部分厚度放在拱圈安装完成后现浇时，则不需在箱肋顶预埋钢板和搭焊，直接布设钢筋网浇注顶板不足部分的混凝土即可。有条件时采用横向预应力筋来联结。

（5）箱肋接头

由于吊装能力的限制，箱肋需沿纵向划分成为数段预制，段与段间一般采用角钢搭接接头；接头处的箱壁、顶板、底板需局部加厚，预埋的接头角钢焊接在上下缘的主筋上，并通过定位角钢临时联结、定位；全拱合龙后，再在接头角钢上加盖钢板焊接，最后用混凝土填封接头。

拱脚接头，一般在墩台的拱座内预留 30～40cm 的凹槽，将箱肋端部的箱壁、顶板、底板加厚至 20～30cm，插入槽内，与箱肋上下缘预埋的钢板焊接，最后用不低于拱座混凝土强度等级的混凝土封填拱脚凹槽。

（6）钢筋布置

大跨径箱形拱桥的主拱圈设计，在运营阶段一般均为压应力控制，混凝土的拉应力很小或无拉应力。因此，主拱截面一般不按钢筋混凝土截面设计，可按素混凝土拱设计，但必须配置构造钢筋以及构件在吊装过程中的受力钢筋。对于闭合箱，此部分受力钢筋对称布置在顶板、底板上；对开口箱，配置在箱壁的上缘和底板上（图 3-2-21）。

钢筋的数量主要由箱肋段在吊运和悬挂过程中的受力情况计算确定。当拱圈全截面形成后，此部分吊装钢筋如达到最低含筋率的要求，可以在拱的截面计算中计入钢筋面积。沿箱壁的高度应布置分布钢筋，钢筋间距不大于 25cm。在顶板、底板及腹板中沿拱轴方向一定间距分别布置横向和径向钢筋，且横向、径向钢筋必须有效联结。

按素混凝土构件计算难以通过时，可按钢筋混凝土构件计算，但截面纵向配筋必须同时满足使用阶段和吊装阶段的要求。

4）双曲拱桥

双曲拱是 20 世纪 60 年代中期我国江苏省无锡县的建桥职工首创的一种新桥型。由于拱圈的横截面是由数个横向小拱组成，使主拱圈在纵向及横向均呈曲线形而得名。双曲拱桥主拱圈通常由拱肋、拱波、拱板和横向联系等几部分组成，如图 3-2-22 所示。

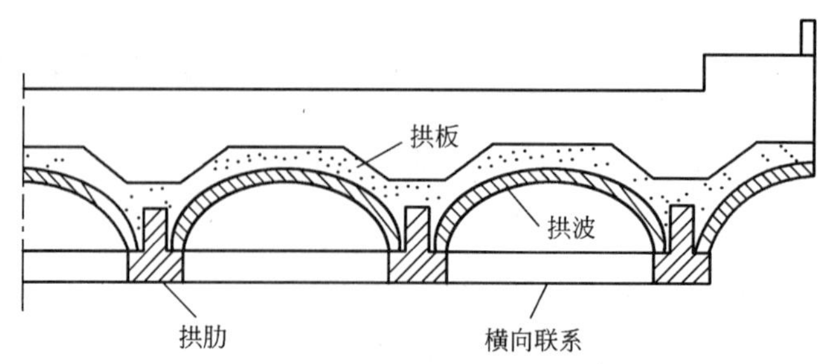

图 3-2-22　双曲拱主拱圈横截面

双曲拱桥的主要特点是将主拱圈以“化整为零”的方法按先后顺序进行施工，再以“集零为整”的组合式整体结构承重，适应于无支架施工但又无大型起吊设备时的情况。施工时，先将拱圈划分成拱肋、拱波、拱板及横向联系 4 部分，并预制拱肋、拱波和横向联系，即“化整为零”；然后吊装钢筋混凝土拱肋成拱，并与横向联系构件组成拱形框架，在拱肋间安装拱波，随后浇筑拱板混凝土，形成主拱圈，即“集零为整”。

双曲拱桥结构充分发挥了预制装配的优点，可以不要拱架施工，节省木材，加快施工进度，而所耗用的钢材又不多。因此，在它出现之后，得到了迅速的推广，当时的主要目的是减轻吊装重量。

根据拱桥的跨径、宽度、设计荷载的大小、材料类型和施工工艺等各种情况，双曲拱桥主拱圈截面可以采用不同的形式（图 3-2-23）。目前采用最多的是多肋多波的截面形式（图 3-2-23a）、b）、c））。在小跨径的双曲拱桥中，还可采用单波的形式（图 3-2-23d））。

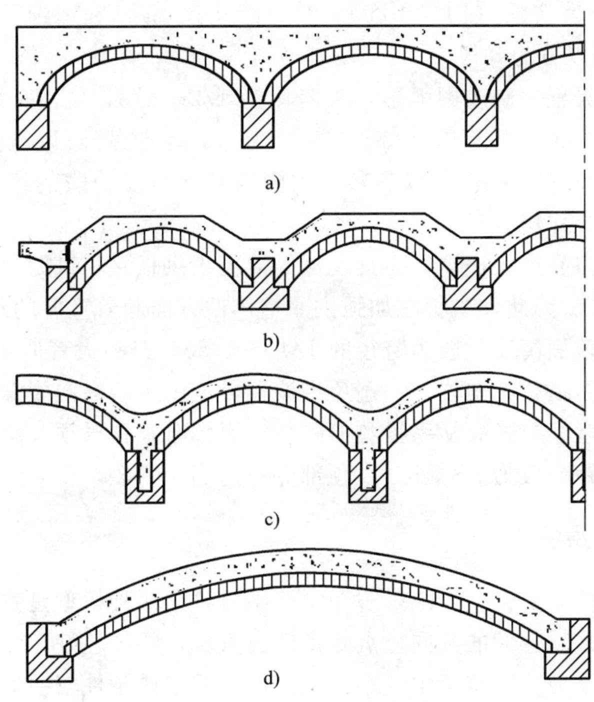

图 3-2-23　双曲拱主拱圈的截面形式

拱肋是双曲拱桥主拱圈的骨架，它不仅参与拱圈共同承受全部永久作用和可变作用，而且在施工过程中要起砌筑拱波和浇筑拱板的支架作用。当拱波、拱板完成后，拱肋成为主拱圈的重要组成部分。因此，拱肋的设计，必须保证具有足够的强度和刚度。特别是采用无支架施工的双曲拱，除应满足吊装阶段的强度和纵横向稳定性以外，还需满足截面在组合过程中各阶段荷载作用下的强度要求。

常用的拱肋截面形式有矩形、凸形（倒 T 形）、槽形和工字形等（图 3-2-24）。一般根据跨径大小、受力性能、施工难易等条件综合选择合理的截面形式，要求所选拱肋截面有利于增强主拱圈的整体性，制作简单且能保证施工安全。

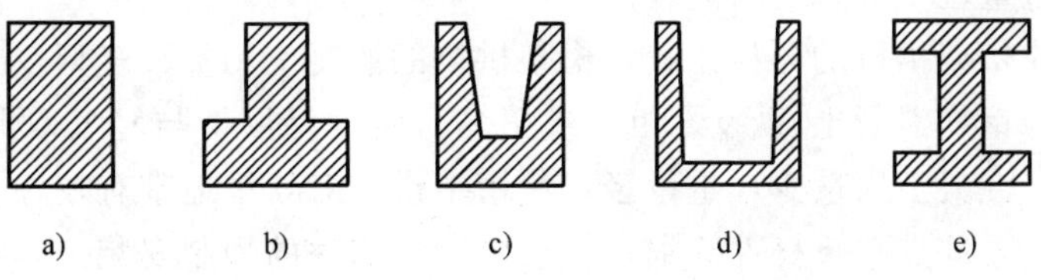

图 3-2-24　拱肋截面形式

a）矩形；b）凸形；c）、d）槽形；e）I 字形拱肋拱肋一般为钢筋混凝土构件，常采用预制安装的方法施工。预制的拱肋，常常分成几段。分段数目和长度应根据桥梁跨径大小、运输设备和吊装能力等条件来考虑。由于拱顶往往是受力最不利的截面，因此拱肋分段时接头不宜布置在拱顶，而设置在拱肋自重作用下弯矩最小的地方，一般在跨径的 0.3 倍附近。这样，拱肋一般均可分为 3 段（图 3-2-25）。当跨径超过 80m 时，可以分为 5 段。

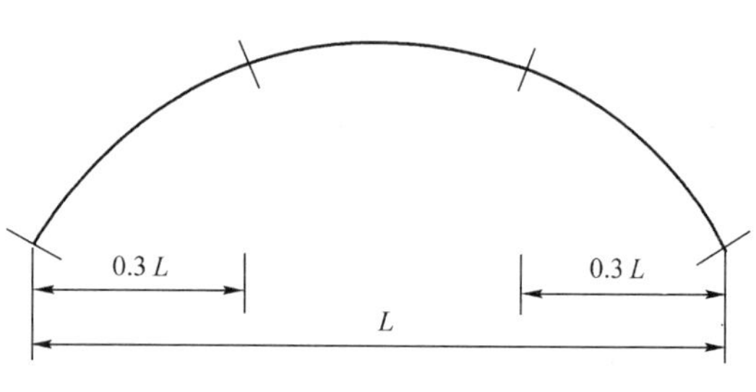

图 3-2-25 拱肋分段的接头位置

拱波一般都用混凝土预制成圆弧形，矢跨比为 1/2～1/5，单波矢跨比为 l/2～1/6。拱波跨度由拱肋间距决定，净跨以 1.3～2.0m 为宜，单波截面以 3～5m 为宜。拱波厚 6～8cm，宽度 0.3～0.5m。拱波不仅是参与主拱圈共同承受荷载的组成部分，而且浇筑拱板混凝土时，又起模板作用。

拱板在拱圈截面占有最大比重，而且现浇的混凝土拱板又将拱肋、拱波连成整体，使拱圈能实现"集零为整"。因此，拱板在加强拱圈整体性方面起着重要的作用。

双曲拱桥主拱圈截面高度一般为跨径的 1/40～1/55，跨径大者取小值。

为使拱肋的变形在横桥方向均匀，避免拱波顶可能出现的纵向裂缝，需在拱肋间设置横向联系，常用的横向联系形式有横系梁和横隔板，通常布置在拱顶、腹孔墩下面、分段吊装的拱肋接头处等，间距一般为 3～5m，拱顶部分可适当加密。

2. 整体型上承式拱桥

整体型上承式拱桥主要包括桁架拱桥和刚架拱桥。这两种桥型是我国在修建双曲拱桥的基础上创建的拱桥形式。它们的共同特点是拱桥自重轻，整体性好，装配化程度高，施工进度快，拱上建筑参与受力，适合于中、小跨径的拱桥或地质条件较差的情况。

1） 桁架拱桥

（1） 桁架拱桥特点

桁架拱桥是一种具有水平推力的桁架结构，其下弦为拱形，上弦杆与桥面结构组合成整体而共同工作。在跨中部分，因上、下弦杆很靠近而做成实腹段。拱形结构的水平推力减小了跨间弯矩，使跨中实腹段在结构自重作用下主要承受轴向压力，在汽车和人群等荷载作用下承受弯矩，成为偏心受压构件。空腹段的桁架杆件主要承受轴向力。

由于桁架拱兼备了桁架和拱式结构的有利因素，因此能充分发挥材料的受力性能。同时在一般拱桥中，桥面和拱圈之间都需设置传递荷载的拱上结构，现利用拱上结构与拱圈形成桁架，使之整体受力，充分发挥全截面材料的作用。因此桁架拱具有结构刚度大、受力合理、整体性强、重量轻、节省材料等特点。

根据对已建成桁架拱桥的分析比较，桁架拱桥的混凝土用量较轻型双曲拱桥还要节省三分之一左右，仅与钢筋混凝土 T 形梁相当或稍多，而钢材用量与轻型双曲拱桥接近，比梁式桥则节省较多。混凝土用量少，重量轻，使桁架拱桥对软土地基有较好的适应性。

桁架拱桥的主要缺点在于杆件纤细，模板复杂，构件的预制安装工艺要求较高；由于桁架节点是刚性连接，使交汇于节点的竖杆、斜杆易开裂，影响整体刚度和耐久性，维修养护困难。因此，普通桁架拱桥的跨径一般为 20～50m。采用预应力的桁架拱，克服了受拉杆件开裂的问题。例如贵州剑河大桥的跨径已达 150m，它为预应力桁架拱桥（称悬臂桁架拱）开拓了新的领域。

(2) 主要结构类型

桁架拱桥的上部结构一般由桁架拱片、横向联结系和桥面组成。

桁架拱片是桁架拱桥的主要承重结构，在施工中它承受全部结构的自重作用，成桥后与桥面结构组合一体共同承受其他可变作用。桁架片由上弦杆、腹杆、下弦杆和拱顶实腹段组成，其立面布置如图 3-2-26 所示。

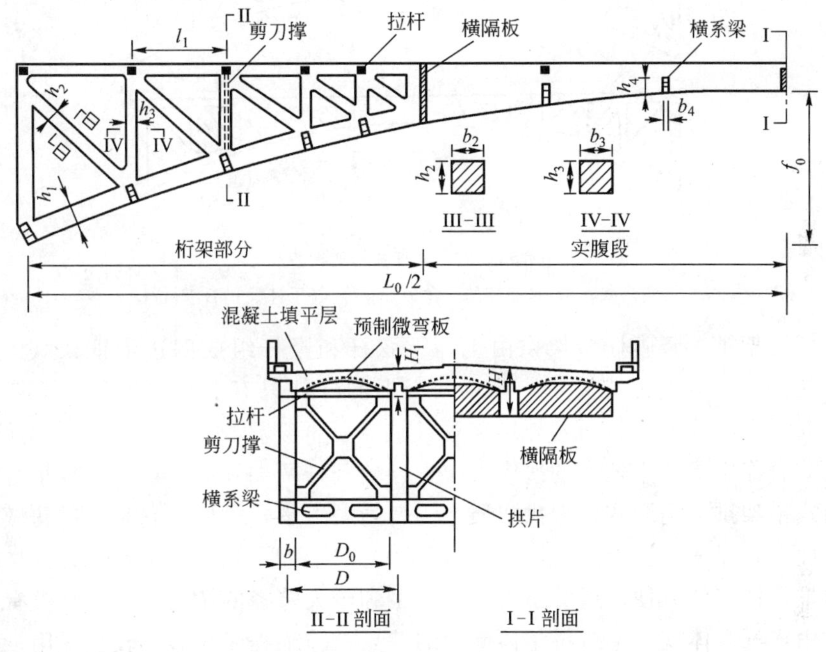

图 3-2-26 桁架拱桥的主要尺寸示意

L_0-净跨径；f_0-净矢高；D-桁架拱片间距；b-桁架拱片宽度；D_0-微弯板净跨径；h_1-下弦杆截面高度；H_1-上弦杆桥面组合高度；H-跨中截面高度；b_2、h_2-斜杆截面宽度、高度；b_3、h_3-竖杆截面宽度、高度；b_4、h_4-横系梁宽度、高度

根据腹杆（包括斜杆和竖杆）布置和受力特性的不同，桁架拱桥分为斜（腹）杆式、竖杆式、桁肋式和组合式四种类型。

①斜腹杆桁架拱。斜腹杆的桁架拱，各杆件均承受轴向力，承载能力较大，是目前常采用的形式。根据斜杆布置角度不同，又分为三角形式（图 3-2-27a)）、带竖杆的三角形式（图 3-2-27b)）、斜压杆式（图 3-2-27c)）和斜拉杆式（图 3-2-27d)）。

斜压杆的斜杆在结构自重作用下受压，竖杆受拉，且斜杆的长度随矢高和节间长度的增大而显著增长，尤其是第一个节间的斜杆更长；为防止斜杆失稳，必须增大截面尺寸，给施工带来不便，而且这种斜压杆式的桁架外形不美观，现已很少采用。

斜拉杆的斜杆在结构自重作用下受拉，竖杆受压；由于有了竖杆，对于横向联结系的布置较方便，而且可减少上、下弦杆承受局部荷载的长度，对弦杆受力有利；同时采用预应力混凝土斜拉杆，外形美观，因此带竖杆的斜腹杆桁架采用较多。

三角形式腹杆根数比带竖杆的斜腹杆式少，节点数也少，腹杆总长比带竖杆的短，腹杆材料用量省，整体刚度较大；但当跨径过大时，节间过长，上弦杆承受局部弯矩所需的钢筋将增多，因此宜设置竖杆来减小节间长度，成为带竖杆的三角形桁架拱。

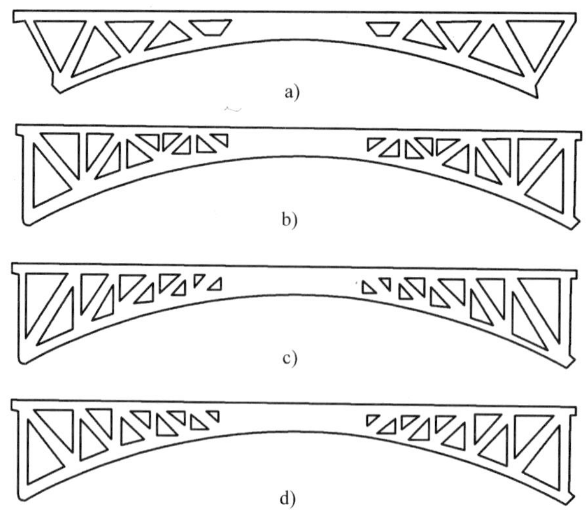

图 3-2-27　斜杆式桁架拱桥

a）三角形式；b）带竖杆的三角形式；c）斜压杆式；d）斜拉杆式

②竖腹杆桁架拱。竖腹杆桁架拱由上、下弦杆和竖杆组成四边形框架（图 3-2-28a））。它的优点是腹杆少，节点构造简单，节点处交汇的杆件只有 3 根（2 根弦杆和 1 根竖杆），钢筋布置和混凝土浇筑方便，而且外形美观。缺点是框架杆件以受弯为主，钢筋用量较大；刚性节点在荷载作用下产生较大的次应力，常导致竖杆两端开裂，适用于较小跨径的拱桥。

③桁肋式桁架拱。桁肋式桁架拱实质上为普通型上承式拱桥，它是把拱肋做成桁架，上设立柱、桥面系，保留了拱上建筑（图 3-2-28b））。这种形式的优点是把拱肋改成桁架，减轻了拱肋质量，使吊装方便，适宜于无支架施工和较大跨径的桥上。缺点是没有发挥拱上建筑的结构作用，没有体现桁架拱桥整体受力的特点，施工程序较多，较少采用。

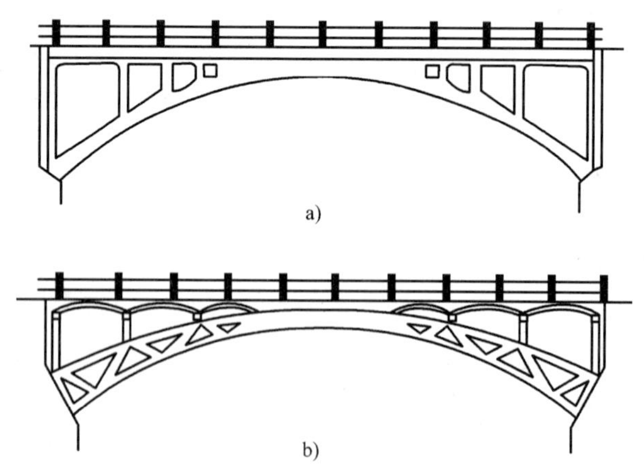

图 3-2-28　竖杆式和桁肋式拱片

a）竖杆式；b）桁肋式

另外还有圆孔拱片桥，即在拱片中设置几个大小不同的圆孔，以代替桁架拱的多边空间。这种形式的桥整体性好，钢筋用量最少，但吊装时要整片吊装，仅在中小跨径的桥梁中采用。

（3）桁架拱结构构造及主要尺寸拟定

桁架拱各组成部分主要尺寸如图 3-2-26 所示。

①拱片片数及间距

桁架拱片的片数和间距应根据桥宽、跨径、荷载、材料、施工、桥面构造以及经济比较等诸方面因素确定。桥宽一定时，拱片数越多，材料用量越多，但桥面板跨径减小；反之采用较大的拱片间距可减少拱片数，拱片的总用料量减少，但桥面板跨径相应增大，桥面用料量增加。一般跨径较大时，采用较少片数较为经济，同时可减少预制安装工程量，但需考虑到桥面板的跨越能力。因此，对于跨径 20～50m 的桁架拱，常采用 2m 左右间距的桁架拱片。

②矢跨比与拱轴线

桁架拱的矢跨比应根据桥址、地形、地质、水文、桥下净空与桥面高程、构造形式、受力与施工诸方面综合考虑确定。在直杆式桁架拱中，矢跨比愈小，竖杆较短，上、下弦杆与竖杆共同承受荷载的能力强，刚度大。在斜杆式桁架拱中，矢跨比小时，立面外形较轻巧美观，腹杆短，刚度大，节省材料，吊装重量轻；当矢跨比较大时，则情况相反。一般桁架拱的矢跨比 f/l 在 1/6～1/10 之间选用。

桁架拱片各杆件的轴线应于节点处相交，以免产生附加弯矩。上弦杆轴线平行于桥面，考虑到桥面板参与受力，上弦杆和实腹段轴线应是包括桥面板在内的截面重心之连线。下弦杆相当于桁架拱的拱肋，其轴线可采用圆弧线、二次抛物线或悬链线。桁架拱桥同样存在选择合理拱轴（下弦杆轴线）的问题，下弦杆的合理轴线应是在结构自重作用下能使下弦杆的拉应力为零或限制在容许范围内的轴线。通常，对中小跨径的桁架拱采用圆弧线；而对较大跨径的桁架拱，为了受力有利，采用抛物线较多。

③桁架节间与实腹段长度的确定

桁架节间长度应考虑腹杆、弦杆的受力与桥梁外观。节间长度大，节点就少，结构简化，材料省，计算与施工较方便。但是，为了保证在局部荷载作用下的强度、刚度，上弦杆节间长度一般不大于计算跨径的 1/8～1/12。

直杆式桁架拱的节间可按等间距布置。为使各斜杆大体平行，上弦杆的节间长度应自端部逐渐向跨中减小，并使斜杆与竖杆的夹角在 30°～50°之间，以避免产生过大的内力和变形。对一般跨径的桁架拱桥，最大节间长度不宜超过 5m。

拱顶实腹段长度是由于上、下弦杆太靠近而形成的，它与矢跨比和拱底曲线有关。矢跨比越大，拱越陡，实腹段越短；矢跨比越小，拱越坦，实腹段越长。在确定其长度时还应考虑实腹段与桁架段之间的强度和刚度的差别、外观上的协调以及便于施工的要求。一般实腹段长度取计算跨径的 0.3～0.5 倍。

跨中实腹段和桥面组合的截面高度称为跨中截面总高度。单孔桁架拱的跨中截面总高 H 与桁架拱跨径、矢跨比、桁架拱片间距、荷载和混凝土强度等级有关，初拟时可取净跨径的 1/40～1/50。

④拱肋（下弦杆）、上弦杆、腹杆截面尺寸的确定

为了简化施工，桁架拱拱肋通常采用等截面矩形形式，高度可取跨径的 1/80～1/100，宽度为 25～50cm，也可按截面高度的 1/1.5～1/2.0 确定。当桁架拱跨径较大时，为了减轻自重，下弦杆可做成箱形截面，如跨径 150m 的剑河大桥就是采用下弦杆箱形截面形式。

上弦杆截面形式跟桥面板构造有关，当桥面采用空心板时，上、下弦可采用矩形截面；

当采用微弯板时，上弦截面常采用倒 T 形（边肋为 L 形）。这样有利于桁架拱片与桥面联结成整体。一般上弦杆截面高度取下弦杆高度的 0.6～0.7 倍，宽度与下弦杆相同。

在斜杆式桁架拱中，考虑到节点次应力的影响，下弦杆应比按铰接桁架计算所需面积增大 20%～30%左右。

腹杆（斜杆和竖杆）常采用矩形截面，高度一般为下弦杆截面高度的 1/1.5～1/2.0，截面宽与上、下弦杆同宽，常取 0.2～0.4m。对受压腹杆宜用工字形截面。

⑤横向联结系和桥面结构

为了把拱片联成整体，使之共同受力，并保证横向稳定，需要在拱片之间设置横向联结系。拱片间的横向联结系包括横拉杆、横系梁、横隔板和剪刀撑。

横拉杆和横系梁分别设置在上、下弦杆的节点处，全跨对称布置。拱顶实腹段每隔 3～5m 也应设置横系梁，当跨径较小时，横系梁可用拉杆代替。横拉杆多为矩形截面，高度与上弦杆根部（翼缘）相同，宽为 12～20cm。

横系梁也用矩形截面，高度与下弦杆高度相同，宽度应不小于拱片净间距的 1/15，可取 15～20cm。横系梁一般中部挖空，以减轻重量。当桁架拱片间距较大时，横系梁两端与拱片联结处应加设承托。

横隔板一般设置在实腹段与桁架部分连接处及跨中，它在高度方向直抵桥面板，与横系梁同厚度。

横桥向的剪刀撑一般设置在 1/4 跨径附近的上、下节点之间以及跨径端部，剪刀撑杆件常用边长 10～18cm 的正方形截面。较小跨径的桁架拱桥，可以不设端部剪刀撑。

桁架拱桥的桥面通常由预制的横向微弯板和现浇混凝土填平层两部分组成。为了加强桥面与拱片的联结，除了将上弦杆和实腹段截面设计成倒 T 形，还需预埋锚固钢筋与微弯板伸出的钢筋相连，并浇注混凝土接头。空心板接缝间穿预应力钢筋，使桁架拱片与桥面结成刚劲的整体。

⑥桁架拱片与墩（台）的连接

桁架拱片与墩（台）的连接型式包括上、下弦杆与桥墩（台）的连接和多孔桁架拱桥桥跨结构之间的连接等。连接构造随上、下部结构的形式、施工方法、美观要求等而异。下弦杆与墩台连接一般是在墩（台）帽上预留深 10cm 左右（或与肋高相同）的桥孔，将下弦杆的端头插入并封以砂浆。在跨径较大时，由于墩（台）位移等原因，往往造成支承面局部承压，引起反力偏心和结构内力变化，故宜采用较完善的铰接。桁架拱上部在墩（台）的连接以及多跨拱间的连接分为悬臂式（图 3-2-29a）、b））、过梁式（图 3-2-29c）、d））和伸入式（图 3-2-29e）、f））等 3 种，一般以受力简明的过梁式为好。与桥台的连接分为过梁式和伸入式两种（图 3-2-30a）、b））。

2）刚架拱桥

刚架拱桥是在桁架拱、斜腿刚架等基础上发展起来的另一种新桥型，属于有推力的高次超静定结构（图 3-2-31）。由于它具有构件少、自重轻、整体性好、刚度大、施工简便、造价低、造型美观等优点，已在我国得到了广泛应用，适用于跨径在 25～70m 的桥梁和地基承载力较低但又需修建拱桥的地方。

刚架拱桥的上部结构由刚架拱片、横向联结系和桥面系等部分组成（图 3-2-31）。

刚架拱片是刚架拱桥的主要承重结构，在安装阶段，承受上部构造的自重作用，上部构

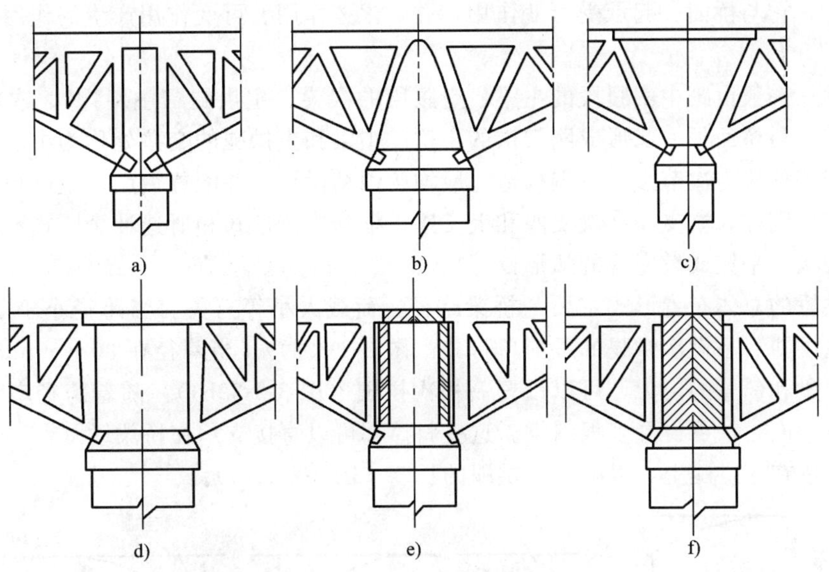

图 3-2-29　桁架拱与桥墩的连接形式

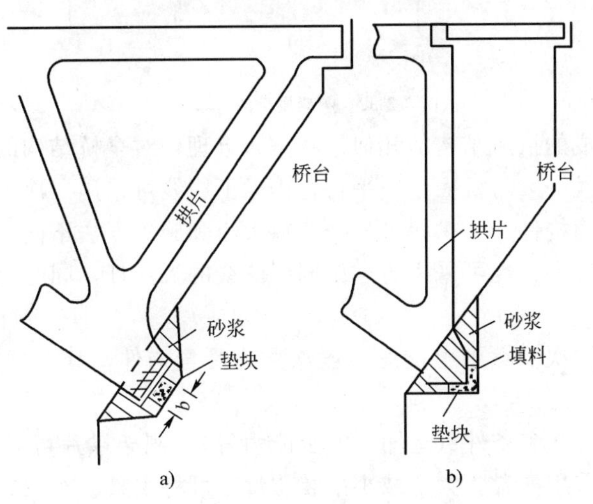

图 3-2-30　桁架拱与桥台的连接形式

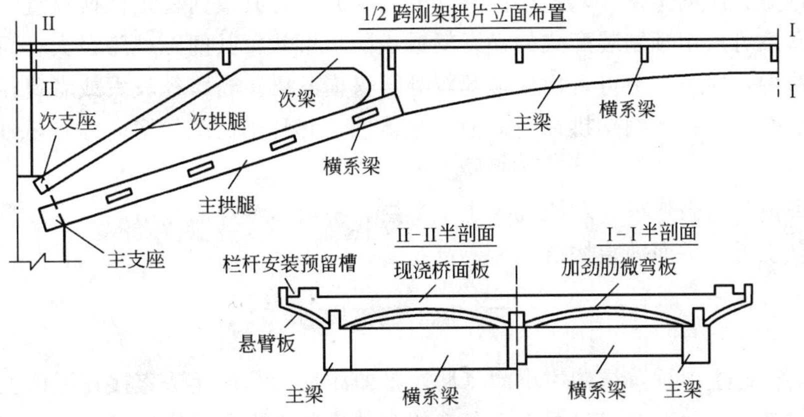

图 3-2-31　刚架拱桥的主要组成部分

造安装完后，它与桥面一起承受可变作用，并将永久作用、可变作用产生的作用力传递给墩台。

刚架拱片一般由跨中实腹段的主梁、空腹段的次梁、主拱腿（主斜撑）、次拱腿（次斜撑）等构成，与桥面板一起形成刚架拱的主拱。主梁和主拱腿的交接处称为主节点，次梁和次拱腿的交接处称为次节点。节点构造一般均按固结设计，并配置钢筋，主拱腿、次拱腿和次梁的支座分别称为主支座、次支座和上支座。根据构造形式和所选计算图式不同，可以采用固结和铰接（平铰或较完善的弧形铰等）。

刚架拱桥的总体布置形式主要与桥梁跨径、荷载大小等有关。当跨径小于 30m 时，可采用只设主拱腿、不设次拱腿的最简单形式（图 3-2-32a））。当跨径在 30～50m 时，为了减小腹孔段次梁和斜撑的内力，可以设置一根次拱腿（图 3-2-32b））。随着跨径增大，为减小次梁和斜撑的内力，可设置多根斜撑。这些斜撑都可以直接支承在桥梁墩（台）上，也可以将次拱腿支承在主拱腿上，以减小次拱腿的长度（图 3-2-32c））。

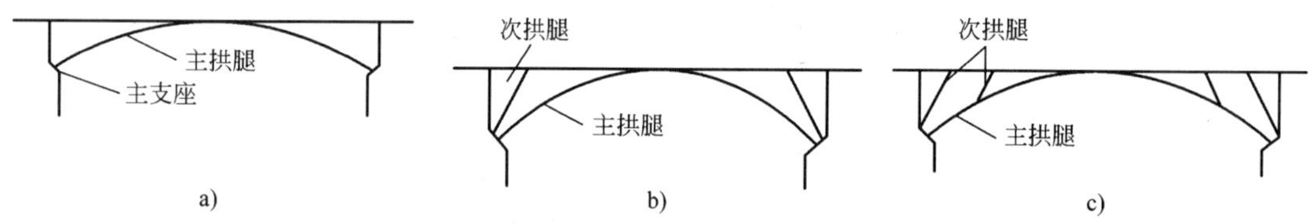

图 3-2-32　刚架拱桥的基本图式

主梁和主拱腿构成的拱形结构的几何形状是否合理，对全桥结构的受力有显著影响。主梁和次梁的梁肋上缘线一般与桥面纵向平行，主梁下缘线可采用二次抛物线、圆弧线或悬链线，使主梁成为变截面构件。主拱腿可根据跨径大小和施工方法不同，设计成等截面直杆或微曲杆。有时从美观考虑，也可采用与主梁同一曲线的弧形杆，同时改善梁、拱腿的受力性能。

特别指出的是，除次节点到上支座一段次梁为受弯构件，其余杆件基本上均为压弯构件。

根据不同的施工方法和条件（运输、安装能力等）。刚架拱片可采用预制安装或现浇方法施工，目前大多数采用前者。为了减小吊装质量，可将主梁、次梁、斜腿等分别预制，用现浇混凝土接头连接。当跨径较大时，次梁还可以分段预制。

横向联系是为使刚架拱片联成整体共同受力、并保证其横向稳定性而设置的。为了简化构造，横向联系可采用预制装配式的横系梁或横隔板形式，其间距视跨径大小而定。一般在刚架拱片的跨中，主、次节点，次梁端部等处设置横系梁。当跨径较大或者跨径小、桥面很宽时，为加强跨中实腹段刚架拱片间的横向整体性，有利于荷载的横向分布，可增设直抵桥面板的横隔板。

桥面系可由预制微弯板、现浇混凝土填平层、桥面铺装等部分组成。也可采用预制空心板、现浇混凝土层及桥面铺装构成。

二、拱上建筑构造

上承式拱桥的主要承重结构主拱圈（肋）是曲线形，车辆无法直接在弧面上行驶，需要在桥面系与主拱圈（肋）之间设置传递荷载的构件或填充物，以使车辆能在平顺的桥面上行驶。桥面系和这些传力构件或填充物统称为拱上建筑（或称拱上结构）。

拱上建筑是拱桥的一部分，按照拱上建筑采用的不同构造方式，可将拱桥分为实腹式和空腹式两种。由于实腹式拱上建筑的构造简单，施工方便，而填料的数量较多，结构自重作用较大，所以，一般用于小跨径的拱桥。大、中跨径拱桥多采用空腹式，以利于减小永久作用，并使桥梁显得轻巧美观。

1. 实腹式拱上建筑

实腹式拱上建筑构造简单，施工方便，填料数量较多，永久作用较大，实腹式拱上建筑由拱腹填料、侧墙、护拱、变形缝、防水层、泄水管以及桥面系组成，如图 3-2-33 所示。

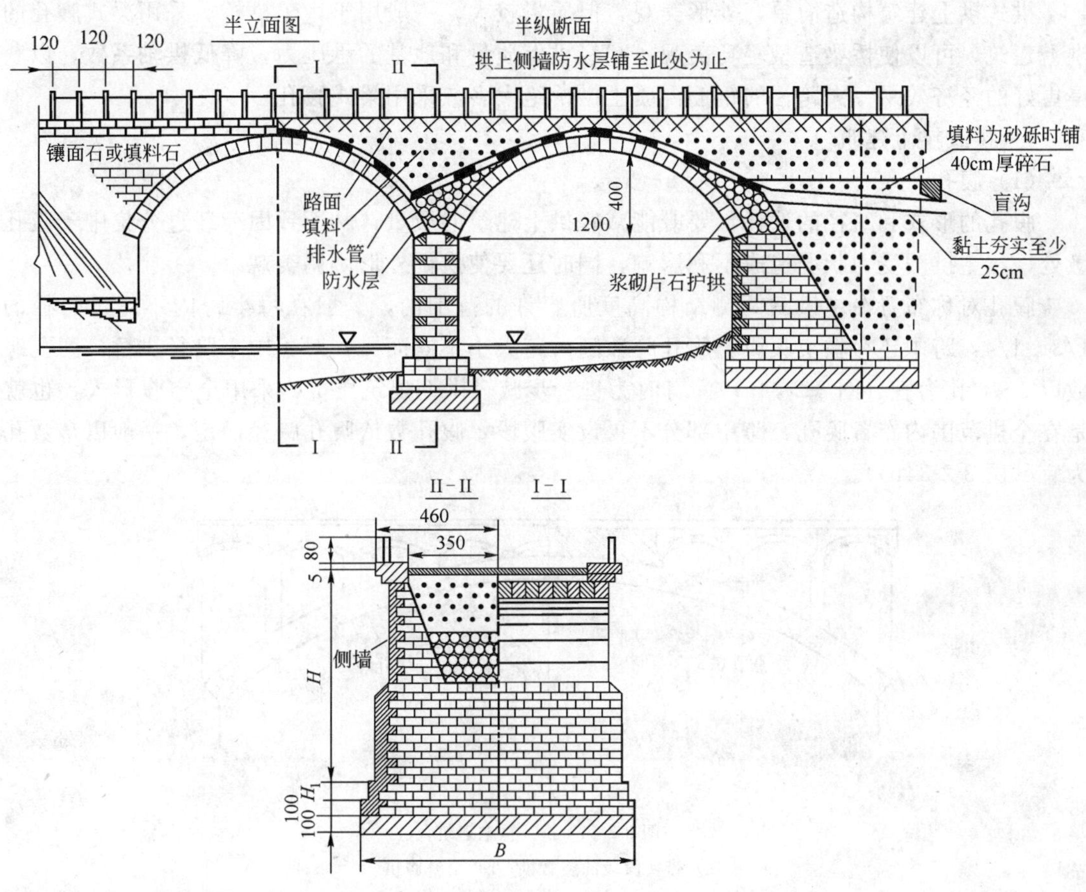

图 3-2-33　实腹式拱桥构造图（尺寸单位：cm）

拱腹填料分为填充式和砌筑式两种。填充式拱腹填料应尽量做到就地取材，通常采用透水性好、土侧压力小的砾石、碎石、粗砂或卵石夹黏土等材料，分层夯实；在地质条件较差地区，为减轻拱上建筑质量，也可采用其他轻质材料，如炉渣与黏土的混合物、陶粒混凝土等作为填料。砌筑式拱腹填料就是在散粒料不易取得时，可改用干砌圬工或浇筑素混凝土作为拱腹填料。

采用填充式拱上建筑，必须在主拱圈的两侧砌筑侧墙，以围护拱腹上的散粒填料。侧墙通常采用浆砌块或片石，若有特殊的美观要求，可用料石镶面。对主拱圈为混凝土或钢筋混凝土板拱，也可用钢筋混凝土护壁式侧墙，使其与主拱圈一起浇筑形成整体。侧墙一般要求承受填料土侧压力和车辆作用下的土侧压力，故按挡土墙进行设计。对浆砌圬工侧墙，顶面厚度一般为 50～70cm，向下逐渐增厚，墙脚厚度取用该处墙高的 0.4 倍。护拱设于拱脚段，以便加强拱脚段的拱圈，同时，便于在多孔拱桥上设置防水层和泄水管，通常采用浆砌块、片石结构。

2. 空腹式拱上建筑

大、中跨径的拱桥，特别是当矢高较大时，多采用空腹式拱上建筑。空腹式拱上建筑除具有实腹式拱上建筑相同的构造外，还具有腹孔和腹孔墩。根据腹孔的结构形式，空腹式拱上建筑又分为拱式和梁式两种。

拱式拱上建筑构造简单，外形美观，但质量较大，一般用于圬工拱桥。采用梁式腹孔的拱上建筑，可以使桥梁造型轻巧美观，减轻拱上质量和地基的承压力，降低拱轴系数，以获得更好的经济效果。大跨径的钢筋混凝土拱桥绝大多数采用梁式腹孔。

1）拱式拱上建筑

（1）腹孔

腹孔的形式和跨径的选择，要既能减轻拱上建筑的质量，又不致因荷载过分集中于腹孔墩处，给主拱圈受力状况造成不利影响，同时还要使拱桥外形协调美观。

腹孔对称布置在主拱圈两侧结构高度所容许的范围内，一般在每半跨内不超过跨径的 1/3～1/4，跨中还存在实腹段。腹孔跨数随桥跨大小不同而异，对于中小跨径拱桥，腹孔跨数以 3～6 孔为宜（图 3-2-34a)）。有时为进一步减轻拱上建筑质量，采用全空腹形式，也就是在全拱范围内布置腹孔，跨中部分不再设实腹段，腹孔数依腹孔跨径而定，一般以奇数孔为宜（图 3-2-34b)）。

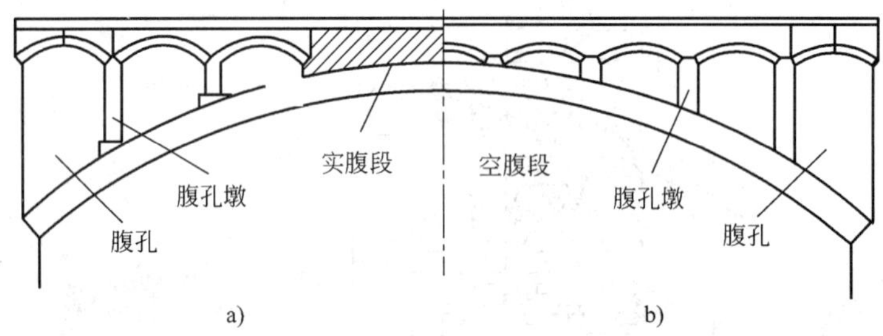

图 3-2-34　拱式拱上建筑

a）带实腹段的空腹拱；b）全空腹拱

腹孔跨径，对中小跨径拱桥一般选用 2.5～5.5m，对大跨径拱桥则控制在主拱跨径的 1/8～1/15 之间，其比值随主拱圈跨径的增大而减小。腹孔宜做成等跨，腹孔构造宜统一，以简化施工和有利于腹孔墩的受力。

腹拱拱圈，可采用板拱、双曲拱、微弯板和扁壳等形式。腹拱圈一般采用矢跨比为 1/2～1/5 的圆弧线板式结构，或矢跨比为 1/10～1/12 的微弯板或扁壳结构。腹拱圈的厚度与它的构造形式和跨径大小有关，当腹孔跨径小于 4m 时，石板拱为 30cm，混凝土板拱为 15cm，微弯板为 14cm（其中预制 6cm，现浇 8cm）；当跨径大于 4m 时，腹拱圈厚度则可按板拱厚度经验公式拟定或参考已成桥的资料确定。腹拱拱腹填料与实腹拱相同。

（2）腹孔墩

腹孔墩由底梁、墩身和墩帽组成。墩身又可做成横墙式或排架式两种。

①横墙式。横墙式腹孔墩身，一般用圬工材料砌筑或现浇混凝土做成实体墙。有时为了减轻墩身质量或便于维修，可在横墙挖一个或几个孔（图 3-2-35a)）。这种横墙式腹孔墩，质量较大，多用于圬工拱桥中。腹孔墩的厚度，用浆砌片、块石时，不宜小于 60cm，用混凝土砌筑时，一般应大于腹拱圈厚度的 1 倍。底梁能使横墙传下来的压力较均匀地分布到主拱圈全宽上，其每边尺寸较横墙宽 5cm，其高度则以使较矮一侧为 5～10cm 的原则来确定。底梁常采用素混凝土结构或钢筋混凝土结构，墩帽宽度宜大于横墙宽两侧各宽 5cm，也采用素混凝土或钢筋混凝土。

②排架式。排架式腹孔墩是由立柱和盖梁组成的钢筋混凝土排架结构（图 3-2-35 b)）。为了使立柱传递给主拱圈的压力不至于过分集中，通常在立柱下面设置底梁。立柱和盖梁常采用矩形截面。截面尺寸及钢筋配置除了满足结构受力需要外，还应考虑和拱桥的外形及构造相协调。腹孔墩的侧面一般做成竖直的，以方便施工。

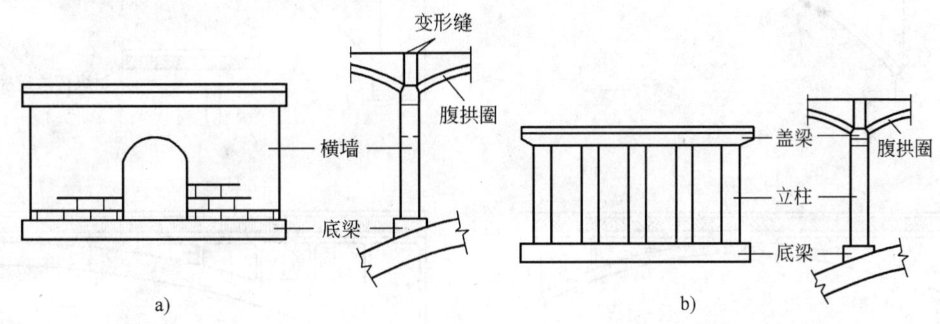

图 3-2-35 腹孔墩构造型式

a) 横墙式；b) 排架式

(3) 腹孔与墩（台）的联结

紧靠桥墩（台）的第一个腹拱，目前较多的有两种做法：一种是将腹拱的拱脚直接支承在墩（台）上（图 3-2-36a)、b)）；另一种是跨越桥墩，使桥墩两侧的腹拱圈相连（图 3-2-36c)）。由于腹拱圈受力后变形较大，而墩台变形较小，容易造成第一个腹拱圈拱脚变位而开裂，因而靠近墩台的第一个腹拱应做成三铰拱，并在其上的拱上建筑需设置变形缝或伸缩缝。

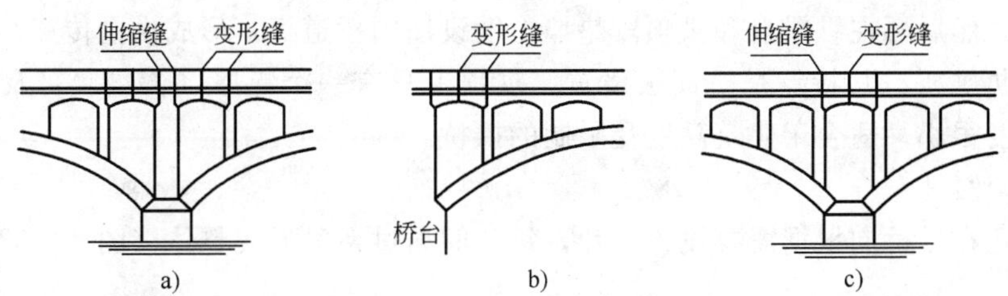

图 3-2-36 腹孔与墩（台）的联结

2) 梁式拱上建筑

梁式腹孔结构可以做成简支、连续、框架式等多种形式。

(1) 简支腹孔

简支腹孔由底梁（座）、立柱、盖梁和纵向简支桥道板（梁）组成。这种形式的结构体系简单，拱与拱上结构的联合作用受力简单、明确，是大跨径拱桥拱上建筑主要采用的形式。

简支腹孔布置的范围及实腹段的构造与拱式腹拱相同（图 3-2-37a)）。由于拱顶段上面全被覆盖，空腹、实腹段拱上荷载差异较大。目前，大跨径拱桥的梁式拱上建筑一般都取消拱顶实腹段，而采用全空腹式拱上建筑（图 3-2-37b)）。全空腹式腹孔数宜采用奇数，避免拱顶设有立柱，使拱顶受力不利。通常先确定两拱脚的立柱位置，然后将其间距除以某个奇数后，即可确定各立柱位置和腹孔跨径，若得出的腹孔跨径不恰当，可调整孔数以满足受力需要。

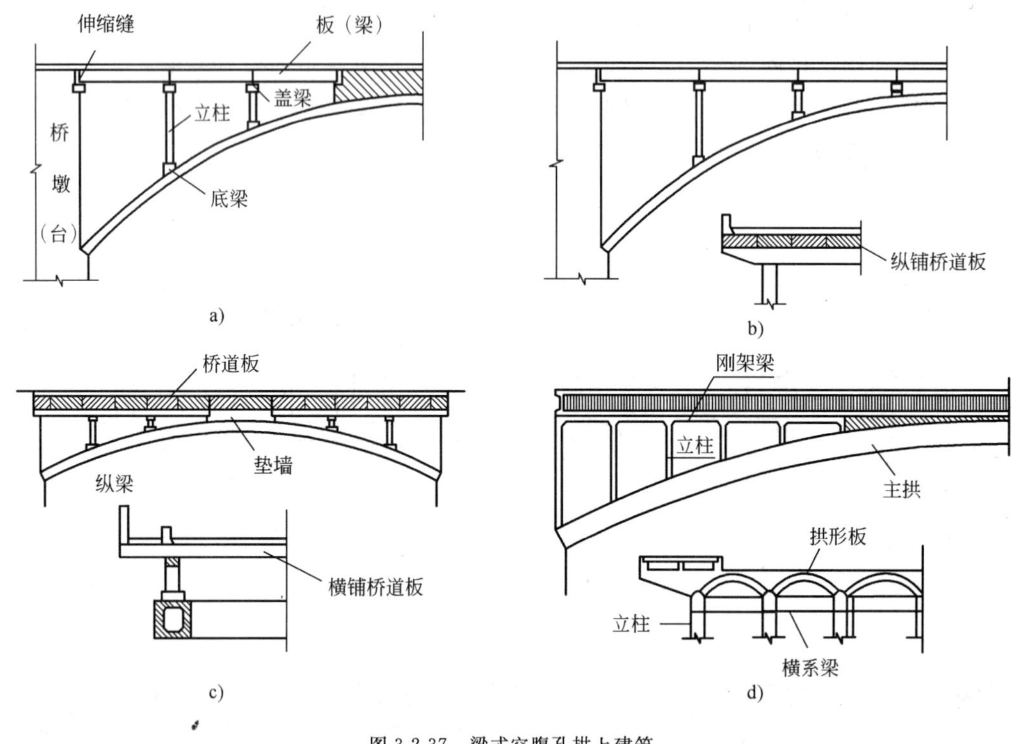

图 3-2-37　梁式空腹孔拱上建筑

a）全空腹式简支腹孔布置；b）简支腹孔布置；c）连续腹孔布置；d）框架腹孔布置

（2）连续腹孔

连续腹孔由立柱、纵梁、实腹段垫墙及桥道板组成（图 3-2-37c)）。先在拱上立柱上设置连续纵梁，然后再在纵梁上和拱顶段垫墙上铺设横向桥道板，形成拱上传载结构，这种形式主要用于肋拱桥。其特点是桥面板横置，拱顶上只有一个板厚（含垫墙）及桥面铺装层厚，建筑高度很小，适合于建筑高度受限制的拱桥。

（3）框架腹孔

框架腹孔在横桥向根据需要设置多片，每片间通过系梁形成整体（图 3-2-37d)）。

三、拱桥其他细部构造

1. 拱上填料、桥面铺装及人行道

无论是实腹拱，还是空腹拱（除无拱上填料的轻型拱桥），在拱顶截面上缘以上除了作拱腹填充处理后，通常还需设置一层拱上填料，在该填料以上才是桥面铺装（图 3-2-38)。其作用一方面可以扩大车辆荷载作用的面积，同时还可以减小车辆荷载对拱圈的冲击，但也

增加了拱桥的自重作用。一般主拱圈及腹拱圈的拱顶处，填料厚度（含桥面铺装厚度）均不宜小于 30cm。根据《桥规》规定，当拱上填料厚度（含桥面铺装厚度）等于或大于 50cm 时，设计计算中可不计汽车荷载的冲击力。

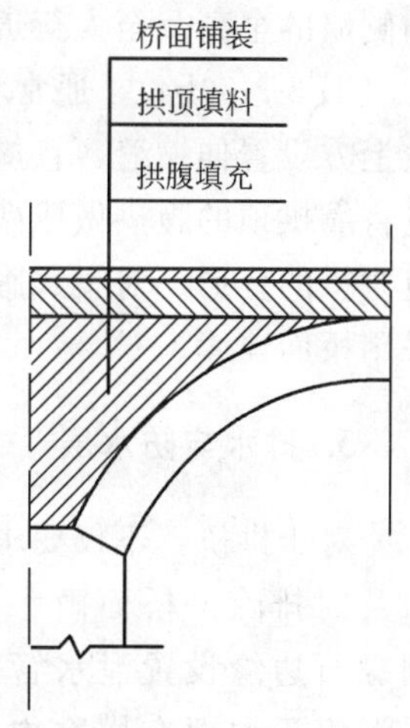

图 3-2-38　拱上建筑

在地基条件很差的情况下，为了进一步减轻拱上建筑质量，可减薄拱上填料厚度，甚至可以不要拱上填料，直接在拱顶截面上缘以上铺筑混凝土桥面，但其行车道边缘的厚度至少为 8cm。为了分散车辆重力作用，拱顶部分的混凝土桥面内可设置钢筋网，同时应适当布置横向伸缩缝。在计算主拱内力时，应计入汽车的冲击力。

拱桥桥面铺装应根据桥梁所在的公路等级、使用要求、交通量大小以及桥型等条件综合考虑确定。低等级公路上的中、小跨径实腹拱或拱式空腹拱桥可采用泥结碎（砾）石桥面，大跨径拱桥以及高等级公路上的拱桥均采用沥青混凝土或设有钢筋网的混凝土桥面。为便于排水，桥面应设置 1.5%～3.0%的横坡（单幅桥为双向，双幅桥为单向）。

2. 伸缩缝与变形缝

由于拱上建筑与主拱圈的共同作用，一方面拱上建筑能够提高主拱圈的承载能力；另一方面，它对主拱圈的变形又起约束作用，在主拱圈和拱上建筑内均产生附加内力，从而使构造受力和计算复杂。

在拱桥的计算中，为了简化计算，一般将主拱和拱上建筑分开来考虑，即把主拱当作主要承重结构，而将拱上建筑当作传递荷载的结构。为了使结构的计算图式尽量与实际的受力情况相符合，避免拱上建筑的不规则开裂，以保证结构的安全使用和耐久性，除在设计计算上应作充分的考虑外，还需在构造上采取必要的措施。通常在相对变形（位移或转角）较大的位置设置伸缩缝，而在相对变形较小处设置变形缝。伸缩缝宽一般为 2～3cm，其缝内填料可用锯末屑与沥青按 1∶1 的比例制成预制板，在施工时嵌入砌体或埋入现浇混凝土中，并在上缘设置能活动而不透水的覆盖层，另外，也可采用沥青砂等其它材料填塞伸缩缝。变形缝不留缝宽，其缝可干砌或油毛毡隔开或用低强度砂浆砌筑；但在防水层下面可留置一定缝宽。

对小跨径实腹拱桥，伸缩缝设在两拱脚的上方（图 3-2-39a)），并在横桥方向贯通全宽

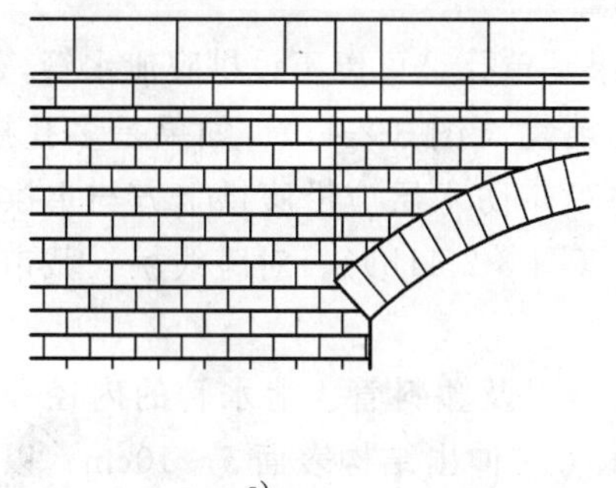

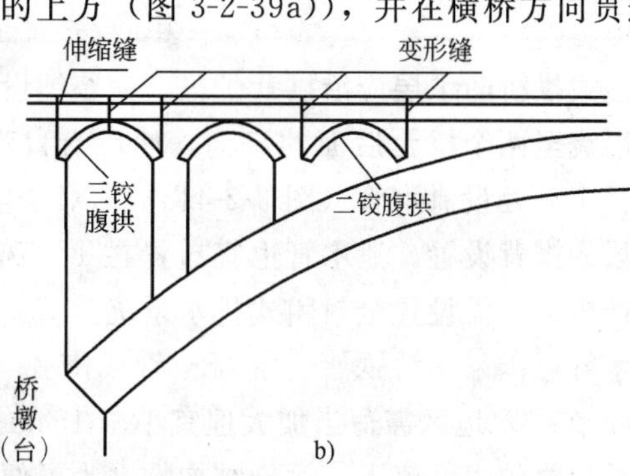

图 3-2-39　伸缩缝和变形缝的布置

和侧墙的全高及至人行道。伸缩缝多做成直线形，以使构造简单，施工方便。对拱式空腹拱桥（图 3-2-39b)），通常将紧靠墩（台）的第一个腹拱做成三铰拱，并在紧靠墩（台）的拱铰上方设置伸缩缝，且应贯通全桥宽，而其余两拱铰上方设置变形缝。在大跨径拱桥中，还应将靠拱顶的腹拱做成两铰或三铰拱，并在拱铰上方也设置变形缝，以便拱上建筑更好地适应主拱的变形。对梁式腹孔，通常是在桥台和墩顶立柱处设置标准伸缩缝，而在其余立柱处采用桥面连续。

3. 排水与防水层

对于拱桥，不仅要求将桥面雨水及时排除，而且要求将透过桥面铺装渗入到拱腹的雨水及时排除。桥面雨水的排除，除桥梁设置纵坡和桥面设置横坡外，一般还沿桥面两侧缘石边缘设置泄水管（图 3-2-40）。通过桥面铺装渗入到拱腹内的雨水，应通过防水层汇集于预埋在拱腹内的泄水管排出，防水层和泄水管的设置方式，与上部结构的形式有关。

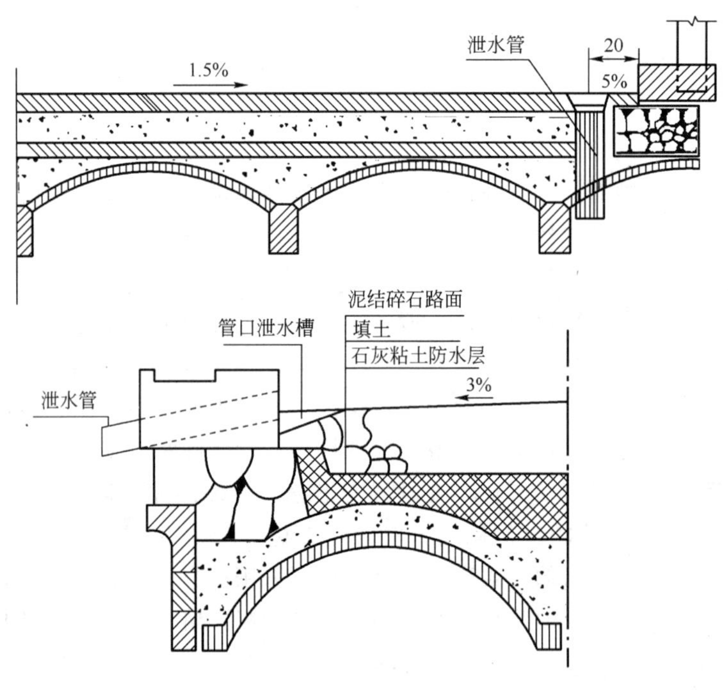

图 3-2-40　桥面排水布置

实腹式拱桥防水层应沿拱背护拱、侧墙铺设。如果是单孔，可以不设拱腹泄水管，积水沿防水层流至两个桥台后面的盲沟，然后沿盲沟排出路堤（图 3-2-41）。如果是多孔拱桥，可在跨径 1/4 处设泄水管（图 3-2-41a)）。对于空腹拱桥，防水层应沿腹拱上方与主拱圈跨中实腹段的拱背设置，泄水管也宜布置在 1/4 跨径处（图 3-2-41b)）。对跨线桥、城市桥或其他特殊桥梁，需设置全封闭式排水系统。

泄水管可以采用铸铁管、混凝土管或陶瓷（瓦）管以及塑料管。泄水管的内径一般为 6～10cm,在严寒地区需适当加大但宜小于 15cm。泄水管应伸出结构表面 5～10cm，以免雨水顺着结构物的表面流下，污染结构物。为了便于泄水，泄水管尽可能采用直管，并减少管节的长度。泄水管进口处周围防水层应做成集水坡，并以大块碎石做成反滤层，以防堵塞。

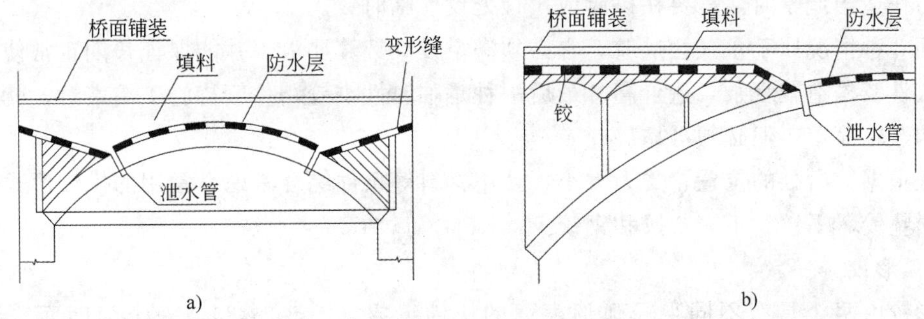

图 3-2-41 防水层与腹拱泄水管的布置

防水层在全桥范围内不宜断开，在通过伸缩缝或变形缝处应妥善处理，使其既能防水又可以适应变形，其构造如图 3-2-42 所示。防水层有粘贴式与涂抹式两种。前者是由 2～3 层油毛毡与沥青胶交替贴铺而成，效果较好，但造价高。后者采用沥青或柏油涂抹于砌体表面，施工简便，造价低廉，但效果较差，适合于雨水较少的地区。防水层铺设前将拱背按排水方向做成一定的坡度，并砌抹平整。为确保防水效果，最好涂抹一层沥青。

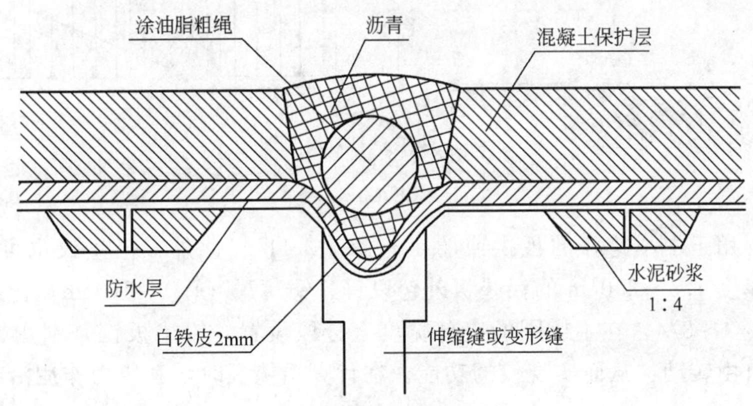

图 3-2-42 伸缩缝处的防水层

当防水层经过拱圈及拱上结构的伸缩缝或变形缝时，应做成 U 字形。

泄水管处的防水层，应紧贴泄水管漏斗之下敷设，防止向防水层底漏水。为避免防水层破损，应在其上铺一层保护层。

4. 拱背填充

拱背填充应采用透水性强和休止角较大的材料，如砂砾、片石、碎石夹石混合料以及矿渣等材料。填充时应按拱上建筑的顺序和时间，要对称而均匀地分层填充并辗压密实，注意防止损坏防水层、排水管和变形缝。

5. 拱桥中铰的设置

在拱桥中需要设置铰的情况有 4 种：①按两铰拱或三铰拱设计的主拱圈；②按构造要求需要采用两铰拱或三铰拱的腹拱圈；③需设置铰的矮小腹孔墩，即将铰设置在墩上端与顶梁和下端与底梁的连接处；④在施工过程中，为消除或减小主拱圈的部分附加内力，以及对主拱圈内力作适当调整时，需要在拱脚或拱顶处设置临时铰。

前面 3 种情况属于永久性拱铰，它必须满足设计计算要求，并能保证长期正常使用，因此，永久性铰构造较复杂，造价高。最后一种是临时性拱铰，一般待施工结束时，就将其封固，故构造较简单，但必须可靠。

一般根据铰所处的位置、受力大小，使用材料等条件综合考虑。常用的拱铰形式有：弧形铰、铅垫铰、平铰、不完全铰和钢铰。

1）弧形铰

弧形铰由两个具有不同半径弧形表面的块件组成（图 3-2-43），一个为凹面（半径为 R_2），一个为凸面（半径为 R_1）。R_2 与 R_1 的比值常在 1.2～1.5 范围内。铰的宽度应等于拱圈（肋）的宽度，沿拱轴线的长度取为拱厚的 1.15～1.20 倍。铰的接触面应精加工，以保证紧密结合。由于构造复杂，加工铰面难度大，不易保证质量，故主要用于主拱圈的拱铰。弧形铰一般用钢筋混凝土、混凝土或石料等做成。

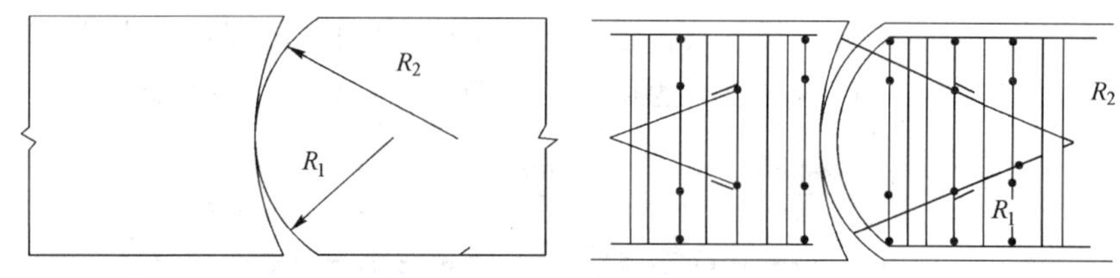

图 3-2-43　弧形铰

2）铅垫铰

铅垫铰主要用于中小跨径的板拱或肋拱（图 3-2-44），此外，铅垫铰也可用作临时铰。铅垫铰一般由厚度 1.5～2.0cm 的铅垫板外包以锌、铜薄片（1.0～2.0cm）构成。垫板宽度为拱圈厚度的 1/4～3/4，在主拱圈的全部宽度上分段设置。铅垫板铰是利用铅的塑性变形达到支承面的自由转动，从而实现铰的功能。在计算铅垫板时，其压力作用沿垫板全宽均匀分布。

3）平铰

平铰就是构件两端面（平面）直接抵承（图 3-2-45），其接缝可铺一层低强度砂浆，也可垫衬油毛毡或直接干砌，一般用在空腹式的腹拱圈上。

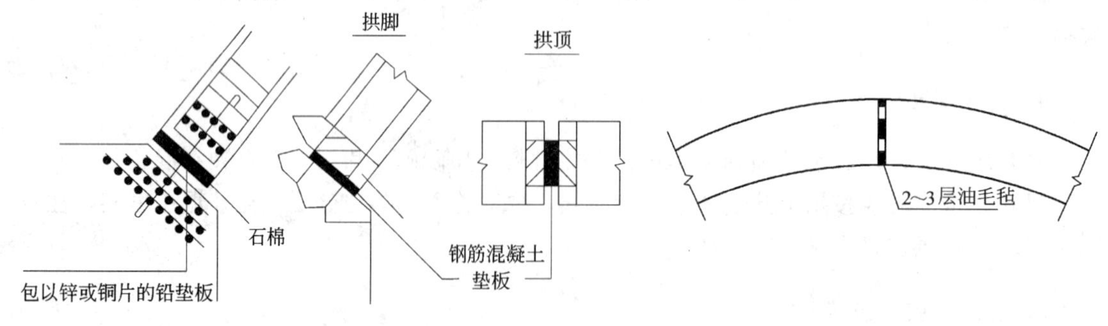

图 3-2-44　铅垫铰　　　　图 3-2-45　平铰

4）不完全铰

多用在小跨径或轻型的拱圈以及空腹式拱桥的腹孔墩柱上，其构造是将拱截面突然减小

（一般为全截面的 1/3～2/5），以保证该截面的转动功能。在施工时拱圈不断开，使用时又能起铰的作用（图 3-2-46a）、b）、c））。由于截面突然变小而使其应力很大，容易开裂，故必须配以斜钢筋。

5）钢铰

钢铰（图 3-2-46d））通常做成理想铰。钢铰除用于少数有钢铰拱桥的永久性铰结构外，更多的用于施工需要的临时铰。如钢管混凝土拱拱桁架架设或劲性骨架混凝土拱桥劲性骨架安装时，多采用这种铰，另外在采用钢拱架作为施工支架时也采用钢铰。钢铰可以做成有圆形销轴或没有销轴的形式。钢铰用钢量较多。

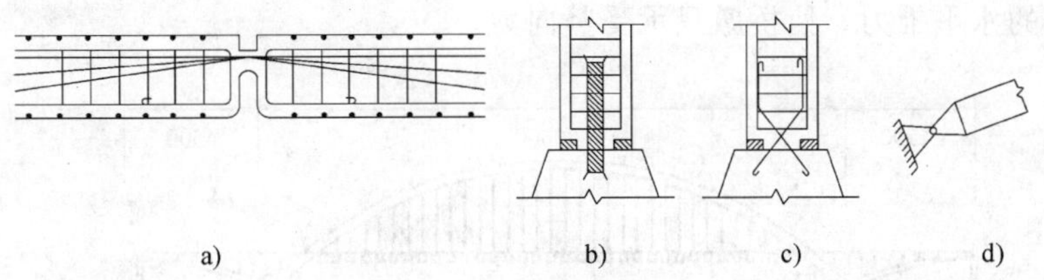

图 3-2-46　其他类型铰

a）、b）、c）不完全铰；d）钢铰

第二节　中、下承式钢筋混凝土拱桥的设计与构造

中承式拱桥的行车平面位于肋拱矢高的中部，桥面系一部分用吊杆悬挂在拱肋下，一部分用刚架立柱支承在拱肋上（图 3-2-47b）、c））。下承式拱桥通过吊杆将纵、横梁系悬挂在拱肋下，在纵、横梁系统上支承车道板，组成桥面系（行车道、人行道、栏杆等）（图 3-2-47a））。桥面系和吊杆等这些传力构件统称为悬吊结构（图 3-2-47d））。

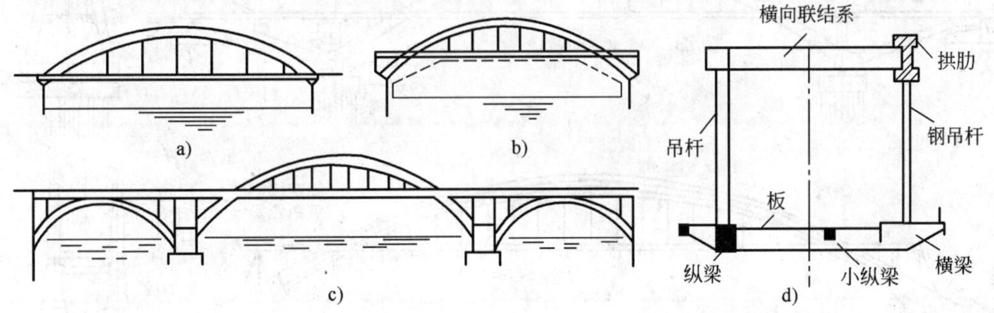

图 3-2-47　中承式和下承式拱桥的构造

1. 中承式和下承式拱桥的适用场合

中承式和下承式拱桥是目前采用较多的桥型，可适用于以下场合：

（1）桥梁建筑高度受到严格限制，采用上承式拱桥往往有困难或矢跨比很小，桥下净空高度难以满足的地方。

（2）在不等跨的多孔连续拱桥中，为了平衡桥墩左右受到的永久作用推力，将较大跨径的一孔矢高加大，做成中承式的拱桥，以减小大跨径的水平推力。

(3) 在平坦地区的河流上，采用中、下承式拱桥，可降低桥面高度，改善桥梁两端引道的接线纵坡，减小引道工程数量。

(4) 美观要求。采用中、下承式拱桥，构件简洁明快，尤其在多孔连续的中、下承式拱桥，以其波浪起伏、构件轻巧给人以美感，适合于在有美观要求的旅游地区或城市景点修建。

(5) 适合于地质条件较差，但又需修建拱桥的地区。目前在软土地基上建造大跨径拱桥普遍常用一种"飞燕式"的结构（图 3-2-48），中跨采用中承式拱桥，两侧为半跨的实心板拱，以平衡中跨的水平推力，必要时还可以用预应力混凝土钢绞线作为系杆，飘浮于桥面，承担拱肋产生的水平推力，使桥墩只承受竖向力。

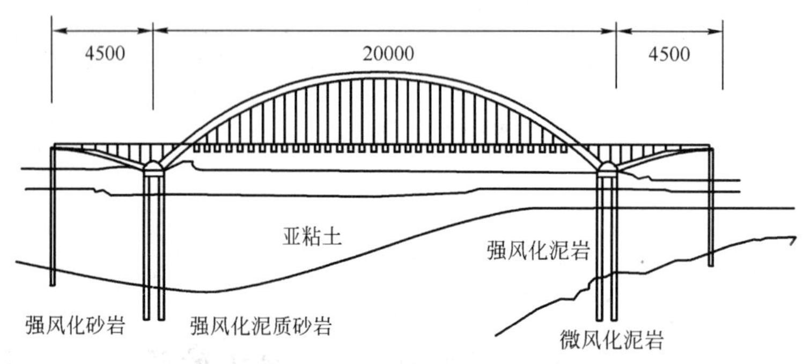

图 3-2-48 "飞燕式"拱桥（尺寸单位：cm）

2. 总体布置

中承式拱桥的总体布置如图 3-2-49 所示，下承式拱桥的总体布置如图 3-2-50 所示。

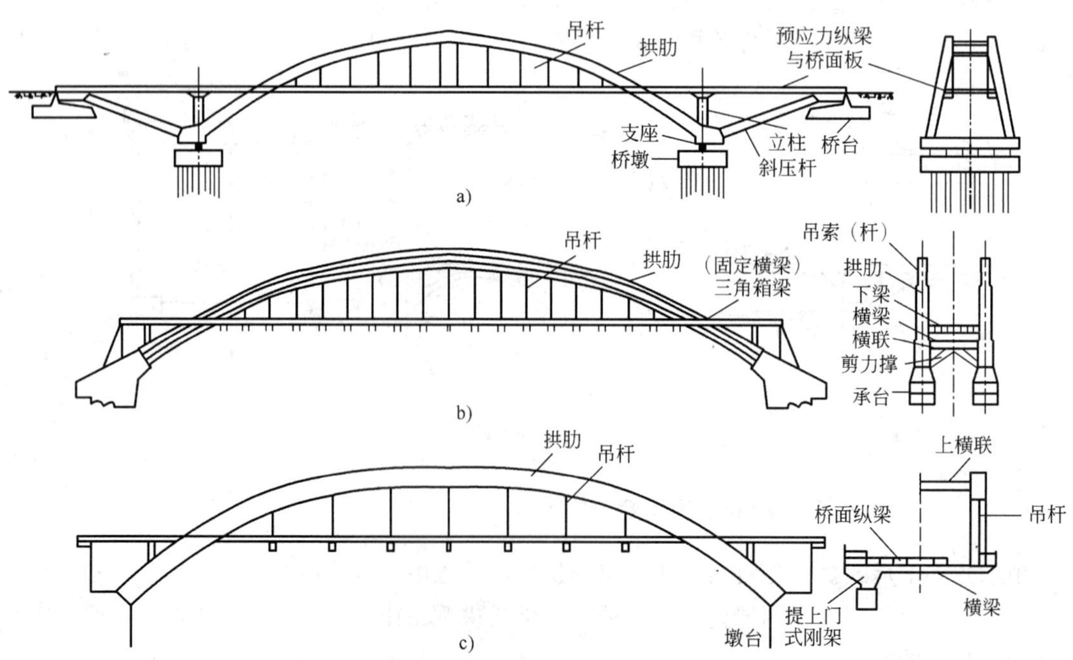

图 3-2-49 中承式拱桥的总体布置

a) 提篮式拱；b) 敞口式拱；c) 带上横联拱

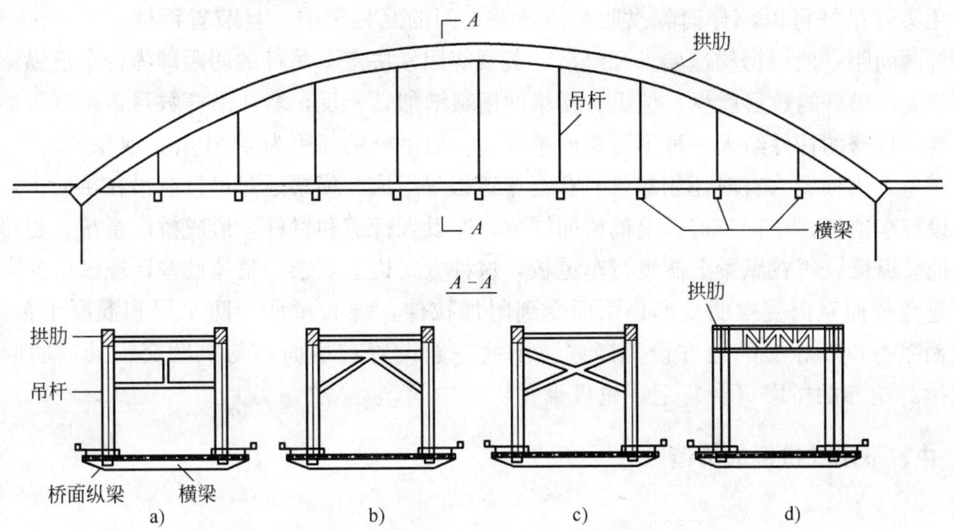

图 3-2-50　下承式拱桥的总体布置

a）一字型和 H 型横撑；b）K 型对角撑；c）X 型对角撑；d）空格式构

中、下承式拱桥的桥跨结构一般由拱肋、横向联系和悬挂结构 3 部分组成。拱肋是主要的承重构件，常采用钢筋混凝土结构或钢管混凝土结构。钢筋混凝土拱肋一般适用于跨径在 150m 以下的中、下承式拱桥中，150m 以上则多采用钢管混凝土或劲性骨架混凝土拱桥。通常将两片拱肋平行布置，通过横向联系将其连成整体，有时，为了提高拱肋的横向稳定性和承载力，也可使两拱肋内倾，在水平面上的投影呈“X”，即所谓的提篮拱，如图 3-2-49a）所示。

中、下承式肋拱的结构自重作用分布比较均匀，拱轴线形一般采用二次抛物线或低拱轴系数的悬链线。拱肋的截面沿拱轴的变化规律可以为等截面或变截面。有时为了增强肋拱的横向刚度和稳定，可将拱脚段的肋宽增大。中、下承式拱桥的拱肋一般不做成有铰拱，拱肋的矢跨比取值在 1/4～1/7。

为了保证两片肋拱的横向刚度和稳定以承受作用在拱肋、桥面及吊杆上的横向水平力，必须在两片拱肋之间设置横向联结系。横向联系可做成横撑（或直撑）、对角撑（*X* 撑）、*K* 撑或桁架式撑等形式，如图 3-2-50 所示。横向联结杆件只容许设置在桥面净空高度范围之外的拱段。有时，为了满足桥面以上净空高度的要求，而不得不将拱肋矢高加大来设置横向构件。

横向构件的尺寸一般比较粗大，高悬在行车道之上，给人以一种压抑感，于行车条件不利，因此也可做成在行车道之上可以不设联系的敞口桥（图 3-2-49b））。敞口桥视野开阔，但横向刚度差，必须采用刚性吊杆，使吊杆和横梁形成一个刚性的半框架，给拱肋提拱足够刚劲的侧向弹性支承；或者加大拱肋的断面尺寸，以承受拱肋上的横向水平力。

对于中承式拱肋，还可以在桥面系以下设置横向联系，以便获得较好的稳定。横撑的宽度不应小于其长度的 1/15。

桥面系悬挂在吊杆上，吊杆主要承受拉力，根据其自身刚度不同分刚性吊杆和柔性吊杆。刚性吊杆用钢筋混凝土或预应力混凝土制作，柔性吊杆用冷轧粗钢筋、钢丝绳、高强钢丝或钢绞线等高强钢材制作。使用刚性吊杆可以增强肋拱的横向刚度，但施工复杂，用钢量多。使用柔性吊杆可以部分消除拱肋与桥面系之间的互相影响，且节省钢材。

吊杆的间距一般根据构造要求和经济、美观等因素决定。吊杆的间距即为行车道纵梁的跨径，间距大，吊杆的数目就少，但纵、横梁的用料增加，相反，增加吊杆数目，可减少纵、横梁的用料。过密的杆件给人一种不清爽的感觉，一般吊杆的间距为4～10m，取相等间距。

行车道系由横梁（有时还用纵梁）和行车道板等组成。横梁通过吊杆悬吊在拱肋上，上面纵向铺设行车道板，在行车道板上铺桥面铺装、安设人行道和栏杆，形成桥面系统。也可以在横梁上铺设纵梁，再在纵梁上搁置行车道板，这种方式构造复杂，整体性差，现已很少应用。

为避免桥面系因受拱肋变形作用而受到附加拉伸，导致桥面、防水层和混凝土被拉裂，需在桥面系与拱肋相交的地方设置断缝。断缝一般设置在桥面系与拱肋交汇处的肋间横梁上，或拱跨端部的桥墩（台）上，也可设在拱跨中间。

3. 中、下承式拱桥的构造

1）拱肋

中、下承式钢筋混凝土拱桥的拱肋截面形式与上承式肋拱桥拱肋的截面形式相同，有矩形、工字形、箱形和管形。有关管形截面构造见相关章节。

矩形截面的拱肋构造简单，施工方便，主要用于中、小跨径的拱桥。通常，拱肋的高度为跨径的1/40～1/70，肋宽为肋高的0.5～1.0倍。工字形、箱形和管形主要用于大跨径的拱肋，截面形式可以是等截面或变截面，对变截面的悬链线拱肋，截面的惯性矩也可用Ritter公式来确定，拱顶肋高按经验公式拟定，或参照已建成的桥梁。

当$l_0 \leqslant 100$m时：

$$h_d = l_0/100 + \Delta$$

式中：l_0——拱的净跨径（m）；

Δ——系数，一般取0.6～1.0m，跨径大时选用上限。

当$l_0 \geqslant 100$m时：

$$h_d = l_0/100 + \alpha\Delta$$

式中：α——高度修正系数，取值范围为0.6～1.0；

Δ——系数，一般取2.0～2.5m，跨径大时选用上限。

拱肋可以在拱架上现浇，也可以预制拼装。当采用劲性骨架混凝土拱肋时，需要在拱肋上分层分段浇筑混凝土或采取一定措施实现连续浇筑混凝土。

2）吊杆

刚性吊杆除了承受轴向拉力外，还需抵抗上下节点处的局部弯矩，因此，刚性吊杆一般设计成矩形，并采用预应力混凝土。为减小刚性吊杆承受的弯矩，设计的截面尺寸应在顺桥向小一些，而横桥向应设计得大一些，以增强拱肋的稳定性。

采用刚性吊杆的拱桥，其两端的钢筋应扣牢在拱肋和横梁中，它与拱肋或横梁的联结如图3-2-51所示。

柔性吊杆一般用冷轧粗钢筋、钢丝绳、高强钢丝或钢绞线等高强度钢材制作，只承受轴力。高强钢丝索制作的吊杆通常用墩头锚，而粗钢筋则采用轧丝锚与拱肋、横梁相联（图3-2-52）。

为了提高钢索的耐久性，防止钢索锈蚀，必须对钢索进行防护。钢索防护有两大类，即缠包法和套管法。缠包法采用耐候性防水涂料、树脂对钢丝进行多层涂覆，采用玻璃丝布或聚脂带缠包，最外层还可以用玻璃板或金属套管护罩。套管法是在钢索上套上钢管、铝管、

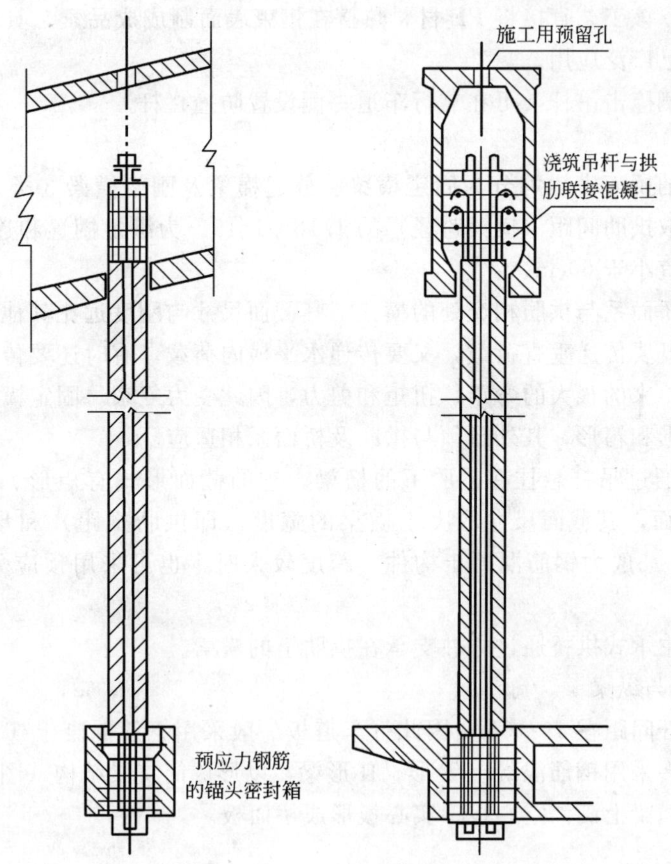

图 3-2-51　预应力混凝土刚性吊杆构造图

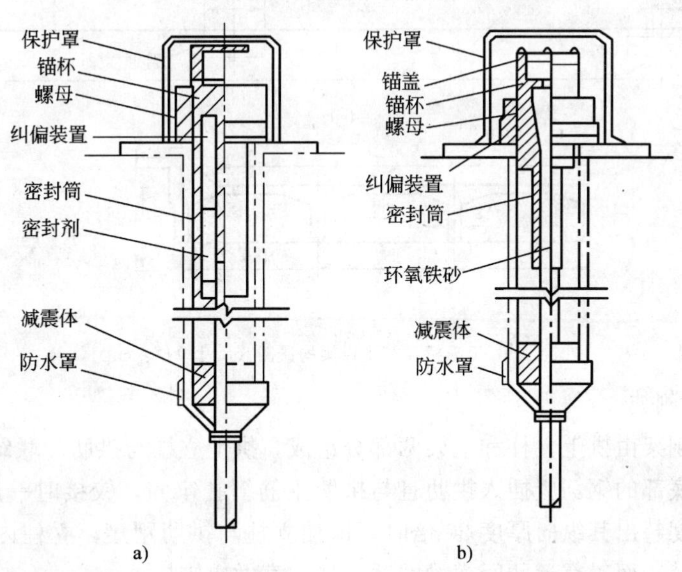

图 3-2-52　柔性吊杆构造图

a）镦头锚式吊杆构造图（OVMDSK 型吊杆）；b）冷铸锚式吊杆构造图（OVMLZMK 型吊杆）

不锈钢管或塑料套管，在套管内压注水泥浆或黄油等其他防锈材料。此外，还可采用 PE 热挤索套防护工艺，该工艺直接将PE材料热挤在钢束表面制成成品索，具有简单、可靠和经济的特点，目前已广泛应用。

为了防止车辆撞击吊杆，可在靠行车道一侧设置防撞栏杆。

3）横梁

中承式拱桥的桥面横梁可分为固定横梁、普通横梁及刚架横梁3类。根据横梁间距不同，横梁高度可取拱肋间距（横梁跨径）的1/10～1/15。为满足搁置和连接桥面板的需要，横梁上缘宽度不宜小于60cm。

固定横梁为桥面系与拱肋相交处的横梁，其截面尺寸与刚度远比其他横梁大。由于所处的位置特殊，它既要传递垂直荷载，又要传递水平横向荷载，有时还要传递纵向制动力，承担从拱肋和桥面传来的很大的弯矩、扭矩和剪力，因此受力复杂。固定横梁常用的截面形式有工字形、三角形和箱形，其外形须与拱肋及桥面系相适应。

普通横梁为通过吊杆悬挂在拱肋下的横梁。它的截面形式有矩形、工字形和土字形，也可采用箱形截面，其截面尺寸取决于横梁的宽度（即拱肋中距）和承担桥面荷载的长度（吊杆间距），一般为钢筋混凝土构件，跨度较大时，也可采用预应力混凝土构件或钢构件。

刚架横梁为中承式拱桥通过立柱支承在拱肋上的横梁。

4）行车道板与纵梁

通常拱肋吊杆间距在4～10m，因此行车道板一般采用钢筋混凝土T形、Π形、实心板或空心板。纵梁多采用钢筋混凝土T形、Π形梁，以形成简支梁结构（图3-2-53）或连续梁结构，或直接在横梁上满铺空心板、实心板形成桥面板。

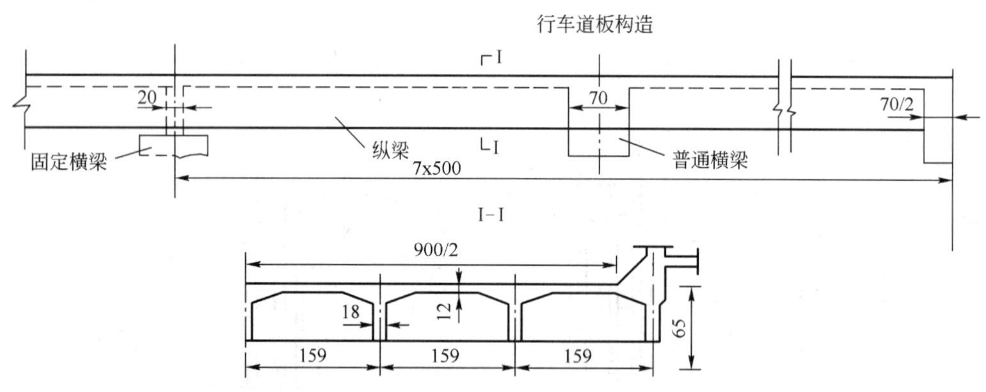

图3-2-53 T形桥面简支纵梁构造图（尺寸单位：cm）

5）拱上门式刚架

中承式拱上刚架由拱上立柱和盖梁两部分组成，拱上立柱与拱肋的联结可做成刚接或铰接，刚接时立柱底部的钢筋应插入拱肋且与拱肋主筋绑扎牢固，铰接时一般采用混凝土铰。通常，当立柱高度超出其纵向厚度20倍时，即使立柱与拱肋刚接，立柱内的纵向弯矩值已很小，可忽略不计，而对靠近肋间横梁的矮立柱，宜做成铰接。

中承式拱桥桥面纵梁的固定支座一般不设在拱上门式刚架上，以减小刚架所受到的纵向水平力。

拱上门式刚架的其他构造与上承式肋拱桥的拱上立柱构造相同，这里不再赘述。

第三节 拱式组合体系桥的构造

拱式组合体系桥是将梁和拱两种基本结构组合起来，共同承受荷载，充分发挥梁受弯、拱受压的结构特性及其组合作用，达到节省材料目的。

在考虑梁拱组合体系桥的总体布置时，除了满足一般的基本原则外，还应注意如下方面：当梁拱组合式桥的跨径在100m以下时，材料用量的综合指标一般差别不大，但下部结构因跨径增大，桥墩减少，可以减少墩台的圬工量。因此，在不显著增加施工难度时，尽可能将跨径放大。分孔时主孔可以采取简支体系，采用多跨时，边跨应尽可能短；当按三跨布置时，对于梁拱组合式桥，边跨末端支座尽可能不出现拉应力，为此，可通过压重予以解决。同时边跨还要求弯矩图以负弯矩为主，即使出现正弯矩，也只限于在可变作用下发生。正弯矩区域限制在较小的范围内，这样有利于配置预应力束。

1. 拱式组合体系桥的基本形式

1）简支梁拱组合体系桥

这类体系桥梁（图3-2-54）只用于下承式，均为无推力的组合体系拱。拱肋结构一般为钢管混凝土和钢筋混凝土，桥面上常设置风撑，简支梁拱组合式体系桥的外部为静定结构，内部为高次超静定结构，主要承重构件除拱肋外，还有加劲纵梁，它与横梁组成平面框架，由吊杆上下联系以达到共同受力的目的。

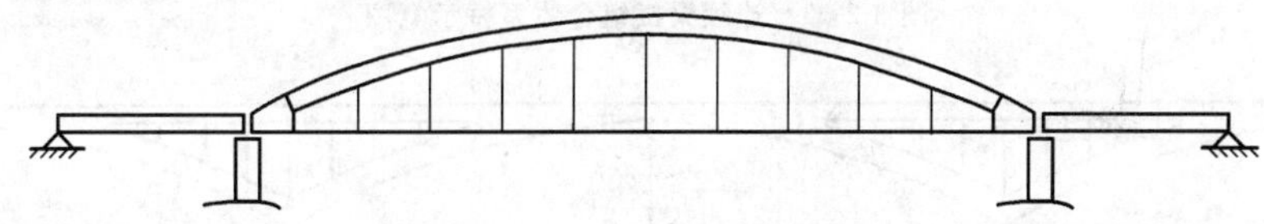

图3-2-54 简支梁拱组合体系桥示意图

2）连续梁拱组合体系桥

这类体系桥梁可以是上承式、中承式及下承式，也可以是多肋拱、双肋拱或单肋拱与加劲梁组合，如图3-2-55所示。多肋拱及双肋拱的加劲梁的截面形式可类似于简支梁拱组合式桥布置；而单片拱肋必须配置有箱形加劲梁，以加劲梁强大的抗扭刚度抵消偏载影响。这种桥型本身刚度大，跨越能力大，造型美观。

3）悬臂组合体系桥

悬臂拱组合体系桥只适合于上承式，采用转体施工特别方便（图3-2-56）。悬臂拱组合体系桥实际上是将实腹梁挖空，用立柱代替梁腹板，原腹板剪力主要由拱肋竖向分力及加劲梁剪力平衡；这样的结构加劲梁受拉弯作用，加劲梁采用预应力混凝土，拱肋为钢筋混凝土。悬臂拱组合式桥梁是无推力结构，这种桥型受力特性与系杆拱相同，但外观上又与无铰拱相似，如图3-2-57所示。悬臂拱的每个墩有2个对称的半拱，它的推力常由预应力桥面承受，如同系杆拱的系杆一样平衡两个半拱的水平推力，跨中（拱顶）可做成连续的或带剪力铰的形式。

悬臂拱在结构自重作用阶段是系杆拱，因而在大跨径桥梁自重产生的内力占较大比重（一般自重占总应力的80％～90％）的情况下，悬臂拱能达到自重轻，用料省的目

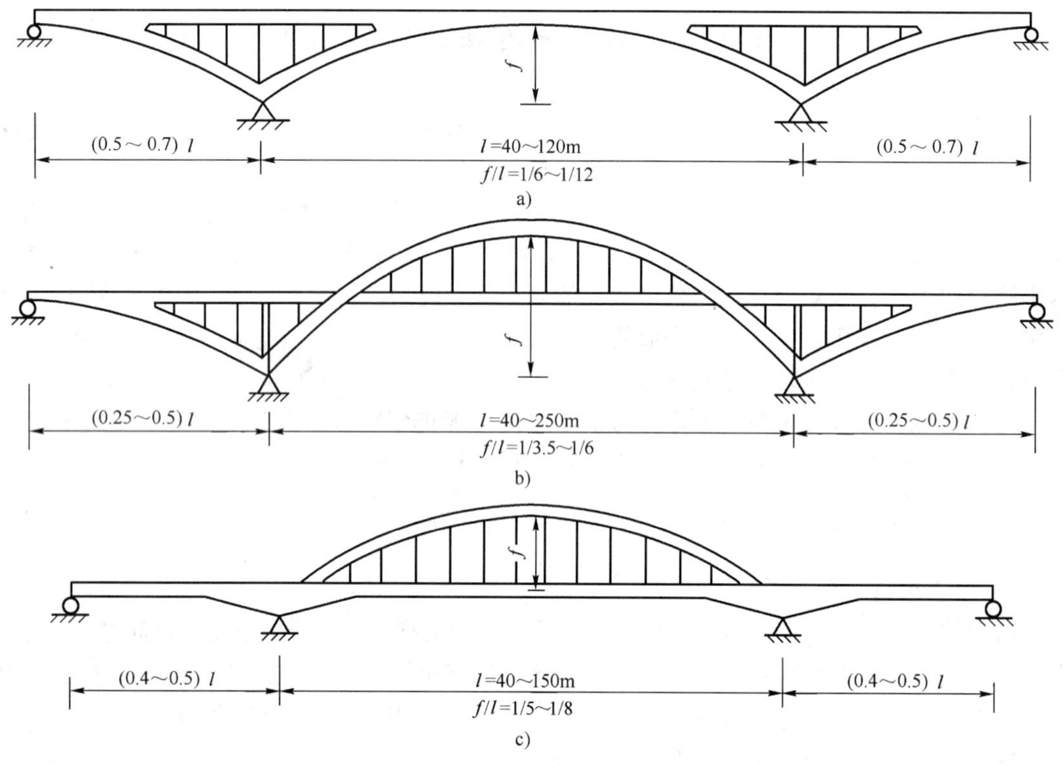

图 3-2-55　连续梁拱组合体系桥示意图

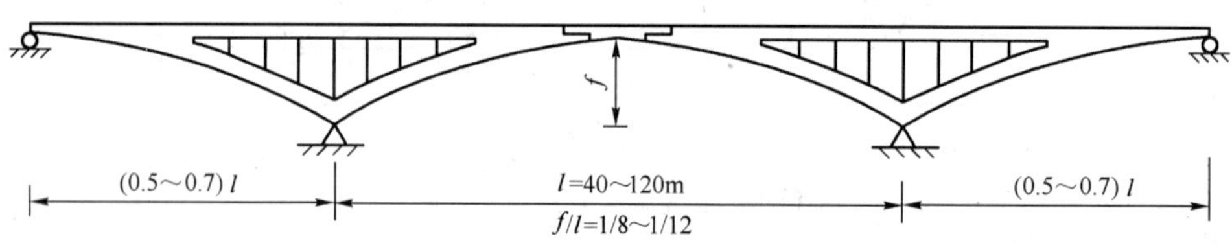

图 3-2-56　悬臂组合体系桥示意图

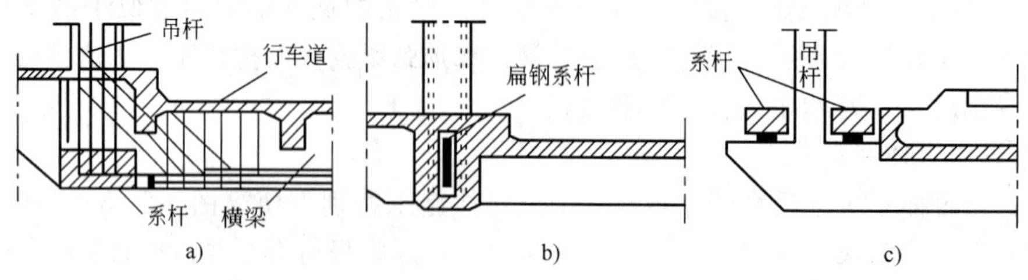

图 3-2-57　系杆构造

的；从一些资料分析，悬臂拱跨径在 80～150m 时，它与其他桥型相比经济指标是最低的。

2. 拱式组合体系桥的基本组成和构造

拱式组合体系桥一般由拱肋、系杆、吊杆（或立柱）、行车道梁（板）及桥面系等组成。

1）拱肋

对于柔性系杆刚性拱，拱肋构造和截面型式基本上可参考普通的下承式有推力的简单肋拱桥，矢跨比一般取 1/4～1/5。拱肋截面可选用矩形、工字形或箱形。拱肋高度 $h=$（1/25～1/50）l，宽度 $b=$（0.4～0.5）h。矩形截面用于较小跨径拱桥。当肋高超过 1.5～3.5m 时，采用工字形或箱形较为合理。

刚性系杆柔性拱桥是以梁为主的受力体系，矢跨比为 1/5～1/7。拱肋在保证一定强度和稳定性的条件下，可将拱肋高度 h 从（l/100～l/120）压缩到（l/140～l/160），以减少拱肋的惯性矩；拱肋宽度一般采用 $b=$（1.5～2.5）h。拱肋截面常采用宽矮实心矩形截面。若采用刚性吊杆，则横向刚度较大的拱肋与吊杆、横梁组成半框架。一般情况下，拱肋间可以不设横撑，设计成敞口桥，这样视野开阔，桥型简单美观。拱肋常采用二次抛物线作为拱轴线。拱肋截面内的钢筋可采用普通钢筋、型钢及钢管，以缩小拱肋面积，为了增加混凝土的承压能力，可采用螺旋筋。

在刚性系杆刚性拱中，常将拱肋和系杆设计成相同的截面形式，多采用工字形截面。当跨径较大时，常采用箱形截面。拱肋高度 $h=$（l /50～l /80），拱肋宽度 $b=$（0.8～1.2）h。拱肋轴线设计为二次抛物线，为了方便施工，拱肋可采用等高度截面。

2）系杆

在系杆拱的设计中，系杆的设置是个关键。一方面要考虑系杆与拱肋的连接，保证系杆能很好地与拱肋共同受力；另一方面又要考虑系杆与行车道之间的相互作用，避免桥面行车道部分阻碍系杆的受拉而遭到破坏，要求系杆与桥面的行车道部分隔开。构造上常见的处理方法如下：

①行车道中设横向断缝，使行车道不参与系杆共同受力（图 3-2-57a)），行车道板简支支承在横梁上。这种形式受力明确，应用较多。

②采用型钢或扁钢的金属系杆，（图 3-2-57b)）与行车道完全不接触，为了防止行车道参与系杆受力，一般还要在行车道内设横向断缝。其缺点是外露系杆易于锈蚀，在温度变化时，外露金属系杆和钢筋混凝土拱肋之间产生附加应力。

③采用独立的钢筋混凝土系杆（图 3-2-57c)），每根系杆由两部分组成，安放在吊杆两旁，自由地搁置在横梁上，一般尽量把系杆做得宽矮以增加柔性，故常用于柔性系杆刚性拱中。

④采用预应力钢筋混凝土系杆，为了方便连接，系杆截面形式与拱肋截面形式一致，行车道可设横向断缝，亦可不设，考虑行车条件，不设为宜。这种系杆较为合理，由于预加压力可克服混凝土承受的拉力，避免了混凝土的裂缝，维修养护费用又比钢系杆低。

刚性系杆是偏心受拉构件，一般设计成工字形或箱形截面；由于截面正负弯矩的绝对值一般相差很小，故钢筋宜靠近上、下缘对称或接近对称布置；同时沿截面高度应布置一定数量的分布钢筋，防止裂缝扩张。

3）吊杆

吊杆一般是长细构件，设计时通常将其作为轴向受力构件考虑，顺桥向尺寸一般设计得较小，使之具有柔性而不承受弯矩，只承受拉力，横桥向尺寸设计得较大，以增强拱肋的稳定性。吊杆大都是采用高强钢丝束或粗钢筋。

4）横向联结

横向联结系构件截面可设计成矩形、T形或箱形，平面上可布置成X形、K形或与纵向垂直，顺桥向可布置成单数或双数，通常以单数布置较多，即拱顶布置一根，两侧对称布置，其特点是提高结构稳定性。由于横向联结构件主要是防止横向失稳，从受力上看以承受轴力和结构自重作用为主，配筋以此进行。拱肋与横向联结构件交接处应设置横隔板或浇筑成实心段，以保证横向联结构件的钢筋末端有足够的锚固长度。

第三章 拱桥的计算

DISANZHANG

拱桥是多次超静定的空间结构，如果拱上建筑与拱刚性连接成一体，拱上建筑与主拱圈共同承受荷载的作用，这种现象称为“拱上建筑与主拱的联合作用”或简称“联合作用”。

研究表明，拱式拱上建筑的联合作用较大，梁板式拱上建筑的联合作用较小。在拱式拱上建筑中联合作用的大小又与许多因素有关。例如，腹拱圈、腹拱墩对主拱圈的相对刚度越大，联合作用越显著；腹拱越坦，其抗推刚度越大，联合作用亦越大。此外，拱脚与 $l/4$ 截面的联合作用较大，而与拱顶的联合作用较小。随着拱上建筑的轻型化，拱上建筑对主拱圈的约束减小，联合作用亦随之减小，当采用轻型的梁板式拱上建筑时，联合作用的影响可以略去不计。

在横桥方向，不论荷载是否作用在桥面的中心，在桥梁的横断面上都会出现应力的不均匀分布，这种现象，称为“活载的横向分布”。与联合作用一样，汽车荷载的横向分布也与许多因素有关。目前，在设计石拱、箱形拱及拱上建筑为立墙的双曲拱时，一般不考虑汽车荷载的横向分布，假定汽车荷载由主拱圈全宽均匀承受。与此同时，亦不考虑联合作用的影响，偏安全地认为作用在桥上的汽车荷载全部由主拱圈承受。

实际上，对拱脚及 $l/4$ 截面而言，联合作用较大，横向分布比较均匀，不考虑这两个因素一般是偏于安全的。对拱顶截面则相反，汽车荷载的横向分布系数较大而联合作用较小，不考虑联合作用和横向分布的影响，往往偏于不安全。

在肋拱及拱上建筑为立柱式的双曲拱桥中，汽车荷载的横向分布系数较大，横向分布的影响应予考虑。在结构计算中已经考虑了联合作用的钢筋混凝土拱桥（如桁架拱、刚架拱等），亦应计入汽车荷载横向分布的影响。

第一节　拱轴方程的建立

一、实腹式悬链线拱

实腹式悬链线拱是采用结构重力压力线（不计弹性压缩）作为拱轴线。实腹式拱的结构重力包括拱圈、拱上填料和桥面的结构自重（图 3-3-1a)），它的分布规律如图 3-3-1b）所示。实腹式悬链线拱的拱轴方程就是在图 3-3-1b）所示的结构重力作用下，根据拱轴线与压力线完全吻合的条件推导出来的。

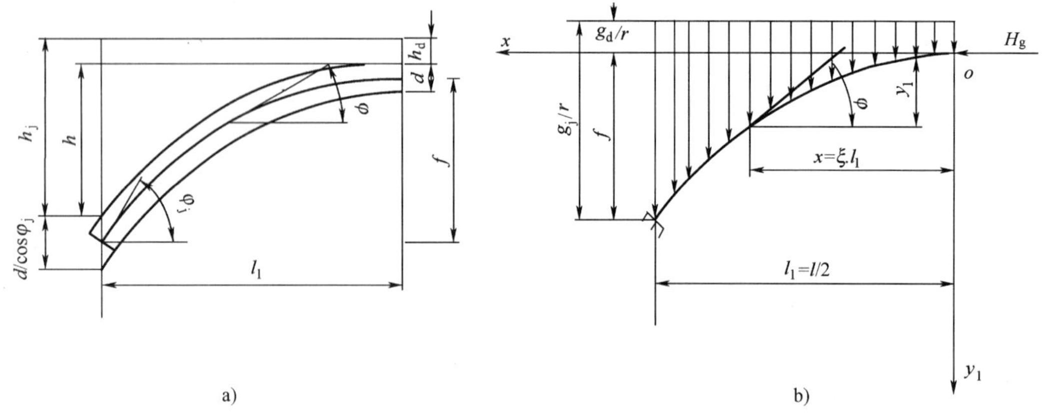

图 3-3-1　悬链线拱轴计算图式

取图 3-3-1 所示坐标系，设拱轴线即为结构重力压力线，故在结构重力作用下，拱顶截面的弯矩 $M_d=0$，由于对称性，剪力 $Q_d=0$，于是，拱顶截面仅有结构重力推力 H_g。对拱脚截面取矩，则有：

$$H_g=\frac{\sum M_j}{f} \tag{3-3-1}$$

式中：$\sum M_j$——半拱结构重力对拱脚截面的弯矩；

H_g——拱的结构重力水平推力（不考虑弹性压缩）；

f——拱的计算矢高。

对任意截面取矩，可得：

$$y_1=\frac{M_x}{H_g} \tag{3-3-2}$$

式中：M_x——任意截面以右的全部结构重力对该截面的弯矩值；

y_1——以拱顶为坐标原点，拱轴上任意点的纵坐标。

式（3-3-2）即为求算结构重力压力线的基本方程。将上式两边对 x 两次取导数得：

$$\frac{d^2y_1}{dx^2}=\frac{1}{H_g}\cdot\frac{\mathrm{d}^2M_x}{\mathrm{d}x^2}=\frac{g_x}{H_g} \tag{3-3-3}$$

式（3-3-3）为求算结构重力压力线的基本微分方程式。为了得到拱轴线（即结构重力压力线）的一般方程，必须知道结构重力的分布规律。由图 3-3-1b）可知，任意点的结构重力集度 g_x 可以表示为：

$$g_x=g_d+\gamma y_1 \tag{3-3-4}$$

式中：g_d——拱顶处结构重力集度；

γ——拱上材料单位体积重量。

由式（3-3-4）得：

$$g_j=g_d+\gamma f=mg_d \tag{3-3-5}$$

式中：g_j——拱脚处结构重力集度；

m——拱轴系数（或称拱轴曲线系数）。

$$m = \frac{g_j}{g_d} \tag{3-3-6}$$

由式（3-3-5）得：

$$\gamma = (m-1)\frac{g_d}{f} \tag{3-3-7}$$

将式（3-3-7）代入式（3-3-4）可得：

$$g_x = g_d + (m-1)\frac{g_d}{f}y_1 = g_d\left[1 + (m-1)\frac{y_1}{f}\right] \tag{3-3-8}$$

再将上式代入基本微分方程（3-3-3）。为使最终结果简单，引入参数有：

$$x = \xi l_1, \mathrm{d}x = l_1 \mathrm{d}\xi$$

可得：

$$\frac{\mathrm{d}^2 y_1}{\mathrm{d}\xi^2} = \frac{l_1^2}{H_g}g_d\left[1 + (m-1)\frac{y_1}{f}\right]$$

令

$$k^2 = \frac{l_1^2 g_d}{H_g f}(m-1) \tag{3-3-9}$$

则：

$$\frac{\mathrm{d}^2 y_1}{\mathrm{d}\xi^2} = \frac{l_1^2 g_d}{H_g} + k^2 y_1 \tag{3-3-10}$$

上式为二阶非齐次常系数线性微分方程。解此方程，则得拱轴线方程为：

$$y_1 = \frac{f}{m-1}(chk\xi - 1) \tag{3-3-11}$$

上式一般称为悬链线方程。

以拱脚截面 $\xi=1$、$y_1=f$ 代入上式得：

$$\mathrm{ch}k = m$$

通常，m 为已知值，则 k 值可由下式求得

$$k = \mathrm{ch}^{-1}m = \ln(m + \sqrt{m^2 - 1}) \tag{3-3-12}$$

当 $m=1$ 时，则 $g_x=g_d$，表示结构重力是均布作用。不难理解，在均布可变作用下的压力线为二次抛物线，其方程为 $y_1=f\xi^2$。

由悬链线方程式（3-3-11）可以看出，当拱的矢跨比确定后，拱轴线各点的纵坐标将取决于拱轴系数 m。各种 m 值的拱轴线坐标可直接由《拱桥》（上册）* 附录表 III-1 查出，一般无须按式（3-3-11）计算。

下面介绍实腹式悬链线拱拱轴系数的确定：

因为

$$m = \frac{g_j}{g_d}$$

---

* 公路桥涵设计手册——拱桥（上册），顾懋清，石绍甫主编，人民交通出版社，1994 年 6 月，以下均简称《拱桥》。

由图 3-3-1 知，拱顶处结构重力集度为：

$$g_d = h_d\gamma_1 + \gamma d \tag{3-3-13}$$

在拱脚处 $h_j = h_d + h$，则其结构重力集度为：

$$g_j = h_d\gamma_1 + h\gamma_2 + \frac{d}{\cos\varphi_j}\gamma \tag{3-3-14}$$

式中：h_d——拱顶填料厚度，一般为 0.30～0.50m；

d——拱圈厚度；

γ——拱圈材料单位重；

γ_1——拱顶填料及路面的平均单位重；

γ_2——拱腹填料平均单位重；

φ_j——拱脚处拱轴线的水平倾角。

$$h = f + \frac{d}{2} - \frac{d}{2\cos\varphi_j} \tag{3-3-15}$$

从式（3-3-13）和式（3-3-14）可以看出，两式中除了 φ_j 为未知数外，其余均为已知数。由于 φ_j 为未知，故不能直接算出 m 值，需用逐次近似法确定：即先根据跨径和矢高假定 m 值，由《拱桥》附录表 III-20 查得拱脚处 $\cos\varphi_j$ 的值，代入式（3-3-14）求得 g_j 后，再连同 g_d 一起代入式（3-3-6）算得 m 值。然后与假定的 m 值相比较，如算得的 m 值与假定的 m 值相符，则假定的 m 值即为真实值；如两者不符，则应以算得的 m 值作为假定值（为了计算的方便，m 值应按表 3-3-1 所列数值假定），重新进行计算，直至两者接近为止。

当拱的跨径和矢高确定之后，悬链线的形状取决于拱轴系数 m，其线形特征可用 1/4 点纵坐标 $y_{1/4}$ 的大小表示（图 3-3-2）。

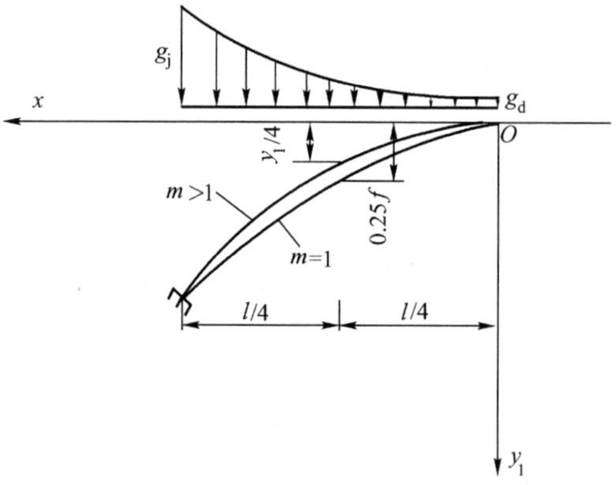

图 3-3-2 拱跨 1/4 点纵坐标与 m 的关系

拱跨 1/4 点纵坐标 $y_{1/4}$ 与 m 有下述关系：

当 $\xi = \frac{1}{2}$ 时，$y_1 = y_{1/4}$

代入式（3-3-11）得：

$$\frac{y_{1/4}}{f} = \frac{1}{m-1}\left(\text{ch}\,\frac{k}{2} - 1\right)$$

$$\because\ \text{ch}\,\frac{k}{2} = \sqrt{\frac{\text{ch}k + 1}{2}} = \sqrt{\frac{m+1}{2}}$$

$$\therefore\ \frac{y_{1/4}}{f} = \frac{\sqrt{\frac{m+1}{2}} - 1}{m-1} = \frac{1}{\sqrt{2(m+1)} + 2} \tag{3-3-16}$$

由上式可见，$y_{1/4}$ 随 m 的增大而减小，随 m 的减小而增大。当 m 增大时，拱轴线抬高；反之，当 m 减小时，拱轴线降低（图 3-3-2）。在一般的悬链线拱桥中，结构重力从拱顶向拱脚增加，$g_j > g_d$，因而 $m > 1$。只有在均布可变作用下 $g_j = g_d$，方能出现 $m = 1$ 的情况。由公式（3-3-16）可得，在这种情况下 $y_{1/4} = 0.25f$（图 3-3-2）。

在《拱桥》附录的计算用表中，除了可以根据拱轴系数 m 查得所需的表值之外，亦可借助相应的 $y_{1/4}/f$ 查得同样的表值。$y_{1/4}/f$ 与 m 的对应关系见表 3-3-1，读者可以根据计算的方便，利用 m 值或者 $y_{1/4}/f$ 的数值查表，其结果是一致的。

拱轴系数 m 与 $y_{1/4}/f$ 的关系 表 3-3-1

m	1.000	1.167	1.347	1.543	1.756	1.988	2.240	2.514	2.814	3.142	3.500	……	5.321
$y_{1/4}/f$	0.250	0.245	0.240	0.235	0.230	0.225	0.220	0.215	0.210	0.205	0.200	……	0.180

二、空腹式悬链线拱

空腹式拱桥的结构重力由 3 个部分组成，即主拱圈、拱上实腹段的分布作用和拱上空腹段的集中作用（图 3-3-3a)）。由于集中作用的存在，拱的结构重力压力线在集中作用下有转折，不是一条光滑的曲线。由于悬链线拱的受力性能较好，且有完整的计算表格可利用，在设计空腹式拱桥时也多采用悬链线作为拱轴线。为使悬链线与其结构重力压力线的偏差较小，一般采用“五点重合法”来确定空腹拱拱轴线，即要求在 5 个点（拱顶、两个 $l/4$ 点和两个拱脚）上，拱轴线与其相应的三铰拱自重压力线重合（图 3-3-3b)）所示。

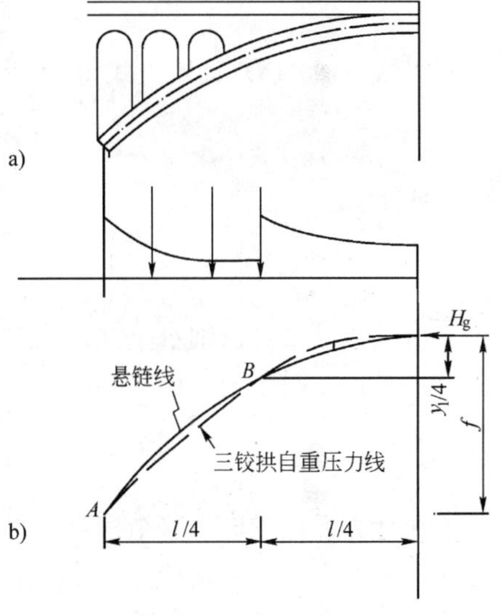

图 3-3-3 空腹式悬链线无铰拱结构重力分布

由结构和结构重力的对称性可知，拱顶截面弯矩、剪力为零，仅有水平推力 H_g 通过截面重心。根据上述 5 点轴线重合，由弯矩为零的条件，可确定拱轴系数 m 为：

由 $\sum M_A=0$ 得

$$H_g=\frac{\sum M_j}{f}$$

由 $\sum M_B=0$ 得

$$H_g=\frac{\sum M_{1/4}}{y_{1/4}}$$

则有

$$\frac{y_{1/4}}{f}=\frac{\sum M_{1/4}}{\sum M_j} \tag{3-3-17}$$

式中：$\sum M_{1/4}$——拱顶至拱跨 1/4 截面的结构重力对 1/4 截面的力矩；

$\sum M_j$——半跨结构重力对拱脚截面的力矩。

弯矩 $\sum M_{1/4}$、$\sum M_j$ 可查《拱桥》附表 III-19 得出，但前提是拱轴系数 m 已知。空腹式拱桥的 m 值仍采用渐进法确定：①先假定 m 值，定出拱轴线，作图布置拱上建筑；②计算拱圈及拱上建筑结构重力对拱脚及 1/4 截面的弯矩；③由式（3-3-17）求出 $y_{1/4}/f$；④再由式（3-3-16）求出 m 值；⑤若求出的值与假定值相差较大，则将计算值作为假定值重复①～⑤的步骤，逐次接近。

应该注意，用上述方法确定的拱轴线只在 5 个截面上与其相应的三铰拱结构自重压力线重合；其他截面上两者存在不同的偏差，如图 3-3-3b) 所示。一般，从拱顶到 1/4 点附近，压力线在拱轴线上方；从 1/4 点至拱脚压力线则在拱轴线下方，拱轴线与相应的三铰拱结构重力压力线的偏差类似于正弦曲线。

事实上，用“五点重合法”确定的拱轴线，与无铰拱的结构自重压力线并不存在 5 点重合的关系。由于拱轴线与结构自重压力线之间的偏差，在拱顶和拱脚处都产生了偏离弯矩。拱顶的偏离弯矩为负值，而拱脚的偏离弯矩为正值。这一情况正好与该两截面的控制弯矩符号相反，有利于降低控制截面的应力，改善拱顶、拱脚截面的受力性能。因而，空腹式无铰拱采用悬链线作为拱轴线还是比较合理的。

三、拱轴线的水平倾角 φ

将式（3-3-11）对 ξ 取导数得：

$$\frac{\mathrm{d}y_1}{\mathrm{d}\xi}=\frac{fk}{m-1}\mathrm{sh}k\xi \tag{3-3-18}$$

$$\tan\varphi=\frac{\mathrm{d}y_1}{\mathrm{d}x}=\frac{\mathrm{d}y_1}{l_1\mathrm{d}\xi}=\frac{2\mathrm{d}y_1}{l\mathrm{d}\xi}$$

以式（3-3-18）代入上式得：

$$\tan\varphi=\frac{2fk\cdot\mathrm{sh}k\xi}{l(m-1)}=\eta\mathrm{sh}k\xi \tag{3-3-19}$$

式中：

$$\eta=\frac{2kf}{l(m-1)}$$

由上式可见，拱轴水平倾角与拱轴系数 m 有关。拱轴线上各点的水平倾角 $\tan\varphi$，可直接由《拱桥》附录表 III-2 查出。

四、悬链线无铰拱的弹性中心

在计算无铰拱内力（结构重力、汽车荷载、温度变化、混凝土收缩和拱脚变位等）时，常利用弹性中心来简化计算。当拱和荷载均对称时，弹性中心位于对称轴上。基本结构的取法有两种：图 3-3-4a）为以悬臂曲梁为基本结构，图 3-3-4b）为以简支曲梁为基本结构。在计算无铰拱的内力影响线时，为了简化计算手续，常用简支曲梁为基本结构。

由结构力学知，弹性中心距拱顶的距离 y_s 为（图 3-3-4）：

$$y_s=\frac{\int_s\frac{y_1\mathrm{d}s}{EI}}{\int_s\frac{\mathrm{d}s}{EI}} \tag{3-3-20}$$

式中：y_1——悬链线拱轴线上任意点的纵坐标，计算式为：

$$y_1=\frac{f}{m-1}(\mathrm{ch}k\xi-1)$$

$\mathrm{d}s$——拱轴线上的弧长微元，可表示为：

$$\mathrm{d}s=\frac{\mathrm{d}x}{\cos\varphi}=\frac{1}{2}\cdot\frac{l}{\cos\varphi}\mathrm{d}\xi$$

a)

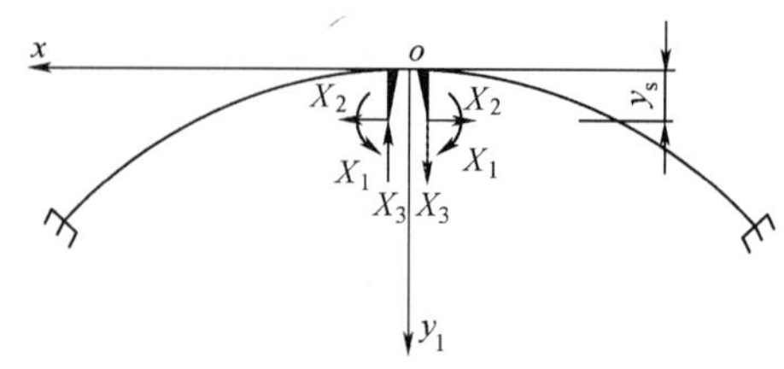

b)

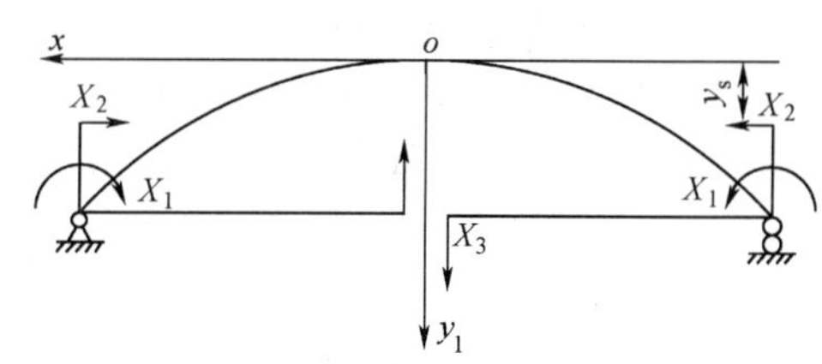

图 3-3-4　拱的弹性中心

其中

$$\cos\varphi = \frac{1}{\sqrt{1+\tan^2\varphi}} = \frac{1}{\sqrt{1+\eta^2 \mathrm{sh}^2 k\xi}}$$

则

$$\mathrm{d}s = \frac{l}{2}\sqrt{1+\eta^2 \mathrm{sh}^2 k\xi}\,\mathrm{d}\xi$$

以 y_1 及 $\mathrm{d}s$ 代入式（3-3-20），并注意到等截面中 I 为常数，则：

$$y_s = \frac{\int_s y_1 \mathrm{d}s}{\int_s \mathrm{d}s} = \frac{f}{m-1}\cdot\frac{\int_0^1 (\mathrm{ch}k\xi - 1)\sqrt{1+\eta^2 \mathrm{sh}^2 k\xi}\,\mathrm{d}\xi}{\int_0^1 \sqrt{1+\eta^2 \mathrm{sh}^2 k\xi}\,\mathrm{d}\xi} = \alpha_1 f \qquad (3\text{-}3\text{-}21)$$

系数 α_1 可由《拱桥》附录表 III-3 查得。

第二节　拱桥的内力计算

一、结构重力作用下拱的内力计算

当结构重力的压力线与拱轴线重合，且不考虑拱圈的弹性压缩变形，则拱圈各截面均只有轴向压力而无剪力和弯矩。此时，拱圈处于纯压状态。但拱圈在轴向压力作用下将产生弹性压缩变形，拱轴长度缩短。由于无铰拱是超静定结构，此时，在无铰拱中会引起剪力和弯矩，这就是弹性压缩影响。实际上，拱圈的弹性压缩影响与结构重力作用下引起的内力是同时发生的。为计算方便，先计算不考虑弹性压缩时的内力；然后再计算弹性压缩引起的内力；两者相加，即得结构重力作用的总内力。

应当注意，当结构重力的压力线与拱轴线有偏离，则还应计算因拱轴线偏离而引起的结构重力内力。

1. 不考虑弹性压缩时结构重力的内力计算

1）实腹拱

如上所述，实腹式悬链线拱轴线与结构重力压力线重合，所以，在结构重力作用下，主拱圈各截面上只有轴向压力，如图 3-3-5 所示。

根据力的平衡条件，拱的竖向反力 V_g 为：

$$V_g = \int_0^{l_1} g_x \mathrm{d}x = \int_0^1 g_x l_1 \mathrm{d}\xi$$

将式（3-3-8）、式（3-3-11）代入上式积分后，得：

$$V_g = K'_g g_d l \qquad (3\text{-}3\text{-}22)$$

其中

$$K'_g = \frac{\sqrt{m^2-1}}{2\left[\ln(m+\sqrt{m^2-1})\right]}$$

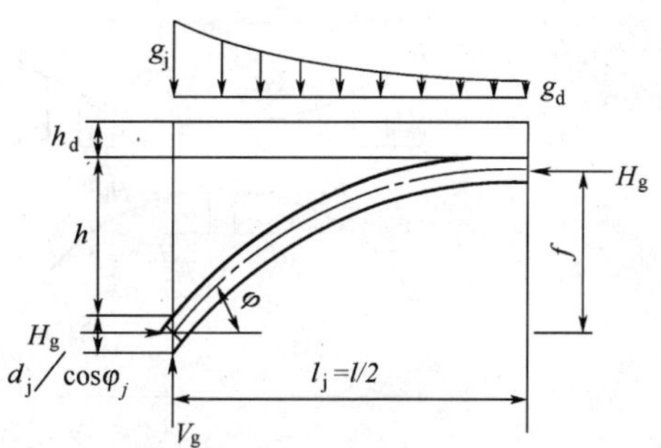

图 3-3-5　悬链线拱轴计算图式

由式（3-3-9）可得结构重力引起的水平推力 H_g 为：

$$H_g = \frac{m-1}{4k^2} \cdot \frac{g_d l^2}{f} = K_g \frac{g_d l^2}{f} \tag{3-3-23}$$

其中

$$K_g = \frac{m-1}{4k^2}$$

系数 K_g、K_g'可由《拱桥》附录表 III-4 查到。

拱圈各截面上的弯矩、剪力为零，轴力可按式（3-3-24）计算：

$$N = \frac{H_g}{\cos\varphi} \tag{3-3-24}$$

2）空腹拱

空腹式悬链线无铰拱，不考虑拱轴线偏离的影响时，空腹拱的结构重力内力亦可按纯压拱计算。此时，拱的结构重力水平推力 H_g 和拱脚竖向反力 V_g，可直接由静力平衡条件写出：

$$H_g = \frac{\sum M_j}{f} \tag{3-3-25}$$

$$V_g = \sum P \text{（半拱恒载重）} \tag{3-3-26}$$

求出 H_g 之后，即可利用纯压拱的公式（3-3-24）计算各截面的轴向力。此时，拱中的弯矩和剪力均为零。

在设计中小跨径的空腹式拱桥时，可偏安全地不考虑偏离弯矩的影响。大跨径空腹式拱桥，结构重力压力线与拱轴线的偏离一般比中、小跨径大，结构重力偏离弯矩是一种可利用的有利因素，应当计入偏离弯矩的影响。计算结构重力偏离弯矩的影响时，除了计算偏离弯矩对拱顶、拱脚的有利影响之外，还应计入偏离弯矩对 $l/8$ 和 $3l/8$ 截面的不利影响，尤其是 $3l/8$ 截面，往往成为正弯矩的控制截面。

2. 弹性压缩引起的内力计算

在结构重力产生的轴向压力作用下，拱圈的弹性压缩表现为拱轴长度的缩短。拱圈的这种变形会在拱中产生相应的内力。按照一般的分析方法，将拱顶切开，取悬臂曲梁为基本结构，弹性压缩会使拱轴在跨径方向缩短 Δl。由于实际结构中，拱顶并没有相对水平变位，则在弹性中心必有一水平拉力 ΔH_g（图 3-3-6a)），使拱顶的相对水平变位变为零。

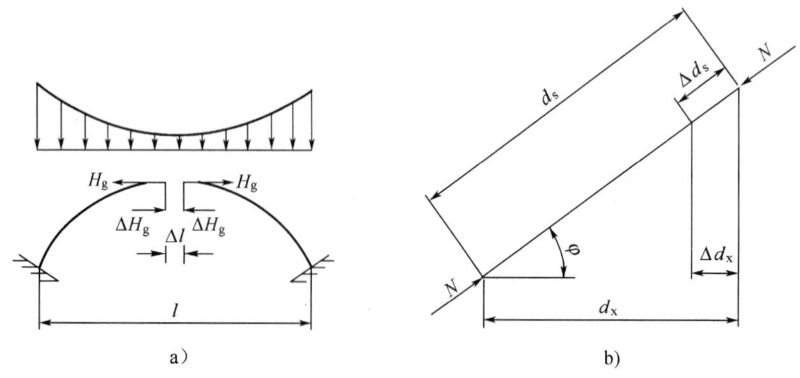

图 3-3-6　弹性压缩引起拱轴缩短

弹性压缩产生的赘余力 ΔH_g，可由拱顶的变形协调条件求得，即

$$\Delta H_g \delta_{22} - \Delta l = 0 \tag{3-3-27}$$

$$\therefore \quad \Delta H_g = \frac{\Delta l}{\delta_{22}} \tag{3-3-28}$$

从拱中取出一微段 ds（图 3-3-6b），在轴向力 N 作用下缩短 Δds，其水平分量为 $\Delta dx = \Delta ds \cdot \cos\varphi$，则整个拱轴缩短的水平分量为：

$$\Delta l = \int_0^l \Delta dx = \int_s \Delta ds \cdot \cos\varphi = \int_s \frac{N ds}{EA}\cos\varphi \tag{3-3-29}$$

将式（3-3-24）代入上式得：

$$\Delta l = \int_0^l \frac{H_g dx}{EA \cdot \cos\varphi} = H_g \int_0^l \frac{dx}{EA \cdot \cos\varphi} \tag{3-3-30}$$

由单位水平力作用在弹性中心产生的水平位移（考虑轴向力影响）为：

$$\delta_{22} = \int_s \frac{\overline{M}_2^2 ds}{EI} + \int_s \frac{\overline{N}_2^2 ds}{EA} = \int_s \frac{y^2 ds}{EI} + \int_s \frac{\cos^2\varphi ds}{EA} = (1+\mu)\int_s \frac{y^2 ds}{EI} \tag{3-3-31}$$

式中：

$$\mu = \frac{\int \frac{\cos^2\varphi ds}{EA}}{\int \frac{y^2 ds}{EI}} \tag{3-3-32}$$

以式（3-3-30）和式（3-3-31）代入式（3-3-28）得：

$$\Delta H_g = H_g \frac{1}{1+\mu} \cdot \frac{\int_0^l \frac{dx}{EA\cos\varphi}}{\int_s \frac{y^2 ds}{EI}} = H_g \cdot \frac{\mu_1}{1+\mu} \tag{3-3-33}$$

式中：

$$\mu_1 = \frac{\int_0^l \frac{dx}{EA\cos\varphi}}{\int_s \frac{y^2 ds}{EI}} \tag{3-3-34}$$

为便于制表计算，对于等截面拱，可将式（3-3-32）和式（3-3-34）的分子项改写为：

$$\int \frac{\cos^2\varphi ds}{EA} = \frac{l}{EA}\int_0^l \cos\varphi \frac{dx}{L} = \frac{l}{EA}\int_0^l \frac{d\xi}{\sqrt{1+\eta^2 \mathrm{sh}^2 k\xi}} = \frac{l}{vEA} \tag{3-3-35}$$

$$\int_0^l \frac{dx}{EA\cos\varphi} = \frac{l}{EA}\int_0^l \frac{1}{\cos\varphi} \cdot \frac{dx}{l} = \frac{l}{EA}\int_0^l \sqrt{1+\eta^2 \mathrm{sh}^2 k\xi}\, d\xi = \frac{l}{v_1 EA} \tag{3-3-36}$$

于是有：

$$\mu = \frac{e}{vEA\int_s \frac{y^2 ds}{EI}} \tag{3-3-37}$$

$$\mu_1 = \frac{e}{v_1 EA\int_s \frac{y^2 ds}{EI}} \tag{3-3-38}$$

以上各式中，$\int_s \frac{y^2 ds}{EI}$ 可自《拱桥》附录表 III-5 查得，v_1、v 可自表 III-8、III-10 查得。

3. 结构重力作用下拱圈各截面的总内力计算

在拱桥计算中，拱中内力的符号，习惯上采用下述规定：弯矩以使拱圈内缘受拉为正，剪力以绕脱离体逆时针转为正，轴向力以使拱圈受压为正。如图 3-3-7 所示。

当不考虑空腹拱结构重力压力线偏离拱轴线的影响时，拱圈各截面的结构重力内力为：不考虑弹性压缩得到结构重力内力［仅有按式（3-3-24）计算的轴向力 N］加上弹性压缩产生的内力（图 3-3-7）。

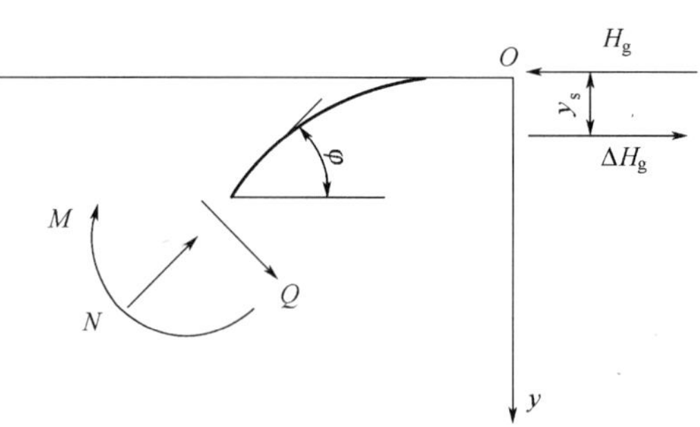

图 3-3-7　拱圈各截面荷载内力计算图

轴向力：$N = \dfrac{H_g}{\cos\varphi} - \dfrac{\mu_1}{1+\mu} H_g \cos\varphi$　（3-3-39）

弯矩：$M = \dfrac{\mu_1}{1+\mu} H_g (y_s - y_1)$　（3-3-40）

剪力：

$$Q = \mp \frac{\mu_1}{1+\mu} H_g \sin\varphi \qquad (3\text{-}3\text{-}41)$$

式（3-3-41）中，上边符号适用于左半拱，下边符号适用于右半拱。

由式（3-3-40）可知，考虑了结构重力弹性压缩之后，即使是不计偏离弯矩的影响，拱中仍有结构重力产生的弯矩。这就说明，不论是空腹式拱还是实腹式拱，考虑弹性压缩后的结构重力压力线，是不可能与拱轴线重合的。

《公路圬工桥涵设计规范》（JTG D61—2005）（以下简称《圬工桥规》）规定，在下列情况（表 3-3-2）下，设计时可不计算弹性压缩的影响。

不考虑弹性压缩的影响条件　　表 3-3-2

跨度 l	≤30m	≤20m	≤10m
矢跨比 f/l	≥1/3	≥1/4	≥1/5

二、汽车和人群荷载作用下拱的内力计算

在求拱的汽车和人群荷载内力时，计算也分两步进行。先计算不考虑弹性压缩影响的汽车和人群荷载内力，然后再计算考虑弹性压缩所影响的汽车和人群荷载内力。

1. 不考虑弹性压缩的汽车和人群荷载内力计算

计算汽车和人群荷载内力，最有效的方法就是利用影响线。对于三次超静定的无铰拱，要先计算出多余未知力的影响线；然后再计算内力影响线；最后根据内力影响线按最不利汽车和人群荷载布置计算。

1）赘余力影响线

为了计算赘余力的影响线，一般将拱圈沿跨径方向分为 48 等分，相邻两等分点的水平距离为 $L/48$。采用悬臂曲梁作为基本结构，如图 3-3-8 所示，当单位荷载从左拱脚向右拱脚移动时，由力法典型方程计算出 $P=1$ 作用在各等分点时，X_1、X_2、X_3 的影响线竖标。由

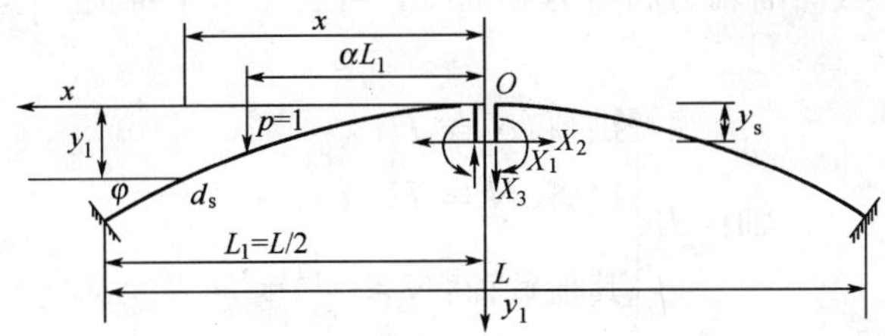

图 3-3-8 基本结构

此，即可作赘余力影响线，如图 3-3-9 所示。

2）内力影响线

（1）水平推力 H_1 的影响线

由 $\sum X=0$ 可知，拱中任意截面的水平推力 $H_1=X_2$，因此，H_1 的影响线与赘余力 X_2 的影响线是完全一致的。水平推力影响线的竖标可由《拱桥》附录表 III-12 查得。

（2）拱脚竖向反力 V 的影响线

将 X_3 移至两支点后，由 $\sum Y=0$ 得

$$V = V_0 \mp X_3 \tag{3-3-42}$$

式中，V_0 为相应简支梁的反力。"－"适用于左拱脚，"＋"适用于右拱脚。

可见，竖向反力 V 影响线由 V_0 和 x_3 两条影响线迭加而成，如图 3-3-9 所示。各点影响线的竖标可查《拱桥》附录表 III-7 任意截面内力影响线。

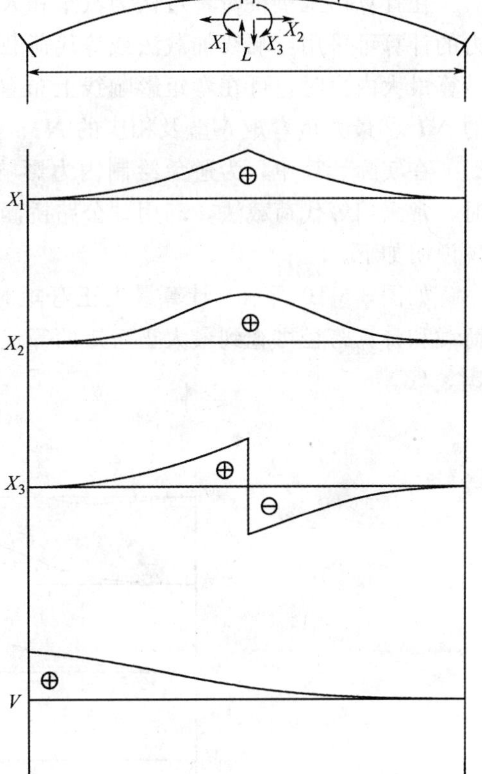

图 3-3-9 赘余力的影响线

由图 3-3-8 可知，可写出任意截面的内力。

弯矩影响线：

$$M = M_0 + X_1 + (y_{1A} - y_s)X_2 \mp X_A X_3 \tag{3-3-43a}$$

轴向力影响线：

$$N_A = X_2\cos\varphi_A + V_A\sin\varphi_A \tag{3-3-43b}$$

剪力影响线：

$$Q_A = X_2\sin\varphi - V_A\cos\varphi_A \tag{3-3-43c}$$

式中，M_0 为简支梁弯矩；Y_{1A}、X_A 为截面 A 的纵横坐标值；V_A 为作用于截面 A 以左的竖向外力总和，称为竖直剪力；正值表示向上，负值表示向下。

上述公式中，赘余力 X_1、X_2、X_3 的解法可参考《桥梁工程》（姚玲森编）相关内容。

$V_A = V_j; X_A > \alpha L_1$（单位荷载在截面的右边）

$V_A = V_j - 1; X_A < \alpha L_1$（单位荷载在截面的左边）

根据式（3-3-43），可用迭加法求出拱圈任意截面的内力影响线。

实际计算中，任意截面的轴力和剪力影响线，可利用水平推力 H_1 和拱脚的竖向反力 V 影响线计算得出。

$$
轴向力\begin{cases}拱顶:N = H_1 \\ 拱脚:N = H_1\cos\varphi + V\sin\varphi \\ 其他截面:N \approx \dfrac{H_1}{\cos\varphi}\end{cases}
$$

$$
剪力\begin{cases}拱顶:数值很小,一般不计算 \\ 拱脚:Q = H_1\sin\varphi - V\cos\varphi \\ 其他截面:数值较小,一般不计算\end{cases}
$$

(3) 汽车和人群荷载内力计算

在计算圬工拱桥时，可认为汽车和人群荷载在拱桥宽度上均匀分布。汽车和人群荷载内力的计算可采用影响线加载法或等代荷载法。拱是偏心受压构件，常由最大弯矩控制设计。计算最大内力时，可在弯矩影响线上布置汽车和人群荷载计算：①最大正弯矩 M_{max} 及相应的 N；②最大负弯矩 M_{min} 及相应的 N。

在实际计算中，为避免绘制内力影响线及计算内力等繁琐的工作，在不考虑弹性压缩时，常采用等代荷载法，利用"公路桥涵标准车辆等代荷载表"计算汽车和人群荷载内力。现说明如下。

如图 3-3-10 所示，计算最大正弯矩时，将荷载满布在影响线的正弯矩区段，根据设计荷载和计算跨径可查到最大正弯矩的等代荷载 k_M 及相应的水平推力和竖向反力的等代荷载 k_H、k_V。

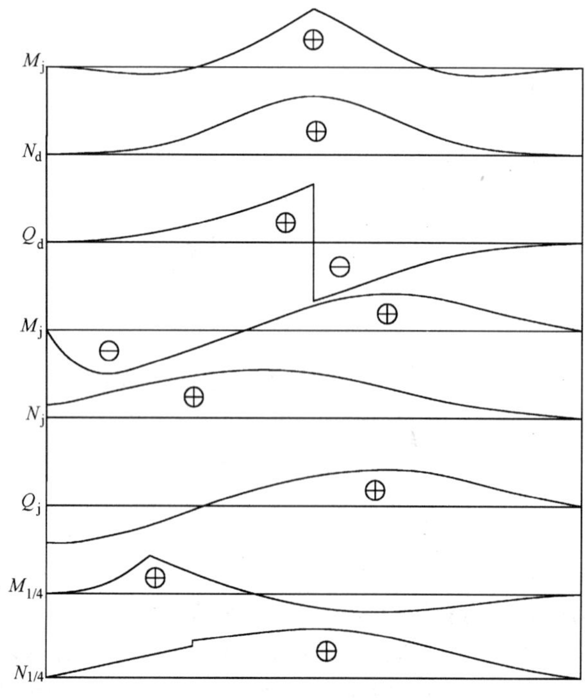

图 3-3-10　内力影响线

根据拱轴系数和矢跨比，由《拱桥》附录表 III-14 查到正弯矩、水平推力和竖向反力的影响线面积 ω_M、ω_N 及 ω_V，则有

最大正弯矩 M_{max}： $M_{max}=\varphi\cdot\eta\cdot k_M\cdot\omega_M$

与 M_{max} 相应的 H_1： $H_1=\phi\eta k_H\omega_H$

与 M_{max} 相应的 V： $V=\phi\eta k_V\omega_V$

式中：ϕ——车道折减系数；

η——荷载横向分布系数。

同理，将荷载满布在影响线的负弯矩区段，可计算出 M_{min}、H_1 和 V。

《圬工桥涵设计规范》（JTG D61—2005）（以下简称《圬工桥规》）中规定，计算由车道荷载引起的拱的正弯矩时，拱顶至拱跨 1/4 各截面应乘以 0.7 折减系数；拱脚截面乘以 0.9 折减系数；拱跨 1/4 至拱脚各截面，其折减系数按直线插入法确定。

2. 汽车和人群荷载作用下弹性压缩引起的内力计算

汽车和人群荷载弹性压缩与结构重力作用的弹性压缩相似，它是考虑由汽车和人群荷载产生的轴向力引起拱圈弹性压缩，亦在弹性中心产生赘余水平力 ΔH（拉力）。若不考虑弹性压缩时，汽车和人群荷载作用下的拱脚内力有弯矩 M、竖向力 R、通过弹性中心的水平力 H_1，根据拱顶变形协调条件不难求得：

$$\Delta H=-H_1\frac{\mu_1}{1+\mu} \tag{3-3-44}$$

考虑弹性压缩后的汽车和人群荷载推力（总推力）为：

$$H=H_1+\Delta H=H_1-H_1\frac{\mu_1}{1+\mu}=H_1\frac{1+\mu-\mu_1}{1+\mu} \tag{3-3-45}$$

考虑到 $\Delta\mu=\mu_1-\mu$ 远比 μ_1 为小，实际应用时还可将上式进一步简化为：

$$H=H_1\frac{1+\mu-\mu_1}{1+\mu}=H_1\frac{1-\Delta\mu}{1+\mu_1-\Delta\mu}\approx\frac{H_1}{1+\mu_1} \tag{3-3-46}$$

汽车和人群荷载弹性压缩引起的内力为：

$$\left.\begin{aligned}&\text{弯矩}:\Delta M=-\Delta H\cdot y=\frac{\mu_1}{1+\mu}H_1\cdot y\\&\text{剪力}:\Delta Q=\pm\Delta H\sin\varphi=\mp\frac{\mu_1}{1+\mu}H_1\sin\varphi\\&\text{轴向力}:\Delta N=\Delta H\cos\varphi=-\frac{\mu_1}{1+\mu}H_1\cos\varphi\end{aligned}\right\} \tag{3-3-47}$$

式中：剪力“－”适用于左半拱；“＋”适用于右半拱。将不考虑弹性压缩的汽车和人群荷载内力与考虑弹性压缩产生的内力迭加起来，即得汽车和人群荷载作用下的总内力。

三、裸拱内力计算

采用早脱架施工（拱圈合龙达到一定强度后就卸落拱架）及无支架施工的拱桥，须计算裸拱自重产生的内力，以便进行裸拱强度和稳定性的验算。

取悬臂曲梁为基本结构（图 3-3-11）。对于等截面拱，任意截面的恒载强度 g_i 为：

$$g_i = \frac{g_d}{\cos\varphi_i} \tag{3-3-48}$$

由于结构和荷载均为正对称，故在弹性中心仅有两个正对称的赘余力：弯矩 M_s 和水平力 H_s。由典型方程得：

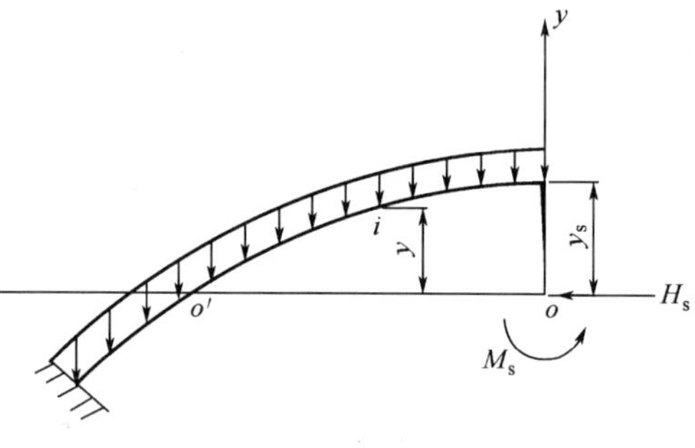

图 3-3-11　拱圈自重作用下内力计算图示

$$M_s = -\frac{\Delta_{1P}}{\delta_{11}} = -\frac{\int_s \frac{\overline{M}_1 M_p ds}{EI}}{\int_s \frac{\overline{M}_1^2 ds}{EI}} = -\frac{\int_s \frac{M_p ds}{EI}}{\int \frac{ds}{EI}}$$

$$H_s = -\frac{\Delta_{2p}}{\delta_{22}} = \frac{\int_s \frac{\overline{M}_2 M_p ds}{EI}}{\int_s \frac{\overline{M}_1^2 ds}{EI} + \int_s \frac{\overline{N}^2 ds}{EA}} = \frac{\int_s \frac{M_p y ds}{EI}}{(1+\mu)\int_s \frac{y^2 ds}{EI}}$$

积分后可得：

$$\left.\begin{aligned} M_s &= \frac{A\gamma l^2}{4} V_1 \\ H_s &= \frac{A\gamma l^2}{4(1+\mu)f} V_2 \end{aligned}\right\} \tag{3-3-49}$$

式中：γ——拱圈材料单位体积重；

A——拱圈截面面积（净面积或实际面积）；

V_1、V_2——系数，可自《拱桥》附录表 III-15、III-16 查得。

由静力平衡条件得任意截面 i 的弯矩和轴向力为：

$$\left.\begin{aligned} M_i &= M_s - H_s y - \sum_n^i M \\ N_i &= H_s \cos\varphi_i + \sum_n^i P \cdot \sin\varphi_i \end{aligned}\right\} \tag{3-3-50}$$

式中：$\sum_n^i M$——拱顶至 i 截面间裸拱自重对该截面的弯矩；

$\sum_n^i P$——拱顶至 i 截面间裸拱自重的总和。

$\sum_n^i M$、$\sum_n^i P$ 均可由《拱桥》附录表 III-19 查得。

其中 n 为拱顶截面的编号，在设计中 n 常采用 12 或 24。

当拱的矢跨比为 1/10～1/5 时，裸拱自重压力线的拱轴系数 $m_0 = 1.079 \sim 1.305$，通常比拱轴线采用的 m 值小。计算表明，在裸拱的自重作用下，拱顶、拱脚一般都产生正弯矩。拱轴线的 m 与裸拱的 m_0 差得越多，拱顶、拱脚的正弯矩就越大。因而，采用无支架施工或早脱架施工的拱桥，宜适当降低拱轴系数。

四、温度变化、混凝土收缩和拱脚变位的内力计算

在超静定拱中，温度变化、混凝土收缩和拱脚变位都会产生附加内力。我国许多地区温度变化幅度大，温度变化产生的附加内力不容忽视。混凝土收缩，尤以就地浇注的混凝土在结硬过程中的收缩变形，可使拱桥开裂。在软土地基上建造圬工拱桥，墩台变位的影响比较突出，水平位移的影响更为严重，根据观测的结果，在两拱脚的相对水平位移 $\Delta_h > l/1200$ 时，拱的承载能力就会大大降低，甚至破坏。

1. 温度变化产生的附加内力计算

根据热胀冷缩的原理，当大气温度比成拱时的温度（即主拱圈施工合龙时温度，称为合龙温度）高时，称为温度上升，引起拱体膨胀；反之，当大气温度比合龙温度低时，称为温度下降，引起拱体收缩。不论是拱体膨胀（拱轴伸长）还是拱体收缩（拱轴缩短）都会在拱中产生内力，不过两者的符号不同而已。

在图 3-3-12a）中，设温度变化引起拱轴在水平方向的变位为 Δl_t，与弹性压缩同样道理，必然在弹性中心产生一对水平力 H_t。由典型方程得：

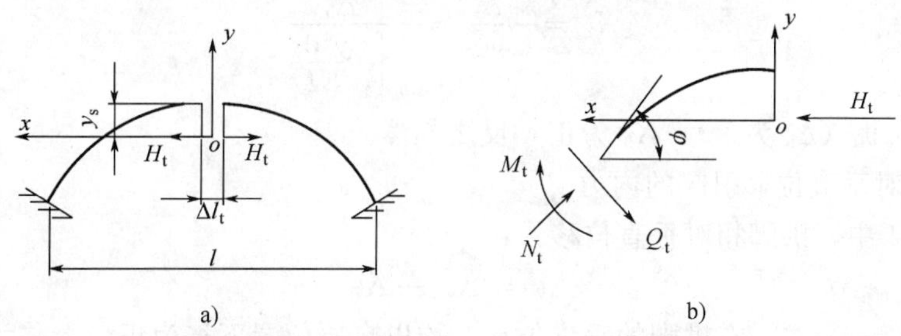

图 3-3-12 拱温度变化内力计算图示

a）温度变化引起赘余力计算图示；b）温度变化引起拱中的内力

$$H_t = \frac{\Delta l_t}{\delta_{22}}$$

$$\Delta l_t = \alpha \cdot l \cdot \Delta t$$

式中：Δt——温度变化值。即最高（或最低）温度与合龙温度之差。温度上升时，Δt 与 H_t 均为正；温度下降时，Δt 与 H_t 均为负；

α——材料的线膨胀系数。混凝土或钢筋混凝土结构 $\alpha=1\times10^{-5}$，混凝土预制块砌体，$\alpha=0.9\times10^{-5}$，石砌体 $\alpha=0.8\times10^{-5}$。

由温度变化引起拱中任意截面的附加内力为（图 3-3-12b））：

$$\left.\begin{aligned}&\text{弯矩}:M_t=-H_t y=-H_t(y_s-y_1)\\&\text{剪力}:Q_t=\pm H_t\sin\varphi\\&\text{轴向力}:N_t=H_t\cos\varphi\end{aligned}\right\}\tag{3-3-51}$$

2. 混凝土收缩、徐变引起的内力计算

混凝土在结硬过程中的收缩变形，其作用与温度下降相似。通常将混凝土收缩的影响，折算为温度的额外降低。

计算拱圈的温度变化和混凝土收缩影响时，可根据实际资料，考虑混凝土徐变对温度变化和混凝土收缩在拱圈内引起内力变化减小的影响。如缺乏实际资料，计算内力可乘以下列系数：温度变化影响力为 0.7；混凝土收缩影响力为 0.45。

但是，徐变虽然对上述温变、收缩引起的内力有调整作用，但徐变本身也引起拱轴线的缩短，因而应按有关规定计算徐变引起的附加内力。

3. 拱脚变位引起的内力计算

在软土地基上修建的拱桥以及桥墩较柔的多孔拱桥，拱脚变位是难以避免的。拱脚的变位包括拱脚的水平位移、垂直位移（沉降）和转动（角变），每一种变位都会在拱中产生内力。

1）拱脚相对水平位移引起的内力

在图 3-3-13 中，两拱脚发生相对水平位移为：

$$\Delta_h = \Delta_{hB} - \Delta_{hA}$$

式中：Δ_{hA}、Δ_{hB}——左、右拱脚的水平位移，自原位置右移为正，左移为负。

由于两拱脚发生相对水平位移 Δ_h，在弹性中心产生的赘余力为：

$$X_2 = -\frac{\Delta_h}{\delta_{22}} = -\frac{\Delta_h}{\int_s \frac{y^2 \mathrm{d}s}{EI}} \tag{3-3-52}$$

如两拱脚相对靠拢（Δ_h 为负），X_2 为正，反之亦然。

2）拱脚相对垂直位移引起的内力

在图 3-3-14 中，拱脚相对垂直位移为：

$$\Delta_V = \Delta_{VB} - \Delta_{VA}$$

式中：Δ_{VA}、Δ_{VB}——左、右拱脚的垂直位移，均以自原位置下移为正，上移为负。

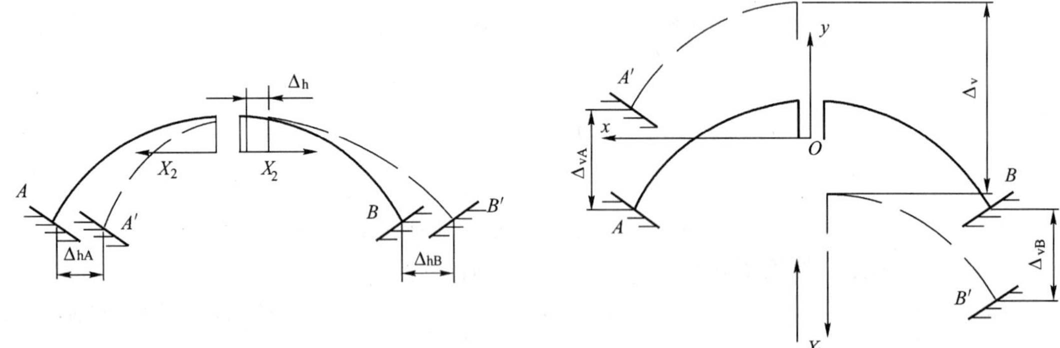

图 3-3-13 拱脚相对水平位移引起内力计算图示

图 3-3-14 拱脚相对垂直位移引起内力计算图示

由两拱脚相对垂直位移引起弹性中心的赘余力为：

$$X_3 = -\frac{\Delta_v}{\delta_{33}} = -\frac{\Delta_v}{\int_s \frac{x^2 \mathrm{d}s}{EI}} \tag{3-3-53}$$

等截面悬链线拱的 $\int_s \frac{x^2 \mathrm{d}s}{EI}$ 可由《拱桥》附录表 III-6 查得。

3）拱脚相对垂直角变引起的内力

在图 3-3-15a）中，拱脚 B 发生转角 θ_B（θ_B 顺时针为正）之后，在弹性中心除产生相同的转角 θ_B 之外，还引起相对水平位移 Δ_h 和垂直位移 Δ_v。因此，在弹性中心会产生 3 个赘余力 X_1、X_2、X_3。由典型方程得：

$$\left.\begin{aligned} X_1\delta_{11}+\theta_B&=0\\ X_2\delta_{22}+\Delta_h&=0\\ X_3\delta_{33}-\Delta_v&=0 \end{aligned}\right\}\tag{3-3-54}$$

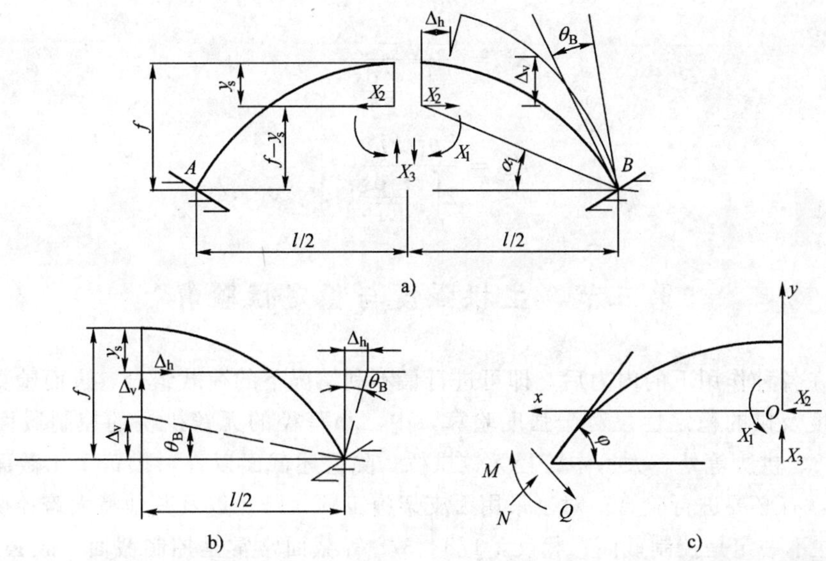

图 3-3-15　拱脚相对角变引起的赘余力及各截面的内力图

上式中 θ_B 为已知，Δ_h、Δ_v 不难根据图 3-3-15b）的几何关系求出：

$$\Delta_h=\theta_B(f-y_s)$$

$$\Delta_v=\theta_B\cdot l/2$$

将 Δ_h 及 Δ_v 代入式（3-3-54）得：

$$\left.\begin{aligned} X_1&=-\frac{\theta_B}{\delta_{11}}\\ X_2&=-\frac{\theta_B(f-y_s)}{\displaystyle\int_s\frac{y^2\mathrm{d}s}{EI}}\\ X_3&=-\frac{\theta_B\cdot l}{2\displaystyle\int_s\frac{x^2\mathrm{d}s}{EI}} \end{aligned}\right\}\tag{3-3-55}$$

式中：$\delta_{11}=\int_s\frac{\overline{M}_1^2\mathrm{d}s}{EI}=\int_s\frac{\mathrm{d}s}{EI}=\frac{l}{EI}\int_0^1\frac{\mathrm{d}\xi}{\cos\varphi}=\frac{l}{EI}\times\frac{1}{\upsilon_1}$

$\frac{1}{\upsilon_1}$可自《拱桥》附录表 III-8 查得。

拱脚相对角变引起各截面的内力为（图 3-3-19c））：

$$\left.\begin{aligned} M &= X_1 - X_2 y \pm X_3 x \\ Q &= X_3 \cos\varphi \pm X_2 \sin\varphi \\ N &= \mp X_3 \sin\varphi + X_2 \cos\varphi \end{aligned}\right\} \tag{3-3-56}$$

以上公式是假设右半拱顺时针转动推导出来的，若反时针转动 θ_B，则式（3-3-55）中的 θ_B 均应以负值代入。如左拱脚顺时针转动 θ_A，则式（3-3-55）应改为：

$$\left.\begin{aligned} X_1 &= \frac{\theta_A}{\delta_{11}} \\ X_2 &= \frac{\theta_A (f - y_s)}{\int_s \frac{y^2 ds}{EI}} \\ X_3 &= \frac{\theta_A \cdot l}{2\int_s \frac{x^2 ds}{EI}} \end{aligned}\right\} \tag{3-3-57}$$

第三节　主拱强度与稳定性验算

求出拱在各种作用下的内力后，即可进行最不利情况下的荷载组合，进而验算控制截面的强度、刚度及拱的稳定性。对于强度验算，中、小跨径的无铰拱桥的控制截面通常在拱顶、拱跨 3/8、拱脚等处。大、中跨径无铰拱桥，除上述截面以外，拱跨 1/4 截面也可能成为控制截面，有必要进行验算。对于采用无支架施工的大跨径以及其他特大跨径拱桥，拱跨 1/4 截面往往不一定是控制截面；相反，1/8、3/8 等截面常常是控制截面，故必须对拱脚、拱跨 1/8、拱跨 1/4、拱跨 3/8、拱顶以及其他的不利截面进行验算。

一、主拱强度验算

下面介绍《圬工桥规》中有关圬工拱桥主拱强度的验算方法。对于钢筋混凝土拱桥，则可按照结构设计原理和《公路钢筋混凝土及预应力混凝土桥涵设计规范》(JTG D62—2004)(以下简称《混凝土桥规》)的要求进行拱圈承载能力验算，在此不再叙述。

《圬工桥规》规定，圬工桥涵结构应按承载能力极限状态设计，并满足正常使用极限状态的要求。按承载能力极限状态设计时，应采用下列表达式：

$$\gamma_0 S \leqslant R(f_d, a_d) \tag{3-3-58}$$

式中：γ_0——结构重要性系数；

S——作用效应组合设计值，按《桥规》的规定计算；

$R(\cdot)$——结构承载力设计值函数；

f_d——材料强度设计值；

a_d——几何参数设计值，可采用几何参数标准值 a_k，即设计文件规定值。

1. 正截面小偏心受压

当主拱圈偏心受压时，为避免截面开裂而限制轴向力偏心，要求轴向力偏心距 e 不超过表 3-3-3 规定的限值。

受压构件偏心距限值　　表 3-3-3

作 用 组 合	偏心距限值 e	作 用 组 合	偏心距限值 e
基本组合	$\leqslant 0.6S$	偶然组合	$\leqslant 0.7S$

注：①混凝土结构单向偏心的受拉一边或双向偏心的各受拉一边，当设有不小于截面面积 0.05% 的纵向钢筋时，表内规定值可增加 $0.1S$；

②表中 S 值为截面或换算截面重心轴至偏心方向截面边缘的距离。

1）砌体（包括砌体与混凝土组合）受压构件

主拱圈正截面受压强度按下列公式计算：

$$\gamma_0 N_d < \varphi A f_{cd} \tag{3-3-59}$$

式中：N_d——轴向力设计值；

A——构件截面面积；

f_{cd}——砌体或混凝土轴心抗压强度设计值，应按《圬工桥规》规定采用；

φ——构件轴向力的偏心距 e 和长细比 β 的影响系数，按下式计算：

$$\varphi = \frac{1}{\frac{1}{\varphi_x} + \frac{1}{\varphi_y} - 1} \tag{3-3-60}$$

$$\varphi_x = \frac{1 - \left(\frac{e_x}{x}\right)^m}{1 + \left(\frac{e_x}{i_y}\right)^2} \cdot \frac{1}{1 + \alpha\beta_x(\beta_x - 3)\left[1 + 1.33\left(\frac{e_x}{i_y}\right)^2\right]} \tag{3-3-61}$$

$$\varphi_y = \frac{1 - \left(\frac{e_y}{y}\right)^m}{1 + \left(\frac{e_y}{i_x}\right)^2} \cdot \frac{1}{1 + \alpha\beta_y(\beta_y - 3)\left[1 + 1.33\left(\frac{e_x}{i_y}\right)^2\right]} \tag{3-3-62}$$

式中：φ_x、φ_y——分别为 x 方向和 y 方向偏心受压构件承载力影响系数；

x、y——分别为 x 方向、y 方向截面重心至偏心方向的截面边缘的距离；

e_x、e_y——轴向力在 x 方向、y 方向的偏心距；

m——截面形状系数，对于圆形截面取 2.5；对于 T 形或 U 形截面取 3.5；对于箱形截面或矩形截面取 8.0；

i_x、i_y——弯曲平面内的截面回转半径，可按《圬工桥规》规定计算。

α——与砂浆强度等级有关的系数，当砂浆等级大于或等于 M5 或为组合构件时，α 为 0.002；当砂浆强度为 0 时，α 为 0.013；

β_x、β_y——构件在 x 方向、y 方向的长细比，按下列公式计算，当 β_x、β_y 小于 3 时取为 3。

$$\beta_x = \frac{\gamma_\beta l_0}{3.5 i_y}$$

$$\beta_y = \frac{\gamma_\beta l_0}{3.5 i_x} \tag{3-3-63}$$

式中：γ_β——不同砌体材料构件的长细比修正系数，按表 3-3-4 采用；

l_0——构件计算长度，按表 3-3-5 采用。

长细比修正系数 γ_β 表 3-3-4

砌体材料类别	γ_β
细料石、半细料石砌体	1.1
混凝土预制块砌体或组合构件	1.0
粗料石、块石、片石砌体	1.3

构件计算长度 l_0 表 3-3-5

构件及其两端约束情况		计算长度 l_0
直杆	两端固结	$0.5l$
	一端固定，一端为不移动的铰	$0.7l$
	两端均为不移动的铰	$1.0l$
	一端固定，一端自由	$2.0l$

注：l 为构件支点间长度。

2）混凝土偏心受压构件

在表 3-3-3 规定的受压偏心距限制范围内，当按受压承载力计算时，假定受压的法向应力图形为矩形，其应力取混凝土抗压强度设计值，此时，取轴向力作用点与受压区法向应力的合力作用点相重合的原则确定受压区面积 A_c，如图 3-3-16 所示，主拱圈正截面受压强度按下列公式计算：

$$\gamma_0 N_d \leqslant \varphi f_{cd} A_c \tag{3-3-64}$$

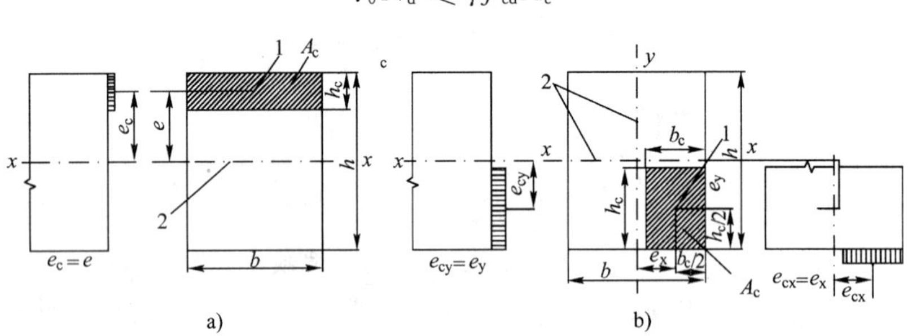

图 3-3-16 混凝土构件偏心受压

1-受压区重心（法向压应力合力作用点）；2-截面重心轴

（1）单向偏心受压

受压区高度 h_c 应按下列条件确定，如图 3-3-16a）所示。

$$e_c = e$$

矩形截面的受压承载力可按下列公式计算：

$$\gamma_0 N_d \leqslant \varphi f_{cd} b(h-2e) \tag{3-3-65}$$

式中：N_d——轴向力设计值；

φ——弯曲平面内轴心受压构件弯曲系数，取 1.0；

f_{cd}——混凝土轴心抗压强度设计值，按《混凝土桥规》规定采用；

A_c——混凝土受压区面积；

e_c——受压区混凝土法向应力作用点至截面重心的距离；

e——轴向力的偏心距；

b——矩形截面宽度；

h——矩形截面高度。

当构件弯曲平面外长细比大于弯曲平面内长细比时，尚应按轴心受压构件验算其承载力。

(2) 双向偏心受压

受压区高度和宽度，应按下列公式确定，如图 3-3-16b) 所示。

$$e_{cy}=e_y$$

$$e_{cx}=e_x$$

矩形截面的偏心受压承载力可按下列公式计算：

$$\gamma_0 N_d \leqslant \varphi f_{cd}[(h-2e_y)(b-2e_x)] \tag{3-3-66}$$

式中：φ——轴心受压构件弯曲系数，取1.0；

e_{cy}——受压区混凝土法向应力作用点在 y 轴方向至截面重心的距离；

e_{cx}——受压区混凝土法向应力作用点在 x 轴方向至截面重心的距离；

e_y——轴向力 y 轴方向的偏心距；

e_x——轴向力 x 轴方向的偏心距。

2. 正截面大偏心受压

主拱圈偏心受压时，当轴向力偏心距 e 超过表 3-3-3 规定的限值，即主拱圈在大偏心受压下工作时，主拱圈正截面受压强度按下列公式计算：

单向偏心

$$\gamma_0 N_d \leqslant \varphi \frac{A f_{tmd}}{\frac{Ae}{W}-1} \tag{3-3-67}$$

双向偏心

$$\gamma_0 N_d \leqslant \varphi \frac{A f_{tmd}}{\frac{Ae_x}{W_y}+\frac{Ae_y}{W_x}-1} \tag{3-3-68}$$

式中：A——构件截面面积，对于组合截面应按弹性模量比换算为换算截面面积；

W——单向偏心时，构件受拉边缘的弹性抵抗矩，对于组合截面应按弹性模量比换算为换算截面弹性抵抗矩；

W_y、W_x——双向偏心时，构件 x 方向受拉边缘绕 y 轴的弹性抵抗矩和构件 y 方向受拉边缘绕 x 轴的弹性抵抗矩，对于组合截面应按弹性模量比换算为换算截面弹性抵抗矩；

f_{tmd}——构件受拉边层的弯曲抗拉强度设计值，按《圬工桥规》规定采用；

其他符号意义同前。

二、主拱稳定验算

拱是以受压为主的结构，无论是施工过程中，还是成桥运营阶段，除要求其强度满足要求外，还必须对其稳定性进行验算。

(1) 砌体偏心受压构件，主拱圈稳定按式 (3-3-59) 验算，并按式 (3-3-63) 和式 (3-3-64) 计算砌体结构长细比 β_x、β_y，此时构件纵向（弯曲平面内）计算长度 l_0 取值为：三铰拱取 $0.58L_a$、双铰拱取 $0.54L_a$、无铰拱取 $0.36L_a$。L_a 为拱轴线长度，横向（弯曲平面外）计算长度 l_0 见表 3-3-6 所列。

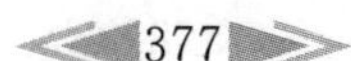

无铰板拱横向稳定计算长度 l_0 表 3-3-6

矢跨比 f/l	1/3	1/4	1/5	1/6	1/7	1/8	1/9	1/10
计算长度 l_0	$1.167r$	$0.962r$	$0.797r$	$0.577r$	$0.495r$	$0.452r$	$0.425r$	$0.406r$

注：r 为圆曲线半径，当为其他曲线时，可近似地取 $r=\frac{l}{2}\left(\frac{1}{4\beta}+\beta\right)$，其中 β 为矢跨比。

(2) 混凝土偏心受压构件，主拱圈稳定按式（3-3-65）和式（3-3-66）验算，并按表3-3-7查取混凝土轴心受压构件弯曲系数 φ。查取 φ 时，构件计算长度 l_0 取值与砌体偏心受压构件相同。

混凝土轴心受压构件弯曲系数 表 3-3-7

l_0/b	<4	4	6	8	10	12	14	16	18	20	22	24	26	28	30
l_0/i	<14	14	21	28	35	42	49	56	63	70	76	83	90	97	104
φ	1.00	0.98	0.96	0.91	0.86	0.82	0.77	0.72	0.68	0.63	0.59	0.55	0.51	0.47	0.44

注：在计算 l_0/b 或 l_0/i 时，b 或 i 的取值：对于单向偏心受压构件，取弯曲平面内截面高度或回转半径；对于轴心受压及双向偏心受压构件，取截面短边尺寸或截面最小回转半径。

(3) 主拱为钢筋混凝土构件时，其验算公式为：

$$\gamma_0 N_d \leqslant 0.90\varphi(f_{cd}A + f'_{sd}A'_s) \tag{3-3-69}$$

式中：φ——轴压构件稳定系数，按《桥规》(JTG D62—2004) 表 5.3.1 采用；

A——构件毛截面面积（当纵向钢筋配筋率大于 3%时，A 应改为 $A_n=A-A_s$）；

A'_s——全部纵向钢筋的截面面积；

f'_{sd}——纵向普通钢筋抗压强度设计值，按《桥规》(JTG D62—2004) 表 3.2.3-1 取值。

拱的轴向力设计值可按下列公式计算：

$$N_d = \frac{H_d}{\cos\varphi_m} \tag{3-3-70}$$

式中：N_d——拱的轴向力设计值；

H_d——拱的水平推力设计值；

φ_m——拱顶与拱脚的连线与跨径的夹角。

轴向力偏心距可取与水平推力计算时同一荷载布置的拱跨 1/4 处弯矩设计值 M_d 除以 N_d。

第四节 主拱应力调整

无铰拱桥在最不利荷载组合时，常出现拱脚负弯矩和拱顶正弯矩过大的情况。为了减小拱脚、拱顶的偏大弯矩，可从设计或施工方面采取一些措施调整主拱圈应力。

一、假载法调整应力

当拱顶、拱脚两个控制截面中，有一个截面的弯矩很大，而另一截面的弯矩较小。此时，可采用假载法调整内力。

所谓假载法，实质上就是通过改变拱轴系数来变更拱轴线，使拱顶、拱脚两截面的控制应力接近相等。理论和计算表明，拱脚负弯矩过大，可适当提高 m 值，使采用的拱轴线在三铰拱结构自重压力线之上（图 3-3-17a)）。采用这种拱轴线时，在结构自重作用下，拱顶、拱脚都产生正弯矩，则在最不利作用效应组合时，可减小拱脚的负弯矩。反之，拱顶正弯矩过大，可通过降低 m 值，使拱轴线位于三铰拱结构自重压力线之下（图 3-3-17b)），在结构自重作用下，拱顶、拱脚都产生负弯矩，从而改善了拱顶截面的受力。实践证明，m 值的调整幅度不宜太大，一般调整半级到一级。

在图 3-3-18 所示的实腹式拱中，设调整前的拱轴系数为 m，$m=g_i/g_d$；调整后的拱轴系数为 m'，$m'=g'_j/g'_d$。由图 3-3-18 可知：

$$m'=\frac{g'_j}{g'_d}=\frac{g_j\mp g_x}{g_d\mp g_x} \tag{3-3-71}$$

式中：g_x——假想减去图 3-3-18b）或增加图 3-3-18c）的一层均布荷载，习惯上称为假载。

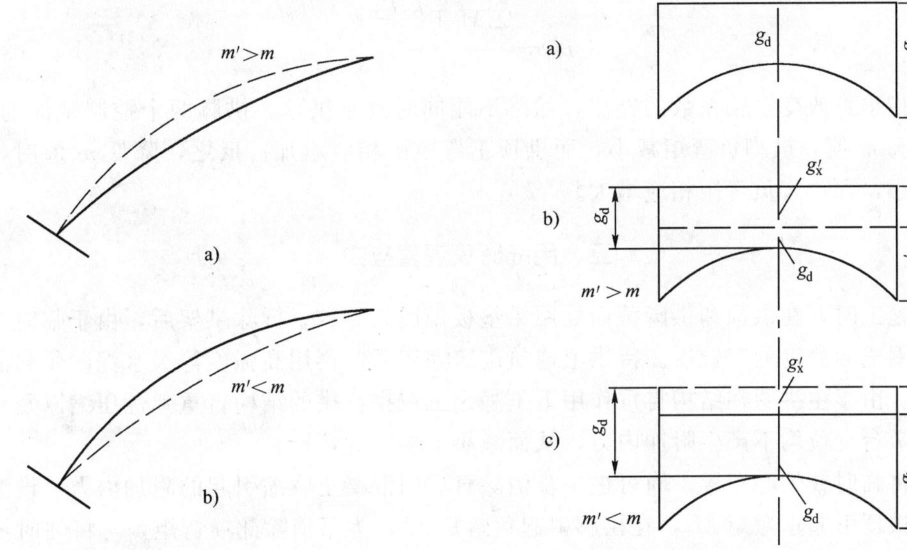

图 3-3-17　拱轴随 m 变化的情况

a）提高 m 改善拱脚；b）降低 m 改善拱脚

图 3-3-18　实腹拱假载内力计算图示

事实上，在图 3-3-18b）中，减去的假载 g_x 是实际结构自重的一部分，因而，拱的实际结构自重内力为：按 m'（$m'>m$）算出的结构自重内力加上 g_x 所产生的内力。同样，在图 3-3-18c）中，增加的假载 g_x 事实上是不存在的，因而，拱的实际结构自重内力为：按 m'（$m'<m$）算出的结构自重内力减去 g_x 所产生的内力。

由于拱顶、拱脚两个截面的弯矩影响线都是正面积比负面积大，因而增加一层假载时（图 3-3-18b)），在拱顶、拱脚两截面都产生正弯矩；而减少一层假载时（图 3-3-18c)），在拱顶、拱脚都产生负弯矩。鉴于拱脚截面常以负弯矩控制设计，因而，适当提高 m 时，对拱脚截面有利。同样，拱顶截面常以正弯矩控制设计，因而，适当降低 m 时，可以改善拱顶截面的受力。

根据 m' 确定拱轴线之后，拱的几何尺寸应按 m' 来计算；所有由作用产生的内力，均应根据 m' 确定。为了便于利用《拱桥》中的表格计算拱的几何尺寸及各项内力，m' 总是令其等于表中的值（如 1.756、2.240 等）。按拱轴系数为 m' 计算结构自重内力时，因拱轴线与考虑假载后的结构自重压力线完全吻合，因而可按纯压拱计算其内力。至于假载 g_x 所产生的内力，可以很方便地利用内力影响线计算。将 g_x 布置在 M、H 和 V 等内力影响线的全部面积上，即可求得 g_x 所产生的内力值。

空腹式拱桥，拱轴线的变更是通过改变 $y_{l/4}$ 来实现的。设调整前的拱轴系数为 m，拱跨 $l/4$ 点的纵坐标为 $y_{l/4}$；调整后的拱轴系数为 m'，相应点的纵坐标为 $y'_{l/4}$。假想均布荷载 g_x 可由下式解出。

$$\frac{y'_{l/4}}{f}=\frac{\sum M_{l/4}\mp\frac{g_x l^2}{32}}{\sum M_j\mp\frac{g_x l^2}{8}} \tag{3-3-72}$$

g_x 前的符号同式（3-3-71）一样：当 $m'>m$ 时取负，$m'<m$ 时取正。

空腹拱桥结构自重内力的计算方法与实腹拱桥相似。在结构自重和假载 g_x 共同作用下，不计弹性压缩的结构自重推力按下式计算：

$$H_g=\frac{\sum M_j\mp\frac{g_x l^2}{8}}{f} \tag{3-3-73}$$

应该指出：改变拱轴系数的办法，始终不能同时改善拱顶、拱脚两个控制截面的内力。例如，提高 m 值，拱脚负弯矩减小，而拱顶正弯矩则相应增加；反之，降低 m 值时，拱顶正弯矩减小，而拱脚负弯矩相应增大。

二、用临时铰调整应力

拱圈施工时，在拱顶和拱脚截面处用铅垫板做成临时铰。拆除拱架后，由于临时铰的存在，主拱圈成为静定的三铰拱。待拱上建筑砌筑完毕后，再用高强度等级水泥砂浆封固，成为无铰拱。由于主拱圈在结构自重作用下是静定三铰拱，拱的结构自重弹性压缩以及封铰前已发生的墩台变位均不产生附加内力，从而减小了拱中的弯矩。

如果将临时铰偏心布置，尚可进一步消除日后因混凝土收缩引起的附加内力。设混凝土收缩将在拱顶引起正弯矩 M_d，在拱脚引起负弯矩 M_j，为了消除此项弯矩，可将临时铰偏心布置（图 3-3-19），即拱顶截面的临时铰布置在拱轴线以下（距拱轴为 e_d），而拱脚截面的临时铰则布置在拱轴线上（距拱轴为 e_j）。使恒载作用时在拱顶产生负弯矩 M_d、而在拱脚产生正弯矩 M_j。欲达此目的，偏心距 e_d、e_j 可按下述方法确定。

设置临时铰后，压力线的矢高为（图 3-3-19）：

$$f_1=f-e_d-e_j\cos\varphi_j$$

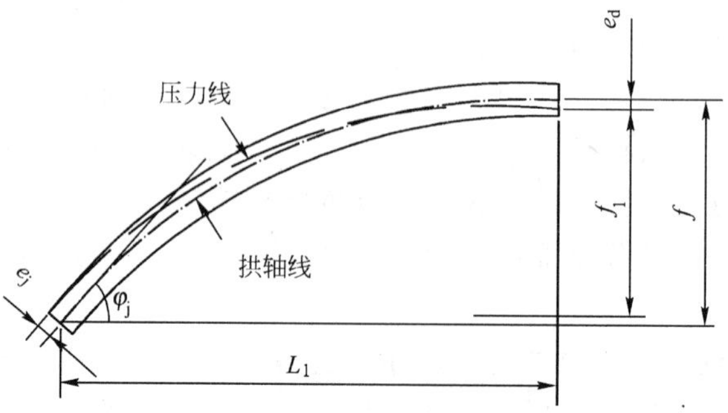

图 3-3-19　临时铰调整应力

此时，拱的结构自重推力值变为：

$$H'_g=H_g\frac{f}{f_1} \tag{3-3-74}$$

式中：H_g——不设置临时铰时拱的结构自重推力。

根据需要调整的弯矩值 M_d、M_j，可求偏心距为：

$$\left.\begin{aligned} e_d &= \frac{M_d}{H'_g} = \frac{M_d}{H_g} \cdot \frac{f_1}{f} \\ e_j &= \frac{M_j}{H'_g \cos\varphi_j} = \frac{M_j}{H_g \cos\varphi_j} \cdot \frac{f_1}{f} \end{aligned}\right\} \tag{3-3-75}$$

故

$$f_1 = f - \frac{1}{H_g} \times \frac{f_1}{f}(M_d + M_j), \qquad f_1 = \frac{H_g \cdot f^2}{H_g f + M_d + M_j}$$

国外大跨径钢筋混凝土拱桥，大多采用千斤顶调整应力。即在砌筑拱上构造之前在拱顶预留接头处设置上、下两排千斤顶，形成偏心力，使拱顶产生负弯矩、拱脚产生正弯矩，达到消除弹性压缩、收缩及徐变产生的内力。对于用拱架施工的桥，设置千斤顶还能起脱架的作用。

用临时铰或千斤顶调整应力，效果相当显著，但其施工比较复杂。

三、改变拱轴线调整应力

用临时铰调整应力，实质上是人为地改变压力线，使结构自重压力线对拱轴线造成有利的偏离。使拱脚、拱顶产生有利的结构自重弯矩，以消除这两个截面的偏大弯矩。反之，也可以有意识地改变拱轴线，使拱轴线与结构自重压力线造成有利的偏离，同样也可以消除拱顶、拱脚的偏大弯矩，达到调整主拱圈应力目的。

在图 3-3-3 中，由于悬链线拱轴与三铰拱结构自重压力线存在近似正弦波形的自然偏离，可以不同程度地减小拱顶、拱脚的偏大弯矩。根据这个道理，可在三铰拱结构自重压力线的基础上，根据每桥的实际需要迭加一个正弦波形的调整曲线作为拱轴线（图 3-3-20），采用逐次近似法调整，使结构自重、弹性压缩和混凝土收缩等固定因素作用下，拱顶、拱脚两截面的总弯矩趋近于零。为了实现上述目的，要求调整曲线的零点通过 Q' 点，并使拱轴线与三铰拱结构自重压力线具有相同的弹性中心。根据弹性中心的定义，则有：

$$\int_s \frac{(y - \Delta y)}{EI} ds = \int_s \frac{y ds}{EI} - \int_s \frac{\Delta y ds}{EI} = 0$$

∵
$$\int_s \frac{y ds}{EI} = 0$$

∴
$$\int_s \frac{\Delta y ds}{EI} = 0$$

由结构力学知，拱轴线偏离三铰拱结构自重压力线在弹性中心产生的赘余力（图 3-3-20b)）为：

$$\left.\begin{aligned} \Delta X_1 &= -\frac{\Delta_{1p}}{\delta_{11}} = \frac{\int_s \frac{\overline{M}_1 M_p}{EI} ds}{\int_s \frac{\overline{M}_1^2 ds}{EI}} = -\frac{\int_s \frac{M_p}{EI} ds}{\int_s \frac{ds}{EI}} = -H_g \frac{\int_s \frac{\Delta y}{EI} ds}{\int_s \frac{ds}{EI}} = 0 \\ \Delta X_2 &= -\frac{\Delta_{2p}}{\delta_{22}} = -\frac{\int_s \frac{\overline{M}_2 M_p}{EI} ds}{\int_s \frac{\overline{M}_2^2}{EI} ds} = H_g \frac{\int_s \frac{y \cdot \Delta y}{EI} ds}{\int_s \frac{y^2}{EI} ds} \end{aligned}\right\} \tag{3-3-76}$$

由图 3-3-20b）知，上式中的 y 与 Δy 总是同号的，因而，上式中的 ΔX_2 必为正值（压力）。众所周知，弹性压缩和混凝土收缩在弹性中心产生一对水平拉力。通过适当地选取调整曲线竖标 Δy，使按式（3-3-76）算得的水平力 ΔX_2 与弹性压缩等所产生的水平力大小相等、方向相反，即可抵消弹性压缩和混凝土收缩在拱顶、拱脚产生的弯矩值，起到类似于临时铰调整应力的作用。

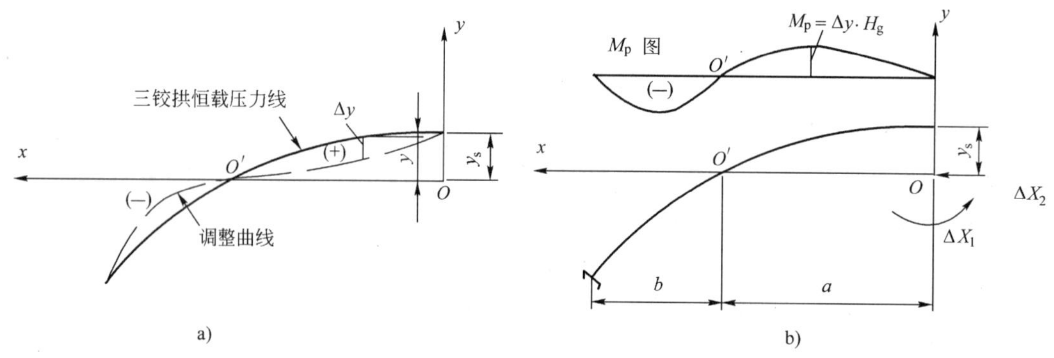

图 3-3-20　改变拱轴线调整应力

第五节　施工阶段的主拱验算

在施工过程中，特别在无支架施工的各个阶段，主拱的结构和受力情况是各不相同的，而且与全桥建成后主拱的受力情况出入较大。因此，必须验算施工阶段主拱的强度和稳定性。

一、缆索吊装施工阶段的主拱验算

在缆索吊装施工中，主拱要经历脱模起吊、悬挂合龙和施工加载 3 个阶段。下面将分述脱模起吊、悬挂和施工加载计算中的有关问题。

1. 拱肋（箱）脱模吊运过程中的验算

拱肋（箱）在预制场制成后，拆除侧模和顶模，不予验算。而将预制拱肋（箱）顶起脱离底模板时，则应作脱模验算。预制拱肋（箱）脱模时一般考虑的作用有拱肋（箱）自重、拱肋（箱）底板与模板的黏着力、拱肋（箱）超重等。黏着力可按 1.5kN/m² 计。脱模计算中略去拱肋（箱）曲率而近似按直梁计算，支点由千斤顶或吊机的吊点决定，考虑脱模是缓慢、细微地进行的，故不计冲击力。

拱肋（箱）从预制场至悬挂位置，即吊运过程，亦应进行验算。与脱模计算一样，近似按直梁计算，吊点与脱模的支点一般相同，所承受的作用减少了底板黏着力，但考虑到可能出现的撞击情况，计算中应计入 1.2 的吊装动载系数。

脱模和吊运时，应结合拱肋（箱）的截面形式和配筋情况，以及吊运、安装过程中的受力情况，合理选择拱肋（箱）的吊点及移运搁置点（支点）位置。一般采用两个吊点，当拱肋（箱）为上下对称配筋时，其吊点位置一般设置在离各段拱肋（箱）端头的（0.22～0.24）l 处，并应位于拱肋（箱）弯曲平面形心轴以上（图 3-3-21）以防拱段吊运中侧翻，为此，对于圆弧拱，则要求各段拱肋（箱）的吊环离中线的距离 l_a 应满足下式：

$$l_a < \sqrt{(R+h_{上})^2 - \left(\frac{l}{2\theta}\right)^2}$$

式中：R——圆弧线半径；

l——拱段的弦长；

θ——拱段圆心角的一半（单位为弧度）；

$h_{上}$——拱肋（箱）横截面形心至上边缘的距离。

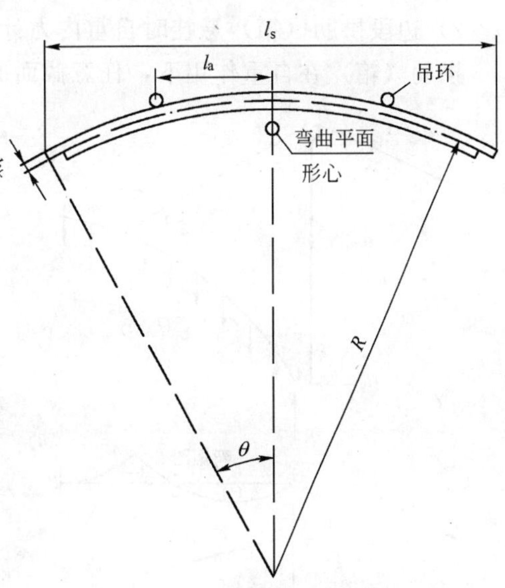

图 3-3-21　拱肋吊点位置设置

对于悬链线拱，也可近似按上述圆弧拱计算。

当拱肋（箱）分段较长或曲率较大时，可采用 4 个吊点，一般两端点位置约在离拱肋（箱）端 $0.17l$ 处，两中点位置均在离拱肋（箱）端 $0.37l$ 处，拱肋（箱）可按连续梁计算。

拱肋（箱）采用卧式预制时，还需要验算平卧运输或平卧起吊时截面侧向应力。

2. 拱肋（箱）悬挂的内力计算

本节主要介绍分 3 段吊装并用一根扣索悬挂边段拱肋（箱）（图 3-3-22）的计算方法，至于采用更多段的施工，其计算的基本方法与 3 段吊装基本相同。

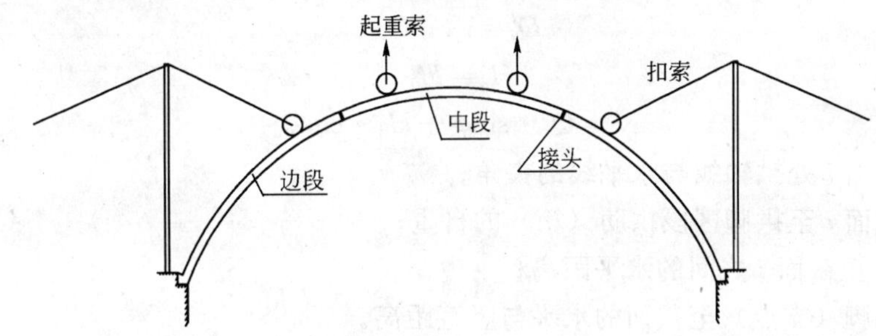

图 3-3-22　分 3 段吊装的拱肋安装

1）边段拱肋（箱）悬挂时扣索的内力计算

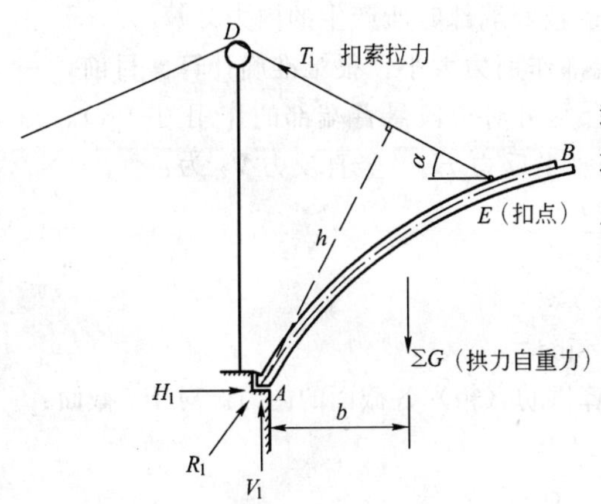

图 3-3-23　边段拱肋扣索内力计算图示

边段悬挂后，由于拱脚支承处尚未用混凝土封死，故可视为铰接。因此可根据静力平衡条件求得扣索的拉力 T_1，以及拱脚的水平反力和竖直反力（图 3-3-23）：

$$T_1 \cdot h - \sum G \cdot b = 0 \qquad T_1 = \frac{\sum G \cdot b}{h}$$

$$H_1 = T_1 \cdot \cos\alpha \qquad V_1 = \sum G - T_1 \cdot \sin\alpha$$

式中：$\sum G$——拱肋自重；

α——扣索与水平线间的夹角。α 太小则扣索拉力太大，调整拱箱标高比较困难，因此 $\alpha \geqslant 20°$。

2）边段拱肋（箱）悬挂时自重内力计算

拱肋（箱）在自重作用下，任意截面的内力为（图 3-3-24）：

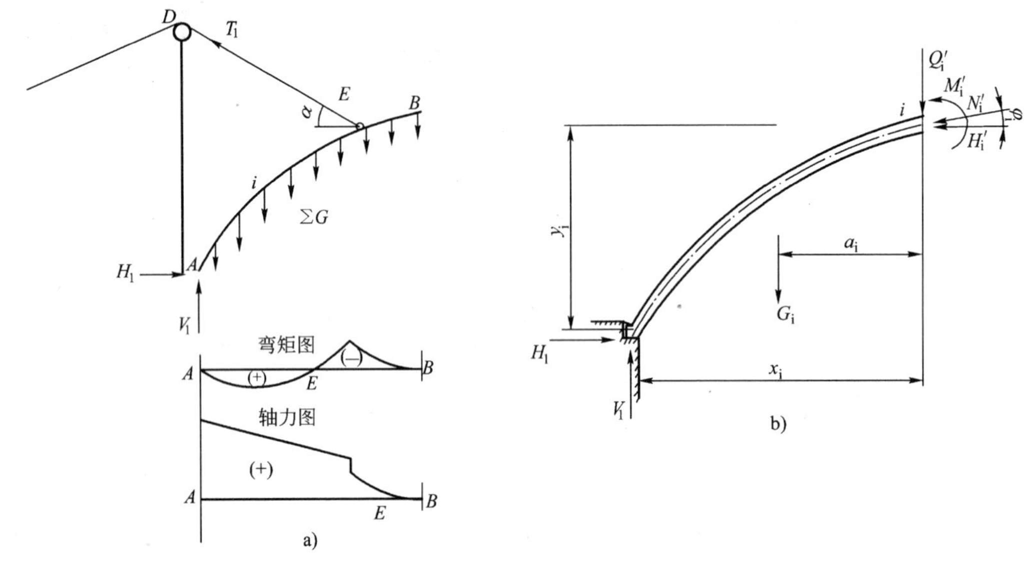

图 3-3-24　边段拱肋在自重作用下内力计算图示

弯矩：
$$M'_i = V_1 \cdot x_i - H_1 \cdot y_i - G_i \cdot a_i$$

竖直力：
$$Q'_i = V_1 - G_i$$

水平力：
$$H'_i = H_1$$

轴向力：
$$N'_i = Q'_i \cdot \sin\varphi_i + H'_i \cdot \cos\varphi_i$$

式中：φ_i——截面 i 处拱轴线与水平线的夹角；

G_i——截面 i 至拱脚区段拱肋（箱）的自重；

a_i——G_i 至截面 i 之间的水平距离；

x_i、y_i——拱脚（支点）至截面的水平与竖直距离。

在设计中，可采用分段计算的方法求出各分点截面在自重作用下的弯矩 M' 和轴向力 N'，按最大内力截面进行强度验算。

3）边段拱肋（箱）由于中段拱肋（箱）搁置于悬臂端部时所产生的内力计算

当中段拱肋（箱）吊装合龙时，对边段悬臂端部作用力大小，很难准确计算。目前，一般按小段拱肋（箱）重量的 15%～25%作为中段合龙时对边段悬臂端部的作用力（R）。由图 3-3-25 可知，在扣索中产生的拉力 T_2 及支点处水平反力 H_2、竖直反力 V_2 为：

$$T_2 = \frac{R \cdot l}{h}$$

$$H_2 = T_2 \cdot \cos\alpha$$

$$V_2 = R - T_2 \sin\alpha$$

求得 T_2、H_2、V_2 后，可自拱脚开始，依次计算拱肋（箱）各截面的内力。对于 i 截面：

弯矩：
$$M''_i = V_2 x_i - H_2 y_i$$

轴向力：
$$N''_i = V_2 \sin\varphi_i + H_2 \cos\varphi_i$$

4）边段拱肋（箱）在自重及中段拱肋（箱）部分重量 R 共同作用下的内力计算

将上述 2）、3）两项所得的内力值相叠加，即可求得边段拱肋（箱）各截面的总内力。

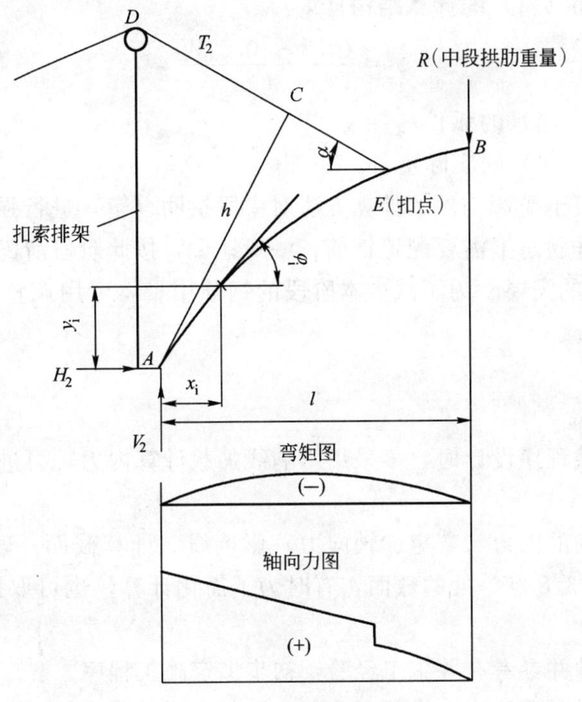

图 3-3-25　中段拱肋就位后对边段作用力计算

弯矩：
$$M_i = M_i' + M_i''$$
轴向力：
$$N_i = N_i' + N_i''$$

计算出各截面的总内力后，即可确定最不利截面的位置及最大内力，并进行强度校核。

5）中段拱肋（箱）安装时的内力计算

中段拱肋（箱）在吊装合龙时，由于起重索放松过程很慢，往往在起重索部分受力的情况下，接头与拱座逐渐顶紧，拱肋（箱）已受轴向力作用。因此，在设计时，虽然中段拱肋（箱）仍按简支于两边段悬臂端部的梁来计算，但计算的结构自重则按中段拱肋（箱）自重的30%～50%计（图 3-3-26）。

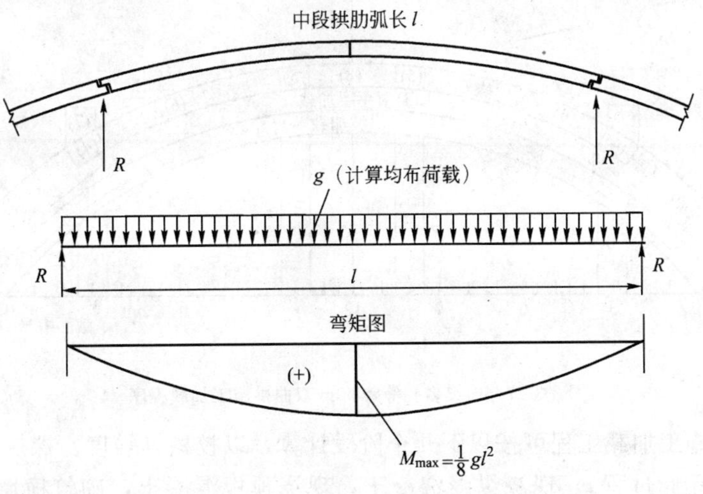

图 3-3-26　中段拱肋自重内力计算

由此可得中段拱肋（箱）的计算结构自重：

$$g=\frac{(0.3\sim0.5)W}{l}$$

式中：l——中段拱肋（箱）的弧长；

W——中段拱肋（箱）的实际重量。

可按一般钢筋混凝土受弯构件的计算方法对中段拱肋（箱）进行强度验算。

拱肋（箱）在悬挂状态下需要配置钢筋，一般地说，按此阶段所配钢筋常常能满足拱肋（箱）在其他受力阶段的需要。为了减少本阶段的钢筋用量，可用调整扣点位置或设双扣索等措施来达到。

3. 施工加载计算

目前，在施工加载程序设计时，多采用影响线加载计算内力，再进行强度验算，步骤大致可分为：

(1) 绘制计算截面的内力（弯矩、轴向力）影响线。计算截面一般应包括拱顶、拱脚、拱跨 1/8 点、1/4 点、3/8 点等处的截面，有时为了简化计算，也可取拱顶、拱脚、拱跨 1/4 点的截面。

(2) 根据施工条件并参考有关施工经验，初步拟定施工程序。

(3) 在左、右半拱对称地将主拱截面分环分段，再将已分的各环按段计算重量。分段宜小些，以便于调整加载范围。

(4) 按初拟的加载顺序及加载范围，在影响线上分段逐步加载，求出各计算截面在此荷载作用下的内力，并验算强度。

(5) 根据构件强度验算情况，调整施工加载顺序和范围，或增减施工阶段。这一计算工作，往往需要反复多次，才能作出较恰当的施工加载程序方案。

(6) 在主拱完成后，拱上建筑的施工一般只要由拱脚向拱顶逐渐地均衡地砌筑，即能保证主拱的安全，必要时也要进行加载计算。

图 3-3-27 表示一座连续多孔等跨 50m 的双曲拱桥的施工加载程序。

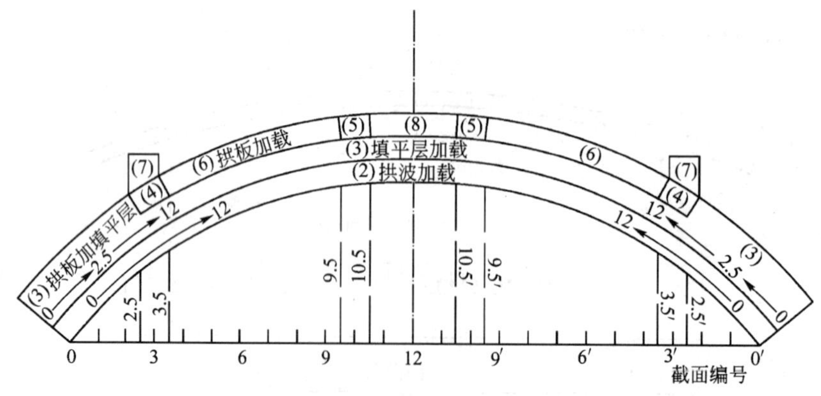

图 3-3-27 连续多孔等跨 50m 双曲拱施工加载程序

箱形拱桥的施工加载工程可按以下几个阶段计算，以校核其强度：裸拱箱合龙成拱，安砌盖板（闭合箱无此过程），现浇纵缝混凝土，现浇顶板混凝土，砌筑横墙，安砌腹拱圈，砌筑主拱实腹段填料、砌筑腹拱填料，最后完成桥面和人行道工程。现分别说明如下：

(1) 裸拱箱。裸拱箱合龙成拱后，按无铰拱计算自重内力和变形。

(2) 盖板。盖板是一块块安砌在拱箱上的，为简化计算，不必安砌一块计算一次拱箱内力，因此有些盖板进行分段加载计算。可把半跨分作5段加载计算，即有把握了解盖板施工过程中受力变化情况，计算也不繁琐。分段编号从拱脚至拱顶，共5段。计算时可按1、2、3、4、5和1、3、5、2、4的施工方案进行加载计算，以便比较选用。

(3) 纵缝混凝土。纵缝混凝土分段计算方案参照盖板加载计算执行。但由于盖板强度低，与拱箱粘结不牢固，不考虑与拱箱共同受力，受力截面按槽形截面计算（闭合箱按全截面计）。而当混凝土强度达到设计强度60%后，认为纵缝混凝土和拱箱结合牢固，受力截面为二者之和。

(4) 顶板混凝土。顶板混凝土仍按分段加载计算，参照盖板加载计算执行。当顶板混凝土达到设计强度之后，认为顶板混凝土与其他材料结合牢固，形成了全主拱截面，共同承受全主拱重量，包括全部拱上建筑重量。

(5) 横墙。横墙是逐步砌筑完成的，在验算主拱应力时既不必砌筑一块计算一次，也不必把一个横墙砌筑完毕计算一次。考虑到主拱受力的合理性，照顾到施工的可能性，把横墙砌筑过程分作几个加载阶段来计算。一般认为：从最高横墙开始砌筑，直砌至相邻的前一横墙脚为第一个计算阶段；以后按水平同高的原则进行施工，直砌至再前一横墙脚称作另一个计算阶段……全部横墙砌至设计标高所划分的计算阶段恰等于腹拱跨数。

(6) 腹拱。可认为腹拱是均匀地安砌起来的，它对主拱的作用可作简化计算，即把腹拱作一次加载计算。

(7) 主拱实腹段填料。按一次加载计算。实践证明，实腹段加载在很大程度上改善了主拱的应力和变形状态，因此，在可能条件下，将实腹段侧墙或填料与腹拱交叉施工是合理的。

(8) 腹拱填料。各个腹拱上同时砌筑填料，可按一次加载计算。单从施工方便看，本阶段似乎宜安排在主拱实腹段填料之前，但可看出主拱脚比主拱顶加载速度快得多，实为不利，大量计算表明若按此施工，主拱脚负弯矩过大，截面拉应力大，必须配置钢筋，因而把腹拱填料安排在主拱实腹段填料之前进行是不适宜的。

(9) 路面和人行道工程。可按一次加载计算。

由于施工加载计算工作量大，而箱形拱的强度和刚度大，拱上建筑施工也可不作验算而按实践经验安排施工顺序。如能用电算对全部加载过程进行计算，以积累设计经验，正确指导施工是很有必要的。

除了验算强度外，还应验算裸拱（箱）在自重及荷载作用下的纵、横向稳定性（具体计算方法见前）。同时，在设计和施工中应采取措施，以保证拱肋有足够的纵、横向稳定性。在设计上，拱轴系数 m 不宜大于2.24，并必须保证拱肋（箱）的截面尺寸能满足稳定计算要求。在施工上，跨径在50m以下时可以采用单肋合龙；当跨径大于50m时，方采用双肋合龙，这时，肋与肋间需要用横夹木或斜撑临时连接。无论是单肋合龙或双肋合龙，都要结合具体情况，设置横向风浪索，使拱肋横向保持稳定。

4. 施工加载挠度的计算和控制

施工加载程序确定后，还应计算施工加载各工序相应的各点挠度值，以便在施工过程中控制拱轴线的变形情况。当实测挠度过大或出现不对称变形等异常现象时，应立即分析原因，采取措施，及时调整施工加载程序。

施工加载的挠度计算，可以利用已有的挠度影响线计算用表，按照施工加载顺序进行计算。挠度控制一般以拱顶、拱跨 1/4 点、拱跨 1/8 点作为观测点。在整个施工加载过程中，必须认真观测。

施工实践表明，计算挠度与实测值之间，有时相差很大，其原因主要是计算拱肋（箱）刚度 EI 时，一方面计算中未充分反映拱肋在施工过程中出现裂缝的实际情况，另一方面是计算采用的材料弹性模量与实际情况不一致，因此对于计算挠度值，在施工过程中也还需结合实测挠度校核修正。

另外，温度变化对拱肋（箱）挠度变化的影响很大。为了消除温度对拱肋（箱）加载变形的干扰，还必须对温度变化引起拱肋挠度变化的规律进行观测。测出温度变化时拱肋（箱）挠度的改变量，以便校正实测拱肋（箱）挠度值，正确地控制拱肋（箱）的受力情况。

二、悬臂拼装（悬臂桁架法）施工过程的主拱计算

拱桥在悬臂拼装施工过程中，结构体系由悬臂桁架转化到桁架拱，再转化到无铰拱，一直在发生变化，因此应作相应的计算。

1. 各伸臂拼装阶段拱桁架自重产生的内力及挠度计算

此时，应按悬臂桁架进行计算。联结两侧拱桁片的横系梁、临时风撑等的重量，按均匀分配加于各桁片节点，竖杆及斜杆自重作为平均分配于两端节点，由此，算得各节点荷载，中段拱肋在合龙前瞬时传递到悬臂桁架端节点的荷重考虑 1.2 的动力影响系数。然后按拼装顺序逐段计算悬臂桁架各杆件的内力和各段悬臂桁架端点的挠度值（图 3-3-28）。

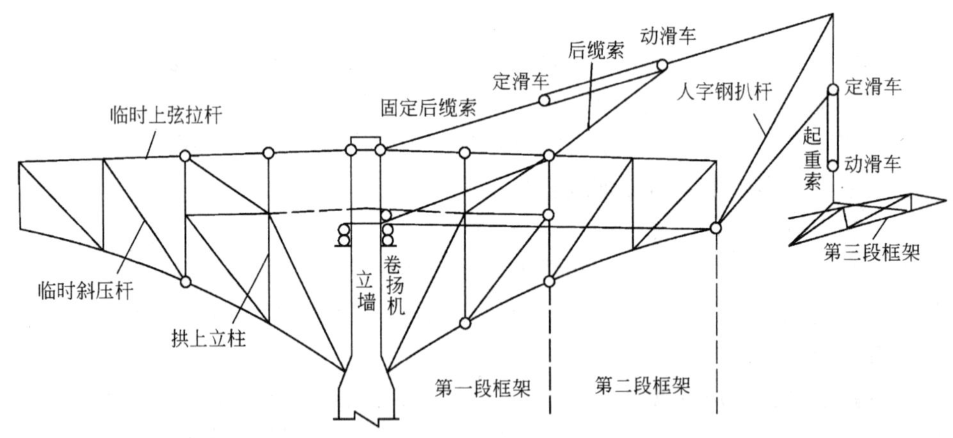

图 3-3-28　悬臂桁架法拼装

悬臂桁架端部 i 点挠度值，可按下式计算：

$$f_{\mathrm{i}}=\sum\frac{N_{\mathrm{i}}N_{\mathrm{p}}\Delta l}{EA}$$

式中：N_{i}——i 点单位荷载作用下各杆件内力；

N_{p}——自重作用下各杆件内力；

Δl——各杆件长度。

安装中段拱肋时，为了减少中段拱肋在起吊和安装时的内力，在其下部设置托架，组成组合式结构（图 3-3-29）。此组合结构为外部静定，内部一次超静定，可用力法进行计算，求出拱肋内的弯矩、剪力和轴向力，以及托架各杆件的轴向力。在计算中假定拱肋轴线为抛物线，其自重按均布荷载考虑，计算载变位 Δ_{IP}时只考虑弯曲变形。

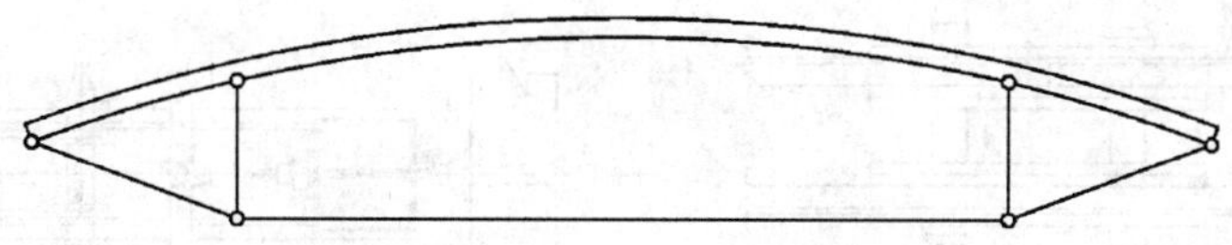

图 3-3-29　中段拱肋吊装时临时支撑

计算常变位 δ_{11}时考虑轴向变形。除计算内力外，还要计算在未形成拱作用时，中段拱肋拱顶的挠度为：

$$f_{顶} = \int_s \frac{M_1 M_g}{EI} ds$$

式中：M_1——单位荷载作用于拱顶在中段拱肋内产生的弯矩；

M_g——自重作用下中段拱肋内的弯矩。

计算 M_1、M_g 时要考虑托架的作用。

最后将各安装阶段悬臂桁架端点及中段拱肋拱顶的自重挠度累计起来，作为控制施工拱度的依据。施工拱度是考虑在伸臂拼装时控制标高用，即安装时各段悬臂端点的控制标高值为：

$$控制标高 = (设计拱轴线标高) + (预拱高) + (施工拱度)$$

施工拱度应包括在伸臂拼装时构件自重产生的挠度，即所谓弹性变形；另外应考虑接头处插销孔眼的局部变形等非弹性变形。后者可根据经验估计。

2. 起吊框构时桁架产生的内力及挠度计算

因为竖杆的内力是在起吊框架时受控制的。而且作为施工时的观察，也必须计算在起吊框架时拱桁架产生的内力及挠度。在计算时假定，除了第一段框架作用于桥墩、台外，其他都作用在各段框架的悬端节点上。图 3-3-30 表示起吊第二段框架时的计算图式。各段的具体计算方法同前。

3. 伸臂拼装拱桁架的连接设计与计算

上弦拉杆可根据桁片悬出长度及承受拉力大小来设计。对于大跨径拱桥，当桁片悬出长度较长，上弦拉杆承受拉力较大，为使上弦成为工具式拉杆，则采用型钢（甚至高强度钢索）作为可拆式杆件。各段桁架之间，上弦拉杆采用销接（图 3-3-31a)）。上弦杆与桥台或墩上主墙，使用螺杆及螺帽锚固连接（图 3-3-31b)）。可根据上弦杆的最大拉力，按钢结构来验算各连接部件的强度。

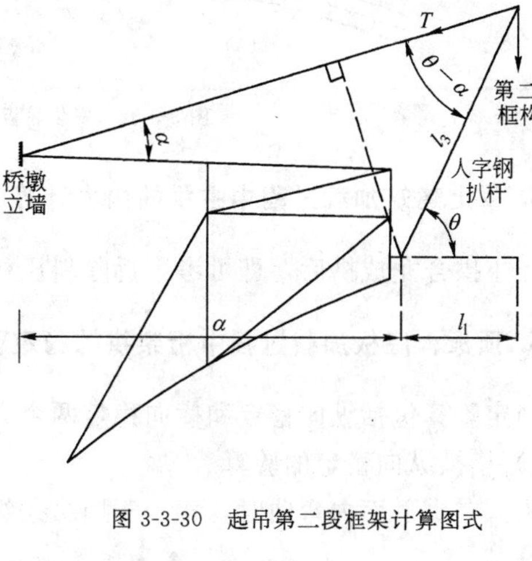

图 3-3-30　起吊第二段框架计算图式

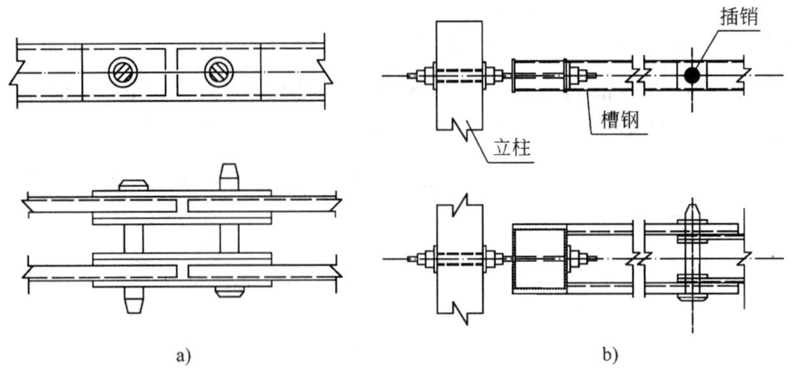

图 3-3-31　伸臂拼装桁架连接设备

4. 顶、底板加载过程中拱桁架的内力计算（当为箱形拱时）

当箱壁合龙成拱后，即可安装底板、顶板等，此时，考虑拱上立柱、临时斜压杆及上弦杆的作用，其基本受力状态可按桁架拱分析。并假定：

(1) 安装底板及顶板等阶段时，考虑框架和墩、台连结的上弦拉杆放松。此时桁架拱片两支承端与墩、台的连接假定为铰接。即按双铰桁架拱计算。

(2) 桁架片中各杆件的连接假定为理想铰接。因此，桁架杆件只计轴向力，不考虑弯矩。实腹段只考虑弯矩，不计轴向力影响。

(3) 安装顶板时，不考虑底板参与受力作用。

具体应计算成拱后的内力和底板、横隔板、顶板加载内力。

当箱壁合龙成拱后，即呈桁架拱的受力状态。结构体系由悬臂桁架转化为桁架拱，恒载内力将进行重分布。此时，恒载节点荷重重新按桁架拱计算。

安装底板、横隔板、顶板的顺序如图 3-3-32 所示。先安装底板，后安装横隔板及顶板，在安装横隔板及顶板时不考虑底板参与结构的共同作用。横隔板作为节点荷重加载。在计算中按铰接桁架拱分析，而且不考虑底板参与作用。

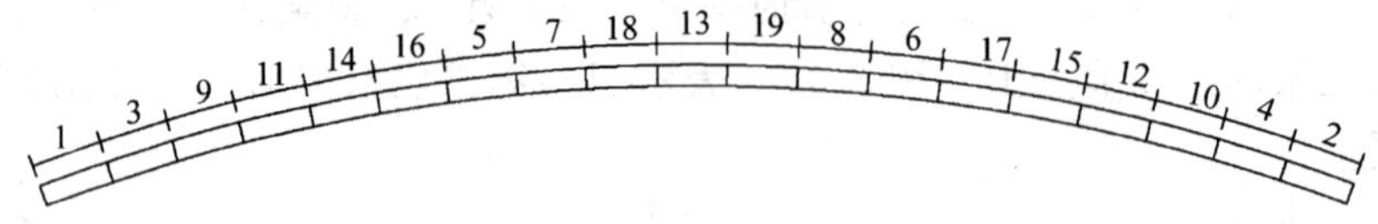

图 3-3-32　安装底板、横隔板及顶板顺序图

5. 拱上建筑加载过程中主拱的内力计算

当主拱合龙成拱后，即可考虑拆除斜压杆，此时拱上建筑的加载可以按无铰拱计算。

6. 顶板、底板加载过程中桁架拱的稳定验算

稳定验算包括纵向稳定和横向稳定两个方面。

1) 桁拱纵向稳定的验算

桁拱在拱平面内弯曲时，相当于用缀条组合的组合构件，因此，其自由长度可按板拱的自由长度乘以折减系数。由于桁拱是变截面的，应按变截面的斜缀条组合构件计算。但是这样计算复杂。可近似地取跨径 1/4 处的截面计算。其临界压力的计算为：

$$N'_L = \frac{\pi^2 EI_a}{L_0^2}$$

由于上、下弦杆采用不同材料组成，因此，式中的 EI_a 可按下面公式求得（图 3-3-33）：

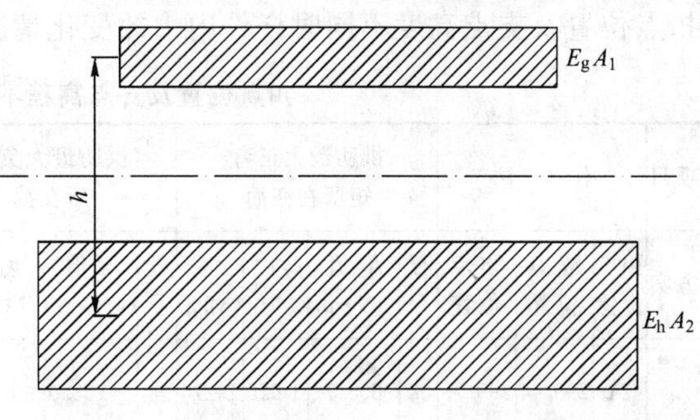

图 3-3-33　上下弦杆 EI_a 的换算

$$EI_a = \frac{E_gA_1 \cdot E_hA_2}{E_gA_1 + E_hA_2} \cdot h^2$$

式中：E_g、E_h——分别为上弦（钢）、下弦（混凝土）材料的弹性模量；

A_1、A_2——分别为上、下弦杆截面面积；

h——上、下弦截面中心间的距离。

2）桁拱横向稳定的验算

可按两端为铰结的单斜杆组合压杆进行计算。

三、转体施工中主拱的计算

拱桥转体是用钢索扣紧拱顶，经一定高度的支架锚固于桥台尾部，即用钢索拉力代替另半拱推力，与肋重及肋上支架的垂直反力（相当于施工阶段的压重）、台身自重等形成平衡，因此完全可以将扣挂状态下的拱肋受力状态调整到不出现拉应力。由于计算工作繁重，可采用平面杆系有限元法计算程序对每个截面的应力进行反复计算，以调整肋上支点的位置及高程达到良好的受力状态。图 3-3-34 所示为一座转体施工的 70m 箱形拱桥用电算计算裸肋内力时的单元划分图。

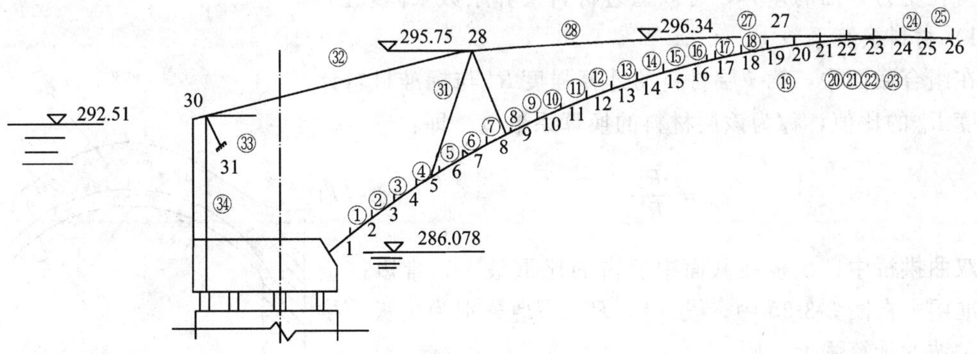

图 3-3-34　转体裸肋内力计算单元的划分

图中 1、2、3…表示结点号；①、②、③表示杆件号

如果将钢索扣于拱顶，此时拱肋可调整到全部为压应力，但为避免拱顶合龙施工时与扣索发生干扰，可采取拱顶悬臂一小段，此段拱肋为负弯矩，出现拉应力。由于拱肋在支架处的压重是靠钢索产生的垂直压力，故支点高度对产生的压重影响很大。从表 3-3-8 可以看出

扣点位置及支点高度不同时杆件内力的变化情况，故施工中应严格控制支点标高。

扣点位置及支点高程不同时杆件内力比较表　　表 3-3-8

项目	作法			拱肋最大正弯矩所在截面				拱肋最大负弯矩所在截面				钢索内力（kN）				杆支架及支点内力				
方案	扣点位置	27点位置	28点位置	杆号	M值（kN·m）	$\sigma_上$（MPa）	$\sigma_下$（MPa）	杆号	M值（kN·m）	$\sigma_上$（MPa）	$\sigma_下$（MPa）	㉖	㉘	㉜	㉞	㉗	㉙	㉜	㉛	㉝
1	24	296.44	295.75	⑱	605.7	6.925	1.274	㉔	−103.9	−0.69	0.274	−2374	−2379	−2430	−2310	184	112	264	349	3039
2	24	296.34	295.75	⑥	479.6	6.260	1.786	㉑	−173.9	−0.69	0.280	−2370	−2370	−2426	−2314	141	117	276	365	3032
3	26	296.24	295.75	⑥	456.2	6.070	1.840	⑲	−173.8	−1.78	3.410	−2366	−2366	−2423	−2715	84	162	287	380	3028
4	26	296.14	295.75	拱肋截面除⑨⑦号杆为正弯矩外，其余全部为负弯矩，⑬～⑮号杆出现拉应力								−2372	−2442	−2443	−2309	80	88	280	341	

注：表内符号压为正，拉为负；表中内力仅为自重作用时。

第六节　其他类型拱桥的计算特点

一、组合截面的计算特点

双曲拱桥由于拱肋、拱波和拱板的材料不同，其截面强度需按组合截面进行验算。

1. 组合截面的几何性质

鉴于组合截面各部分的材料不同，各部分的弹性模量和计算强度亦不相同。为了反映不同材料在受力方面的差异，可以通过材料换算系数来体现。

1）材料换算系数 η

在组合截面中，第 i 层材料的计算强度 R_{ai}^{b} 与标准材料计算强度 R_{ao}^{b} 的比值，称为该层材料的换算系数 η_i。即：

$$\eta_i=\frac{R_{ai}^{b}}{R_{ao}^{b}} \qquad (3\text{-}3\text{-}77)$$

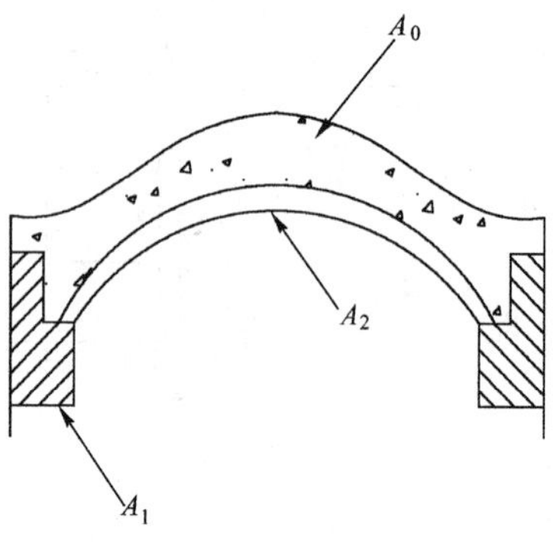

图 3-3-35　组合截面示意图

双曲拱桥中，拱板在截面中所占的比重最大，常以拱板为标准层。在图 3-3-35 中，设 R_{ao}^{b}、R_{a1}^{b}、R_{a2}^{b} 分别为拱板、拱肋和拱波的计算强度，则：

拱肋材料的换算系数为 $\eta_1=\dfrac{R_{a1}^{b}}{R_{ao}^{b}}$

拱波材料的换算系数为 $\eta_2=\dfrac{R_{a2}^{b}}{R_{ao}^{b}}$

2）组合截面几何特性的计算

由不同材料构成的组合截面，可以仿照计算钢筋混凝土结构的办法，将不同材料统一换算成标准层的截面积。经换算后的假想面积，称为换算面积，仍以 A 表示。例如，图 3-3-35 所示双曲拱的换算面积为：

$$A=A_0+\eta_1 A_1+\eta_2 A_2 \tag{3-3-78}$$

式中：A_0、A_1、A_2——拱板、拱肋、拱波的实际面积（又称净面积）。

有了换算截面面积之后，计算组合截面重心轴位置、截面惯性矩、截面抵抗矩，均应以换算截面为依据。据此求出的截面惯性矩，称为换算截面惯性矩，求出的截面抵抗矩，称为换算截面抵抗矩。

当组合截面由多层材料组成时，换算截面惯性矩 I 按下式计算：

$$I=I_0+\eta_1 I_1+\eta_2 I_2+\cdots+\eta_i I_i \tag{3-3-79}$$

式中：I_0、I_i——标准层、第 i 层面积对换算截面重心轴的惯性矩。

2. 组合截面的强度验算

组合截面偏心受压构件的正截面强度，仍按式（3-3-59）的形式验算。即：

$$\gamma_0 N_d < \varphi A f_{cd}$$

当轴向力偏心距 e 超过表 3-3-3 规定的限值，同样，可用式（3-3-67）和式（3-3-68）验算。

二、圆弧无铰拱计算要点

1. 圆弧拱的几何性质

设 ABC 为一圆弧拱轴线（图 3-3-36），取拱顶 O 为坐标原点，采用图中所示直角坐标系，则拱轴方程为：

$$x^2+y_1^2-2Ry_1=0 \tag{3-3-80}$$

$$x=R\sin\varphi \tag{3-3-81}$$

$$y_1=R(1-\cos\varphi) \tag{3-3-82}$$

式中：R——圆弧拱半径；

x、y_1——圆弧拱任意点坐标；

φ——圆弧拱任意点至圆心 O'的连线与垂线的交角。

若计算矢高 f 及计算跨径 l 为已知，则：

$$R=\frac{l}{2}\left(1/4\times\frac{l}{f}+\frac{f}{l}\right)=\frac{l}{2}\left(\frac{1}{4D}+D\right) \tag{3-3-83}$$

式中：$D=\dfrac{f}{l}$。

由图 3-3-36 可知：

$$\left.\begin{aligned}\sin\varphi_0&=\frac{l}{2R}\\ \cos\varphi_0&=1-\frac{f}{R}\end{aligned}\right\} \tag{3-3-84}$$

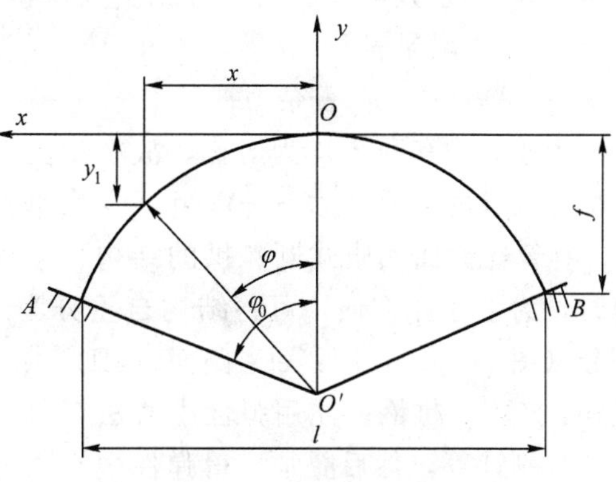

图 3-3-36　圆弧拱轴方程图示

半圆心角

$$\varphi_0 = \arcsin \frac{l}{2R} = \arccos\left(1 - \frac{f}{R}\right) \tag{3-3-85}$$

若计算半径 R 和半圆心角 φ_0 为已知，则：

$$\left.\begin{aligned} f &= R(1-\cos\varphi_0) \\ l &= 2R\sin\varphi_0 \end{aligned}\right\} \tag{3-3-86}$$

2. 圆弧无铰拱计算要点

计算圆弧无铰拱时，可借助《拱桥》附录表 I 的表以简化计算工作。在编制圆弧拱的计算用表时，将拱轴线沿弧长划分为 20 等分，这与悬链线拱沿跨径等分为 48 或 24 等分是不同的。圆弧无铰拱与悬链线无铰拱的计算步骤和方法大体相似。

1）拱圈的几何性质

设拱的净跨径 l_0 及净矢高 f_0 为已知值，假定拱圈厚度为 d，根据净矢跨比 f_0/l_0 由《拱桥》附录表查得水平倾角 φ_0（或半圆心角）。

$$\left.\begin{aligned} &\text{拱的计算跨径} \quad l = l_0 + d\sin\varphi_0 \\ &\text{拱的计算矢高} \quad f = f_0 + \frac{d}{2}(1-\cos\varphi_0) \end{aligned}\right\} \tag{3-3-87}$$

其他拱圈截面几何性质的计算与前述计算方法无异。

2）结构自重内力计算

圆弧无铰拱的结构自重内力计算与超静拱一般分析方法是一致的。因圆弧拱在恒载作用下拱中各截面存在着弯矩，结构自重内力的计算分为 3 步：①计算拱的弹性中心；②计算弹性中心的赘余力；③计算各截面的内力。

（1）圆弧拱的弹性中心

$$y_s = \frac{\int_s \frac{y_1 \mathrm{d}s}{EI}}{\int_s \frac{\mathrm{d}s}{EI}} = \alpha R \tag{3-3-88}$$

式中：α——系数，可根据矢跨比由《拱桥》附录表 I-4 查得。

（2）弹性中心的赘余力

由于结构和荷载均为对称，故在拱的弹性中心仅有两个赘余力——弯矩 Z 和水平力 H。计算等截面实腹式圆弧拱的结构自重内力时，为了计算方便，可将结构自重分为 3 部分（图 3-3-37），即：（I）路面、（II）拱腹填料、（III）拱圈。先用弹性中心法对每一部分分别计算，然后叠加，得弹性中心内力计算公式为：

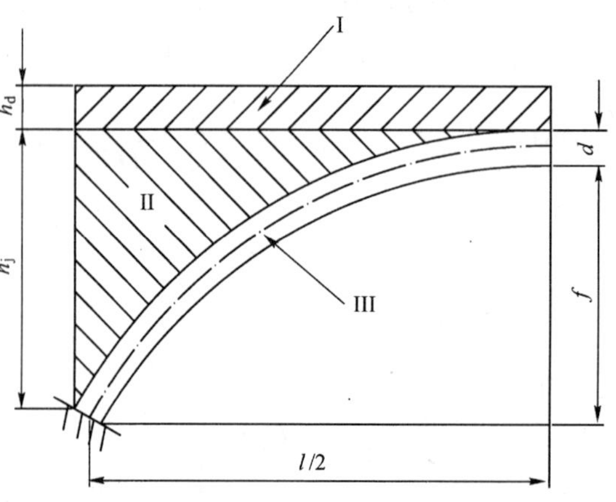

图 3-3-37　圆弧拱的自重划分

$$\left.\begin{aligned}&\text{弯矩}\qquad Z=[B_1g_1+B_2g_2+B_3g_3]R^2\\&\text{推力}\qquad H=[C_1g_1+C_2g_2+C_3g_3]R\end{aligned}\right\}$$

$$g_1=\gamma_1 h_d$$

$$g_2=\gamma_2\left[R+\frac{d}{2}-\sqrt{\left(R+\frac{d}{2}\right)^2-\frac{l^2}{4}}\right]$$

$$g_3=\gamma_3 d$$

式中：　$\gamma_1\sim\gamma_3$——路面、拱腹填料及拱圈材料单位体积重量；

$B_1\sim B_3$、$C_1\sim C_3$——系数，由《拱桥》附录表 I-4 查得。

(3) 各截面内力

有了弹性中心的赘余力之后，可根据静力平衡条件求得各截面的内力为：

拱顶截面
$$\left.\begin{aligned}M&=Z-Hy_s\\N&=H\end{aligned}\right\}\tag{3-3-89}$$

其他截面
$$\left.\begin{aligned}M&=Z-Hy+M_p\\N&=H\cos\varphi+P_p\sin\varphi\end{aligned}\right\}\tag{3-3-90}$$

式中：
$$\left.\begin{aligned}P_p&=[\alpha_1g_1+\alpha_2g_2+\alpha_3g_3]R\\M_p&=-[b_1g_1+b_2g_2+b_3g_3]R^2\end{aligned}\right\}\tag{3-3-91}$$

在式（3-3-90）和式（3-3-91）中，拱跨 1/4 及拱脚处的 $\alpha_1\sim\alpha_3$、$b_1\sim b_3$、y、$\sin\varphi$、$\cos\varphi$ 均可自《拱桥》附录表 I-5 查得。

圆弧拱的强度验算与本章第三节相同，鉴于圆弧拱一般跨径不大，通常不必验算拱的横向稳定性。

三、桁架拱桥计算特点

桁架拱桥各部位的受力特点是：拱形桁架部分的各杆件主要受轴向力，与普通桁架类似；实腹段部分承受轴向力和弯矩，与主拱圈的受力类似。桥架部分的上弦杆，除承受轴向压力外，还直接受节间运营荷载所产生的弯矩。

1. 基本假定及计算图式

为了简化桁架拱桥的计算工作，在试验研究的基础上，采取如下假定：①以一片桁架拱片作为计算单元，将空间桁架简化为平面桁架；②假定桁架拱片两端与墩台连接为铰结；③假定桁架拱的结点为理想铰结。

根据以上假定，桁架拱可简化为外部一次超静定、内部静定的双铰桁架拱式结构，计算简图如图 3-3-38a）所示。

2. 赘余力（水平推力）的计算

计算桁架拱时，常以水平推力 H 作为赘余力（图 3-3-38b））。

由典型方程式求得在单位荷载 $P=1$ 作用下的水平推力为：

$$H=-\frac{\delta_{HP}}{\delta_{HH}}\tag{3-3-92}$$

式中：δ_{HP}——基本结构在外荷 $P=1$ 作用下支点的水平变位；

δ_{HH}——基本结构在赘余力 $H=1$ 作用下支点的水平变位。

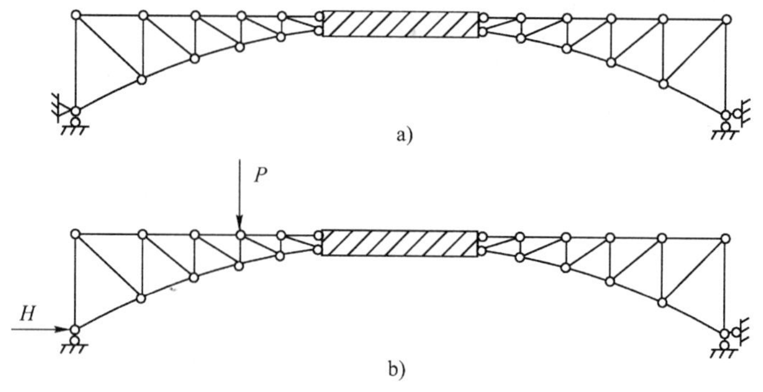

图 3-3-38 桁架拱桥的计算图示

计算 δ_{HP}、δ_{HH}时，桁架部分的杆件只考虑轴向力，实腹段部分只考虑弯矩（轴向力影响很小，可不考虑）。

用分段总和法计算时，实腹段一般分为 6～8 段。

计算活载内力时，只要使 $P=1$ 依次作用于桁架拱上弦各结点与跨中实腹段各分段中点，按式（3-3-92）求出相应的 H 值，即得 H 的影响线。然后再用静力平衡条件求得各杆件的内力影响线及实腹段的弯矩影响线。

3. 结构内力计算

桁架拱桥结构内力，主要是结构自重内力和活载内力。结构自重内力可利用水平推力影响线算出水平推力后，直接解出各杆件和实腹段的结构自重内力，无需绘制桁架拱片各杆件的内力影响线。活载内力则需根据桥面参与共同作用时结构各杆件的内力影响线来计算。

1）结构自重内力计算

桁架拱桥的恒载包括桁架拱片、横向联结系和桥面的重量。桁架拱桥的结构自重内力需考虑两种情况：一种是结构自重由桁架拱片单独承受；另一种是由桁架拱全桥（考虑桥面构件参与作用）承受。结构自重由桁架拱片单独承受符合于施工刚完成时的受力情况，此时，只需将桥的自重视为均布荷载，作用在每片桁架拱片上，利用推力影响线算出桁架拱片推力，然后利用静力平衡条件直接解算内力。运营期间，应按桥面参与共同作用来计算结构自重内力，即把桥面作为桁架拱片上弦杆和实腹段截面的组成部分。桁架拱桥的结构自重内力一般按以上两种情况计算，从中选取最不利的内力作为设计内力。

2）汽车及人群荷载内力计算

计算桁架拱桥的活载内力时，应考虑桥面参与桁架拱片的共同作用。先求出各杆件的轴向力影响线和实腹段的弯矩影响线后，按最不利作用效应组合情况布置汽车、人群荷载，即可求得活载内力。

在上弦杆除作为整体桁架杆件承受轴向力外，在运营时还直接承受局部弯矩产生的弯矩。由于桁架第一节间上弦杆跨度最大，局部荷载产生的弯矩也为最大，需计算出上弦杆的杆端弯矩和跨中截面的弯矩。在所有的上弦杆中，常以第一节间上弦控制设计。

在下弦杆中，因靠近拱脚的第一根下弦杆轴向力较大，常以这根下弦杆控制设计，并将下弦杆所承受的轴向压力提高 20％，以考虑结点固结所产生的次弯矩影响。

实践证明，桁架拱桥具有明显的横向分布作用。当计算整体结构的内力时，目前常用偏

心受压法计算横向分布系数；而计算上弦杆在局部荷载作用下的受弯时，常用杠杆法。

四、刚架拱桥计算特点

刚架拱为高次超静定结构，其内力和变形一般采用平面杆系有限元法电算，也可采用位移法手算或其他方法计算。

1. 基本假定

(1) 结构自重作用时，拱腿脚和斜撑脚均为铰接（施工时不封固），活载作用时，拱腿脚固结，斜撑脚铰接、弦杆支座无论结构自重、活载，均作为允许水平位移的竖向链杆。

(2) 结构自重全部由主拱腿、实腹段、腹孔弦杆、斜撑及横系梁组成的结构（即裸拱）承担。

(3) 汽车、人群荷载和附加力由裸拱片与桥面系组成的整体结构承担（不包括桥面磨耗层）。

(4) 考虑汽车、人群荷载的横向分布，可按弹性支承连续梁简化法或其他方法计算。

(5) 在内力计算中，按单元全截面特征进行计算，在配筋计算中，应考虑剪滞效应，采用有效宽度进行配筋计算，即受弯时由有效宽度承受，轴向力由单元全截面承受。

计算步骤及相应的计算图式应按施工程序确定。对于无支架施工或有支架施工在裸拱成拱后便落架的，其计算步骤及相应的计算图式如图 3-3-39 所示。

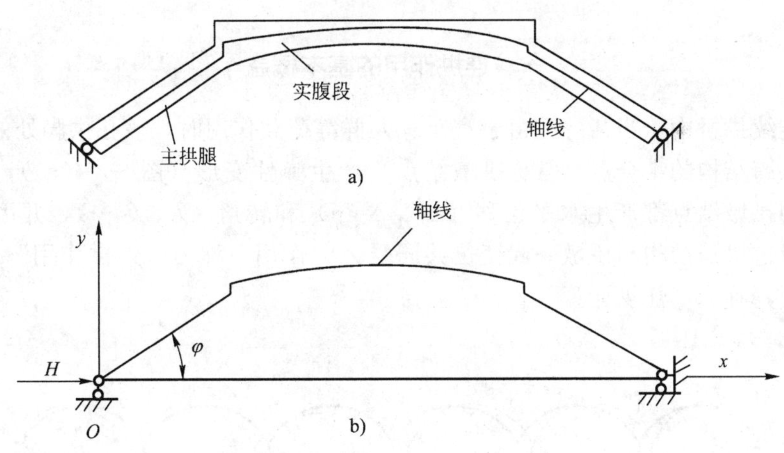

图 3-3-39 裸拱自重作用下的计算图示

a) 原结构；b) 基本结构

2. 刚架拱桥的计算

刚架拱桥选取所有杆件的端点作为计算截面，因为弯矩的峰值多出现在杆件的端点。对于实腹段，还必需加算拱顶截面。与一般拱桥相似，刚架拱桥的拱顶截面，亦由正弯矩控制设计。

1) 结构自重内力计算

在裸肋自重作用下，刚架拱桥的计算简图为一次超静定的二铰拱（图 3-3-39a)），但它的拱轴线不是一条光滑的曲线。计算它的结构自重内力时，同样取主拱脚的水平推力为赘余力（图 3-3-39b)）。忽略轴向力对变位的影响后，水平推力 H 由下式确定：

$$H=-\frac{\Delta_{2P}}{\delta_{22}}$$

式中：Δ_{2P}——基本结构在外荷载 $P=1$ 作用下支点的水平位移；

δ_{22}——基本结构在赘余反力 $H=1$ 作用下支点的水平位移。

求出赘余力之后，则不难利用静力平衡条件求解各截面的内力。

当桥面的结构自重作用于裸肋时，各支承均按铰结计算。此时，刚架拱桥为 7 次超静定结构。由于荷载和结构均为对称，实际上全桥只有 4 个未知数。

2）汽车及人群荷载内力计算

计算汽车及人群荷载内力时，应考虑桥面与拱肋的共同作用，同时，主拱腿与墩台为固结，故全桥为 9 次超静定结构。

刚架拱桥的内力分析，可采用力法或位移法求解；也可采用平面杆系的有限单元法计算。

在分析刚架拱桥的内力时，由于考虑了桥面与拱肋的共同作用，因而，也应考虑汽车、人群荷载在横桥向不均匀分布的影响。试验表明，实测的横向分布曲线，与按弹性支承连续梁简化法计算的分布曲线比较接近。因而，刚架拱桥的汽车、人群荷载横向分布系数，目前常用弹性支承连续梁法计算。

*第七节　连拱计算简介

一、连拱作用的基本概念

在多跨连续拱桥中，当某一孔由于汽车、人群等荷载作用时，该孔拱脚处的推力和弯矩会使桥墩和拱跨结构的结合点（常称拱墩结点）产生弹性变形（图 3-3-40a)），从而使该孔及其他邻孔的拱墩结点都产生水平位移（Δ_1、$\Delta_2\cdots$）和转角（θ_1、$\theta_2\cdots$），并因此产生附加应力。这种考虑拱跨结构与桥墩一起变位共同受力的作用，称为“连拱作用”；考虑拱墩结点变位的计算，称为“连拱计算”。

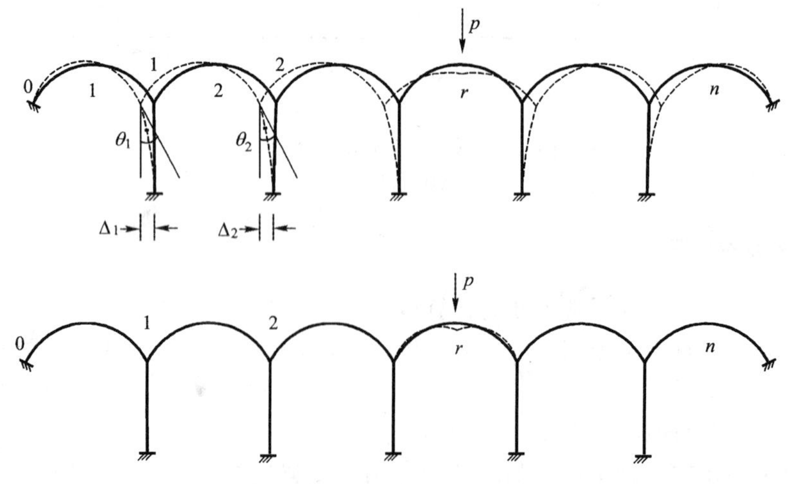

图 3-3-40　连拱与固定拱的变形状态

一般说来，桥墩相对拱圈愈柔，截面刚度愈小，各拱墩结点的变位（含水平位移和转角）就愈大；反之，桥墩相对拱圈的刚度愈大，各拱墩结点的变位就愈小。只有当桥墩相对于拱圈的刚度为无限大时，在荷载作用下，各拱墩结点才不会产生变位（图 3-3-40b)），即不存在连拱影响，此时，多孔拱桥才能各自按拱脚固定的单孔拱桥计算，称为按固定拱的计算方法。据此算出的内力，称为固定拱内力。

在实际拱桥中，桥墩的刚度不可能为无限大。计算表明，当要求汽车和人群荷载内力的计算误差不超过 5%时，只有当桥墩的抗推刚度是拱圈抗推刚度的 37 倍以上，多孔拱桥才可以不计连拱作用的影响，而近似地按固定拱计算。因此，在实际的多孔拱桥中，一般应按连拱计算。特别是采用桩墩时，桥墩的刚度较小，按连拱计算尤为必要。

在各种荷载作用下，连拱作用影响最大的是荷载孔。离荷载孔愈远，拱墩结点的变位愈小，连拱作用的影响也愈小；远到一定程度时，连拱的影响可以略去不计。当连拱孔数很多时，可以利用连拱作用的这一特性，根据实际拱、墩刚度比及具体的精度要求，合理确定连拱的计算孔数，没有必要按全桥实际孔数计算。

多孔拱桥按连拱计算时，由于拱、墩内力是按实际的刚度比分配的，因而桥墩内力比按固定拱计算的小，而拱中内力则比按固定拱计算的大，故对下部结构有利（可显著节省桥墩的造价）而对上部结构不利（需要适当加强拱圈）。但上、下部结构一起考虑时，还是经济合理的。因此连拱计算是除过强、补不足，提高桥梁的设计质量，同时也可获得一定的经济效益。

鉴于按连拱计算与按固定拱计算的根本区别在于拱墩结点是否产生位移，因而，按连拱计算的内力可视为按固定拱计算的内力加上连拱作用的影响。

连拱作用的计算是解高次超静定结构。按力法计算时，n 孔连拱的超静定次数为 $3n$。如用位移法，考虑到桥墩竖向弹性变位很少，一般可略去，则每个拱墩结点只有两个位移未知数——水平位移和转角，其总未知数为 2 乘结点数。故连拱分析中大多采用位移法。

连拱计算的方法可分为精确法和简化法（近似法）两大类。连拱作用的精确计算，可利用平面杆系有限元计算程序，由计算机直接求出连拱作用的影响线和内力值。有关的计算原理和程序设计方法，在结构力学和程序设计课程中已讲述，此处不再重复。本书只着重介绍两种应用较广、影响较大的连拱作用简化计算方法。

二、第一种连拱简化计算法

1. 简化计算的依据及假定

实测资料和分析研究表明：

(1) 在外荷载作用下，拱、墩结点上的两个位移未知数中，水平位移是主要的，转角相对是次要的。

(2) 拱墩结点的水平位移，主要是由水平推力引起的，拱脚弯矩引起的水平位移相对是次要的。例如：在一座高 20m 的等截面桥墩上，墩顶上设有 $H=10\text{kN}$、$M=5\text{kN}\cdot\text{m}$ 的作用力，计算结果表明：弯矩引起的水平位移是水平力引起水平位移的 1/27。

(3) 对于拱墩结点的转角，水平推力的影响也是主要的，而弯矩的影响是次要的。在上例中，弯矩引起的墩顶转角仅为水平力引起转角的 1/20。

以上分析表明：拱墩结点上，水平力引起的水平位移是主要的，水平力引起的转角是次要的，而弯矩引起的水平位移和转角则更小。因而在简化计算图式中，均不考虑弯矩对拱墩结点引起的位移，即加载孔按固定拱计算的拱脚弯矩不会传到邻孔。于是，连拱的作用即为作用于拱、墩的水平推力按拱、墩的抗推刚度大小进行分配。这一基本假定大大简化了连拱的计算工作。

分析研究表明，在多孔拱桥中，一般在 3～5 孔范围内连拱作用较大，因此采用第一种连拱简化计算方法时，连拱简化计算图式仅考虑 3 孔。

2. 连拱简化计算图式

在连拱简化计算图式中，除了不考虑弯矩对拱墩结点引起的位移外，还要根据拱、墩抗推刚度的大小，将拱墩结点分别视为铰结或固结。设墩的抗推刚度为 $\overline{K}'$（在确定计算图式时，可先按下端固结上端铰接计算），拱的抗推刚度为 K。经过计算对比分析，根据 $\overline{K}'/K$ 不同比值，计算中可采用 3 种简化计算图式，见表 3-3-9 所列。

连拱简化计算图式

表 3-3-9

种　类	计算简图	适用范围
第一种	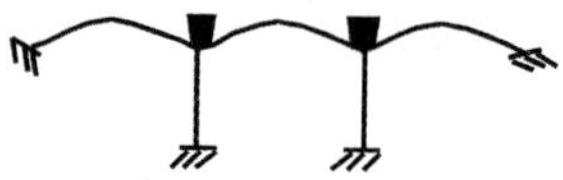	$\frac{\overline{K}'}{K}\leqslant\frac{2}{3}$
第二种	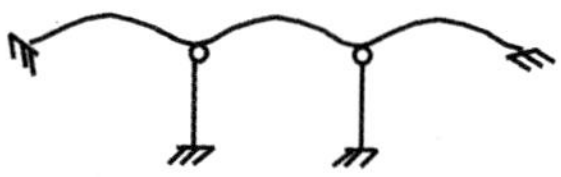	$\frac{\overline{K}'}{K}>7$
第三种	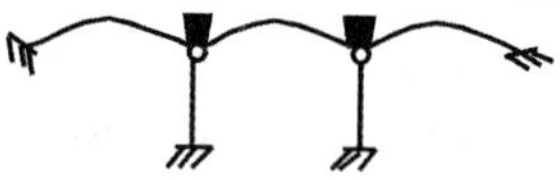	$\frac{2}{3}<\frac{\overline{K}'}{K}\leqslant 7$

注：表中 $\overline{K}'$ 为下端固结上端铰结墩的抗推刚度。

（1）当 $\frac{\overline{K}'}{K}\leqslant\frac{2}{3}$ 时，无铰连拱可按表 3-3-9 中第一种连拱计算图式计算。此时，拱的抗推刚度大而墩的抗推刚度较小，拱墩结点在可变作用影响下产生位移时，拱对墩有较大的约束，阻碍了墩顶的转动，故采用拱墩结点固结的计算图式。假定拱墩结点转角 $\theta=0$，拱墩结点上只有水平力引起的水平位移。

（2）当 $\frac{\overline{K}'}{K}>7$ 时，无铰连拱可按表 3-3-9 中第二种计算图式计算。此时墩的抗推刚度比拱的抗推刚度大了许多倍，拱圈已不能约束墩顶的转动，墩顶上端呈铰结状态，拱墩结点在可变作用影响下不但有水平位移还有转角。在此，转角虽是次要的，但不能忽略不计。根据简化计算的基本假定，可以只考虑水平力引起的水平位移与转角。而墩顶转角与水平位移存在一定关系，并不是独立未知数，故结点位移的实际未知量还是只有水平位移。这就构成了第二种简化计算图式：即假设墩下端固结上端铰结，并因墩较拱刚度强，它将约束拱转了一个转角 $\theta=\varphi$。

（3）当 $\frac{2}{3}<\frac{\overline{K}'}{K}\leqslant 7$ 时，无铰连拱可按表 3-3-9 中第三种计算图式计算。此时拱、墩相互制约，既不能把墩看作两端固结，而设转角为零；又不能把墩看作一端固结，一端铰支，而考虑墩的转角对拱的约束影响。近似地采用折衷方法，两者兼顾，这就是第三种简化计算图

式：即将墩顶视为铰结，但假定拱脚的转角为零。

3 种连拱简化计算图式，有着明显的共性，在位移法的基本未知数中，都只有独立的线位移。因而，都可用位移法建立统一的算式，计算结点位移和拱、墩内力。

3. 拱、墩推力刚度的计算

当拱脚一端产生一单位水平位移（$\Delta=1$）而无转动时，这时所需要的推力称为拱的抗推刚度，以 K 表示，如所需推力大，则抗推刚度大。

当墩的底端固定，顶端（固结或铰结）产生一单位水平位移而无转动时所需要的水平推力称为墩的抗推刚度，以 $\overline{K}$ 表示。

为使拱墩结点产生单位水平位移而无转动时所需要的水平推力称为拱墩结点的推力刚度，以$\sum K$ 表示。根据结点平衡有：

$$\sum K=K_1+K_2+\overline{K}$$

式中：K_1、K_2——分别为结点两边拱的抗推刚度。

K 和 $\overline{K}$ 可根据支承条件用结构力学方法计算。

拱、墩推力刚度等弹性常数的计算是否正确，直接影响到拱、墩内力的分配。但要求拱、墩弹性常数计算得十分准确是困难的。就上部结构而言，拱上建筑不同程度地起着增加拱圈的作用，但要计入其真实影响是比较困难的，因而目前均以裸拱的弹性常数代替拱跨结构的弹性常数。对下部结构来说，在桩墩中按不同方法（“m 值法”、“K 值法”、“C 值法”）计算得出的弹性常数是不尽相同的。因此，对连拱的计算精度要求过高就没有多大实际意义。但在计算连拱的弹性常数时，应尽量根据实际情况算得准些。

4. 三孔连拱简化计算

（1）荷载作用于中孔时，连拱的受力状态和变形状态如图 3-3-41a）所示；而图 3-3-41b）表示用位移法计算连拱的基本结构。根据结点力的平衡条件，可列出位移法方程：

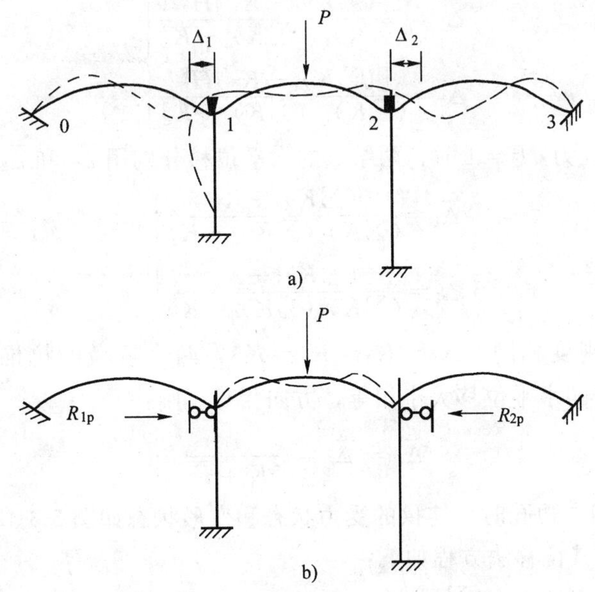

图 3-3-41　中孔加载时三孔连拱简化计算图式

$$\left.\begin{aligned}\Delta_1 r_{11}+\Delta_2 r_{12}-R_{1P}&=0\\ \Delta_1 r_{21}+\Delta_2 r_{22}-R_{2P}&=0\end{aligned}\right\}\qquad(3\text{-}3\text{-}93)$$

式中系数的物理意义如下：

①R_{1P}、R_{2P}系基本结构在荷载P作用下两约束链杆上的水平反力。其值等于中孔固定拱的水平推力，即：

$$R_{1P}=H_2^F=R_{2P}$$

式中：H_2^F——中孔按固端拱计算的水平推力。

②r_{11}是指当结点 2 不动，结点 1 向左移动单位位移时，在链杆 1 上所产生的反力。即结点 1 的抗推刚度为：

$$r_{11}=K_1+K_2+\overline{K}_1=(\sum K)_1$$

式中：K_1、K_2——分别为第一、第二孔拱的抗推刚度；

$\overline{K}_1$——1 号墩的抗推刚度。

同样，主系数r_{22}是指当结点 1 不动，结点 2 向右移动一单位位移时，在链杆 2 上所产生的反力。即结点 2 的抗推刚度为：

$$r_{22}=K_2+K_3+\overline{K}_2=(\sum K)_2$$

③r_{12}是指结点 2 向右移动单位位移时，在链杆 1 上所产生的反力，它仅与联系两拱墩结点的杆件—中跨的刚度有关，即$r_{11}=K_2$。

同样，r_{21}是指结点 1 向左移动单位位移时，在链杆 2 上所产生的反力。则有

$$r_{21}=r_{12}=K_2$$

于是，位移法方程可改写为：

$$\left.\begin{aligned}\Delta_1(\sum K)_1+\Delta_2 K_2&=H_2^F\\ \Delta_1 K_2+\Delta_2(\sum K)_2&=H_2^F\end{aligned}\right\}\qquad(3\text{-}3\text{-}94)$$

解联立方程，P作用于中孔时，连拱两结点的水平位移：

$$\left.\begin{aligned}\Delta_1&=\frac{[(\sum K)_2-K_2]H_2^F}{(\sum K)_1\ (\sum K)_2-K_2^2}\\ \Delta_2&=\frac{[(\sum K)_1-K_2]H_2^F}{(\sum K)_1\ (\sum K)_2-K_2^2}\end{aligned}\right\}\qquad(3\text{-}3\text{-}95)$$

当中孔的固端拱推力$H_2^F=1$时，两结点的水平位移分别用$\overline{\Delta}_1$和$\overline{\Delta}_2$表示，其值为：

$$\left.\begin{aligned}\overline{\Delta}_1&=\frac{(\sum K)_2-K_2}{(\sum K)_1(\sum K)_2-K_2^2}\\ \overline{\Delta}_2&=\frac{(\sum K)_1-K_2}{(\sum K)_1(\sum K)_2-K_2^2}\end{aligned}\right\}\qquad(3\text{-}3\text{-}96)$$

当三孔拱的抗推刚度相同（$K_1=K_2=K_3=K$），两个桥墩的抗推刚度也相同（$\overline{K}_1=\overline{K}_2=\overline{K}$）时，则两结点的水平位移大小相等，方向相反。则：

$$\overline{\Delta}_1=\overline{\Delta}_2=\frac{1}{3K+\overline{K}}$$

（2）荷载P作用在边孔时，连拱的受力状态和变形状态如图 3-3-42a）所示，基本结构如图 3-3-42b）所示。其位移法方程如下：

$$\left.\begin{aligned}(\sum K)_1\Delta_1-K_2\Delta_2&=0\\ -K_2\Delta_1+(\sum K)_2\Delta_2-H_3^F&=0\end{aligned}\right\}\qquad(3\text{-}3\text{-}97)$$

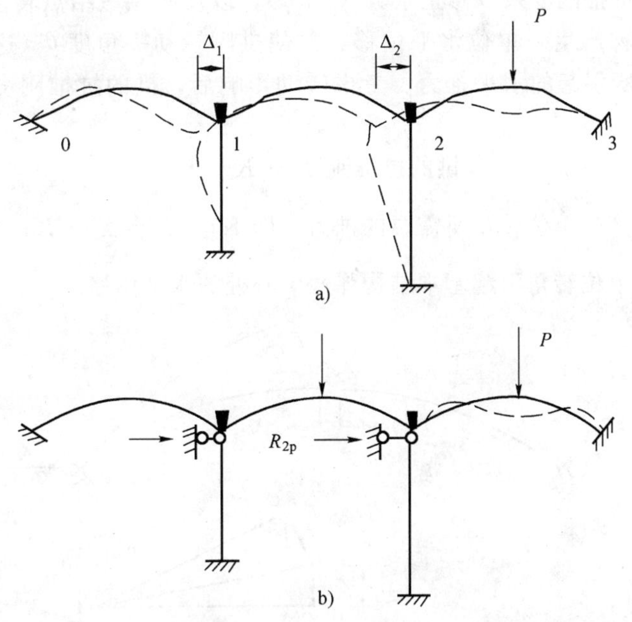

图 3-3-42　边孔加载时三孔连拱计算图式

解联立方程，得 P 作用于第三孔时，连拱两结点在图 3-3-43a）方向的水平位移：

$$\left.\begin{aligned}\Delta_1&=\frac{K_2 H_3^F}{(\sum K)_1(\sum K)_2-K_2^2}\\ \Delta_2&=\frac{(\sum K)_1 H_3^F}{(\sum K)_1(\sum K)_2-K_2^2}\end{aligned}\right\}\tag{3-3-98}$$

当第三孔的固端推力 $H_3^F=1$ 时，两结点的水平位移为：

$$\left.\begin{aligned}\Delta_1&=\frac{K_2}{(\sum K)_1(\sum K)_2-K_2^2}\\ \Delta_2&=\frac{(\sum K)_1}{(\sum K)_1(\sum K)_2-K_2^2}\end{aligned}\right\}\tag{3-3-99}$$

如果三孔拱的抗推刚度相同（$K_1=K_2=K$）。两桥墩的抗推刚度也相同（$\overline{K}_1=\overline{K}_2=\overline{K}$），则两结点的水平位移简化为：

$$\left.\begin{aligned}\overline{\Delta}_1&=\frac{K}{(\sum K)^2-K^2}\\ \overline{\Delta}_2&=\frac{\sum K}{(\sum K)^2-K^2}\end{aligned}\right\}\tag{3-3-100}$$

式中：$\sum K=2K+\overline{K}$

将以上所求得的拱墩结点的水平位移 $\overline{\Delta}$ 值，乘上各结构的抗推刚度 K 或 $\overline{K}$，即为 $H^F=1$ 时，相应拱或墩所分配承受的水平力，其数值称为连拱水平力分配系数。拱的分配系数以 ξ 表示（$\xi=K\overline{\Delta}$），墩的分配系数以 $\bar{\xi}$ 表示（$\bar{\xi}=\overline{K}\ \overline{\Delta}$）。分配系数是荷载孔拱脚推力 $H^F=1$ 时，各拱、墩所分配的水平力，故与荷载作用在拱圈的位置无关。

应该指出：上述计算公式是以第一种简化计算图式（上、下固结）推导出来的，但第二种、第三种简化计算图式均可应用。对于第三种计算图式，只需注意墩的抗推刚度按下端固结、上端铰结计算即可。对于第二种计算图式，除了桥墩抗推刚度应以下端固结上端铰结计算外，还需将拱的抗推刚度乘以修正系数（$1+\varphi$），以反映拱墩结点转动的影响。$K(1+\varphi)$的物理意义是：拱脚产生一单位水平位移，并使拱脚转动一角度 θ（这角度是墩对拱的强制作用引起的）时所引起的水平推力。考虑转动影响后，拱的抗推刚度应由下式计算（图 3-3-43）：

$$\text{拱的抗推刚度} = K + K'\theta$$

式中：K'——拱脚产生单位转角所需要的推力，即 $K'=\frac{\Delta_{2\theta}}{\delta_{22}}=\Delta_{2\theta}\cdot K$；

$\Delta_{2\theta}$——拱脚单位转角引起基本结构弹性中心处的水平位移。

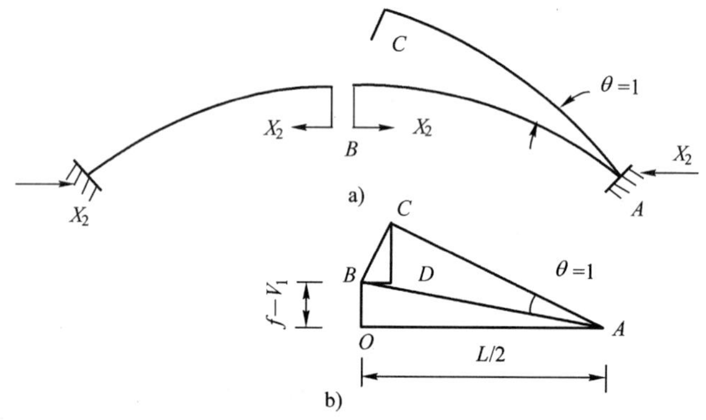

图 3-3-43　单拱转动影响下抗推刚度

由图 3-3-43b)可知：

$$\Delta_{2\theta} = BD$$

$$\Delta BDC \backsim \Delta BOA, BD = f - y_\theta$$

故：
$$K+K'\cdot\theta=K+(f-y_\theta)K\cdot\theta=K(1+\varphi)$$

式中：
$$\varphi=(f-y_\theta)\cdot\theta$$

θ 为墩顶产生一个单位水平位移时的转角，其值为：

$$\theta=\int_0^b\frac{\overline{M}M_P\mathrm{d}y}{EI}=\int_0^b\frac{1\times H\cdot y\mathrm{d}y}{EI}$$

$$=H\int_0^b\frac{y\mathrm{d}y}{EI}=\frac{\Delta}{\delta_{22}}\int_0^b\frac{y\mathrm{d}y}{EI}$$

$$=\int_0^b\frac{y\mathrm{d}y}{EI}\Big/\int_0^b\frac{y^2\mathrm{d}y}{EI}$$

故系数
$$\varphi=(f-y_\theta)\int_0^b\frac{y\mathrm{d}y}{EI}\Big/\int_0^b\frac{y^2\mathrm{d}y}{EI}$$

对于等截面墩

$$\varphi=\frac{3(f-y_s)}{2h}$$

式中：f——拱的计算矢高；

y_s——拱的弹性中心至拱顶之距离；

h——桥墩计算高度。

5. 考虑连拱作用拱的内力计算

考虑连拱作用时，一般情况下，以荷载作用在中孔控制主拱设计，以荷载作用在边孔控制桥墩设计。

在计算主拱时，先把连拱作为固定拱计算，然后再计入连拱作用的附加力影响。连拱作用的附加力，系由拱脚产生水平位移所引起。对于荷载孔而言，两拱脚所产生的水平位移均向外，由此而引起的附加力是在拱的弹性中心产生一对水平拉力 ΔH。其值为：

$$\Delta H = \xi H^{\mathrm{F}}$$

连拱作用引起的附加内力（加载孔）为：

轴向力 $$\Delta N = -\Delta H \cdot \cos\varphi = -\xi H^{\mathrm{F}} \cdot \cos\varphi$$

弯矩 $$\Delta M = \Delta H \cdot y = \xi H^{\mathrm{F}} \cdot y$$

考虑连拱作用影响后，主拱的内力为固定拱内力与连拱附加内力相叠加。

$$\left.\begin{array}{ll}\text{水平力} & \Delta H = H^{\mathrm{F}} - \xi H^{\mathrm{F}} \\ \text{轴向力} & N = N^{\mathrm{F}} - \xi H^{\mathrm{F}} \cdot \cos\varphi \\ \text{弯矩} & M = M^{\mathrm{F}} + \xi H^{\mathrm{F}} \cdot y\end{array}\right\} \tag{3-3-101}$$

考虑连拱作用后桥墩承受的水平推力为：

$$H = \xi H_{\max}^{\mathrm{F}} < H_{\max}^{\mathrm{F}}$$

式中：$H_{\max}^{\mathrm{F}}$——按固定拱计算的可变作用最大水平推力。

第一种连拱简化计算方法的优点是：结点位移未知量少，计算简便。由于只考虑了结点水平位移影响，而忽略了结点转角的影响，影响了拱、墩内力的计算精度。同时，在确定 3 种简化计算图式时，其判别条件带有较大的经验性。

三、第二种连拱简化计算法——Σ法

第二种连拱简化计算法的特点是：不仅考虑了拱墩结点水平位移的影响，还考虑了结点部分转角的影响。

1. 有关符号规定及拱、墩弹性常数

（1）弯矩符号。对于杆端，以顺时针为正；对于结点则以逆时针为正。图 3-3-44a）所示弯矩为正向。

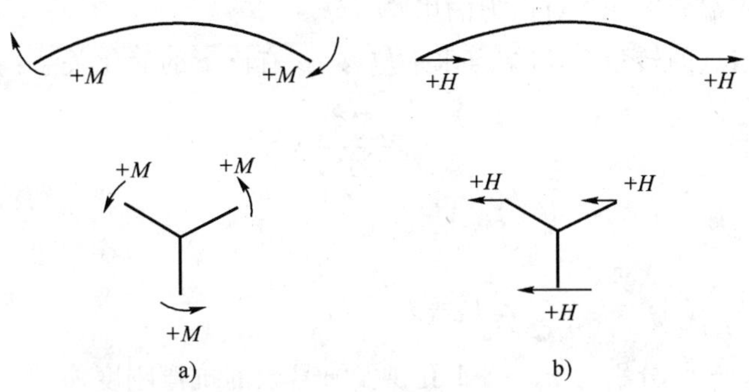

图 3-3-44　弯矩和推力符号

(2) 推力符号。对于杆端，以向右的推力为正；对节点则反之。图 3-3-44b) 所示推力为正向。

(3) 变位符号。角变以顺时针转为正；水平位移以向右为正。

(4) 拱的抗推刚度 K 和相干系数 T。当拱的一端固定，另一端产生一单位水平位移而无转动时，拱脚所需要的推力，称为拱的抗推刚度 K；拱脚所需要的弯矩，称为拱的相干系数 T (图 3-3-45a))。

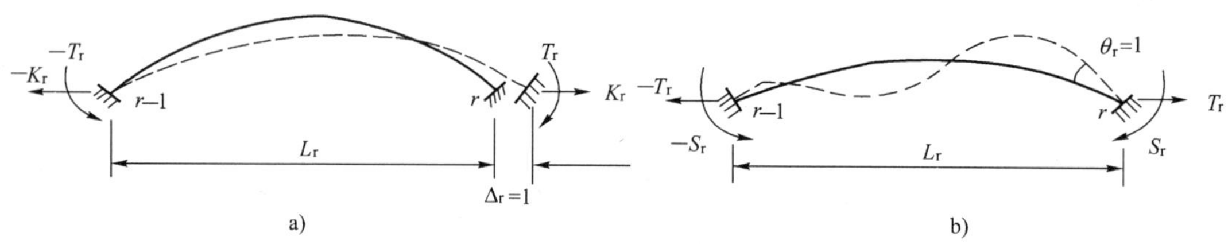

图 3-3-45　单拱抗推刚度和相干系数

(5) 拱的抗弯刚度 S 和相干系数 T。当拱的一端固定，另一端产生一顺时针向的单位转角而无移动时，转动端所需要的弯矩，称为拱的抗弯刚度，固定端所需要的弯矩，称为拱的传递抗弯刚度 CS；拱脚所需的推力，称为拱的相干系数 (图 3-3-45b))。

(6) 墩的抗推刚度 $\overline{K}$、抗弯刚度 $\overline{S}$ 和相干系数 $\overline{T}$。当墩顶 (固结或自由) 仅产生一单位水平位移时，墩顶所需要的水平力，称为墩的抗推刚度 $\overline{K}$；墩顶所需要的弯矩，称为墩的相干系数 $\overline{T}$ (图 3-3-46a))。当墩顶仅产生一单位转角时，墩顶所需要的弯矩，称为墩的抗弯刚度 $\overline{S}$，墩顶所需要的水平力称为墩的相干系数 $\overline{T}$ (图 3-3-46b))。以上各弹性常数，可根据拱、墩支承条件，用结构力学方法求得。

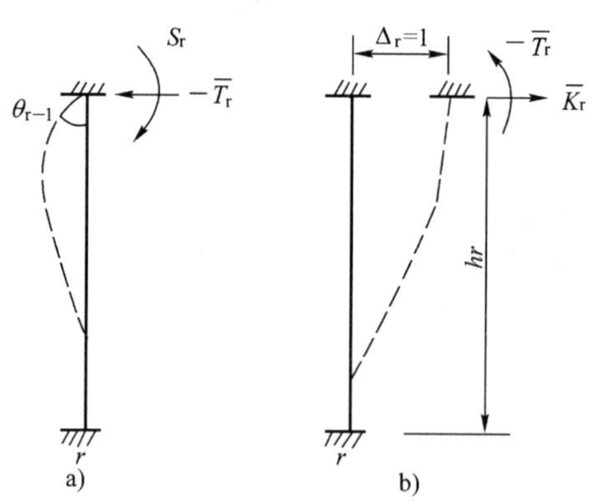

图 3-3-46　墩的抗推、抗弯刚度和相干系数

2. 基本假定

(1) 略去结点固端弯矩 M^F 对内力的影响。

(2) 假定拱墩结点的转角 θ_r 与结点水平位移 Δ_r 有以下的简化关系：

$$\theta_r = -\frac{\sum T_r}{\sum S_r}\Delta_r \tag{3-3-102}$$

$$\sum S_r = S_r + S_{r+1} + \overline{S}_r$$

$$\sum T_r = T_r + T_{r+1} - \overline{T}_r$$

式中：S_r、S_{r+1}、$\overline{S}_r$—— 分别为 r、$r+1$ 孔拱及 r 号墩的抗弯刚度；

T_r、T_{r+1}、$\overline{T}_r$——分别为 r、$r+1$ 孔拱及 r 号墩的相干系数。

简化关系式 (3-3-102) 是根据结点弯矩平衡，并略去了结点固端弯矩以及相邻结点转角和水平位移的影响而求得的。

当结点 $r-1$、r、$r+1$ 向右移动 Δ_{r-1}、Δ_r、Δ_{r+1} 时，作用于结点 r 之弯矩如图 3-3-47a）所示。

向右转动 θ_{r-1}、θ_r、θ_{r+1} 时，作用于结点 r 之弯矩图如图 3-3-47b）所示。

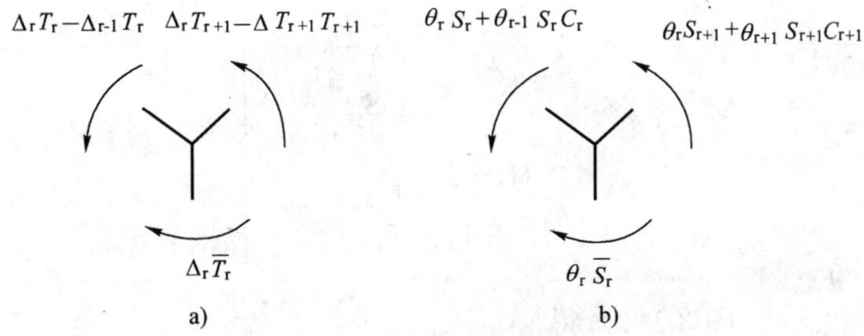

图 3-3-47　节点受力图式

由 $\sum M_r = 0$，则：

$$\Delta_r T_r - \Delta_{r-1} T_r + \Delta_r T_{r+1} - \Delta_{r+1} T_{r+1} - \Delta_r \overline{T}_r + \theta_r S_r + \theta_{r-1} S_r C_r + \theta_r S_{r+1} + \theta_{r+1} S_{r+1} C_{r+1} + \theta_r \overline{S}_r = \sum M_r^F$$

即：

$$\theta_r (S_r + S_{r+1} + \overline{S}_r) + \Delta_r (T_r + T_{r+1} - \overline{T}_r) - \Delta_{r-1} T_r - \Delta_{r+1} T_{r+1} + \theta_{r-1} S_r C_r + \theta_{r+1} S_{r+1} C_{r+1} = \sum M_r^F$$

式中：$C_r S_r$、$C_{r+1} S_{r+1}$——为 r、$r+1$ 孔拱的传递抗弯曲刚度；

$\sum M_r^F$——结点 r 的固端弯矩。

上式左边后四项及 $\sum M_r^F$ 对内力影响较小，如忽略它们的影响，则有

$$\theta_r = -\frac{\sum T_r}{\sum S_r} \Delta_r$$

3. 无铰链拱的三推力方程

图 3-3-48a）所示多孔无铰链拱，假定只有第 r 孔有荷载，则 r 孔连拱水平推力 H_r 应该由固定拱水平推力加上拱脚水平位移和转角引起的水平推力之和。即：

$$H_r = H_r^F + K_r(\Delta_{r-1} - \Delta_r) + T_r(\theta_{r-1} - \theta_r) \tag{3-3-103}$$

式中：K_r——r 孔拱的抗推刚度。

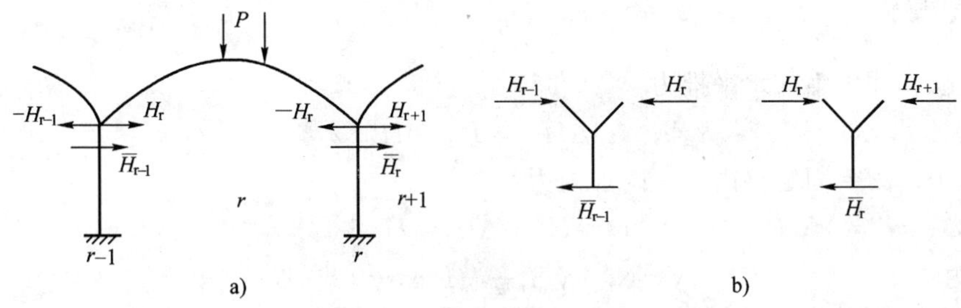

图 3-3-48　无铰连拱受力图式

由结点 $r-1$、r 水平推力平衡条件，可得第 $r-1$、r 号墩顶水平力为（3-3-48b））：

$$\left.\begin{aligned}\overline{H}_{r-1}&=H_{r-1}-H_{r}=\overline{K}_{r-1}\Delta_{r-1}-\overline{T}_{r-1}\theta_{r-1}\\\overline{H}_{r}&=H_{r}-H_{r+1}=\overline{K}_{r}\Delta_{r}-T_{r}\theta_{r}\end{aligned}\right\}\qquad(3\text{-}3\text{-}104)$$

将式（3-3-102）代入上式得：

$$\left.\begin{aligned}\Delta_{r-1}&=\frac{H_{r-1}-H_{r}}{\overline{K}_{r-1}+\dfrac{\sum T_{r-1}}{\sum S_{r-1}}\overline{T}_{r-1}}\\\Delta_{r}&=\frac{H_{r}-H_{r+1}}{\overline{K}_{r}+\dfrac{\sum T_{r}}{\sum S_{r}}\overline{T}_{r}}\end{aligned}\right\}\qquad(3\text{-}3\text{-}105)$$

将 Δ_{r-1}、Δ_{r} 代入式（3-3-103）得：

$$(1+\phi_{r-1\cdot r}+\phi_{r\cdot r})H_{r}-\phi_{r-1\cdot r}H_{r-1}-\phi_{r\cdot r}H_{r+1}=H_{r}^{F}$$

式中：

$$\left.\begin{aligned}\phi_{r-1\cdot r}&=\frac{K_{r}-\dfrac{\sum T_{r-1}}{\sum S_{r-1}}T_{r}}{\overline{K}_{r-1}+\dfrac{\sum T_{r-1}}{\sum S_{r-1}}\overline{T}_{r-1}}\\\phi_{r\cdot r}&=\frac{K_{r}-\dfrac{\sum T_{r}}{\sum S_{r}}T_{r}}{\overline{K}_{r}+\dfrac{\sum T_{r}}{\sum S_{r}}\overline{T}_{r}}\end{aligned}\right\}$$

上式为无铰连拱三推力方程的一般表达式。对于无载孔，则 $H_{r}^{F}=0$。对于 n 孔连拱，可列出 n 个三推力方程，解出各孔连拱拱脚推力。例如：从左端第一孔开始的 n 孔三推力方程为：

$$(1+\phi_{1\cdot 1})H_{1}-\phi_{1\cdot 1}H_{2}=0$$

$$(1+\phi_{1\cdot 2}+\phi_{2\cdot 2})H_{2}-\phi_{1\cdot 2}H_{1}-\phi_{2\cdot 2}H_{3}=0$$

……

$$(1+\phi_{r-1\cdot r}+\phi_{r\cdot r})H_{r}-\phi_{r-1\cdot r}H_{r-1}-\phi_{r\cdot r}H_{r+1}=H_{r}^{F}$$

……

$$(1+\phi_{n-2\cdot n-1}+\phi_{n-1\cdot n-1})H_{n-1}-\phi_{n-2\cdot n-1}H_{n-2}-\phi_{n-1\cdot n-1}H_{n}=0$$

$$(1+\phi_{n-1\cdot n})H_{n}-\phi_{n-1\cdot n}H_{n-1}=0$$

上式共有 n 个方程，可解出 n 个未知数，得 n 个连拱水平推力。

4. 拱、墩内力

1）连拱作用的附加水平推力

$$\Delta H_{r}=H_{r}-H_{r}^{F}$$

2）拱中内力＝固定拱内力＋附加内力

水平力：$H=H_{r}^{F}+\Delta H_{r}=H_{r}$

轴向力：$N=N_{r}^{F}+(H_{r}-H_{r}^{F})\cos\varphi$

弯矩：$M=M_{r}^{F}-(H_{r}-H_{r}^{F})\cdot y$

3）墩顶内力

水平力：

$$\overline{H}_r = H_r - H_{r+1}$$

弯矩：

$$\overline{M}_r = -\Delta_r \overline{T}_r + \theta_r \overline{S}_r = -\left(\overline{T}_r + \frac{\sum T_r}{\sum S_r}\overline{S}_r\right)\Delta_r$$

式中 Δ_r 可按式（3-3-105）计算。

$\sum$法考虑了结点部分转角的影响，比第一种连拱简化计算法可提高拱、墩内力的计算精度，同时，$\sum$法以一种计算简图代替三种简化计算图式，不存在第一种简化法中的判别条件，理论上较合理。但$\sum$法的基本假定：拱墩结点的转角 θ_r 与其水平位移 Δ_r 的关系式，与实际情况尚有出入。某些情况下，略去结点固端弯矩会导致拱、墩内力计算的误差。

另外，还有第三种连拱简化计算法——换算刚度法。换算刚度法以任意多孔连拱为研究对象，可用于跨径不等、桥墩不同、孔数不限的一般情况。它同时考虑了结点水平位移和转角的影响，在计算两铰连拱时，解答是精确的；在计算无铰连拱时，解答是近似的。目前换算刚度采用精确的计算公式，其计算结果已经非常接近精确解。换算刚度法的基本思路是将荷载孔以左的 a 孔拱墩结构以换算墩 A 代替，而将荷载孔以右的 b 孔拱墩结构以换算墩 B 代替。使 r 孔作用任何荷载时，结点 A、B 与原结构的结点 a、b 具有相同的变位；求出了换算墩 A、B 的各弹性常数（总称换算刚度）之后，则将求解多孔连拱的高次超静定问题，变成为求解单跨拱的问题。

第四章 拱桥施工

DISIZHANG

拱桥施工大体上分为3个阶段。第一阶段为拱架施工（无支架施工实质上为施工设备与机具的架设）；第二阶段为拱圈（拱肋）施工；第三阶段为拱上建筑施工，包括桥面系、泄水管、伸缩缝和附属工程等施工。

混凝土拱桥的施工按其主拱圈成型的方法可以分为有架施工法和无架施工法两大类。有架施工法是指在事先设置的拱架上进行桥体的砌筑、浇筑、安装；而无架施工法是指在无法设置拱架或设置拱架不合理的情况下，合理的借助一定的设备直接架设预制拱圈单元体的拱桥施工方法。不同形式的拱桥可以采用不同的施工方法，主要根据跨径大小、桥梁所处环境、地形条件、施工技术能力与施工条件、施工工期及经费情况等综合考虑。

圬工（砖石、混凝土）拱桥一般采用支架施工法。

钢筋混凝土肋拱、箱形板（肋）拱桥，可以采用支架施工法、缆索吊装施工法、转体施工法、悬臂施工法、劲性骨架施工法及塔架施工法。

钢管混凝土拱桥一般采用缆索吊装施工法、转体施工法或支架施工法（对小跨径）架设骨架，然后管内浇筑混凝土。

桁架拱桥根据跨径大小可以考虑采用支架安装、缆索吊装、转体、悬臂安装施工。

刚架拱桥主要采用支架、吊装施工。

对于钢拱桥，支架施工法、缆索吊装施工法、转体施工法、悬臂施工法等都可以考虑。

拱桥上部结构施工方法与其他桥型相同，但安装或施工结构的程序，应符合拱桥施工中的对称、平衡原则。

第一节 有支架施工

有支架施工的拱桥，需要在桥位上搭拱架砌筑拱圈石或立模板扎钢筋和浇筑混凝土，其主要施工工序有材料的准备、拱圈放样（包括石拱桥拱石放样）、拱架制作与安装、拱圈及拱上建筑的砌筑等。本节主要介绍后面两部分内容。

关于拱桥的材料选择，应满足设计与施工有关规范的要求。对于石拱桥，石料的准备（包括开采、加工和运输等）是决定石拱桥施工进度的一个重要环节，也在很大程度上影响桥梁的造价和质量。特别是料石拱圈，拱石规格繁多，所费劳动力也就多。为了加快桥梁建设速度，降低桥梁造价，减少劳动力消耗，可以采用小石子混凝土砌筑片石等多种方法修建拱桥。

拱圈及拱架的准确放样，是保证拱桥符合设计要求的基本条件之一。石拱桥的拱石，要按照拱圈的设计尺寸进行加工，为了保证尺寸准确，就需要制作拱石样板。一般采用在样台上按 1∶1 比例放出拱圈大样，然后用木板或锌铁皮在样台上按分块大小制成样板，并注明拱石编号（图 3-2-2），以利加工。主拱圈放样完毕后，有时还需要在样台上放出拱架主要构件的大样。

样台必须保证在施工期间不发生过大变形，便于施工过程中对样板进行复查。一般可以利用现成的球场或晒坪作样台。对于左右对称的拱圈，为了节省场地，可只放出半孔大样。

常用的放样方法是直角坐标法、多圆心法等。对于直角坐标法，拱弧分点愈多，放出的拱圈尺寸愈精确。例如四川宜宾岷江大桥，主拱为净跨径 100m 的箱形拱桥，拱圈采用直角坐标法放样，为了提高放样的精度，半跨拱圈由原设计的 12 分点增加到 36 分点。

一、拱 架 构 造

拱架是有支架施工建造拱桥必不可少的辅助结构，在整个施工期间，用以支承全部或部分拱圈和拱上建筑的自重，并保证拱圈的形状符合设计要求。设计与安装拱架，应根据桥型结构与实际施工条件进行多方面的技术经济比较。

拱架的种类很多，按材料不同可分为木拱架、钢拱架、竹拱架和竹木拱架等型式。

在修建拱桥时，可根据桥址的地形、地质情况、材料供应和施工能力，因地制宜地选择经济合理的拱架形式。下面介绍常见的几种拱架。

1. 木拱架

木拱架多用于可设中间支点的桥孔。一般有排架式、撑架式、扇形式及木桁架式等；前 3 者跨中或多或少设有支点，统称满布式，后者则可完全不设支点。

1）排架式拱架

排架式拱架一般采用木材制作，图 3-4-1 所示是这种拱架的一般构造示意图。它的上部（又称拱盔）由斜梁、立柱、斜撑和拉杆组成拱形桁架。它的下部是由立柱和横向联系（斜夹木和水平夹木）组成支架，上下部之间放置卸架设备（木楔或砂筒等）。这种支架的立柱数很多，结构简单且稳定性好，只适合于拱桥不太高、跨度不大且无通航要求的拱桥施工。

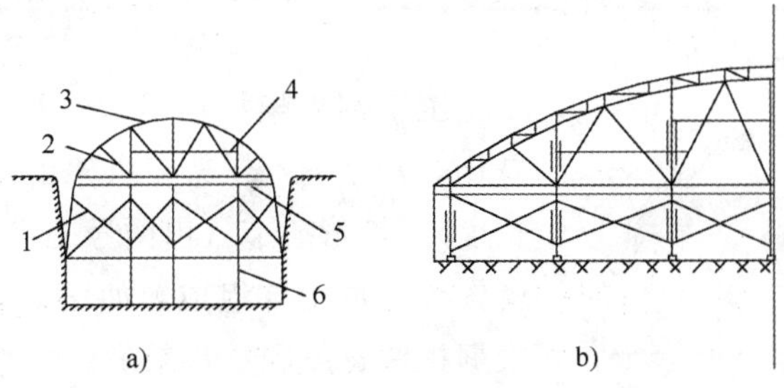

图 3-4-1　排架式拱架

a）$L=8\sim15$m；b）$L=20\sim30$m

1-斜夹木；2-斜撑；3-斜梁；4-水平夹木；5-拉杆；6-立柱

2）撑架式拱架

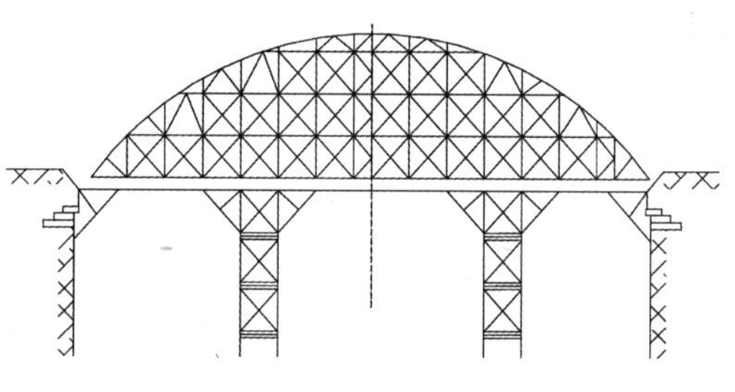

图 3-4-2　撑架式拱架

这种拱架的上部与满布立柱式拱架相同，其下部是用少数框架式支架加斜撑来代替众多数目的立柱，支点间距较大，因此木材用量相对较少，如图 3-4-2 所示。这种拱架构造上并不复杂，而且能在桥孔下留出适当的空间，以减小洪水及漂流物的威胁，并在一定程度上满足通航的要求。

3）扇形拱架

扇形拱架比撑架式拱架更复杂，但支点间距可比撑架式加大些，当设置中间支架有困难，或者拱度很大时采用较为适宜。

4）桁式木拱架

三铰桁式木拱架是由两片对称弓形桁架在拱顶处拼装而成，其两端直接支承在墩台所挑出的牛腿上或者紧贴墩台的临时排架上，跨中一般不另设支架，如图 3-4-3 所示。

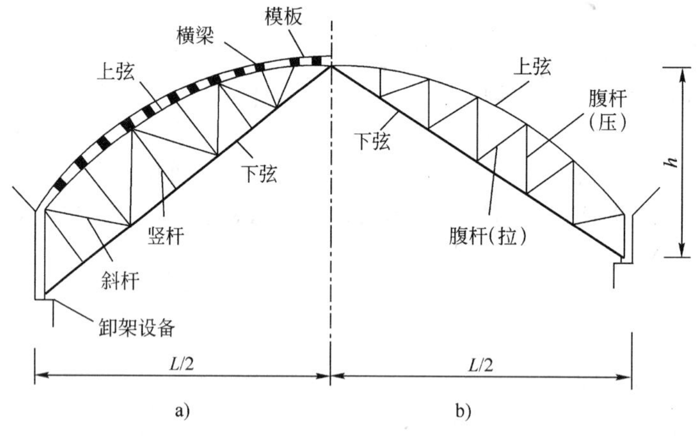

图 3-4-3　三铰式木拱架

a）N 式；b）V 式撑架

这种拱架不受洪水、漂流物的影响，在施工期间能维持通航。适用于墩高、水深、流急或要求通航的河流。由于在拱铰处结合较弱，因此，除在结构构造上要加强纵横向联系外，还需设抗风缆索，以加强拱架的整体稳定性。在施工中应注意对称均匀浇筑混凝土，并加强观测。

2. 工字钢拱架

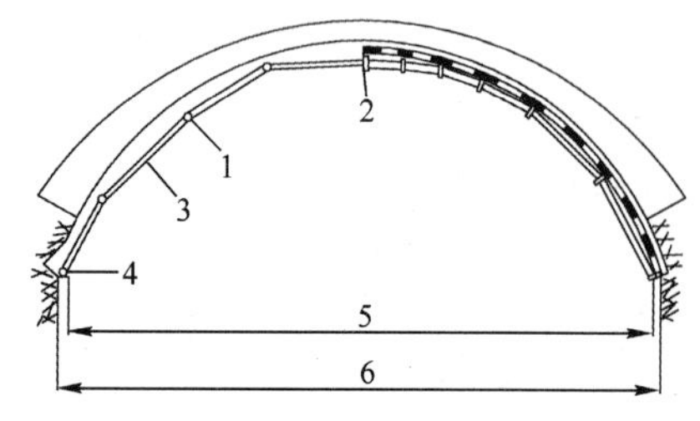

图 3-4-4　工字钢拱架

1-楔形插节；2-拱顶落架设备；3-基本节；4-拱脚铰；5-拱圈跨度；6-拱架跨度

工字钢拱架构造简单，拼装方便，可重复使用，是比较常用的钢拱架。拱架由工字钢（分成几种不同长度）、楔形插节（由同号工字钢截成）、拱顶铰及拱脚铰等基本构件组成，如图 3-4-4 所示。拱架片数可根据拱圈宽度和重量来确定，拱片间可用角钢和螺栓连接。

该方法适用于不同曲率和距离的拱，河流需保持畅通、墩台较高、河水较深或地质条件较差的桥孔。

3. 钢桁架拱架

钢桁架拱架的结构类型有以下几种：

（1）拼装式

此类拱架由标准节、拱顶节、拱脚节及连接杆等以钢销连接组成。纵横向连接系将两拱架连接组成一组，即可作为浇筑或吊装一片拱肋的支架。调整拱的曲度和跨度由变换连接杆长度的方法来确定，构造如图 3-4-5 所示。

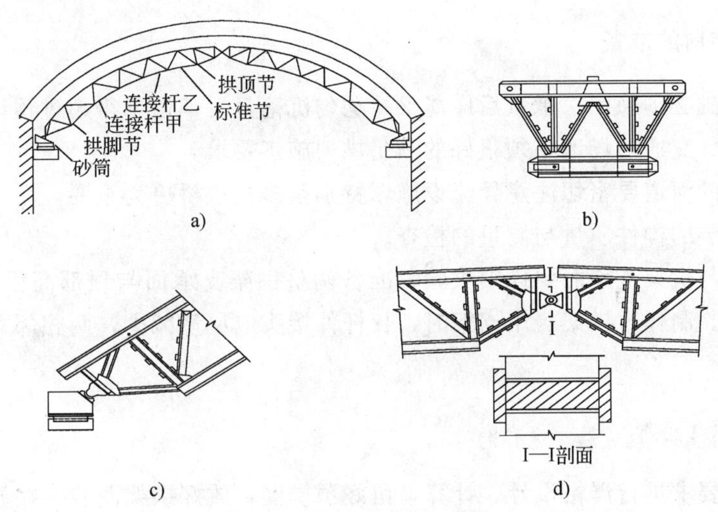

图 3-4-5 常备拼装式桁架型拱架

a）常备拼装式；b）标准节；c）拱脚节；d）拱顶节

（2）装配式公路钢桥桁节拼装拱架

在装配式公路钢桥桁节上弦接头处加上一个不同长度的钢铰接头，就可拼成用于多种曲度和跨度的拱架。拱架两端另外加设拱脚节及支座，以构成双铰拱架。为使完工后卸架方便，应在弧形木下设置木楔。拱架的横向稳定则需依靠各片拱架间的抗风拉杆、撑木以及风缆等设备。构造如图 3-4-6 所示，图中虚线为横向连接系撑木。

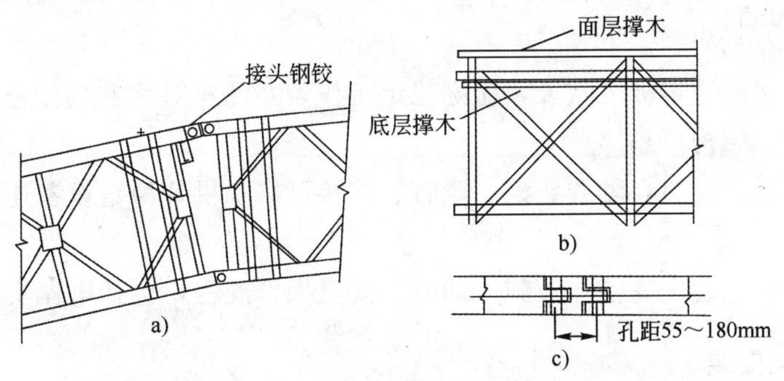

图 3-4-6 公路装配式钢桥桁节拼装拱架

a）桁节连接；b）拱架横向连接；c）钢铰接头平面

（3）万能杆件拱架

对万能杆件补充一部分带钢绞的连接短杆后，就可用来拼装拱架。拼装时，先拼成桁

节，再用长度不同的连接短杆连成折弧形。

(4) 装配式公路钢桥、万能杆件组成桁架或军用梁与木拱盔组合拱架

此种拱架系由桁架及其上面的帽木、立柱、斜撑、横梁及弧形木等杆件组成，其挠度可通过试验或拱架安装后进行预压实测。世界最大跨径（146m）的山西丹河石拱大桥就是采用此种拱架。

二、拱 架 安 装

1. 拱架安装前的准备

(1) 支架基础必须稳固，承重后应能保持均匀沉落且沉落值不得超过预计范围。

(2) 水、电、交通与场地必须很好的满足拱架施工要求。

(3) 有洪水的河道要密切注意导流设施，特别是多孔拱桥更为重要。

(4) 对被安装的构件质量与测量的检查。

对拱架立柱与拱架支承面要详细检验，准备调整拱架支承面与顶部高程，并复测跨径，无误后方可安装。制作木拱架、木支架时，长杆件接头应尽量减少，两相邻立柱的连接不应在同一水平。

2. 安装特点

拱架必须按要求进行严格设计、计算，留好预拱度，放好拱架曲线。在放好的拱架大样及拱脚铰位，可以定出墩台缺口、模板、弧形木及横梁的位置和尺寸。但拼接板的底面与拱圈内弧线间一般要留出 30～50cm 的间隙，以放置弧形木及模板等构件。

拱架可就地拼装或根据起吊设备能力，预拼成组件后再进行安装。

拱架拼装过程中必须注意各节点，各杆件的受力平衡，并做好拱顶拆拱设备，以使拱装拆自如。

拱架安装后应进行预压消除非弹性变形，使设计预拱度正确，保证拱桥完成后符合设计拱曲线。

3. 安装注意事项

安装中单片拱架的稳定极为重要，做好稳定工作，并注意对称安装。合龙时，拱顶拆拱设备安装受力均匀、结构可靠。

拱片安装成片后经检验，轴线正确、顺直、连接可靠。拱片稳定设备连接可靠方能进行第二片安装。

高空作业，应注意遵守高空作业施工的一切安全操作规程，包括电器安全操作。

4. 工字钢拱架安装

1) 拼装

工字形钢拱架，一般是将每片拱架先组成两片半拱片，然后再安装就位。半个拱片可在桥下的地面或驳船上拼装，拼后应防扭曲，节间螺母应拧紧。拼接第二片拱架时，应附带将横向连接用角钢装上并用绳子捆好。所需螺栓等零件应装入布袋、随同拱架起吊。

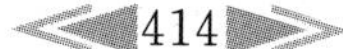

2）架设

架设工作分片进行。架设每片拱片时，应同时将左、右半片拱片吊至一定高度，并将拱片脚插入墩台缺口或预埋的工字钢支点上与拱座铰连接，然后安装拱顶卸拱设备进行合龙。拱片的吊装，可用设在墩顶的人字摇头扒杆或半球形轴承活动吊杆进行，用摇头扒杆吊装时，应将扒杆的底部置于墩面预留孔中。用活动吊杆起吊如图 3-4-7a）所示；亦可用架空缆索与扒杆联合，如图 3-4-7b）所示。

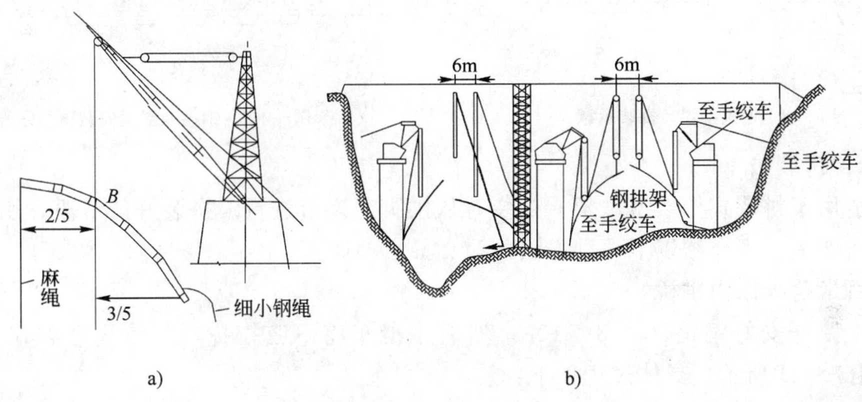

图 3-4-7　工字梁钢拱架吊装示意

a）活动扒杆吊装；b）缆索及人字摇头扒杆联合吊装

3）横梁、弧形木及支撑木安装

安装应先安弧形木再安支撑、横梁及模板。弧形木上应通过操平以检查标高准确，横梁应严格按设计安放。

5. 钢桁架拱架安装

1）半拱旋转法

架设方法与工字形钢拱架相似，但起吊前拱脚应先安置在支座上，然后用拉索使半拱架向上旋转合龙。

2）竖立安装法

在桥跨内两端拱脚上，垂直地拼成两半孔拱架，再以绕拱脚铰旋转的方法放至设计位置进行合龙。

3）浮运安装法

在水流比较平稳的河流上，可采用浮运安装法，其主要程序如下。

（1）在浮船支架上拼装拱架

用数只木船联成整体，在其上安装满布式支架，在支架上即可拼装钢拱架，如图 3-4-8 所示。

（2）拱架安装就位

在拱架进孔后，用挂在墩台上的大滑车和放置在支架上的千斤顶来调整矢高，并用水压舱，以降低拱架，使拱架就位。安装时，拱顶铰须临时捆紧，拱脚铰和铰座位置须稍加调整，以使铰座密合，如图 3-4-9 所示。

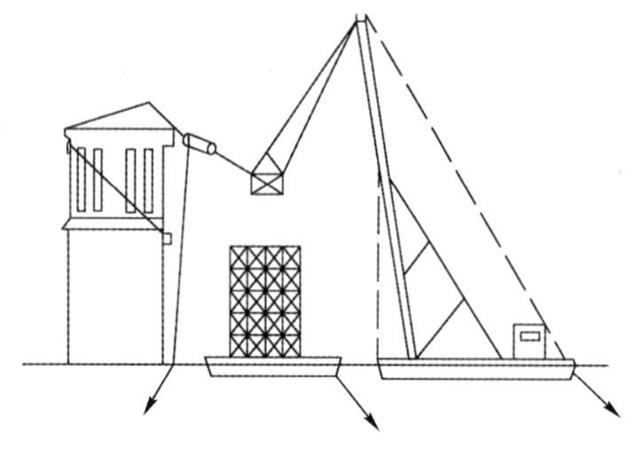

图 3-4-8　钢拱架浮运拼装示意

图 3-4-9　钢拱架浮运安装就位示意

4）悬臂拼装法

本法适用于拼装式桁架型拱架。拼装时从拱脚起逐节进行。拼装好的节段，用滑车组系吊在墩台塔架上。现介绍以下两种方法。

(1) 百米跨径以内拱桥

先拼上弦杆安好钢销（图 3-4-10），然后用滑车将下弦拉拢对好（先联在吊来的拱节上），如图 3-4-11 所示。具体过程如下：

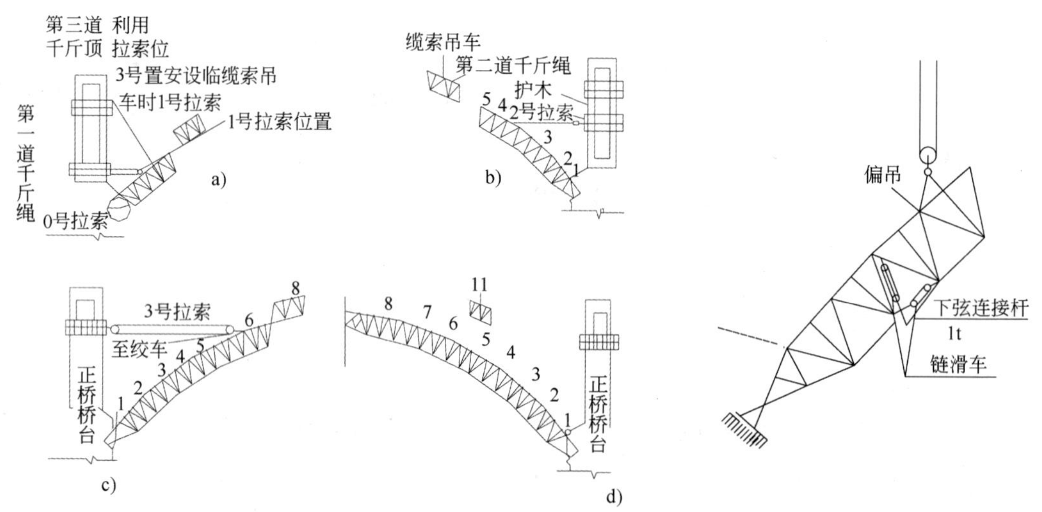

图 3-4-10　拱架悬臂拼装

图 3-4-11　安装节点钢销

①安设拱架支座，拼接拱脚，按设计位置捆千斤，在中间拼装至节点 8，并于节点 2 上设置 1 号拉索（用第一道千斤，或不设第一道千斤而利用第三道千斤），放松 0 号拉索。

②悬臂拼至节点 5，于节点 4 上用第二道千斤设 2 号拉索，松 1 号拉索。

③悬臂拼至节点 7，于节点 6 上用第三道千斤设 3 号拉索，松 2 号拉索，继续悬拼并进行合龙（中间两片）。

④借中间两片作支承，拼装外侧两片拱架。

有拱顶销的拱架，在合龙时加上一个圆锥形引导销管套（图 3-4-12），迫使它穿入孔内（图 3-4-12b)），合龙时由于重量加至中间两片，常因销孔向下错位过大而不能引入导管，可用两个 30×10^4kN 千斤顶横置拱顶节，用顶力顶起对正打入钢销（图 3-4-12b)）。

用墩台锚系拉索时，应对墩台作倾覆稳定验算和抗剪抗拉的验算。

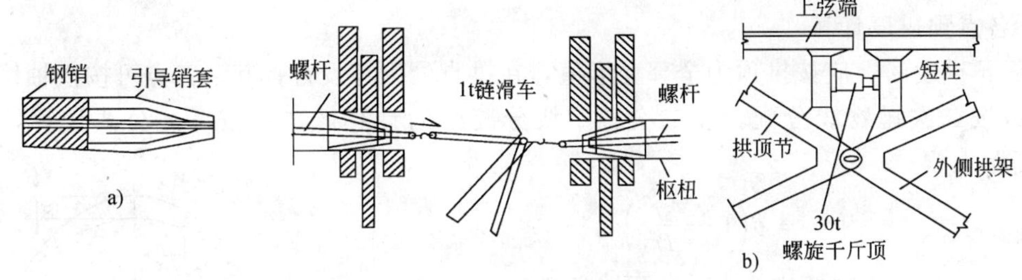

图 3-4-12　安装拱顶销

(2) 百米跨径以上拱桥

由于拱架重量较大，上述方法有一定的难度，拱架布拼如图 3-4-13 所示。拼装前拱架须先拼框架形式组成拼装单元，其长度可包括 2 至 3 节拱架。拼装时由拱脚至拱顶，两岸对称进行，先拼中间一半拱，封拱卸吊后再拼上下游余下的一半拱。拱架用门式索搭拼装。

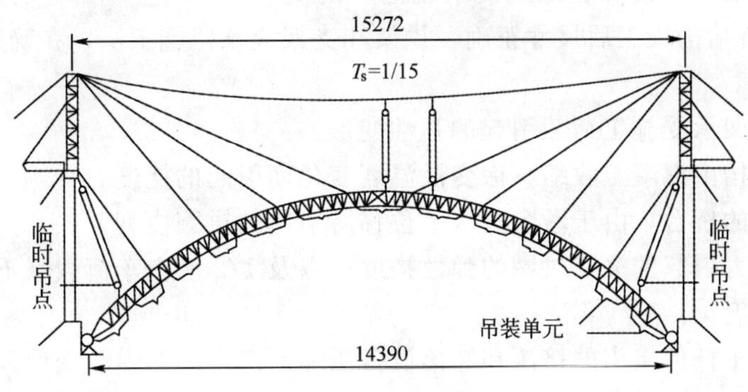

图 3-4-13　拱架吊装布置（单位：cm）

三、施工预留拱度

拱架承受荷载后将产生弹性变形和非弹性变形。另外，当拱圈砌筑完毕，强度达到要求而卸落拱架后，拱圈由于承受自重、温度变化及墩台位移等因素影响，也要发生弹性下沉。为了使拱轴线符合设计要求，必须在拱架上预留施工拱度，以便能抵消这些可能发生的垂直变形。

1. 预留拱度经验值与计算

1) 拱顶预拱度经验值

拱顶预拱度经验值见表 3-4-1 所列。

拱顶预拱度经验值　　表 3-4-1

桥　　型	预拱度经验值	说　　明
一般砖石、混凝土拱桥	$L/400 \sim L/800$	(1) 拱度小，采用大值，反之采用小值； (2) 预拱度不包括拱架变形值； (3) L 为拱圈跨径，f 为拱圈矢高
双曲拱桥采取有支架施工	$L^2/4000f \sim L^2/6000f$	
双曲拱桥采用无支架或脱架施工	$(L^2/4000f \sim L^2/6000f) + L/1000$	

2）各点预拱度计算

设置预拱度时，应按拱顶为全部变形值，在拱脚处为零设置；其余各点可按拱轴线纵坐标比例或按二次抛物线分配。按二次抛物线分配时的计算方法可按下述公式计算，如图3-4-14所示。

$$\delta_x = \delta\left(1 - \frac{4x^2}{L^2}\right)$$

式中：δ_x——任意点（距离为 x）的预加高度（m）；

δ——拱顶总预加高度（m）；

L——拱圈计算跨径（m）；

x——跨中至任意点水平距离（m）。

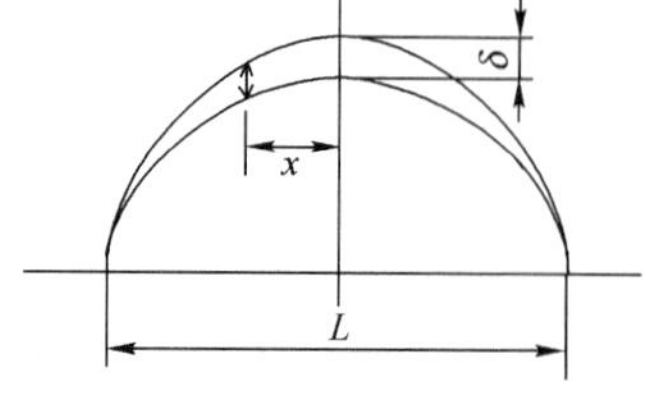

图 3-4-14　预拱度计算图

2. 确定预留拱度的因素

根据交通部标准《公路桥涵施工技术规范》（JTJ 041—2000），为保证拱桥结构竣工后尺寸正确，拱架和支架应预留施工拱，在确定施工拱度值时，应考虑下列因素：

（1）拱架和支架承受施工荷载引起的弹性变形。

（2）超静定结构由混凝土收缩、徐变及温度变化而引起的挠度。

（3）承受推力的桥台，由于墩台的水平位移所引起的拱圈挠度。

（4）由结构重力引起的梁或拱圈的弹性挠度，以及1/2的汽车荷载（不计冲击力）引起梁或拱圈的弹性挠度。

（5）受载后由于杆件接头的挤压和卸落设备压缩而产生的非弹性变形。

（6）支架基础在受载后的非弹性变形（沉陷）。

（7）卸落拱架时，应设专人用仪器观测拱圈挠度和墩台变化情况，并详细记录。

预留拱度（施工沉落值）见表3-4-2所列。

预留施工沉落值参考数据　　表 3-4-2

项目		数据（mm）	说明
接头承压非弹性变形	木与木	每个接头约顺纹2，横纹3	
	木与钢	每个接头约2	
卸落设备的压缩变形	砂筒	2～4	
	木楔或木马	每个接缝约1～3	
支架基础沉陷	底梁置于黏土上	5～10	
	底梁置于砌石或混凝土上	10～20	
	底梁置于砂土上	约3	
	打入砂中的桩	约5	
	打入黏土中的桩	约3～5	桩承受极限荷载时用10min；低于极限荷载时用5min

3. 卸落时间要求

对于砖、石拱桥的拱架卸落时间，应符合下列要求：

(1) 浆砌砖、石拱桥须待砂浆强度达到设计要求，如设计无要求则须达到砂浆强度的70%。

(2) 跨径小于10m的小拱桥，宜在拱上建筑全部完成后卸架；中等跨径实腹式拱，宜在护拱砌完后卸架；大跨径空腹式拱，宜在拱上小拱横墙砌好（未砌小拱圈）时卸架。

(3) 当需要进行裸拱卸架时，应对裸拱进行截面强度及稳定性验算，并采取必要的稳定措施。

4. 拱架卸落

1）卸架设备

卸架设备，一般采用木楔、砂筒和千斤顶3种。

(1) 木楔

木楔有单木楔和组合木楔两种。

①单木楔。它由两块坡度1∶6～1∶10斜面的硬木块组成，如图3-4-15a）所示。落架时，用铁锤轻敲木楔小头，将木楔取出后，拱架随即下落。它的构造简单，但在敲出时震动较大，容易造成下落不匀。它仅适用于跨径小于10m的满布式拱架。

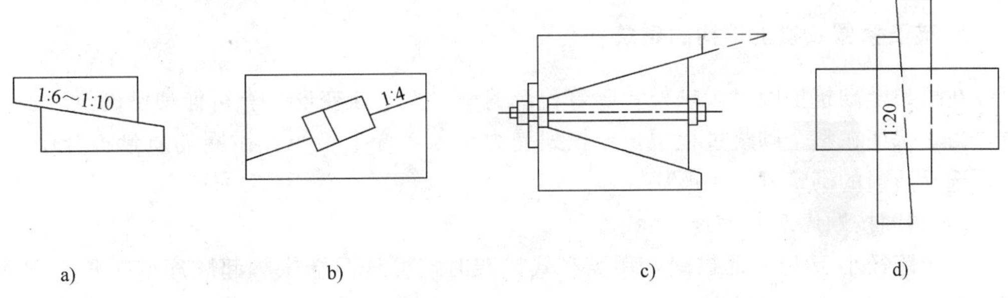

图3-4-15　卸落用木楔

a）简单木楔；b）双向木楔（正视）；c）组合木楔；d）双向木楔（俯视）

②双向木楔。它由互相垂直的两对简单木楔构成，如图3-4-15b）所示。其优点是不用铁件，载重较大，卸模方便，适用于30m以内的满布式拱架。

③组合木楔。由3块木楔和1根拉紧螺栓组成，如图3-4-15c）所示。卸载时只需扭松螺栓，则木楔徐徐下降。它的下落比较均匀，可用于30m以下的满布式拱架或20m以下的拱式拱架。

(2) 砂筒

砂筒的承载力较大，可用于50m以上的满布式拱架和30m以上的拱式拱架。砂筒可用钢板制成圆筒或用短方木拼成方盒，砂筒内装干的砂子应均匀、干燥、洁净，上部插入顶心（木制或混凝土制）组成，其构造如图3-4-16所示，h_0为顶心放入砂筒深度，一般为7～10cm。卸落是靠砂子从筒的下部预留泄砂孔流出，砂筒与顶心间的空隙应用沥青填塞，防止砂子受潮而不易流出。由砂子泄出量（砂子可从砂筒下部小孔掏

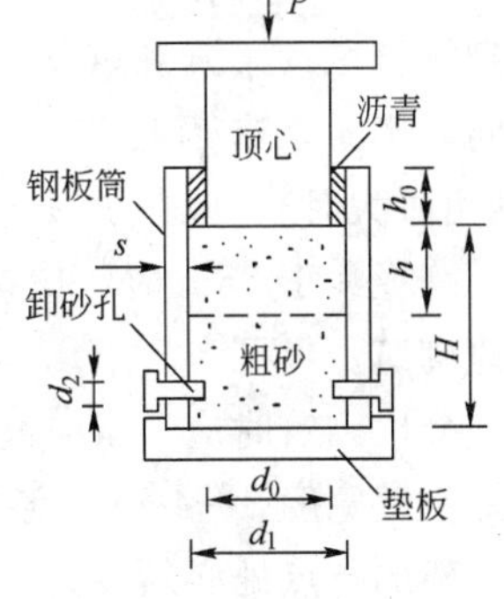

图3-4-16　拱架卸落砂筒

放），可控制拱架卸落高度。我国跨径为 170m 的钢筋混凝土拱桥所用钢制砂筒的直径达 86cm，使用效果良好。

（3） 千斤顶

采用千斤顶拆除拱架常与拱圈调整内力同时进行。一般在拱顶预留放置千斤顶的缺口，千斤顶用来消除混凝土的收缩、徐变以及弹性压缩的内力和使拱圈脱离拱架。

2） 卸架程序设计

一般卸架的程序是：对于满布式拱架的中小跨径拱桥，可从拱顶开始，逐渐向拱脚对称卸落，对于大跨径拱圈，为了避免拱圈发生“M”形的变形，也有从两边 $L/4$ 处逐次对称地向拱脚和拱顶均匀地卸落。卸架时宜在白天气温较高时进行，这样的条件对卸落拱架工作较方便。

多孔连续拱桥施工时，还应考虑相邻孔间的影响。若桥墩设计容许承受单孔施工荷载，就可以单孔卸架。否则应多孔同时卸落拱架，以避免桥墩不能承受单向推力而产生过大的位移，甚至引起严重的施工事故。

四、拱圈及拱上建筑的施工

拱圈是拱桥的主要承重构件；拱上建筑是由拱圈支承的桥面各种建筑物。

1. 砖石拱圈及拱上结构的砌筑

在拱架上砌筑拱圈时，拱架将随着荷载的增加而不断变形。有可能使已砌筑圬工产生裂缝，为了保证在整个砌筑过程中，使拱架受力均匀，变形最小，拱圈的质量符合设计要求，必须选择适当的砌筑方法和顺序。

1） 拱圈按顺序对称砌筑

对于跨径小于 16m 的拱圈，用满布式拱架时，可从两端拱脚起顺序向拱顶方向对称砌筑，必须做到均衡，最后在拱顶合龙，如图 3-4-17 中的拱顶石。拱式拱架砌筑宜分段、对称地先砌拱脚和拱顶段，最后砌 1/4 跨径段。

2） 拱圈三分法砌筑

（1） 分段砌筑

跨径 16～25m 的拱圈，每半跨均应分成三段对称砌筑。分段位置一般在拱跨 1/4 点及拱顶（3/8 点）附近。当为满布式拱架时，分段位置宜在拱架节点上。如图 3-4-17 所示，先砌拱脚段（Ⅰ）和（Ⅱ）、后砌 1/4 段（Ⅲ），两半跨应对称同时砌筑，最后砌拱顶石段。隔开砌段，若摩擦力不够（倾角过大时），应在拱段下侧设临时支撑。

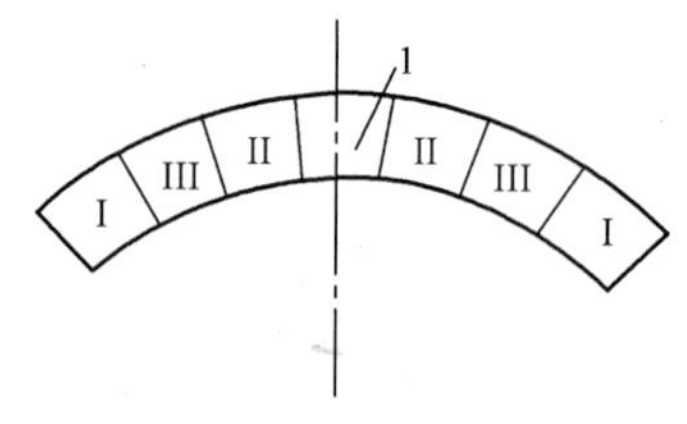

图 3-4-17　分段砌筑（跨径小于 25m）
1-拱顶石

跨径大于 25m 时，应按跨径大小及拱架类型等情况，在两半跨各分成若干段，均匀对称地砌筑。

分段砌筑时应预留空缝，以防止拱圈开裂（由于拱架变形而产生的），并起部分预压作用。空缝宽度 3～4cm，空缝数量视分段长度而定。一般在拱脚附近、1/4 点、拱顶及满布式拱架的节点处必须设置空缝。

（2） 分环砌筑

较大跨径石拱桥的拱圈，当拱圈较厚，由 3 层以上拱石组成时（跨径为 146m 的山西丹河大桥分5层砌筑），可将全部拱圈分成几环砌筑，砌一环合龙一环。当下环砌完并养护数日后，砌缝砂浆达到一定强度时，再砌筑上环。按此方法砌筑时，下环可与拱架共同承担上环之重力，因而可减轻拱架的荷载。

（3）分阶段砌筑

砌筑拱圈时，为争取时间和使拱架荷载均匀、变形正常，有时在砌完一段或一环拱圈后的养护期间，工作并不间歇，而是根据拱架荷载平衡的需要，紧接着将下一拱段或下一环层砌筑一部分。此种前后拱段和上下环层分阶段交叉进行砌筑方法，称为分阶段砌筑。

不分环砌筑拱圈的分段方法，通常是先砌拱脚几排，然后同时砌筑拱顶、拱脚及1/4点等拱段，上述3个拱段砌到一定程度后，再均匀地砌筑其余拱段。

3）预加压力砌筑

预加压力砌筑法即在砌筑前，在拱架上预加一定重力，以防止或减少拱架弹性和非弹性下沉的砌筑方法。此法对于预防拱圈产生不正常变形和开裂较为有效。所需压重材料以利用拱圈本身准备使用的拱石较为简便和节省。加压顺序应与计划砌筑顺序一致。砌筑时，应尽量利用附近压重拱石就地安装，随撤随砌，使拱架保持稳定。

压重材料不能利用拱石时，也可采用砂袋等其他材料。

对于刚性较差的拱架，预压须均匀地进行，不可单纯压顶。

4）分段支撑

分段砌筑拱圈时，如拱段倾斜角大于石块与模板间摩擦角（20°），则拱段将在切线方向产生一定的滑动。必须在拱段下方临时设置分段支撑，以防拱段向下滑动。分段支撑所需强度应通过计算求出。

分段支撑的构造依支撑强度而定，强度较大时须做成三角支撑并须支撑于拱架上。较平坦的拱段，可简单地用横木、立柱、斜撑木等支撑于拱架或模板上。分环砌筑时，上环也可用撑木支撑在下环的拱石上。

5）拱圈合龙

砌筑拱圈时，常在拱顶预留一龙口，在各拱段砌筑完成后安砌拱顶石合龙。分段较多的拱圈和分环砌筑的拱圈，为使拱架受力对称和均匀，可在拱圈两半跨的1/4处或在几处同时砌筑合龙。为防止拱圈因温度变化而产生过大的附加应力，拱圈合龙应在设计规定的温度下进行。设计无规定时，宜选择在接近当地年平均温度或昼夜平均温度（一般为10℃～15℃）时进行。

6）拱上砌体的砌筑

拱上砌体的砌筑，必须在拱圈砌筑合龙和空缝填塞后，经过数日养护，待砌缝砂浆强度达到30％时才能进行。养护时间一般不少于合龙后3d，跨径较大时应适当延长。

砌筑实腹式拱的拱上砌体时，应将侧墙等拱上砌体分成几部分，由拱脚向拱顶对称地作台阶式砌筑，如图3-4-18所示。拱腹填料可随侧墙砌筑顺序及进度进行填筑。填料数量较大时宜在侧墙砌完后再分部进行填筑。实腹式拱应在侧墙与桥台间设伸缩缝使两者分开。

为防止空腹式拱桥的腹拱受到主拱圈卸落拱架时的变形影响，可在主拱圈砌完后，先砌腹拱横墙，然后待卸落拱架后，再砌筑腹拱拱圈。腹拱上的侧墙，应在腹拱拱铰处设置变形缝。

2. 钢筋混凝土拱圈施工及拱上结构的砌筑

1）现浇钢筋混凝土拱圈浇筑程序

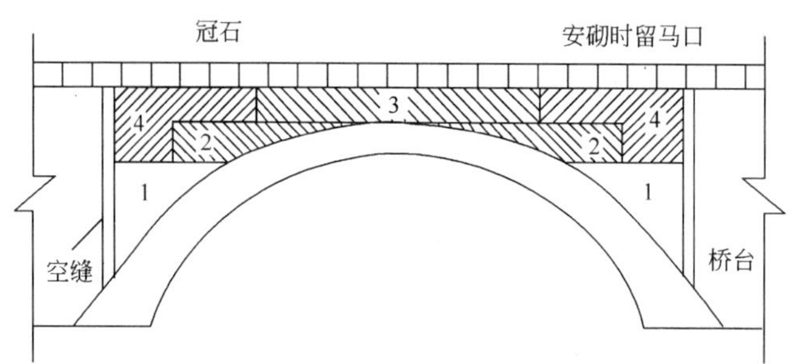

图 3-4-18　砌筑实腹式拱的拱上砌体程序

(图中数字为砌筑顺序)

现浇钢筋混凝土拱圈除应符合一般钢筋混凝土结构施工要求外，对在支架上浇筑钢筋混凝土拱圈，还应按拱圈跨度不同情况，遵循以下施工要点。

(1) 上承式拱桥

浇筑一般可分 3 个阶段：第一阶段，浇筑拱圈（拱肋）及拱上立柱的拱脚；第二阶段，浇筑拱上立柱，联结系及横梁等；第三阶段，浇筑桥面系。拱圈或拱肋的拱架，可在拱圈混凝土强度达到设计强度 70%以上后，在第二阶段或第三阶段开始前拆除。但应事先对拱架拆除后拱圈的稳定性进行验算。

对双曲拱桥其拱波，应在拱肋的整体强度（包括间隔缝混凝土）超过 50%后才能开始安砌。

(2) 下承、中承式拱桥

按照拱肋、桥面系及吊杆 3 个阶段进行浇筑，注意事项如下：

①吊杆的钢筋或钢丝束、锚环应在上弦混凝土浇筑前穿挂于上弦钢筋骨架上。

②悬挂式的桥面系，应在上弦拱架拆除后才能浇筑混凝土。

③当桥面混凝土达到能承受荷载强度后，拆除支架（吊架）横梁下的木楔，降落支架变为由吊杆的钢筋骨架式钢丝束系吊挂状态。然后在桥面上加上全部设计荷载，使吊杆钢筋或钢丝束产生应有的应力，以减小吊杆混凝土的拉应力。

④吊杆钢筋或钢丝束产生应有的应力后，即可浇筑吊杆混凝土。吊杆混凝土应对称浇筑，待强度达到设计规定的 100%，才能进行钢丝束张拉工作。图 3-4-19 为中承式预应力钢筋混凝土拱桥的浇筑程序。

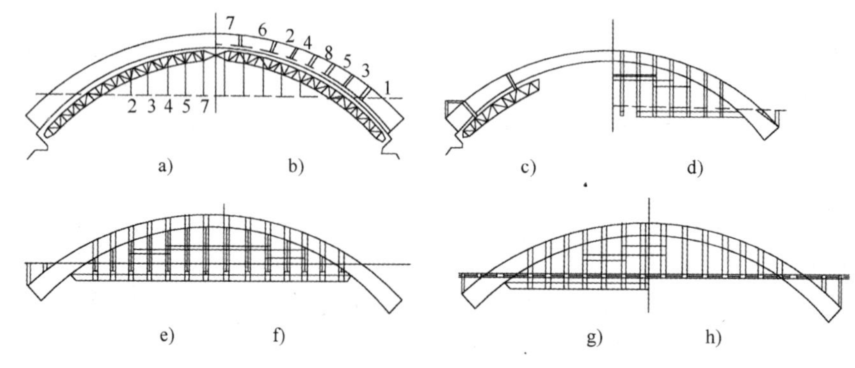

图 3-4-19　中承式钢筋混凝土拱桥的浇筑程序

a) 拱架合龙安装吊杆钢丝束；b) 拱肋浇筑，图中数字为浇筑顺序；c) 拆除拱架浇筑刚架钢筋混凝土；d) 安装桥面系支架；e) 浇筑桥面系桥面加载；f) 浇筑吊杆混凝土；g) 吊杆预加应力；h) 拆除支架

(3) 系杆拱桥

首先浇筑拉杆（下弦）和桥面系混凝土，然后在桥面上安装拱架，浇筑拱肋混凝土，最后浇筑吊杆混凝土。吊杆钢筋应在浇筑拉杆和拱肋混凝土前安装完毕，并在浇筑吊杆混凝土前能承受全部设计荷载。

另一种程序为在全部拉杆钢筋安装完毕并联结两支点的情况下，首先浇筑两支点端节和拱肋，在拱架的卸落与拉杆钢筋受力后，再浇筑拉杆和桥面系混凝土，最后浇筑吊杆混凝土。吊杆钢筋的安装和受拉条件与前同。

当桥面系为预制梁与预制板结构时，则程序为先浇筑两支点端节和拱肋。强度达到设计要求后，安装拉杆索进行张拉，使拱成整体，最后卸拱架安装吊杆挂预制梁施工桥面系。

由于吊杆与拉杆均用特制防锈的 PVC 高强预应力钢索。当预应力张拉力较大时锚固力是可靠的，当拉索预应力较小时，特别要注意锚固力的可靠性，各锚箱内锚头的维修与养护。

2) 拱圈浇筑

(1) 连续浇筑

对于跨度小于 15m 的拱圈（拱肋）混凝土，应自两侧拱脚向拱顶对称与连续浇筑，并在拱脚处混凝土初凝前完成。如预计不能完成的，则应在拱脚处留设间隔缝于最后浇筑。

(2) 分段浇筑

对于跨度大于 15m 的拱圈（拱肋），应采用分段浇筑法施工混凝土浇筑，以减小混凝土收缩应力和拱架变形所产生的裂缝。划分拱段时，以拱顶为准，保持拱顶两侧均匀和对称，拱段长度一般为 6～15m。分段点宜设在拱架支点、节点等处并适当留间隔缝。间隔缝的位置应避开横撑、隔板、吊杆及刚架节点处。间隔缝宽度要便于施工操作和钢筋连接要求长度为标准，一般为 30～100cm。间隔缝用混凝土强度等级比拱圈高 1.5 倍干硬微膨混凝土。

拱段的浇筑程序应符合设计规定，在拱顶两侧对称进行，保持变形均匀与最小。

拱圈（拱肋）填充间隔缝合龙时，应由两拱脚向拱顶对称进行。间隔缝与拱段接触面应事先按施工缝进行处理。填充间隔缝合龙的时间应具备下列条件：

①拱圈混凝土强度应达到设计强度的 50%以上。

②合龙时的温度要满足设计要求，一般应接近当地平均年气温或在 5℃～10℃之间。

(3) 箱形截面拱圈或拱肋的浇筑

一般采用分段、分环的浇筑方法，分段方法与前述方法相同。分环的方法一般分成二环或三环。如图 3-4-20 所示。分两环浇筑时，先分段浇筑底板，然后分段浇筑肋墙、隔墙与顶板。分三环浇筑时，先分段浇筑底板，然后分段浇筑肋墙、隔墙，最后分段浇筑顶板。分环分段浇筑时，可采用分环填充间隔缝合龙和全拱完成后一次填筑间隔缝合龙两种不同的合

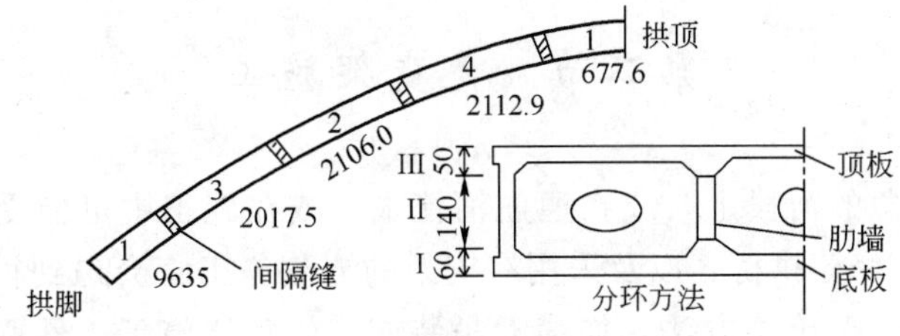

图 3-4-20 箱形拱圈分环分段浇筑（尺寸单位：cm）

龙方法。分环填充间隔缝合龙时，已合龙的环层可产生拱架作用。在浇筑上面环层时可减少拱架负荷，但工期较一次合龙的方法长。采用最后一次合龙法时，仍必须一环一环地浇注，但不是浇完一环合龙一环，而是留待于最后一起填充各环间隔缝合龙。此时，上下环的间隔缝应互相对应和贯通，其宽度一般为 2m 左右，有钢筋接头的间隔缝为 4m 左右。

(4) 拱肋联结系浇筑

当各拱肋同时浇筑和卸落拱架施工时，拱肋横向联结系应与拱肋浇筑同时施工卸落拱架；若各拱肋非同时浇筑和卸落拱架，则应在各拱肋卸落拱架后再浇筑横向联结系。

(5) 拱圈和拱肋钢筋绑扎

拱上的立柱柱脚、接头钢筋、横板底座和拉杆和接头钢筋或钢丝束的穿孔，均应按设计位置留置，当检查无误且合乎质量标准方可浇筑混凝土。

①拱脚钢筋预埋。无铰拱钢筋混凝土拱圈（拱肋）的主钢筋须伸入墩台内（拱座横梁），因此在浇筑墩台（拱座横梁）混凝土时应按设计要求的位置和深度将其端部预埋入混凝土内。为便于预埋，主筋端部可截开，但钢筋接头必须按规范规定均匀错开。

②钢筋接头布置。为适应拱圈在浇筑过程中的变形，主钢筋或骨架钢筋在间隔缝处设钢筋接头，主筋接头位置如图 3-4-21 所示，其中阴影处为有钢筋接头之间隔缝。

③绑扎顺序。分环浇筑混凝土拱圈（拱肋）时，可分环绑扎拱圈和拱肋钢筋。分环绑扎时，各项预埋钢筋、预埋件与管道均应临时加以固定，并在浇筑混凝土前进行检查和校正。

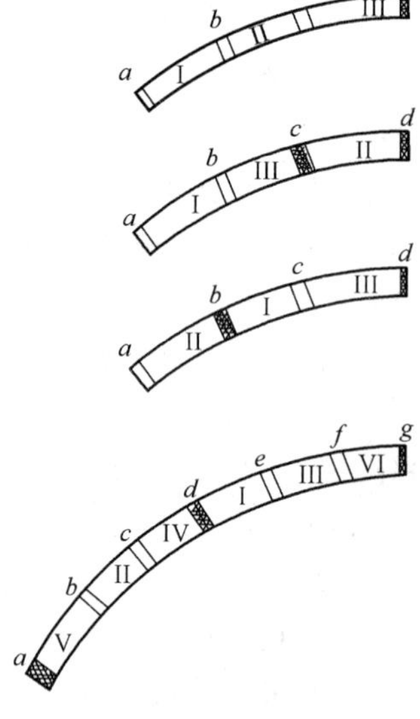

图 3-4-21　主筋接头位置

3）拱上建筑

(1) 钢筋与模板

为简化在拱圈上进行作业，拱上结构的钢筋宜预先拼成骨架，模板宜预先拼组成整块或整体。钢筋骨架和整体式模板可用缆索吊车运至拱上安装。

(2) 混凝土浇筑

拱上建筑混凝土浇筑应自拱顶向拱脚或自拱脚向拱顶对称进行。大跨径拱桥拱上建筑的浇筑程序，按拱圈最有利的受力情况进行。

立柱混凝土应从底部到顶一次浇完，其顶端施工缝应设在横梁承托的底面。当立柱上横梁与桥面板直接连接时，横梁应与立柱同时浇筑。

梁与板一般应同时浇筑，当不得不先后分开浇筑时，其工作缝应设在板肋底面上。桥面混凝土应在前后伸缩缝间一次浇筑完成。

第二节　无支架施工

在峡谷或水深流急的河段上，或在通航河流上，或在施工中可能受到漂流物撞击威胁（洪水季节）等情况下修建拱桥，以及采用有支架的方法施工将会遇到很大困难或很不经济时，就宜考虑采用无支架施工方法，如缆索吊装施工、转体施工、悬臂施工、劲性骨架施工、塔架施工等。

一、缆索吊装施工

缆索吊装施工是指采用缆索结构（单跨或双跨）吊运、安装桥梁施工方法。缆索吊装具有跨越能力大、水平和垂直运输机动灵活、适应性广（用途多样）、施工稳妥方便等优点，因而得到广泛采用，尤其在修建大跨径或连续多孔拱桥中更能显示这种施工方法的优越性。缆索吊装施工主要用于预制安装的钢筋混凝土拱桥，同时在劲性骨架施工拱桥的骨架安装、拱上结构安装、桁架、刚架拱桥施工甚至一般跨径的悬索桥加劲梁安装中得到广泛运用。目前，缆索（吊装）跨度可达500m以上，并由单跨缆索发展到双跨连续缆索，最大连续跨径已达2×400m。最大吊装重量已超过100×10^4kN，能够顺利地吊装跨径达160m的分段预制箱形拱桥以及跨径更大的其他形式拱桥。经过30多年的工程实践，缆索架桥设备已配套、完善，并成套生产。下面主要针对钢筋混凝土拱桥加以说明。

拱桥缆索吊装施工大致包括拱肋（箱）预制、移运和吊装，拱上结构构件预制与吊装、桥面系施工等主要工序。拱桥缆索吊装施工除缆索吊装设备以及拱肋（箱）和拱上结构构件的预制、移运和吊装等几道工序外，其余工序与有支架施工方法相同（或相近）。本节主要介绍缆索吊装施工的特点，基本内容同样适用于其他无支架施工方法。

1. 缆索吊装设备

缆索吊装设备适用于高差较大的垂直吊装和架空纵向运输，吊运量自$10^4\sim10^6$kN范围内变化，纵向运距自$10\sim10^4$m。常用于运送预制构件进入桥孔安装，其设备可自行设计，就地制造安装，亦可购置现成的缆索架桥设备运往工地安装。

吊装梁式桥的缆索吊装系统是由主索、天线滑车、起重索、牵引索、起重及牵引绞车、主索地锚、塔架、风缆等主要部件组成。吊装拱桥的缆索吊装系统则除了上述各部件之外，还有扣索、扣索排架、扣索地锚、扣索绞车等部件。其布置形式如图3-4-22所示。

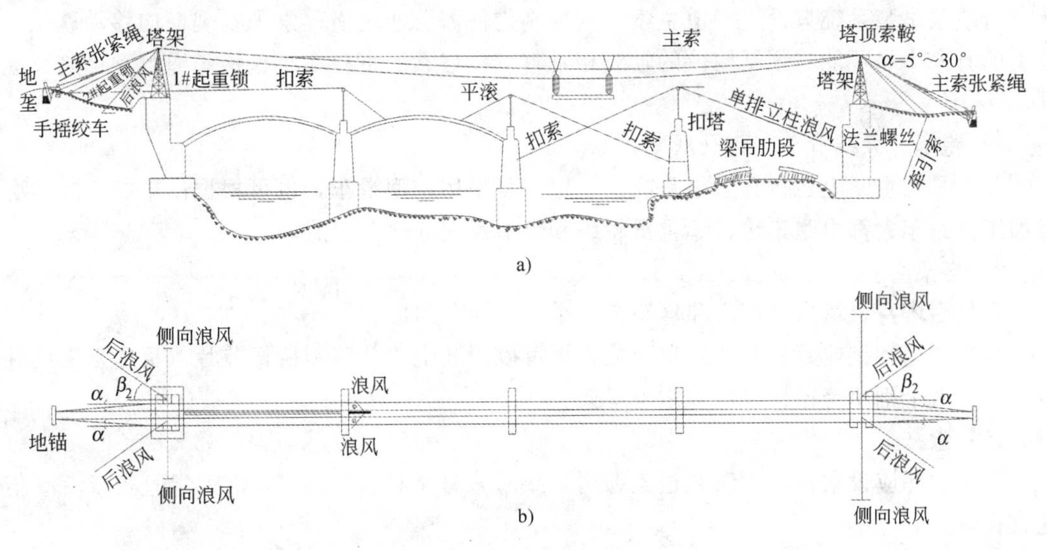

图3-4-22　缆索吊装布置示意

a）立面；b）平面

1）主索（承重索）

主索常采用纤维芯钢绳。其直径、型号和根数可根据索塔距离（主索跨度）、起吊重量、设计垂度（通常为$L/15 \sim L/20$，L为主索跨度）计算出主索所能承受的拉力选定。

主索一般用事先架好的工作索来安装。工作索直径较小，安装拉力不大，可依靠更细的钢丝绳或麻绳引导过河。

缆索的安装垂度应符合设计要求，若小于设计值，则地锚、索塔、主索等重要部件会超载或严重超载，这是十分危险的。相反，若缆索安装垂度大于设计值，则会引起工作垂度过大，增大了构件吊运上下坡的坡度，影响构件安装工作的顺利进行。

2）起重索

起重索套绕于天线滑车组，用于起吊构件。起重索承受吊重拉力，宜选用钢丝绳。

3）牵引索

为牵引天线滑车（跑车），沿主索前后移动的无级式拉绳，宜选用柔性好的钢丝绳。

4）扣索

临时固定分段拱肋所用的钢丝索称为扣索。扣索用绞车或链滑车收紧，用拉紧器（花篮螺丝）微调。扣索分墩扣（扣固在墩台上）、塔扣（通过墩台顶上的塔架扣固在地锚上）、天扣（扣固在天线上）、通扣等几种形式。

用作扣索的钢丝绳可采用与起重索或牵引索相同的类型。其直径大小按计算所受拉力大小确定。

5）安全索

安全索是一种辅助索，它不与主索发生联系。一般可在主索之间设1或2根类型与起重索相同的钢丝索作安全索，其直径可小于主索。安全索也可作工作索用。

6）风缆

风缆又称缆风索、浪风索，用于稳定塔架（包括索架和墩上排架），调整和固定拱肋的位置。风缆采用钢丝绳类型与牵引索、扣索相同，其直径大小按计算所受拉力大小确定。

7）横移索

若缆索吊装系统只设置一道主索，则预制构件需要通过横移索来实现横向移动就位。横移索的方向应尽可能与预制构件的轴线相垂直。横移索的直径大小、钢丝绳类型可与风缆相同。

8）跑车（天线滑车、骑马滑车）

跑车是在主索上运行和起吊重物的装置，可采用定型滑车，也可根据吊重的实际情况自行加工。跑车大都由跑车轮、起重滑轮组和牵引系统3部分组成。

9）塔架

塔架由塔身、塔顶、塔底和索鞍等几个主要部分组成。

塔身常用型钢或万能杆件组拼而成，也可以用装配式公路钢桥桁节片（贝雷）等构件拼装而成。对个别小跨径桥也可采用木塔架。

10）索鞍

塔架顶部应设索鞍。主索通过索鞍时，要求索鞍半径R大于12倍钢索直径或300倍钢丝直径。

11）塔架基础

塔架基础一般采用浆砌片石或片石混凝土。塔底有铰接和固接两种形式，底座设铰的塔架必须依靠风缆维持稳定。有的工地则于塔架下端设球面或平面与垫木平面接触的自由铰。缆索架桥设备的塔底是在分片拼装的锥形塔脚节下设筒形铰支座。有些塔架脚底固定在基础混凝土中，或预埋螺栓与塔固接，这种形式的塔底可以承受弯矩，但塔架的稳定仍需用风缆帮助。

12）锚碇

锚碇为固定主索、起重索、扣索、铰磨、绞车、缆风绳、溜绳、导向滑车、各式扒杆、绳索吊机等不可缺少的设备。重要的锚碇应进行专门设计计算，并在正式使用前进行试拉。

锚碇的种类按构造形式可分为地垄、钢筋锚环、水中锚碇和其他锚固点等。

13）电动卷扬机及手摇绞车

电动卷扬机及手摇绞车为牵引、起吊的动力装置。电动卷扬机速度快，但不易控制，一般多用于起重索和牵引索。对于要求精细调整钢索的部位，多采用手摇绞车，以便于操纵。

14）其他附属设备

如各种倒链葫芦、花篮螺栓、钢丝卡子（钢丝轧头）及千斤绳等。

缆索吊装设备的形式及规格都非常多，必须按照因地制宜的原则，结合各工程的具体情况合理地选用，才能取得良好的效果。

2. 钢筋混凝土拱箱的预制、加工

缆索吊装施工的箱板拱和箱肋拱的拱圈都由多条箱肋组成。

预制拱箱（肋）首先要按设计图的要求，在样台上用直角坐标法放出拱箱（肋）的大样。在大样上按设计要求分出拱箱（肋）的吊装节段，然后以每节段拱箱（肋）的内弧下弦为 X 轴，在此 X 轴上作垂线为 Y 轴。用此 X、Y 直角坐标，在 X 轴上每隔 1m 左右量出内外弧的 Y 坐标，作为拱箱（肋）分节放样的依据。在放样时，应注意各接头的位置，确保准确，避免安装困难。

拱箱（肋）的预制一般多采用立式预制，以便于拱箱（肋）的起吊及移运。预制场多用砂卵石填筑拱胎，其上浇筑一层 50mm 厚的混凝土面层。

拱箱预制均采用组装预制，即将拱箱分成底板、侧板、横隔板等几个部件分别进行预制。首先，预制侧板、横隔板，然后，在拱箱节段的底模上组拼开口箱。先在拱胎面上放出拱箱边线，并分出横隔板中线，两侧钉好铁钉。为利于拱箱底板混凝土脱胎，可在拱胎面上铺油毛毡或塑料薄膜一层，然后铺设底板钢筋，将侧板与横隔板安放就位，并绑扎好钢筋，浇底板混凝土及接缝混凝土，组成开口箱。最后，在开口箱内立顶板的底模，绑扎顶板钢筋，浇筑顶板混凝土，组成闭口箱。待达到设计强度后即可移运拱箱，进行下一节段拱箱的预制工作。

3. 吊装方法

拱桥的构件一般在河滩上或桥头岸边预制和预拼后，送至缆索下面，由起重行车起吊牵引至指定位置安装。吊装应自一孔桥的两端向中间对称进行，在最后一节构件吊装就位，并将各接头位置调整到规定标高并联结以后才能放松吊索，最后才将所有扣索撤去。

拱桥跨径较大时，最好采用双基肋或多基肋合龙。基肋和基肋之间必须紧随拱段的拼装及时联结。端段拱箱（肋）就位后，除上端用扣索拉住外，并应在左右两侧用一对称风缆索牵住。中段拱箱（肋）就位时，务使各接头顶紧，尽量避免简支搁置和冲击作用。

为了保证拱肋吊装的稳定和安全，必须遵循以下规定：

（1）拱肋的吊装，除拱顶节段外，其余节段均应设置一组扣索悬挂。

(2) 拱肋分 3 段或 5 段拼装时，至少应保持 2 根基肋设置固定风缆，拱肋接头处应横向连接。

(3) 对于中小跨径的箱形拱桥，当其拱肋高度大于 0.009～0.012 倍跨径，拱肋底面宽度为肋高的 0.6～1.0 倍，且横向稳定安全系数大于或等于 4 时，可采用单肋合龙，嵌紧拱脚后，松索成拱，如图 3-4-23a) 所示。

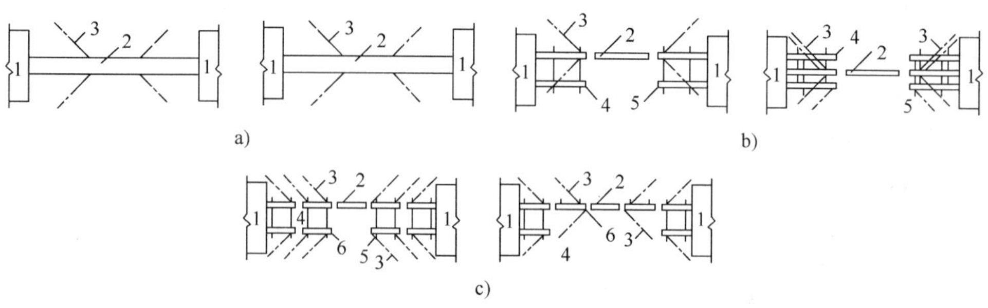

图 3-4-23　拱肋合龙方式示意

a) 单基肋合龙；b) 3 段吊装单肋合龙；c) 5 段吊装单肋合龙

1-墩台；2-基肋；3-风缆；4-拱脚段；5-横夹木；6-拱脚段

(4) 大、中跨径的箱形拱，其单肋合龙横向稳定安全系数小于 4 时，可先悬扣多段拱脚段或次拱脚拱肋，然后用横夹木临时将相邻两肋联结后，安装拱顶单相肋合龙，松索成拱，如图 3-4-23b)、c) 所示。

(5) 当拱肋跨径在 80m 以上或横向稳定安全系数小于 4 时，应采用双基肋合龙方式，即当第一根拱肋合龙并校正拱轴线，楔紧拱肋接头缝后，稍松扣索和起重索，压紧接头缝，但不卸掉扣索和起重索，待第二根拱肋合龙，两根拱肋横向联结固定好并接好风缆后，再同时松卸两根拱肋的扣索和起重索。

(6) 当拱肋分 3 段吊装，采用阶梯形搭接头时，宜先准确扣挂两拱脚段，调整扣索使其上端头较设计值抬高 30～50mm，再安装拱顶段使之与拱脚段合龙。采用对接接头，宜先悬扣拱脚段初步定位，使其上端头高程比设计值抬高 50～100mm，然后准确悬扣拱顶段，使其两端头比设计值高出 10～20mm，最后放松两拱脚段扣索使其两端均匀下降与拱顶段合龙。

(7) 当拱肋分 5 段吊装时，宜先从拱脚开始，依次向拱顶分段吊装就位，每段的上端头不得扭斜。首先使拱脚段的上端头较设计高程抬高 150～200mm，次边段定位后，使拱脚段的上端头抬高值下降为 50mm 左右，并应保持次边段的上端头抬高值约为拱脚段上端头抬高值的 2 倍的关系，否则应及时调整，以防拱肋接头开裂。

(8) 当采用 7 段和 7 段以上拱肋吊装时，应通过施工控制的方法，准确计算每段吊装后各扣索的索力、各接头的标高位置，并对风缆系统进行专门设计，确保拱肋横向稳定安全系数不小于 4，拱肋（包括接头）在各阶段承受的应力也应包含在控制计算中。

(9) 拱肋合龙温度应符合设计规定，如设计无规定，可在气温接近当地的年平均温度（一般在 5℃～15℃）时进行；天气炎热时可在夜间洒水降温条件下进行。

4. 施工加载程序

对于小跨径拱桥，当拱肋的截面尺寸满足一定的要求时，可不作施工加载程序设计。但应按有支架施工法对拱上结构进行对称、均衡的施工。

对于大、中跨径的拱桥，一般按分环、分段、均衡对称加载的总原则进行设计。即在拱的两半跨上，按需要分成若干段，并在相应部位同时进行相等数量的施工加载。但对坡拱桥，一般应使低拱脚半跨的加载量稍大于高拱脚半跨的加载量。

在多孔拱桥的两个邻孔之间，也须均衡加载，两孔的施工进度不能相差太远，以免桥墩承受过大的单向推力而产生过大的位移，造成施工进度快的一孔的拱顶下沉，邻孔的拱顶上冒，从而导致拱圈开裂以及垮塌。

二、悬臂法与塔架法施工简介

1. 悬臂法施工

1）悬臂浇筑施工

悬臂施工法是指拱圈、拱上立柱和桥面板（梁）等齐头并进，边浇筑边构成桁架的悬臂浇筑法。施工时，用预应力钢筋临时作为桁架的斜拉杆和桥面板的临时明索，将桁架锚固在后面桥台上。该法主要用混凝土箱板拱、箱肋拱。其施工程序如图 3-4-24 所示。

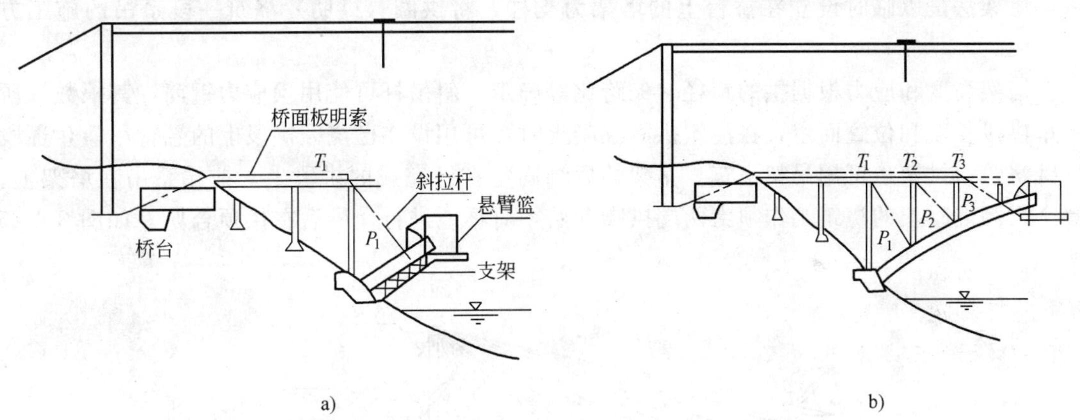

图 3-4-24　悬臂浇筑施工程序

图 3-4-24a）为在边孔完成后，在桥面板上设置临时明索，然后在吊架上浇筑一段拱圈。头一段拱圈浇筑完成并达到要求强度后，在其上设置临时预应力明索，并撤去吊架，直接系吊于斜拉杆上，然后在前端安装悬臂吊篮。

图 3-4-24b）为用吊篮逐段悬臂浇筑拱圈。当吊篮通过拱上立柱 P_2 位置后，须立即浇筑立柱 P_2 和 P_1、P_2 间桥面板（梁），然后用吊篮继续向前浇筑，至通过下一个立柱 P_3 位置后，再安装 P_1、P_2 间桥面明索及斜拉杆 T_2 并浇筑立柱 P_3 及 P_2、P_3 间桥面板（梁）。每当吊篮前进一步，须将桥面板（梁）临时明索收紧一次。整个桥孔就这样一面用斜拉钢筋构成桁架，一面悬臂浇筑，直至合龙。

拱圈断面为箱形时，每段施工按箱形断面拱圈的施工程序进行浇筑。每一循环（相当于拱上构造一个节间）需 9～12d。

为争取时间，拱上桥面板（梁）混凝土宜用活动支架逐孔浇筑。

采用悬臂法施工时，施工误差会对整体工程质量产生很大的影响，故必须对施工测量、材料强度及混凝土的浇筑等进行严格的检查和控制。尤其对斜拉预应力钢筋，必须严格测定每根的强度，观测其受力情况，必要时予以纠正和加强。

为防止计算与实际差别过大，施工前须做施工模拟试验以及预应力钢筋的锚固可靠性试验。

2）悬臂拼装施工

这种方法是将拱圈的各个组成部分（侧板、顶底板等）事先预制，然后通过临时斜压杆（或斜拉杆）和上弦拉杆组成桁架拱片，沿桥跨分作若干段，再用横系梁和临时风构将两个桁架拱片组装成框构，每节框构整体运至桥孔，由两端向跨中逐段悬臂拼装合龙。悬伸出去的拱体通过上弦拉杆和锚固装置固定于墩、台上。也可以是将拱圈的各个组成部分分别在拱圈上悬臂组拼成拱圈，然后利用立柱与临时斜杆和上拉杆组成桁架体系，逐节拼装，直至合龙。居目前世界第二的钢筋混凝土箱形拱桥——南斯拉夫 KRK 桥就是采用悬臂法施工。

目前世界最大跨径的混凝土桁式组合拱桥——贵州省江界河 330m 预应力混凝土桁式组合拱桥就是采用悬臂拼架施工，详见第五章第三节。

2. 塔架法施工

塔架法是以临时设立在桥台上的塔架为支柱，将拱圈（拱肋）浇筑一段系吊的施工方法。

塔架高度和应力根据拱的跨径、矢跨比等确定。斜吊杆可使用预应力钢筋，其根数视所系吊拱段长度和位置而定，在浇筑拱圈混凝土时，可用设在已浇完拱段上的悬臂吊篮，逐段悬臂浇筑。拱架也可用吊架浇筑，吊架的后端固定在已完成的拱段上，前端系吊在塔架上。整个拱圈混凝土的浇筑工作须由两端拱脚开始，对称地进行，最后在拱顶合龙，如图 3-4-25 所示。

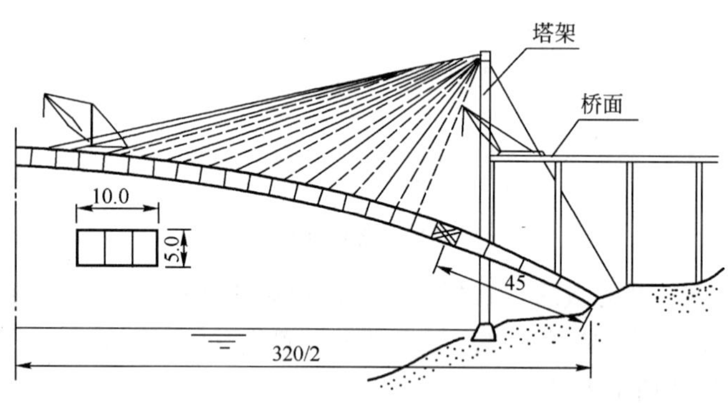

图 3-4-25　塔架施工（单位：m）

第五章 拱桥实例

DIWUZHANG

第一节　丹河大桥

一、概　况

丹河大桥是目前世界上跨径最大、荷载标准最高的石拱桥。丹河大桥位于太行山脚下的丹河河谷，河谷相对高差近 80m。全空腹式变截面石板拱桥，其跨径组成为 2×30m＋146m＋5×30m，桥梁全长 413.7m，桥面宽度为 24.8m。主桥拱上建筑由 14 孔跨径为 9.4m、厚度为 0.6m 的腹拱组成，桥梁栏杆为表现晋城市历史文化，由石雕图画与传统的石狮子组成，体现了现代与传统文明的完美结合。如图 3-5-1 所示。

二、构　造

丹河大桥主孔跨径 146m，矢跨比 1/4.5，主拱圈采用悬链线变截面石板拱，拱轴系数为 2.30，主拱圈宽度为 23.9m，拱顶厚度为 2.50m，拱脚厚度为 3.50m，拱厚按李特公式变化，其变化系数 n＝0.5225；净矢高为 32.444m。拱上采用全空腹拱式腹拱形式，由 14 孔 9.6m 跨径的圆弧形石板拱组成，腹拱拱圈厚 0.6m，矢跨比 1/3.5，桥面宽度：0.35＋1.00＋0.50＋9.50＋1.50＋9.50＋0.50＋1.00＋0.35＝24.2m。

丹河大桥设计的汽车荷载等级为公路－Ⅰ级，人群 3.5kN/m^2。

主拱圈采用 C40 小石子混凝土砌 100# 大料石；基础采用 C30 片石混凝土；腹拱填料采用加气混凝土；桥面铺装为钢纤维混凝土；其余除推力墩与截面较大的腹拱墩采用浆砌片石外包浆砌料石外，均采用 C30 小石子混凝土砌 60# 料石。拱腹填料采用轻质陶粒混凝土（密度控制在 11kN/m^3），桥面结构采用防水混凝土。

三、施工特点

基础除焦作岸引桥采用挖孔桩基础外，其余均采用片石混凝土扩大基础，其中焦作岸主

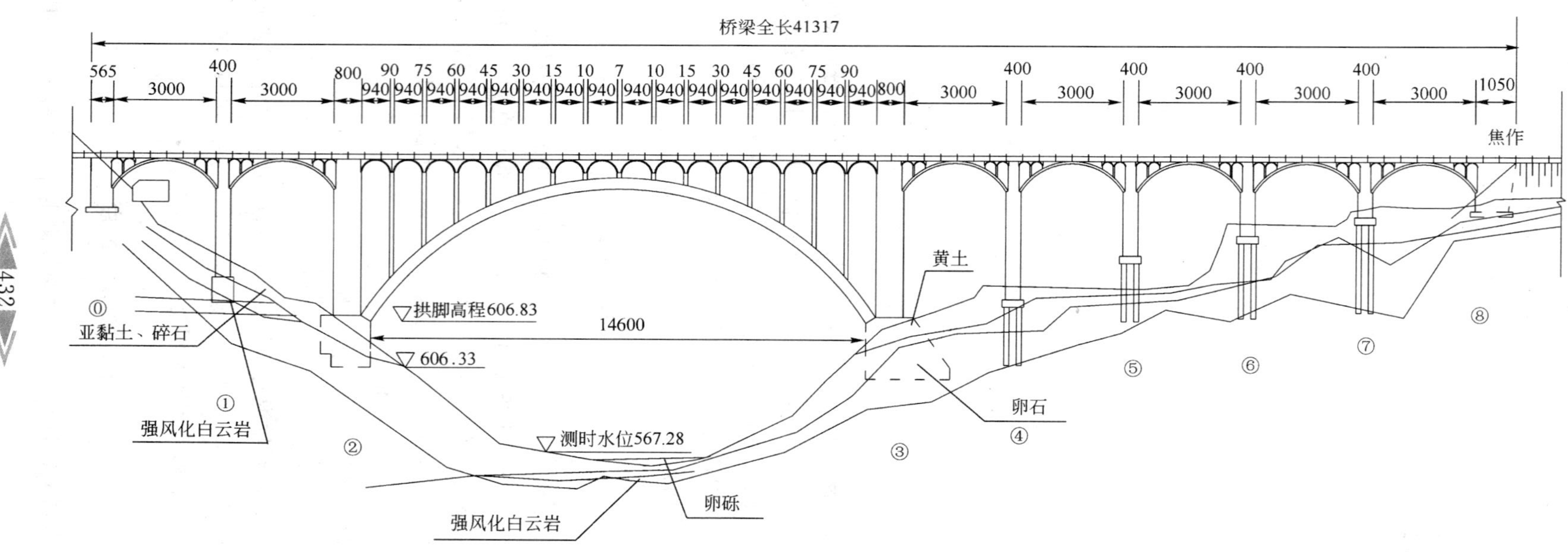

图3-5-1 丹河大桥桥型布置（单位：标高以 m 计，尺寸以 cm 计）

拱座因基岩倾斜较严重、岩石层理发育，采用了锚杆加固措施。由于丹河大桥桥高达80.6m，且沟深谷陡，在跨径达146m的情况下，采用何种形式的支架便成了本桥成败的关键因素之一。经多种结构形式与材料选择，丹河大桥拱架最终采用了结构受力明确、稳定性与安全度高、施工速度快、设备重复利用率高的空间排架式钢拱架。横向5排、纵向8跨，由16Mn钢万能杆件与军用墩组成。拱盔部分采用圆松木排架与弓形木及模板构成。卸架设备则采用了传统的单木楔与组合木楔，方便、稳妥、可控性强。根据施工过程看，这种方案是十分成功的。

桥梁采用在拱架上分环分段砌筑法施工。拱架采用空间排架式钢拱架，它由A3和16Mn钢万能杆件拼成的空间桁架（横向设10片桁片，每2片桁片组成一榀桁架，共5榀，纵向8跨）和木拱盔（拱盔部分采用圆松木排架与弓形木及模板构成）与军用墩构成，全高70多米。主拱圈分5环砌筑而成，每环又分成5个段共18个工作面进行砌筑。按程序，在拱上横墙施工完成后进行落架。

主拱圈及拱上建筑的砌筑，摒弃了传统的缆索吊装与扒杆施工方法，采用2台塔吊直接吊装施工，由于跨径大，主拱圈料石的分类也相对简单。本桥主拱圈共采用了厚度为36～60cm的100号料石，分5环10段砌筑。每环纵向设置了11道空缝。由扁铁塞垫，砌缝宽度为3cm砌缝材料为C40小石子混凝土，采用小直径振捣棒震捣。加载顺序根据变形与受力观测结果，通过施工仿真模拟计算后确定主拱圈采用环环合龙，两阶段逐次循环落架方案(图3-5-2)。整个施工过程，均处于严密而科学的控制之中，使丹河大桥主拱圈施工仅用了短短的4个月时间，各项工程指标均达到了设计理想状态。

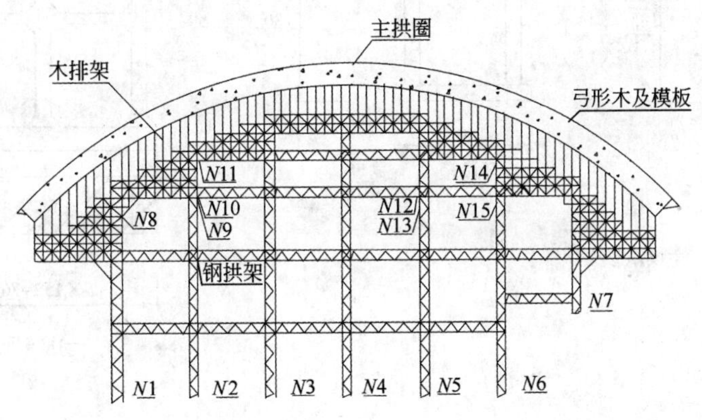

图3-5-2　施工循环落架方案

第二节　四川宜宾马鸣溪金沙江大桥

一、概　况

马鸣溪桥位于金沙江与岷江汇合口上游约12km，水深流急，枯水时水深近20m，水面宽130m，通航要求河槽内不能设置桥墩和支架，相据材料供应及施工设备技术条件，确定采用无支架吊装的拱桥方案，主孔跨径 150m，矢跨比 1/7；引桥跨径 65m，矢跨比 1/8。设计标准为：公路－II 级，桥面车道宽 7m，两边各设 1.5m 人行道，总宽 10m，全桥长 245m。全桥总体布置如图 3-5-3 所示。

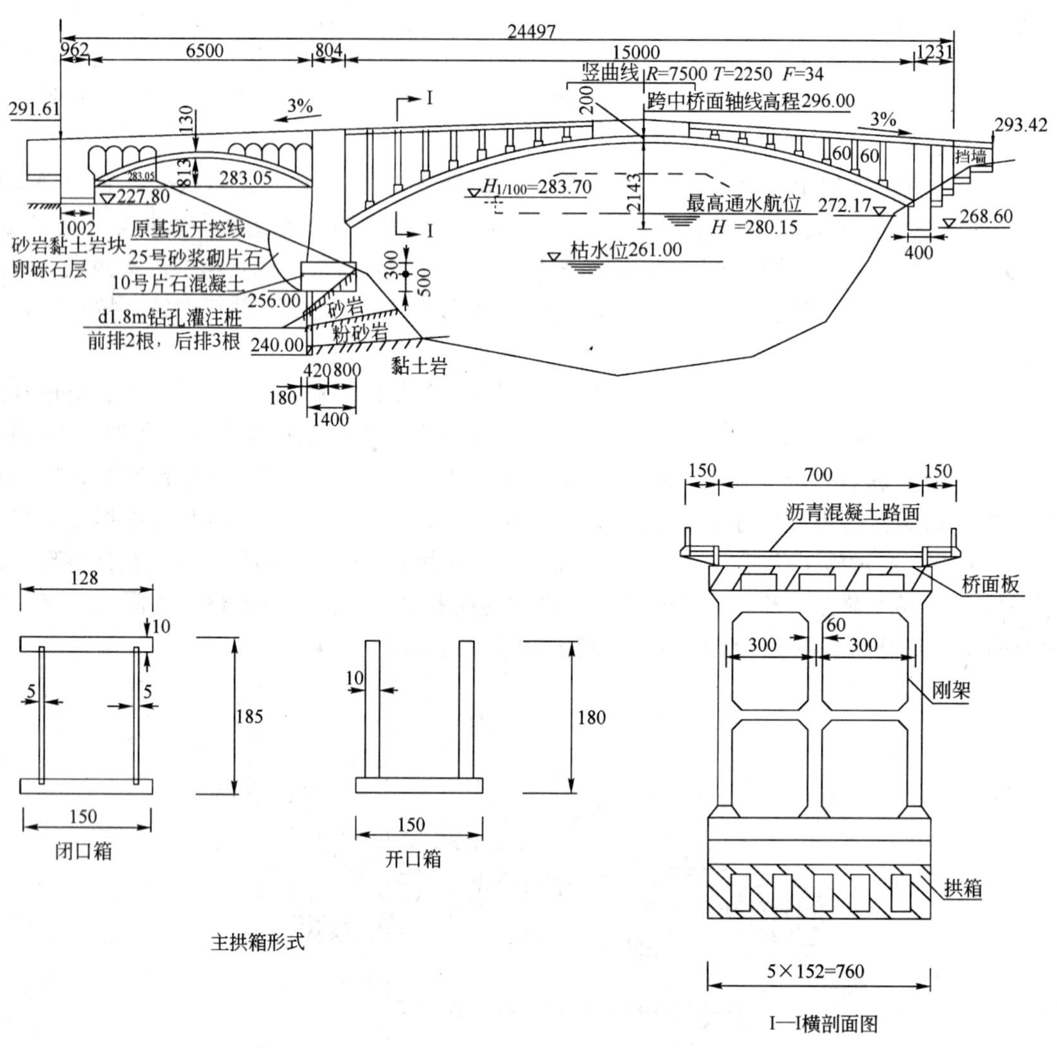

图 3-5-3　四川金沙江大桥总体布置图（单位：高程以 m 计，尺寸以 cm 计）

岸墩基础由于基岩向岸后方陡下，落到枯水位以下，因此采用了桩基与明挖的混合式基础，将基础前半部搁置在岩石上，后半部置于 5 根直径 1.8m 的钻孔灌注桩上，桩嵌入岩层。

本桥前后历时 3 年零 4 个月建成，其中上部构造的安装时间约半年，1979 年 3 月通车。

二、构 造 设 计

1. 主拱结构型式

从施工考虑，箱形拱的截面刚度大，稳定性好，操作安全，现浇混凝土程序较少，整体性也较好，这些优点跨径愈大愈显著，因此采用箱形截面。对于预制箱，是采用闭口箱还是开口的槽形箱，分别对两者的截面积、惯性矩、截面模量（上、下）作了分析比较。通过比较，显然闭口箱的几何性质较开口箱好，无支架吊装的大跨拱桥，施工过程中的应力，往往较大，成为控制设计的因素，闭合箱的惯性矩和截面模量大，其应力及配筋数量较少。

拱圈采用等截面悬链线，经用电算选择与恒载压力线最接近的拱轴系数 $m=1.45$，拱箱用 C40 混凝土，全高 200cm，预制箱高 185cm，底板厚 18cm，全部预制，顶板预制厚 10cm，以后现浇加厚 15cm，共 25cm，这对减轻吊装重量、调整各片拱箱顶面的平整度和整体化都是有益的，但从受力及钢筋布置来说，则不如一次全厚预制顶板为合理。每个预制箱的顶、底板内各设 10ϕ16 的纵向钢筋（两个边段内设 14ϕ16 纵向钢筋），现浇顶板内设 ϕ6 钢筋网一层。侧板用 40～50mm 厚的钢筋混凝土薄板，纵横配 ϕ6 钢筋构成 70mm×70mm 网格，先分块平浇预制，然后与横隔板组装连接，浇筑底板及接头，再浇顶板，组合成闭合箱。主拱横截面如图 3-5-4 所示。

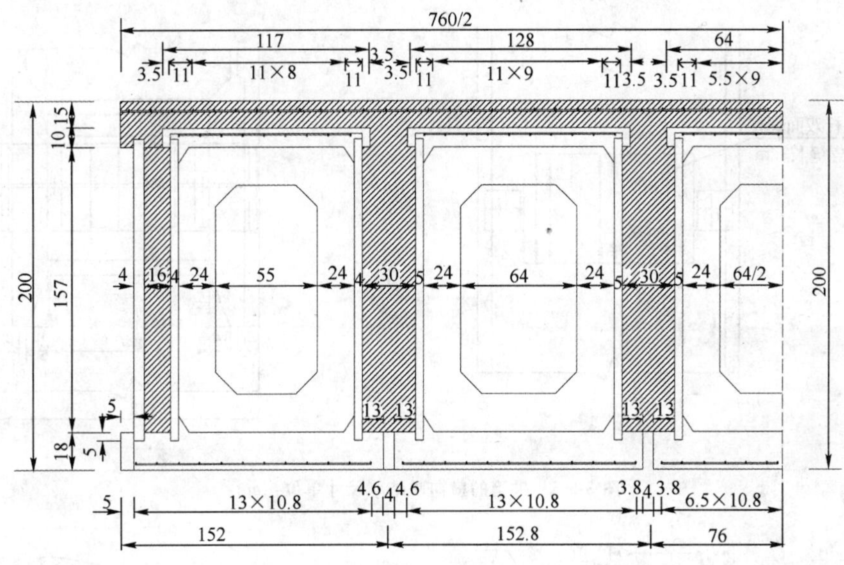

图 3-5-4　主拱横截面（尺寸单位：cm）

拱圈全宽 7.6m，宽跨比为 1/20，主要是考虑大跨拱桥拱圈圬工及质量所占比重甚大，减窄拱圈宽度，可以节省工程数量，减少吊装工作量，经济效益显著，因此采用的悬挑人行道。另外，人行道悬出，有挑檐之感，建筑外形较美观。经验算，横向稳定系数 $K=16$，纵向稳定系数 $K=7.2$，表明其稳定性是足够的。

马鸣溪桥拱圈系分片分段预制吊装，两段拱箱的横向联接如图 3-5-5 所示，两段拱箱的纵向接头如图 3-5-6 所示。为增强整个拱圈的横向稳定性，在拱圈两外侧的各段接头处，加焊钢板联接。

该桥根据现有设备的吊装能力，将拱圈在横向分为 5 片，每片在纵向分为 5 段，最大吊装重量 600kN（实际预制中，由于有些尺寸超厚，最大重量达 700kN）。

2. 拱上建筑

拱上建筑采用轻型结构，这对于大跨拱桥很有意义，减轻拱上自重就可以减小拱圈截面，或降低应力。本桥主跨每边布置 9 孔净跨 6m 简支钢筋混凝土肋板，为主拱跨径的

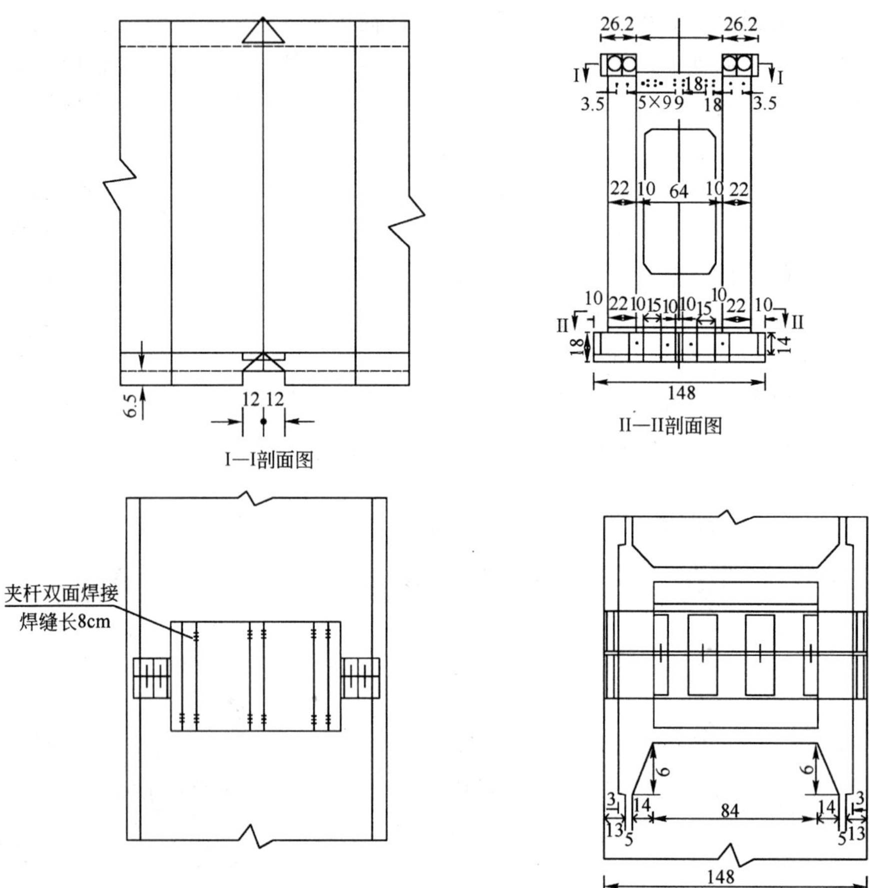

图 3-5-5　拱箱的横向联结（尺寸单位：cm）

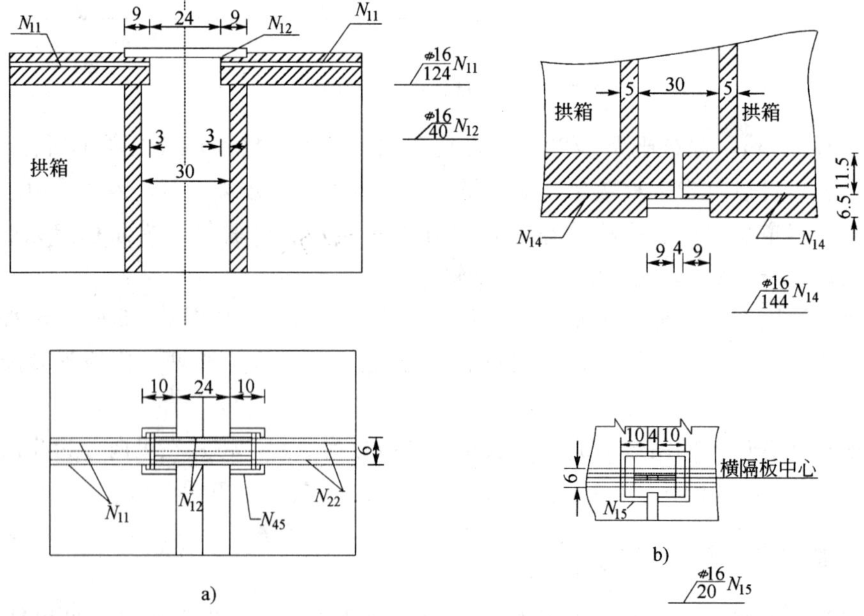

图 3-5-6　拱箱的纵向联结（尺寸单位：cm）

1/25，肋板有4根梁肋，各宽46cm，高60cm，板厚12cm，根部加厚到20cm，侧边有两根悬臂伸出，以支承人行道，其中部连通作为肋板的横隔梁，整个肋板是一个梁格结构，一孔肋板用混凝土13.57m^3、钢筋240kg，如按10m宽桥面计算材料指标，则每平方米桥面用混凝土0.205m^3、钢筋37kg，钢材用量偏多，而混凝土用量则较小。

每孔肋板以中线纵向划分作两块预制安装，肋板支承在横向刚架上，刚架由横梁及3根主柱组成，较高者中部设有1～2道横系梁，整体预制吊装，靠近拱脚的1号刚架高达15.28m，分两段预制，安装就位后进行联接，其余刚架均为整块预制，最高为2号刚架，高12.08m，重量423kN。

刚架及肋板的构造如图3-5-3中的横剖面图。

刚架的柱脚与拱箱上的垫梁连接，柱脚下端于截面中部设一个30cm×30cm丁头，以便搁置在垫梁上，刚架调正以后，将柱四周伸出的钢筋与垫梁上露出的钢筋焊接，然后浇筑接头混凝土。

每半拱上的桥面板，在靠墩台的端头4号和7号刚架上设有3处钢板活动支座，目的是想不让拱上建筑参与主拱圈的共同作用，减少次应力，在该处设置伸缩缝。

三、施　工

1. 拱箱预制

先预制好侧板及横隔板，然后在土牛胎上组装拱箱，土牛胎面上浇筑有一层厚80mm的混凝土，在拱箱底板位置，铺油毛毡一层，油毡与拱胎混凝土之间撒以滑石粉，以减小粘着力，铺设底板钢筋，组装侧板及横隔板，电焊接头固定位置，检查尺寸无误后，即浇筑底板与各侧板以及横隔板的接头，待达到一定龄期拆模后，将于箱内安装内模，浇筑顶板，每段拱箱的两个端头采用钢模板，以使接头尺寸准确。

2. 吊装设施

在预制场拱箱两端外，各铺设平车轨道一条，用龙门架提升拱箱横移至桥头引道侧边，转给另一条轨道平车纵移至引桥下游，再用滚筒走板拖拉横移到缆索下起吊位置。

缆索跨径284m，设计垂度1/13，敷设两组运输线，每组运输线由8根ϕ47.5mm钢丝绳组成。

索塔仅设置一座，立于一岸引桥台上，用万能杆件组拼成两桅杆式索塔，高约48m，两桅杆间距4m，其间采用硬联结。另一岸利用高山设置嵌入式地锚，主索与地锚相联。

扣索由两根ϕ47.5钢丝绳组成，拱脚段扣索通过墩台顶部引至桥台或锚锭，第二段拱箱的扣索在一岸通过塔顶引至锚锭，另一岸扣索通过锚锭轨道梁转向进入卷扬机。

八字抗风索两岸各设四组，用ϕ15.5钢丝绳。

3. 拱箱吊装

吊装程序是先吊中央一片，其次是靠中央的两片，最后吊边箱。每片拱箱先吊拱脚段，第二段次之，然后拱顶段合龙。

两段拱箱正接后，上好接头螺栓，但不要旋得过紧，以利调整，顶段拱箱运到安装位置时，缓缓放松吊点，当比设计高3cm时，即停止下降，此时对称放松第一、二两段的扣索，

并逐渐松顶段吊点使接头接触，安装接头螺栓，合龙后的拱箱用松索及八字抗风索作拱轴线的调整。松索的程序是按一段、二段、顶段的次序往复进行，待各接触面基本抵紧，即暂停松索，作接头处理，在接头缝内填塞钢板，再次松索，使其抵紧，电焊接头角钢，用环氧树脂灌缝。

本桥由于跨径较大，单位拱箱宽度仅为跨径的 1/100，吊装过程中的横向稳定是一个突出的问题，采取了以下措施：对于第一片先吊的中箱，于每段接头处的侧边加设焊接钢板，增强横向稳定，第一片安装完毕后，除有八字抗风索外，不撤除吊、扣索，用第二组运输缆索吊装第二片拱箱，完毕后作好两片之间的横向连接，然后撤除第一组运输线，吊装第三片，每安好一片，立即进行横向联系。

第三节　贵州江界河大桥

一、概　况

1995 年 6 月竣工的江界河大桥位于贵州省瓮安县境内，跨越乌江。主孔桥型为预应力混凝土桁式组合拱，也是当今世界上跨径最大的混凝土桁式拱桥，桥型布置如图 3-5-7a）所示，上弦及桥面系构造如图 3-5-7b）所示。该桥主要技术标准如下：孔跨布置为 20m＋25m＋30m＋330m＋30m＋20m，全长 431m，主孔跨径 330m，计算矢跨比为 1/6，计算矢高为 55m，下弦拱轴线为二次抛物线；设计荷载为公路－Ⅰ级，人群荷载 3kN/m^2；桥面净宽为净－9m＋2×1.5m 人行道，桥全宽 13.4m；桥面至常水位高 264m。

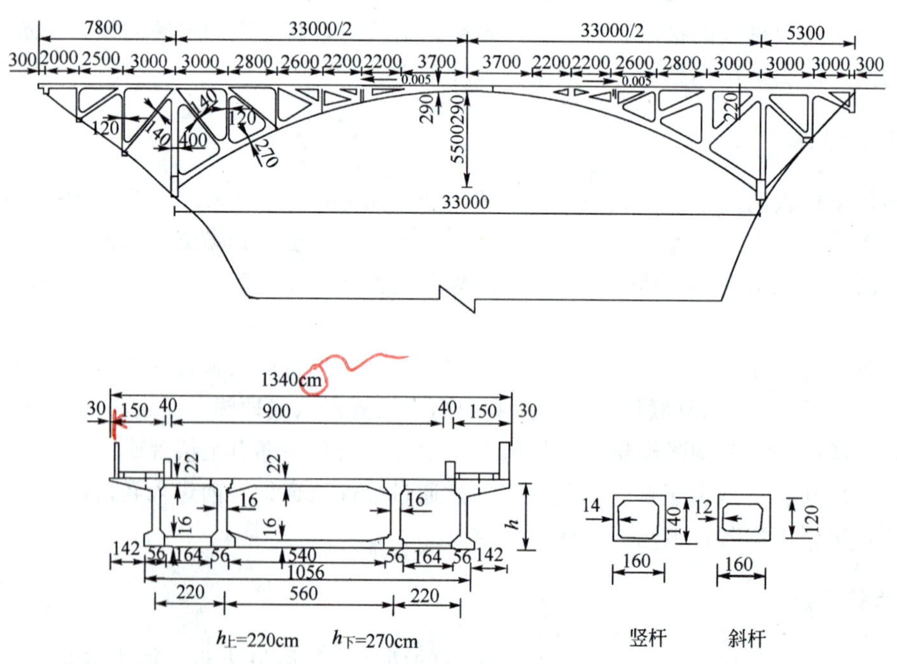

图 3-5-7　江界河桥桁拱布置及杆件截面型式（尺寸单位：cm）

a）桥型布置；b）弦杆及桥面系；c）腹杆

二、构造设计

1. 大节间斜拉杆式桁构

根据受力和悬拼施工要求，该桥采用大节间斜拉杆式桁构。桁片采用两片，中距7.8m，宽2.76m，两桁片间顶、底板净跨径为5.04m。主孔共设11个节间，布置为30m＋28m＋26m＋22m＋22m ＋74m＋22m ＋22m＋26m＋28m＋30m＝330m，其中74m段为实腹段。断点设计在上弦三、四节间之间，其位置经过优化，断点至墩顶的悬臂长度为84m（悬臂段长度与计算跨径之比为0.255），中部桁拱段长度为162m。

2. 截面型式

上部所有杆件均采用箱形截面，各种截面之间的面积比、刚度比经优化确定。上下弦及实腹段截面系先预制两边箱（桁片），吊装就位后再加盖顶、底板组成三室箱。

上弦杆为高2.20m、宽10.56m的单箱三室截面，其顶板既作承受局部荷载的单向（桥面）板，又作为上弦杆的一部分参与纵向受力，设计成空心板，腹板呈工字形，如图3-5-7b）所示。

腹杆包括竖杆和斜杆。竖杆均为压杆，由上下缘两个分离式的箱组成，其间用横系梁连接，每箱高1.20m，宽1.60m，壁厚0.12m；斜杆为拉杆，也由上下缘两个箱组成，箱高1.40m，宽1.60m，壁厚视是否设置预应力索而定，设预应力索两侧壁为0.16m，其余为0.14m。

3. 节点构造

该桥采用以圆弧过渡的扩大空心节点。即各杆件边线交会处一律以圆弧过渡，杆件截面重叠部分不是全部填实，而是根据受力和设置预应力钢筋的需要，将腹杆、上下弦杆内整个空间或部分空间相互交叉重叠的大部分截面仍然挖空，如图3-5-8所示。由节点光弹模型试验结果知，杆件交汇处局部应力集中现象严重，故增设较强的倒角钢筋。

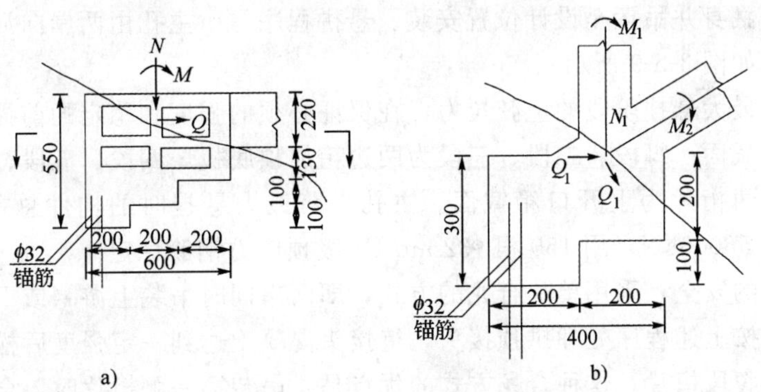

图3-5-8 墩台基础设计（尺寸单位：cm）

a）桥台基础；b）边孔腹杆基础

4. 接头设计

该桥采用预制悬拼施工，除拱顶采用湿接头外，一律采用半干性接头，搭接台阶

宽 30cm，构件四周钢筋伸出，就位后电焊钢筋使其连通，产生的缝隙用钢板填塞，并灌环氧树脂砂浆，然后用混凝土封闭其开口。拱顶接头长 1m，端头预埋钢板，以便合龙时预压。

5. 预应力体系设计

上弦杆和斜杆为预应力构件，根据受力和施工需要，分为永久索和临时索，在体系转换后，主孔断点至拱顶区段为压弯构件，故仅布置临时索。考虑到上弦预应力钢筋在施工中须多次松张、接长、张拉的特点，采用 φ32mmⅣ级高强粗钢筋和轧丝锚；斜杆为一次吊装，不需接长，故采用 24φ5mm 高强钢丝和弗氏锚（锚固端用墩头锚）。

6. 墩台锚固设计

在半跨最大悬臂阶段有 56000kN 的拉力通过上弦和 14000kN 的拉力通过斜杆传至边孔，然后通过边孔上弦和斜杆分别传至桥台和腹杆基础。基础设计用抗倾覆和抗滑动稳定性控制。倾覆力矩产生的上拔力由基础尾部竖直锚桩（桩径 27.3cm，其内放 6φ32mm 组成的钢筋笼，浇筑 C40 混凝土）克服，滑动力由基础前方天然岩体抗剪强度克服，如图 3-5-8 所示。为增大锚固安全度，在两岸桥台后面还增加了水平锚固设施——撑梁和锚固墙（与桥台分离）。

三、施 工 要 点

主孔采用桁架伸臂法悬拼架设，使用人字桅杆吊机进行吊装。桅杆设计最大吊重为 1500kN（相应桅杆倾角为 60°，伸臂长度为 21.34m），最大伸臂长度为 32.15m，相应吊重为 550kN，桅杆倾角为 40°）。悬拼工艺三要素是吊得起、拉得住、锚得稳，悬拼工艺流程中的要点如下。

本桥主孔桁片共分 14 段，半跨为 7 段，预制构件为 54 件，全桥共 108 件（不含顶底板和横向联系），全部采用单件拼装。每件预制件重量控制在 1200kN 以内。主孔下弦顶底板为预制吊装，主、边孔上弦顶底板为现浇。构件在两岸引道上预制。带节点的预制件采用卧式预制，不带节点的预制件，采用立式预制。构件用千斤顶顶起脱模后，用专用托架运至桅杆脚下，由桅杆翻身并吊运至设计位置安装。悬拼程序是由主孔由两岸向河心逐段悬拼，至主孔跨中合龙，如图 3-5-9 所示。

为减少半跨最大悬挂阶段的上弦拉力，在保证必须的强度和稳定的前提下，主孔各节段分别采用不同的截面；脚段、二段、三段为两边箱加顶底板，四段、五段、六段为两边箱加横向联系，七段两桁片为上开口箱截面。主孔半跨最大悬挂时的构件总重力为 54000kN，上弦根部拉力为 56000kN，用 150 根 ϕ32mm IV 级预应力钢筋稳定。

为了合龙时的安全，采用单片合龙的方式，即两岸同时吊装上游（或下游）一侧实腹段桁片，就位后，按上述程序处理拱顶接头，待接头混凝土达到一定强度后松索，再按同样程序吊装另一侧实腹段桁片。这种合龙方式的优点是：吊装第一侧桁片时，合龙段悬挂重量仅为计算重量的一半，而且，在松索之前构件重力是通过桅杆吊机传至第六段桁片后端的吊机安装点上，从而缩短倾覆力臂（同时桅杆脚的水平分力还可起到预应力的作用），减少上弦拉力。吊装另一侧桁片时，已合龙的桁片起拱的作用，受力状态大为改善。

悬拼施工中结构处于悬臂桁架体系状态，合龙后将进行体系转换，使上弦在三、四节间之间断开，变成组合拱体系。因为合龙时，主孔四、五、六、七段截面刚度较小。为了保证

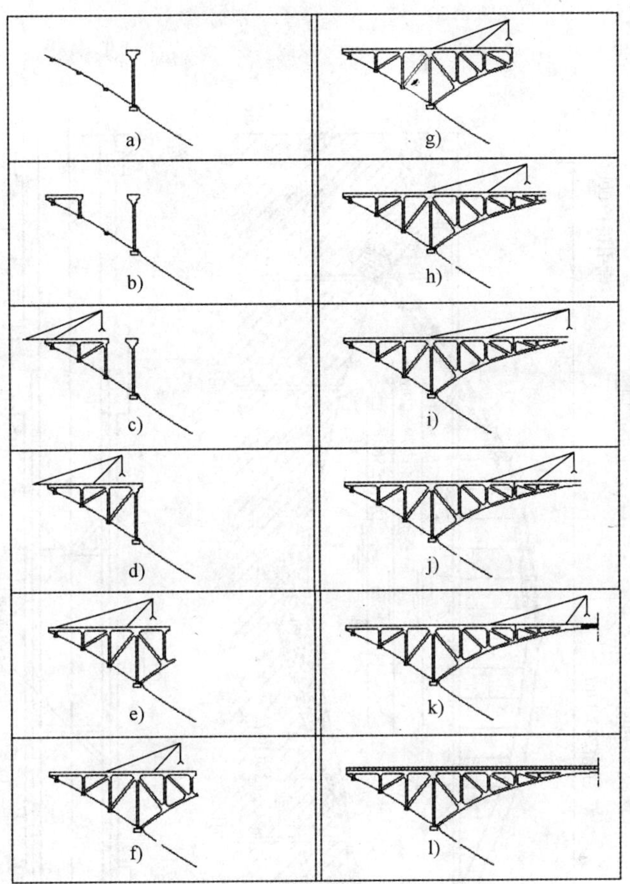

图 3-5-9　悬臂施工过程

在体系转换时结构有更大的稳定性，采取分次放张、分次加载的方式，使结构逐步缓慢地由悬臂桁架体系过渡到桁式组合拱体系。

第四节　宜宾南门金沙江大桥

一、概　　况

四川宜宾南门金沙江大桥由主桥及两端的引桥组成。主桥为劲性钢骨钢筋混凝土中承式单孔跨径 240m 的公路拱桥，桥全长 384m，宽 13＋2×3.25m，净矢高 48m，矢跨比 1/5，拱轴线为悬链线，拱轴系数 $m=1.756$；南、北引桥为钢筋混凝土连续桥，其跨度分别为 2×16m和 6×16m。设计洪水频率 1%，抗震设防烈度 8 度，设计荷载为公路－I 级，按 4 车道布载。全桥总体布置如图 3-5-10 所示。该桥 1986 年 12 月开工，1990 年 6 月 24 日竣工。

二、构 造 设 计

1. 主桥构造

主桥是由拱肋、吊杆、桥面系、门式框架等主要部分组成。拱肋为两条分离式平行的劲

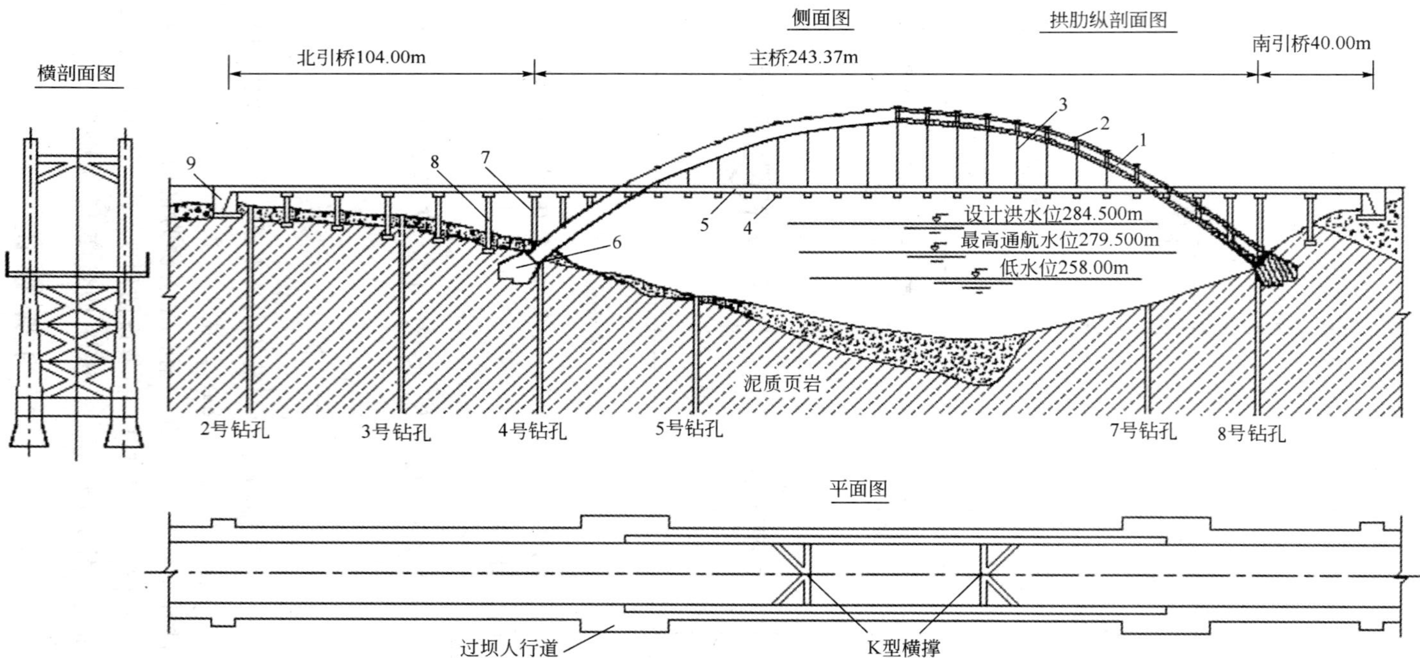

图3-5-10 宜宾南门金沙江桥总体布置图（尺寸单位：m）

性钢骨钢筋混凝土结构的无铰拱，拱肋截面为变宽、变高闭口的箱形截面（图 3-5-11），拱肋以拱顶截面左右对称。主桥共设 34 根吊杆，吊杆采用 21 根 7-ϕ5 高强钢绞线捆扎成束，形成承重结构，吊杆外套无缝钢管，钢绞线与钢管之间灌注水泥浆。

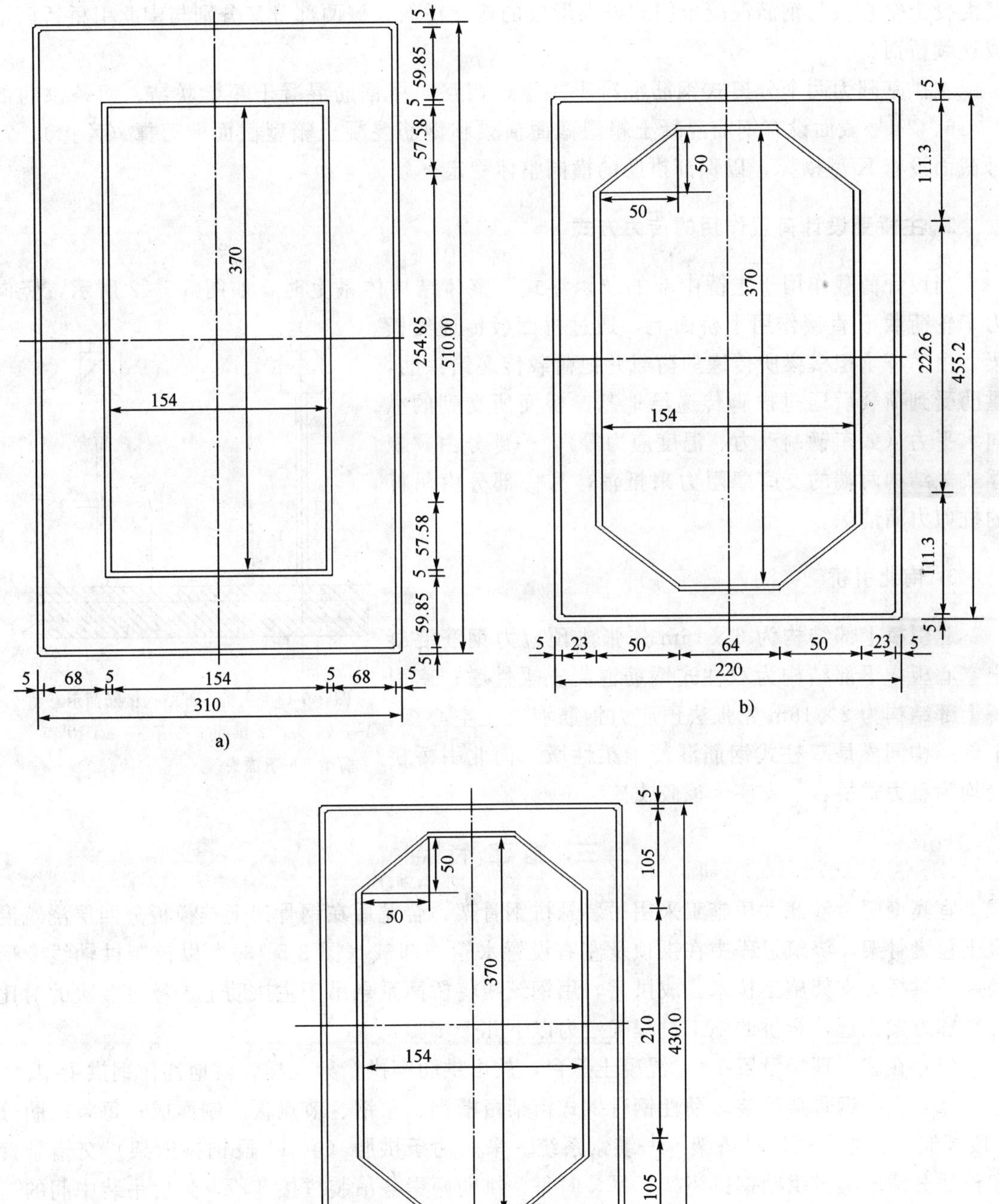

图 3-5-11 拱肋箱形截面（尺寸单位：cm）

a）0 号截面；b）48 号截面（$L/4$）；c）拱顶 96 号截面（$L/2$）

在拱肋与桥面系截面联结处设伸缩缝把桥面系分成3部分，即中部182.53m的钢筋混凝土连续桥面，由预应力钢筋混凝土空心板和预应力钢筋混凝土横梁组成的“飘浮式”整体结构体系，该桥面依靠柔性吊杆悬挂于拱肋上。其他两部分为两端各30.42m，由预应力钢筋混凝土空心板与钢筋混凝土门式框架形成的连续桥面，该两部分又分别与南北引桥桥面形成连续桥面。

主拱基础为两个分离式钢筋混凝土拱座，相互间用钢筋混凝土箱梁联结。两条拱肋的8、16、24号截面设有钢筋混凝土箱型截面横梁和钢筋混凝土箱型截面剪刀撑（X撑），72号截面设有K型横撑，以保证拱肋的横向整体稳定。

2. 主桥受设计荷载作用的传力方式

当设计荷载作用于主桥中部的“飘浮式”整体结构体系上时，如图3-5-12所示，竖向力车轮荷载P直接作用于桥面上，通过桥面板传递给横梁，由吊杆承担横梁所传递的荷载并把荷载传递给拱肋，拱肋受到荷载后通过拱脚传递给地基。桥面所受到的纵向水平力（如车辆制动力、温度应力等），一部分由“飘浮式”结构两端的支座摩阻力来抵消，另一部分由吊杆的抗剪力而消除。

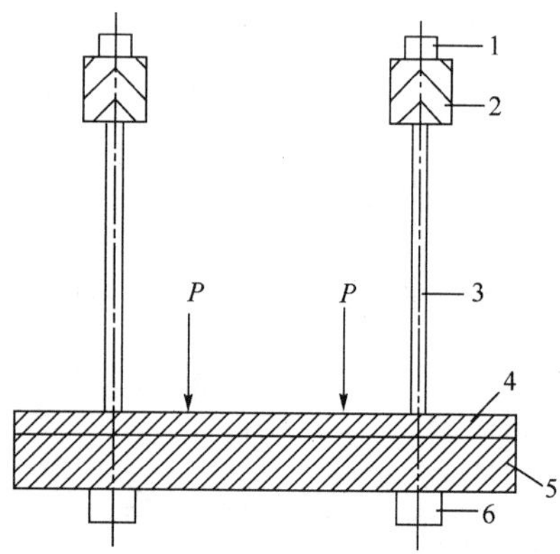

图3-5-12　主桥上部结构横断面示意图
1-上锚头；2-拱肋；3-吊杆；4-桥面板；5-横梁；6-下锚头

3. 南北引桥

北引桥上部结构为6×16m先张法预应力钢筋混凝土空心板，下部结构为双柱式钢筋混凝土柔性墩；南引桥上部结构为2×16m先张法预应力钢筋混凝土空心板，下部结构同样是双柱式钢筋混凝土柔性墩；南北引桥桥台均为重力式桥台，支座为橡胶支座。

三、施工特点

宜宾南门金沙江大桥施工采用吊装悬拼钢骨架，合龙后在钢骨架上挂模板分四层浇筑混凝土包裹骨架，浇筑过程中在拱顶及左右设置水箱加卸载（图3-5-13），以控制拱轴线变形的新的拱桥无支架施工技术。成拱后，用钢绞线将桥面系悬吊于主拱肋上。经过多次的对比计算和方案比选，全桥的施工过程确定为以下几个步骤：

（1）在施工现场设置1∶1混凝土平台，放出拱肋钢拱桁架大样，就地铺作钢拱桁架。

（2）主拱钢骨架吊装。劲性钢骨拱式桁架由槽钢、角钢、节点板焊制而成；每条拱肋分7段焊制。预先在两岸设塔架——缆索系统。采用两条拱肋（共14段钢拱桁架）交错悬臂架设法分7段架设拱肋钢拱桁架，吊装时每条拱肋两岸各吊装拼接3段，最后吊装中间的一段合龙，吊装过程同时加两条拱肋间的横向联系。其安装顺序为上游拱肋第一段→下游拱肋第一段→临时横梁→八字浪风索。以后依次循环对称架设南北岸的钢骨架，最后在拱顶合龙。

（3）安装横梁、X撑、K型撑骨劲性钢骨架，以及40、48、56、96号（拱顶）截面的M型临时横联。

（4）在76号与76号截面之间安装11个蓄水量为120kN的水箱，作应力调整之用。

（5）在拱肋上控制截面贴电阻片，并安装变位观测尺，供施工中应力和变形观测用。

（6）以劲性钢骨拱桁架为支架，安装拱肋底板的内外侧模板和受力钢筋、分布钢筋网。

（7）主拱肋浇筑混凝土。采用设置在两岸的混凝土输送泵（或运料斗）从拱脚至拱顶对称平衡浇注底板混凝土。把劲性钢骨拱桁架和分布钢筋包裹在混凝土内，形成闭口箱形截面，如图3-5-13所示。采用“一条拱肋分四环，两条拱肋交错浇注”的浇注程序，也就是钢骨架合龙后，每条拱肋分四层对称浇筑成形，其顺序为底板、下侧板、上侧板和顶板。两条拱肋的各层交错浇筑，即上游拱肋底板，下游拱肋底板，上游下侧板，下游下侧板，上游上侧板，下游上侧板，上游顶板，下游顶板。对每条拱肋的每层，各分6段（工况）对称浇筑。

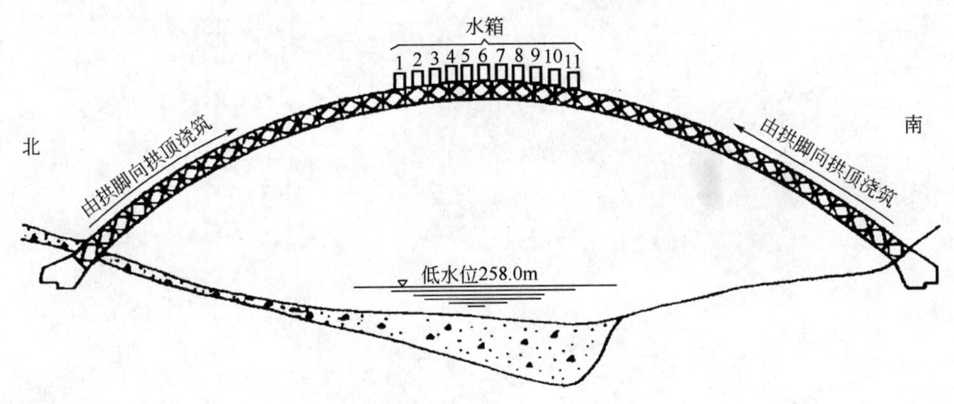

图3-5-13　四川宜宾南门金沙江大桥水箱调载示意

浇注过程中，根据预先计算的加载重，向水箱内注水，把拱轴线变形和截面应力控制在设计允许范围内。与此同时，进行变形和应力监测，如发现异常，立即将实测数据输入现场微机，进行适时分析，并提出相应的处理措施，如调整水量和浇注速度、张紧或放松八字浪风索等。

（8）安装桥面系。在主拱肋上安装锚头，将钢绞线吊杆分别固定于两条主拱肋上。在上、下游拱肋的每对吊杆之间吊装横梁，横梁之间铺装纵向的桥面板（纵板梁）。横梁和纵板梁都是钢筋混凝土预制构件。安装人行道栏杆，铺装桥面混凝土。